KARL-WILHELM BERGER

DOMINIKANISCHE REPUBLIK

Inselführer

**Ausführliche und fundierte Inselbeschreibung • Stadtrundgänge
Hintergrund-Informationen • Historie • Geographie • Strände
Tauchgründe • Wanderungen • Routen • Sehenswürdigkeiten
Museen • Alternative Unterkünfte • Hotels • Restaurants**

IWANOWSKI'S REISEBUCHVERLAG

Jetzt neu im Internet:

www.iwanowski.de

Hier finden Sie aktuelle Infos
zu allen Titeln, interessante Links –
und vieles mehr!

Einfach anklicken!

Für Edith

1. Auflage 2000
2., aktualisierte Auflage 2001

Büchnerstraße 11 · 41540 Dormagen
Telefon 0 21 33/2 60 30 · Fax 0 21 33/26 03 33
e-mail: info@iwanowski.de
Internet: http://www.iwanowski.de

Titelbild: Bildagentur Huber
Alle anderen Farb- und Schwarzweißabbildungen:
Edith und Karl-Wilhelm Berger
Redaktionelles Copyright, Konzeption und dessen ständige Überarbeitung: Michael Iwanowski
Karten: Palsa-Graphik, Lohmar
Titelgestaltung sowie Layout-Konzeption: Studio Schübel, München
Layout: Ulrike Jans

Gesamtherstellung: B.o.s.s Druck und Medien, Kleve
Printed in W.-Germany

ISBN 3-933041-11-2

Inhaltsverzeichnis

Außerdem weiterführende Informationen zu folgenden Themen:

Verzeichnis der Karten und Abbildungen:

Legende

beschriebene Route
andere Straßen
Flüsse
Wasserfall
Korallen
Strand
Ortschaften
Sehenswürdigkeiten
Berge
Leuchtturm
Nationalpark
Golfplatz
Flughafen
Information
Busabfahrt
Fähre
Hafen
Post
Telecom
Krankenhaus
wichtige Gebäude
Markt
Bank
Kirche
Synagoge
Friedhof
Museum
Theater
Hotel
Seilbahn

Einleitung

Die Dominikanische Republik hat **viele Gesichter**. Innerhalb des Staatsgebietes schillern sie in vielen Farben, in fröhlich leuchtenden und in düster trüben.

Klischeevorstellungen, sowohl negative als auch positive, haben sich schnell in den Köpfen oberflächlicher Beobachter festgesetzt und werden auch voreilig weitergegeben, so daß es sehr leicht zu einer Verbreitung dieser Zerrbilder und falschen Beurteilungen eines Landes und seiner Bewohner kommen kann. Ferner sollte man nicht den Fehler machen, alles nur aus europäischem Blickwinkel zu betrachten.

Die **tropische Natur**, palmengesäumte Sandstrände, warmes, klares Meerwasser, Korallenriffe vor der Küste mit der Wunderwelt farbenfroher Fische, üppige Inselvegetation, buntes Völkergemisch, farbenprächtige Märkte, heiße Rhythmen von Merengue, Mambo, Chachachá und Rumba und ausgelassene Karnevalsfeiern, das ist die eine Seite der Karibik, das sind die Assoziationen einer **tropischen Inselromantik**, die nicht nur Phantasiebild, sondern Wirklichkeit ist.

Der **sprungartig erstarkende Tourismus** hat natürlich seine Akzente gesetzt. Weiße Kreuzfahrtschiffe, schwimmenden Luxushotels gleich, internationale Flughäfen und weiträumige Touristenresorts sind unübersehbar. Noch vor einem Jahrzehnt hatte man meist nur eine sehr verschwommene Vorstellung von diesem Land. Vielleicht hatte man von einem Diktator Trujillo gehört. Man hatte auch **vorher vage Vorstellungen** über Sklaverei, ehemalige Piraten, Zuckerboom und Karibikzauber, aber Genaueres wußte man nicht. Und plötzlich ist die Dominikanische Republik ein „touristischer Leckerbissen" geworden.

Die **Spuren der indianischen Urbevölkerung** sind schon fast verweht. Nur sehr bescheiden machen sich die freigelegten „heidnischen" Kultstätten neben den sakralen christlichen Bauwerken aus.

Die **Zeugen kolonialer Herrschaft**, Paläste, Herrenhäuser, Haciendas, riesige Plantagen mit Monokulturen von Zuckerrohr und Kaffee, sind unübersehbar. Kathedralen und Kirchen zeugen von christlicher allein-seligmachender Überzeugung.

Dieser Inselstaat ringt immer noch um seine **eigene Identität**, obwohl er die kolonialen Fesseln abgeschüttelt hat. Der Kampf ums eigenstaatliche Überleben begann mit dem Einrollen der Flagge der jeweiligen Kolonialmacht. Das Erringen der politischen Unabhängigkeit ist jedoch noch lange nicht die absolute Freiheit im wirtschaftlichen Bereich. Natürlich haben sich für die Dominikaner einschneidende Veränderungen ergeben. Einerseits profitieren sie zwar von den neuen Einnahmequellen des Tourismus. Andererseits ist dieser Einschnitt nicht ganz unproblematisch. Er beeinträchtigt ihre immer noch nicht gefundene und gefestigte Identität, die stark durch den „American Way of Life" beeinflußt wird.

Die **finsteren Gesichtszüge** der Dominikanischen Republik waren Revolution, politische Instabilität, wirtschaftliche Probleme, Arbeitslosigkeit, Armut, Prostitution und Flucht in die Welt der Drogen, und das sind sie teilweise heute noch. Sie als Urlauber werden von dieser anderen Seite der goldenen Medaille nicht allzu viel mitbekommen.

Welche **Mentalität haben die Bewohner** dieses Landes? Was erwartet Sie dort? Es soll in diesem Buch versucht werden, diese Fragen zu beantworten.

Ich möchte nicht versäumen, mich für die Unterstützung zum Gelingen dieses Buches sehr herzlich beim Secretaría de Estado de Turismo (Santo Domingo) und beim Fremdenverkehrsamt der Dominikanischen Republik (Frankfurt/M.) sowie bei Herrn Peter Wegmüller, seiner Gattin Dra. med. Maria Elexia Bautista (Sabana Grande de Palenque/Dominikanische Republik), Frau Barbara M. Thieme (Düsseldorf) und Frau Tanja Sackarendt (Bad Schwartau) zu bedanken. Ihre organisatorischen Beiträge und wertvollen Hinweise waren für mich sehr nützlich.

Ein ganz besonderes Dankeschön gilt auch meiner Frau, die mich auf meinen Fahrten in diesem Land begleitet und sehr tatkräftig unterstützt hat.

Ihnen als Leser wünsche ich, daß Sie es nicht nur beim Lesen dieses Inselführers bewenden lassen, sondern daß auch Sie der Passatwind in die Inselwelt der Karibik treibt, wo Sie die Erholung mit dem Erleben tropischer Naturschönheiten und mit dem Erkunden der Spuren wechselvoller Geschichte sinnvoll und glücklich verbinden können.

Bad Schwartau, im Mai 2001

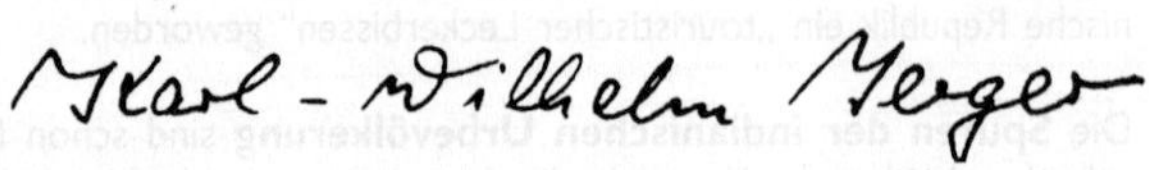

I. DIE DOMINIKANISCHE REPUBLIK AUF EINEN BLICK

Fläche:	48.422 km², das entspricht etwa der Größe Dänemarks (43.094 km²)
Bevölkerung:	8.254.000 = 171 je km², davon 60 % Mulatten, 28 % Weiße, 11,5 % Schwarze
Anteil unter der Armutsgrenze:	19,9 %
Bevölkerungswachstum:	2,1 % jährlich
Lebenserwartung:	71 Jahre
Säuglingssterblichkeit:	4,3 %
Kindersterblichkeit:	5,1 %
Arbeitslosigkeit:	30 %
Bruttosozialprodukt:	1.770 US$ je Einwohner
Amtssprache:	Spanisch
Religion:	90 % Katholiken, Minderheiten von Protestanten, Bahai und Juden
Hauptstadt:	Santo Domingo mit 2.138.262 Einwohnern (Zählung 1993)
Weitere Städte:	Santiago de los Caballeros 364.447, La Romana 132.693, San Petro de Macorís 123.855 Einwohner
Flagge:	ein weißes Kreuz teilt die Flagge in 2 rote und 2 blaue Felder. Die gleichfarbigen Quadrate liegen sich schräg gegenüber.
Staats- und Regierungsform:	Präsidialrepublik seit 1966 – Verfassung von 1966 mit Änderung 1994 – Parlament (Congreso Nacional): Abgeordnetenhaus (Cámara de Diputados) mit 149 und Senat (Senado) mit 30 Mitgliedern; Wahl alle 4 Jahre – Direktwahl des Staatsoberhauptes alle 4 Jahre (keine unmittelbare Wiederwahl) – Wahlrecht ab 18 Jahre
Verwaltung:	29 Provinzen und ein Hauptstadtdistrikt
Staats- und Regierungschef:	Hipólito Mejía Domínguez (PRD), seit 16.08.2000
Parteien/Wahl:	Wahlen vom 16.05.1998: Abgeordnetenhaus: Partido Revolucionario Dominicano/PRD 83 von 149 Sitzen, Partido de la Liberación Dominicana/PLD 50, Partido Reformista Social Cristiano/PRSC 16, - Senat: PRD 24, PLD 4, PRSC 2 Sitze
Unabhängigkeit:	erstmals unabhängig am 27.02.1844 (Loslösung von Haiti), seit 18.03.1861 wieder spanisch, endgültig unabhängig am 14.09.1863
Nationalfeiertag:	27.02.
Wirtschaft:	Bruttosozialprodukt: 14.629 Mio. US$, Bruttoinlandsprodukt: 15.853 Mio. US$, realer Zuwachs 5,5 %, Anteil Landwirtschaft 12 %, Industrie 33 %, Dienstleistungen 56 %, Inflation 5,9 %, Auslandsverschuldung 4.451 Mio. US$

Import:	5.380 Mio. US$, Güter: 20 % Erdöl, 5 % Nahrungsmittel, 3 % Fahrzeuge, 3 % Pharmazeutika, 3 % Maschinenersatzteile; Länder: 49 % USA, 20 % Venezuela, 8 % Mexiko, 3 % Japan, 3 % Haiti, 2 % Rep. Korea
Export:	872 Mio. US$, Güter: 79 % Lohnveregeling, 5 % Nickel, 4 % Rohzucker, 1 % Kakao; Länder: 45 % USA, 9 % Belgien/Luxemburg, 3 % Haiti, 2 % Rep. Korea, 3 % Kanada, 2 % Japan
Tourismus:	2,3 Mio. Auslandsgäste, 2.142 Mio. US$ Einnahmen jährlich
Währung:	1 Dominikanischer Peso (RD$) = 100 Centavos
Problemfelder:	hohe Auslandsverschuldung und hohe Arbeitslosigkeit
Zeitverschiebung:	minus 5 Stunden gegenüber Mitteleuropäischer Zeit (MEZ), minus 6 Stunden während der Sommerzeit

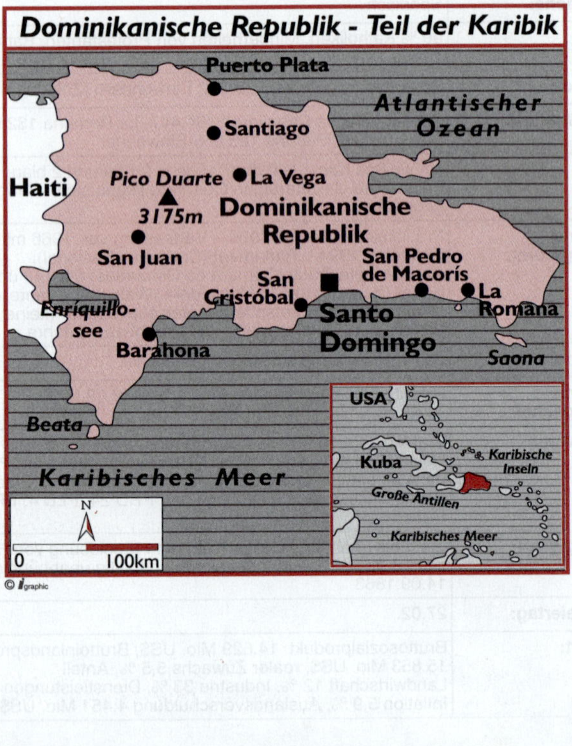

© graphic

Iwanowski's Highlights Supertips Warnungen

News im Web: www.iwanowski.de

HIGHLIGHTS

Die schönsten Landschaften

In der Dominikanischen Republik bietet sich Ihnen ein sehr abwechslungsreiches Landschaftsbild, von den Traumstränden am Spülsaum des Atlantiks und des Karibischen Meeres bis ins Hochgebirge der Zentralkordilleren.

Besonders die Nationalparks und Reservate sind reich an **Naturschönheiten**, hauptsächlich:
- der **Parque Nacional Los Haitises** im Nordosten, eine halbversunkende Korallenkalklandschaft mit 50 bis 60 Inseln, Mangrovensümpfen und vielen Tropfsteinhöhlen (S. 153f, 207, 357ff),
- der **Parque Nacional del Este** im Südosten mit seiner einmaligen Flora und Fauna in einer weiten Lagunenlandschaft (S. 156, 173, 329),
- der **Parque Nacional Jaragua** in Südwesten mit ähnlichen Biotopen wie der vorher genannte Nationalpark (S. 157, 311ff),
- der **Parque Nacional Isla Cabritos** im Westen, dessen Kostbarkeit die stark verfolgten Spitzkrokodile sind, die hier unter strengen Schutz gestellt sind (S. 155, 207, 298f),
- der **Parque Nacional Armando Bermúdez** im Westen, in dessen Bereich sich der **höchste Berg** der karibischen Inseln, der Pico Duarte (3.175 m), befindet (S. 153, 351).

Gute Aussicht

Pico Isabel de Torres, Puerto Plata, Auffahrt mit der Kabinenbahn, Blick auf die Nordküste der Insel (S. 376)

Die schönsten Strände

Es gibt wunderschöne Strände entlang der Küstenlinien des Inselstaates, einsame und belebte. Hier eine Auswahl:

Nordküste

- **Playa Dorada**, ca. 10 km östlich von Puerto Plata, ein von einem Korallenriff geschützter feinsandiger „Goldstrand", voll erschlossen und von vielen Luxushotels flankiert (S. 172, 374, 377)
- **Playa Grande**, viele Kilometer langer, wenig erschlossener, feinsandiger, riffgeschützter Strand, teils von Palmenwäldern eingerahmt (S. 172, 208)

Halbinsel Samaná

- **Las Terrenas**, feinsandige Badebucht, von tropischer Vegetation mit vielen Kokospalmen gesäumt, früher ein Geheimtip für Individualisten, heute inzwischen vom internationalen Tourismus eingeholt (S. 172, 201f, 362)
- **Cayo Levatado**, kleine Insel, mit sehr feinem, weißem Strand aus Korallenkalksand, auch als „Bacardi-Insel" bekannt (S. 172, 359)
- **Las Galeras** (S. 172, 199ff, 361), **Playa Rincón** (S. 172, 361) und **Playa Portillo** (S. 172), drei von Korallenriffen als Wellenbrecher geschützte, feinsandige Strände, von Kokospalmen flankiert.

Nordost- und Ostküste

Costa del Cocos, ein 50 km langer, von Riffen geschützter, feiner Strand aus Korallenkalksand, von endlos erscheinenden Kokospalmenwäldern gesäumt, trotz einiger großer Ferienresorts kilometerlange unberührte Strandabschnitte (S. 336)

Südostküste (von Ost nach West)

- **Playa Dominicus**, gepflegter, feinsandiger Strand (S. 173, 329)
- **Isla Saona**, im Bereich des **Parque Nacional del Este**, feinsandige Badebuchten, nur per Boot zu erreichen (S. 173, 329)
- **Isla Catalina**, paradiesische Badebuchten (S. 173)
- **Playa de Boca Chica**, Bucht durch Korallenriff geschützt, sehr flaches, ruhiges Wasser, besonders gut für Kinder geeignet (S. 173, 185f, 320)

Südwestküste

Traumstrände an der Barahona-Halbinsel, teils sehr einsam, feinsandige Badebuchten, im Hinterland urwaldüberzogene Berge (308ff)

Empfehlenswerte Tauchgründe

Banco de la Plata (Silberbank)
Von besonderem Interesse für Sporttaucher ist das Schiffswrack der Galeone „Nuestra Señora de la Concepción“, die 1641 in einem Hurrikan gesunken ist. (S. 164, 174, 178)

Halbinsel Samaná
Wunderschöne Tauchreviere gibt es in der Bucht von Samaná bei der Insel **Cayo Levantado**, in der Bucht von **Las Galeras** und bei **Las Terrenas**. Südlich und südöstlich von **Miches** liegen die Wracks des Segelschiffs „Conde de Tolosa“, der „Nuestra Señora de Guadelupe“ und der „Scipio“ (S. 164).

Monte Cristi
Vor der Küste ist die legendäre Galeone „Isabela“ ein begehrtes Ziel der Taucher (S. 164)

Parque Nacional del Este
In den Gewässern des Nationalparks, der die **Insel Saona** einschließt, gibt es viele bunte Riff-Fische in den Flachwasserzonen und Großfische, beispielsweise Haie, am Außenriff. Mit etwas Glück können Sie Seekühe am Punta Manatí und Delphine am Punta Delfín zu Gesicht bekommen. (S. 164f)
Die Steilwände der **Insel Catalina**, ebenfalls ein beliebtes Tauchrevier, sind bekannt für ihre Vorkommen an Muränen und Barrakudas. (S. 165)

Parque Nacional Jaragua
Die Insel Beata (die Schöne) gehört zum o.g. Nationalpark. Hier finden Sie viele, teils noch unerforschte Höhlen, Abenteuer pur für wißbegierige und vom Forscherdrang beseelte Taucher. (S. 165)

Parque Nacional Litoral Sur Santo Domingo
Dieses Tauchrevier, an der Mündung des Flusses Haina gelegen, präsentiert dem Taucher aufgrund des Süß- und Salzwassers einen vielfältigen Fischbestand. (S. 165)

Parque Submarino La Caleta
Dieser Unterwasser-Nationalpark liegt ca. 20 km östlich von Santo Domingo. Hier kann man zahlreiche bunte Fische, Korallen, Seesterne und Schwämme bewundern. Eine besondere Attraktion sind zwei Schiffswracks: die 1984 versenkte „Hickory“ und die 1989 versenkte „Captain Alsina“. (S. 165)

Punta Palenque
Dieses Kap wird gern aufgesucht, weil hier das Schiffswrack der „Diomedes Imperial“ seit 1806 auf dem Meeresgrund ruht. (S. 165)

Wandern in tropischen Bergregenwäldern

- im **Parque Nacional José del Carmen Ramírez** (S. 154, 350f)
- im **Parque Nacional Armando Bermúdez** (S. 153, 351)
- in der Umgebung von **San José de las Matas** (S. 351)

Buckelwalbeobachtung

Die gewaltigen Meeressäuger erscheinen von Dezember bis März an den Küsten der Insel, um sich zu paaren und um Junge zu gebären. Ein beeindruckendes Naturschauspiel sind die übermütigen Paarungsspiele, bei denen sie gewaltige Sprünge aus dem Wasser vollführen. Die besten Beobachtungsmöglichkeiten haben Sie von Februar bis März:
- an der **Banco de la Plata** (Silberbank) (S. 174, 178),
- vom **Hotel Gran Bahía**, an der Südseite der Halbinsel Samaná gelegen, von einer Steilküste aus. (S. 222)

Koloniale Baudenkmäler

<u>Santo Domingo</u>
- Alcázar de Don Diego Colón (S. 256ff)
- Catedral Primada de América (S. 262ff)

<u>Santiago de los Caballeros</u>
- Catedral de Santiago de Apóstol (S. 348)

Die bedeutendsten Museen

<u>Santo Domingo</u>
- **Museo de las Casas Reales**, Blick in die Vergangenheit des Landes (S. 259ff)
- **Museo de Ambar** (Bernsteinmuseum), besonders sehenswert sind die fossilen Einschlüsse, die ein weites Erkenntnisspektrum der **Entwicklungsgeschichte der Kleinlebewelt** von Flora und Fauna eröffnen, zumal dieser Bernstein überraschend klar ist. (S. 265ff)

<u>Altos de Chavón</u>
- Archäologisches Museum über die Tainokultur (S. 325ff)

<u>Puerto Plata</u>
- **Museo Amber** (Bernsteinmuseum), wertvolle Bernstein-Exponate (S. 376)

Empfehlenswerte Hotels

- **Casa de Campo $$$$$**, La Romana, luxuriöses Sportresort, u.a mit eigenem Flugplatz und zwei 18-Loch-Golfplätzen (S. 198f)
- **Rancho Baíguate $$$$$**, Constanza, zwischen den Flüssen Baíguate und Jimenoa. Auf einem Gelände von 72.000 m² befinden sich liebevoll eingerichtete Bungalows in lockerer Formation. (S. 193f)
- **Gran Bahía $$$$**, Samaná, luxuriöse Ferienanlage, die in mehreren Etagen auf dem Vorsprung der Steilküste inmitten natürlicher Vegetation angelegt ist, ein idealer Ort für die Beobachtung von **Buckelwalen** aus einem günstigen Winkel. (S. 222)
- **Villa Serena $$$$**, Las Galleras, ein kleines, intimes Hotel, das sich inmitten einer völlig unberührten tropischen Natur befindet. Bei Hochzeitsreisenden ist es sehr beliebt. Das Preis-Leistungs-Verhältnis stimmt. (Kap. 7.2 (Las Galleras), S. 199)
- **Cabarete Beach Hotel $$$**, Cabarete, ein kleines, gemütliches Hotel mit persönlichem Service, erholsamer Atmosphäre und vielen Wassersportmöglichkeiten (S. 188)
- **Hostal Palacio Nicolas de Ovando $$$**, Santo Domingo, ein historisches Hotel aus der Kolonialzeit in der Ciudad Colonial (Kolonialzone) mit einem zauberhaften Innenhof (S. 230)
- **Apart Hotel Playa Palenque $$**, Playa Palenque, sehr individuelle Betreung durch den schweizer Besitzer und seine Gattin, die gleichzeitig eine erfolgreich praktizierende Ärztin ist (S. 208f)
- **Atlantis $$**, Las Terrenas, im Halbschatten unter Palmen, zeichnet sich durch seine originelle kubische Bauweise der Unterkünfte aus. (S. 203)
- **Casa Grande $**, ein kleines Beach Hotel & Restaurant. Es wird von 2 netten Frauen (deutschsprachig) mit Charme, Wärme und natürlicher Freundlichkeit geführt. Die Gäste werden individuell betreut, eine echte Alternative zu den riesigen Hotelburgen des Massentourismus, ein Geheimtip für Individualtouristen, die Ruhe und Entspannung suchen. (S. 204)
- **Cenearfe I Guest House $**, Boca Chica, kleines, sehr sauberes, empfehlenswertes Rasthaus (S. 185)

Empfehlenswerte Restaurants

• **Capitán Cook**, Playa del Cortecito, Punta Cana, liegt in einer kleinen Fischersiedlung. Mittags sammelt ein Boot die Gäste am Strand zum Hummermenü ein. Den Fisch kann man sich direkt vom Grill wählen. (S. 220)
• **El Conuco**, Santo Domingo, typisch dominikanisches Ambiente. Etwa jede Stunde legen die Angestellten die Arbeit nieder, singen und tanzen temperamentvolle Tänze. Einheimische Gerichte, in eisernen Töpfen serviert, bestellen Sie am besten à la carte. (S. 233)
• **Mesón de la Cave**, Santo Domingo, serviert dominikanische und internationale Gerichte, untermalt von Live-Musik in einer geräumigen Tropfsteinhöhle, romantische Atmosphäre. (S. 234)

Die berühmtesten Golfplätze

Es gibt wunderbare Golfplätze in der Dominikanischen Republik, die bekanntesten sind:
• **Bávaro:** „Bávaro Golf Club", 18-Loch-Anlage (S. 166)
• **Casa de Campo** bei La Romana, vom Golfplatz-Architekten Pete Dye kreiert:
- „Los Links", 18-Loch-Anlage (S. 166)
- „Dientes de Perro" (Zähne des Hundes), 18-Loch-Anlage (S. 166)
• **La Romana:** „La Romana Country Club", privat, 18-Loch-Anlage (S. 166)
• **Playa Grande:** „Playa Grande Golf Club", 18-Loch-Anlage, von Robert Jones kreiert (S. 166)
• **Puerto Plata:** „Playa Dorada Golf Club", 18-Loch-Anlage (S. 166)
• **Santiago de los Caballeros:** „Las Aromas Country Club", 18-Loch-Anlage (S. 166)

SUPERTIPS

Flugverbindungen

Empfehlenswert sind die preisgünstigen **Charterflüge** von Condor und LTU. Obgleich einige Fluggesellschaften der Benelux-Länder mit ihren Flügen ab Amsterdam und Brüssel teilweise preisgünstiger sind, sollte man auch die Kosten der Anfahrt von Deutschland, Österreich und der Schweiz nach Holland oder Belgien mit bedenken. Der Preisvorteil dieser Billiganbieter wird in der Gesamtkostenrechnung je nach Wohnlage in Mitteleuropa gegenüber den Preisen der mitteleuropäischen Charter-Fluggesellschaften wieder aufgezehrt.

Souvenirs

- **Bernsteinschmuck** - Museo de Amber, Puerto Plata (S. 162)
- **Larimarschmuck** - Museo de Amber, Puerto Plata (S. 162)
- **Naive Malerei** - Straßenhändler in Bávaro (S. 162)
- **Zigarren** - diverse Souvenirläden in den Fußgängerzonen der „Calle Duarte" und „Calle El Conde" in Santo Domingo (S. 163)

WARNUNGEN

Achten Sie auf Ihre Gesundheit! (S. 137ff)

- **Malariagefahr:** Vorbeugung und Schutz durch Einnehmen von Malaria-Prophylaxe, außerdem Schutz durch Kleidung, Moskitonetz und Anti-Insektenmittel! (s. 138f)
- **Sonnenbrand:** Vorbeugen durch Einreiben mit Sonnenschutzmitteln mit hohem Lichtschutzfaktor und vorsichtige Gewöhnung an die Tropensonne! (S. 139)
- **Darmerkrankungen:** Kein ungekochtes Wasser trinken! Keine ungeschälten Früchte oder rohen Salat verzehren!
- **Erkältungen:** Gefahr bei Überhitzung des Körpers und anschließendem „polaren Luftstrom" der Klimaanlagen, die zu kalt eingeschaltet sind. (S. 138)

Kriminalität (S. 161)

- **Kleinkriminelle Handlungen**: Sie kommen in der Dominikanischen Republik nicht mehr und nicht weniger vor als in den meisten anderen Ländern auch, trotzdem sollten Sie besonders wegen des oft enorm großen sozialen Gefälles zwischen der einheimischen Bevölkerung und Ihnen als Reisendem aus Übersee folgendes beachten:

• **Protziges Auftreten** (Tragen von wertvollem Schmuck) vermeiden!
• **Benutzung des Hotelsafes** für Fotokopie des Reisepasses und Führerschein, Geld, Schecks, Wertsachen und andere wichtige Dokumente!
• **Beobachtung Ihres Gepäcks** besonders auf Flughäfen und Bahnhöfen, in Zügen und Bussen sowie bei starken Menschenansammlungen. Ihr Gepäck übt auf Diebe eine magische Anziehungskraft aus.
• **Nur begrenzt Bargeld** (höchstens im Wert von 50 bis 100 US$) bei Stadtbesichtigungen und Ausflügen mitnehmen!
• **Beim Überfall** Herausrücken von Bargeld und Wertsachen ohne jede Diskussion!
• **Vermeiden von Nachtfahrten** mit dem Auto!
• **Aufforderung zum Anhalten**, auch bei einem Autounfall, nicht nachkommen! Dieser könnte fingiert sein.

Gefahren beim Baden (S. 118f)

• Benutzen Sie **Sonnenschutzmittel** mit hohem Lichtschutzfaktor, sonst können sich Ihre Urlaubsfreuden schnell ins Gegenteil verwandeln. Mit steigender Unvernunft sind Sonnenbrand, Fieber und Hitzschlag zu erwarten.
• **Badeschuhe** können am Strand sehr von Vorteil sein (Seeigel).
• **Haie** verirren sich nur äußerst selten an den Strand. Achten Sie trotzdem auf die aus dem Wasser ragende typische Schwanzflosse der Haie. Normalerweise ist mit einer Begegnung mit Haien nur in tieferem Gewässer zu rechnen.
• **Unterströmungen**, besonders an der Atlantikküste, können Badenden und auch geübten Schwimmern zum Verhängnis werden. Beachten Sie die Warnungen der Einheimischen.

2. GESCHICHTLICHER ÜBERBLICK

2.1 Die Ureinwohner

2.1.1 Einwanderung aus Südamerika

Die **Indizien** für die vorkolumbianische Besiedlung der karibischen Inseln durch Indianerstämme aus dem nördlichen Südamerika werden immer einleuchtender.

Einwanderung von Süden

- Es war wesentlich **einfacher, mit Kanus von Süden** her über die Kleinen Antillen auch die Großen Antillen zu erreichen, als die starken Strömungen in den Meerengen zwischen Yucatán und Kuba sowie Florida und Kuba mit einem offenen Boot zu meistern.
- **Ethnische Gemeinsamkeiten südamerikanischer und karibischer Kulturen** tragen mit zu der Annahme bei, daß die Besiedlung von Süden erfolgte.
- Die Einführung der **Kulturpflanzen Ananas, Guayava, Maniok** und **Tabak** aus Südamerika deuten ebenfalls auf das Herkunftsgebiet der Ureinwohner hin.

Die ältesten Spuren der Einwanderung werden auf **ca. 5000 v. Chr.** taxiert.

Geringe Spuren

Über die Ureinwohner der Karibik der vorkolumbianischen Zeit wissen wir nur sehr wenig. Das hat folgende Gründe:

Ausrottung der Indianer durch die Spanier

- Nach der „Entdeckung" der Karibik und der ersten Kontaktaufnahme Christoph Kolumbus' mit den Ureinwohnern am 12. Oktober 1492 hat die nachfolgende spanische *Conquista* wie ein Sturm in einem wilden Holocaust die **Urbevölkerung der karibischen Inseln vernichtet**.
- Es existieren deshalb nur wenige Zeugnisse ihrer Lebensweise, Kultur und ethnischen Struktur. Von den Kariben-Indianern ist noch ein verschwindend kleiner Rest nicht mehr ganz reinrassiger Indios nachgeblieben. Die letzten ihres Stammes leben auf der Kleinen Antilleninsel Dominica. **Bruchstücke ihrer alten Sprache sind noch erhalten geblieben, und ihre frühere Lebensweise** kann rekonstruiert werden.
- Sie haben eine **einfache Bilderschrift** erfunden, die sich jedoch nicht weiterentwickelt hat. Steininschriften (Petroglyphen) aus Höhlen in Utuado (Puerto Rico) bekunden diese ersten Versuche, etwas aufzuschreiben.
- Als Jäger und Sammler haben diese Indios keine großartigen Bauten, Tempel und Pyramiden wie auf dem Festland errichtet. Es sind aber **Steinwerkzeuge und Kultgegenstände** gefunden worden.

2.1.2 Die Ciboney

Die Einwanderung aus Südamerika erfolgte in mehreren Wellen. Ciboney sind die Nachfolger der Erstbesiedler.

Die Ausgrabungsstücke in **Guanahacabibes (Kuba)** und **Mordan (Dominikanische Republik)** werden auf ca. **2000 v. Chr.** datiert. In Cubagua (Venezuela) wurden ähnliche Funde gemacht, die auf eine wesensgleiche Kultur hinweisen.

geringes Kulturniveau der Ciboney

Das Kulturniveau der Ciboney stagnierte. Über die Stufe der **Jäger und Sammler** kamen auch sie nicht hinaus. Man hat in Höhlen Stein- und Knochenwerkzeuge sowie Muschelansammlungen ans Licht befördert.

2.1.3 Die Arawaken

höher entwickelte Arawaken

Die kulturell höher stehenden Arawaken verdrängten etwa um die Zeitenwende allmählich die Ciboney immer weiter in den Westen der karibischen Inseln. In West-Kuba und Südwest-Hispañiola konnten die Ciboney ihre Eigenständigkeit noch am längsten bewahren, bis sie auch dort mit ihrer niedrigeren Kultur untergingen. Auf den übrigen Inseln wurden sie schon früher Sklaven der Arawaken.

Verschiedene Stämme

Aus einer gemeinsamen Wurzel der Arawaken bildeten sich im Laufe von ca. 1.500 Jahren verschiedene, **ethnisch und sprachlich untereinander verwandte Stämme** aus:

Stämme	Siedlungsgebiet um 1500 n. Chr.
Igneri	Trinidad, Tobago
Ciguayo	Nordwest-Hispañiola
Taino	Puerto Rico, Hispañiola, Ost-Kuba
Subtaino	Kuba, Jamaika
Lucayo	Bahamas

Weiterentwicklung

Die Entwicklung zur höheren, sog. neoindianischen Kulturstufe zeigte sich in folgenden Bereichen:

geschickte Handwerker

- Die **Keramik-Kunst** kam zuerst, von südamerikanischen Vorbildern angeregt, bei den Igneri auf. Sie wurde in der Folge von allen Arawak-Gruppen weiterentwickelt und erreichte in ihrer Formengestaltung eine beachtliche Blüte. Man unterscheidet verschiedene Stilformen: z.B. den Meillacoid- und den Chicoid-Keramikstil.
- Erstmalig ist der **Feldanbau**, ebenfalls zuerst bei den Igneri, betrieben worden.
- Die **Sozialstruktur** wurde verfeinert. Diese Weiterentwicklung zeigte sich besonders deutlich im Sozialgefüge der Subtaino (Vorläufer der Taino) und der Taino.

2.1.4 Die Taino-Kultur

hochentwickelte Taino-Kultur

Zweifellos war die Taino-Kultur die höchststehende der Karibik. Auf sie stießen die Spanier als erste europäische Nation. Trotz ihres Vernichtungsfeldzuges gegen die „minderwertigen Wilden" sind von dieser Kultur noch die meisten Überlieferungen bekannt.

Hinterlassenschaften der Taino

archäologische Funde

Zahlreiche **Funde** der Archäologie bestätigen die wenigen Aussagen der Eroberer. Sie reichen von

• **stilvollen Keramikarbeiten**: Schalen, Krügen, Töpfen, Figurengefäßen mit vielen Ornamenten bis zu
• **Gegenständen aus Stein**: Hämmer, Keile, Äxte, Mörser, Mahlsteine,
• **hölzernen Geräten**: Boote, Musikinstrumente, kultische Schnitzereien,
• **Gebrauchsgegenständen aus Knochen**: Nadeln, Schaber, Figuren,
• zu Kettengliedern **verarbeiteten Molluskenschalen**,
• **Schmuck aus Gold**: Ohren- und Nasenringe sowie Einlegearbeiten.

Gold war das einzig bekannte Metall. Es erregte besonders die Habgier der Spanier und der ihnen folgenden europäischen Eroberer.

Die Ernährungsgrundlagen

Ackerbau auf Brandrodungsflächen

Auf den Brandrodungsflächen im Urwald wurde die älteste Kulturpflanze Südamerikas angebaut, das Hauptnahrungsmittel: **Maniok**. Mit einer Maniokpresse wurde der blausäurehaltige Saft aus dem Maniokbrei mittels eines geflochtenen Rohrs, das sich durch Ziehen verengt, herausgepreßt. Diese Methode ist heutzutage noch in den tiefen Amazonasurwäldern gebräuchlich. Außerdem pflanzten Taino Mais, Bohnen, Yuca (eine der Kartoffel ähnliche Wurzel), Kürbisse, Erdnüsse, Pfeffer und Ananas an. Zum Pflanzen wurden hölzerne Grabstöcke verwendet.

Größere Haustiere, die als Fleisch- und Milchlieferanten dienen konnten, waren den Indios unbekannt. Die Männer fingen Echsen und betrieben geschickt die **Jagd auf Niederwild** mit Speeren und den **Fischfang** mit Speerschleudern, während die Frauen und Kinder die Feldarbeit verrichteten.

Sitten und Gebräuche

nur spärliche Bekleidung

• Aus den spanischen Chroniken wissen wir, daß die Taino nur **dürftig bekleidet** waren und meistens nackt gingen, bis auf die verheirateten Frauen, die eine Art Schürze trugen, die „*Nagua*" genannt wurde.
• Mehrere **riedgedeckte, glockenförmige Hütten** bildeten ein Haufendorf. Geschlafen wurde in Hängematten, die die Taino „*Hamaca*" nannten. Der Kazike, der Häuptling, bewohnte mit seinen Frauen eine größere Hütte, die sog. „*Bohío*".

Körperbemalung

• Bei **Festlichkeiten** wurde der nackte, bronzefarbige Körper der Indios mit dem rötlichen Farbstoff des Anatto-Strauches *(Bixa orellana)* bemalt, daher rührt der volkstümliche Name **Rothaut**. Der Schmuck aus Ton, Knochen und Gold wurde angelegt und das schwarze, glatte, lange Haar sorgfältig gepflegt.
• Den Verstorbenen wurden **Grabbeigaben** mitgegeben, ein Zeichen dafür, daß die Taino an ein Leben nach dem Tode glaubten.

Bootsbau

schnelle Boote

Um ihr Inselreich zu beherrschen, das sich von Puerto Rico über Hispañiola bis nach Ost-Kuba erstreckte, bauten die Taino **seetüchtige Plankenkanus**, die einige Dutzend Menschen transportieren konnten. Christoph Kolumbus berichtete von 30 m langen Kanus, die durch die Paddelschläge ihrer kräftigen Kanuten erstaunliche Geschwindigkeiten erreichen konnten.

Gesellschaftliche Ereignisse

Ballspiele

• Die Taino betrieben **Sport**. Auffällig waren ihre **Ballspielplätze**. Hier wurden sportliche Wettkämpfe ausgetragen. 2 Mannschaften mußten einen Hartgummiball mittels ihres Körpers, ohne Zuhilfenahme von Händen und Füßen weiterbewegen. Wenn der Ball zu Boden fiel, war das Spiel verloren. Als Hilfsmittel wurden **Hüftringe** getragen. Ähnliche Sportfeste kennt man auch in Yucatán. Nach spanischen Chronisten gehörten zu den Ballspielen auch **Menschenopfer**, die der Preis der siegreichen Mannschaft waren. Vermutlich waren sie jedoch auch als Opfer für den Erntegott anzusehen.

• **Das Areyto-Fest**
Dieses Fest, das von der gesamten Dorfbevölkerung gemeinsam begangen wurde, wurde mit **Gesang** und **Tanz** ausgefüllt. Zu den alten Musikinstrumenten gehörten die *Maracas*, das sind heute noch in ähnlicher Form verwendete Rasseln. Außerdem wurden **alte Legenden und Sagen** vom Kaziken, dem Häuptling, vorgetragen.

Kaziken und Medizinmänner im Trance-Zustand

• **Der Cohoba-Kult**
Dieser Kult wurde von dem Kaziken und seinem Medizinmann vollzogen. Durch das **Rauchen** der Pflanze *Pipdenia peregrina* wurde ein Trance-Zustand mit **Halluzinationen** erreicht.

Die Sprache

Von der Sprache der Taino ist sehr wenig bekannt. Einige Worte haben allerdings die Vernichtung des Volkes überdauert und werden heute noch international gebraucht, so beispielsweise: Hurrikan *(huracán)*, Tabak *(tabaco)*, Barbecue *(barbacoa)* und Kanu *(canoa)*.

Das Dreiklassensystem

Die Gesellschaft der Taino wies eine Gliederung in 3 Schichten auf:

- Die **oberste Klasse** bildeten die ***„Nitaino"***. Es war die privilegierte Führungsschicht, der „lange Arm" des Kaziken. Sie besaß die politische Macht und sie kontrollierte die Wirtschaft, deren Verflechtungen weit über ihren Ortsbereich hinausgingen.
- Die **Mittelklasse** bildeten freie Stammesmitglieder.
- Die **unterste Klasse** waren Sklaven, Angehörige fremder Stämme, die ***„Naboria"*** genannt wurden. Sie mußten den „Nitaino" dienen.

Hierarchie

2.1.5 Die Kariben

Sie drangen im 13. Jahrhundert n. Chr. vermutlich aus den Urwäldern und Sümpfen über die Flüsse und Küsten Guayanas bis zu den Kleinen Antillen vor. Im 14. Jahrhundert n. Chr. verübten sie mit ihren langen Einbäumen auch **Überfälle auf Puerto Rico und den Ostteil Hispañiolas**. Das beweist ein Bericht von Christoph Kolumbus, der in Samaná (Osthispañiola) von einem Hagel von Pfeilen der wilden Kariben empfangen wurde.

Gefürchtete Krieger

- Mit ihren **schnellen, seetüchtigen Einbäumen** führten die Kariben ein seeräuberisches Leben.
- **Waffentechnisch überlegen**, entwickelten sie sich zur Geisel der übrigen Indiostämme. Gefürchtet waren ihre Pfeil- und Wurfgeschosse sowie ihre Holzkeulen, die *Butus*.
- Durch ihre **große Beweglichkeit** und taktisch klugen, **blitzartigen Überfälle** eroberten sie immer mehr Inseln. Von Grenada bis zu den Virgin Islands im Norden (Kleine Antillen) gerieten alle Inseln unter die Herrschaft der kriegerischen Kariben. Auf Trinidad und Tobago konnten sich die Igneri noch halten. Die Dorfbewohner anderer Stämme wurden gefangengenommen. Die männlichen Gefangenen mußten ihnen als Sklaven dienen, die Frauen wurden zur Ehe gezwungen.
- Es sind durch spanische, französische und britische Berichterstatter Fälle von **Kannibalismus** bekannt geworden. Wahrscheinlich glaubten die Kariben, daß durch das Verzehren der Feinde deren Kampfkraft und Mut auf sie übertragen werden könnten.

gefürchtete Kariben

Ihre Lebensweise

Durch ihre **Kampfkraft** konnten sich die Kariben **noch 250 Jahre nach dem Erscheinen des Weißen Mannes** in der Karibik als Volk behaupten, während die anderen Indiostämme schon vorher von den europäischen Eroberern ausgelöscht wurden, deshalb ist über die Lebensweise der Kariben verhältnismäßig viel überliefert.

nicht schnell zu besiegen

Die Dörfer lagen meistens versteckt an der dem Wind abgewandten Seite der Inseln. Zentrum einer Ansiedlung war das 20-30 m lange **Männerhaus**, um das sich die einzelnen Hütten der Frauen scharten.

Es wurden immer neue Lichtungen in den Urwald gebrannt. Auf diesen **Brandrodungsstellen** wurden Maniok, Mais, Bohnen, Paprika, Ananas und Tabak angebaut. Wenn der Ackerbau nicht mehr lohnte und der Boden durch die tropischen Regenstürme ausgewaschen war, drang man im Wanderfeldbau tiefer in den Urwald vor.

Jenseitsglaube

Die Kariben glaubten, daß durch Verbrennung der Toten deren Seelen sich mit denen der Ahnen vereinigten. **Schamanen** hielten diesen Glauben lebendig. Die **Körperbemalung** spielte bei den kultischen Handlungen eine große Rolle.

Letzte Überreste einer Karibenbevölkerung

karibische Restbevölkerung

Auf **Dominica** und **St. Vincent** sind noch letzte Überbleibsel der ursprünglichen Karibenbevölkerung zu erkennen. In dem **Dorf Salibia** wurde 1903 von den Briten ein Indianerreservat geschaffen. Durch **Vulkanausbrüche des Soufrière** 1902 und 1912 auf St. Vincent wurden die letzten reinblütigen Kariben vernichtet. Wegen ihrer **Vermischung mit Schwarzen** auf Dominica sind heute höchstens noch 100 Kariben als reinrassig anzusehen.

2.2 Spanischer Vorstoß auf der Westroute nach Indien

2.2.1 Wettrennen um den Seeweg von Europa nach Indien

Die Portugiesen und Spanier, Ende des 15. Jahrhunderts n. Chr. die führenden Seefahrernationen der Erde, waren fanatisch daran interessiert, Seewege nach Indien, dem reichen Gewürzland im Orient, zu finden.

Karavelle

Die **Portugiesen** schickten deshalb ihre fähigsten Kapitäne mit schnellen, seetüchtigen Karavellen **mit östlicher Zielrichtung** auf die Reise, um Afrika zu umsegeln und um anschließend das „Gelobte Land“ anzusteuern. 1488 erreichte Bartholomeu Diaz das „Kap der Guten Hoffnung“, und am 23.5.1498 landete Vasco da Gama in Kalikut (heute Kozhikoda) an der Malabarküste Indiens.

Spanien hatte sich nach anfänglichem Zögern für die Erkundung des Seewegs nach Indien **in westlicher Richtung** entschieden.

2.2.2 Der Irrtum des Christoph Kolumbus

Christoph Kolumbus' erste Fahrt in die Karibik

(italienisch: Cristofo Colombo, spanisch: Cristobal Colón)

erfahrener Seemann mit unbeugsamem Willen

Cristofo Colombo, in **Genua 1451** als Sohn eines Webers geboren, war von der Idee besessen, nach Asien auf dem westlichen Kurs zu gelangen, weil ihm, wie auch anderen, damals bekannt war, daß die Erde eine Kugel ist. Er war zwar nicht der erste, der auf diesen Gedanken gekommen war, nach Westen zu segeln. Er brachte jedoch den unbeugsamen Willen mit, diese Idee in die Tat umzusetzen. Außerdem war er von dem festen Glauben durchdrungen, daß er als einziger zu dieser Fahrt berufen wäre. Als 25-jähriger kam er auf abenteuerliche Weise nach Lissabon. Die genuesische Kolonie nahm den jungen Colombo freundlich auf.

Durch Reisen auf Handelsschiffen nach England, Irland, Island, Madeira, zu den Azoren, Kanarischen Insel, Kapverdischen Inseln und zur Goldküste Afrikas avancierte er zu einem tüchtigen Kapitän. Als Colombo 1479 die adlige Portugiesin Filipa Moniz heiratete, mochte er geglaubt haben, bei den Portugiesen sein Glück zu machen. Er lebte kurz in Lissabon und auf Madeira.

Christoph Kolumbus

Eine **Weltkarte** von dem damals berühmten Kosmographen, Arzt und Astronomen **Toscanelli** (1397-1482), die er sich schicken ließ, war der Grundstock seines Reiseplans gen Westen über den Atlantik. Der **Kolumbus-Plan** wurde jedoch **1484 vom portugiesischen König Joao II.** und einer Gelehrtenkommission **abgelehnt**. Man war mehr an dem Seeweg nach Indien um Afrika herum interessiert.

Enttäuscht verließ der Genuese Portugal und wandte sich an die **spanischen Majestäten Ferdinand von Aragonien und Isabella von Kastilien**, die seit ihrer Heirat in Spanien gemeinsam regierten. Der von seinem Sendungsbewußtsein durchdrungene Genuese wurde vertröstet. Auch die Hispanisierung seines Namens in Cristobal Colón half ihm nichts. Als sich bereits der König Karl VIII. von Frankreich für seinen Plan interessierte und der ehrgeizige Kapitän schon auf dem Weg zu ihm war, nachdem auch König Heinrich VII. von England abgewinkt hatte, kam es im April 1492 doch noch zu einem Vertrag zwischen den Spaniern und Colombo zu dessen Bedingungen. Durch die zermürbenden Kriege gegen die Mauren, die nur sehr schwer aus Spanien zu vertreiben waren, war die Staatskasse des spanischen Königshauses leer, deshalb stimmte man dem als verrückt geltenden, lästigen Projekt von Christoph Kolumbus zu. Man hoffte, die königlichen Truhen wieder mit Gold füllen zu können. Die ganze Kolumbus-Expedition kostete ohnehin nur so viel wie ein Monatseinkommen eines hohen adligen Staatsangestellten.

Vertrag mit Spanien

3. August 1492

Als Admiral und zukünftiger Vizekönig aller neuentdeckten Gebiete verließ Christoph Kolumbus mit den Schiffen „Santa María", „Pinto" und „Nina" und 97 Mann

Besatzung den inzwischen versandeten Hafen **Palos de la Frontera** am Golf von Cadiz.

8. September

besorgte Mannschaft

Auf **Lanzarote** wurde Zwischenhalt gemacht. Nach der Abfahrt von dieser Kanarischen Insel sahen die Seeleute lange Zeit kein Land mehr. Die Mannschaft wurde immer besorgter wegen der langen Fahrt. Sie hatte Angst zu verdursten.

10. Oktober

Meuterei

Es kam fast zur Meuterei. In Christoph Kolumbus' Logbuch, dem faszinierenden Dokument seiner Entdeckungsreise, ist auszugsweise zu lesen: «*Das Land war eine Wolke. Auf der „Pinta" merkten sie zuerst, daß die herzförmige Insel in nichts zerronnen war ... Gleich darauf war die Hölle los. Die Mannschaft drang geschlossen auf mich ein ... "Rückkehr oder Euer Leben, Colón!" ... Sie griffen nicht an ... Aber sie gaben mir 3 Tage Zeit, genau 3 Tage. In 3 Tagen wird Cristóbal Quintero Generalkapitän sein, wenn wir kein Land erreicht haben. Ich habe gerechnet und gerechnet. Es ist nicht möglich, daß wir in 3 Tagen vor der Küste Cipangos (Japan) Anker werfen.*»

12. Oktober 1492

Land in Sicht

Nach 36 Tagen Seereise und ca. 4.500 km zurückgelegter Fahrt war es endlich so weit. Zitat aus Christoph Kolumbus' Logbuch: «*Um 2 Uhr ertönte auf der „Pinta" ein Kanonenschuß. Der Matrose Rodrigo de Triana sah das Land als erster. Es liegt ganz nah vor uns, höchstens 2 Seemeilen entfernt ... Was werden wir zu sehen bekommen? Marmorbrücken? Tempel und goldene Dächer? Gewürzhaine? Menschen, die uns gleichen, oder irgend ein fremdartiges Geschlecht von Riesen? ... Ich stieg, von Martin Alonso Pinzón, Vicente Ibanez Pinzón, den beiden königlichen Beamten, und 10 bewaffneten Matrosen begleitet, in ein Boot. Während wir uns dem Land näherten, strömten immer mehr Bewohner aus den Wäldern herbei, und ich konnte, als wir uns noch einen Steinwurf weit von der Küste befanden, von ihren Mienen nur Erstaunen und keine feindseligen Gefühle ablesen.*»

Christoph Kolumbus in San Salvador

Christoph Kolumbus nannte die von den Eingeborenen **„Guanahani"** genannte Insel **„San Salvador"**. Feierlich wurde das Land im Auftrage der spanischen Krone in Besitz genommen. Die Eingeborenen wurden gar nicht erst gefragt.

Christoph Kolumbus war zu diesem Zeitpunkt und auch später noch nach weiteren Erkundigungen in der karibischen Inselwelt felsenfest der Meinung, daß er zuerst auf japanischen Inseln und später auf chinesischem Festland gelandet wäre.

Christoph Kolumbus' **erster Eindruck von den Eingeborenen** wird in seinem Logbuch wie folgt beschrieben: *«Ihr Anblick ist überraschend, denn sie unterscheiden sich von allen Menschenrassen, die wir bisher gesehen haben ... Sie gehen umher, wie Gott sie geschaffen hat, Männer sowohl als Frauen, und bemalen ihre schöngeformten Körper mit grellen Farben, vor allem das Gesicht, die Nase und die Augengegend. Ihre Haut ist von rötlichgelber Farbe, ihr Haar tiefschwarz und glatt ... und es fällt wie ein Roßschweif auf den Rücken herab.»*

fremde Menschenrasse

Christoph Kolumbus war beeindruckt von der **Schnelligkeit ihrer Kanus**. Er hielt diese Eindrücke in seinem Logbuch fest: *«Einige von ihnen schwammen zur „Santa María" heran, andere kamen in leichten Barken, die sie Kanus nennen. Eigenartige Fahrzeuge sind das: Aus ausgehöhlten Baumstämmen gefertigt, können sie 40, ja sogar 50 Menschen aufnehmen. Gelenkt und bewegt werden diese Boote mit Rudern, die die Form einer Ofenschaufel haben. Dennoch gleiten sie erstaunlich rasch über das Wasser. Kippt ein Boot um, kehren es die Indianer wieder nach oben und entleeren es mit hohlen Kürbissen.»*

schnittige Kanus

Christoph Kolumbus und seine Mannschaft bemerkten, daß die Indianer manchmal ihre Nase durchlöchert hatten und darin **Goldschmuck** trugen. Sie tauschten ihn bereitwillig gegen wertlose Glasperlen ein. Die Spanier fragten die Eingeborenen immer wieder, woher das Gold stamme. Es wurde von einem Reich im Süden gesprochen, wo ein reicher König regierte.

Und wieder einmal können wir aus den Logbucheintragungen **die Gier nach Gold** und den **Irrtum Christoph Kolumbus'**, er sei in Ostasien gelandet, herauslesen: *«Dennoch gab es keinen Zweifel mehr. Der König ist derselbe, dessen prächtige Stadt* ***Marco Polo*** *beschrieben hat, und die Krieger, die die Bewohner Guanahanis dann und wann überfallen, sind Untertanen des Groß-Khans der Tartarei, des kühnsten und größten Räubers aller Zeiten, dem der Venezianer von Angesicht zu Angesicht gegenübergestanden hat. Zu ihm mag es wohl noch weit sein, aber nicht zu dem König, der seinen Wein aus goldenen Pokalen trinkt. Zu ihm wollen wir bald weiterfahren.»*

Beginn des Goldrausches

21. Oktober
Christoph Kolumbus schrieb weiter: *«Ich hörte von einer anderen großen Insel, die von den Indianern* ***„Cubagua"*** *genannt wird. Dort soll es nicht nur Überfluß an* ***Gold, Perlen*** *und* ***Spezereien*** *(Gewürze) geben, sondern auch große Schiffe, die mit Waren beladen sind ... Wenn wir Cubagua gefunden haben, will ich nicht länger hier bleiben, sondern zum Festland vordringen, um die Stadt Quisai zu erreichen, wo der Groß-Khan zu Hause ist. Ihm will ich den Brief der katholischen Majestäten übergeben und mit der Antwort nach Europa zurückkehren.»*

4. November
Ebenfalls aus Christoph Kolumbus' Aufzeichnungen ist zu entnehmen: *«Am Abend lehrten uns die Eingeborenen die Zubereitung eines unscheinbaren Knollengewächses,*

an dem wir bislang achtlos vorübergingen. Ich werde einige dieser seltsamen Äpfel, die wie Kastanien schmecken und von den Indianern ***„Batate"*** *(Kartoffeln) genannt werden, nach Europa mitnehmen».*

rauchende Indianer

6. November
Eine weitere interessante Logbucheintragung des großen Entdeckers lautet: «*Sie wickeln getrocknete Kräuter in ein Blatt, rollen das Blatt und den Inhalt zusammen, entzünden diese Rolle, stecken sie in den Mund und stoßen dann ständig dicke Rauchwolken aus. Diese Rolle nennen sie* ***„Tobaco"*** *(Tabak).*»

Die **Gier nach Gold** sprengte die Mannschaft.

gestrandet

25. Dezember
In der **Weihnachtsnacht** strandete das Flaggschiff „Santa Maria" auf einer Sandbank an der Nordküste Hispañiolas und mußte aufgegeben werden. Die Indios waren sehr hilfsbereit. Sie retteten mit ihren Einbäumen so viel wie möglich vom gestrandeten Schiff. 33 Freiwillige der Besatzung blieben auf der Insel zurück. Aus dem Holz des Schiffes bauten sie sich Unterkünfte. Hier entstand die älteste Siedlung der Europäer in der Karibik, **Navidad (Weihnachten)**.

Rückfahrt nach Spanien

Christoph Kolumbus hatte es eilig, so schnell wie möglich mit den beiden kleinen Schiffen „Pinto" und „Nina" zurück nach Spanien zu segeln, um erstens die **„frohe Botschaft" von dem neu entdeckten „Westindien"** zu überbringen und zweitens seine Zusage, daß er in einem Jahr zurück sein würde, wahr zu machen. Es hatte auch kein schlechtes Gewissen wegen der 33 zurückgelassenen Seeleute, weil er die Friedfertigkeit und Hilfsbereitschaft der Indios erlebt hatte. Ein allzu hartes Los für die auf der Insel Zurückgebliebenen konnte es nicht sein, so meinte er.

15. März 1493
Nach einer stürmischen Heimfahrt landete Christoph Kolumbus mit seinen beiden Schiffen wieder wohlbehalten **in Palos de la Frontera**. Man bereitete ihm einen triumphaler Empfang. Es wurde jedoch bemängelt, daß er **zu wenig Gold** mitgebracht hätte.

Streit und Probleme in Navidad

In Navidad war es jedoch nicht so zugegangen, wie Kolumbus es erwartet hatte. Die rauhen Seeleute, unzufrieden, weil sie 5 Monate ohne Frauen auskommen mußten, weil ihre Gier nach Gold nicht erfüllt wurde, weil sie mit dem tropischen Klima und der Verpflegung Probleme hatten, weil Streit untereinander ausbrach, benahmen sich sehr undiszipliniert. Ihre Aggressionen übertrugen sich auch auf die Eingeborenen, deren Friedfertigkeit und anfängliche Hilfsbereitschaft in blanken Haß umschlugen. Die Indios zerstörten Navidad und töteten die Wüstlinge.

Christoph Kolumbus' zweite Reise in die Karibik (25.9.1493 - 11.6.1496)

Diesmal startete der Genuese mit 14 vollbeladenen Schiffen und ca. 1.500 Mann Besatzung, die neben den Seeleuten aus Adligen, Soldaten, Missionaren, Siedlern,

Die 4 Reisen von Christoph Kolumbus

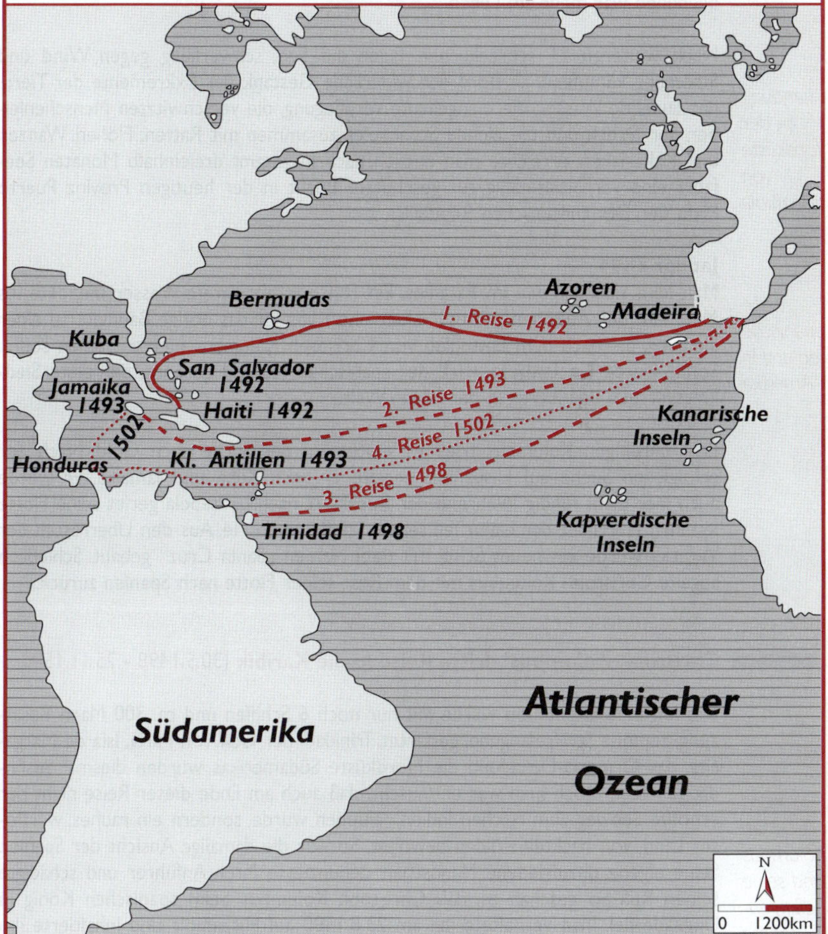

Handwerkern und Abenteurern bestand. An Bord befanden sich Juan Ponce de León und Pizarro, der in seiner Heimat ein Schweinehirt gewesen war. Außerdem wurden Pferde, Kühe, Schweine und Bluthunde mitgeführt. Um die Passatwinde besser auszunutzen, segelte man mit den trägen Schiffen auf einer südlicheren Route als 1492.

19. November 1493
Man erreichte die **Kleinen Antillen** (Virgin Island, St. Kits, Montserrat, Nevis,

Sinnt Maarten, Antigua, Guadeloupe, Dominica), nahm in Puerto Rico Frischwasser an Bord und segelte direkt nach **Navidad** weiter. Keiner der 33 Zurückgebliebenen war mehr am Leben.

Landung an der Nordküste von Hispañiola

Nach weiteren 21 schrecklichen Tagen auf See, schwerfällig gegen Wind und Strömung kämpfend, an Bord der widerliche Gestank der Exkremente der Tiere, das faulende Wasser, die mangelhafte Verpflegung, die verschwitzten Menschenleiber, der Dreck und die elende Schaukelei, zusammen mit Ratten, Flöhen, Wanzen und Kakerlaken, erreichte man endlich nach insgesamt dreieinhalb Monaten Seefahrt eine verhältnismäßig gut geschützte Bucht in der heutigen Provinz Puerto Plata der Dominikanischen Republik.

Januar 1494

erste spanische Siedlung in Amerika

Man kam sich vor wie im Paradies. Ein Fluß mit glasklarem Wasser mündete ins Meer. Auf den Anhöhen gab es Wälder und Kliffs für das nötige Baumaterial einer Siedlung, die nach dem Entschluß von Christoph Kolumbus hier entstehen sollte. Somit wurde **La Isabela**, nach der spanischen Königin genannt, der erste Siedlungsversuch der Iberer in der neuen Welt.

Den unruhigen Kolumbus trieb es weiter auf der Suche nach Gold. Nach der erfolglosen Suche auf Hispañiola segelte er nach Kuba und Jamaika. Er wurde auch hier nicht fündig. Während der Rückfahrt nach La Isabela geriet seine Flotte in einen Hurrikan, der einen Teil seiner Schiffe zerstörte. Aus den Überresten der Wracks wurde ein neues Schiff mit dem Namen „Santa Cruz" gebaut. Schießlich segelte Christoph Kolumbus mit dem Rest seiner Flotte nach Spanien zurück.

Christoph Kolumbus' dritte Reise in die Karibik (30.5.1498 - 25.11.1500)

Rufmord an Kolumbus und seine Gefangennahme

Die folgende Expedition wurde mit nur noch 6 Schiffen und ca. 300 Mann Besatzung, zumeist Strafgefangene, gestartet. Trinidad, der Golf von Paria, Isla de Margarita, das Orinoco-Delta und die Nordküste Südamerikas wurden diesmal ausfindig gemacht. Doch man war enttäuscht, daß auch am Ende dieser Reise nicht der erhoffte Seeweg zum reichen Indien gefunden wurde, sondern ein rauhes, wertloses Land, von nackten Wilden bewohnt. So war die damalige Ansicht der Spanier. Seine eigene unzufriedene Mannschaft denunzierte ihren Anführer und schädigte seinen Ruf. So geschah es, daß Christoph Kolumbus beim spanischen König in Ungnade fiel. Man verhaftete ihn am 23.8.1500 auf Hispañiola und inhaftierte ihn zunächst in der Festung am Río Ozama, um ihn dann in Ketten nach Spanien zu transportieren. Vor das Königspaar gezerrt, wurde er zwar rehabilitiert, verlor jedoch seine Ämter als Admiral und Vizekönig.

Christoph Kolumbus' vierte Reise in die Karibik (11.5.1502 - 7.11.1504)

Jetzt nur noch mit 4 altersschwachen Schiffen und ca. 150 Mann Besatzung brach Christoph Kolumbus, von allen Seiten von Neidern umgeben und bereits an der Gicht leidend, ein 4. Mal in Richtung Amerikanisches Mittelmeer auf. In Santo

Domingo verweigerte man ihm die Landung. Das Erreichen von St. Lucia, Martinique, der mittelamerikanischen Küste zwischen Panama und Honduras und Cayman Islands zählte auch diesmal nicht viel in spanischen Augen. Es wurde wieder kein Gold gefunden. Seine Schiffe strandeten an der Küste von Jamaika in der Cristobal-Bucht. Er geriet in Gefangenschaft der Indianer, verschaffte sich Achtung bei den Eingeborenen, weil er eine Sonnenfinsternis vorausgesagt hatte, und wurde nach einem Jahr Gefangenschaft wieder freigelassen. Über Santo Domingo kehrte er, völlig unbeachtet, nach Spanien zurück. Seine Gönnerin und Förderin, Königin Isabella, war inzwischen verstorben.

totaler Mißerfolg

Demütigung und Tod des großen Entdeckers

Den hochkultivierten Mayas nach Mexiko zu folgen und **Hinweise auf den Pazifischen Ozean ernstzunehmen, war Kolumbus nicht eingefallen**. Er blieb stur und halsstarrig bei seiner Meinung, er sei in Asien gelandet. Seine Energie, sein starker Wille und die Fähigkeit als Navigator und Seemann müssen hoch anerkannt werden. Als Administrator und Menschenkenner (er nannte die Einborenen fälschlicherweise Indianer) war er jedoch nicht so befähigt.

Christoph Kolumbus hat für seine Entdeckungen einen **hohen Preis** bezahlt. Man bedenke, wie viele Jahre er an Bord eines Schiffes verbracht hat, von ständiger Feuchtigkeit umgeben, ohne ausreichende Verpflegung, mit kaum etwas Frischem zu essen, Stürme auf See, meuternde Seeleute, eigene Krankheit und was noch viel schlimmer war, Anschuldigungen der mißgünstigen Menschen, die ihm den Ruhm nicht gönnten, Nichtanerkennung seiner Verdienste, auch nicht vom spanischen Königshaus. Dies alles hat den wagemutigen „Admiral aller Meere" schließlich gebrochen.

keine Anerkennung

20. Mai 1506
Gedemütigt und tief enttäuscht starb Christoph Kolumbus im Alter von 55 Jahren in Valladolid, immer noch im festen Glauben, als erster Europäer Asien erreicht zu haben.

Kolumbus' Enttäuschung

Christoph Kolumbus hinterließ **zwei Söhne**: **Diego** (geb. 1480), der spätere Vizekönig und Gouverneur von Santo Domingo, und **Ferdinand** (geb. 1488) aus zweiter Ehe, der später die Lebensgeschichte seines Vaters aufschrieb.

2.2.3 Die überragende Bedeutung der Kolumbus-Reisen für die weitere Entwicklung Amerikas

- Christoph Kolumbus war zwar nicht der erste Entdecker Amerikas, aber die **Weltkarte** hat durch seine Reisen ein völlig **neues Gesicht bekommen**.
- Auch wenn Christoph Kolumbus bezüglich seiner entdeckten „westindischen Inseln" einem Irrtum aufgesessen war, so hatte er doch **für Spanien die Neue Welt entdeckt**. – **Christoph Kolumbus' Reisen veränderten den Ablauf der Weltgeschichte!!!**

• Christoph Kolumbus hinterließ zwar kein Vermögen, aber doch neue **Erkenntnisse der Segeltechnik, Navigation und Kartografie.**

Abgrenzung der Interessengebiete

• Außerdem bewirkten Christoph Kolumbus' Reisen in Europa folgende Entscheidung: Der **Globus wurde in 2 Teile geteilt. Papst Alexander VI., Rodrigo de Borja**, ein gebürtiger Spanier, auch ganz eindeutig die Interessen Spaniens zu Lasten Portugals vertretend, ließ **1493** in der **Bulle** mit dem Titel ***„Inter caetera divinae"*** den Globus zwischen Spanien und Portugal aufteilen. Auf einem Längengrad ca. 100 Leguas (ca. 550 km) westlich der Azoren wurde, anmaßend von ihm, eine Trennlinie gezogen, die die Interessengebiete der Seegroßmächte Spanien und Portugal abgrenzen sollten. Alle neuentdeckten und noch nicht entdeckten Länder, die ab 1479 westlich dieses Längengrads am westlichen Gestade

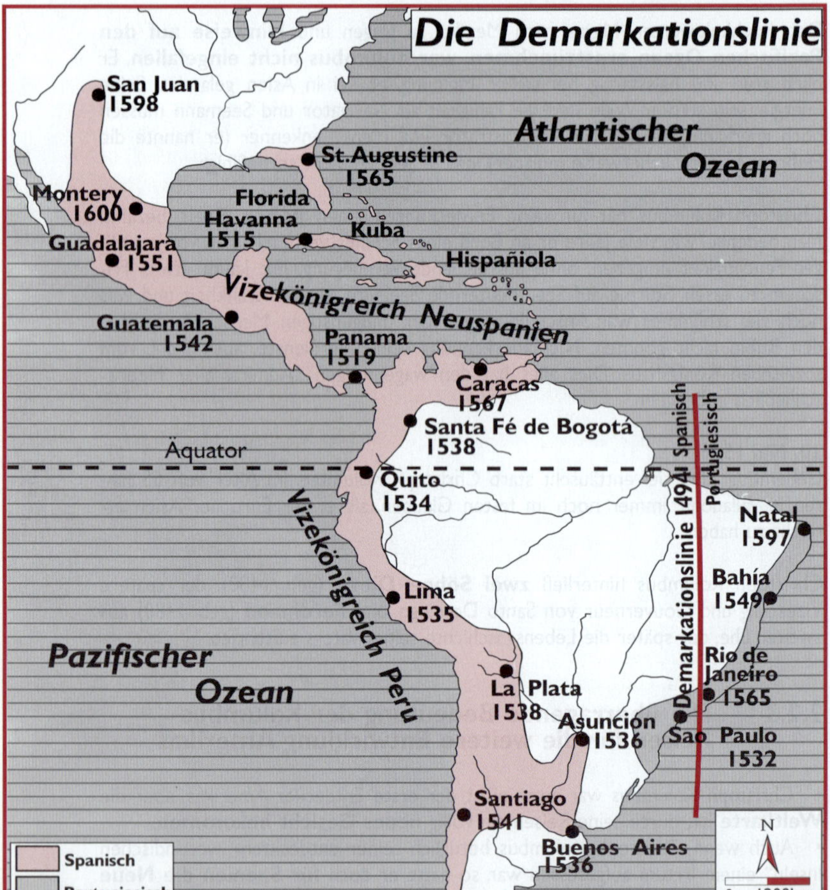

© igraphic

des Atlantiks lagen, sollten fortan zu Spanien und alle Länder östlich dieser gedachten Linie (im wesentlichen Afrika) zu Portugal gehören.

1494 wurde allerdings die päpstliche Bulle in dem **Vertrag von Tordesillas** dahingehend geändert, daß die **Demarkationslinie** 270 Leguas (ca. 1.500 km) **weiter nach Westen** verlegt wurde, so daß ebenfalls Portugal in der Neuen Welt Kolonien errichten konnte, was es dann in Brasilien auch tat.

2.3 Spanische Eroberungen und Stadtgründungen

spanische Vorstöße

Den ersten Spuren von Christoph Kolumbus im karibischen Raum folgten im 16. Jahrhundert weitere spanische Vorstöße.

Kolumbus nachfolgende Seefahrer kamen zu anderen Erkenntnissen als er selbst, der nicht davon abzubringen war, daß das neu entdeckte Land keine Ostasien vorgelagerte Inselwelt wäre. Auch das Festland Venezuela und die mittelamerikanische Küste waren für Christoph Kolumbus nur Inseln.

2.3.1 Amerigo Vespucci – Amerikas Namensgeber

Amerigo Vespucci (1451-1512)

Amerigo Vespucci

Der in Florenz geborene Amerigo Vespucci, ein gebildeter Kaufmannssohn, wurde von seinem Oheim Antonio, einem namhaften Gelehrten, unterrichtet. **1490** ging Amerigo Vespucci nach **Sevilla**, arbeitete dort in einer italienischen Fernhandelsfirma, wo er Christoph Kolumbus kennenlernte, der sich von dieser Firma für seine 2. und 3. Reise ausrüsten ließ.

Insgesamt unternahm der wißbegierige Amerigo Vespucci **4 Forschungsreisen in die Karibik und Südamerika**. **1499** fuhr er mit **Admiral Alonzo de Hojeda** selbst ins nördliche Südamerika nach Surinam. **1499-1500**, vermutlich unter Yanes Pinzon, benutzte er ein portugiesisches Schiff für eine Reise nach Brasilien und in die Karibik. **1501-1502** und **1502-1503**, je unter Alvarez Cabral und Gonzalo Coelho, startete er zu 2 **portugiesischen Expeditionen**, deren Ziel es war, eine **südliche Durchfahrt** zu finden. König Emanuel von Portugal hatte die Schiffe ausgerüstet. Auf Vespucci ruhten große Hoffnungen. Die letzte Expedition war bis zum 52. Grad südlicher Breite vorgestoßen. Das ist hart nördlich der Osteinfahrt in die „Magellan-Straße", der tatsächlich nördlichsten natürlichen Durchfahrt Südamerikas.

Vespucci lieferte aufsehenerregende Berichte über Guayana, den Amazonas und den Küstenverlauf Südamerikas bis nach Patagonien. Eindeutig räumte er mit der *neue Erkenntnisse*

irrigen Ansicht Christoph Kolumbus' auf, daß der karibische Raum ein ostasiatischer Archipel sei. In seinen aufrüttelnden Schriften brachte er zum Ausdruck, daß die Neue Welt ein ganzer, in seinem Ausmaß noch nicht zu erfassender Kontinent sei. In der damaligen europäischen wissenschaftlichen Fachwelt galt er als der eigentliche Entdecker des neuen Kontinents, deshalb führte der **deutsche Kosmograph Matthias Ringmann** ihm zu Ehren, nach seinem Vornamen, den Namen **„Amerika"** für die Neue Welt ein.

Der **süddeutsche Kartograph Martin Waldseemüller** (um 1470 - um 1518) schuf um **1507** eine 12-blättrige Weltkarte und einen Globus, auf denen erstmalig der Name „America" für Südamerika verwendet wurde. Dieser Name setzte sich anschließend in der ganzen Welt durch.

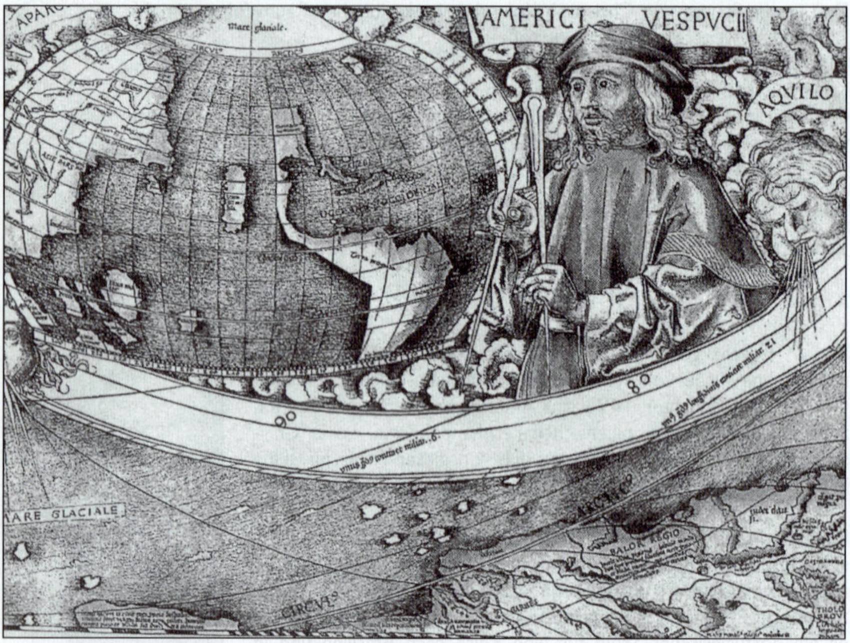

2.3.2 Juan Ponce de León – unruhiger Abenteurer (1460-1521)

Suche nach ewiger Jugend

Juan Ponce de León stammte aus Santevós de Campo in Spanien. Er war mit Christoph Kolumbus 1493 in die Karibik gekommen, war Kolonist und Unternehmer auf Hispañiola, entdeckte Gold auf Puerto Rico und wurde dort 1509-1511 Statthalter. Die Stadt Ponce an der Südküste der Insel ist nach ihm benannt. Auf der **Suche nach einem sagenhaften Jungbrunnen** gelangte er über zahlreiche Bahamainseln schließlich nach Florida, zu dessen Gouverneur er 1520 ernannt wurde. Er starb durch einen vergifteten Indianerpfeil.

Juan Ponce de León

2.3.3 Weitere bahnbrechende spanische Eroberer

Vasco Núnez de Balbao (1475-1517)

Vasco Núnez de Balbao, geboren in Jeres de los Caballeros (Estremadura), ein verwegener Bursche, verlebte eine wildbewegte Jugend. **1510** kam er nach **Santo Domingo**. Um sich seinen Gläubigern zu entziehen, schloß er sich einer Expedition nach Darien (Land zwischen Panama und Kolumbien) an.

1511 erhielt er durch einen Aufstand die oberste Gewalt über die Kolonie und entledigte sich brutal all seiner Widersacher. Die Kunde von einem **reichen Goldland** bewog ihn zu einer Expedition Richtung Westen. **1513** durchquerte der wilde Spanier als erster Europäer **Panama** und erreichte nach mühsamen Märschen durch dichten Urwald und uriges Bergland den Pazifik. Staunend blickte er auf den vor ihm liegenden Ozean. Er nannte ihn **„Südmeer“**. Christoph Kolumbus' „westindische Annahme“ war engültig widerlegt. **1514** war **Davila** in Abwesenheit de Balbaos zum Statthalter von Darien ernannt worden. Den Ruhm des „Entdeckers“ Vasco Nunez de Balbao konnte der neue Statthalter nicht verwinden. So führten sein Haß und seine Eifersucht gegen Vasco Nunez de Balbao schließlich zu dessen Anklage wegen Rebellion und zur Hinrichtung.

rücksichtslos

Hernán Cortés (1485-1547)

Hernán Cortés, in Medellin (Estremadura) geboren, stammte aus adliger Familie, hatte 2 Jahre in Salamanca Rechtswissenschaften studiert. **1504** schiffte er sich nach **Haiti** ein. **1511** gelangte er nach **Kuba**. Dort wurde er bald der engste Berater des Statthalters Diego de Velázquez. Cortés brachte es zu einem beachtlichen Vermögen. Er hatte von den Reisen Fernandez de Cordoba (1517) und Grijalva (1518) an die Küsten Yucatáns gehört, die vom Reichtum des Aztekenreiches erzählten. Er beschloß, dieses sagenhafte Reich aufzusuchen.

1519 brach Cortés heimlich, weil Velázquez eifersüchtig auf ihn war, mit 11 Schiffen, 600 Mann, 14 Geschützen und 16 Pferden auf.

eigenmächtiger Cortés

Im **April 1521** gingen in den Ruinen **Tenochtitlans** 3.000 Jahre mesoamerikanische Kultur durch Cortés' Zerstörung zu Ende. Die „heidnischen“ Tempel der aztekischen Hauptstadt wurden dem Erdboden gleich gemacht, um sie durch christliche Kirchen zu ersetzen. Die Azteken wurden ihrer Reichtümer beraubt.

Die erbeuteten **Goldschätze** veranlaßten die Spanier mehr und mehr, ihr Interesse auf das mittel- und südamerikanische Festland zu konzentrieren. Die **Inseln der Karibik**, auf denen nur geringe Mengen an Gold zu erbeuten waren, wurden nur noch als **Stützpunkte** angesehen, um die erbeuteten Reichtümer des Festlandes nach Spanien zu schaffen.

2.3.4 Anlegen spanischer Stützpunkte

spanische Siedlungspolitik

1496 wurde **Santo Domingo** auf Hispañiola als erste von Europäern angelegte Stadt auf amerikanischem Boden von **Bartholomäus Kolumbus**, einem Bruder des Entdeckers, gegründet. **1508** wurden die Grundfesten für die Stadt **San Juan** auf Puerto Rico gelegt. **1509** erklärte **Diego Kolumbus**, der Sohn Christoph Kolumbus' und neuer Gouverneur, Santo Domingo zur Hauptstadt Spanisch-Amerikas. Bis 1535 änderte sich an diesem Zustand nichts.

1514 wurde **Santiago de Cuba** von **Diego Velázquez** gegründet. **1515** folgte die Stadtgründung von **Havanna**. **1525** wurde die Stadt Santiago de la Vega auf Jamaika angelegt, die heute **Spanish Town** heißt.

2.4 Ausrottung der indianischen Urbevölkerung

2.4.1 Völkermord

Zum Zeitpunkt der **Ankunft von Christoph Kolumbus** in der Karibik schätzt man die Bevölkerungszahl auf den Westindischen Inseln insgesamt auf 2 bis 3 Millionen Indios und auf Hispañiola auf **300.000 Tainos**. Das Hauptziel der Spanier in Amerika war das **Erbeuten von Gold und Silber**! Das Opfer dieser Habgier war die indianische Bevölkerung.

Habgier

Der **rapide Rückgang der Eingeborenen** hatte folgende Ursachen:

systematische Ausrottung

- Um den Siedlern aus Spanien Anreize zu geben, wurden ihnen Ländereien übertragen, einschließlich der darauf lebenden Eingeborenen. Diese wurden ihnen als entrechtete **Leibeigene** zugewiesen. Dies war der Anfang vom Untergang der Indianer auf den karibischen Inseln.
- In den **kriegerischen Auseinandersetzungen** hatten die Indianer wegen der **Waffenüberlegenheit der Spanier** keine Chance.
- Die zur Zwangsarbeit verdammten Indianer starben an **Erschöpfung und Unterernährung** durch die Schwerstarbeit im Bergbau und in der Landwirtschaft, die sie nicht gewohnt waren.
- **Eingeschleppte Infektionskrankheiten** aus Europa (z.B. Pocken) dezimierten weiter ihren Bevölkerungsanteil.
- **Massaker bei Strafexpeditionen** rissen große Lücken in ihre Reihen.
- Die **Hoffnungslosigkeit** ihres Sklavendaseins erhöhte natürlich auch ihre Sterberaten.

Innerhalb kürzester Zeit schmolz die Zahl der Indianer unter den Schlägen und Drangsalen der spanischen Konquistadoren dahin. In Hispañiola gab es beispielsweise im Jahre **1530** nur noch wenige Dutzend Indianer, die sich in die unzugängliche Bergwelt ihrer Insel zurückgezogen hatten. Sie waren zum „Freiwild" in ihrer eigenen angestammten Heimat geworden.

2.4.2 Pater Bartolomé de las Casas' (1474-1566) Anklage

Don Bartolomé de las Casas – Erschütternde Berichte

Bartolomé de las Casas wurde in Sevilla geboren, studierte Theologie und Jura in Salamanca, begleitete zusammen mit seinem Vater Don Francisco Christoph Kolumbus auf seiner 3. Reise in die Karibik und trat nach seiner Rückkehr in den Dominikanerorden ein. **1502** segelte Bartolomé erneut in die **Karibik**, die ihn nicht mehr loslassen sollte. **1511** wurde er zum **Bischof von Kuba** ernannt. Die Brutalität, mit der seine Landsleute die Indianer behandelten, empörte ihn zutiefst.

mutiger und streitbarer Pater

1514 war der Beginn seiner **ausgedehnten Reisetätigkeit** im karibischen Archipel. Insgesamt unternahm er **14 Seereisen**, machte seine Beobachtungen, protestierte gegen Grausamkeiten der Spanier, setzte sich energisch für die **Menschenrechte der Indianer** ein, wurde angefeindet und verwünscht. Seine Audienzen bei den spanischen Königen Ferdinand V. und Karl V., in dessen Reich bekanntlich die Sonne nicht unterging, fruchteten nicht. Das traurige Los der Indianer konnte nicht verbessert werden. **1523** zog sich der **„Apostel der Indianer"** 10 Jahre lang in ein Dominikanerkloster zurück und schrieb seine **berühmten Werke**: „Apologetica Historia de las Indias", zu deutsch: **„Apologetische Geschichte der Westindischen Länder"** und „Historia General de las Indias", zu deutsch: **„Allgemeine Geschichte der Westindischen Länder". 1539** hatte der Dominikanerpater in Nicaragua einem spanischen Soldaten zur Fahnenflucht verholfen. Don Bartolomé mußte sich in Spanien verantworten und wurde dort 4 Jahre festgehalten. In dieser Zeit verfaßte er sein berühmtestes Werk: „Brevisima relación de la destrucción de las Indias occidentales", zu deutsch: **„Kurzgefaßte Berichte von der Verwüstung der Westindischen Länder"**. Schonungslos deckte er die Greueltaten der Unterdrücker auf. Hieraus auszugsweise einige Zitate:

Pater Bartolomé de las Casas

schonungslose Aufdekkung der Greueltaten

„... Hier (auf der Insel Hispañiola) ging das Metzeln und Würgen unter jenen unglücklichen Menschen an. Sie (Hispañiola) war die erste, welche verheert und entvölkert

wurde. Die Christen fingen damit an, daß sie den Indianern ihre Weiber und Kinder entrissen, sich ihrer bedienten und sie mißhandelten. Sodann fraßen sie alle ihre Lebensmittel auf, die sie mit viel Arbeit und Mühe sich angeschafft hatten ... Da sie nun außerdem noch mancherlei Grausamkeiten, Bedrückungen und Gewalttätigkeiten gegen die Indianer verübten, so sahen diese nach und nach ein, dergleichen Menschen könnten unmöglich vom Himmel kommen ... Die Christen gaben ihnen Ohrfeigen, schlugen sie mit Fäusten und Stöcken und vergriffen sich endlich sogar an den Oberherren der Ortschaften. Unter mehreren Beweisen ihrer grenzenlosen Schamlosigkeit und Verwegenheit führe ich nur dies an, daß ein spanischer Befehlshaber die Gemahlin des größten Königs notzüchtigte, der über die ganze Insel zu gebieten hatte ..."

Grausamkeiten und Gewalttätigkeiten

„... Sie wetteten, wer unter ihnen einen Menschen auf einen Schwertstreich mitten voneinander hauen, ihm mit einer Pike den Kopf spalten oder das Eingeweide aus dem Leibe reißen könne. Neugeborene Geschöpfe rissen sie bei den Füßen von den Brüsten ihrer Mütter und schleuderten sie mit den Köpfen gegen die Felsen ... Sie machten auch breite Galgen, so daß die Füße beinahe die Erde berührten, hingen zu Ehren und zur Verherrlichung des Erlösers und der 12 Apostel je 13 und 13 Indianer an jedem derselben (Galgen), legten dann Holz und Feuer darunter und verbrannten sie alle lebendig ..."

„Anwalt der Indios" gerät in Bedrängnis

1542 wurden zwar auf Initiative von Bartolomé von Kaiser Karl V. **Gesetze zum Schutz der Indianer** erlassen, die jedoch 3 Jahre später wieder aufgehoben wurden. **1544** weihte man Bartolomé de las Casas zum **Bischof von Chiapas** (Mexiko). **1547** mußte er **Mexiko** wegen ernster Konflikte mit spanischen Kolonisatoren wieder verlassen. Seitdem hat er die Karibik, Mittelamerika und die Indianer, für deren Rechte er so erbittert gekämpft hatte, nie wiedergesehen.

1566 starb der große **„Kämpfer für die Menschenrechte"** in Madrid. Er hatte vergeblich versucht, gegenüber der Kirche und dem spanischen Hof das hoffnungslose Los der Indianer zu verbessern.

Die Verdienste und die leider teils vergeblichen Bemühungen Pater Bartolomé de las Casas

- Einmal ist sein **selbstloser Einsatz für die Menschenrechte** der unterdrückten Indianer in der damaligen Zeit nicht hoch genug einzuschätzen.
- Zum anderen leistete er **wertvolle, unersetzliche Quellenforschung** über das Leben der Indianer. Er erkannte als einer der wenigen besonders in Mittelamerika das **hohe Niveau dieser versinkenden Indianerkulturen.**
- Durch ihn sind der Nachwelt Abschriften der **Schiffstagebücher Christoph Kolumbus'** überliefert worden.

Buchtips

- *„Bartolomé de las Casas, Kurzgefaßter Bericht von der Verwüstung der westindischen Länder", Frankfurt 1981*
- *„Bartolomé de las Casas, Dominikaner – Bischof – Verteidiger der Indios" von Thomas Eggensperger und Ulrich Engel, Mainz 1991*

Der große „Kardinalfehler" des Paters

Der Dominikanerpater machte während einer Audienz beim spanischen König einen Vorschlag, den er später selbst bitter bereute. Er empfahl, für die Plantagen- und Bergbauarbeiten in der Karibik **die nicht so robusten Indianer durch widerstandsfähigere Schwarze aus Afrika zu ersetzen**. Als er erfuhr und sah, wie die Portugiesen und die Spanier mit den Afrikanern verfuhren, erkannt er seinen großen Fehler, leider zu spät.

Afrikaner anstatt Indianer

2.5 Piraten, Seeräuber und Freibeuter in der Karibik

Die Spanier richteten ihr Augenmerk mehr und mehr auf das mittel- und südamerikanische Festland, weil dort die reichen Schätze der indianischen Hochkulturen (Azteken, Maya, Inka) ihre Beutelust anregten. Auf den **karibischen Inseln** wurden lediglich **befestigte Stützpunkte** geschaffen, um die Segelrouten aus den reichen Goldländern bis zur Überquerung des Atlantischen Ozeans zu sichern.

Goldrausch in Mittel- und Südamerika

Durch die fast völlige Vernichtung der Indianer auf den Karibikinseln war ein **Bevölkerungsvakuum** entstanden. Außerdem wurde die **Präsenz der Spanier**, wegen Verlagerung ihres steigenden Interesses aufs Festland, **auf den karibischen Inseln immer schwächer**. Die Nachricht von den entdeckten „Goldadern" der Spanier konnte in Europa naturgemäß nicht geheim gehalten werden. Die Beutegier anderer Nationen, aber auch privater Seeräuber, wurde angeregt.

2.5.1 Plünderung spanischer Schiffe

So kam es, daß in den Buchten der Karibikinseln Piraten, Seeräuber und Freibeuter lauerten, um die schwerbeladenen Transportschiffe der Spanier zu kapern und sie der Schätze zu berauben.

Kaperung spanischer Schiffe

Es waren französische Korsaren („*Corsaires*"), britische Privatiers („*Privateers*"), holländische Filibuster („*Flibustier*") und westindische Bukaniere („*Buccaneers*"), die die spanischen Schiffe überfielen. Inzwischen waren die Schiffe der Holländer, Franzosen und Engländer schneller und wendiger geworden als die ohnehin bis an die Grenze ihrer Manövrierfähigkeit überladenen, schwerfälligen spanischen Handelsschiffe.

2.5.2 Überfälle auf spanische Städte

Plünderung spanischer Kolonialstädte

Es wurden nicht nur die spanischen Schiffe überfallen, auch die Lagerstätten in den jungen Karibik-Städten der Spanier wurden ausgeplündert.
1554 wurde **Santiago de Cuba** (Kuba) ausgeraubt. **1555** erlitt **Havanna** (Kuba) das gleiche Schicksal. **1586** war **Santo Domingo** (Hispañiola) an der Reihe. **1598** mußte **San Juan** (Puerto Rico) seine zusammengeraubten Schätze an die Piraten herausgeben.

2.5.3 Gegenmaßnahmen der Spanier

Verstärkung der Befestigungsanlagen

Die Spanier konnten sich der zunehmenden Piraterie kaum noch erwehren. Notgedrungen ergriffen sie folgende Gegenmaßnahmen:

- Sie vereinigten ihre Handelsflotte zu **Geleitzügen von 40-80 Schiffen**, die feste Routen befuhren. Ausgangshäfen dieser Geleitzüge waren: Puerto Bello (Panama), Nombre de Dios (Panama) und Cartagena (Kolumbien). Zwischenstationen der in der Karibik besonders gefährdeten Seereise waren in erster Linie: Havanna (Kuba), Santo Domingo (Hispañiola), San Juan (Puerto Rico) und Santiago de la Vega (Jamaika, heute Spanish Town).
- Die **Verstärkung der Forts** in den Städten war ein weiterer Versuch, dem Druck der Piraten und Seeräuber zu begegnen.

2.5.4 Schwächeanzeichen der Spanier

Schwächung der spanischen Kolonialmacht

Trotz aller krampfhaften Versuche der Spanier, ihre Raubzüge und ihre Kolonien zu sichern, wurden sie immer mehr geschwächt.

- Ihre **Handelsflotte** von anfänglich stolzen 110 Schiffen Ende des 16. Jahrhunderts schmolz auf einen kläglichen Bestand von **nur noch 21 Handelsschiffen** Anfang des 17. Jahrhunderts zusammen. Die **Überfälle der Piraten** häuften sich.
- Aber auch **tropische Wirbelstürme** zogen so manches meist überladene Schiff in die Tiefe. Unzählige Wracks mit wertvoller Ladung ruhen noch heute an unbekannten Stellen auf dem Meeresgrund. Die hohe Zahl der verlustig gegangenen Schiffe konnten die Spanier nicht wieder ausgleichen.
- **Tückische Korallenriffe** bohrten sich außerdem in so manche spanische Schiffsplanke.
- **Spaniens Kräfte wurden immer mehr aufgesplittert**. Die weitverzweigten Raubzüge nach Gold, Silber und anderen Schätzen der Neuen Welt forderten ihren Tribut an Menschen und Material. Das verhältnismäßig kleine Land übernahm sich.
- Das **politische Machtgefüge in Europa verschob sich zuungunsten Spaniens**. Die Holländer, Franzosen und Engländer übernahmen allmählich die Herrschaft über die Weltmeere.

2.5.5 Piratengeschichten

Francis Drake

Francis Drake (1540-1596) – Pirat und Seeheld zugleich

Francis Drake wurde in Crowndale bei Plymouth geboren. Als Freibeuter machte er in jungen Jahren von sich reden.

1567 erreichte der Pirat die **Karibik**, angelockt von den reichen Fängen der spanischen Handelsschiffe. Er hat so manches spanische Schiff auf eigene Rechnung überfallen. Die Spanier fürchteten seine schnellen Überfälle aus dem Hinterhalt. **1577-1580** unternahm Francis Drake als erster Engländer erfolgreich eine **Weltumseglung**. Er umrundete als erster Europäer, vermutlich rein zufällig, Kap Hoorn, weil er die Magellan-Straße verfehlte. **1581** wurde er von der englischen Königin Elizabeth I. geadelt. Es war keine Seltenheit, daß ehemalige Piraten später zu Pionieren der Kolonisation ihrer Heimatländer auserkoren wurden und zu großem Ansehen gelangten.

draufgängerischer „Seebär"

1587 brachte der draufgängerische „Seebär" der spanischen Flotte bei Cádiz erhebliche Verluste bei. **1588** war er als Vizeadmiral an dem **Sieg über die als unbesiegbar geltende spanische „Armada"** im Kanal maßgeblich beteiligt. Seit der Niederlage dieser stolzen Flotte, die von dem spanischen Admiral Alonso Medina-Sidonia angeführt worden war, nahm der Niedergang der spanischen Seeherrschaft einen schnellen Verlauf.

1595 wurden die Spanier von **Francis Drake und John Hawkins** vor San Juan (Puerto Rico) von einer britischen Flotte in einem **Seegefecht** geschlagen.

Henry Morgan (ca. 1635-1688) – schillernde Gestalt

Henry Morgan wurde in Wales geboren. Er war für die spanischen Handelsschiffe und Stützpunkte schlechthin der **Schrecken der Karibischen See**. Sein Draufgängertum, seine Blitzangriffe und auch sein ausschweifender Lebensstil hatten einen großen Bekanntheitsgrad erreicht.

vom Piraten zum Vizegouverneur

1671 gingen die **Plünderung und Zerstörung** der neuspanischen Stadt **Panama** auf sein Konto. **1674** wurde er **von der englischen Krone geadelt**. Er durfte den Titel „Sir" führen. Die Engländer hatten erkannt, daß diese „Haudegen" für das Königreich sehr nützlich sein konnten, wenn man sie richtig steuerte, auch wenn sie vorher nur zu ihrem eigenen Vorteil geraubt hatten. Erfolgreiche Piraten, die mit zur Zerstörung des spanischen und später auch des französischen Kolonialreichs beitrugen, konnten mit Anerkennung des englischen Königshauses rechnen. **1674-1688** wurde der ehemalige Piratenheld mit dem Amt des **Vizegouverneurs von Jamaika** betraut.

Piet Heyn (1577-1629) **– verwegener Pirat**

buntbewegtes Seeräuberleben

Piet Heyn, auch Pieter Pieterszoon genannt, wurde in Delfshaven bei Rotterdam geboren. Er hat den Spaniern in der Karibik viele wertvolle Schätze abgejagt, die sie ins Heimatland schaffen wollten. Es ranken sich viele Geschichten um sein buntbewegtes Seeräuberleben. **1600-1602** geriet er in **spanische Gefangenschaft**, kam dann jedoch wieder frei. **1623** erhielt er das Amt eines **Vizeadmirals der Westindischen Kompanie. 1628** landete er seinen größten Coup, wobei er die spanische Silberflotte im Golf von Matanzas besiegte und dabei Schätze im Wert von **12 Millionen Gulden** erbeutete.

2.6 Die Zeit der Sklaverei

Sklavenhandel

Durch die Ausrottung der indianischen Bevölkerung fehlten die Arbeitskräfte auf den entstandenen Plantagen, wo hauptsächlich Zuckerrohr angebaut wurde, deshalb wurden in immer steigenden Mengen schwarze Negersklaven aus Westafrika herangebracht. Der Sklavenhandel war in der damaligen Zeit nichts Neues. Aber er wurde in der „Geschäftsverbindung" Westafrika-Karibik in so erschreckend großem Umfang betrieben, wie es seinesgleichen auf unserer Erde nicht noch einmal gab. Obgleich die Schätzungen weit auseinander klaffen, nimmt man an, daß **in 3 Jahrhunderten ca. 30 bis 100 Millionen (!) Negersklaven** in die Karibik transportiert wurden.

Im 17. Jahrhundert entwickelte sich ein **lukrativer Dreieckshandel**:
- Von Europa nach Westafrika: Konsumgüter, Stoffe, Gewehre, Alkohol
- von Westafrika in die Karibik: schwarze Sklaven
- von der Karibik nach Europa: Gold, Silber, Rohzucker, Rum, Tabak, Gewürze, Baumwolle

Allein der Sklavenhandel warf ca. 7 Millionen Dollar pro Jahr ab!

2.6.1 Unmenschliche Überfahrt und Sklavenmarkt

In ihrer westafrikanischen Heimat, wie wilde Tiere gejagt und brutal zusammengetrieben, wurden die Schwarzafrikaner in Schiffe bis zu 600 Personen zusammengepfercht, egal ob Männer, Frauen, werdende Mütter und Kinder. Durch die **qualvolle Enge**, die unhygienischen Verhältnisse und die Freiheitsberaubung verursacht, betrug die **Sterberate 10-15 %**, wenn der günstige **Passatwind** die Menschenfracht zügig nach Westen trieb. Wenn die armseligen Gefangenen jedoch in die **windstille Kalmenzone** gerieten, verzögerte sich die Fahrt. Durst, Hunger und ausbrechende Krankheiten erhöhten die Leiden der Schwarzen, und die **Sterberate** stieg auf über **50 %**!

Leiden der Schwarzen

Auf den **Sklavenmärkten** der karibischen Inseln wurden die Afrikaner auf ihren Gesundheitszustand untersucht und wie Vieh meistens an die Plantagenbesitzer meistbietend verkauft.

2.6.2 Katastrophale Arbeits- und Lebensbedingungen der Sklaven

Während die weißen Besitzer der Plantagen in vornehmen Landhäusern wohnten, hausten die Schwarzen in erbärmlichen Baracken. Ein 16-stündiger Arbeitstag war nichts Ungewöhnliches. In der Erntezeit wurden darüber hinaus noch Nachtschichten angeordnet. Die **Schinderei auf den Zuckerrohr-Plantagen** hatte zur Folge, daß die Lebenserwartung der Schwarzen sehr gering war. Der Verschleiß an schwarzen Arbeitskräften war immens. Die Verluste wurden durch immer wieder neue Menschenfracht aus Westafrika ausgeglichen. Nach durchschnittlich 5-8 Jahren waren die Sklaven am Ende ihrer Kräfte und wurden durch neue ersetzt. Es war billiger, für Nachschub zu sorgen, als die „Alten" bei Kräften zu halten. Bei den geringsten Verfehlungen der Schwarzen wurden willkürlich schon **drakonische Strafen** verhängt. Bei Fluchtversuchen galten folgende Strafen:

hohe Verluste

1. Fluchtversuch: Abschneiden eines Ohrs,
2. Fluchtversuch: Durchtrennung der Sehnen der Kniekehlen,
3. Fluchtversuch: Tötung des Sklaven.

2.7 Europäische Machtkämpfe im karibischen Raum

2.7.1 Ständig wechselnde Kolonialherren

In der Karibik brachen unruhige Zeiten an. Das gesamte Amerikanische Mittelmeer wurde zum **Zankapfel der europäischen Kolonialmächte**. Nachdem die Portugiesen und Spanier weitgehend geschwächt waren, stritten sich Holländer, Franzosen, Engländer, Dänen und Schweden um die einzelnen Inseln, wo Siedlungen gegründet wurden. **Sehr häufig mußten die Eilande ihre Besitzer wechseln**. Beispielsweise wehte auf der Kleinen Antilleninsel **St. Lucia** von 1660 bis 1803 **14mal (!)** eine andere Flagge. Eine **Übersicht** soll die wechselvolle Geschichte der Großen Antillen wiedergeben.

Streitobjekt Karibik

Insel/Staat	Fremdherrschaft	Zeitangabe
Dominikanische Republik	Spanien	1492-1795
	Frankreich	1795-1802
	Spanien	1802-1821
	Haiti	1821-1844
Haiti	Spanien	1492-1697
	Frankreich	1697-1793
	England/Spanien	1793-1795
	England	1795-1798
	Frankreich	1798-1804

2.7.2 Kriege zwischen Frankreich und England

Die kriegerischen Auseinandersetzungen zwischen Frankreich und England in Europa, die in dem **Seekrieg** (1744-1747), im **Siebenjährigen Krieg** (1756-1763) und in den **Napoleonischen Kriegen** (1799-1802, 1805) ausgefochten wurden, übertrugen sich natürlich auch auf die Kolonien der Karibik.

Entscheidungsschlacht

1782 kam es in der **„Battle of the Saints“** zu einer großen Seeschlacht zwischen englischen und französischen Marineeinheiten. 36 britische und 34 französische Schiffe standen sich kampfbereit gegenüber. Der britische Admiral Rodney fügte den Franzosen vor der Südküste von Guadeloupe eine vernichtende Niederlage bei. Alle französischen Schiffe wurden versenkt, und 15.000 Franzosen fanden dabei den Seemannstod. Die Briten verloren nur wenige Schiffe und 100 Mann.

Die **Friedensschlüsse** von Aachen (1748), Paris (1763), Versailles (1783) und Armien (1802), wo es auch immer wieder um den Verlust und Besitz von überseeischen Kolonien ging, trugen nicht zur politischen Beruhigung im karibischen Raum bei. Erst der **Pariser Frieden (1814)** sicherte eine dauerhaftere Abgrenzung des europäischen Kolonialbesitzes zu. Es wurde folgende Regelung getroffen:

Abgrenzung europäischen Kolonialbesitzes

Kolonialmacht	zugesprochene und bestätigte Kolonien
Spanien	Kuba, Ostteil Hispañiola (Dominikan. Republik), Puerto Rico
Frankreich	Martinique, Guadeloupe, die Nordhälfte von St. Maarten, St Barthélemy, La Desirade, Marie Galante, Iles des Saintes
England	Jamaika, Virgin Island, St. Kitts, Nevis, Antigua, Montserrat, Anguilla, Barbuda, Dominica, St. Lucia, St. Vincent, Granada, Trinidad, Tobago
Holland	Aruba, Curacao, Bonaire, Südhälfte von St. Maarten, St. Eustatius
Dänemark	Virgin Islands, St. Thomas, St. Croix, St. John

Haiti war schon 1804 unabhängig geworden. Aber auch nach dem Pariser Frieden (1814) kam es immer noch zu Machtverschiebungen (s. vorige Tabelle über die Geschichte der Großen Antillen). Auf den Kleinen Antillen spielten sich noch wesentlich kompliziertere politische Vorgänge ab.

2.8 Sklavenaufstände und Streben nach Unabhängigkeit

Es war vorauszusehen, daß sich die Negersklaven nicht immer die Drangsal und Unterdrückung durch Zwangsarbeit bieten lassen würden. Zumal ihr zahlenmäßiges Übergewicht sich immer mehr zu ihren Gunsten verschob.

Aufbegehren der Sklaven

- Im **16. Jahrhundert** flammten in **Kuba** bereits kleine, aber ohnmächtige Revolten gegen die weißen Unterdrücker auf.
- In **Jamaika**, wo der Anteil der schwarzen Bevölkerung bereits 90 % betrug, sammelten sich entflohene Sklaven, die sog. „*Cimarrones*" in den unzugänglichen Bergwäldern und warben um Sympathisanten unter ihresgleichen.
- **1795** erhoben sich **Kariben** auf **St. Vincent**, die ebenfalls versklavt waren. Der Aufstand wurde niedergeschlagen und der gesamte Bevölkerungsteil der Indianer aufs Festland **zwangsumgesiedelt**. Sie wurden durch arbeitswillige indische Landarbeiter ersetzt.
- **1789** revoltierten Schwarze und Mulatten in der damals französischen **Kolonie Saint-Domingue** (West-Hispañiola) unter Führung von Toussaint l'Ouverture und Dessalines gegen die französische Besatzungsmacht. Die Ideen der **Französischen Revolution** (1789), zusammengefaßt in den Prinzipien: **Freiheit** (*liberté*), **Gleichheit** (*egalité*) und **Brüderlichkeit** (*fraternité*) traten ihren Siegeszug über den Erdball an und verfehlten auch in den französischen Kolonien nicht ihre revolutionäre Wirkung.
- **1801** eroberte **Francois Dominique Toussaint l'Ouverture** den spanisch besetzten, östlichen Teil Hispañiolas und rief am 9. Mai die **Unabhängigkeit** der gesamten Insel **Saint-Domingue** (Hispañiola) aus, wurde aber bald darauf von den Franzosen gefangengenommen. Der neue Staat wurde das 2. Land Amerikas, nach den USA, das die kolonialen Ketten abschüttelte. Allerdings dauerte dieser Zustand des vereinigten Hispañiolas nur 1 Jahr.

Francois Dominique Toussaint l'Ouverture – der „Schwarze Napoleon"

Toussaint l'Ouverture wurde 1743 in der Nähe von Cap Francois geboren. Er war der Nachkomme schwarzer Sklaven. Schon als junger Mann wurde er Anführer schwarzer Aufständischer und Kommandant einer Truppe, die zunächst mit den Spaniern gegen die Franzosen kämpfte. Nachdem die Franzosen sich zur Sklavenbefreiung bereiterklärt hatten, wechselte er die Fronten und führte als Oberbefehlshaber des Heers von Saint Domingue den Kampf gegen die Spanier im Osten der Insel Hispañiola.

1801, nachdem er die **Unabhängigkeit Haitis proklamiert** hatte, geriet er wieder ins „Schußfeld" der Franzosen. Der General Leclerc fügte ihm mit sei-

Francois Dominique Toussaint l'Ouverture

nem übermächtigen französischen Expeditionsheer eine vernichtende Niederlage bei.

1803 verstarb der heute noch als haitischer Freiheitsheld gefeierte Toussaint l'Ouverture als **Gefangener** im Fort Joux bei Besancon.

- **1802** wurde der Ostteil Hispañiolas wieder spanisch.
- **1804** ließ sich **Jean Jacque Dessalines**, ein ehemaliger Sklave, zum **Kaiser Jakob I. von Haiti** (Westteil Hispañiolas) krönen, nachdem er vorher zu neuen Aufständen aufgerufen hatte. Die Franzosen wurden zum Rückzug gezwungen.
- **1806-1818 bzw. 1820** war das ehemals französische **Haiti in einen Negerstaat und eine Mulattenrepublik geteilt**. Beide Staaten vereinigten sich jedoch 1820 wieder.

Bildung neuer karibischer Staaten

- **1821** erklärte sich der Ostteil Hispañiolas von Spanien unabhängig.
- **1822** besetzte der haitische Präsident Jeane Pierre Boyer auch den östlichen Teil der Insel.
- **1825** erkannte Frankreich die **Unabhängigkeit Haitis** gegen eine **sehr hohe Entschädigungssumme** an, die die haitische Wirtschaft für Jahrzehnte ruinierte.
- **1844** wurden in einer neuen Revolution die Vorherrschaft Haitis im östlichen Hispañiola wieder abgeschüttelt und die **unabhängige Dominikanische Republik** gegründet.
- **1895** kam es in **Kuba**, nach mehreren gescheiterten Aufständen u.a. unter **Carlos Manuel Céspedes** und **Máximo Gómez**, zum massiveren **Aufstand** gegen die spanische Gewaltherrschaft unter dem **Revolutionsführer José Martí**, der jedoch sein Aufbegehren gegen die spanische Besatzungsmacht mit seinem Leben bezahlen mußte.
- **1898** gelang, allerdings nur mit **Unterstützung der USA**, die endgültige **Befreiung Kubas** von der spanischen Kolonialherrschaft, die sich mit erbitterter Härte gegen den Freiheitskampf wehrte.

Aufhebung der Sklaverei

Kolonialmacht	Jahr	Kolonialmacht	Jahr
Dänemark	1792	**Holland**	1863
England	1833	**Spanien**	1880
Frankreich	1847		

2.9 Expansionspolitik der USA im karibischen Raum

2.9.1 Die Monroe-Doktrin

2.12.1823 verkündigte der **US-Präsident James Monroe**, der dieses Amt von 1817 bis 1825 innehatte, in der berühmten Monroe-Doktrin folgendes:

„Jede europäische Einmischung in die Angelegenheiten unabhängiger amerikanischer Regierungen und umgekehrt ist zurückzuweisen, und die Vereinigten Staaten von Amerika sind als Schutzmacht der mittel- und südamerikanischen Staaten anzusehen."

Zusammengefaßt wird der Textauszug in dem Slogan: *„Amerika den Amerikanern!"*

2.9.2 US-amerikanische Interventionen

Dieser Erlaß der Monroe-Doktrin von 1823 gab den USA nach ihrer Meinung das Recht, die Gründung alter europäischer Kolonien in der Neuen Welt rückgängig zu machen und die neuer zu verhindern. Allerdings leiteten sie auch die Befugnis davon ab, **Interventionen** im übrigen Amerika vorzunehmen, mit oft fadenscheinigen Begründungen.

Übergriffe der USA

Hier sind einige **militärische Übergriffe** im karibischen Raum aufgezählt:

- **1898** griffen die USA im spanisch-amerikanischen Krieg in den **Freiheitskampf der Kubaner** gegen Spanien ein. Sie unterstellten nach ihrem Sieg über die Spanier die Insel einem Militärgouverneur. Erst 1902 verließen sie Kuba wieder. Der US-amerikanische **Militärstützpunkt Guantánamo** blieb auf Kuba bis heute erhalten.
- **1915-1934** wurde das unabhängige **Haiti** von US-Truppen besetzt. In den innenpolitischen **Konflikt zwischen Schwarzen und Mulatten** meinten die USA, eingreifen zu müssen. Sie stellten sich auf die Seite der Mulatten.
- **1915-1924** erlebte die unabhängige **Dominikanische Republik** das gleiche Schicksal wie Haiti. Sie wurde ebenfalls besetzt, weil die USA angeblich ihre wirtschaftlichen Interessen wahren mußten. Die USA bildeten in dieser Zeit eine **moderne Wehrmacht** aus, an deren Spitze **Rafael Leonida Trujillo y Molina** stand.
- **1965** erfolgte nochmals eine Intervention der USA in der **Dominikanischen Republik**, die die rechtsgerichtete Militärjunta gegen die kommunistisch orientierten Anhänger des Präsidenten Juan Bosch Gavino unterstützte.
- **1983** intervenierte der US-Präsident Ronald Reagan in **Grenada**. Der prokubanische Kurs des Premier Maurice Bishop veranlaßte die USA zum militärischen Eingreifen. Bishop kam ums Leben.

2.10 Zusammenfassung

Zeittafel

Ca. 200 v. Chr.	bewohnten **Siboney** als Jäger und Sammler die Insel.
Ca. 200 n. Chr.	verdrängten höher entwickelte, Ackerbau und Töpferei betreibende **Taino** die Siboney.
Bis 1492	machten kriegerische **Kariben** mit ihren schnellen Booten den Tainos in ihrem Siedlungsgebiet das Leben schwer.
05.12.1492	betrat **Christoph Kolumbus** als erster Europäer mit seinen Mannen die Insel. Sie wurde **Hispañiola** (Klein-Spanien) genannt. Die erste Siedlung gründete er im heutigen Haiti mit dem Namen **La Navidad**.
06.01.1494	wurde von **Christoph Kolumbus** nach seiner Rückkehr nach Hispañiola im heutigen Staatsgebiet der Dominikanischen Republik **La Isabela** gegründet, nachdem La Navidad zerstört vorgefunden war.
1496	war das **Gründungsjahr** von **Santo Domingo**, der ersten spanischen Stadt in der Neuen Welt.
1502	war **Christoph Kolumbus** bei der spanischen Krone in Ungnade gefallen, und man **inhaftierte** ihn in der Festung am Río Ozama. **Neuer Gouverneur** wurde **Nicolás de Ovando**. Unter seiner Regentschaft führte man das sog. „Encomieda-System" ein, das die **indianische Zwangsarbeit** vorsah.
1509	wurde **Diego Kolumbus**, der Sohn von Christoph Kolumbus, neuer Gouverneur. Die in den Goldminen schuftenden Indianer starben wie die Fliegen.
1512	gründeten die Spanier in Santo Domingo die **erste Universität** in Spanisch-Amerika.
1533	startete Indianerhäuptling **Enriquillo**, der Kazike von Jaragua, den einzigen größeren **Aufstand der Tainos** gegen die spanischen Eroberer.
1542	führte der **Dominikanermönch Bartolomé de las Casas** einen leidenschaftlichen, aber vergeblichen Kampf gegen das Kolonialsystem, um die Ausrottung der indianischen Bevölkerung samt ihrer Kultur zu verhindern. Ausgehend vom christlichen Gleichheitsgedanken, trat er für eine gerechte Sozialordnung ein. Das Ergebnis seiner Bemühungen waren die *„Leyes Nuevas"* (Neue Gesetze), die verbieten sollten, daß die Indios bei Landvergabe als Zwangsarbeiter weitervererbt werden konnten. Die Folge war leider die Einführung der Negersklaven aus Afrika.
1550	**starben die letzten Tainos aus**, die man in Reservate zusammengetrieben hatte. Die Goldminen waren erschöpft. Von der **Gier nach Gold** getrieben, verließen viele Spanier die Insel und wandten sich dem mittel- und südamerikanischen Festland zu. Hispañiola wurde fast völlig entvölkert.
1562	wurden **Santiago de los Caballeros** und **La Vega von** einem schweren **Hurrikan zerstört**.
1586	**plünderte** der englische Pirat **Francis Drake Santo Domingo**.
Ab 1570	wurden **Negersklaven** aus Afrika als Arbeitskräfte eingeführt.
Um 1600	machten auch andere **englische und französische Seeräuber** die Karibik unsicher und überfielen spanische Schiffe, die schwer beladen

mit den erbeuteten Schätzen aus Mittel- und Südamerika Richtung Spanien strebten.

1604 wurden die **Bewohner der Nordküste** auf Befehl der spanischen Krone wegen illegalen Handels mit feindlichen Mächten und Schmuggels zwangsweise nach Süden **umgesiedelt**.

1625 **setzten sich englische und französische Piraten fest**.

1673 zerstörte ein **schweres Erdbeben** Santo Domingo.

1684 wurde die Hauptstadt erneut durch ein **Erdbeben** schwer in Mitleidenschaft gezogen.

1697 zwang man Spanien im **Frieden von Ryswijk, den Westteil Hispañiolas**, der den Namen Saint-Domingue erhielt, **an Frankreich** abzutreten.

1791 gaben die Ideale der Französischen Revolution (Freiheit, Gleichheit und Brüderlichkeit) den **Anlaß zum Aufstand der Schwarzen und Mulatten in Saint-Domingue** (Westhispañiola = Haiti). Der **Anführer der Aufständischen, Francois Dominique Toussaint l'Ouverture**, eroberte auch den Ostteil der Insel, das Gebiet der heutigen Dominikanischen Republik.

1795 wurde im **Frieden von Basel** auch der **Ostteil** der Insel **an Frankreich** abgetreten.

09.05.1801 **proklamierte Francois Dominique Toussant l'Ouverture die Unabhängigkeit** der Insel. Das fand jedoch nicht die Zustimmung der Franzosen, und der Anführer der Freiheitsbewegung wurde festgenommen. 3 Jahre später flackerten neue Aufstände unter der Leitung von **Jean Jacques Dessalines** auf.

08.12.1804 ließ sich **Jean Jacques Dessalines** zum **Kaiser Jakob I.** von Haiti krönen. Er zwang die Franzosen zum Rückzug.

1806-1818 und 1820 war Haiti in einen Negerstaat und in eine Mulattenrepublik geteilt.

1809 wurde **Osthispañiola von den Spaniern zurückerobert**.

1822 besetzte der haitische Präsident **Jean Pierre Boyer** Osthispañiola und **vereinigte die Insel** zu einem Staat. Dieser Zustand dauert jedoch auch nicht allzu lange.

1825 ließ sich **Frankreich** die anerkannte **Unabhängigkeit Haitis** durch eine so hohe Geldsumme bezahlen, daß die haitische Wirtschaft völlig dem Ruin verfiel.

1839 gründete **Juan Pablo Duarte** die geheime Gesellschaft **„Trinitaria"**, die die Unabhängigkeit von Haiti anstrebte und für eine selbständige Republik eintrat.

07.05.1842 erschütterte ein **Erdbeben** die ganze Insel. Große Teile Santo Domingos stürzten ein.

27.02.1844 erstürmten Männer des Geheimbundes „Trinitaria" die Festung von Santo Domingo und nahmen die Soldaten der haitischen Garnison gefangen. Die **Unabhängigkeit** der **ersten Dominikanischen Republik** wurde von den Freiheitskämpfern Mella und General Sánchez ausgerufen.

1861-1865 suchte die Republik unter Präsident Pedro Santana eine **Schutzmacht** für ihren gefährdeten Bestand durch die Bedrohung von Haiti. Da England und Frankreich kein Interesse zeigten, blieb notgedrungen nur noch **Spanien** als Schutzmacht übrig.
Das erwies sich als keine glückliche Lösung. Es brach während dieser Zeit der **Restaurationskrieg gegen die „Schutzmacht"** aus, bis

die Spanier schließlich unter Schimpf und Schande endgültig das Land verlassen mußten.

1865 wurde die **zweite Republik unter Báez** ausgerufen. Unter ihm kam es zu blutigen Auseinandersetzungen zwischen seinen Anhängern, die weiterhin wegen der inneren Schwäche des Landes den Anschluß an eine Großmacht anstrebten (USA), und nationalen Oppositionsgruppen.

1870 lehnte der Kongreß der USA den **Antrag** von Baéz ab, die **Dominikanische Republik zu einem Bundesstaat der USA** zu machen.

1882 erlebte die junge Republik die **schlimme Diktatur** von **Ulises Heureaux**. Unter seiner Herrschaft geriet das Land in eine hoffnungslose **Verschuldung** gegenüber den USA. Der Schuldenberg erreichte astronomische Ausmaße.

1905 übernahmen die **USA die Zollhoheit** der Dominikanischen Republik.

1907 schloß man einen Vertrag, der wegen der hohen Verschuldung die absolute **Finanzkontrolle der USA** über das Land vorsah.

1916-1924 besetzten **US-amerikanische Truppen** das geschwächte Land. Aufgrund der „Monroe-Doktrin", nach der sie sich das Recht zugeschrieben hatten, Gesamtamerika vor europäischen Übergriffen zu schützen, sah sich die Supermacht USA befugt, in der Dominikanischen Republik militärisch einzugreifen. Zum anderen meinten sie sich zu diesem umstrittenen Schritt wegen der nicht zurückgezahlten Schulden legitimiert. 1924 zogen sich die US-Amerikaner wieder zurück.

10.05.1924 begann die Periode der **dritten Republik**.

1930 kam der **Brigadegeneral Rafael Trujillo y Molina** durch einen Staatsstreich an die Macht.

1952 gab Rafael Trujillo sein Präsidentenamt an seinen Bruder **Héctor Trujillo** ab.

1960 wurde **Dr. Joaquín Balaguer** als **Nachfolger** von Trujillo eingesetzt.

30.05.1961 fiel **Rafael Trujillo y Molina** einem **Attentat** zum Opfer.

20.12.1962 fanden die ersten freien Wahlen statt, in denen **Juan Bosch** (PRD) zum **ersten freigewählten Staatspräsidenten** gewählt wurde.

25.09.1963 wurde Juan Bosch durch einen **Militärputsch** gestürzt und durch ein Triumvirat unter Leitung von **Reid Cabral** ersetzt.

24.04.1965 führte eine Offiziersrevolte den Sturz von Reid Cabral herbei, die einen **Bürgerkrieg** zwischen den linksgerichteten Militärs, den „Konstitutionellen", die den legitimen Präsidenten Juan Bosch wieder an die Macht bringen wollten, und den rechtsgerichteten „Loyalisten" unter General Wessin y Wessin auslöste.

28.04.1965 führten die innerdominikanischen Wirrnisse und die Furcht vor einer kommunistischen Gefahr zur militärischen **Intervention der USA** zugunsten des rechtsorientierten dominikanischen Militärs.

19.05.1965 kam es zu **Waffenstillstand** und OAS-Kontrolle. Eine Übergangsregierung unter Gracía Godoy hatte große Schwierigkeit, Herr der Lage zu werden.

02.06.1966 fanden **Neuwahlen** unter OAS-Aufsicht statt. **Dr. Joaquín Balaguer** (PR) wurde **zum 1. Mal** zum **Staatspräsidenten** gewählt.

16.05.1970 wurde **Dr. Joaquín Balaguer** (PR) als **Staatspräsident** im Amt bestätigt. Die PRD unter Juan Bosch boykottierten die Wahl.

16.02.1973 war ein **Guerillakampf des Generals Caamanos Denos** zum Scheitern verurteilt.

16.05.1974 gewann **Dr. Joaquín Balaguer** (PR) **zum 3. Mal** die **Wahl**.

16.05.1978	errang die bisherige Oppositionspartei **PRD** den **Wahlsieg**.
16.08.1978	übernahm **Antonio Guzmán Fernández** (PRD) den Sitz des **Staatspräsidenten**. Er zeigte sich in seiner Amtszeit jedoch als nicht sonderlich reformfreudig.
1979	scheiterte ein **Putschversuch** gegen Antonio Guzmán Fernández.
16.05.1982	trug wieder die **PRD** den **Wahlsieg** unter **Jorge Salvador Blanco** davon.
04.07.1982	warf der Tod des noch amtierende **Staatspräsidenten Antonio Guzmán Fernández** einige Fragen auf. Er kam auf sehr mysteriöse Art und Weise ums Leben (Autounfall? oder Selbstmord?).
16.08.1982	wurde **Jorge Salvador Blanco** (PRD) zum Staatspräsidenten gewählt. Er geriet schon bald unter den Verdacht der Korruption.
1983	war der **Goldbergbau** noch der **Devisenbringer Nummer eins** der Dominikanischen Republik. Bei Cotui förderte man mit modernen Methoden im Tagebau beispielsweise Gold im Wert von ca. 500 Mio. US$.
1986	trat der Tourismus an die erste Stelle der Devisenbringer.
16.05.1986	errang **Joáquin Balaguer** (PR) **zum 4. Mal** den Wahlsieg. Er wurde anschließend wieder zum **Staatspräsidenten** gewählt.
1989	kam es wegen Lohnstreitigkeiten zum **Generalstreik**.
16.05.1990	führte **Joáquin Balaguer** (PR) **zum 5. Mal** seine Partei zum **Wahlsieg**, und er selbst stellte wieder den **Staatspräsidenten**.
16.05.1994	**Joáquin Balaguer** ließ sich zum **6. Mal** trotz Proteste der Opposition zum Sieger der Präsidentschaftswahlen erklären.
11.11.1997	kam es zu einem zweitägigen **Generalstreik** aus Protest gegen die Wirtschafts- und Sozialpolitik der Regierung, zu dem Gewerkschaften, Bauernverbände und private Gruppierungen aufgerufen hatten.
30.06.1996	siegte bei der Stichwahl zum **Präsidentenamt Leonel Fernández Reyna** (* 1953), Führer der Partido de la Liberación Dominicana (PLD), mit knapper Mehrheit vor José Francisco Peña Gomez (PRD). Fernández hatte die Unterstützung der PRSC und bildete mit dieser die „National-Patriotische Front".
16.05.1998	fanden die **Parlamentswahlen** getrennt von den Präsidentschaftswahlen statt. Gewinner war die oppositionelle sozialdemokratische Partido Revolucionario Dominicano (PRD). Sie erhielt 83 von 149 Mandaten im Abgeordnetenhaus und 24 von 30 Sitzen im Senat und damit in beiden Kammern die absolute Mehrheit.
22.09.1998	forderte der **Hurrikan „George"** mindestens 267 Menschenleben. Die Regierung veranschlagte die Sachschäden in der Landwirtschaft und bei der Infrastruktur auf 1,2 Mrd. US$.
2000	Die Schäden des Wirbelsturms sind weitgehend behoben.

3. GEOGRAPHISCHER ÜBERBLICK

3.1 Lage, Größe und Landesnatur

im Herzen der Großen Antillen

Die Dominikanische Republik liegt in der Karibik, im Herzen der Großen Antillen, und bedeckt knapp 2/3 der Insel Hispañiola, die sie sich mit Haiti teilen muß, zwischen 18° unnd 20° nördlicher Breite und 68° und 72° westlicher Länge. Sie grenzt im Westen an Haiti, im Norden an den Atlantischen Ozean und im Süden und Osten an das Karibische Meer. Mit 48.422 km² ist sie flächenmäßig das **zweitgrößte Land der Karibik** und etwas größer als Dänemark, das vergleichsweise 43.094 km² mißt.

Das Territorium der Dominikanischen Republik ist von etwa **1.600 km langen Küsten**, überwiegend Sandstrände oder felsige Steilküsten, gesäumt. Vor den Küsten erstecken sich lange Korallenriffe.

große Reliefunterschiede

Die Dominikanische Republik weist die höchsten Reliefs der Antillen auf, die ihre höchste Erhebung mit dem **Pico Duarte (3.175 m)** erreichen.

Nur 315 km nördlich des Pico Duarte liegt der **Puerto Rico Meeresgraben** mit einer Tiefe bis zu 9.216 m. Der Höhenunterschied dieser beiden geographischen Punkte beträgt somit 12.391 m.

Innerhalb des Staatsgebietes gibt es insgesamt **25 kleinere und größere Inseln**. Zu den größten zählen: Isla Saona mit 117 km², Isla Beata mit 27 km² und Isla Catalina mit 7 km².

3.2 Geologische Entwicklung

3.2.1 Wandernde Kontinente

Kontinental-Verschiebungs-Theorie

neue Erkenntnisse

Der deutsche **Geophysiker Alfred Wegener** (1880-1930) ist der „Vater" der Kontinental-Verschiebungs-Theorie. **1912**, am 6. Januar, hielt der 31-jährige Privatdozent für Astronomie und Meteorologie einen **aufsehenerregenden Vortrag** unter der Überschrift: „Neue Ideen über die Herausbildung der Großformen der Erdoberfläche auf geophysikalischer Grundlage". **1929** erschien sein **Buch** mit dem Titel: **„Entstehung der Kontinente und Ozeane"**. Darin legte er seine zunächst sehr umstrittene Theorie dar. Er ist auf die **revolutionäre Idee** gekommen, daß sich die jetzigen Kontinente im Laufe der Jahrmillionen verschoben haben müssen. So zufällig konnten beispielsweise die Küstenlinien des westlichen Afrikas und des östlichen Südamerikas nicht zusammensetzbar sein.

Dominikanische Republik
Atlantischer Ozean
Karibische See
Haiti
Port-au-Prince
Santo Domingo
Monte Cristi
Laguna Salada
Puerto Plata
Sosúa
Cabrera
Nagua
Las Terrenas
Limón
Samaná
Sánchez
Sabana de la Mar
Miches
Bávaro
Boca del Yuma
Bayahibe
La Romana
Isla Saona
San Pedro de Macorís
Hato Mayor
El Valle
Santiago
San Francisco de Macorís
La Vega
Jarabacoa
Bonao
Manabao
Constanza
San José de las Matas
La Ciénaga
Cordillera Septentrional
Cordillera Central
Restauración
Pico Duarte
San Juan
La Descubierta
Lago Enriquillo
Cabral
Pedernales
Cabo Rojo
Oviedo
Paraíso
Barahona
Isla Beata
Azua
San José de Ocoa
Baní
San Cristóbal
N
0
100km

Aus diesem erkannten Phänomen entwickelte der Forscher seine sog. Kontinental-Verschiebungs-Theorie. Er zeichnete Weltkarten und setzte **wie in einem Puzzlespiel** die heutigen Festländer zusammen.

Wegener gelangte zu der Überzeugung, daß vor ca. 300 Millionen Jahren alle heutigen Einzelkontinente in einem riesigen Superkontinent vereinigt gewesen waren. Er nannte diesen **Urkontinent** „Ganzerde" oder ***Pangäa***, der im Jungkarbon bestanden haben soll.

Zerfall der Pangäa

Aus dem Urkontinent bildete sich ein **Nordkontinent: *Laurasia*** (Eurasien, Nordamerika) und ein **Südkontinent: *Gondwana*** (Afrika, Arabien, Indien, Australien, Antarktis). In drei Rekonstruktionen von Erdkarten hat der Forscher versucht, seine Theorie zu veranschaulichen. In je einer Karte vom Oberkarbon (vor ca. 320 Millionen Jahren), vom Alttertiär (vor ca. 60 Millionen Jahren) und vom Altquartär (vor ca. 1,5 Millionen Jahren) hat Wegener diese Entwicklung skizziert.

Driften der Kontinente

Diese beiden Großkontinente seien weiter zerbrochen und in einzelne **Schollen** zerfallen, die dann auseinanderdrifteten, so lautete die Hypothese Wegeners. Die entscheidende Kraft, die zur Kontinental-Verschiebung führte, sei die Zentrifugalkraft der Erdrotation. Gebirge entstünden nach seiner Meinung dadurch, daß beim Driften der Kontinente auf deren Unterseite Reibungen mit der Simamasse entstehen. An der Stirnseite der driftenden Schollen bildeten sich Stauwülste – Gebirge.

Die wesentlichen Teile seiner Theorie wurden später durch folgende, als **Beweis** geltende Erkenntnisse erhärtet:

- Untersuchungen haben ergeben, daß **erdgeschichtliche Übereinstimmungen** in den Strukturlinien präkambrischer Grundgebirge und ihrer gleichen Gesteinszusammensetzung, beispielsweise für Afrika und Südamerika, über die Breite des Atlantischen Ozeans bestehen.
- Auch **Ähnlichkeiten** in der Entwicklung **der Tier- und Pflanzenwelt** über die trennenden Meere hinweg sind Beweismaterial dieser Theorie.

Spätere Forschungen bauten auf Wegeners Kontinental-Verschiebungs-Theorie auf.

Die Unterströmungslehre

Die Kontinental-Verschiebungs-Theorie und die Unterströmungslehre ergänzen sich. Letztere wurde von dem österreichischen Geologen **Ampfer** begründet. Er führte die Veränderung des Antlitzes der Erde in erster Linie auf **Fließbewegungen unter der obersten Erdkruste** zurück.

Zerrung und Pressung der Erdrinde

Diese Strömungen entstehen durch Gesteine, die bei großer Hitze plastisch werden. Die Erdrinde wird mitgeschleppt, gedehnt oder eingeengt. Es gibt Risse, und Schollen entstehen. Diese treiben auseinander, stoßen aufeinander oder schieben sich übereinander. Als Ursachen dieser Unterströmungen werden chemische Prozesse durch Wärmeausgleich angenommen.

Plattentektonik der Erde
- Vor 225 Millionen Jahren (Perm) -

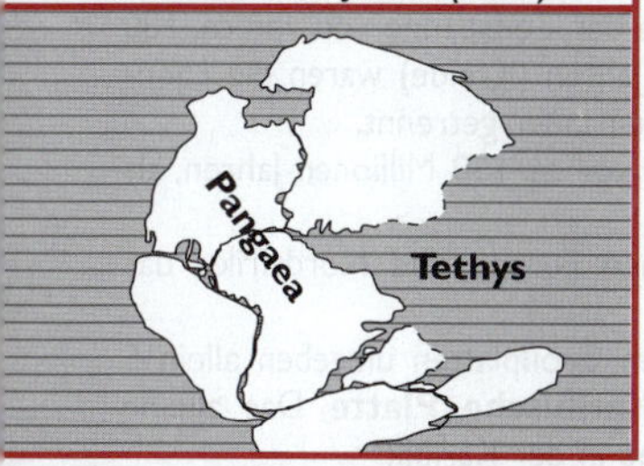

Plattentektonik der Erde
- Vor 180 Millionen Jahren (Trias) -

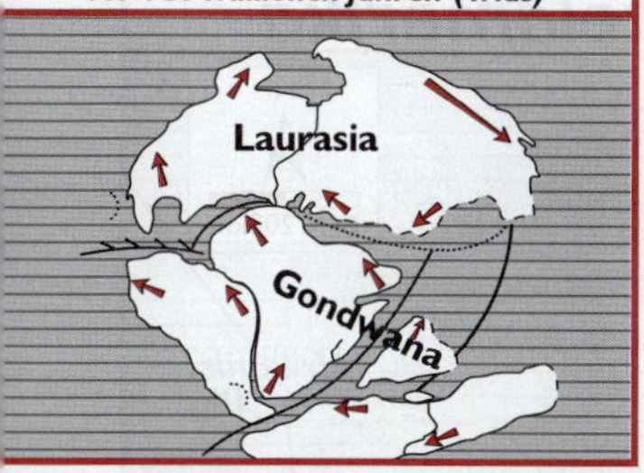

Plattentektonik der Erde
- Vor 65 Millionen Jahren (Kreide/Tertiär) -

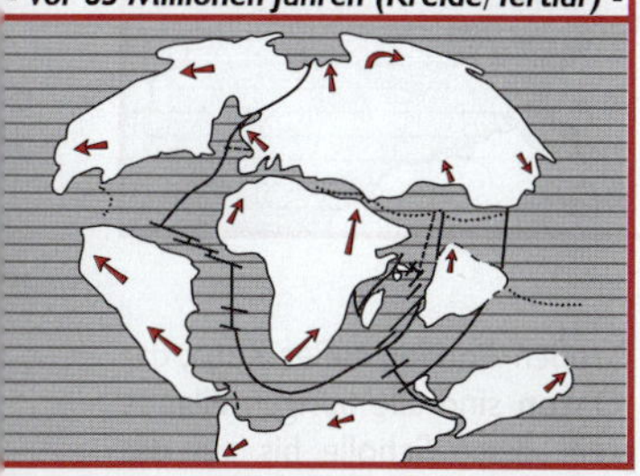

Plattentektonik der Erde
- Vermutlich in 50 Millionen Jahren -

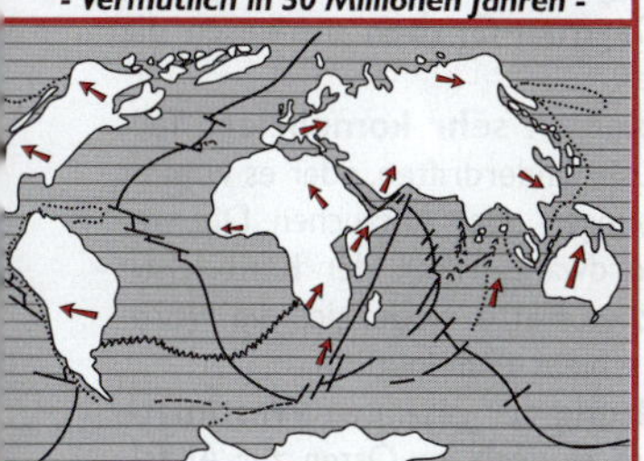

graphic

Die Plattentektonik

Man sucht bei der Plattentektonik nach Erklärungen über die Bewegungsvorgänge auf der Erdkruste, dem Driften der Platten (Erdschollen).

stabile Schollen

Es gibt einerseits **alte stabile Festlandskerne**. Diese mit Granit durchsetzten Gesteinskomplexe aus präkambrischer Zeit haben ein Alter von 1.000 Millionen bis 3.750 Millionen Jahren. In Amerika gehören zu diesen alten Schilden der Kanadische oder Laurentische Schild und die Brasilianische Masse.

bizarre Faltungen

Im Gegensatz zu diesen festen Platten stehen **große Faltengebirge**, die in verschiedenen Erdepochen durch gebirgsbildende Bewegungen, die man auch wissenschaftlich Tektonogenesen nennt, entstanden sind. Die heute auffälligsten und bizarresten Faltungen auf unserer Erde sind die **jungen tertiären Faltungen**. Der hohe Gebirgsstrang der Rocky Mountains, Kordilleren und Anden, der sich im Süden in der Antarktis und im Norden in Alaska und Ostasien fortsetzt, gehören dazu.

zerbrechende Schollen

Die **Bruchschollen- und Bruchfaltengebirge** entstehen dort, wo Dehnungs- und Ausweitungsformen, Aufschiebungen und Abschiebungen eng benachbart sind. Die Schollen sind durch Brüche zerstückelt. Es hat sich ein **Schollenmosaik** gebildet.

3.2.2 Geologische Unruhezone Karibik

Der obige kurze Ausflug auch in grundsätzlich erdgeschichtliche Erkenntnisse soll Ihnen das Verständnis für die sehr komplizierten geologischen Vorgänge im karibischen Raum, die sich im Laufe der Jahrmillionen hier ereignet haben, erleichtern.

Der karibische Raum ist seit Millionen von Jahren gewaltigen tektonischen Kräften unterschiedlichster Art ausgesetzt gewesen:

• Dieses Gebiet hat die **„Zerreißprobe" des Nordkontinents *„Laurasia"* und des Südkontinents *„Gondwana"*** vor ca. 200 Millionen Jahren zwischen dem heutigen Nord- und Südamerika „erlebt". In der Zeitspanne von vor ca. 180 Millionen Jahren (Trias) bis vor ca. 70 Millionen Jahren (Kreide) waren die Landmassen des heutigen Nord- und Südamerika voneinander getrennt.

• Ein ähnlicher **Dehnungsprozeß** vollzog sich vor ca. 150 Millionen Jahren, als sich **Afrika von Südamerika** trennte.

• So entstand, analog dem Mittelmeer zwischen Europa und Nordafrika, das **Amerikanische Mittelmeer**.

Karibische Platte in Bedrängnis

• Von den heute 12 auf der Erde existierenden Großplatten umgeben allein 5 (siehe Abbildung) die verhältnismäßig **kleine Karibische Platte**. Das alleine bedingt schon eine tektonisch sehr unruhige Zone in der Karibik.

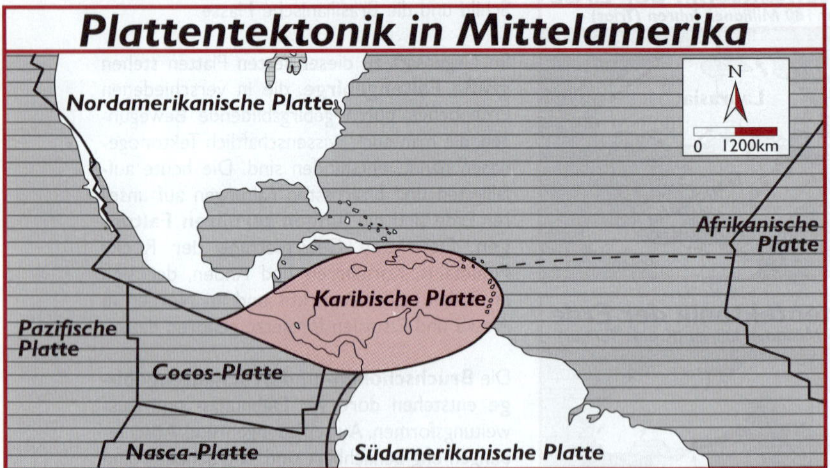

Die **Karibische Platte** umfaßt im **Norden** die Großen Antillen außer Kuba, das schon zur Nordamerikanischen Platte gehört. Im **Osten** sind alle übrigen Eilande des Antillenbogens eingeschlossen. Im **Süden** greift diese Scholle bis auf das südamerikanische Festland über, einschließlich des Orinoco-Laufes. Im **Westen** sind Nord-Kolumbien, Panama, Costa Rica, Nicaragua, Honduras und El Salvador eingeschlossen. **Der Puerto Rico und der Cayman-Graben** markieren die **Bruchfaltenlinie** der Karibischen Platte im Meer.

Subduktion

• Die **Plattenbewegungen untereinander** sind oft **sehr kompliziert**. Teilweise ist es ein Gegeneinanderstoßen oder ein Auseinanderdriften, oder es kommt zu Hebungen oder Senkungen durch Überschiebungen oder Abtauchen. Die wesentlichste Bewegung in der Karibik ist das Nordwärtsdriften der Karibischen Platte und die Kollision mit der Nordamerikanischen Platte, wobei sich die Nordamerikanische Platte unter die Karibische Platte schiebt (Subduktion).

• Vor ca. 60 Millionen Jahren begann die **Auffaltung** der gesamten **Westküste** des Doppelkontinents Amerika. Anschließend kam es auch im Osten zur Auffaltung. Es bildete sich vor ca. 60-40 Millionen Jahren im Tertiär (Eozän) eine Landverbindung, die allerdings vor ca. 40-10 Millionen Jahren wieder verloren ging.

große Reliefunterschiede

• Durch das aufgeworfene Gebirge der Großen Antillen mit seiner höchsten Erhebung in Hispañiola, dem Pico Duarte **3.175 m ü.M.**, und dem Tiefseegraben vor Puerto Rico mit **9.000 m Meerestiefe** ergibt sich eine **Höhendifferenz von 10.000 m bis 12.000 m (!)** entlang der Atlantikküste der Großen Antillen. Dieser beachtliche Gebirgszug, größtenteils unter Wasser, wird als **Bruchfaltengebirge** bezeichnet.

• Die Bruchstellen der aufeinander stoßenden Platten sind immer durch **regen Vulkanismus** gekennzeichnet. Die tektonische Unausgewogenheit, die unmittelbare Nähe von Tiefseegräben und hohen Faltengebirgen sind die Stellen der Erdkruste, in der die glühende Magma an die Erdoberfläche drängt und Erdbeben nicht selten sind.

aktive und „schlafende" Vulkane

Wie drohende Mahnmale erheben sich die teilweise noch aktiven Vulkane in den Himmel: der Mt. Soufrière auf Guadeloupe, der gleichnamige Mt. Soufrière auf Montserrat und der Mt. Pelée auf Martinique. Der Ausbruch der Vulkane Mt. Pelée am 08.05.1902 mit der Vernichtung von St. Pierre sowie des Mt. Soufrière auf Montserrat im August 1997 sind eindringliche Beispiele für die Gefährlichkeit dieser Vulkane.

3.2.3 Landschaftsgliederung von Hispañiola (Dominikanische Republik und Haiti)

Berge und Täler

Von Nordwesten nach Südosten verlaufen **4 Bergketten** durch die Insel:

Gebirge der Dom. Rep.

• Die **Cordillera Central** (Zentralkordillere) ist der größte Gebirgszug Hispañiolas, und der **Pico Duarte** an der Grenze von Haiti ist mit **3.175 m** die höchste Erhebung der Antillen überhaupt. Im Süden der Cordillera Central schließen sich das **Hochtal von San Juan** sowie die **Küstenebene von Azua und Santo Domingo** an.

• Die **Cordillera Septentrional** (Nordseitenkordillere) verläuft parallel zur Cordillera Central im Norden. Dazwischen liegt eine schmale Tieflandfurche, das sehr **fruchtbare Cibao-Tal**.

• Die **Cordillera Oriental** (Ostkordillere) ist die kürzeste und niedrigste der drei.

• Die **Sierra de Baoruco** und die **Sierra de Neiba** liegen im Süden des Landes.

Täler der Dom. Rep.

Zwischen den Gebirgszügen erstrecken sich **teilweise fruchtbare Senken.**

• Das **Chibao-Tal**, landwirtschaftlich intensiv genutzt, liegt im Norden in der Umgebung von Santiago de los Caballeros.

• Die **Ebene des Yuna** im Osten ist ebenfalls sehr fruchtbar.

• Das **San Juan-Tal** im Westen ist nicht minder ergiebig für die Landwirtschaft.

• Der **Enriquillo-Graben** liegt an seiner tiefsten Stelle 40 m unter dem Meeresspiegel.

Vegetation

vom tropischen Regenwald bis zur Wüste

Die **starken Reliefunterschiede auf kleinem Raum** bewirken naturgemäß auf relativ kurzen Entfernungen **merkliche Klima- und Vegetationsunterschiede**. Neben dem **tropischen Regenwald** an der Luvseite der Gebirge treten **Feucht- und Trockensavannen** auf der Leeseite im Regenschatten der Berge, auf Meeresniveau **Dornbuschsavannen** und in trockenen Depressionen teilweise **Wüstenformationen** auf. Die ursprüngliche Vegetationsdecke ist in den gut bewässerten, fruchtbaren Ebenen weitgehend durch tropische Nutzpflanzen ersetzt, und die natürlichen Urwälder sind durch **Raubbau** teils von Kakteen- und Dornbuschsteppen verdrängt worden.

Binnengewässer

Das Land besitzt zahlreiche **Flüsse**. Die größten sind der Yaque del Norte im Norden, der Yaque del Sur im Süden, der Ozama, der bei Santo Domingo ins Karibische Meer mündet, der Yuna, der in die Bucht von Samaná fließt, und der Artibonito, ein Grenzfluß an der haitianischen Grenze.

Flüsse und Seen

Viele der Flüsse sind schiffbar, wie der Río Soco, der Río Higuamo, der Río Romana, Río Yaque del Norte, der Río Yaque del Sur, der Río Yuna und der Río Bajabonico.

Der größte Binnensee der Dominikanischen Republik und der Antillen ist der **Lago Enriquillo** an der Grenze zu Haiti.

3.2.4 Das Karibische Meer

Strömungsverhältnisse

Der **Karibenstrom** bewirkt, daß sich zwischen den Karibischen Inseln, besonders in der Yucatán-Straße und Florida-Straße, **sehr starke Meeresströmungen** entwickeln. Der **Süd-Äquatorialstrom**, verursacht durch den Südost-Passat, und der **Nord-Äquatorialstrom**, der durch den Nordost-Passat in Bewegung gesetzt wird, verfrachten warmes Atlantikwasser in das Karibische Meer.

Meeresströme

Beide Meeresströme zusammen nennt man auch Karibenstrom. Während der winterlichen Trockenzeit wehen die Passatwinde besonders kräftig und beständig. Dann erreicht die **Oberflächenströmung** des Karibenstroms **2-3 km/h.** In der **Yucatán-Straße** zwängt sich der warme Meeresstrom zwischen Kuba und Yucatán hindurch, und die Strömungsgeschwindigkeit verstärkt sich auf **4 km/h**. In der **Florida-Straße** sind es dann sogar **7 km/h!**

Aus dem warmen Karibenstrom und dem Antillenstrom entwickelt sich im Nordosten der Westindischen Inseln durch die Ablenkung des, seinen Kern im jahreszeitlichen Wechsel nur unwesentlich verändernden, fast ortsfesten Azorenhochs der **Golfstrom**. Er ist die „Warmwasserheizung Europas". Seine Heizkraft wirkt sich sogar bis nach Nord-Skandinavien aus, dessen Häfen er noch nördlich des Polarkreises eisfrei hält.

In der **Segelschiff-Periode** haben die Seefahrer diese Wind- und Strömungsverhältnisse geschickt genutzt. Für den geschilderten **Dreieckshandel**: Westeuropa-Westafrika-Karibik-Westeuropa (siehe Kapitel 2.6, S. 40) boten der Nordost-Passat (Europa-Westafrika), der Südost-Passat (Westafrika-Karibik) und die Westwinddrift (Karibik-Westeuropa) die besten Voraussetzungen.

Schelfmeer und Tiefseegräben

geringe Wassertiefe

Der größte Teil des Karibischen Meeres ist ein Schelfmeer, d.h. es ist eine **Flachsee**, die einen Festlandsockel überspült hat. Weite Areale sind erst durch die Abschmelzung des Eises der letzten Eiszeit vor ca. 10.000 Jahren überschwemmt worden.

Dieser überflutete Kontinentalsockel besteht im karibischen Raum aus 2 Erdschollen oder Platten, der Karibischen und Nordamerikanischen Platte. Durch den **4.000-5.000 m tiefen Cayman-Graben** sind beide Platten voneinander getrennt. Noch größere Meerestiefen weist der **Puerto-Rico-Graben** an der dem Atlantik zugewandten Seite auf. Hier werden **bis zu 9.540 m** vom Meeresspiegel bis zum Meeresgrund ausgelotet. An diesen Stellen ist die erkaltete Erdkruste besonders dünnschalig. See- und Erdbeben können hier leicht auftreten.

Strände

belebte und einsame Strände

In der Dominikanischen Republik gibt es **größere und kleinere Abschnitte mit wunderschönen Stränden.** Sie bestehen zumeist aus einem Gemisch aus Sand und schneeweißem Muschelkalk. Auf den flachen Stränden konzentrieren sich die meisten Touristenansammlungen. Es gibt jedoch noch genügend Strände in versteckten Buchten und weiten Lagunen, in denen kaum Menschen anzutreffen sind.

3.3 Das Klima

3.3.1 Eigenschaften des Tropenklimas der Dominikanischen Republik

• Es gibt **keine thermisch unterschiedlichen Jahreszeiten**. Die Temperaturdifferenz zwischen wärmstem und kältestem Monat im Mittel beträgt höchstens 3 bis 5 °C.

• Die **Tagesamplitude**, das ist der Unterschied der mittleren Tag- und Nachttemperatur, ist **größer als die Jahresamplitude**. Man spricht von einem **Tageszeitklima**.

• Der **Wechsel zwischen Trockenzeit und Regenzeit** würde eher eine Einteilung in Jahreszeiten rechtfertigen.

- **Im Sommer**

feuchte Sommer

Die **Regenzeit ist an den Zenitstand der Sonne gekoppelt**. Der Zenitstand, wenn die Sonne senkrecht auf die Erde scheint, wird in der Dominikanischen Republik im Hochsommer erreicht. Von Süden bis zum Nördlichen Wendekreis und wieder zurückwandernd, hat die Sonne ihren Höchststand. Dann erwärmt sich die Erde am stärksten. Die mit Feuchtigkeit angereicherte Luft steigt auf und hinterläßt eine **Tiefdruckrinne**. Wenn die feuchte Luft aufsteigt, wird sie abgekühlt. Kältere Luft kann nicht so viel Wasser speichern wie warme Luft. Die Folge ist, es gehen immer wieder heftige Regenschauer nieder, die im Wechsel mit Aufheiterungen und starker Sonnenbestrahlung stehen. Dies ist die Periode der **Regenzeit**, die normalerweise von **Mai/Juni bis Oktober/November** dauert.

- **Im Winter**

trockene Winter

Im Winter hat sich, entsprechend dem Zenitstand der Sonne, die Tiefdruckrinne auf die südliche Hemisphäre der Erde verlagert. Ende Dezember steht die Sonne senkrecht (im Zenit) über dem Südlichen Wendekreis. Dann gibt es dort die Regenzeit. In der Karibik herrscht zu dieser Zeit **trockenes Hochdruckwetter**, und der Nordost-Monsun bläst stark und gleichmäßig.

• Die **Tag-und-Nacht-Gleiche**, d.h. die Tage und die Nächte sind je nach Jahreszeit gleich oder fast gleich lang, ist ein weiteres Charakteristikum der Tropen. In der Dominikanischen Republik geht die Sonne das ganze Jahr um ca. 6.00 Uhr auf und um ca. 18.00 Uhr unter. Die Dämmerung ist im Vergleich zu unseren Breiten nur sehr kurz.

• Die Dominikanische Republik liegt im Bereich der **Passatwinde**. Diese Luftbewegungen sind das ganze Jahr vor allem über dem Meer wehende Winde, die aus subtropischen Zellen hohen Luftdrucks heraus wehen und die von äquatorialen Tiefdruckgebieten angesogen werden. Auf der nördlichen Halbkugel müßte demnach die Windrichtung Nord-Süd sein. Die Luftströmung wird jedoch durch die Erdumdrehung abgelenkt. Somit weht der Wind von Nordost nach Südwest, daher der Name **Nordost-Passat**. Analog entwickelt sich auf der Südhalbkugel der **Südost-Passat**.

• Die **unterschiedlichen Höhenlagen**, die sich aus dem Relief der Inseln ergeben, sind mit wetterbestimmend. Die Durchschnittstemperatur verringert sich bei je 1.000 Höhenmetern um ca. 6 °C.

• Ausschlaggebend für die Niederschlagsmenge ist außerdem, ob ein Gebiet im **„Regenschatten" der Berge** liegt oder nicht.

3.3.2 Wie entsteht ein Hurrikan?

Die Karibik, im Grenzgebiet der Tropen liegend, ist eine Zone tropischer Wirbelstürme. Ein Hurrikan ist ein im karibischen Raum gefürchteter **orkanartiger Wirbelsturm**, der um eine Zyklone, ein Tiefdruckgebiet, kreist.

Der Name „Hurrikan“ stammt aus der Arawakensprache und bedeutet so viel wie **„böser Geist“**.

Durch **starke, großflächige Erwärmung des Meeres** auf ca. + 27 °C in den heißesten Monaten August bis Oktober steigt sehr warme, feuchtigkeitsgeladene Luft rasch in große Höhen empor. Sie wird in der Höhe abgekühlt. Je höher die Luft aufsteigt, desto stärker ist die Kondensation. Die wiederum führt zu einer **gigantischen Quellwolkenbildung. Heftige Gewitter** und stark niedergehender Regen erzeugen einen **gefährlichen Kreislauf**. Der Druck im Zentrum dieses zunächst noch senkrechten Kreislaufs sinkt extrem unter 950 Millibar. Der tiefste bisher gemessene Druck betrug **nur 885 Millibar!** Wenn dann durch die stark ablenkende Erdrotation in Äquatornähe dieser senkrechte Kreislauf in die Waagerechte umkippt und sich in eine horizontale Luftspirale verwandelt, erzeugt dieser **gewaltige Dreheffekt**, der die geballten Luftmassen um die eigene Achse wie einen Kreisel dreht, eine verheerende Kraft.

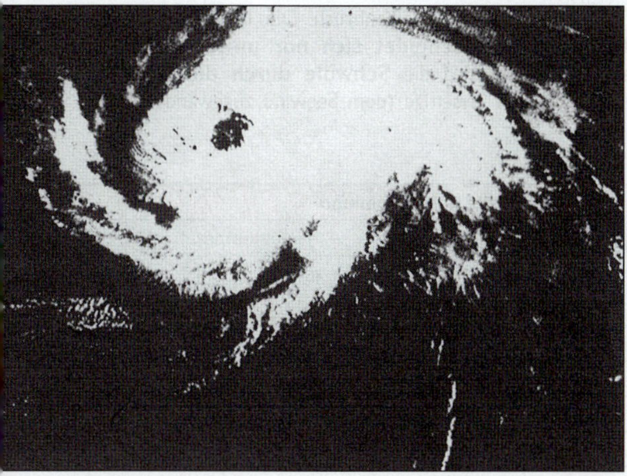

Satellitenforo eines Zyklons

gefürchteter Wirbelsturm

Die **Drehgeschwindigkeit** kann **bis zu 320 km/h** betragen, während im „Auge des Sturmfelds“ Windstille herrscht. Der dazugehörige **Wolkenwirbel** kann **bis zu 800 km** im Durchmesser erreichen. Die **Wandergeschwindigkeit** eines Hurrikans beträt zwischen **20-50 km/h**. Auf seiner Zugstraße hinterläßt er eine **Spur der Verwüstung**.

Die USA haben ein gut ausgebautes **Frühwarnsystem** entwickelt.

3.3.3 Reisezeit

ganzjährige Saison

Grundsätzlich hat der Tourismus auf der Dominikanischen Republik das **ganze Jahr über Saison**. Auch Sie als Reisender aus gemäßigten Breiten werden ein **angenehmes, bekömmliches Klima** vorfinden.

Sicherlich wird Ihnen die **winterliche Trockenzeit** von Oktober/November bis Mai/Juni mehr zusagen als die Regenzeit in der übrigen Zeitspanne.

Aber **auch die Regenzeit ist reizvoll**. Sie ist durch teilweise sehr heftige Regenschauer gekennzeichnet. Es klart jedoch zwischendurch immer wieder auf. Phantastische Wolkenformationen, das frische Grün und die tropische Blütenpracht entschädigen für den vorherigen Wolkenbruch. Die **tägliche Sonnenscheindauer der Regenzeit unterscheidet sich nur unwesentlich von der der Trockenzeit**. Außerdem wird die **Schwüle durch die Seewinde gemildert**. Besonders günstig sind luvseitige (dem Seewind zugewandte) Standorte.

Klimatabelle Santo Domingo

Monate	Niederschläge (mm)	Regentage pro Monat	Tagestemperatur °C	
			max.	min.
Jan	61	7	29,0	19,0
Feb	36	6	29,5	19,0
Mär	48	5	29,0	19,5
Apr	99	7	29,5	20,5
Mai	173	11	30,0	21,5
Jun	158	12	30,5	22,0
Jul	163	11	31,0	22,0
Aug	160	11	31,0	23,0
Sep	185	11	31,0	22,0
Okt	152	11	30,5	22,0
Nov	122	10	30,0	21,0
Dez	61	8	29,5	19,5

4. PFLANZENWELT

Den tropisch üppigen Pflanzenwuchs verdankt die Dominikanische Republik den **ganzjährig hohen Temperatur**en und der **günstigen, sich übers ganze Jahr verteilenden Niederschlagsmenge**. Der **enorme Pflanzenreichtum** macht es unmöglich, eine umfassende Beschreibung der vielen Arten zu geben. Die dominikanische Pflanzenwelt gilt als die artenreichste der Karibik. Bislang hat man mehr als 5.600 blühende Pflanzen festgestellt, von denen 1.800 endemisch sind, d.h. sie kommen nur auf Hispañiola vor. Zunächst soll versucht werden, die verschiedenen **Vegetationszonen** zu umreißen.

5.600 Blühpflanzen

Es gibt 2 Hauptunterscheidungs-Methoden:

• Einmal können Pflanzengesellschaften nach der **Höhenlage** des Geländes zusammengefaßt werden. Schon die Spanier staffelten die Insellandschaften der Karibik in drei Klimastufen. Diese spanischen Begriffe wurden von den Botanikern für ihre Gliederung der Urwälder bergaufwärts übernommen.

- Die ***„Tierra caliente"*** (= heißes Land) mit Temperaturen von + 24 °C bis + 30 °C reicht bis 1.000 m Höhe.
- Die ***„Tierre templada"*** (= gemäßigtes Land) mit Temperaturen von + 24 °C bis + 20 °C wird bis 2.000 m Höhe gerechnet.
- Die ***„Tierra fría"*** (= kaltes Land) mit + 20 °C bis + 16 °C übersteigt die Höhe von 2.000 m.

verschiedene Einteilungen

• Man kann jedoch auch die verschiedenen Pflanzengesellschaften nach der **jährlichen Verteilung der Niederschlagsmenge** unterscheiden:

- **Immergrüner Regenwald** kann sich bei 9-12monatigen Regenfällen und einer Regenmenge von über 2.000 mm/Jahr entwickeln.
- **Regengrüner Feucht- und Trockenwald** benötigt 5-9 Monate Regen und 800-2.000 mm pro Jahr, um zu gedeihen. Die Bäume werfen in der Trockenzeit ihr Laub ab.
- **Dornbusch und Sukkulenten** brauchen nur 4 Monate und weniger und 800 mm und weniger Niederschlag zum Überleben.

4.1 Vegetationszonen

4.1.1 Immergrüner tropischer Regenwald

Dort, wo es in der ***Tierra caliente*** bis ca. 1.000 m Höhe in der Dominikanischen Republik, besonders in den regenreichen Gebieten der Halbinsel Samaná, noch den immergrünen tropischen Regenwald gibt, entfaltet er seine phantastische Schönheit mit einem **ungeheuren Artenreichtum**. Typische Vertreter sind Lianen und Epiphyten.

tropische Üppigkeit

Die Vegetations-, Blüte- und Reifezeit der Bäume, Sträucher und Kräuter **verteilt sich über das ganze Jahr**. Der Wald ist immergrün. Ein Baum kann gleichzeitig blühen, Früchte tragen, Laub abwerfen und neue Blätter treiben.

Charakteristisch für den tropischen Regenwald ist außerdem der **stufige Wuchs seiner Urwaldbäume**:

- **Die obere Etage**

riesige Bäume

- **Urwaldriesen** recken sich **bis zu 50 m** in den Tropenhimmel. Zu ihnen gehören Mahagoni-Bäume (*Swietenia mahagoni*), Drachenflügel-Bäume (*Pterocarpus officinalis*) und Kapok-Bäume (*Ceiba pentandra*). Oft sind sie mit **Brettwurzeln** ausgestattet, die die mächtigen Stämme wie seitliche Stabilisatoren abstützen. Wegen des **gleichmäßig stetigen Wachstums** haben die Bäume des tropischen Regenwaldes keine Jahresringe. Dieser Umstand und ihre Härte sowie Elastizität machen die tropischen Hölzer so begehrt.

Kampf ums Licht

- Das Astwerk und die Baumkronen sind dicht mit **Epiphyten** besetzt. Das sind baumbewohnende Pflanzen, aber keine Schmarotzer. Sie fangen das Regenwasser in Blatttrichtern oder Stengelknollen auf. Philodendron, Orchideen, Bromelien, Farne, Moose und Flechten haben sich wegen der ungünstigen Lichtverhältnisse in Bodennähe höher in den Bäumen angesiedelt, denn nur 3 % des Tageslichts erreichen den Urwaldboden.

- **Die mittlere Etage**

In diesem Stockwerk zwischen 5-20 m streben außer **jungen Bäumen** gefiederte **Baumfarne** (*Cyathea*-Arten), **Ameisenbäume** mit ihren gefiederten Blättern (*Cecropia*-Arten), **Palmen** (*Euterpe*-Arten) und viele **Lianen** und auch **Epiphyten** sowie Philodendron zum Licht und bilden ein dichtes Geflecht.

- **Die untere Etage**

schwieriger Lebenskampf

Auf dem Urwaldboden herrscht ein diffuses Dämmerlicht. **Gräser, Bambus**, der auch zu den Gräsern gehört, **Kräuter, Farne, Ingwergewächse, Zwergpalmen** und **Baumfarne** versuchen hier, ihren schwierigen Lebenskampf zu bestehen.

Raubbau an den tropischen Regenwäldern

Es gibt auf unserer Erde keine Pflanzengesellschaft, die ein bunteres, reicheres Spektrum an Pflanzenspezies hervorgebracht hat als der tropische Regenwald. Deshalb ist es um so bedauerlicher, daß diese Vielfalt von den Menschen so rücksichtslos vernichtet wird. **Ein einmal niedergebrannter oder gerodeter tropischer Regenurwald ist in seinem Artenreichtum unwiederbringlich für unsere Erde verloren.** Aufforstungen, vielleicht mit nur einer Baumart (Eukalyptus oder Koniferen), sind nur ein sehr trauriger Ersatz dafür.

nur kurze Nutzungsdauer

Es ist nicht nur so, daß das Naturmonument eines tropischen Regenwaldgebietes zerstört wird, auch die von den Menschen angebauten Nutzpflanzen gedeihen nicht besonders gut ohne künstliche Düngung. Die gewaltigen Urwaldriesen, die Dichte der Vegetation und die mannigfaltige Pflanzenwelt täuschen der armen

Landbevölkerung eine unerschöpfliche Fruchtbarkeit vor. Das ist jedoch ein Irrtum. In Wirklichkeit ist der tropische Regenwald in seiner Ökologie äußerst sensibel. Nur der gleichmäßige Kreislauf des über das ganze Jahr verteilten Blätterfallens, des Sterbens und Umbrechens der Bäume, des Vermoderns und Wiedererstehens neuen Lebens gewährleistet die tatsächliche Fruchtbarkeit des Regenwaldes. Wenn dieser **empfindliche Kreislauf** gestört wird und die Bildung der dünnen Humusschicht nicht mehr gegeben ist, wird der nackte, nährstoffarme Boden sehr schnell nach wenigen Jahren durch die heftigen tropischen Regengüsse ausgewaschen und ausgelaugt. Unfruchtbarkeit ist die unausbleibliche Folge. Durch künstliche Düngung könnten noch eine Zeitlang günstige Erträge erwirtschaftet werden. Aber für den Kauf der chemischen Düngemittel fehlt meistens das Geld, und so werden weitere Regenurwälder sinnlos zerstört, nur zum Nutzen weniger Jahre für die Menschen.

Unfruchtbarkeit ist die Folge

Die **letzten Reste tropischer Regenwälder** finden wir im Zentral- und Ostteil Hispañiolas.

4.1.2 Immergrüner Gebirgsregenwald

Er gedeiht zwischen ungefähr 1.000-2.000 m Höhe in der Klimastufe der ***Tierra templada***. Die ganzjährige Wachstumsperiode ist auch hier nicht unterbrochen. Die Artenvielfalt der Urwaldpflanzen ist aber schon geringer als im tropischen Regenwald der tieferen Region. Die Bäume wachsen langsamer, und sie werden nicht mehr so hoch. Epiphyten gibt es immer noch reichlich.

langsameres Wachstum

Der immergrüne Gebirgsregenwald ist noch nicht so gefährdet wie der tropische Regenwald am Fuß der Berge.

4.1.3 Montaner Nebelwald

Meist in Nebel und Wolken gehüllt, von langen Flechtenbärten geheimnisvoll verschleiert, zeigt sich der Montane Nebelwald in Höhen über 2.000 m in der ***Tierra fría***. In den Baumbestand mischen sich auch Koniferenarten. Der Artenreichtum der Nebelwälder ist zwar nicht sehr groß, dafür steigen jedoch ihre **endemischen Arten**, das sind einmalige Pflanzenvorkommen, wegen ihrer inselartigen Isolation oft auf sehr beachtliche 50 % an.

Dicke **Moospolster** und **Flechten** bedecken die modernden Baumleichen. **Baumfarne, Heidekraut, Myrthengewächse**, **Lobelien** und **Bergbambus** bilden eine **verfilzte Strauchzone**. In den höchsten Lagen sind in den gelichteten Wäldern **Hochmoore** eingestreut.

Der Montane Nebelwald ist in den oft schwer zugänglichen Bergregionen bisher vor dem menschlichen Zugriff verschont geblieben.

weitgehend von Menschen verschont

4.1.4 Regengrüner Feucht- und Trockenwald

3-7monatige Trockenzeit

Die Bäume dieser Region sind wegen der 3-7monatigen Trockenzeit gezwungen, ähnlich der Winterruhe der Bäume in gemäßigten und subpolaren Gebieten der Erde, ebenfalls eine **Vegetationsruhe** einzulegen. Zu den typischen Bäumen dieser Vegetationszone gehören der Kapokbaum (*Ceiba pentandra*), der Sanddosenbaum (*Hura crepitans*), die mächtige Königspalme (*Roystonea regina*), die Flaschenpalme (*Colpothrinax wrighti*) und verschiedene Akazienarten.

Man findet diesen lichten Waldtyp im Süden und Westen Hispañiolas.

4.1.5 Dornbusch und Sukkulenten

extrem trockenes Klima

Diese Vegetationsform kommt vor allem im Regenschatten der Gebirge der Dominikanischen Republik vor, der ein extrem trockenes Klima aufweist, bei den im Westen gelegenen Orten Monte Cristo und rund um den Lago Enriquillo. Auf den trockenen und teilweise durch Erosion ausgelaugten Böden können nur **Agaven**, **Kakteen** (Kugel-, Säulen- und Kandelaberkakteen) und **Dornengestrüpp** gedeihen.

4.1.6 Mangroven-Dickichte

Die Mangroven-Dickichte sind die wohl **eigenartigste Vegetationsform der Tropen**. Sie liegen im Einflußbereich der Gezeiten und sie werden vom Salzwasser der Meere regelmäßig überspült. Bei Flut ragen zeitweise nur die Kronen aus dem Wasser heraus. Mangroven können nur dort gedeihen, wo Korallenriffe, geschützte Lagunen oder die Trichter der Flußmündungen die Brandungswellen des Meeres abschwächen. Diese Lebenskünstler schaffen ein neues Biotop, eine Wildnis, die vielen Tieren eine Heimat bietet.

Lebenskünstler

Wie ist es nun möglich, daß die **Pioniere** unter den Bäumen diese lebensfeindlichen Standorte einnehmen können? Ihre **wasserspeichernden Blätter** (Sukkulenten) wirken bei Überkonzentration an Salz als Regulator. Die dann an die Zellen abgegebene Blattflüssigkeit hält die Überdosis an schädlichem Salz in erträglichen Grenzen.

Am auffälligsten sind die **Stelzenwurzeln**. In weitem Bogen vom Hauptstamm gekrümmt, sichern sie die Pflanzen vor dem bedrohlichen Wellengang und sorgen somit für genügend Stabilität. Neben dieser **Verankerung** sind die Wurzeln außerdem noch **Atmungsorgane**, die für genügend Sauerstoff in dem außerordentlich sauerstoffarmen Boden sorgen, damit die Pflanzen nicht ersticken.

„Lebendgeburt"

Besonders interessant und einmalig in dieser für Pflanzen schwer zu besiedelnden Übergangszone zwischen Festland und Meer ist die Art der **Fortpflanzung** der Mangroven. Man spricht von einer „Lebendgeburt" (*Viviparie*). Der Samen hat bereits an der Mutterpflanze gekeimt. Die lebensfähigen „Stecklinge" fallen in den

Schlamm und bilden eine neue selbständige Pflanze. Würden die Samen ungekeimt ins Wasser oder in den Schlamm fallen, würden sie fortgespült, und die Vermehrung wäre gefährdet. Das „Wurzelschlagen“ geht so erstaunlich schnell vor sich, daß die Stecklinge schon nach wenigen Stunden festen Halt in dem schlammigen Boden gefunden haben, bevor die nächste Flut kommt. Fällt der Sämling allerdings während des Hochwassers, dann kann er sich nicht im Schlamm zu Füßen der Mutterpflanze festsetzen. Auch dann ist sein junges Leben noch nicht verloren. Mit der Strömung wird er an andere Ufer getrieben, an denen er sich entwickeln und seine Art vermehren kann.

schnelles Wurzelschlagen

Die **Mangrovensümpfe sind voller Leben**. Verschiedene Krabbenarten, wie die Schwimm-, Renn-, Mangroven- und Winkerkrabben, Schlammspringer und Schützenfische, Wasser- und Watvögel bevölkern z.B. diese Wildnis.

Die meisten Mangrovengehölze gibt es in den seichten Buchten der Dominikanischen Republik.

4.1.7 Tropische Früchte, Nutz- und Zierpflanzen

In den vielen Gärten und Hotelanlagen sind die verschiedensten, meist aus anderen Tropengebieten eingeführten Zier- und Nutzpflanzen, wie Bougainvillea, Orchideen, Hibiskus und Flamboyant, anzutreffen.

Einige eingeführte Nutzpflanzen, deren ursprüngliche Heimat teilweise nicht mehr feststellbar ist, haben einen wichtigen Platz in der Landwirtschaft von Hispañiola eingenommen. Die bekanntesten sind: Brotfrucht, Kaffee, Kakao, Kartoffeln, Cashew, Kokosnuß, Mais, Maniok, Tamarinde und nicht zu vergessen das Zuckerrohr, das immer noch eine große wirtschaftliche Bedeutung für das Land besitzt.
Als wichtigste Obstsorten gelten: Ananas, Bananen, Guave, Mango, Maniok, Papaya, Passionsfrucht, Tayota, Ufertraube und die verschiedenen aromatischen Zitrusfrüchte.

wichtige Nahrungsspender

Ananas (*Ananas comosus*) / span.: Piña, engl.: Pineapple

Familie: Ananasgewächse · Aussehen: mehrjährige Pflanze mit gedrängter Sproßachse · Blätter: zu 30 bis 50 in einer dichten Rosette, schwertförmig, 80 bis 100 cm lang, am Rand stark bedornt · Blüten: auf einem kurzen Schaft in dichten, vielblütigen, zapfenförmigen Ähren, die von einem Schopf kleiner Blätter gekrönt sind · Früchte: Es sind Beerenfrüchte, die mit der Blütenstandachse und den Tragblättern zu einem fleischigen, eßbaren Sammelfruchtstand verwachsen sind. Die Fruchtbildung vollzieht sich ohne vorherige Bestäubung. Die Früchte enthalten keine Samen.

Ursprünglich im tropischen Südamerika heimisch, findet man dort noch viele Formen der Ananas. Die kultivierte Pflanze, meist in Plantagen angebaut, verträgt monatelange Trockenheit. Die reife, vitaminreiche kultivierte Frucht wird viel als Frischobst verzehrt. Exportiert werden neben frischen Früchten auch Konserven.

vitaminreiche Frucht

Als Nebenprodukt wird das Enzym Bromelain gewonnen, das in der Lebensmittel- und Lederindustrie sowie in der Medizin verwertet wird. Die Blätter besitzen eine der feinsten Blattfasern, die von Hand u.a. für Spitzenschleier (Mantillas) verarbeitet wird.

Avocado (Persea americana) / span.: Auacate, engl.: Avocado

Familie: Lorbeergewächse · Aussehen: immergrüner, mittelgroßer, bis 15 m hoher Fruchtbaum · Blätter: wechselständig, elliptisch-lanzettlich, derb-ledrig, mit plastischer Nervatur · Blüten: klein, gelblichgrün, in vielblütigen, endständigen Rispen angeordnet · Früchte: meist birnenförmige Steinfrucht mit glatter Außenhaut und zur Reife butterweichem, cremefarbigem bis gelbgrünem Fruchtfleisch von nußartigem Aroma

schmackhafte Frucht

Die Heimat der Avocado ist Mittelamerika. Die sehr dankbare kulinarische, schmackhafte Frucht besitzt einen hohen Proteingehalt, der höher als bei jeder anderen Frucht der Tropen ist. Die Avocado ist eine der wertvollsten tropischen Obstsorten. Meistens wird das kremig zarte Fruchtfleisch direkt aus der Schale herausgelöffelt. Man genießt es entweder mit Zitrone und etwas Salz oder in verschiedener Art und Weise als Salat zubereitet. Der Avocadogeschmack eignet sich ausgezeichnet dazu, Suppen zu verfeinern. Außerdem wird aus ihr wegen des hohen Ölgehalts bis zu 32 % ein Speiseöl hergestellt. Oft wird das Öl als Haarpflegemittel benutzt. Die Fruchtschalen, Samen, Blätter und die Baumrinde spielen ein wichtige Rolle in der Hausmedizin. Aus dem Pflanzensaft und den Samen wird außerdem ein Farbstoff produziert, der bei der Kleiderfärbung Verwendung findet.

Banane (*Musa paradisiaca*) / span.: Guineo (Eßbanane), Plantano (Kochbanane), engl.: Banana

Familie: Bananengewächse · Aussehen: 6 bis 9 m hohe Staude, aus dem Scheinstamm tritt ein Blütenstand hervor · Blätter: sehr groß, linealisch, oft durch den Wind bis zur Mittelrippe eingerissen · Blüten: Blütenstand mit spiralförmig angeordneten rotvioletten Hochblättern · Früchte: Nur die obersten Reihen der Blüten entwickeln sich zu Früchten.

Banane

Die Wildarten werden durch Fledermäuse bestäubt. Die Heimat der Banane ist Südostasien. Die Erträge der heutigen Kulturpflanze sind mit einmaligen 30 bis 45 kg pro Pflanze hoch. Nach der Fruchtreife stirbt die Pflanze ab. Sie vermehrt sich ungeschlechtlich durch Sprößlinge, die aus der Wurzel keimen. Obstbananen enthalten das bekannte samenlose Fruchtfleisch, die Pulpe. Unreife Früchte sind zunächst reich an Stärke und von die Mundschleimhaut zusammenziehendem Geschmack. Mit zunehmender Reife verwandelt sich die Stärke in Zucker, und die Früchte werden weich und süß.

im Reifezustand weich und süß

Die bei uns in Europa bekannten **Eßbananen** werden bei ca. + 15 °C verschifft und errreichen erst im Bestimmungsland ihre Endreife. Wenn Sie in der Dominikanischen Republik kleinere, dickere oder rötliche Bananen sehen, probieren Sie diese unbedingt. Sie werden einen enorm besseren Geschmack feststellen.

Die **Kochbananen** sehen ähnlich aus. Sie sind meist größer als die Eßbananen. Sie werden, wie ihr Name sagt, gekocht oder in vielen Variationen gebraten.

Brotfrucht (*Artocarpus altilis*) / span.: Pan de fruta, engl.: Breadfruit

Familie: Maulbeerbaumgewächse · Aussehen: 15 bis 20 m hoher, immergrüner Baum, wenig verzweigte Krone · Blätter: sehr groß und tiefgelappt, rauhe, ledrige Oberfläche, oberseits glänzend · Blüten: getrennt geschlechtlich, männliche Blüten: 20 cm lange Kolben, weibliche: kugelige Blütenstände · Früchte: grüne kugelige Sammelfrucht mit einem Durchmesser von 20 bis 30 cm, bis 2 kg schwer, genoppter Schale, innen teigige, gelbweiße Masse

Brotfruchtbaum

Die Heimat sind die Sundainseln und Polynesien. Der Brotfruchtbaum ist eine **wichtige Nahrungspflanze** in den Tropen. Das Fruchtfleich wird in Scheiben geschnitten, gekocht oder gebacken. Es hat im Geschmack Ähnlichkeit mit Kartoffeln. Die frischen, stärkehaltigen Früchte sind leicht verdaulich, reich an Kohlehydraten und Vitaminen (A, B und C).

sehr stärkehaltig

Kapitän Bligh, berühmt geworden durch die Meuterei auf der „Bounty", erhielt 1789 die Order, 1.000 Brotfruchtbäume von Tahiti nach Haiti per Schiff zu transportieren, um hiermit die Ernährungsprobleme der schwarzen Sklaven zu lösen.

Guave (*Psidium guajava*) / span.: Guayaba, engl.: Guave

Familie: Myrtengewächse · Aussehen: kleiner, etwas knorriger, bis 10 m hoher, außerordentlich robuster Baum · Blätter: gegenständig, länglich-elliptisch bis oval, unterseitig behaart · Blüten: weiß, 2,5 cm breit, einzeln oder zu zweit oder dritt auf einem Stiel · Früchte: kugelig, ei- oder birnenförmig, bis zu 10 cm lang, glatte meist gelbliche Schale

Die Heimat der Guave reichte ehemals von Mexiko bis Brasilien. Das weiße, rosa oder lachsrote und sehr vitaminreiche Fruchtfleisch (Vitamin A und Vitamin C,

5mal mehr als Apfelsinen) wird selten roh verzehrt. Sie eignen sich ausgezeichnet zur Herstellung von Marmelade, Säften, Gelee, Süßigkeiten, Fruchtpaste, Wein und Likör. Die Blätter werden medizinisch bei Verdauungsstörungen angewandt.

Das Holz ist sehr hart. Es wird deshalb oft zu Werkzeugstielen verarbeitet.

Kaschubaum

Kaschu (*Anacardium occidentale*) / span. Cajuil, engl.: Cashew nut

Familie: Sumachgewächse · Aussehen: kleine, bis 12 m hohe Bäume, manchmal auch strauchartig · Blätter: wechselständig, eiförmig · Früchte: Die nierenförmigen Nußfrüchte sitzen auf einem verdickten, birnenförmigen, fleischig-saftigen, gelb bis rot gefärbten, eßbaren Fruchtstiel (Kaschuapfel).

nur geröstet eßbar

Ursprünglich heimisch waren die Kaschubäume von Mexiko bis Brasilien. Die **Kaschuäpfel** besitzen einen süß-säuerlichen, herben Geschmack. Sie sind kein besonders edles Tafelobst und werden deshalb gern zu Konserven, Wein oder Essig verarbeitet. Die geschälten **Kaschunüsse** trocknet man an der Sonne oder durch Heißluftbehandlung. Die Schale der Nuß enthält ein giftiges Öl, das Hautverätzungen hervorrufen kann. Beim Rösten entweicht das Gift.

Kaffee (*Caffea arabica*) / span.: Cafe, engl.: Coffee

Familie: Krappgewächse · Aussehen: kleiner Baum mit durchgebogenem Hauptstamm und waagerecht abstehenden Ästen · Blätter: gegenständig, immergrün, ledrig, glänzend, elliptisch oder lanzettlich · Blüten: weiß, in gedrungenen Trugdolden in den Blattachseln, sich nach der Regenzeit öffnend · Früchte: rote Steinfrüchte (Kaffeekirschen) mit zäher Schale, saftigem Fruchtfleisch und harter Fruchtschale, die die beiden Samen (Kaffeebohnen) umschließt.

Kaffee hat unseren Globus erobert

Vermutlich wurde zwischen 1000 und 1300 n. Chr. Kaffee an den Küsten des Roten Meeres kultiviert. Von Arabien über die Türkei und Westeuropa kam der Kaffee als Getränk, aber auch die Pflanze, in die Karibik. Die mannshohe Kaffeepflanze wird meistens im Hochland, oft unter dem Schatten anderer Bäume, angepflanzt. Von der Blüte bis zur Reife vergehen 9 Monate. Nach der arbeitsintensiven Ernte wird das Fruchtfleisch von den kirschähnlichen Beeren entfernt. Diese werden kurz fermentiert, gewaschen und getrocknet und ergeben den grünen Kaffee.

Kakao (*Theobroma cacao*) / span.: Cacao, engl.: Cocoa

Familie: Sterkuliengewäche · Aussehen: 10 bis 15 m hoher, immergrüner Baum mit etagenförmiger Verzweigung · Blätter: bis 30 cm lang, lanzettlich, junge Blätter rötlich gefärbt · Blüten: sehr klein, gelblichweiß, in gestauchten Blütenständen, die in den Achseln abgestorbener Blätter unmittelbar aus dem Stamm und dicken Ästen ent-

springen · Früchte: In den 15 bis 20 cm langen, an Gurken erinnenden rotbraunen Früchten sind Samen in einem schleimigen Fruchtmus eingebettet.

Die Heimat des Kakao sind Mittel- und Südamerika. Aus fermentierten und gerösteten Kakaobohnen wurde, zusammen mit Pfeffer und Vanille, das sog. „Göttergetränk" der Maya, Azteken und Inka hergestellt. Durch Fermentierung bei ca. + 45 °C in Schwitzkästen werden die Kakaobohnen zunächst 3 bis 6 Tage aufbereitet, um die Pulpe zu entfernen. Durch langsame Trocknung und Oxidationsprozesse entwickelt sich das Kakaobraun. Die Keimblätter verlieren ihren bitteren Geschmack, und das typische Aroma der Kakaobohnen stellt sich ein. Dann werden die Bohnen bei + 90 bis 140 °C geröstet, gebrochen und gemahlen, um direkt Schokolade herzustellen. Zur Gewinnung von Kakaopulver, beispielsweise für Pralinen, wird der größte Teil der Kakaobutter hydraulisch abgepreßt.

„Göttergetränk" der Indios

Kokospalme (*Cocos nucifera*) / span.: Cocotero, engl.: Coconut Palm

Familie: Palmen · Aussehen: 30 m hoher, nie ganz gerader Stamm · Blätter: 4-6 m lange Palmwedel mit starker Mittelrippe, an denen ca. 90 cm lange ledrige Blätter sitzen · Blüten: rispenartig · Früchte: Kokosnüsse, von einer harten Schale und Faserschicht umschlossen, schwimmfähig, werden über weite Strecken der tropischen Meere transportiert.

Kokospalme

Die an allen tropischen Stränden weit verbreitete Kokospalme ist resistent gegen Salzwasser. Sie blüht das ganze Jahr über, und dementsprechend kann man ihre Früchte auch zu allen Jahreszeiten ernten. Die nahrhaften Nüsse werden auch das **„Brot der Armen"** genannt. Dieser Baum ist ein Segen für die Völker der Tropen. Er zählt zu den 10 wichtigsten Bäumen der Menschheit. Seine Bestandteile, vom Stamm über die Rinde, von den Palmwedeln bis zu den Früchten, sind allesamt für die Menschen verwendbar, als Schattenspender, Ernährer und Nutzbaum. Als Küstenschutz ist er zusammen mit Mangroven und Korallenriffen sehr wichtig. Die nahrhafte, erfrischende Kokosmilch im Innern der Kokosnuß und das vitaminreiche Fruchtfleich (Vitamin B) haben schon manches Leben gerettet. Das Kokosmark, auch Kopra genannt, ist die Grundsubstanz zur Herstellung von Kokosöl, Margarine und Seifen.

Kokosnüsse sehr vielseitig verwendbar

Mangobaum (*Mangifera indica*) / span.: Mango, engl.: Mango

Familie: Sumachgewächse · Aussehen: stattlicher, bis 30 m hoher, dicht belaubter, riesiger Baum mit ausladender Krone · Blätter: wechselständig, lanzettlich, bis 30 cm lang · Blüten: rispenförmige Blütenstände mit sehr vielen kleinen Einzelblüten · Früchte: Die Steinfrüchte können sehr unterschiedlich in Form, Größe und Faserung sein.

Ursprünglich stammt der Mangobaum aus Indien und Burma. Seine köstlichen Steinfrüchte sind im Reifezustand grünlich, gelblich oder rötlich gefärbt. Ihre Außenhaut ist sehr druckempfindlich.

reich an Vitamin A und C

Nach den Bananen sind Mangos die wichtigsten Früchte des tropischen Landes. Sie sind reich an Vitamin A und C. Das zarte, lecker schmeckende Fruchtfleisch umschließt einen großen, flachen Kern. Man muß geschickt sein, um es mit dem Messer von dem Kern zu trennen. Das Fruchtfleisch wird auch zu Marmelade, Saft und Süßwaren verarbeitet oder Speiseeis beigegeben, und Samen, Baumharz und Baumrinde finden in der Hausmedizin Verwendung.

Das Holz wird zur Möbelherstellung und im Baugewerbe genutzt.

Maniok oder **Kassave** oder **Tapioka** (*Manihot esculenta*) / span.: Yuca, engl.: Cassava

Familie: Wolfsmilchgewächse · Aussehen: stark verzweigt, 2 bis 5 m hoch, stark verholzte wulstige Zweige mit Blattnarben · Blätter: langstielig und handförmig · Blüten: rispige Blütenstände

Grundnahrungsmittel

Die 30 bis 50 cm langen Wurzelknollen von Maniok erreichen ein Gewicht von 2 bis 5 kg. Die Knollen sind sehr stärkehaltig. Durch Kochen, Dämpfen oder Rösten wird das bittere, giftige Glykosid Linamarin zerstört. Die Wildformen sind vom Amazonasbecken bis nach Süd-Mexiko verbreitet.

Papaya (*Carcia papaya*) / span. (in der Dom. Rep.): Lechosa, engl.: Pawpaw

vitaminreiche Früchte

Familie: Melonenbaumgewächse · Aussehen: 6 bis 8 m hoher Baum mit kaum verzweigten, weichholzigem Stamm und endständigem Blattschopf · Blätter: sehr groß, langstielig und handförmig geteilt · Blüten: gelbweiß in der Blattachse, männliche verzweigt und überhängend, weibliche hurz und gabelig verzweigt · Früchte: melonenartig mit weißlichem bis rotem Fruchtfleisch und schwarzen Kernen an der Innenseite der Fruchthöhlung

Papaya

Die ursprüngliche Heimat der Papaya ist nicht bekannt, wahrscheinlich Mexiko, Mittelamerika und Brasilien. Die vitaminreichen Früchte werden überwiegend roh im Anbaugebiet verzehrt, weil sie wenig haltbar und druckempfindlich sind.

Der Milchsaft der Papaya enthält das eiweißspaltende Enzym Papain, das durch Anritzen der grünen Früchte am Baum gewonnen wird. Es wird zur Haltbarmachung von Bier, zum Weichmachen von Fleisch, gegen Verdauungsstörungen und als Wurmbekämpfungsmittel verwendet.

Passionsfrucht oder **Maracuja** oder **Purpur-Granadilla** (*Passiflora edulis*) / span.: Maracuja, Chiola (in der Dom.Rep.), engl.: Passionfruit

Familie: Passifloragewächse · Aussehen: starkwüchsiger Kletterstrauch · Blätter: wechselblättrig, 10 bis 20 cm breit, tief dreilappig · Blüten: einzeln in einer Blattachse stehend, 6 cm breit, weiß, purpur gebändert · Früchte: Die hühnereigroßen, entweder violetten bis purpurnen oder gelben Früchte enthalten zahlreiche Samen, die von einem eßbaren, schleimigem Saftbläschengewebe (Samenmantel) umgeben sind.

Die Heimat der Pflanze ist ursprünglich Südamerika. Die Befruchtung der auffälligen, faszinierenden Blüte geschieht durch den Besuch von Hummeln. Zum frischen Verzehr des saftigen, hocharomatischen Inhalts der Früchte mit ihrem süßsäuerlichen, erfrischenden Geschmack müssen diese aufgeschnitten werden, damit man sie auslöffeln kann. Der größte Teil wird jedoch zu Maracuja-Saft oder Mischgetränken verarbeitet.

süßsäuerliches Fruchtfleisch

Stachelannone (Sauersack) (*Annone muricata*) / span.: Guanábana, engl.: Soursop

Familie: Annonengewächse · Aussehen: kleine Bäume oder Sträucher mit eßbaren Früchten · Blätter: wechselseitig, meist lederartig · Früchte: eine nierenförmige Sammelfrucht mit einer Länge von bis zu 35 cm, einem Gewicht bis zu 4 kg (!) und mit einer mit vielen Stacheln besetzten Oberfläche

Stachelannone

Die Herkunft der Stachelannone ist unbekannt. Das weiße saftig-faserige Fruchtfleisch duftet angenehm und schmeckt aromatisch erfrischend-säuerlich. Aus dem Fruchtfleisch kann ein etwas dickflüssiges Erfrischungsgetränk mit einem speziell zarten Aroma hergestellt werden. Die Stachelannonen haben nur eine lokale Bedeutung. Ein kommerzielles Interesse besteht nicht.

aromatisch-säuerliches Fruchtfleisch

Süßkartoffel (*Ipomoea Batatas*) / span.: Batata, engl.: Sweet potato

Familie: Windengewächse · Aussehen: eine am Boden kriechende Pflanze, die Wurzelknollen bildet · Blätter: langgestielt, rund bis schmal · Blüten: Blütenstände mit weiß bis rötlichen Einzelblüten

Die Pflanze hat einen sehr hohen Nährwert. Neben der Knolle werden die Blätter als eiweißhaltiges Gemüse gegessen. Die ursprüngliche Heimat erstreckt sich von Mexiko bis in die Anden Südamerikas.

sehr hoher Nährwert

Tamarinde (*Tamarindus indica*) / span.: Tamarindo, engl.: Tamarind

Familie: Hülsenfrüchtler · Aussehen: bis 25 m hoher, immergrüner, breitästiger Baum mit starkem Stamm · Blätter: mit 12 bis 25 Fiederpaaren · Früchte: braune, dicke

Hülsenfrüchte, im Inneren befindet sich ein breiiges Fruchtfleisch.

Tamarinde

süßsaures Fruchtmark

Die Heimat der Tamarinde ist das tropische Afrika. Aus dem süßsauren Fruchtmark wird größtenteils ein erfrischendes Getränk zubereitet. Außerdem wird es zu Fruchtsirup, Bonbons, Speiseis und Würzsoßen verarbeitet. Worcestersauce enthält beispielsweise Bestandteile von Tamarinde. Die jungen Blätter und unreifen Hülsen werden auch als Gemüse gekocht. Sogar die Samen dienen als Nahrungsmittel. Das Fruchtmark findet als anerkanntes Beruhigungsmittel in der Pharmazie und in der Hausmedizin Verwendung.

Zuckerrohr (*Saccharum officinarum*) / span.: Cana de azucar, engl.: Cugarcane

Familie: Gräser · Aussehen: schilfähnlich, 5 bis 9 m hoch · Blätter: bis 2 m lang und schmal mit scharfem Rand · Blüten: 1 m lange Rispen

hoher Zuckergehalt

Der Zuckergehalt kann mehr als 15 % erreichen. Auf den lokalen Märkten werden Zuckerrohr zum Kauen oder der süße Saft als Getränk angeboten.

4.2 Kleines Pflanzenlexikon

In der Dominikanischen Republik, wie auch in anderen Tropenländern, sind viele fremdländische Pflanzen eingeführt worden, die die einheimische Flora verfälschen. Hier sollen Ihnen nur **hiesige Bäume und Sträucher** vorgestellt werden. Es kann im Rahmen dieses Reisehandbuches jedoch nur ein verschwindend kleiner Teil des immensen Pflanzenreichtums der Dominikanischen Republik sein. Nur die auffälligsten einheimischen Bäume und Sträucher sollen Ihnen einen kleinen Einblick in die tropische Wunderwelt der Botanik geben. Als mehr kann die nun folgende Übersicht nicht angesehen werden.

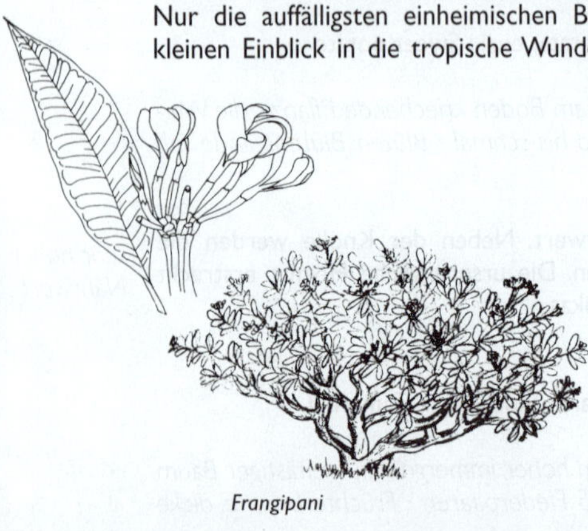

Frangipani

Frangipani oder **Pagodenbaum** (*Plumeria rubra*) / Frangipani

Familie: Hundsgiftgewächse · Aussehen: etwa 10 m hoher, oft knorriger Baum, kurze, dicke Äste · Blätter: 30 cm lang, oben glänzend dunkelgrün, unten filzig behaart, Laubabfall in der Trockenzeit · Blüten: ca. 2,5 cm breit, 5-zählig, schwer duftend, in Gelb, Weiß, Rot, Rosa oder Purpur.

Die **ursprüngliche Heimat** dieses wohl **schönsten blühenden Tropenbaums** des amerikanischen Kontinents sind die **Westindischen Inseln**. Der betörende Duft seiner Blüten war der Grund, weshalb der **Italiener Frangipani** im 12. Jahrhundert ein beliebtes **Parfüm** daraus herstellen ließ.

stark duftende Blüten

Der Saft von Stamm und Blüte ist giftig. Er wird aber als Rheumamittel und zur Salbenherstellung gegen Hautkrankheiten genutzt. Während der Trockenheit ist der blattlose Baum nur mit seinen leuchtenden Blütendolden geschmückt.

Goldbaum (*Tabebuia chrysantha*) / Golden Trumpet Tree

Familie: Bignoniengewächse · Aussehen: 15 m hoch · Blätter: ungeteilt, kreuzgegenständig angeordnet

Die Gattung *Tabebuia* ist von Mexiko bis Nordargentinien und **auf den Westindischen Inseln verbreitet**. Der Goldbaum wirft am Anfang der Trockenzeit seine Blätter ab und ist dann mit glockenförmigen, goldgelben Blüten übersät. Das harte Holz wird zur Herstellung von Eisenbahnschwellen, Wagenrädern und Holzkugeln verwendet. Der gelbe Farbstoff des Holzes, Lapachol genannt, bewirkt Widerstandskraft gegen Pilzerkrankungen.

hartes Holz

Kanonenkugelbaum (*Couroupita guianensis*) / Canonball Tree

Familie: Topffruchtgewächse · Aussehen: mittelgroßer Baum, der mehrmals im Jahr Laub abwirft · Blätter: 25 cm lang, spiralförmig an den Zweigenden angeordnet · Blüten: 10 cm groß, rosa, fleischig, in lockeren Ähren an den Zweigenden und am Stamm, Bestäubung durch Fledermäuse, nachts schweren, süßlichen Duft verströmend · Früchte: kugelig, bis 8 kg schwer, bis zur Fruchtreife vergeht manchmal mehr als ein Jahr, ganzjährig Blüten und Früchte gleichzeitig am Baum

Die ursprüngliche **Heimat** dieses Baums sind die **Westindischen Inseln**, Mittel- und Südamerika. Die **wunderschönen Blüten** sind am Kanonenkugelbaum das Bemerkenswerteste. Nicht weniger auffällig sind die bis zu kindskopfgroßen Früchte, die meist direkt am Stamm hängen.

Kohlpalme (*Roystonea oleracea*) / Cabbage Palm

Familie: Palmen · Aussehen: 40-50 m hoher Baum, schlanker Wuchs, Stammverdickung am Fuß · Blätter: lang gefiedert

Die **Heimat** der Kohlpalme sind die **Westindischen Inseln**. Die Vegetationsspitze der gewaltigen Palme liefert einen geschmackvollen Palmkohl, daher der Name „Kohlpalme".

Kohlpalme

Königspalme

Königspalme (*Roystonea regina*) / span.: Palmera, engl.: Royal Palm

Familie: Palmen · Aussehen: 25 m hoher Baum, leichte Verdickung im oberen, glatten, hellen Stamm · Blätter: bis zu 8 m lang (!) · Blüten: aus einem 1,0-1,5 m langen Kolben bricht ein Blütenstand von weißgelblichen Blüten hervor.

Das **Herkunftsland** der majestätischen Königspalme sind die **Westindischen Inseln**. Auf den verwitterten, nährstoffreichen Böden des Landes gedeiht sie am besten. Dieser stolze Baum, der besonders als Alleebaum eine unvergleichliche Wirkung besitzt, ist leicht von anderen Palmenarten durch seinen herausragenden, an einen Blitzableiter erinnernden Trieb erkennbar. Ähnlich der Kokospalme hat die Königspalme bei den Einheimischen eine sehr **vielseitige Nutzung**:

- Der **Stamm** findet Verwendung für die Fertigung von Brettern, Möbeln und Futtertrögen.
- Die **Blattwedel** werden zum Abdecken von Hütten und zur Herstellung von Zäunen verwendet.
- Die **Blatthülsen** (Yaqua) nimmt man zur Herstellung von Schuhwerk, Tabakballen und Körben.
- Die **Herzen** (Palmito) werden als Salat verspeist oder in Suppen gekocht.
- Die **Früchte** finden Verwendung als Viehfutter.

Die Palme bietet einer Anzahl von Vögeln Schutz, so beispielsweise dem Palmschmätzer, dem Nationalvogel der Republik, der die Krone des stolzen Baumes zum Nestbau bevorzugt.

- Das **Palmenherz** entsteht im oberen Palmenende. Es ist, als Salat zubereitet, ein Delikatesse.

Palisander oder **Jacaranda** (*Jacaranda mimosifllia*) / Fern Tree

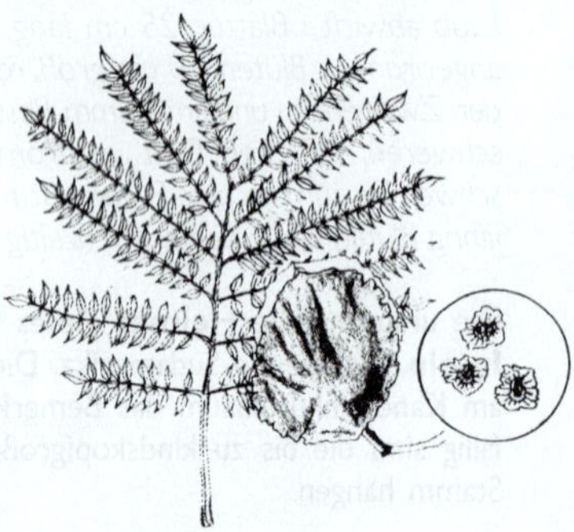

Familie: Bignoniengewächse · Aussehen: 10 m hoher Zier- und Nutzbaum · Blätter: feingefiedert · Blüten: zartlila bis leuchtend blau, glokkenförmig, Blüte vor der Belaubung · Früchte: 8 cm große Kapselfrüchte

lilafarbene Blütenpracht

Von der Gattung sind 40 Arten aus dem tropischen Amerika und von den **Antillen** bekannt. Palisanderholz ist dunkelpurpur und riecht angenehm. Es wird gern für Schnitzarbeiten verwendet. Das Schönste an dem Baum sind seine **blaß lilafarbigen oder leuchtend blauen Blütenstände**, die den

Palisander

Baum während seiner Blütezeit in ein märchenhaft schönes Gewand kleiden. Wegen seiner spektakulären Blütenpracht ist der Jacarandabaum ein geschätzter Zier- und Straßenbaum.

Weihnachtsstern (*Euphorbia pulcherrima*) / Poinsettia

Familie: Wolfsmilchgewächse · Aussehen: 3-4 m hoher Strauch · Blätter: am Sproßende der Zweige sitzen auffallend blutrot gefärbte Blätter · Blüten: unscheinbar

Weihnachtsstern

Die **Heimat** des Weihnachtssterns sind **Mittelamerika und Mexiko.** Da er in den Wintermonaten blüht und sternförmig angeordnete Hochblätter am Zweigende besitzt, hat er den Namen „Weihnachtsstern" erhalten. Die Spanier nennen ihn „*Flor de pascuas*" (Blume des Passahfestes, Osterblume). Der Strauch gehört zu den **Kurztagspflanzen**, d.h. die Blütezeit ist an die Tage mit der kürzesten Helligkeit gebunden. blüht im Winter

Zwerg-Poinciane (*Caesalpinia pulcherrima*) / Pride of Barbados

Familie: Johannisbrotbaumgewächse · Aussehen: bis 6 m hoher Strauch · Blätter: gefiedert · Blüten: flammend rot

Der mit den Feuerbäumen verwandte Busch ist **auf den Westindischen Inseln beheimatet** und gilt weltweit als der **schönste Strauch der Tropen**. Er hat viele Namen. Seine wissenschaftliche Bezeichnung rührt von dem italienischen Botaniker Caesalpinius her. Die Engländer nennen ihn zu Recht „Pride of Barbados" (Stolz von Barbados). Die traubigen, flammend roten Blütenstände, mit denen der Baum über und über bedeckt ist, sind ein Farbenrausch.

Zwerg-Poinciane

5. TIERWELT

Der Subkontinent Südamerika mit Zentralamerika, der südliche Teil Mexikos und die Westindischen Inseln werden fauna- und floralgeographisch als **Neotropis** bezeichnet.

Die Dominikanische Republik besitzt naturgemäß wegen ihrer Insellage eine nicht so mannigfaltige Tierwelt wie die Festländer der Neotropis, aber ihre Fauna ist nicht minder interessant als die der übrigen Region. Es hat sich ein gewisser Grad an **Eigenständigkeit** herausgebildet.

5.1 Leben auf dem Land

artenarme Säugetierfauna

• **Säugetierarten** auf dem Land sind wegen der Insellage der Dominikanischen Republik sehr wenig vertreten. Die starken Meeresströmungen in der Florida- und Yucatán-Straße sowie zwischen Trinidad und Grenada haben eine Besiedlung durch größere Säugetiere verhindert.
Mungos sieht man manchmal schnell über die Straße laufen. Sie wurden zur Bekämpfung der Rattenplage eingeführt. Die nicht bedachte Folge ist natürlich, daß sie auch zur Reduzierung der Vogel- und Kleinlebewelt der Insel beitragen.
Wahrscheinlich leben auf Hispañiola die letzten urtümlichen **Schlitzrüßler** (*Solenodon paradoxus*), ca. 30 cm lange Insektenjäger. Diese seltsamen Säugetiere aus der Urzeit wohnen in Erdhöhlen und hohlen Baumstämmen. Sie sehen wie große Ratten aus, mit behaarter Rüsselschnauze, langen Beinen und kahlem Schwanz.

seltene Reptilien nur noch in Nationalparks

• **Reptilien** sind schon zahl- und artenreicher anzutreffen. Zu ihnen zählen verschiedene Krokodil-, Kaiman-, Leguan-, Schildkröten-, Schlangen-, Eidechsen- und Geckoarten. Gefährdete Arten sind das **Amerikanische Spitzkrokodil** (*Crocodilus actus*) und der bis zu einem Meter lang werdende **Rhinozeros-Leguan** (*Cyclura cornuta*). Er ist fast nur noch in den Nationalparks des Landes anzutreffen. Man sieht beide Arten am ehesten im und um den Enriquillo-See. Diese drachenartige Echse mit wohlschmeckendem Fleisch ist in den bewohnten Gegenden meistens in den Kochtöpfen der Einheimischen gelandet.
Schlangen beschränken sich auf eine Boa-Art (*Epicratis striatus*) und eine Nattern-Art. Beide Arten sind ungiftig.

• **Lurche** sind ebenfalls vertreten. Besonders erwähnenswert ist die unüberhörbare Familie der **Pfeiffrösche**, die mit ihren andauernden Konzerten zur Tropennacht der Dominikanischen Republik gehören. Sie sind nur 2,5 cm lang und nur schwer mit den Augen auszumachen.

Vögel in großer Vielfalt

• **Vögel** gibt es in der Dominikanischen Republik in großer Vielfalt. Sie hatten keine Schwierigkeiten, diese Inselwelt zu besiedeln. Zu der großen Zahl der **endemischen und einheimischen Vogelwelt** gesellt sich im Winter eine ebenso große Zahl an **Zugvögeln aus Nordamerika**, die hier ideale Überwinterungsmöglichkeiten finden. Zu den endemischen Arten gehört u.a. der kleine grüne

Hispañiola-Papagei (*Amazona ventralis*). Häufiger sieht man verschiedene Kolibriarten, die sich durch ihren feinen Gesang bemerkbar machen, Truthahngeier, die ihre Patrouillenflüge machen, und zahlreiche Wasservogelarten (Reiher, Braune Pelikane, Tölpel, Flamingos u.a.), die Seen, Flüsse, Sümpfe und Meeresküsten bevölkern.

- **Insekten** sind ebenso zahlreich. Besonders die **bunten Schmetterlinge** sind in den von Menschen noch nicht beanspruchten Biotopen eine „Augenweide" für jeden Naturfreund.

Insekten sehr zahlreich

5.2 Kleines Tierlexikon

Amerikanischer Graureiher (*Ardea herodias*) / Great Blue Heron

Klasse: Vögel · Ordnung: Stelzvögel · Familie: Reiher · Länge: 117 cm · Flügelspannweite: 183 cm · Nahrung: Fische, Lurche · Merkmale: großer, blaugrauer Vogel, schwarze Streifen besonders über den Augen, gelblicher Schnabel, Federhaube, schwarzer Bauch und rotbraune „Hosen"

Amerikanischer Graureiher

Der Amerikanische Graureiher ist ein naher Verwandter des Graureihers der Alten Welt. In der Balzzeit sind regelrechte **„Turnierplätze"** bekannt geworden. Dort wird mit dem langen, spitzen Schnabel nach allen Regeln der Fechtkunst um die Gunst der Weibchen, die interessiert das Kampfgeschehen verfolgen, gefochten. Trotz der gefährlichen Waffen gibt es keine Todesfälle.

Brauner Pelikan

Brauner Pelikan (*Pelicanus occidentalis*) / Brown Pelican

Klasse: Vögel · Ordnung: Ruderfüßer · Familie: Pelikane · Länge: 122 cm · Spannweite: 213 cm · Nahrung: Fische · Gelege: 2-3 Eier · Brutdauer: 30-42 Tage · Gewicht: 7-14 kg, Höchstgewicht vor dem Flüggewerden · Merkmale: braunes Federkleid, während der Brutzeit gelbe Kopfplatte und gelber Brustfleck, schwerfällig wirkende Vögel, infolge des hohen Luftgehalts im Skelett verhältnismäßig leicht, mächtiger Körper, breite Flügel, langer Hals, riesiger Schnabel mit Kehlsack, kurze Beine, Zehen durch Schwimmhäute verbunden

mächtiger Körper

Stoßtauchender Brauner Pelikan

Der Braune Pelikan hat eine völlig andere Fischfangmethode als alle anderen Pelikanarten der Erde. Er ist ein **Stoßtaucher**, der im Sturzflug nach seiner Beute stößt. Aus einer Höhe von manchmal 20 m stürzt sich der große Vogel wie eine Lanze, steil oder spiralförmig mit weit ausgestrecktem Hals und leicht angewinkelten Flügeln, kopfüber ins Wasser, verschwindet völlig in den Fluten, um dann wie ein Korken wieder aufzutauchen.

Buckelwal (*Megaptera novaeangliae*) / Humpback Whale

Klasse: Säugetiere · Ordnung: Wale · Familie: Furchenwale · Länge: 11,50 - 15,00 m · Merkmale: dicke und plumpe Gestalt, schmale und sehr lange Brustflossen, Reihen von Hautknoten auf Oberkopf und Unterkiefer, 400 Barten von rund 60 cm Länge

30 Tonnen schwer

Buckelwale sind in erster Linie Küstenbewohner, die auch gelegentlich in Flüsse vordringen. Besonderes Kennzeichen sind die sehr langen, zu Schwimmflossen umgebildeten Vordergliedmaßen. Sie sind sehr verspielt. In der Paarungszeit sind sie für ihre verliebten Possen bekannt, die sich trotz ihrer plumpen Körpergestalt in gewaltigen Luftsprüngen äußern. Die durchschnittlich 30 Tonnen schweren Tiere springen hoch aus dem Wasser heraus und lassen sich mit gewaltigem Klatschen zurückfallen. Die Nahrung besteht hauptsächlich aus Krill. Es werden jedoch auch kleine Fische verzehrt.

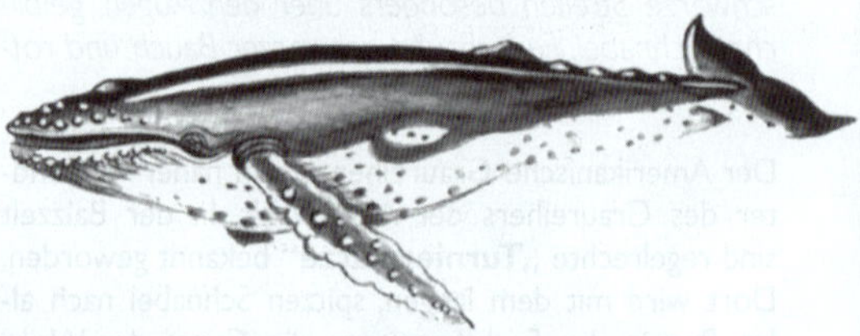

Buckelwal

Kolibris (*Trochilidae*) / Hummingbirds

Klasse: Vögel · Ordnung: Schwirrflügler · Familie: Kolibris · Nahrung: Nektar und Insekten · Gewicht: 2 bis 20 g · Brutdauer: 14 bis 21 Tage

in allen Regenbogenfarben schimmernd

Kolibris zu beobachten, bereitet jedem Naturfreund eine große Freude. **Fliegenden Edelsteinen gleich**, haben diese farbenprächtigen, in allen Regenbogenfarben leuchtenden Vögel ihr Verbreitungsgebiet nur in Amerika. Ihre metallisch glänzenden Farben schimmern je nach Lichteinfall gelblich, rötlich, grünlich, violett oder schwarz. Die metallische Färbung kommt dadurch zustande, daß das einfallende Licht von der Hornmasse des Kleingefieders zurückgeworfen (reflektiert) und dabei durch die besondere Gestalt der Hornschichten mehr oder weniger in „Regenbogenfarben" zerlegt wird. Die Schillerfarben sind oft auf begrenzte Gefiederteile konzentriert, so daß bestimmte Farben je nach Lichteinfall wie das Feuer von geschliffenen Edelsteinen aufblitzen.

Manchmal sind die Kolibris nur hummelgroß. Wieder andere sind langschwänzig. Der Formen- und Farbenreichtum ist enorm, insgesamt gibt es 450 verschiedene Arten im Amerika und auch dutzendweise unterschiedliche Spezies in der Karibik. Zwar tragen auch die Weibchen gelegentlich Schmuckfedern, aber im allgemeinen können sie mit der außergewöhnlichen Farbenpracht der Männchen nicht konkurrieren.

Kolibri

Einzigartig ist ihr Körper der Nahrungsaufnahme von Nektar aus den Blüten angepaßt. Ein sehr gut entwickeltes Brustbein mit einer leistungsfähigen Brustmuskulatur ermöglicht die **sehr hohe Schlagzahl ihres Schwirrflugs** (bis zu 90 Flügelschläge in einer Sekunde). Sie „stehen" förmlich in der Luft, wenn sie Nektar tanken. Beim Fliegen wird ein schwirrendes Geräusch, wie von einer großen Hummel, erzeugt. Kolibris können im Streckenflug **sehr hohe Geschwindigkeiten** (100 km/h) erreichen und auch auf der Stelle fliegen. **Blitzschnelle Richtungsänderungen** seitlich und **sogar rückwärts** sind für Kolibris kein Problem.

Obgleich von völlig anderem Körperbau, haben die **Kolibris** wegen der gleichen Nahrungsabhängigkeit vom Nektar der Blüten eine **erstaunlich ähnliche Anpassung wie die Nachtschmetterlinge** (Schwärmer) durchgemacht.

Schwirrflug ist „Schwerstarbeit"

Der Schwirrflug der Kolibris ist für die kleinen Vögel „Schwerstarbeit", und sie verbrauchen hierbei sehr viel Energie. Desgleichen ist es schwierig für den kleinen Vogelkörper, die Körperwärme zu halten, deshalb muß die **Stoffwechseltätigkeit enorm gesteigert** werden. Die **hochwertige Nektarnahrung** schafft den Ausgleich. Sie ist der „Treibstoff" für ihr Leben auf Hochtouren.

Kolibri

Alle Kolibris besitzen sehr **leistungsfähige Lungen** und ein **kräftiges Herz**, das gut ein Viertel des Körpers wiegt. Die Vogelzwerge benötigen viel **mehr Sauerstoff** und Energie als andere Vögel, um ihre Körperwärme konstant aufrecht zu erhalten. Um die Ernährungspause während der Nacht zu überstehen, sinken die Körperfunktionen bei den Vögelchen auf einen winterschlafähnlichen Sparbetrieb herab.

Nachtschmetterling

Gleichsinnige Anpassung

Leben auf vollen Touren

Tagsüber läuft das Leben der Kolibris auf vollen Touren. Es werden bis zu 40 Blüten pro Minute besucht. Allerdings gelingt es längst nicht jeder Kolibriart, aus jeder x-beliebigen Blüte Nektar zu saugen. Je nach Schnabelform eignen sich nur bestimmte Blüten zur Nahrungsaufnahme.

Tropische Regengüsse machen den Vogelzwergen nichts aus. Auf einem Blatt ruhend, nehmen sie gern ein ausgiebiges Bad. Wenn ein Sonnenstahl durch das Halbdunkel des Urwalds fällt, glitzert es wie kostbares Geschmeide.

Zunge wie Saugrohr

Die **Kolibrizunge** ist ein **hochspezialisiertes Organ**. Sie ist einem Saugrohr vergleichbar, mit dem Nektar aus dem Blütenkelch gesaugt wird. Manchmal stechen die flinken Vögel auch die Kelche der Blüten seitlich an, um an die begehrte Nahrung zu gelangen.

Der Nestbau, die Brut und **Jungenaufzucht** sind vor allem Aufgaben der unscheinbar gefärbten und somit besser vor Feinden getarnten Weibchen. Sie errichten ein kunstvolles, napfförmiges Nest, das beispielsweise aus Moos und Flechten besteht und mit Spinnweben zusammengeklebt wird. Ihr Gelege besteht zumeist aus zwei Eiern, die in zwei bis drei Wochen ausgebrütet werden. Der Nachwuchs wird mit kleinen Insekten und Spinnen gefüttert.

Kuhreiher (*Ardeola ibis*) / Cattle Egret

Klasse: Vögel · Ordnung: Stelzvögel · Familie: Reiher · Gesamtlänge: 50 cm · Flügellänge: 227-256 mm · Nahrung: normalerweise Kerbtiere · Gelege: 4-5 blaugefärbte Eier · Brutdauer: 23-25 Tage

Kuhreiher

Einwanderer aus der Alten Welt

Die ursprüngliche Heimat der Kuhreiher ist **Afrika**. Gegen Ende des 19. Jahrhunderts überquerten einige Kuhreiher den Atlantischen Ozean, und seitdem siedeln sie auch an den Küsten Amerikas von Kanada bis Südamerika, so auch in der Karibik.

Man sieht sie oft in großer Zahl auf Rinderweiden und frisch bearbeiteten Ackerflächen. Sie suchen gern die Nähe von großen Huftieren auf, die **Insekten** aufscheuchen – ihre bevorzugte Nahrung. Besondere Leckerbissen für sie sind Heuschrecken.

Auf weitere Entfernung wirken die Kuhreiher weiß, doch in der Nähe zeigt sich vor allem im Frühjahr und Sommer eine ockergelbe Tönung der Federn an Hinterkopf, Kehle und Rücken.

Dekorativ sehen ihre **Schlafbäume** aus, auf denen sie sich allabendlich versammeln. Diese besonders bevorzugten Bäume sind von der Abenddämmerung bis zum Morgengrauen, weiß betupft, mit einer **„künstlichen Blütenpracht"** geschmückt.

Prachtfregattvogel (*Fregata magnificens*) / Magnificent Man-o'-War Bird

Klasse: Vögel · Ordnung: Ruderfüßer · Familie: Fregattvögel · Länge: 103-112 cm · Flügelspannweite: 230 cm · Gewicht: 1,4-1,5 kg · Nahrung: Fische und Meerestiere · Gelege: 1 Ei · Brutdauer: 40-50 Tage · Merkmale: einheitlich dunkles Gefieder, leuchtend roter Kehlsack des Männchens während der Balz, Weibchen hat weißen Bauch, langer, am Ende hakenförmig gebogener Schnabel, schmale, spitze, weitausladende Flügel

Für den blauen Himmel über der Karibik gibt es wohl **keinen schöneren Schmuck als die segelnde Silhouette eines Prachtfregattvogels**. Das unverkennbare Flugbild des großen Segelfliegers, die schlanken, nach rückwärts geknickten Flügel, der Gabelschwanz, die enorme Spannweite, der rote aufgeblähte Kehlsack des verliebten Männchens, die eleganten Flugmanöver im lauen Passatwind lassen den Puls jedes Naturliebhabers höher schlagen.

Schmarotzender Prachtfregattvogel

In der Nahrungsbeschaffung kann man die schönen Vögel als **Schmarotzer** bezeichnen. Sie verfolgen andere Seevögel, beispielsweise Tölpel, so hartnäckig und aufdringlich, bis diese ihre Beute fallen lassen, die von den Prachtfregattvögeln aufgefangen wird. Außerden töten sie kleine Seevögelküken und erbeuten Schildkrötenjunge. Ihre Brutstätten liegen überwiegend in der Nähe von Tölpelkolonien.

Beutediebstahl

Rosa Löffler (*Ajaia ajaia*) / Roseate Sponbill

Klasse: Vögel · Ordnung: Stelzvögel · Familie: Ibisvögel · Länge: 81 cm · Flügelspannweite: 127 cm · Gewicht: bis 1.790 g · Nahrung: kleine Fische, Wirbellose · Gelege: 2-4 Eier · Merkmale: blaß pinkfarbige Befiederung, langer löffelartiger Schnabel, unbefiederter, grünlicher Kopf

Der Bestand dieser Vogelart ist leider stark gefährdet. Insektizide und Zerstörung des Lebensraums des Rosa Löfflers verdrängen ihn immer mehr aus dem karibischen und südamerikanischen Raum.

Der amerikanische Vogelforscher **P. Allen** schrieb über die Rosa Löffler: *„Wo sie vorkommen, verdienen sie, behütet zu werden, als ob sie **Kronjuwelen** wären."*

Der Rosa Löffler sucht seine Nahrung im Flachwasser, wo er mit mähenden Kopfbewegungen seinen löffelartig verbreiterten Schnabel durchs seichte Wasser zieht und hierbei seine Beute, die kleinen Schlickbewohner, ertastet und fängt.

löffelartiger Schnabel

Sein Flug ist ruhig und gradlinig, Hals und Kopf sind hierbei vorgestreckt.

Rosa Löffler

Rosa Flamingo *(Phoenicopterus ruber ruber)* / American Flamingo

Klasse: Vögel · Ordnung: Verkehrtschnäbel · Familie: Flamingos · Länge: 110 cm · Gewicht: 2.500-3.500 g · Nahrung: mikroskopische Algen und kleine Gliederfüßer · Gelege: 1 Ei, selten 2 · Merkmale: sehr schlanker, großer, scharlachroter Vogel mit schwarzem Flügelsaum, rötlichen Stelzbeinen und in der zweiten Hälfte nach unten geknicktem Schnabel mit schwarzer Spitze

Der Rosa Flamingo kommt in der Dominikanischen Republik beispielsweise am Lago Enriquillo, auf der Insel Saona und in der Umgebung von Monte Cristi regelmäßig vor.

Schnabel dient als Sieb und Filter

Der **Schnabel** wird bei der Nahrungsaufnahme rückwärts mit dem Oberschnabel am Boden wie ein Pflug durch das schlammige Wasser gezogen und dient als Sieb und Filter. Der Schnabel besitzt Ränder mit Hornlamellen. Die Zunge wirkt wie eine Saug- und Druckpumpe, die das Wasser in den Schnabelraum saugt und durch die Hornkämme wieder auspreßt. Die Kleintiere werden so aus dem salzhaltigen Wasser herausgefiltert. Der Oberschnabel hat ein Gelenk und ist beweglich. Der Unterschnabel sitzt fest.

Rosa Flamingo

Die Rosa Flamingos sind **Kollektivvögel**, deren Verhaltensweisen aufeinander abgestimmt sind. Alles wird gleichzeitig vollführt. Es wird gemeinsam und zur gleichen Zeit auf einem Bein stehend mit angezogenem Hals, den Kopf im Federkleid verborgen, geruht. Es wird gemeinsam gefischt. Bei Beunruhigung heben alle Vögel gleichzeitig den Kopf, wenden ihn nervös hin und her und fliegen bei Gefahr gleichzeitig auf, was ihre Schönheit voll zur Geltung bringt.

Dieses stark ausgeprägte **Gruppengebaren** zeigt sich auch beim Paarungszeremoniell. Auf einem Schlammkegel wird nach der Befruchtung ein Nest gebaut, wo hinein gewöhnlich ein Ei gelegt wird. In den Kolonien erblicken die Küken das Licht der Welt. Fast gleichzeitig schlüpfen sie aus. Nach einer Woche verlassen sie ihr Nest. Es bilden sich große, graue, durcheinanderwogende Gruppen von Jungen. Diese **Gleichzeitigkeit** im Brutgeschäft ist für das Überleben der Art besonders wichtig, weil die Schar ihrer Feinde sehr groß ist. Diese können aber nur einen geringen Prozentsatz erbeuten, wenn die gleichzeitige Aufzucht der Jungen auf eine minimale Zeit zusammengedrängt wird.

Kolonienbrüter

Schwankende Wasserstände bei der Brut, Hochwasser wie auch Austrocknung und damit Erhöhung der Salzkrustenbildung können enorme Verluste bei den Jungvögeln bewirken.

Rotreiher *(Egretta rufescens)* / Reddish Egret

Klasse: Vögel · Ordnung: Stelzvögel · Familie: Reiher · Länge: 76 cm · Flügelspannweite: 117 cm · Nahrung: Fische, Lurche · Merkmale: 2 Farbvariationen, eine weiße und eine blaugraue mit rostrotem Kopf-, Hals- und Brustgefieder, beide Varianten haben rosa Schnabel mit schwarzer Schnabelspitze und kobaltblaue Beine

Rotreiher

Wenn der Rotreiher einen Fischschwarm entdeckt, rennt er wie wild mit großen, weitausholenden Schritten durchs seichte Wasser, macht ruckartige Kehrtwendungen, wie sicherlich auch der Fischschwarm, sticht plötzlich ins Wasser und hält fast immer einen silbrigen, zappelnden Fisch im Schnabel.

geschickter Fischer

Rotschnabel-Tropikvogel *(Phaeton aetereus)* / Red-billed Tropic Bird

Klasse: Vögel · Ordnung: Ruderfüßer · Familie: Tropikvögel · Länge: 80-100 cm (einschließlich der Schwanzfeder) · Nahrung: Fische und Meerestiere · Gelege: 1 Ei · Brutdauer: 41-45 Tage · Merkmale: weißes Gefieder mit schwarzen Streifen oder Flecken, spitzer, roter Schnabel, lange, schmale Flügel, Schwanz mit außerordentlich langen weißen oder roten Federn, die weit über den eigentlichen Schwanz hinausragen

Rotschnabel-Tropikvogel

Die Fangmethode des Tropikvogels ist die gleiche wie bei Flußseeschwalben. Er rüttelt über dem Wasser, läßt sich plötzlich fallen und erbeutet bei seinem **Stoßtauchen** Fische, Tintenfische und andere Meerestiere. Sein kräftiger Schnabel leistet ihm dabei gute Dienste.

Zeitweise wurde der wunderschöne Seevogel **wegen seiner langen Schwanzfedern**, mit denen Handel getrieben wurde, **arg verfolgt**. Die unzugänglichen Brutplätze in versteckten Felsenspalten haben jedoch seinen Bestand letztlich nicht gefährdet.

stark verfolgt

Spitzkrokodil (Amerikanisches) *(Crocodylus actus)* / American crocodile

Klasse: Reptilien · Ordnung: Krokodile · Familie: Echte Krokodile · Länge: bis 7,20 m · Gewicht: bis 1.000 kg · Nahrung je nach Alter: Kerb- und Wirbeltiere, Fische · Gelege: bis zu 50 Eier · Merkmale: Schuppenpanzer, bräunliche Farbe

erbarmungslos verfolgt

Diese urweltlich aussehende Panzerechse wird von den Menschen seit Anwendung der Feuerwaffen erbarmungslos verfolgt. Ein Brutgebiet befindet sich auf der Isla Cabrito im Lago Enriquillo. Das Spitzkrokodil ist **in erster Linie Süßwasserbewohner**. Gelegentlich schwimmt es jedoch auch aufs Meer hinaus.

Wenn man auf den Sandbänken und den Seeufern Krokodile sich sonnen sieht, flößt ihr Anblick Bewunderung und gleichzeitig Furcht ein. Die weitgeöffneten Mäuler dienen dem Wärmeausgleich der Reptilien. Mit den sichtbar werdenden mächtigen, spitzen Zähnen wird die Beute nur festgehalten, nicht zerkaut. Große Tiere werden ertränkt und dann durch Schleuderbewegungen zerrissen.

Die **Sinnesorgane** Augen, Ohren und Nase sitzen am oberen Teil des Kopfes. Diese ragen gerade aus dem Wasser heraus, während der übrige Teil des Körpers abgetaucht ist. Große Lungen und ein niedriger Sauerstoffverbrauch erlauben der Riesenechse, bis zu einer Stunde unter Wasser zu bleiben. Der kräftige Schwanz ist ihre Antriebskraft im Wasser. Die Beine werden beim Schwimmen an den Körper angelegt. Beim Sonnen sieht man meist nur annähernd gleich große Tiere zusammen. Der Grund hierfür ist der unter Krokodilen verbreitete Kannibalismus.

Amerikanisches Spitzkrokodil

Die Paarung erfolgt im Wasser während der Trockenzeit, damit das rechtzeitige Schlüpfen zu Beginn der Regenzeit erfolgt. Zur Eiablage wird eine Bruthöhle ausgegraben. In der Brutkammer herrscht eine konstante Innentemperatur von + 33,5 °C. Das Weibchen bewacht seine Brut. Nach etwa 3 Monaten schlüpfen die Jungen. Sie geben ein feines Quäken von sich. Das Weibchen gräbt daraufhin die Jungen aus. Sie müssen dann schnell das Wasser erreichen, denn in diesem zarten Alter haben sie zahlreiche Feinde. Auch im Wasser werden die jungen Krokodile von der Mutter bewacht.

Truthahngeier (*Cathartes aura*) / Turkey Vulture

Klasse: Vögel · Ordnung: Greifvögel · Familie: Neuweltgeier · Länge: 69 cm · Flügelspannweite: 175 cm · Gewicht: 1 bis 2 kg · Gelege: 2 Eier · Brutdauer: 38 bis 40 Tage · Nahrung: Aas, Unrat, faule Früchte, Nüsse der Ölpalme, lebende kleine Säugetiere und Reptilien, Jungvögel, Eier · Merkmale: schwarzes Gefieder, die schwarzen Armschwingen und die silbergrauen Stoßfedern sind im Flugbild von unten kontrastreich abgesetzt, V-förmige Haltung der Schwingen, roter Kopf, weißer Schnabel

häufige Erscheinung

Seine Erscheinung erinnert tatsächlich an die Haltung eines Truthahns. Er bewohnt trockene, offene Ländereien, Wälder und Farmland. Der Truthahngeier ist der häufigste und **anpassungsfähigste Geier der Neuen Welt**. Er besitzt

Truthahngeier

einen **ausgeprägten Geruchssinn**. Das ist eine **einmalige Erscheinung unter den Vögeln**. Er **überfliegt in geringer Höhe das Gelände** und riecht sofort auch die kleinsten Nahrungsbrocken. Diese Fähigkeit erleichtert die Futtersuche sehr. Auf diese Weise können selbst kleinere Nahrungsreste noch geortet werden, die anderen Geiern entgehen.

In den Morgenstunden verlassen die Truthahngeier mit schweren, langsamen Flügelschlägen ihre Schlafbäume. Es ist ein schöner Anblick, wenn sie dann, langsam segelnd, spiralförmig an Höhe gewinnen. Die Geier sind wahre Hungerkünstler. Sie können lange darben, um sich bei reicher Beute fast bis zur Flugunfähigkeit „vollzustopfen". Zäh, an Entbehrungen angepaßt, legen sie oft riesige Entfernungen zurück. Die Vögel horsten am Boden zwischen Dorngestrüpp, in Felsspalten und in Sümpfen.

5.3 Wunderwelt unter Wasser

Das Karibische Meer ist in erster Linie eine **Flachsee**. Hier bedeckt das Meer das Schelf, den Kontinentalsockel, der durchnittlich nur 200 m unter der Meeresoberfläche liegt. Diese Flachsee, von der Tropensonne aufgeheizt und von warmen Meeresströmungen durchflutet, birgt eine Wunderwelt unter Wasser, die mit Worten kaum zu beschreiben ist. Man kann sie als Schnorchler oberflächlich – das soll keine Abwertung sein –, als Taucher noch tiefgründiger, im wahrsten Sinne des Wortes, erleben. Die **Schönheit der Korallenriffe** mit ihrer Farbenpracht und ihrem Reichtum an Fischen und anderen Meerestieren, die alle das warme Wasser lieben, ist berauschend.

von der Tropensonne aufgeheizt

Das **Leben im Meer wird von Licht, Temperatur, Salzgehalt und Druck bestimmt**. Der **Sauerstoff** im Wasser ist für das Entstehen pflanzlichen und tierischen Lebens Voraussetzung. Da Pflanzen aus dem Licht die Energie für die Bildung organischer Stoffe beziehen, hängen alle Lebewesen von dieser Pflanzenschicht als Basis ab. In der Karibischen See wurden mit sehr empfindlichen Meßinstrumenten noch Spuren von **Sonnenlicht bis 950 m Tiefe** festgestellt. Bis zu dieser Marke können sich noch Pflanzen durch Photosynthese entwickeln. Dieser Bereich wird auch **„photische Zone"** genannt.

Photosynthese der Wasserpflanzen

Die **Meeresströmungen** haben einen sehr großen Einfluß auf die Tierbestände im Meer. Die Karibische See hat den Vorteil, daß, durch die Passatwinde ausgelöst, der **warme Süd- und der Nord-Äquatorialstrom** auf die Karibik zutreiben.

5.3.1 Die Welt der Korallen

INFO Informationen über Korallen

Diese den Seeanemonen ähnlichen Lebewesen haben einen sehr einfachen schlauchartigen Körperbau mit polypenartigen Verästelungen (Tentakeln), in denen sich Nesselzellen befinden, die bei Berührung Kleinstlebewesen durch Gifte lähmen. Die Hauptbestandteile dieser **Hohltiere** sind ihre Außen- und Innenhaut, ein Schlund und ein Darmraum. Sie sitzen am Meeresboden fest. Die Einzeltiere sind durch Ernährungskanäle miteinander verbunden. Die **Korallenstöcke** entstehen durch ungeschlechtliche Vermehrung (Knospung) und die Ausscheidung von Kalk an der Unterseite der Korallen.

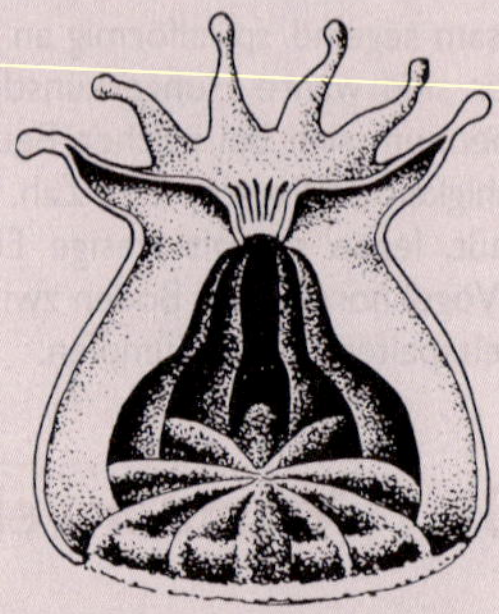
Körperbau der Koralle

Lebensvoraussetzungen für Korallen sind:
- Wassertemperatur von mindestens +20 °C
- vorbeiziehende Meeresströmung
- sauerstoff- und nährstoffreiches Wasser
- klares Wasser mit ausreichendem Salzgehalt von mindestens 25 pro 1.000
- Wasser mit genügender Lichtmenge, weil die Korallen mit lichtabhängigen Algen in Symbiose leben
- Meerestiefe von höchstens 50 m

Der Artenreichtum der Korallen ist sehr groß.

5.3.2 Lebensgemeinschaft Korallenriff

Baumeister der Riffe

Die hauptsächlichsten Baumeister dieser Riffe sind die Korallen selbst. Weitere Kalkablagerungen geschehen noch durch absterbende Muscheln, Schnecken und Tintenfische sowie durch Kalkalgen.

Die unterseeischen Korallenriffe sind nach übereinstimmender Ansicht von Forschern und Tauchern die wohl **faszinierendsten Bereiche der Meereslandschaft**. Korallenmeere sind durchsichtig und warm. Als Schnorchler oder Taucher hat man das Gefühl, schwerelos über den unterseeischen Gärten zu schweben. Ihre **Farbenpracht ist unvergleichbar**. Über den verästelten Korallen schwimmen Schwärme von Fischen in wunderschönen unterschiedlichsten Farben und mit den phantasievollsten Mustern auf ihren metallisch glänzenden Schuppenkleidern.

Jeder dieser Tropenfische in dem lichtdurchfluteten Korallenmeer sendet durch seine spezielle Farbe Signale aus. Diese **unterschiedlichen Signalfarben** haben folgenden Sinn:

- Jede Art besetzt eine **ökologische Nische**. Das muß wegen der enormen Bestandsdichte der Korallenfische auffällig angezeigt werden. Die Unnachgiebigkeit der Korallenfische im Verteidigen ihres Territoriums gegen Nahrungskonkurrenten ist sehr ausgeprägt.

Revierkämpfe

- Für die **Fortpflanzung** ist das **gegenseitige Erkennen** von Männchen und Weibchen der gleichen Fischart Voraussetzung.
- **Gleichgeschlechtlichen Rivalen** der gleichen Art wird das eigene **eng begrenzte Revier**, durch auffälliges Patrouillieren demonstriert, verwehrt.
- Es gibt auch Signalfarben und -formen, die auf die **Giftigkeit** einer Art hinweisen und Feinde auf die tödliche Gefahr, beispielsweise von Giftstacheln, aufmerksam machen sollen.

Die gesamte Schar der bunten Korallenfische hält sich **stets in der Nähe ihrer zahlreichen Versteckmöglichkeiten** auf und wagt sich nicht aufs offene Meer hinaus, wo gerade ihre leuchtenden Farben für Raubfische einen erhöhten Fangreiz ausüben würden.

Fische mit nicht so ausgeprägtem Territorialverhalten, die nur an den Korallenriffen vorbeiziehen, haben eher **Tarnfarben** als grelle Farben herausgebildet. Diese Tarnfarben und -zeichnungen gehen ins blasse Grau, Grün oder Beige mit verschwommenen oder gestreiften Mustern (Zebramuster).

5.3.3 Zerstörerische Einwirkungen auf die Korallenriffe

- **Der Mensch** ist in der Lage, in kürzester Zeit das paradiesische Leben eines Korallenriffs zu zerstören:

Umwelt-zerstörung durch Menschen

- **Wasserverschmutzung**, besonders durch chemische Abwässer, ist der unausbleibliche Tod der Lebensgemeinschaft Korallenriff!
- **Müllablagerungen** haben die gleiche negative Wirkung!
- **Abbruch der Korallenriffe** zur Gewinnung von Gips und Baumaterial zum Hausbau wirkt sich verheerend auf ein Korallenriff aus. Außerdem wird die wellenbrechende Wirkung der den Inseln vorgelagerten Riffe stark beeinträchtigt und erfordert im Endeffekt hohe Kosten für Küstenschutzmaßnahmen.
- **Plünderung der Korallengärten** durch Entnahme besonders schöner Kalkformationen als Andenken.

- **Tierische Zerstörung** erfolgt außerdem durch Seesterne, Bohrmuscheln, Opalwürmer, Schwammtiere und Fische (Papageifische), die sich vorwiegend von Korallen ernähren.
- **Starker Wellenschlag** kann ebenfalls ein Korallenriff zerbrechen. Meistens sind jedoch die o.g. Zerstörungsfaktoren vorausgegangen.

5.3.4 Versteckte Gefahren im Riff

Viele Tiere im Riff haben Praktiken entwickelt, die auf Verteidigung und nicht unbedingt auf Angriff ausgerichtet sind und durch die der Mensch mehr oder weniger zufällig in ernste Gefahr geraten kann.

Feuerkorallen

Feuerkorallen (*Millepora*) / Fire Corals

Feuerkorallen sind giftig. Sie können bei Berührung Überempfindlichkeits-Reaktionen auslösen.

Kegelschnecken (*Conus*-Arten)

Kegelschnecke

Nervengift

Es gibt fünf giftige Schnecken dieser Gattung, insbesondere *Conus geographicus* und *Conus textile*, die einen mit einem Giftstachel versehenen Arm besitzen. Beim Stich bleibt der Stachel in der Wunde. Das stark wirkende Nervengift ist chemisch mit dem Pfeilgift „Curare" verwandt. Es ist schon manchem Muscheltaucher zum Verhängnis geworden. Nach dem Stich setzt ein brennendes Gefühl ein, gefolgt von Erbrechen, Magenschmerzen, Anschwellen der Stimmbänder und Herzversagen. Der Tod kann durch Lähmung des Atemsystems eintreten. Wiederbelebungsversuche können hilfreich sein.

Muräne

Muränen (*Gymnotorax*-Arten) / Morays

Abstand halten

Muränen lauern in ihren Höhlen. Sie werden nie einen Menschen beißen, wenn sie nicht provoziert werden. Aber sie schnappen zu, wenn es gilt, ihr Territorium zu verteidigen. Der Biß als solcher ist nicht giftig. Es kann jedoch durch Partikelchen, die sich im Gebiß der Muräne befinden, zu Entzündungen kommen.

Rotfeuerfisch (*Pterois volitaire*) / Pterois

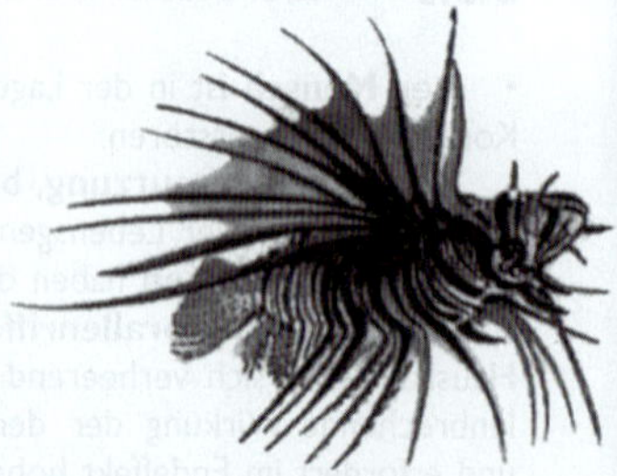

Rotfeuerfisch

todbringendes Gift

Der Rotfeuerfisch ist ein schön anzusehender Fisch, aber todbringend. Er injiziert sein Gift durch seine Rückenstacheln und Flossen.

Behandlung: Auswaschen der Einstichstellen mit heißem Wasser, intravenöse Injektion von 10 cm³ Calcium-Gluconat, intramuskuläre Injektion von 5 cm³ Meprobamat in der Dosierung von 400 mg, 250 cm³ und Serum mit Glucose per Tropf.

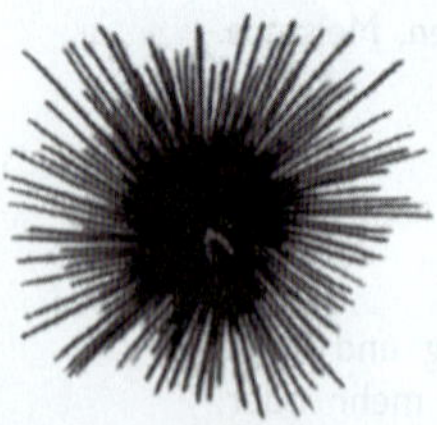

Seeigel

Seeigel / Sea urchin

Seeigel siedeln machmal in großen Kolonien. Sie besitzen dunkle, lange, nadelartige Stacheln mit kleinen Dornen. Die Tiere selbst sind nicht giftig, aber die Berührung mit ihren spitzen Stacheln kann bei unvorsichtig Badenden, Tauchern oder Riffwanderern schmerzhafte, eitrige Entzündungen hervorrufen, weil die spröden Stacheln oft in den Wunden abbrechen und schwer zu entfernen sind.

Skorpionfisch (*Gibbosa*) / Scorpion-fish

Skorpionfisch

Er hält sich im Sand und zwischen Steinen auf. Sein Gift gibt er über die Rücken- und die Kopfstacheln ab.

Behandlung: *Auswaschen der Wunde mit heißem Wasser, intravenöse Injektion von 10 cm³ Calzium-Gluconat, intramuskuläre Injektion von 5 cm³ Meprobamat in Dosen von 400 mg, tropfenweise 250 cm³ Serum mit 5 % Glucose in die Wunde.*

Stachelrochen

Stachelrochen (*Dasyatidae*) / Sting rays

Stachelrochen buddeln sich gern im Sand ein und sind deshalb schlecht zu sehen. Wenn man versehentlich auf sie tritt, werden sie höchstwahrscheinlich mit ihrem Schwanz zuschlagen, an dem fünf giftige Sporen sitzen, die große, schmerzhafte, schlecht heilende Wunden hinterlassen.

fünf giftige Sporen

Behandlung: *Auswaschen der Wunde mit kaltem Salzwasser, wenn Teile der Stacheln entfernt werden müssen, Auflegen einer Aderpresse und eine halbe Stunde lang Auswaschen der Wunde mit heißem Wasser, Tetanus-Spritze zur Vorsorge.*

Steinfisch (*Synaceja verrucosa*) / Stonefish

Steinfisch

Er besitzt das am stärksten bekannte Fischgift und ist somit das **gefährlichste Geschöpf der Lagune!** Es ist sehr schwierig, ihn zu entdecken, weil er die gleiche Färbung wie der sandige Boden der Lagune oder wie Korallen hat. Er ähnelt einem bewachsenen Stein in verblüffender Weise, liegt meistens halb im Boden versenkt und ist also sehr gut getarnt.

Wenn man auf ihn tritt, injiziert er sein Gift, das Herzprobleme verursacht, über 16 dornige Rückenstacheln in den menschlichen Körper. Innerhalb weniger Stunden kann der Tod eintreten (in durchschnittlich 25 % der Fälle).

Rückenstacheln als Giftspritzen

Behandlung: *Es ist wichtig zu wissen, daß das Toxin, das der Steinfisch produziert, thermolabil ist, d.h. es ist wärmeunverträglich. Wenn man von einem Steinfisch gestochen worden ist, soll man sich ruhig verhalten und zunächst heißes Wasser in die Wunde geben oder eine brennende Zigarette hineinhalten. Dann sollte, wenn dies möglich ist, die Injektion von Hydrochlorat (60 mg zu 6 %) erfolgen.*

Weiße Koralle

Weiße Koralle (*Madrepora ocilata*) / Madrepore

Sehr leicht kann man sich als Taucher, Schnorchler oder Schwimmer an diesen scharfkantigen Korallen verletzen. Die Wunden verursachen Entzündungen.

Behandlung: Schnittwunden unmittelbar mit Alkohol oder Zitronensaft desinfizieren, örtliche Behandlung mit Antibiotika ist zu empfehlen.

5.4 Kleines Fischlexikon

Amerikanischer Stechrochen (*Dasyatis americana*) / Sting Ray

Klasse: Knorpelfische · Ordnung: Rochen · Familie: Stachelrochen ·

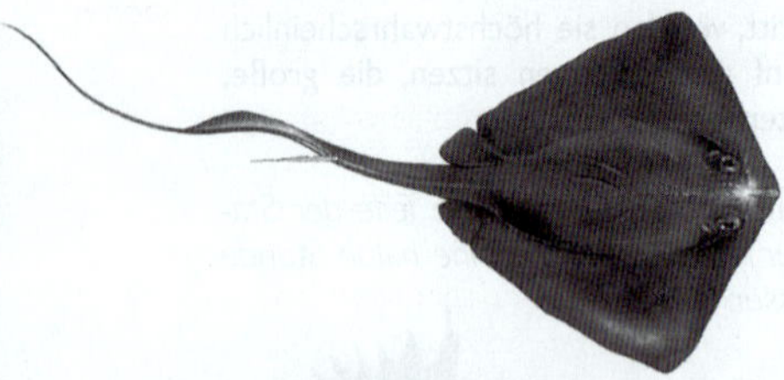

Amerikanischer Stechrochen

Der Amerikanische Stechrochen besitzt einen fast rechteckigen Körper und einen langen, dünnen Schwanz. Seinen Namen verdankt er seiner charakteristischen Waffe, einem **scharfen Stachel** am Schwanzansatz. Außerdem befindet sich auf der Unterseite des gezähnten Stachels ein **giftabsonderndes Gewebe**. Der Stechrochen kann damit Verletzungen verursachen, die selbst für Menschen tödlich sein können. Der Stachel selbst ist zwar unbeweglich, doch den Schwanz kann er mit großer Kraft und Schnelligkeit schwingen und so den Stachel in das Fleisch seines Opfers treiben.

scharfe Stacheln

Atlantischer Kinnbartel-Flugfisch (*Cypselurus heterurus*) / Flying Fish

Klasse: Knochenfische · Ordnung: Dorschfische · Familie: Fliegende Fische

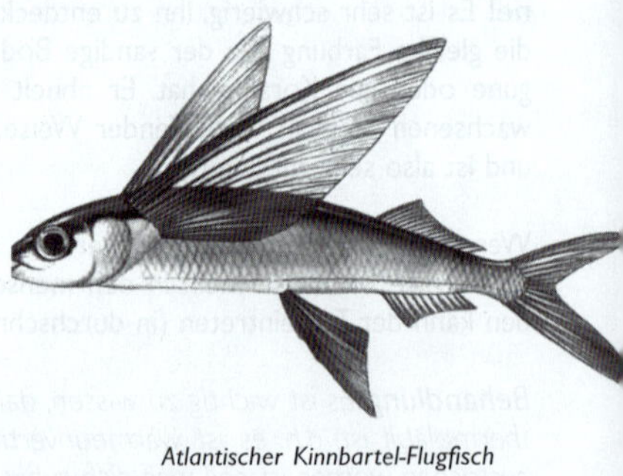

Atlantischer Kinnbartel-Flugfisch

Der Atlantische Kinnbartel-Flugfisch gehört zu dem **4-flügeligen Typ der Flugfische**. Dieser Fliegende Fisch besitzt vergrößerte Flossen, die sich zu „Tragflächen" ausgebildet haben. Trotz der Länge der zurückgelegten Strecken kann man nicht von einem Fliegen des Fisches sprechen, weil er nicht wie ein Vogel mit seinen Schwingen schlägt. Es ist vielmehr ein **Gleitflug**, der bei günstigen Windverhältnissen **bis 90 m** betragen und **10 Sekunden** dauern kann. Der Fisch jagt mit großer Geschwindigkeit durchs Wasser, zuerst noch durch schnelle

Flossen als „Tragflächen"

Wriggschläge der unteren verlängerten Schwanzflossen unterstützt, durchbricht die Wasseroberfläche und schwebt über dem Wasser dahin.

Borstenzähner oder **Gaukler** (Familie: *Chaetodontidae*) / Butterfly Fishes

Klasse: Knochenfische · Ordnung: Barschartige · Familie: Borstenzähner

Borstenzähner

Aufgrund ihrer Färbung und ihrer bizarren Muster gelten die Borstenfische als die **schönsten Meeresfische**. Die Namen der Unterfamilien „Engelfische" und „Gaukler" sowie der englische Name „Butterfly Fishes" deuten auf ihre Schönheit hin. Ihre Gestalt und das elegante, leichte Dahingleiten ist ein wunderbarer Anblick. Der Körper ist stark zusammengedrückt.

schöner Anblick

Doktor- oder **Chirurgenfisch** (Familie: *Acanthuridea*) / Surgeon Fishes

Klasse: Knochenfische · Ordnung: Barschartige Fische · Familie: Doktorfische ·

Die „Doktormesser" oder **Skalpelle**, die diesen Fischen ihren Namen gegeben haben, sind scharfe, unbewegliche giftige Klingen am Schwanzstiel der Tiere, mit denen sie ihren Angreifern Schnitte zufügen können. Schon so mancher unerfahrene Fischer hat Schnittwunden davongetragen, wenn er diese Fische aus seinem Netz holen wollte. Die Verletzungen schmerzen furchtbar und schwellen an.

messerscharf bewaffnet

Doktorfisch

Doktorfische haben einen seitlich abgeflachten, hohen Körper mit langer Rücken- und Afterflosse und eine **sehr bunte Farbgebung**.

Igelfisch (Familie: *Diodontidae*) / Burr Fishes

Klasse: Knochenfische · Ordnung: Kugelfischverwandte · Familie: Igelfische

Die Haut der Igelfische ist mit **Stacheln** bewehrt, daher haben sie ihren Namen. Aufgepumpt präpariert, werden sie oft leider als Andenken verkauft. Bei Gefahr können sie wie Kugelfische ihren **Körper aufblasen**, indem sie Wasser in ihren Magen pumpen und die sonst anliegenden Stacheln aufstellen.

stachelig

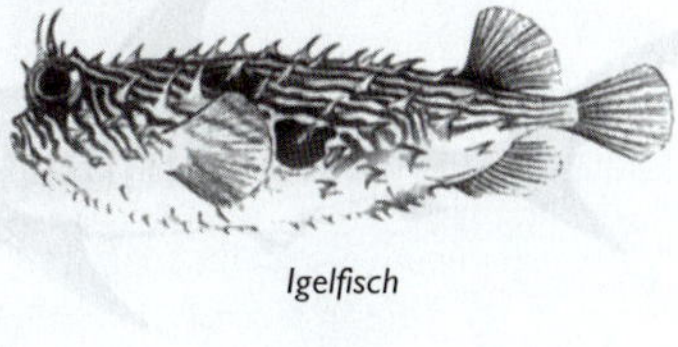

Igelfisch

Königsdrückerfisch

Königsdrückerfisch (*Balistides vetula*) / Queen Trigger Fish

Klasse: Knochenfische · Ordnung: Kugelfischverwandte · Familie: Drückerfische

Der **schön gezeichnete Fisch** kann sich mit Hilfe eines stachelartigen Flossenstrahls in einer Felsspalte festklemmen. Diese Fähigkeit nutzt er bei seiner Ruhephase oder um sich vor Feinden in Sicherheit zu bringen. Diese **Sperre** kann nur durch einen Beugemuskel eines der drei Flossenstrahlen wie beim Abzug (Drücker) eines Gewehrs wieder gelöst werden, daher der Name „Drückerfisch". Diese Sperrvorrichtung macht es für einen Feind des Drückerfisches unmöglich, den Ruhenden oder Flüchtigen aus der Felsspalte herauszuziehen.

Sperrvorrichtung

Papageifisch (Familie: *Scaridae*) / Parrot Fishes

Klasse: Knochenfische · Ordnung: Barschartige Fische · Familie: Papageifische

Das sehr **bunte Schuppenkleid** gab den Papageifischen ihren Namen. Diese sehr auffälligen Farben können als Bestimmungsmerkmal nicht herangezogen werden. Einige Arten durchlaufen in ihrer Entwicklung bis zu 3 Farbstufen. Darüber hinaus sehen manchmal Männchen und Weibchen noch unterschiedlich aus.

bis zu 3 Farbstufen

Papageifisch

Papageifische ernähren sich von Algen und Korallen, die sie mit ihrem schnabelförmigen Maul „ernten". Einerseits erfüllen sie damit eine **wichtige ökologische Aufgabe**, weil sie den Algenbewuchs in Grenzen halten. Andererseits ist die Vernichtung der Korallen nicht zu begrüßen.

Tigerhai (*Galeocerdo cuvieri*) / Tiger Shark

Klasse: Knorpelfische · Ordnung: Haie · Familie: Blauhaie · Länge: 5,5 m, möglicherweise 7,4 m · Nahrung: breites Beutespektrum (Meeressäuger, Knochenfische, kleinere Haie, Rochen, Kopffüßer, Krokodile, Schildkröten, Krebse, Schnecken, Aas, Abfall, Meeresvögel) · Merkmale: leicht getigerte seitliche Streifenzeichnung, ähnliche Form wie der Weißhai, jedoch kürzere, rundere Schnauze

Tigerhai

Der Tigerhai kommt hauptsächlich in tropischen und subtropischen Gewässern vor. Er kann auch dem Menschen gefährlich werden. Er hält sich in der Tiefsee und in flachen Küstengewässern auf und dringt sogar in Flußmündungen ein. Als **Allesfresser** ist nichts vor ihm sicher, auch Menschen nicht. In seinem Magen hat man schon Farbkanister, Dachpappenrollen, Schuhe und Nummernschilder von Autos gefunden.

Allesfresser

Vierhorn-Koffer- oder Kuhfisch (*Ostracion quadricornis*) / Cowfish

Klasse: Knochenfische · Ordnung: Kugelfischverwandte · Familie: Kofferfische

Kopf und Körper des Vierhorn-Kofferfisches sind völlig mit einem **Panzer** aus 6-eckigen Knochenplatten eingekleidet. Nur Maul, Augen, Kiemen- und Bauchöffnung sowie die Flossen werden nicht von der starren Schale umschlossen. An seinem Kopf befindet sich ein Paar nach vorne gerichteter Stacheln, und ein weiteres nach hinten gerichtetes Paar sitzt am Ende des Panzers, daher der Name „Vierhorn".

gepanzert

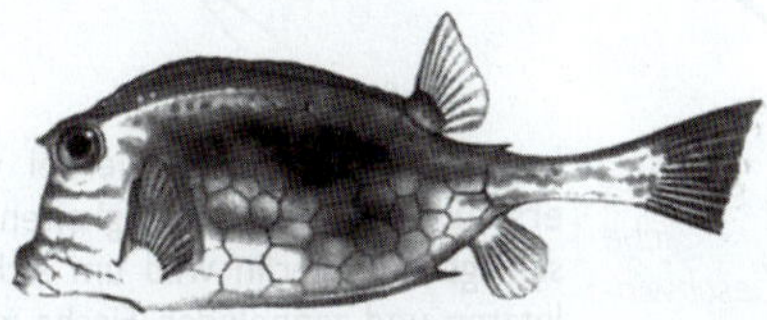
Vierhorn-Kofferfisch

Dieser Fisch hält sich in Korallenriffen auf, und er benötigt zum Leben sauerstoffreiches und sauberes Wasser. Seine Augen sind unabhängig voneinander beweglich.

Walhai (*Rincodon typus*) / Whale Shark

Klasse: Knorpelfische · Ordnung: Haie · Familie: Walhaie · Länge: exakt gemessen bisher bis 12 m, möglicherweise bis 18 m · Nahrung: Plankton und alles von kleinen Krebsen bis zu Makrelen und kleinen Thunfischen · Merkmale: wegen seiner Größe sehr auffällig, breiter, flacher Kopf, winzige Zähne, riesige Kiemenspalten, riesige geschwungene Schwanzflosse, helle Farbflecken auf dunklem Grund

Der Walhai ist der **größte Fisch der Weltmeere.** Er kommt in allen Warmwassergebieten der Erde vor. Unter den Haien nimmt er als eine **planktonfressende Art** eine Sonderstellung ein.

Koloß ohne Angriffshaltung

Er saugt beim Schwimmen seine Nahrung ein. Seine Kiemenbögen sind durch knorpelige Querstangen verbunden und bilden eine Art Sieb. Das Atemwasser wird durch diesen Filter gepreßt. Mit seinem „Netz" filtert der riesige Hai seine Planktonnahrung aus dem Meereswasser heraus.

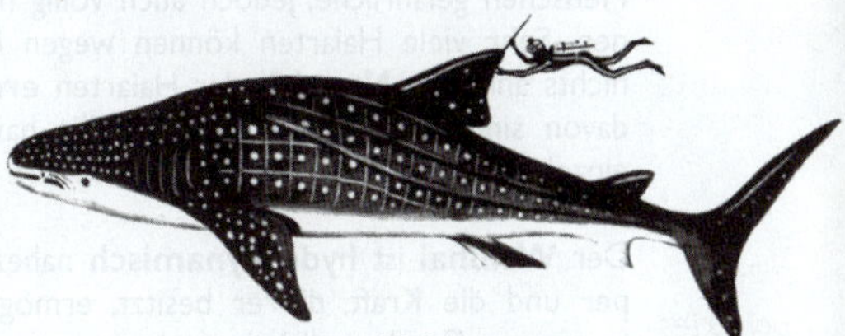
Walhai

Er ist für den Menschen **völlig ungefährlich.** Taucher können sich ihm gefahrlos nähern, ohne daß der Koloß eine Angriffshaltung einnimmt oder selbst Furcht zeigt. Die Taucher halten sich gern an seinen Flossen fest und lassen sich von ihm mitschleppen oder benutzen ihn als „Unterwasser-Reittier".

Weißer Merlin (*Makaira albida*) / White Marlin

Klasse: Knochenfische · Ordnung: Barschartige Fische · Familie: Fächerfische · Länge: 2,75 m · Gewicht: bis 50 kg · Nahrung: Fische · Merkmale: speerförmiger Schnabel, segelartige Rückenflosse, ständig weit vom Körper abstehende Brustflossen

Der Weiße Merlin ist als „Sportfisch" weltbekannt geworden. Ernest **Hemingways Buch „Der alte Mann und das Meer"** hat dazu beigetragen. Dem **kampfstarken Fisch** ist hierin ein bleibendes literarisches Denkmal gesetzt worden.

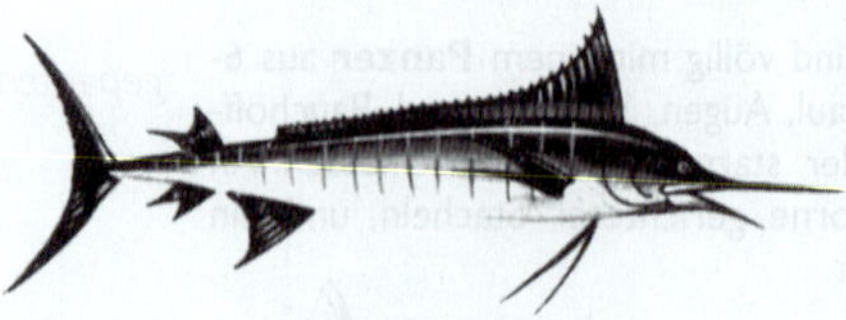

Weißer Merlin

Der Weiße Merlin ist, wie auch seine übrigen Verwandten, ein **sehr schneller Raubfisch**, der sich blitzartig auf von ihm ausgemachte Fischschwärme, beispielsweise Makrelen, stürzen kann. Hierbei werden, durch 40 m weite Sprünge unterstützt, erstaunliche Geschwindigkeiten von 60-80 km/h erreicht. Mit seinem „Speer" schlägt der Merlin wild um sich, anschließend beginnt er, die zerstückelten, verletzten und zappelnden Fische zu verspeisen.

erstaunliche Geschwindigkeit

Weißhai (*Carcharodon carchainas*) / Great White Shark

Klasse: Knorpelfische · Ordnung: Haie · Familie: Makrelenhaie · Länge: 5-6 m, selten 9 oder gar 12 m · Gewicht: bis 3 t · Nahrung: Fische, Seeschildkröten, bis zu 2 m lange Haie, Delphine, Robben, Seevögel, Aas, Abfall, der ins Meer geschüttet wird · Vorkommen: bis 1.200 m Tiefe, aber auch in flachen Küstengewässern · Merkmale: auffallend massiger, spindelförmiger Körper, konische Schnauze, sichelförmige Brustflossen, bis zu 7,2 cm lange, dreieckige, rasiermesserscharfe Zähne mit gesägten Rändern, graublauer Rücken, weißliche Unterseite

Haie allgemein sind wahrscheinlich die am wenigsten verstandenen Geschöpfe des Tierreichs. Meist mit einer Mischung von Furcht und Faszination betrachtet, ist das Bild, das sich der Mensch von ihnen macht, mehr von **Vorurteilen und Mißverständnissen** bestimmt als von echter Kenntnis. Es gibt zwar auch für die Menschen gefährliche, jedoch auch völlig harmlose Arten. Man muß sie nur kennen. Sehr viele Haiarten können wegen ihrer geringen Größe dem Menschen nichts anhaben. **Nur 4 %** der Haiarten **erreichen Ausmaße von 4-12 m**, und davon sind noch einige Spezies völlig harmlos. Wie gesagt, es ist wichtig, die einzelnen Arten zu unterscheiden und ihre Eigenschaften zu kennen.

perfektes Raubtier

Der **Weißhai** ist **hydrodynamisch** nahezu **perfekt gebaut**. Sein straffer Körper und die Kraft, die er besitzt, ermöglichen es ihm, lange Zeit mit relativ langsamer Geschwindigkeit zu kreuzen und sein Tempo erst dann zu erhöhen, wenn er auf Tiere stößt, die auf seinem Speiseplan stehen. Er ist das **perfekte Raubtier** und sicherlich für Menschen der **gefährlichste Hai**, weil ihm auch Badende zum Opfer fallen. Wenn er eine Länge von dreieinhalb Metern erreicht hat, kann er einen Schwimmer oder Taucher in 2 Stücke zerbeißen, und ein 6 m langes Tier verschluckt ihn sogar ganz. Seine Freßgier ist bekannt. Es sind schon kleine Boote von ihm angegriffen worden. Normalerweise jagt er gern Fischschwärme und folgt Schiffen wegen der Abfälle, die über Bord geworfen werden.

besonders freßgierig

Das Wort „gefährlich“ muß allerdings mit Bedacht angewandt werden. Es bedeutet eigentlich nur, daß dieses Tier, wie alle Raubtiere, eine Gefahr für uns darstellt, die gering ist gegen die Gefahr, einen Herzinfarkt oder Autounfall zu erleiden, in ein kriegerisches Ereignis verwickelt zu werden und dabei umzukommen oder von einer ansteckenden Krankheit hingerafft zu werden.

Es gibt statistische Unterlagen über **Haiangriffe** auf Menschen an den bekanntesten, auch von Haien sehr stark besuchten Meeresküsten. Die **Horrorgeschichten** über den „Killer Weißer Hai“ haben mit der Realität jedoch keine Gemeinsamkeit. Es ist beispielsweise verbrieft, daß in Australien seit den Aufzeichnungen ab 1901 lediglich 250 Haiangriffe stattgefunden haben, bei denen allerdings 100 Menschen getötet worden sind. Das bedeutet, daß an australischen Küsten, wo es sehr viele Haie gibt, nur durchschnittlich ein Mensch pro Jahr getötet wurde. In den USA, einschließlich Karibik und Hawaii, werden jährlich etwa 12 Haiangriffe registriert, wovon ein bis zwei tödlich ausgehen. Natürlich ist der Weißhai ein Raubtier, vor dem man sich in acht nehmen sollte und der am meisten an diesen Todesfällen beteiligt ist, aber deshalb ist er noch lange kein blutgieriger Menschenfresser, wie er gern in Filmen dargestellt und mit dieser Klischeevorstellung auch gut vermarktet wird. Weltweit sind Experten der Meinung, daß nur jährlich 100 Haiangriffe auf unserer Erde stattfinden, wovon 25 bis 30 für Menschen tödlich ausgehen. Das ist sehr gering gegenüber den Gefahren, die das Meer für den Menschen sonst noch parat hält.

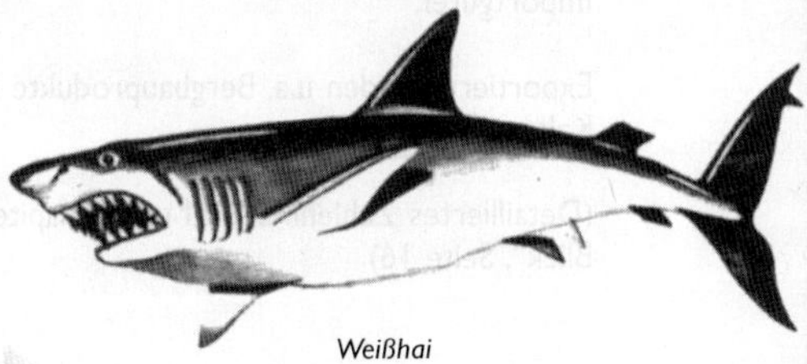

Weißhai

Das Vorkommen des Weißhai beschränkt sich ausschließlich auf mäßig warme **Küstengewässer**, die bis an die tropischen Meere reichen. So tritt er auch an den nördlichen Küsten der Großen Antillen auf. Man vermutet, daß die Angriffe auf Menschen (Schwimmer oder Taucher) Verwechslungen mit Meeressäugern (Seehunden) sind, die ähnliche Umrisse im Wasser abgeben.

6. WIRTSCHAFT

6.1 Tourismus

Devisenbringer Nummer 1

Die Touristenbranche hat sich in der Dominikanischen Republik gut entwickelt. Sie ist zum Devisenbringer Nummer 1 des Landes geworden. Hier haben beispielsweise 1995 2,2 Mio. Auslandsgäste Urlaub gemacht, und es wurden in jenem Jahr 1.490 Mio. US$ eingenommen. Große Anstrengungen hat man unternommen, um die Infrastruktur des Inselstaates auszubauen. Der „ewige Sommer", feinsandige Strände, klares Wasser, reiche Flora und die Wunderwelt unter Wasser locken Feriengäste in dieses Land.

6.2 Import und Export

Der größte Mangel der einheimischen Wirtschaft ist das Fehlen an mineralen Brennstoffen, deshalb ist die Einfuhr von Erdöl mit 20 % der stärkste Posten der Importgüter.

Exportiert werden u.a. Bergbauprodukte (37 %), Rohzucker (14 %), Kaffee (11 %), Kakao (7 %).

(Detailliertes Zahlenmaterial unter Kapitel 1, „Dominikanische Republik auf einen Blick", Seite 16)

Bilder **Naiver Malerei**, einer im Nachbarland Haiti entstandenen Stilrichtung, werden in größeren Städten und Badeorten unter freiem Himmel zum Verkauf angeboten.

Im massiven **Palast des Diego Kolumbus** in **Santo Domingo** lebten die Nachkommen des Admirals Christoph Kolumbus.

Ein **Straßenhändler in Galeón** wartet geduldig auf seine Kundschaft.

Für die ***Jugendlichen*** *in den entlegenen Dörfern der* ***Trockenzone im Südwesten*** *des Landes ist die Aufnahme eines Gruppenfotos eine willkommene Abwechslung.*

Der ***Lago Enriquillo****, ein einstiger Meerarm, der vom Karibischen Meer abgetrennt wurde, ist heute ein* ***seichter Salzsee****, 40 Meter unter dem Meeresspiegel.*

Im **Nationalpark Isla Cabritos** hat sich eine dem trockenheißen Klima angepaßte Flora und Fauna entwickelt.

Der urtümliche **Nashornleguan** ist eine der Raritäten des **Nationalparks Isla Cabritos**.

Die Wasservögel habe spezielle Methoden der Nahrungsaufnahme entwickelt, wie

der **speerende Dreifarbenreiher,**

der nach Fischen **wasserpflügende Scherenschnabel,**

der nach Fischen **schöpfende Braunpelikan,**

der Algen **filternde Flamingo,**

der vorsichtig **pirschende Mangrovenreiher** *und*

der beuteabjagende, **schmarotzende Fregattvogel.**

Der **zentrale Platz in Duvergé** südlich des Lago Enriquillo ist ein angenehm schattiger Ort, gern aufgesucht zur Entspannung, zum Dominospiel oder für einen Plausch.

Dominospielen in fröhlicher Runde ist eine Leidenschaft der Dominikaner, ganz gleich, ob Jung oder Alt.

Südlich von Baoruco liegt dieses Anwesen in luftiger Höhe und mit weitem Blick auf den Fluß.

Es ist einfach **traumhaft**, die Küstenstraße 44 **zwischen Barahona und Enriquillo** zu befahren und an den schönsten Stellen zu rasten – mit dem türkisblauen Karibischen Meer im Osten und den Bergurwäldern im Westen.

In dem kleinen, idyllischen Ort ***Los Patos****, an der Küstenstraße 44 gelegen, sollte man eine Rast einplanen.*

In der Provinz Barahona, hier bei ***Enriquillo****, gibt es noch weite Küstenabschnitte mit unberührtem* ***Naturstrand****.*

Beim ***Hahnenkampf*** *geht es heiß her. Er ist eine reine Männerdomäne. Die gefiederten Gladiatoren werden vor dem Kampf gehegt und gepflegt, denn von Sieg oder Niederlage hängen Ruhm oder Schmach, Reichtum oder finanzielle Not ganzer Familien ab.*

In ***Los Tres Chacos****, einem kleinen Ort im Südwestzipfel des Landes, verläuft das Leben der Dorfbewohner in einem gemächlichen Rhythmus.*

Als Badegast genießt man in ***Juan Dolio****, an der sanften Südküste des Landes gelegen, die Sonne und das warme Wasser des Karibischen Meeres und nutzt als Wassersportler Wind und Wellen.*

Der idyllische ***Fischerhafen von Bayahibe*** *ist ein guter Ausgangspunkt für Bootsfahrten zum Del Este Nationalpark, zur Insel Saona und natürlich zum Fischfang.*

In ***Otra Banda*** *besteht ein reichhaltiges Angebot an Tontöpfen.*

Im ***Los Haitises Nationalpark*** *bilden 50–60 kleine Inseln aus Korallengestein ein Labyrinth an Wasserwegen.*

Als Taucher oder Schnorchler erleben Sie die bunte ***Wunderwelt unter Wasser*** *auf den sonnendurchglühten Korallenriffen.*

Flinke Hände formen in der Zigarrenfabrik von **Santiago de los Caballeros** *die begehrten Rauchwaren.*

In **Las Terrenas** spüren Sie noch den **Zauber der Karibik**. Der urige Strand ist naturbelassen. Individuelle, kleine bis mittlere Hotels machen den Aufenthalt angenehm.

Zu den **Naturschönheiten** der **Halbinsel Samaná** gehören felsige Steilküsten, sanfte Meeresbuchten, letzte Regenwälder, rauschende Wasserfälle und artenreiche Feuchtgebiete.

Die Umgebung von ***Las Galeras*** *ist noch reich an unberührten Stränden, die am besten mit dem Motorrad, auf dem Rücken eines Pferdes oder per Boot erreichbar sind.*

In ***Las Galeras*** *ist der Urlauber noch König. Die Vermieter zeichnen sich durch besondere Gastfreundlichkeit aus.*

Die ***tropische Blütenpracht*** *der Karibikinsel ist überwältigend. Besonders exotisch sind die Blüten*

des Hibiskus,

der Goldtrompete,

des Frangipani,

der Scharlachroten Ixora,

der Epiphyten und

der Heliconie.

7. Die Dominikanische Republik als Reiseland

Benutzerhinweis
Die gelben Seiten werden regelmäßig aktualisiert, so daß sie auf dem neuesten Stand sind. In den allgemeinen Reisetips (Kap. 7.1) finden Sie – alphabetisch geordnet – reisepraktische Hinweise für die Vorbereitung Ihrer Reise und Ihren Aufenthalt in der Dominikanischen Republik. Die regionalen Reisetips (Kap. 7.2, ab S. 181) geben Auskunft über Unterbringungsmöglichkeiten etc. in den ebenfalls alphabetisch geordneten Städten/Regionen.

News im Web: www.iwanowski.de

7.1 Allgemeine Reisetips von A-Z

Inhalt

A

⇨ Anreise

- **Mit dem Flugzeug**

Der Luftverkehr hat in den letzten Jahren durch den zunehmenden Tourismus ständig an Bedeutung gewonnen. 86 % aller Besucher aus Übersee kommen auf dem Luftwege in die Dominikanische Republik.

Das Land verfügt über folgende **internationale Flughäfen**:
- **Las Américas**, 28 km östlich des Stadtzentrums von **Santo Domingo**, Information: Tel.: 549-0450/80
- **Gregorio Luperón**, ca. 18 km östlich des Stadtzentrums von **Puerto Plata**, Information: Tel.: 586-0219
- **Arroyo Barril**, 5 km von **Santa Bárbara de Samaná** entfernt, im Bau
- **María Montés,** 5 km nördlich des Stadtzentrums von **Barahona**, Information: Tel.: 524-7010, nur für Flüge von und nach Haiti
- **Cibao in Santiago**, Information: Tel.: 582-4894
- **Punta Cana**, ca. 40 km östlich von **Higüey**, Information: Tel.: 686-8790

Von Düsseldorf nach Puerto Plata beträgt die Flugdauer ca. 9 Stunden. Nach Santo Domingo und Punta Cana etwa ½ Stunde länger.

Linienflüge
Es besteht die Möglichkeit, Santo Domingo in Linienflugverbindungen über London, Paris, Madrid, Rom und Flughäfen der USA zu erreichen. Direkte Linienflugverbindungen aus Mitteleuropa gibt es z.Zt. nicht. Es geht **nur über Umsteigeverbindungen** mit den Fluggesellschaften Air France, British Airways, Deutsche Lufthansa/United Airlines und Iberia.

Charterflüge
Preisgünstig fliegen deutsche, österreichische und schweizer Charterfluggesellschaften (Balair/CTA, Condor, Hapag Lloyd, Lauda Air und LTU) im **Direktflug** ab Berlin, Düsseldorf, Franfurt/Main, München, Salzburg, Stuttgart, Wien und Zürich in die Dominikanische Republik nach Puerto Plata, Punta Cana und Santo Domingo.

Last-Minute-Flüge
In einigen Reisebüros, in den Büros einzelner großer Reiseveranstalter und an den Schaltern der Charterfluggesellschaften auf den Abflughäfen ist es möglich, Flugtickets für manchmal nur wenige hundert DM sehr preisgünstig zu erwerben:
- Last Minute Tours: Flughafen Düsseldorf, Tel.: 0211/4216431
- Last Minute Tours: Flughafen Hamburg, Tel.: 040/5081140
- Last Minute Tours: Flughafen Köln, Tel.: 0221/505075
- Last Minute Tours: Flughafen München, Tel.: 089/596107

Fluggastgebühr
Bei Abflug aus der Dominikanischen Republik wird z.Zt. eine Fluggastgebühr in Höhe von 10 US$ erhoben. Befreit von der Zahlung dieser Gebühr sind Transitpassagiere, die

die Tarifzone der dominikanischen Flughäfen nicht verlassen, sowie Kinder unter 2 Jahren.

Nähere Infos
erhält man über die Reisebüros, Flughäfen oder die Zentralen der Fluggesellschaften:
- **Condor**: Am Grünen Weg 3, 65440 Kelsterbach, Tel.: 06107/939-0, Fax: 06107/939-440
- **LTU**: Parsevalstr. 7a, 40468 Düsseldorf, Tel.: 0211/9418-530, Fax: 0211/9418-881
- **Hapag Lloyd**: Postfach 420240, 30622 Hannover, Tel.: 0511/9727-0, Fax: 0511/9727-292
- **Iberia**: Westendstr. 12, 60325 Frankfurt/Main, Tel.: 069/7166-111, Fax: 069/7166-329
- **Air France**: Friedenstr. 11, 60311 Frankfurt/Main, Tel.: 069/2566-100, Fax: 069/236-080
- **Martinair**: Fasanenweg 7a, 65451 Kelsterbach, Tel.: 06107/7107-619, Fax: 06107/3758

• **Mit dem Schiff**

Wer lieber auf dem Wasserweg in die Dominikanische Republik reisen möchte, der muß naturgemäß mehr Zeit für die Fahrt aufwenden als bei einer Flugreise.

Per Kreuzfahrtschiff
Kreuzfahrtschiffe, meistens von Miami (USA) oder San Juan (Puerto Rico) operierend, laufen regelmäßig Puerto Plata, Santa Bárbara de Samaná und Santo Domingo an. Bei den Landgängen von höchstens 2 Tagen kann man jedoch unmöglich das Land kennenlernen.

Per Frachtschiff
Eine geringe Anzahl von Personen kann von Frachtschiffen an Bord genommen werden. Eine feste Urlaubsplanung scheidet bei dieser Reisemöglichkeit wegen unvorhergesehener Wartezeiten und meistens einem Umweg über die USA aus. Die Fahrtdauer ist auf 2 bis 3 Wochen einzuschätzen.
Von Bremen, Hamburg, Rotterdam aus wird gelegentlich der **Hafen Río Haina/ Dom.Rep.** angelaufen.
Nähere Informationen und Buchungen sind in einigen Reisebüros, die sich mit dieser Materie beschäftigen, aber noch besser von folgenden Agenturen zu haben:
- Hamburg Süd Reiseagentur, Ost-West-Str. 59, 20457 Hamburg, Tel.: (040)37050
- Frachtschiff-Touristik Kapitän Peter Zylmann, Exhöfter Damm 12, 24404 Maasholm (Ostsee), Tel.: (04642)6068, Fax: (04642)6767

• **Kombination Flugzeug/Schiff**

Es besteht auch die Möglichkeit, die Hin- bzw. Rückreise mit dem Flugzeug oder dem Schiff anzutreten.

⇨ Apotheken

Sie finden sie generell in den Stadtzentren unter dem Namen „Farmacia". Die Apotheken in den touristischen Ballungszentren und den großen Städten sind mit den gängigsten Medikamenten versehen. Obwohl es genügend dominikanische Apotheken gibt, sollten Sie sich eine kleine **Reiseapotheke** von daheim mitbringen. Diese sollte mindestens folgendes enthalten:

- Malariaprophylaxe,
- Mittel gegen Darminfektionen,
- Mittel zur Bekämpfung von Erkältungen,
- Insektenschutzmittel,
- Verbandszeug,
- Fieberthermometer,
- Sonnenschutzmittel.

⇨ Artenschutz

Bitte beachten Sie, daß Schwarze Korallen, Schildkröten und viele Muschelarten dem Artenschutz unterliegen und deshalb auch ihre Bestandteile, Panzer, Schalen und Skelette und Verarbeitungen aus ihnen, nicht nach Deutschland, Österreich und in die Schweiz sowie in andere Länder Europas eingeführt werden dürfen.

⇨ Ärzte

Die Zahl der praktizierenden Ärzte und Zahnärzte ist nicht genau feststellbar. Nach den letzten Meldungen kommt auf 1.700 Dominikaner im Schnitt ein Arzt. Somit ist das Gesundheitswesen in der Dominikanischen Republik weit vom europäischen Standard entfernt.

Arztrechnungen müssen zunächst selbst bezahlt werden, da es kein Abkommen der Krankenkassen mit der Dominikanischen Republik gibt. Die Rechnung müssen Sie daheim der Krankenkasse einreichen.

Nähere Angaben über empfohlene Ärzte und Kliniken unter den Ortsnamen in „Regionale Reisetips von A-Z"

Siehe auch Stichwort Gesundheitswesen

⇨ Auskunft

In Deutschland (für Deutschland/Österreich/Schweiz)
Allgemeine und spezielle Reiseinformationen erhalten Sie beim:
Dominikanischen Fremdenverkehrsamt, Hochstraße 17, 60313 Frankfurt/Main, Tel.: 069-91397878, Fax: 069-283430, e-mail: domtur@aol.com, Internet: www.dominicana.com.do

In der Dominikanischen Republik
Vor Ort erhalten Sie Auskünfte bei folgenden Stellen:

- **Deutsch-Dominikanische Industrie- und Handelskammer** (Camara de Comercio e Industria Dominico)
- Edificio Plaza Intercaribe, Avenida Lope de Vega 33, esq. Rafael A. Sánchez, Local 416 Ena Naco, Santo Domingo
- Apartado Postal 8335, Santo Domingo/Dominikanische Republik

Tel.: (001-809)683 25 97, Fax: (001-809)683 61 56, e-Mail: ccdomalemana@codetel.net.com, camdomalemana@hotmail.com
Sprechzeit: Mo, Mi, Fr 8.00-12.00 Uhr, Di, Do 8.00-16.00 Uhr

- **Tourismusministerium** (Secretaria de Estado de Turismo), Santo Domingo, Avenida México/Avenida 30 de Marzo, Oficinas Gubernamentales, Bloque D, Apartado 497, Tel.: (001-809)221-4660, Fax: (001-809)682-3806, e-mail: sectur@codetel.net.do, Öffnungszeit: werktags 9.00-14.00 Uhr; dort erhält man kostenlos Broschüren und Landkarten.
- **Information** in der Zona Colonial, Santo Domingo, gegenüber der Kirche Santa María la Menor, Calle Isabella Catolica, Tel.: 682-0185
- **Internet** unter http://www.dominicana-sun.com.do
- **Secretaria de Estado y Tourismo**
- Avenida George Washington / Presidente Vicini, Santo Domingo, Tel.: 682-8181
- Calle Arzobispo Merino 1256, Santo Domingo, Tel.: 687-8038
- Malecón 20, Puerto Plata, Tel.: (001-809)586-3676
- **Dirección Nacional de Parques**, Avenida Independencia No. 359, Santo Domingo, Tel.: (001-809)682-5072, 685-1316, Website im Internet: www.quisqueya.com/dnp. Es werden Auskünfte beispielsweise über Anfahrtswege zu den Nationalparks und Genehmigungen erteilt.
- **Codetel**, die staatliche Telefongesellschaft, bietet ihre Dienste unter: http://www.codetel.net.do in Spanisch und Englisch an.

⇨ Autofahren

- Das gut ausgebaute **Straßennetz** der Dominikanischen Republik umfaßt nach letzten Angaben ca. 4.900 km Landstraßen und ca. 13.000 km Versorgungsstraßen. Von den Landstraßen sind 1.068 km Fernstraßen, 2.218 km Regionalstraßen und 1.600 km Ortsstraßen.

Die „Hauptschlagadern" des Verkehrs sind:

- die **Carretera Duarte** von Santo Domingo in nordwestlicher Richtung nach Monte Cristi und Puerto Plata.
- die **Carretera Sánchez** von Santo Domingo in westlicher Richtung nach Elías Piña an der Grenze Dom. Rep./Haiti im Westen des Landes,
- die **Autopista Las Américas**, von Santo Domingo bis La Caleta (Internationaler Flughafen Las Américas),
- die **Carretera Mella** von Santo Domingo in östlicher Richtung nach Higüey.
- Eine gut ausgebaute Straße ist außerdem die Straße von Puerto Plata nach Santa Bárbara de Samaná.

Ungefähr 75 % aller Straßen sind befestigt, die meisten befinden sich in gutem Zustand, zumindest mit lateinamerikanischen Maßstäben gemessen. Allerdings weisen die Zufahrtsstraßen von den Hauptstraßen zu den Luxushotels im Osten (Punta Cana, Bávaro) manchmal unverständlich starke Schäden auf.

- In der Dominikanischen Republik herrscht **Rechtsverkehr**.

• Grundsätzlich ist für Ausländer der **internationale Führerschein** vorgeschrieben. Laut Auskunft des Fremdenverkehrsamts der Dominikanischen Republik in Frankfurt/M. werden auch die nationalen Führerscheine, z.B. deutsche, östereichische und schweizer Führerscheine, akzeptiert.
• Die **Beschilderung** der Straßen und Wege ist insgesamt **schlecht** oder fehlt ganz. Eine Ausnahme bilden die Fernstraßen.
• Die erlaubte **Höchstgeschwindigkeit** beträgt auf **Autobahnen 80 km/h**, in den **Vorstädten 60 km/h** und im **Stadtverkehr 40 km/h**.
• Bewußt geschaffene **Bodenwellen** („lomo") oder **Vertiefungen** über die ganze Straßenbreite sollen bewirken, daß man die Fahrgeschwindigkeit herabsetzt. Sie werden im Volksmund auch „schlafende Polizisten" genannt.
• **Gefahren im Straßenverkehr:**
- Achten Sie stets auf die Beschaffenheit der Fahrbahn. Auch auf guten Straßen können plötzlich große **Schlaglöcher** auftauchen.
- **Autos in fast nicht mehr betriebsfähigem Zustand** ohne Beleuchtung, mit völlig verrosteten Karosserien und Fahrwerk, ohne Blinker, völlig überladen, bei denen Achsbrüche vorprogrammiert sind, mit nicht genügend gesicherter Ladung, sollten Sie stets scharf beobachten.
- **Fahren auf der falschen Seite**, weil die Fahrbahndecke tiefe Schlaglöcher aufweist, verursacht oft Unfälle mit entgegenkommenden oder überholenden Fahrzeugen.
- Die Straße überquerende **Fußgänger und Tiere** bedeuten für Sie besonders in der Dunkelheit eine große Gefahr.
- **Der Fahrstil der Dominikaner** insgesamt erfordert für Sie erhöhte Aufmerksamkeit. Dominikaner sind im Straßenverkehr oft unberechenbar. Sie fahren meistens nicht nach festen Regeln. Überholt wird, wie es gerade paßt. Blinkzeichen sind mehrdeutig. Wer anhalten will, signalisiert dies durch Handzeichen. Wichtig ist für Dominikaner eine laute Hupe, um Bekannte und hübsche Mädchen zu grüßen.
- **Nachtfahrten** sollten Sie möglichst vermeiden. **Autos und Radfahrer ohne Beleuchtung** und die Fahrbahn kreuzende Tiere während der Dunkelheit können Ihnen zum Verhängnis werden. **Schlaglöcher** sind nicht zu sehen. **Straßenbeleuchtungen** gibt es nur in den großen Städten des Landes.
• Die **Straßenbeschilderung** ist landesweit als spärlich zu bezeichnen.

Wichtige **Verkehrsschilder** sind: *Pare* = Stopp, *Ceda el paso* = Vorfahrt achten, *No estación* = Parkverbot, *Una vía* (Geradeauspfeil) = Einbahnstraße, *No entre* (durchgestrichener Geradeauspfeil) = keine Einfahrt

⇨ Autoverleih

Siehe Stichwort Mietwagen

B

⇨ Baden

Baden, Schwimmen und Tauchen im klaren Meerwasser an den Stränden des Landes, von der lauen Luft der Karibik umfächelt, ist ein Hochgenuß. Am Strand vernehmen Sie das

Geräusch der wispernden Palmen. Jedoch das Paradies hat auch seine Tücken, wenn die Wellen des Atlantiks hochgehen. Besondere Hinweise erfolgen durch an den Touristenstränden aufgehängte Wimpel:

- grün = gefahrloses Baden ist möglich!
- gelb = Vorsicht ist geboten!
- rot = Badeverbot!

• **Gefahren**

Baden an den dominikanischen Stränden, besonders an der Nordküste, kann manchmal gefährlich sein.

- Der NO-Passat kann die **Brandungswellen** auch für einen geübten Schwimmer zu einer ernsten Gefahr werden lassen.
- Tückische **Unterströmungen** können Ihnen zum Verhängnis werden.
- Die akrobatischen Wellenreiter sollten für Sie kein Maßstab sein, sich auch in die „kochende See" zu stürzen.

• **Verbote**

• **Oben-ohne** und **FKK** sind in der Öffentlichkeit verboten. Obgleich an eingen Touristenstrände „Oben ohne" toleriert wird, ist zu bedenken, daß es grundsätzlich gegen die Moralvorstellungen der Dominikaner verstößt, und deshalb sollte man darauf verzichten.

• Die Mitnahme von Geld und Wertgegenständen (Schmuck, Fotoapparate und Kameras) sollte man möglichst unterlassen.

⇨ Banken

Bei den Banken „Banco Popular" und „Banco Central" können Sie mit Ihren Kreditkarten Geld abheben. Hierbei werden Ihnen 5 % des Abhebungsbetrags als Gebühr abgezogen. Kaufen Sie nicht zu viele Dominikanische Pesos, deren Ausfuhr verboten ist. An den internationalen Flughäfen des Landes können Sie Pesos noch in US$ zurücktauschen. Ratsam ist es, entsprechende Umtauschquittungen als Beweis für legalen Geldumtausch aufzubewahren. Bedenken Sie, daß die Banken an den besagten Flughäfen nur bis 18.00 Uhr geöffnet haben.

⇨ Behinderte

Flugzeuge und Kreuzfahrtschiffe sind zum größten Teil auf die Bedürfnisse der Behinderten eingestellt. Somit gibt es auf dem Transportweg bis in die Dominikanische Republik normalerweise keine Probleme.

Vor Ort wird es schon schwieriger. Es gibt nur wenige neue Hotels, die behindertengerecht ausgestattet sind, beispielsweise „Caribbean Village Bávaro Beach" in Bávaro und „Hotel Playa Dorada" in Puerto Plata. Im übrigen findet man jedoch überall im Lande freundliche Menschen, die Behinderte hilfreich unterstützen.

⇨ Benzin

Das **Tankstellennetz** ist als **gut** zu bezeichnen. Die großen Tankstellen (*las gasolineras*) von Shell, Texaco usw. sind flächendeckend gestreut. Auf dem Lande kann man sogar in gewöhnlichen Läden Benzin in Plastikbehältern kaufen. Auch an der Straße werden die

Behälter gut sichtbar angeboten. Die Tankstellen arbeiten für gewöhnlich bis 22.00 Uhr, einige haben 24-Stunden-Service.

Benzin kann sowohl **bleifrei** (*sin plomo*) als auch **verbleit** (*con plomo*) gezapft werden. Die angeschriebenen Bezinpreise beziehen sich immer auf **eine Gallone**, das sind **3,785 Liter!!!**

⇨ Betteln

Grundsätzlich sollte man einerseits bedenken, daß es viele Arme, Arbeitslose und Unterbeschäftigte in der Dominikanischen Republik gibt, die gezwungen sind zu betteln. Es ist natürlich nicht immer leicht, die tatsächliche Bedürftigkeit des Bettlers richtig einzuschätzen. Andererseits können die Dreistigkeit oder Aufdringlichkeit der bettelnden Einheimischen ungemein auf die Nerven gehen, und man ist geneigt, hart zu bleiben. Es ist genausogut möglich, daß Kinder zum Betteln auf die Straße geschickt werden und daß sie mehr Geld als der Familienvater oder der Ernährer des Familienverbandes nach Hause bringen. Wenn das der Fall ist, werden die Kinder oft nicht mehr zur Schule geschickt, oder ihre Berufsausbildung wird versäumt, weil ihr „Bettler-Beruf" sehr einträglich ist. Nicht selten wird auch gebettelt, um für das erhaltene Geld Drogen, Alkohol oder Tabakwaren zu kaufen.

⇨ Bevölkerung

Die Dominikanische Republik zählt zu den bevölkerungsreichsten Ländern der karibischen Inselstaaten.

• Die **Gesamtbevölkerung** des Inselstaates beträgt 8.254.000 Dominikaner, davon leben allein z.Zt. 2.138.262 in der Hauptstadt Santo Domingo.

• Die **ethnische Zusammensetzung** der Bevölkerung ergibt folgendes Bild:
- 60 % Mulatten
- 28 % Weiße
- 11,5 % Schwarze

• Die **Bevölkerungsdichte**, auf die Gesamtfläche des Landes bezogen, ergibt **171 Einwohner je km^2**.

• Die durchschnittliche **Wachstumsrate** der Bevölkerung liegt bei **1,9 %**.

• Die **Lebenserwartung** beträgt durchschnittlich **71 Jahre**.

• Der **Altersaufbau** (Bevölkerungs-Pyramide) weist, wie bei allen Entwicklungsländern, einen **breiten Unterbau** auf, der sich nach oben stark verjüngt.

• Seitdem das **Trujillo-Regime 1961** abgelöst wurde, kam es zu einer Lockerung der Ausreisegesetze. Durch mangelnde inländische Arbeitsmöglichkeiten setzte eine **Auswanderungswelle** ein, die zu einem bevölkerungsmäßigen Aderlaß von schätzungsweise jährlich 10.000 bis 20.000 Personen, zumeist Männer, führte.

In geringerem Maße steht der Auswanderung eine **Einwanderung von Haitianern** gegenüber, die hauptsächlich bei der Zuckerrohrernte Beschäftigung finden. Um die illegale Einwanderung zu verhindern, sind zwischen den Regierungen der Dominikanischen Republik und Haiti Abkommen getroffen worden, die nur zeitlich begrenzte Arbeitsaufenthalte von haitianischen Arbeitskräften zulassen.

• Deutlich ist eine **zunehmende Tendenz der Verstädterung** im Lande festzustellen. Dem wird durch Ansiedlung von Industrie in der Provinz gegengesteuert.

• Die **Erwerbstätigkeit** der Bevölkerung ist zahlenmäßig schwer feststellbar. Wegen der in den meisten Ländern der dritten Welt verbreiteten erheblichen Unterbeschäftigung sind die Grenzen zwischen Arbeit, Gelegenheitsarbeit, unbezahlter Mithilfe bei Familienangehörigen oder Freunden und Arbeitslosigkeit fließend. Man schätzt die **Arbeitslosenquote** auf ca. **30** %, mit steigender Tendenz wegen des Bevölkerungswachstums.

⇨ Bildungswesen

Das Bildungswesen unterliegt der Aufsicht des Staates. **Schulpflicht** besteht für Kinder von 7 bis 14 Jahren. Der Unterricht der **öffentlichen Schulen** ist kostenlos. Ausnahmen bilden die **Privatschulen der katholischen Kirche**, das sind 15-20 % der Schulen, die ein für dominikanische Lebensverhältnisse nicht geringes Schulgeld verlangen. Der Anteil der **Analphabeten** im Lande ist mit **18 %** noch sehr hoch! Was sind die **Ursachen** dieses hohen Prozentsatzes?

• Viele **Menschen der älteren Generation** sind des Lesens und Schreibens nicht mächtig.

• Ein Großteil der **Kinder in ländlichen Gebieten** besucht trotz der Schulpflicht die Schule nicht, weil sie gezwungenermaßen auf dem Feld mitarbeiten müssen, Schuhputzen gehen oder in den Minen nach Bernstein suchen.

• Der **Mangel an Lehrern, Schulen** und **Geld** ist ein weiteres Problem.

• Von den Kindern, die eingeschult wurden, absolvieren **weniger als die Hälfte die ersten 3 Schuljahre** und weniger als 10 % die ersten 6 Schuljahre, daher ist auch unter der jüngeren Generation der Anteil der Lese- und Schreibunkundigen sehr hoch. Berufsaussichten für diese Jugendlichen sind naturgemäß sehr stark eingeschränkt.

• Durch **Streiks der Lehrer** wegen zu geringer Bezahlung und längerem Ausfall des Unterrichts haben sich diese Mißstände noch verstärkt.

Außer Vor-, Grund- und höheren Schulen gibt es in der Dominikanischen Republik **6 technische Institute** und **18 Universitäten**.

⇨ Botschaften

Siehe Stichwort Diplomatische Vertretungen

⇨ Busse

Das Busnetz ist gut ausgebaut. Die Zahl der verkehrenden Kraftomnibusse wird auf insgesamt etwa 16.400 geschätzt.

Für größere Entfernungen stehen moderne Überlandbusse oder Expreßbusse zur Verfügung, die zügig ihr Ziel erreichen. Sie starten auf großen Busbahnhöfen oder an festgelegten Haltestellen und verkehren nach festen Fahrplänen. Es besteht Sitzplatzgarantie.

Öffentliche Busse

Es gibt nicht überall feste Haltestellen. Man kann die Busse per Handzeichen zum Halten auffordern. Sie sind oft sehr überfüllt und nicht immer in bestem Zustand. Auch die all zu temperamentvolle Fahrweise der Chauffeure ist nicht jedermanns Sache. Vorteilhaft bei solchen Busfahrten ist, daß Sie unmittelbar den „Pulsschlag des Volkes" spüren und interessante Begegnungen erleben können.

Die wichtigsten Busstationen Santo Domingos sind:
- Richtung Norden: stadtauswärts an der *Carretera Duarte*
- Richtung Osten und Süden: am *Parque Enriquillo*

Private Busgesellschaften
Die 4 großen Unternehmen **Caribe Tours, Metro Tours, Compañia Nacional de Autobusses** und **Terra Bus** unterhalten **komfortable Überlandbusse**. In den großen Städten starten sie von modernen Busterminals, kombiniert mit Imbißbuden, Toiletten, Taxiständen, Telefonzellen usw. Diese Busse verbinden fast alle Orte miteinander. Sie verfügen über Aircondition (oft sehr kalt), getönte Scheiben, bequeme Sitze und manchmal WC. Es besteht Sitzplatzgarantie, wenn Sie rechtzeitig eine Reservierung vorgenommen haben. Hier die Adressen und Telefonnummern:
- **Caribe Tours**, Santo Domingo, Avenida 27. de Febrero, Ecke Calle Leopoldo Navarro, Tel.: (001-809)221-5418 und 4422, Abfahrt pünktlich nach Plan. Die Busse sind außerdem mit WC und Video ausgestattet, und es gibt gratis Kaffee, Limonade und Gebäck.
- **Metro Tours**, Santo Domingo, Avenida Winston Churchill, Ecke Avenida Hatuey, Tel.: (001-809)544-4580, Fax: 541-9454, Abfahrt pünktlich und nach Plan, Puerto Plata, Tel.: 563-8050, 586-6063
- **Compañia Nacional de Autobuses**, Santo Domingo, Avenida Charles Summer, Urb. Los Prados, Tel.: (001-809)565-6681
- **Terra Bus**, Santo Domingo, Avenida 27 de Febrero, Ecke Máximo Gómez (Plaza Criolla), Tel.: (001-809)472-1080

Guaguas
Sie bedienen kleine Routen und halten auf Handzeichen an. Der Zustand der Fahrzeuge und die oft riskante Fahrweise der Fahrer sind nicht immer vertrauenerweckend. Nicht selten werden 20 Sitzplätze von 35 Personen belegt. Die Radmuttern sind nicht immer vollzählig. Die Rückfenster, wenn überhaupt vorhanden, sind oft mit sinnigen Sprüchen beschriftet. Alle Unzulänglichkeiten werden durch laute Musik überdeckt. Trotz allem ist die Stimmung gut. Wer aussteigen möchte, schlägt mit der flachen Hand gegen das Busdach, denn die Zurufe an den Fahrer würden im Getöse untergehen. Vorteil ist, die Guaguas bedienen auch die abgelegensten Winkel des teils bergigen Landes.

Organisierte Busreisen
Es gibt natürlich auch genügend Möglichkeiten, organisierte Busreisen innerhalb der Dominikanischen Republik zu buchen, eine gute Alternative zu individuellen Touren, um dennoch einen Überblick über den Inselstaat zu bekommen. Die Auswahl der Ziele und Rundreisen ist naturgemäß sehr vielfältig.

C

⇨ Camping

Den Campingtourismus gibt es in der Dominikanischen Republik nicht. Es sind auch keine Camingplätze dafür vorgesehen. Vor „Wildem Campen“ ist aus Sicherheitsgründen dringend abzuraten.

D

➪ Devisen

• Die **Einfuhr** von **Fremdwährung** unterliegt keinen Beschränkungen: Sie ist zu deklarieren. Empfehlenswert ist die Mitnahme von Reiseschecks in US-Dollar. Die Einfuhr von Landeswährung ist nicht erlaubt.
• Die **Ausfuhr** von **Fremdwährung** in Höhe der deklarierten Einfuhr ist abzüglich der umgetauschten Beträge gestattet. Die Ausfuhr von **Landeswährung** ist nicht erlaubt.
• Der **Umtausch in Dominikanische Pesos** ist in allen Banken und an Schaltern in den Hotels möglich.
• Die gängigsten **Kreditkarten** (Diners, Visa, American Express, Eurocard/Mastercard), werden akzeptiert. Achten Sie darauf, daß Sie eine **Quittung** beim Umtausch bekommen, weil nur gegen eine solche Vorlage am Flughafen 30 % der insgesamt eingewechselten Pesos zu einem allerdings sehr ungünstigen Kurs zurückgetauscht werden können, denn **Pesos** dürfen Sie **nicht ausführen. Tip:** Geben Sie Ihre dominikanischen Pesos bis auf die letzte Münze vorher im Land aus!
• Der **Verlust** von Reiseschecks und/oder Kreditkarten ist unverzüglich den im Heimatland zuständigen Organisationen und der örtlichen Polizei zu melden.
• **Euroschecks** werden nicht akzeptiert.
• **Schwarztausch**, d.h. Geldwechseln außerhalb von Wechselstuben und Banken, **ist verboten.** Außerdem müssen Sie mit Betrügereien rechnen.

➪ Diplomatische Vertretungen

IN DEUTSCHLAND

• **Botschaft der Dominikanischen Republik** mit Konsularabteilung, Bad Godesberg, Burgstraße 87, 53177 Bonn, Tel.: (0228)364956, Fax: (0228)352576, Sprechzeit: Mo-Fr 10.00-14.00 Uhr. Geschäftsbereich: Bundesrepublik Deutschland
• **Generalkonsulat der Dominikanischen Republik**, Mainzer Landstraße 82-84, 60327 Frankfurt/M., Tel.: (069)74387781/83, Fax: (069)74382640, Sprechzeit: Mo-Fr 10.00-14.00 Uhr. Geschäftsbereich: Hessen, Rheinland-Pfalz (für Visa-Angelegenheiten)
• **Generalkonsulat der Dominikanischen Republik**, Heilwigstraße 125, 20249 Hamburg, Tel.: (040)474084, Fax: (040)4605197, Sprechzeit: Mo-Fr 9.00-15.00 Uhr. Geschäftsbereich: Bundesrepublik Deutschland (mit Ausnahme von Hessen und Rheinland-Pfalz)
• **Honorargeneralkonsulat der Dominikanischen Republik**, Maximilianplatz 5, 80333 München, Tel.: (089)54587770, Fax: (089)54587811, Spechzeit: Mo-Fr 10.00-12.00 Uhr. Geschäftsbereich: Bayern (keine Visumerteilung, keine Touristenkarte)
• **Honorarkonsulat der Dominikanischen Republik**, Waiblinger Straße 11, 70372 Stuttgart, Tel.: (0711)552004, Fax: (0711)5094259, Sprechzeit: Mo-Fr 8.30-12.00 und 14.00-17.00 Uhr. Geschäftsbereich: Baden-Württemberg (keine Visumerteilung, keine Touristenkarten)

IN ÖSTERREICH

Konsulat der Dominikanischen Republik, Mommsengasse 31, 1040 Wien, Tel.: (01)50106115, Fax: (01)50106118, Sprechzeit: (auch telefonisch) Di und Fr 9.00-13.00 Uhr, Mi 12.00-16.00 Uhr. Geschäftsbereich: Österreich (für Visa-Angelegenheiten)

IN DER SCHWEIZ

• **Honorargeneralkonsulat der Dominikanischen Republik**, Rue Grenus 16, 1201 Genf, Tel. + Fax: (022)7380018, Sprechzeit: Mo-Fr 14.30-16.30 Uhr. Geschäftsbereich: Schweiz (für Visa-Angelegenheiten)

• **Honorarkonsulat der Dominikanischen Republik**, Via Soave 2, 6901 Lugano, Post: Case postale 2448, 6901 Lugano, Tel. + Fax: (091)9232327. Geschäftsbereich: Schweiz

IN DER DOMINIKANISCHEN REPUBLIK

• **Deutschland**

- **Embajada de la Republica Federal de Alemañia** (Botschaft der Bundesrepublik Deutschland); A: Condominio Plaza Intercaribe, 5 piso esq. Lope de Vega con Rafael Aug. Sánchez, Ensanche Naco, Santo Domingo; PA: Apartado 1235, Santo Domingo/Dominikanische Republik, Tel.: (001-809)565-8811/12, 566-8047, Fax: (001-809)567-5014. Amtsbezirk: Dominikanische Republik

- **Consul Honorario de la Republica Federal de Alemania** (Honorarkonsulat der Bundesrepublik Deutschland); A: Calle Beller 51, Puerto Plata; PA: P.O. Box 535, Puerto Plata/Dominikanische Republik; Tel.: (001-809) 1 586 69 95, 1 586 57 61, Fax: (001-809) 1 586 42 49. Amtsbezirk: Provinzen Monte Cristí, Puerto Plata, Espaillat, María Trinidad, Sánchez und Santa Bárbara de Samaná. Übergeordnete Auslandsvertretung: Botschaft Santo Domingo

• **Österreich**, zuständig Caracas/Venezuela, Caracas-Botschaft

- **Embajada de Austria** (Österreichische Botschaft); A: Avenida la Estancia, Edificio Torre las Mercedes, piso 4, Chuao, Caracas; PA: Apartado 61381, Caracas 106/Venezuela; Tel.: (0058 2)91 38 63, 91 39 79, 92 29 56, Fax: (0058 2)993 27 53, 959 98 04

- **Consulado General de Austria** (Österreichisches Generalkonsulat); A: Calle Las Americas No. 9, Ensanche Bella Vista, Santo Domingo; PA: P.O. Box 1333, Santo Domingo/Dominikanische Republik; Tel.: (001-809) 535 89 18, Fax: (001-809) 532 56 03

• **Schweiz**

- **Consulado General de Suiza** (Schweizer Generalkonsulat); A: Calle El Recodo 3, Edificio Monte Mirador, 6to piso, Ensanche Bellas Vista, Santo Domingo; PA: Apartado Postal 3626, Santo Domingo/Dominikanische Republik; Tel.: (001-809) 533 37 81, 534 69 44, Fax: (001-809) 532 37 81

⇨ Drogen

• Im gesamten Hoheitsgebiet der Dominikanischen Republik werden der Handel, der Besitz und der Genuß von **Drogen und Rauschgift** gesetzlich bestraft. Das **Gesetz** Nr. 168 über Rauschgifte, das in der Dominikanischen Republik in Kraft ist, sagt im Artikel 5 folgendes:

Art. 5: Zum Gesetzeszweck werden als Rauschgift angesehen:

a) **Opium** in jeder Form;

b) **Alle Derivate** (Alkaloide, Salze, Verbindungen, zubereitete Substanzen oder synthetische Ersatzstoffe);

c) **Coca** (ERTHOXILON COCA):

d) **Kokain**, dessen Derivate oder synthetischen Ersatzstoffe oder jede Verbindung, in der es als Grundstoff benutzt wird;

e) **Alle Pflanzen der CANNABIS-Familie** und ihre Derivatprodukte, die berauschende oder aufputschende Eigenschaften haben, wie CANNABIS INDICA, CANNABIS SATIVA, MARIHUANA und andere Kräuter, die ähnliche Eigenschaften besitzen...."

• **Strafen**

Die Strafen, die auf diejenigen angewendet werden, die die oben angeführten gesetzlichen Bestimmungen überschreiten, sind folgende:

1. Für einfachen Besitz: Geldstrafe von 300 bis 1.000 Pesos oder Gefängnis von 6 bis 12 Monaten oder beide Strafen zusammen. KEINE KAUTION;
2. Wenn das beschlagnahmte oder in den Vorgang verwickelte Rauschgift unter die Kategorie eines AUSLIEFERERS ODER VERKÄUFERS fällt, beträgt die Strafe 500 bis 5.000 Pesos und Zuchthaus von 2 bis 5 Jahren. KEINE KAUTION;
3. Wenn das beschlagnahmte oder in den Vorgang verwickelte Rauschgift unter die Kategorie eines HÄNDLERS fällt, beträgt die Strafe 10.000 bis 50.000 Pesos und Haft von 3 bis 10 Jahren Zwangsarbeit. KEINE KAUTION!

Anmerkung

Die Gefängnisse der Dominikanischen Republik sind in keiner Weise mit europäischen Anstalten zu vergleichen.

E

⇨ Einkaufen

*Siehe auch Stichwort **Souvenirs, Souvenirs** ...*

Man kann in **Supermärkten, großen Kaufhäusern**, in den vielen ***colmados*** (Krämerläden), die über das ganze Land verbreitet sind und die die einheimische Bevölkerung mit dem Nötigsten versorgen, auf **Märkten** und bei **Straßenhändlern** einkaufen. Feste Preise gibt es nur in den Supermärkten. Bei den übrigen Verkaufsständen werden die Preise z.T. ausgehandelt.

Feste **Öffnungszeiten** gibt es nicht. Meistens haben die Geschäfte von 9.00-20.00 Uhr geöffnet. Die *colmados* schließen oft erst um Mitternacht.

Einige Tips

*• Ratsam ist es, bevor man kauft, **nach dem Preis zu fragen** und nicht automatisch den Preis, den der Verkäufer nennt, zu zahlen.*

*• Wichtig ist es, daß man selbst eine **Preisvorstellung** hat, die vorher bei Einheimischen zu erfragen wäre.*

*• Bei Fremden werden meistens überhöhte Preise genannt, die auf mindestens die Hälfte heruntergehandelt werden sollten. Ohne **Handeln** erschöpfen sich Ihre Geldreserven viel schneller, und Sie gelten in den Augen des Verkäufers als dumm. Handeln wird Ihnen vielleicht lästig erscheinen. Es kann jedoch auch für beide Parteien ein lustiger Wettstreit werden, wobei die „treffendsten Argumente" den Sieg bedeuten. Der Verkäufer erwartet dieses Ringen und bemitleidet Sie, wenn Sie müde und kampflos bezahlen.*

⇨ Einreise

Hinweis: *Personen, bei denen auch nur die geringsten Mengen **Rauschgift** gefunden werden, müssen mit hohen Geld- oder Gefängnisstrafen rechnen.*

• **Deutsche** mit mindestens noch 3 Monate über den Aufenthalt gültigem **Reisepaß, Kinderausweis** (im KA muß Nationalität vermerkt sein) **oder Personalausweis** (nur geeignet für direkte Reisen Deutschland – Dominikanische Republik – Deutschland; bei Reisen mit Zwischenaufenthalten/-stopps in anderen Ländern ist der gültige Reisepaß notwendig) der Bundesrepublik Deutschland zusammen mit einer **Touristenkarte** (Tourist Card) **sind vom Visumszwang befreit**. Der Nachweis der Rück- oder Weiterreise-Tickets ist erforderlich. Obwohl der Personalausweis bei direkter Einreise ausreichend ist, wird die Mitnahme des Reisepasses aufgrund praktischer Erfahrungen empfohlen. Die Touristenkarte berechtigt zu einem Aufenthalt bis zu 90 Tagen und ist bei Ankunft auf dem Flughafen gegen Bezahlung von 10 US$ erhältlich. Es wird empfohlen, sich diese Touristenkarte vorab bei der Botschaft Bonn oder beim Generalkonsulat Hamburg zu besorgen, um Wartezeiten bei der Ankunft zu vermeiden (formloses Anschreiben mit Angabe der Stückzahl der Touristenkarten, adressierter und frankierter Rückumschlag sowie Verrechnungsscheck über 30 DM pro Karte).

• **Österreicher und Schweizer** können ebenfalls ohne Visum für die Dauer bis zu 60 Tagen einreisen, sofern sie im Besitz eines nationalen **Reisepasses**, der für die Dauer des Aufenthalts gültig sein muß, und einer **Touristenkarte** (bei Ankunft auf dem Flughafen gegen Bezahlung einer Gebühr von 10 US$ erhältlich) sind.

• **Jugendliche unter 21 Jahren**: Jugendliche unter 14 Jahren, die nicht in Begleitung beider Elternteile/Erziehungsberechtigten reisen, benötigen zu den erforderlichen Einreisedokumenten eine von beiden Elternteilen/Erziehungsberechtigten unterschriebene Einverständniserklärung (Vorschrift gilt auch, wenn nur mit einem Elternteil reisend). Die Unterschriften sind auf dem dominikanischen Konsulat zu leisten, wo die Urkunde anschließend beglaubigt und ins Spanische übersetzt wird (Kosten: ca. 200 DM). Das Mitführen dieser Erklärung ist auch zur Ausreise nötig!

⇨ Eisenbahn

Die vorhandenen Kleinbahnen bzw. die Werkbahnen dienen nur dem Transport von Gütern.

⇨ Essen und Trinken

Dominikanische Küche

Sie ist sehr international geprägt, besonders deshalb, weil die vielen Völker sie nachhaltig beeinflußt haben. So sind afrikanische und europäische Einflüsse, besonders stark aus Spanien und Frankreich, zusammengekommen, und dadurch hat sich die „Comida creola" entwickelt. Die Dominikaner lieben es, reichlich zu essen und zu trinken, wenn das Einkommen es erlaubt. Der „Mann der Straße" verköstigt sich gern variabel und kalorienreich. Die Grundlage sind Reis, Bohnen und Fleich (Rind, Schwein und Huhn). Die Gerichte können in drei Gruppen klassifiziert werden:

• **Tägliches Essen** enthält die o.g. Grundnahrungsmittel,

• **Weihnachtsessen** besteht in der Regel aus Truthahn oder Spanferkel oder mit Fleisch gefüllten Pasteten, dazu gemischter Salat und Süßspeisen.

• **Osteressen** ist meistens Fisch in Kokos, Bohnen mit braunem Zucker, in dem Stücke von Zimt schwimmen, Rosinen und Milch-Biskuits.

Einige landestypische Gerichte

- **Arroz con habichuelas**, das ist ein Gericht mit Reis und Bohnen; das Grundgericht im Lande. Es wird mit Fleisch, Hühnchen oder Fisch und Salat gegessen.
- **Asopao** ist eine dicke Brühe mit Reis, Erbsen, Tomatenmark, Zwiebeln, Pfefferschoten, Oliven und Knoblauch.
- **Casabe** ist ein knuspriges Fladenbrot aus Maniok, mit Hackfleisch gefüllt, ein Erbe aus der Taino-Küche, das auch heute noch als typisch dominikanisches Nahrungsmittel existiert.
- **Catibía** sind fritierte Maniok-"Maultaschen", deren Ursprung ebenfalls auf die Tainos zurückgeht.
- **Chicharrones de polo** ist ein gegrilltes Stück eines Huhnes, in Sojasauce mit Zitronensaft und Salz eingelegt, mit Mehl bestäubt und dann fritiert.
- **Chillo** ist ein Fischgericht des Roten Schnappers.
- **Chivo guisada** ist geschmortes Ziegenfleisch mit Pfefferschoten, Knoblauch, Rum und eventuell Rotwein gewürzt.
- **Flan** ist Karamelpudding.
- **Fritos verdes** sind gebackene und fritierte Kochbananen.
- **La bandera** (die Fahne) ist ein typisch einheimisches Essen. Es setzt sich aus weißem Reis *(aroz)*, roten Bohnen *(habichuelas)* und geschmortem Fleisch zusammen und wird durch Salat, „fritos verdes", grüne Kochbananen, die auf besondere Art gebraten werden, ergänzt.
- **Lambi** ist eine lecker zubereitete Meeresschnecke.
- **Langosta** ist Hummer.
- **Locrio** ist die ganz einfache Version der spanischen Paella.
- **Loganiza** sind Innereien und Schweinefleisch im Naturdarm.
- **Majarete** ist Maispudding.
- **Mangú** ist ein Mus aus grünen Kochbananen, Avocados und Zwiebeln. Es ist sehr zu empfehlen, wenn Sie an der Touristenkrankheit (Durchfall) leiden sollten, die hier auch „*Caonobos* Rache" genannt wird.
- **Marisos** sind Meeresfrüchte.
- **Mondonga** sind Kutteln vom Schwein oder Rind, ziemlich scharf gewürzt.
- **Mora** ist ein Gericht mit Reis, Speck und vielen Gewürzen.
- **Morcilla** ist einheimische Blutwurst.
- **Pastel de Hoja** ist ein Brei aus Kochbananen und Yautia, mit Hackfleisch vermischt und in Bananenblättern gekocht.
- **Pastel de maiz** ist ein deftiger Kuchen aus Maismehl, etwas trocken.
- **Pastelitos** sind kleine Teigtaschen aus Maismehl oder Weizen, mit Hackfleisch gefüllt.
- **Piononos** sind in Käse gewälzte Kochbananen.
- **Pescado con Coco** ist zu Brei verarbeitete Kokosnuß mit gewürztem Fisch.
- **Platanos horneados** sind gebackene Kochbananen.
- **Sancocho prieto** (schwarzer Sancocho) ist ein wohlschmeckendes Eintopfessen aus verschiedenen Knollenfrüchten, Gemüse und Fleisch. 6 Fleischsorten (Schweine-, Rind-, Lamm-, Dörrfleisch, Speck und Longaniza (Schweinewurst)) werden beigegeben.
- **Yaniqueques** sind Mehlpfannkuchen, die sehr gut schmecken, aber auch schwer im Magen liegen.
- **Yucca maniok** wird meistens gekocht, gebacken oder als Casabe zubereitet, eine Art Brot.

HOTEL PLAYA PALENQUE

CENTRO TURISTICO □ BAR □ RESTAURANT □ PISCINA □ JARDIN TROPICAL

ENTREMESE	ENTREE	VORSPEISEN	PRECIOS
Sopa /	Soup /	Suppe	

Caldo con Fideo Consommé Fidé Bouillon Mit Fideli	RD$ 28.00
Sopa vegetal o sopa de pollo Soupe á la printaniére ou potage de volaille Suppe mit Gemüseeinlagen oder Geflügelsuppe	RD$ 35.00
Sopa de pescado a la Hotel Playa Palenque Soupe au poisson á la Hotel Playa Fischsuppe á la Hotel Playa Palenque	RD$ 63.00
Sopa de mariscos a la Hotel Playa Palenque Soupe au fruits de mer á la Hotel Playa Palenque Meerfruchtsuppe á la Hotel Playa Palenque	RD$ 73.00
Cocktail de Camarones	RD$ 48.00
Salpicon de mariscos Salade fruits de mer Meerfruchtsalat	RD$ 85.00
Coquille Saint-Jacques	RD$ 90.00

Ensalada /	Salade /	Salat á la Hotel Playa Palenque	
plato	assiette	Teller	RD$ 21.00
Fuente	Terrine	Schüssel	RD$ 38.00

Sandwiches queso / fromage / Käse	RD$ 32.00
Sandwiches queso-jamón/fromage-jambon/Käse-Schinken,	RD$ 35.00
Tortilla francesa Omelette francaise Omelette	RD$ 42.00
Picadera	RD$ 90.00
Hors d'oeuvre	RD$ 90.00
Kalte Platte	RD$ 90.00

+10% Servicio **+8% ITEBI**

Puerto Palenque, Sabana de Palenque, Rep. Dom., Caribe
Telef.: (809) 243-2525 fax (809) 243-2500

HOTEL PLAYA PALENQUE

CENTRO TURISTICO □ BAR □ RESTAURANT □ PISCINA □ JARDIN TROPICAL

PESCADO/MARISCOS POISSON/FRRUITS DE MER FISCH/MEEFRüCHTE PRECIOS

Pescado Frito, Papas Hervidas, Ensalada
Poisson Frite, Pommes de Terre en Sel, Salade .... RD$ 135.00
Fisch Gebacken, Salzkartoffeln, Salat

Filete de Pescado à la Hotel Playa Palenque
Filet de Poisson à la Hôtel Playa Palenque .... RD$ 145.00
Fisschfilet à la Hotel Playa Palenque

Lambi à la Aragón, Arroz, Ensalada
Lambi à la Aragón, Ris, Salade .... RD$ 135.00
Lambi Nach Rezept Aragon, Reis, Salat

Camarones en Ajíes, Arroz, Ensalada
Crevettes en Ajíes, Riz, Salade .... RD$ 130.00
Crevetten in Süsspeperoni, Reis, Salat

Camarones en Salsa Sètoise, Arroz, Ensalada
Crevettes in Sauce Sètoise, Ris, Salade .... RD$ 145.00
Creverten in Sauce Sètoise, Reis, Salat

Langosta
Langouste .... desde RD$ 175.00
Languste

Zarzuela Casa Real .... p/p RD$ 230.00

+10% Servicio **+8% ITEBI**

Puerto Palenque, Sabana de Palenque, Rep. Dom., Caribe
Telef.: (809) 243-2525 fax (809) 243-2500

HOTEL PLAYA PALENQUE

CENTRO TURISTICO □ BAR □ RESTAURANT □ PISCINA □ JARDIN TROPICAL

CARNE	VIANDES	FLEISCH	PRECIOS
Filete Stroganoff, Arroz, Ensalada Emincé Filet Stragonoff, Reis, Salat			RD$ 125.00
Filete de Res Natural, Arroz o Pastas o Papas Fritas Filet d'Boef nature, Ris ou Pâtes ou Pommes Frites Rindsfilet natur, Reis od. Teigwaren od. Pommes Frites			RD$ 125.00
Filete Wienerschnitzel, Arroz o Pastas o Papas Hervida Filete Wienerschnitzel, Riz Pâtes ou Pommes d.t. au sel Filet Wienerschnitzel, Reis od. Teigwaren od. Pommes Frites			RD$ 130.00
Filete a la Dinorah, Arroz o Pastas o Papas Fritas Filet a la Dinorah, Riz ou Pâtes ou Pommes Frites Filet a la Dinorah, Reis od. Teigwaren od. Pommes Frites			RD$ 130.00
Filet miñon, arroz o pastas o papas fritas Filet mignon, riz ou pâtes ou pommes frites, salade Filet mignon in sauce champignon, Reis, od. Teigwaren od. Pommes frites, salat			RD$ 135.00
Filete de res en salsa pimienta verde, papas fritas o hervidas, pastas, ensalada Filet au poivre verde, p.d. terre en sel ou pâtes ou pommes frites, salat Filet an sauce grüner Pfeffer, Salzkart. od. Teigwaren od. Pommes frites, salat			RD$ 135.00
Cordon bleu con papas fritas o hervidas, pastas, ensalada			RD$ 135.00
Pinchos con sanahorias, pastas Broche, carotte, pâtes Spiessli, Karotten, Teigwaren			RD$ 125.00
Fondue Bourgignon		desde 2 personas	p/p RD$ 150.00
Pote Oriental (Chino) Pot Orientale Mongolentof		desde 4 personas	p/p RD$ 125.00
Château briand			RD$ 145.00

+10% Servicio **+8% ITEBI**

Puerto Palenque, Sabana de Palenque, Rep. Dom., Caribe
Telef.: (809) 243-2525 fax (809) 243-2500

HOTEL PLAYA PALENQUE

CENTRO TURISTICO □ BAR □ RESTAURANT □ PISCINA □ JARDIN TROPICAL

PASTAS	PRECIOS
Espaghetti Carbonara, Ensalada Spaghetti Carbonara, Salade Spaghetti Carbonara, Salat	RD$ 75.00
Epaghetti Napolitana, Ensalada Spaghetti Napolitana, Salat Spaghetti Napolitaine, Salade	RD$ 68.00
Espaghetti Bolonesa, Ensalada Spaghetti Bolognese, Salade Spaghetti Bolones, Salat	RD$ 75.00
Hula-Hula filete de pescado en salsa curry, arroz decorado con frutas en mantequilla Hula-Hula filete poisson au sauce de curry, riz décoré des fruits au beurre Hula-Hula Fischfilet in Curry-sauce, Reiskronet dekorier in buttergewendeten früchten	RD$ 125.00
Pollo Frito, Arroz, Ensalada o Papas Hervidas, Ensalada Poulet Frites, Riz ou Pommes de Terre en Sel, Salade Huhn gebacken, Reis od. Salzkartoffeln, Salat	RD$ 87.00
Albondigon, Arroz, Ensalada Viande Hachée, Riz Salade Hackbraten, Reis, Salat	RD$ 125.00
Papas Fritas Servicio Pommes Frites Plato Pommes Frites Portion	RD$ 39.00

+10% Servicio **+8% ITEBI**

Puerto Palenque, Sabana de Palenque, Rep. Dom., Caribe
Telef.: (809) 243-2525 fax (809) 243-2500

Unzählige, meist saubere, Verkaufsstände an der Straße bieten in der Stadt und auf dem Lande gute Imbißmöglichkeiten, neben Gebackenem auch leckere, gepreßte Fruchtsäfte. Kokosmilch und brauner Zuckerrohrsaft werden überall angeboten.

Einheimische Getränke

- **Rum** ist das Nationalgetränk der Dominikaner. Rum wird pur, als **Cuba libre** (Rum mit Cola), als **Pina colada** (einem Mixgetränk aus Rum, Ananassaft und Kokosmilch) und **Coco loco** (Rum in der Kokosnuß) getrunken.
Die 3 Rumsorten, für die auf den Straßen kräftig Reklame gemacht wird, sind: BRUGAL, BARCELO und BERMUDEZ.
- **Bier** wird in der Dominikanischen Republik teilweise selbst gebraut. Die bekanntesten Biersorten sind: PRESIDENTE, QUISQUEYA und BOHEMINA. Sie haben einen hohen Qualitätsstand.
- **Fruchtsäfte** gibt es in unterschiedlichen Sorten, aus Ananas, Kokosmilch, Orange, Papaya, Passionsfrucht usw.
- **Weine** werden in der Dominikanischen Republik nicht hergestellt.

Restaurant-Bezeichnungen

- **Restaurante Creolo** ist ein einheimisches Restaurant mit einfacher Küche und meist günstigen Preisen.
- **Parada** ist eine einheimische Raststätte.
- **Freidurias** sind Garküchen oder Verkaufsbuden, die fritierte Teigwaren mit Gemüse, Maniok oder Kochbananen anbieten.
- **Pica Pollo** verkauft Brathähnchen.
- **Heladeria** ist ein Eiscafé oder eine Eisdiele, deren Eiscreme auf den Geschmack der Dominikaner abgestimmt ist, möglichst sehr süß.
- **Cafeterias** bieten Kleinigkeiten an, die jedoch nicht den Standard europäischer Cafeterias erreichen.

⇨ Expreßdienst

DHL (Weltweiter Expreßversand)
Für den eiligen und sicheren Versand von wichtigen Dokumenten, Medikamenten, Geld und anderen Wertsachen ist folgende Firma zu empfehlen:
DHL-Büros gibt es in:

- **Santo Domingo**, Gustavo Mejia Ricart 80, Tel.: (001-809)541-7988
- **Puerto Plata**, Separación 12, am Plaza Central, Tel.: (001-809)556-2177

F

⇨ Fähren

Die Bucht von Samaná wird von einer Personenfähre überquert. Zwischen Santa Bárbara de Samaná und Sabaná de la Mar verkehrt die Fähre in der Regel dreimal täglich. Die Überfahrt dauert ca. 1 ½ Stunden. Regelmäßige Fährverbindungen zu anderen der dominikanischen Küste vorgelagerten Inseln und zu Nachbarstaaten der Karibik existieren nicht.

⇨ Fax

Ein Fax zu schicken oder zu empfangen ist billiger, als zu telefonieren. Auch hier können Ihnen die **CODETEL-Büros** sehr gute Dienste leisten.

Tips

- ***Notieren*** *Sie sich die* ***Fax-Nummern*** *Ihrer Verwandten, Freunde oder anderer Kontaktpersonen vor Ihrer Abreise* ***daheim****.*
- ***Hinterlassen*** *Sie die* ***Fax-Nummern der CODETEL-Büros*** *oder der fest gebuchten Hotels bei Ihren Kontaktpersonen, damit die Möglichkeit gegeben ist, Ihnen wichtige Informationen aus der Heimat zukommen zu lassen.*

Es folgt eine **Liste** der wichtigsten **Fax-Nummern der CODETEL-Büros**, bei denen Sie wie bei „Poste Restante" Ihr Fax abholen können:

Stadt	Adresse	Fax-Nummer
Barahona	Nuestra S. del Rosario No. 37	(001-809) 524-3929
Boca Chica	Plaza del Sol	(001-809) 523-4444
Cabarete	Durchgangsstraße 5	(001-809) 571-3346
Enriquillo	Castula M. Vidal	(001-809) 544-3742
Higüey	Bertilio Alfau Duran No. 160	(001-809) 686-1606
Juan Dolio	Plaza Comercial	(001-809) 529-1119
La Romana	Duarte No. 28	(001-809) 687-7588
La Vega	Juan Rodriguez Esq. Duverge	(001-808) 573-1000
Luperón	Salomone Erena No. 3	(001-809) 580 1320
Puerto Plata	Plaza Turiso	(001-809) 586-4867
Sabaná de la Mar	Diego de Lira No. 47	(001-809) 686-7552
Samaná	Santa Bárbara No. 6	(001-809) 538- 2545
Sánchez	Duarte No. 4	(001-809) 552-7399
Santiago	Estrella Sadhala	(001-809) 583-8464
Santo Domingo	27. Febrero No. 247	(001-809) 562-6893
Sosúa	Dr. Rosen	(001-809) 571-2929

⇨ Feiertage

- **Feste Feiertage**

01. Januar: **Día Año Nuevo** (Neujahr)
06. Januar: **Día Los Reyes** (Heilige Drei Könige)
21. Januar: **Día de la Nuestra Señora Altagracia** (Tag der Schutzheiligen der Dom. Rep. und der Jungfrau zur Hohen Gnade)
26. Januar: **Día de Duarte** (Tag zu Ehren des Staatsgründers Juan Pablo Duarte)
27. Februar: **Día de la Independencia** (Unabhängigkeitstag)
01. Mai: **Día del Trabajo** (Tag der Arbeit)
16. August: **Día de la Restauración** (Tag der Staatsgründung bzw. Wiederherstellung der Republik)
24. September: **Día de Nuestra Señora de las Mercedes** (Tag der Schutzheiligen und gnadenreichen Jungfrau)
25. Dezember: **Navidad** (Weihnachten)

- **Bewegliche Feiertage**

Karfreitag (Vernes), Ostern (Pascua), Christi Himmelfahrt (Asunción), Pfingsten (Pentecostés) und Fronleichnam (Día del Corpus). Ein zweiter Feiertag zu Ostern, Pfingsten und Weihnachten ist unbekannt. Die ganze Osterwoche ist für Geschäftsreisen ungeeignet.

⇨ Fernsehen

9 dominikanische und über 50 internationale Fernsehsender, zumeist aus den USA, senden ihre Programme in der Dominikanischen Republik. Auch die Deutsche Welle ist über Kabel zu empfangen.

⇨ Feste

Die Dominikaner verstehen es, Feste zu feiern, sich zu entspannen und das Leben zu leben. Jede Stadt des Landes feiert ihre **Fiestas Patronales**. Obwohl diese Fiestas häufig einen religiösen Hintergrund besitzen, gibt es neben der täglichen Messe viel Musik, Spiele, Getränke, Tanz und Frohsinn.

- **Termine der Patronatsfeste** (Kirchweihfeste am Namenstag der Heiligen)

18.-19. März	**San José** in Baní, Río Grande (bei Santiago de los Caballeros), San José de las Matas Altamira, San José de los Llanos und San José de Ocoa
06.-10. Juni	**Espírtu Santo** (Heiliger Geist) in San Cristóbal, San Juan de la Maguana, Santa María (bei Monte Cristi) und Villa Mella
15.-24. Juni	**San Juan** in Baní und San Juan de la Maguana
29. Juni	**San Pedro** in San Pedro de Macorís
05. Juli	**San Felipe** in Puerto Plata
15. Juli	**Nuestra Señora del Carmen** in Jarabacoa
25. Juli	**Santiago** (Hl. Jakob) in Paya (bei Baní) und Santiago de los Caballeros
30. August	**Santa Rosa de Lima** in La Romana
08. September	**Nuestra Señora de los Remedios** in Azua
04.Oktober	**Nuestra Señora del Rosario** in Barahona, Dajabón und Moca
21. November	**Nuestra Señora de Regla** in Baní
30. November	**San Andrés** in Andrés (bei Boca Chica)
04. Dezember	**Santa Bárbara** in Santa Bárbara de Samaná

Am eindrucksvollsten sind die **Karnevalsfeste** der Dominikaner, die im Februar in allen Städten des Landes stattfinden. Die leuchtenden Kostüme, die funkelnden und Fratzen schneidenden Masken und die rhythmische Musik tun das ihrige, um die ganze Lebensfreude der Dominikaner voll zu entfalten.

Die **hinkenden Teufel** sind die Zentralfiguren des dominikanischen Karnevals. Sie sind bekannt als „Spanferkel" von Santiago, „Cachuas" in Cabral, „Stiere" in Monte Cristi, „Papierne" in Cotuí, „Guloyas" in San Pedro de Macorís, als „Bananenblatt-Teufel" in Barahona, als „Meerrochen" in Hato Mayor und als „Maskierte" in Bonao.

Die hinkenden Teufel beginnen während der Wochenenden des Monats Februar, dem Monat der dominikanischen Unabhängigkeit, aufzutauchen. Sie sind mit zahlreichen dekorativen Elementen, wie Spiegel, Glöckchen, Rosinen, Bänder, Pfeifen, Püppchen und anderem mehr, verziert.

- **Merenguefestival**

Das größte Merenguefestival findet Ende Juli bis Anfang August in Santo Domingo statt. (Näheres über Merengue s. Kap. 7.4.2, S. 244f)

⇨ Flüge

Siehe auch Stichwort ***Anreise***

Fluggesellschaften

- **Air France**, Santo Domingo, George Washington No. 101, Tel.: (001-809)686-8419
- **Condor**, Santo Domingo, George Washington No. 353, Tel.: (001-809)682-8133
- **Hapag Lloyd**, Santo Domingo, George Washington No. 353, Tel.: (001-809)682-8133
- **Iberia**, Santo Domingo, Calle El Conde No. 401, Tel.: (001-809)686-9191
- **LTU**, Santo Domingo, Calle Gustavo Mejía Ricart No. 54, Tel.: (001-809)541-5151, 5156, Puerto Plata (am Flughafen), Tel.: 586-0252/0230
- **Deutsche Lufthansa**, Santo Domingo, George Washington No. 353, Tel.: (001-809)689-9625
- **Martinair Holland**, Esq. Máximo Gómez / Juan S.Ramírez, Tel.: (001-809)688-6661, 6664, Puerto Plata, Tel.: (001-809)320-8246

Flüge in Nachbarländer

- **Von Santo Domingo** aus sind folgende Städte täglich bzw. mehrmals wöchentlich zu erreichen: Caracas (Venezuela), Cayenne (Französisch-Guayana), Curacao (Niederländische Antillen), Fort-de-France (Martinique), Miami (USA), City (Panama), Pointe-à-Pitre (Guadeloupe), Port-au-Prince (Haiti) und San Juan (Puerto Rico).
- **Von Puerto Plata** aus werden täglich bzw. mehrmals wöchentlich folgende Städte angeflogen: Miami (USA), Providenciales (Turks und Caicos Inseln) und San Juan (Puerto Rico).

Flüge innerhalb des Landes

Innerhalb der Dominikanischen Republik besteht Bedarfs- und Charterflugverkehr zwischen den internationalen Flughäfen Santo Domingo und hauptsächlich Barahona, La Romana, Monte Cristi, Puerto Plata, Punta Cana, Santa Bárbara de Samaná, Santiago de los Caballeros.

Nähere Informationen erhalten Sie über die größeren Reisebüros in Santo Domingo bzw. direkt bei den einzelnen Fluggesellschaften am **Herrera Domestic Airport** in Santo Domingo.

Die **wichtigsten Anbieter** sind:
• **Air Santo Domingo**, Santo Domingo, Avenida 27 de Febrero No. 272, Tel. 683-8020, Fax: 683-8028, Avenida Luperón, Tel.: 683-4535, Flughafen Las Américas, Tel.: 549-1005
• **Bávaro Línea Aérea**, Santo Domingo, Herrera Domestic Airport, Tel.: 221-4808, Fax: 686-4039
• **Columbus Air**, Puerto Plata, Centro de Convenciones, Tel.: 320-6950, Fax: 320-6951,
• **Dominicana de Aviación**, Santo Domingo, Avenida Jiménez Moya, Tel.: 533-1151; Puerto Plata, Tel.: 586-0217/18
• **El Portillo** (Nordostküste) gehört dem gleichnamigen Hotel, befindet sich 5 km östlich von Las Terrenas und ist für kleine Sportflugzeuge vorgesehen.

Die **Preise** sind starken Schwankungen unterworfen. Sie sollten ausgehandelt werden.

Nationale Flughäfen

- **Santo Domingo** - Herrera, Tel.: 576-3900
- **La Romana** - Punta Aguila, Tel.: 556-5565
- **Santiago de los Caballeros** - Cibao, Tel.: 582-4894
- **Samaná** - Arroyo Barril (im Bau)

⇨ Fotografieren und Filmen

An Motiven landschaftlicher, architektonischer und kultureller Art mangelt es in der Dominikanischen Republik nicht.

• **Fotografier- und Filmverbot**

Fotografier- und Filmverbot bestehen für Militär- und Industrieanlagen, Flughäfen, Bahnhöfe, Brücken und Rundfunkanlagen. Sonst dürfen Sie alles auf der Insel filmen und fotografieren.

• **Fotoausrüstung**

Ideal ist eine robuste Spiegelreflexkamera mit auswechselbaren Objektiven. Sehr nützlich sind **Zoom-Objektive**. Mit der Ausrüstung von 2 Objektiven von **35-80 mm und 80-200 mm** eröffnet sich Ihnen vom Weitwinkel- bis zum Telebereich eine große Palette an Möglichkeiten, mit denen ein Normalfotograf sehr gut ausgerüstet ist. **UV-Filter** sind wegen der starken, fotoschädlichen UV-Strahlung am Strand und im Bergland erforderlich. Ein leistungsfähiges **Blitzlichtgerät** sollte in Ihrem Fotogepäck ebenfalls nicht fehlen.

• **Filmausrüstung**

Falls Sie auch eine **Videokamera** mit auf Ihre Reise nehmen wollen und Sie noch nicht im Besitz einer solchen sind, informieren Sie sich für die Ihren Ansprüchen entsprechende Kamera im Fachhandel.

• **Sonstige Tips**

- Die Dominikaner sind grundsätzlich nicht foto- oder filmscheu. Sie sind selbstbewußt und lassen sich gerne ablichten. Es erfordern jedoch die Achtung der **Menschenwürde** und das Taktgefühl, vorher höflich um Fotoerlaubnis zu fragen. Besonders Dominikaner auf dem Lande lassen sich gerne fotografieren. Bilder der Armut sollten nicht aufgenommen werden.

- Die **Funktionsfähigkeit** Ihrer Kamera sollten Sie daheim ausprobieren.
- Die Foto- und Videokamera müssen **vor zu großer Hitze, Feuchtigkeit, Stoß und Staub geschützt** werden.
- Vergessen Sie nicht, **genügend Ersatzbatterien und Filmmaterial** von daheim mitzunehmen. Die Chancen des Nachkaufs dieser Artikel sind nicht immer ideal. Sie bekommen nur schwerlich die gewünschten Sorten, und außerdem ist der Preis mindestens doppelt so hoch wie in Mitteleuropa. Das Filmmaterial sollte möglichst in Isoliertaschen (im Fotofachhandel erhältlich) aufbewahrt werden, um es vor Klimaeinflüssen zu schützen.
- Wichtig ist auch die **Mitnahme eines amerikanischen Flachstecker-Adapters** (Stromspannung 110/120 Volt), der vor Ort nicht erhältlich ist, zum Aufladen von Videokameras und Blitzlichtgeräten. Außerdem bietet der Fachhandel sog. **Weltadapter** an, die mit unterschiedlichen Steckern gebraucht werden können.
- Auf Flughäfen sollten Sie unbelichtete und belichtete **Filme von Hand kontrollieren lassen** oder **Filmsafe-Beutel** verwenden, die in hiesigen Fotogeschäften erhältlich sind.

⇨ Frauen, alleinreisend

Allein reisende Frauen werden gern von Dominikanern angesprochen. Gegen ein nettes Gespräch ist nichts einzuwenden, auch nicht gegen ein Tänzchen. Die Männer testen dabei die Bereitschaft der Frauen, ob es auch mehr sein könnte. Wenn die Touristinnen höflich, aber bestimmt ihren Standpunkt vertreten, dann wird er in den meisten Fällen akzeptiert. Bei einer Absage läßt es meistens der Stolz der Dominikaner nicht zu, hartnäckig zu sein. Vergewaltigungen sind in der Dominikanischen Republik äußerst selten. Meistens sind die Frauen durch ihr Benehmen oder aufreizende Kleidung selbst schuld daran.
Trotz allem sollte man sich in Santo Domingo und größeren Städten nicht unbedingt nachts allein auf den Straßen aufhalten.

⇨ Führerschein

Siehe Stichwort ***Autofahren***

G

⇨ Geld

Siehe Stichworte ***Banken, Devisen, Safe, Währung***

⇨ Gesundheit

Die Möglichkeit, in der Dominikanischen Republik ernstlich krank zu werden, ist sehr gering im Verhältnis zu anderen tropischen Ländern. Die gefürchteten Epidemien, wie Typhus, Cholera, Pest und Pocken, unter denen andere Länder der dritten Welt, besonders die unter dem Äquator, immer noch zu leiden haben, sind in der Dominikanischen Republik zurückgedrängt.

Die häufigsten Gründe für Magenverstimmungen sind zu kalte Getränke und zu viel Sonne.

Größere Hotels beschäftigen meistens einen Arzt in ihrem Haus, oder es ist auf jeden Fall eine Erste-Hilfe-Station eingerichtet.

Einige Tips:

- **AIDS**

Insbesondere bei ungeschützten Sexualkontakten besteht grundsätzlich die Gefahr, sich schwerwiegende Infektionen, einschließlich der HIV-Infektion, zuzuziehen.

- **Baden**

Auf das Baden in Binnengewässern sollte man verzichten.

- **Dengue-Vorbeugung**

Das Denguefieber kann durch den Stich einer Mücke *(Stegomyia fasciata)* übertragen werden. Da es gegen diese Krankheit noch keinen Impfstoff und keine wirksame Prophylaxe gibt, sollte man folgende Vorbeugung treffen: Schutz durch Kleidung, Moskitonetz und Einreiben mit Anti-Insektenmitteln, besonders in der Dämmerung und nachts.
Die Brutstätten der Moskitos sind oft kleine Süßwasseransammlungen in alten Autoreifen und Plastikgefäßen, deren Vernichtung man selbst veranlassen kann.

- **Durchfallerkrankungen**

Bei Durchfallerkrankungen ist immer auf eine ausreichende Flüssigkeits- und Elektrolytzufuhr (z.B. Immodium akut) zu achten. Abgepackte Glukose-Elektrolyt-Mischungen sind im Handel in Mitteleuropa erhältlich und gehören in jede Reiseapotheke.

- **Erkältungen**

Sie holt man sich sehr leicht, wenn man sich überhitzt und verschwitzt dem **„polaren Luftstrom" der Klimaanlagen** aussetzt, die man selbst zu kalt eingeschaltet hat oder die im Restaurant oder klimatisierten Bus auf „Eiswind" eingestellt sind.
Genauso ungünstig kann es sich für Ihren überhitzten Körper auswirken, wenn Sie die **eisgekühlten Getränke** zu hastig trinken.

- **Klimaumstellung** und **Zeitverschiebung**

Lassen Sie dem Körper Zeit, die Klimaumstellung und Zeitverschiebung zu verkraften. Sie kosten viel Energie. Gehen Sie deshalb Ihren Urlaub ruhig und zu Anfang ohne allzu volles Programm an.

- **Malaria**

Santo Domingo, Puerto Plata, Playa Dorado, die Halbinsel Samaná und größere Ferienanlagen an der Küste sind **malaria-frei**.
Ein **mäßiges Malariarisiko** besteht ganzjährig vorwiegend **im ländlichen grenznahen Gebiet zu Haiti** (Provinzen Dajabon, Elias Pina, Monte Cristi) und neuerdings Punta Cana.
Malaria tritt somit noch vereinzelt in der Dominikanischen Republik auf. 1987 (letztverfügbare Angaben) wurden noch 1.206 Fälle von Malariaerkrankungen verzeichnet.

Die Malaria ist nach wie vor die **Geißel der Tropen**. Es gibt ca. 600 Millionen Malariakranke auf der Erde. Diese Krankheit ist wieder auf dem Vormarsch. Die *„malaria tropica“* verläuft bei 10-20 % aller Fälle tödlich.

Krankheitsursache und -verlauf: Etwa 40 verschiedene Mückenarten der Gattung ***„Anopheles“*** übertragen die blutschmarotzenden Erreger durch Stiche. Nach dem Reifestadium im Blutkörperchen platzt dieses und zerfällt durch Unterteilung des Kerns in zahlreiche selbständige Stücke. Dieser Vorgang verursacht bei den Kranken alle 48 oder 72 Stunden den immer wiederkehrenden Fieberschub (Wechselfieber).

Vorbeugungsmaßnahmen

- Vorbeugend wird dringend empfohlen, eine **Malariaprophylaxe** (z.Zt. Resochin) zu nehmen. Zusätzlich lassen Sie sich bei Ihrem Gesundheitsamt über das wirksamste Mittel oder eine Kombination verschiedener Medikamente beraten. In bestimmten Gebieten sind spezielle Anophelesarten resistent gegen die Medikamente geworden. Impfungen gegen Malaria gibt es bislang noch nicht.
- Es ist ratsam, nachts unter einem **Moskitonetz** zu schlafen und tagsüber in gefährdeten Gebieten nackte Körperteile mit vorzugsweise heller Kleidung zu bedecken.
- **Nachts** oder in der Dämmerung sollten Sie einen Aufenthalt in diesen Gebieten möglichst vermeiden. Suchen Sie **geschlossene Räume** auf.
- **Mückenspray** (wirkungsvoll z.B. „Off“ von der Firma Johnson wax, in einheimischen Apotheken erhältlich) oder Geruchsspiralen können Malariamücken von Ihnen fernhalten.

- **Sonnenbrand**

Ihm kann man durch vorsichtige Gewöhnung an die heiße Tropensonne und Einreiben der empfindlichen Haut der „Bleichgesichter“ mit Sonnenschutzmitteln mit hohem Lichtschutzfaktor (je nach Hauttyp Faktor 8 und höher) entgehen. Auch bei bedecktem Himmel können Sie sich einen Sonnenbrand zuziehen.

- **Streunende Hunde und Katzen**

Ihnen ist aus dem Wege zu gehen! Auch ist der Kontakt zu zutraulich wirkenden **Wildtieren** zu vermeiden.

- **Trinkwasser**

Es ist ratsam, **kein ungekochtes Wasser** zu trinken.

- **Verletzungen**

Sie sollten sofort verarztet werden. Es ist dringend anzuraten, offene Wunden mit Jod, Salben und Pflaster zu behandeln. Schon geringe Verletzungen können Infektionen hervorrufen. Je tropischer das Klima, desto größer die Gefahr! Besonders gefährlich ist der **Wundstarrkrampf**, gegen den Sie sich unbedingt impfen lassen sollten (siehe Stichwort **Impfung**).

- Empfehlenswert ist es, eine kleine **Reiseapotheke** mitzunehmen.
- Vergessen Sie nicht, daheim eine **kombinierte Reiseversicherung** abzuschließen (Krankheit, Unfall, Gepäck).

- **Verzehr von Fischen**

In den warmen Meeren der Karibik gibt es **giftige Algen**, die von Fischen verzehrt werden. In kleinen Fischen ist die Giftkonzentration noch zu gering, um dem Menschen zu schaden. Bei größeren Raubfischen, wie Barrakuda, Red Snapper, Thunfisch, Zackenbarsch und Hai, die am Ende der Nahrungskette stehen, konzentriert sich das Algengift in gefährlicher Dosis. Wer diese Fische verzehrt, kann sich die Krankheit **„Ciguatera"** zuziehen, die Nerven und Muskeln angreift. Anfangssymptome sind Durchfall, Übelkeit, Juckreiz, Muskelkrämpfe, Sehstörungen und Schlaflosigkeit. Das Ciguatoxin ist geschmacksneutral.

Vorsichts- und Gegenmaßnahmen:

- Lassen Sie sich den Fisch vor dem Verzehr im Ganzen zeigen. Große Fische, größer als ein Tellerdurchmesser, sollten Sie ablehnen.
- Bei den o.g. Krankheitssymptomen sollten Sie sofort einen Arzt aufsuchen.
- Mannitol ist ein gutes Gegenmittel, wenn es innerhalb von 24 Stunden nach dem Fischverzehr eingenommen wird.
- Vorsicht bei Garküchen (Straßenverkäufer!)

⇨ Gesundheitswesen

Institutionen

• Der öffentliche Gesundheitssektor wird in erster Linie von 2 Institutionen wahrgenommen: dem **SESPAS**, „Secretariat of Public Health and Social Assistance", und **IDSS**, „Social Security Institute". SESPAS ist für die gesundheitliche Betreuung von rund 80 % der Bevölkerung zuständig, erreicht mit seinen Leistungen jedoch nur 40 % der Bevölkerung. Es ist ein starkes Stadt-Land-Gefälle in der Betreuung feststellbar.

• Ein Großteil der Bevölkerung, vorwiegend in den Städten, wird von **privaten Gesundheitseinrichtungen** versorgt.

• Die private **„Caritas-Dominicana"** ist auf dem Gebiet der Säuglingsfürsorge, besonders in ländlichen Gebieten, tätig.

• Um die **medizinische Unterversorgung**, vor allen Dingen **auf dem Lande**, zu beseitigen, wurde ein Basisgesundheitsdienst eingerichtet, der in den Gemeinden mit weniger als 2.000 Einwohnern eine ausreichende Versorgung sichern soll.

Die häufigsten Krankheiten

Die hauptsächlichsten Erkrankungen sind Infektionen des Verdauungssystems, Ruhr, Lungentuberkulose, Syphilis und Malaria. **Aktionen** der Aufklärung über Gesundheitswesen, Ausbildung und Einsatz von Gesundheitsarbeitern, die das Gesundheitsbewußtsein der Bevölkerung wecken sollen, wie PLANSI, „National Plan of Infant Protection", zielen auf die Bereiche: Körper- und Wasserhygiene, Familienplanung, Säuglingspflege, Ernährung und Umwelterhaltung, um die o.g. Krankheiten zu bekämpfen.

Schutzimpfungen

Schutzimpfungen wurden erfolgreich gegen Masern, Diphtherie, Keuchhusten, Tetanus und TBC durchgeführt.

Benachteiligung der ländlichen Bevölkerung

Trotz aller Bemühungen, auch die ländliche Bevölkerung medizinisch besser zu betreuen, ist die ärztliche Versorgung in der Provinz noch nicht zufriedenstellend.

Krankenhäuser

Von insgesamt 339 Krankenhäusern liegen nur 43 in ländlichen Gebieten.

Folgende Krankenhäuser sind im Bedarfsfall zu empfehlen, weil bei ihnen die medizinische Versorgung und die hygienischen Verhältnisse mit unseren vergleichbar sind:

- **Santo Domingo**, Dr. Rafael Guillen, Santo Domingo, Tel.: 6820151 (Praxis); Tel.: 6886641 (Klinik),
- **Puerto Plata**, Grupo Medico Dr. Bournigal S.A., Dr. José N. Redondo, Tel.: 5864140, 5862342
- **Sosua**, Centro Médico Sosua, Tel.: 571-2305, 571-3481

H

➪ Hahnenkämpfe

Es handelt sich hierbei um landesübliche Veranstaltungen, die in sog. „Clubs Gallisticos" oder „Galleras" (Hahnenkampf-Arenen) stattfinden. Für Tierfreunde sind diese Veranstaltungen abzulehnen. (Näheres siehe Kapitel 7.4.5, Seite 248)

➪ Handeln

Außerhalb der Geschäfte ist Handeln durchaus üblich. Sie können davon ausgehen, daß die angebotenen Preise um ca. 50 % zu hoch sind.

➪ Hotels und andere Unterkünfte

Das Hotelangebot ist breit gestreut. In den größeren Ferienorten gibt es Hotels mit recht unterschiedlichem Komfort von Luxusresorts über Mittelklassehotels bis zu einfachen Pensionen. Die **Preiskategorien** der Unterkünfte (für ein Doppelzimmer pro Tag) werden in diesem Buch durch die Zahl der $-Zeichen unterschieden.

$$$$$ = über 160 US$	$$ = ca. 40 bis 80 US$
$$$$ = ca.120 bis 160 US$	$ = unter 40 US$
$$$ = ca. 80 bis 120 US$	

Resorts
In der Regel sind dies luxuriöse Hotelanlagen, in denen dem Gast eine große Anzahl an Freizeitangeboten zur Verfügung steht. Hier geht es nicht nur um gute Unterkunft und Verpflegung, auch viele Sportmöglichkeiten sollen die Feriengäste aktivieren. Dazu gehören Sporteinrichtungen, wie eigene Golf-, Tennis- und Squashplätze, Fitnesszentren, Tauch- und Windsurf-Schulen, Reitställe und diverse Wassersporteinrichtungen.

Touristenhotels gehobener Klasse
Diese modernen Anlagen entsprechen in Ausstattung und Gepflogenheiten dem internationalen Niveau. Die Hotels an der Küste verfügen vielfach über Privatstrände. Die Zimmer sind mit Bad, WC und Klimaanlage versehen. Bar, Restaurant, Swimmingpool, Tennisplätze, diverse Sporteinrichtungen zu Wasser und zu Land, Diskotheken und Animation, Tresor für Wertsachen, Notstromversorgung und bewaffnete Hotelbewachung sind die Mindestausstattung. Sie können Doppelzimmer und Suiten oder Studios mit mehreren Zimmern mieten.

„All inclusive"-Hotels
Zunehmende Beliebtheit genießt inzwischen bei vielen Touristen diese Art von Hotels, um „sorgenfrei" Urlaub zu machen, sozusagen ein „Rundum-Sorglospaket". Es ist an alles gedacht. Nachdem man den meist sehr günstigen Pauschalpreis für Flug, Übernachtung und „all inclusive" für den Aufenthalt bezahlt hat, braucht man sich um nichts mehr zu kümmern. Vor Ort fallen fast keine Kosten mehr an. Sie bekommen ein farbiges Plastikarmband ums Handgelenk und dürfen die exquisiten Buffets oder Spezialrestaurants benutzen. Sämtliche Getränke sind frei. Kostenlos können Sie diverse Wassersportanlagen benutzen, und es bestehen Möglichkeiten zum Hochseefischen, Segeln, Windsurfen, Kajak- und Tretbootfahren, Tennis-, Tischtennis-, Volleyball-, Dart- und Billardspielen, im Pauschalpreis mit wenigen Ausnahmen inbegriffen. Auch reiten und golfspielen dürfen Sie in der Regel ohne Aufpreis. Zum All-inclusive-Paket gehören außerdem umfangreiche Animationsprogramme, Cocktailparties, Merengue- und Spanischkurse usw., kurz, Sie leben wie im Schlaraffenland. Es wird alles getan, um Sie in dem „Touristenghetto" zu halten, mit dem Nachteil, daß Sie von dem Dominikaner in seiner natürlichen Umgebung fast nichts mitbekommen, auch wenn organisierte Ausflüge ins Landesinnere angeboten werden. Den „Puls des Volkes" können Sie nur auf einer individuellen Tour spüren, und die versteckten Schönheiten des Landes entdecken sie nur auf einer Fahrt „auf eigene Faust".

Apart-Hotels
Es sind traditionelle dominikanische Hotels oder von westlichen Unternehmern erbaute kleinere Anlagen, die den Kampf gegen die „Alles-inklusive-Hotelburgen" aufgenommen haben. Zur Zimmerausstattung gehören in der Regel Dusche, WC, Kühlschrank, Kochnische und Klimaanlage. Diese Unterkünfte können sehr gemütlich sein. Entscheidend für den Service ist jedoch, von wem sie geführt werden.

Cabañas
können, meist am Strand erbaute, einfache Hütten oder Bungalows sein, in denen man preiswert übernachten kann.

!!!

Vorsicht !!!
Trotzdem sollten Sie vorsichtig sein. Hinter den Unterkünften mit der Anschrift „Cabañas" kann sich auch ein **Stundenhotel** *verbergen. Zumeist sind es in Hufeisenform gebaute Anlagen an den Ortseingängen mit verschließbaren Garagen vor den Zimmern. Das entsprechende Publikum kann Ihnen den Aufenthalt verderben.*

I

⇨ Impfungen

Im internationalen Reiseverkehr werden für die Dominikanische Republik **keine Impfungen vorgeschrieben**.

Empfohlen werden jedoch trotzdem folgende Impfungen, die in Ihrem Internationalen Impfpaß vermerkt werden sollten:
- **Hepatitis A:** Auch wenige Tage vor Abreise kann mit aktivem Impfstoff als Einmaldo-

sis ein ausreichender Schutz aufgebaut werden. Nach 6-12 Monaten sollte die Impfung wiederholt werden, um einen mehrjährigen Impfschutz sicherzustellen.

Bei Individualreisen unter schlechten hygienischen Bedingungen zusätzlich:

- **Thyphus:** Spätestens 10 Tage vor Abreise sollte mit Injektionsimpfung (eine Dosis) oder Schluckimpfung (3 Kapseln) begonnen werden.
- **Meningitis:** Für Individualreisende mit engem Kontakt zur Bevölkerung ist eine Impfung gegen Meningokokken-Meningitis empfehlenswert. Spätestens 10 Tage vor Einreise sollte die Impfung vorgenommen werden.

Grundsätzlich sollte der Impfschutz gegen **Wundstarrkrampf** (Tetanus), **Diphtherie** und **Kinderlähmung** (Polio) überprüft und ggf. aufgefrischt werden.

J

⇨ Jugendherbergen

Offizielle Jugendherbergen gibt es in der Dominikanischen Republik nicht. Als Jugendlicher kann man zwar für verhältnismäßig wenig Geld in Studentenwohnheimen unterkommen. Doch diese Unterkünfte unterscheiden sich im Preis nur unwesentlich von einfachen Pensionen.

K

⇨ Kartenmaterial

- Die **Map Dominican Republic**, Maßstab 1:600.000, ist ein Kartenwerk, in dem das Verkehrsnetz, die Nationalparks, Strände und das Relief der Dominikanischen Republik deutlich herausgearbeitet sind. Außerdem enthält die Karte Stadtpläne von Santo Domingo, Santiago de los Caballeros und Puerto Plata.
- Die **Baedeker Allianz Reisekarte**, Maßstab 1:500.000, ist eine gute Übersichtskarte der Dominikanischen Republik, in der neben guter Reliefwiedergabe die Riffe vor den Küsten besonders deutlich hervortreten.
- **Detailkarten** der Dominikanischen Republik bestellen Sie am besten beim **Internationalen Landkartenhaus/Geo Center**
Postfach 800830, D-70508 Stuttgart, Tel.: 0711/78893-40.
- Beim **Dominikanischen Fremdenverkehrsbüro**, Hochstraße 17, 60313 Frankfurt/M., Tel.: 069-91397878, Fax: 069-283430, können Sie ebenfalls Landkarten beziehen.

⇨ Kinder

Die Dominikanische Republik ist ein kinderfreundliches Land. Schnell werden fremde Kinder in Spiele der Einheimischen einbezogen.

Hotelermäßigungen von ca. 50 % für Kinder bis zu 12 Jahren gibt es in Ausnahmefällen höchstens bei Zimmerbelegung mit zwei Erwachsenen. Es gibt Kinderbetten in den

Übernachtungen. Die Swimmingpools der Hotels haben überwiegend ein Becken für Kinder. Auch Spielplätze auf dem Hotelgelände fehlen nicht. Viele Hotels veranstalten Kinderanimationen.

⇨ Kino

Kinobesuche in der Dominikanischen Republik stehen hoch im Kurs. Man sieht es an den langen Warteschlangen vor den Kinos, daß die Einheimischen diesem populären Vergnügen noch reichlich nachgehen.

⇨ Kleidung

Empfehlenswert ist leichte, gut waschbare, atmungsaktive und bequeme Kleidung das ganze Jahr über. Für die Abende in den Monaten November bis Februar sowie für klimatisierte Räume sind leichte Pullover und Jacken angebracht. Abends sollten wegen der Moskitos grundsätzlich lange Hosen und Strümpfe getragen werden. Wärmere Kleidungsstücke sind für Ausflüge in die Bergwelt der Dominikanischen Republik (Pico Duarte 3.175 m) mitzuführen. Regen- und Sonnenschutz sollte in Ihrem Gepäck nicht fehlen.

Was die Kleiderordnung betrifft, so sind die Insulaner eher konservativ. In Kirchen und staatliche Büros wird niemand in Shorts oder Minirock hineingelassen.

⇨ Klima und Reisezeit

In der Dominikanischen Republik herrscht ein **tropisches Klima**. Es wird durch die Seewinde des Nordostpassats gemildert und erträglich. Vor allem im Spätsommer und Frühherbst können Ausläufer tropischer Wirbelstürme (Hurrikane) die Insel überqueren. (Näheres im Kapitel 3.3.2, S. 59 – „Wie entsteht ein Hurrikan?"). Im September 1998 zog der Hurrikan „George" eine Spur der Verwüstung durchs Land. Die Schäden an Straßen und Gebäuden sind weitestgehend behoben, und die Natur regeneriert sich allmählich.

Die Einheimischen reisen am liebsten um Weihnachten und in der Karwoche. Individualreisende sollten für diese Zeit Unterkünfte vorbuchen.

Für Reisende aus gemäßigten Breiten ist das Klima in der Dominikanischen Republik ideal. Es herrscht für unsere Begriffe **immer Sommer und immer Reisezeit**.

- **Sommerzeit**

Der ständig wehende Passatwind macht auch das feuchtheiße Küstenklima mit Temperaturen von + 30 bis + 35 °C und hoher Luftfeuchtigkeit in der regenreicheren Sommerzeit von Mai bis September erträglich.
Die Sommerzeit ist auch gleichzeitig die Regenzeit, in der des öfteren kurze, aber heftige Regenfälle, von Gewittern begleitet, niedergehen.
Auch die Regenzeit ist reizvoll. Nach den heftigen Regenfällen klart es immer wieder schnell auf. Phantastische Wolkenformationen erzeugen spektakuläre Stimmungen. Das frische Grün, die silbrig glänzenden Blätter und die tropische Blütenpracht

entschädigen für den vorausgegangenen Wolkenbruch. Die **tägliche Sonnenscheindauer unterscheidet sich nur unwesentlich von der der Trockenzeit.** Vorteilhaft sind auch die niedrigeren Preise (Nebensaison).

- **Winterzeit**

Vermutlich wird Ihnen die **winterliche Trockenzeit** von Oktober/November bis Mai/Juni mit Tagesdurchschnittstemperaturen von + 24 bis + 28 °C mehr zusagen als die Regenperiode in der übrigen Jahreszeit. Dann bläst allerdings auch der NO-Passat am kräftigsten, und die Preise sind höher (Hauptsaison).
In den Bergen werden in den Wintermonaten oft sehr niedrige Temperaturen gemessen, manchmal sogar unter null °C, hauptsächlich im Valle Nuevo bei Constanza und am Pico Duarte.

Zusammenfassend ist zu sagen, daß die Dominikanische Republik wegen des durchgehend warmen und durch den Seewind luftigen, angenehmen Klimas ein **ganzjährig zu empfehlendes Reiseland** ist.

Eine aufschlußreiche **Klimatabelle** finden Sie im Kapitel 3.3.3, Seite 60.

⇨ Kofferträger

Bei Ihrer Ankunft auf den Flughäfen der Dominikanischen Republik ist es ziemlich wahrscheinlich, daß Sie erstmalig übervorteilt werden. Es wird sich sicherlich ein Meute „freiberuflicher Kofferträger" sehr geschäftstüchtig auf Ihr Gepäck stürzen, um es an die Taxen, Busse usw. zu tragen. Sie finden das vielleicht auch sehr nett und hilfsbereit. Es geht aber alles so schnell, daß Ihnen keine Zeit bleibt, einen Preis zu vereinbaren. Für diese Dienstleistung wird Ihnen wahrscheinlich am Ende ein Betrag von 5 bis 20 US$ abverlangt. **1 US$ pro Gepäckstück** reicht in der Regel jedoch aus, deshalb sollten Sie sich in Europa vor Ihrer Abreise mit genügend kleinen US$-Noten ausstatten.

⇨ Kommunikationsnetz

Die Dominikanische Republik ist eines der Länder mit dem besten Kommunikationsnetz des Kontinents. Sie verfügt über eine fortschrittliche Technologie, die es erlaubt, einen Weltklasseservice anzubieten. **CODETEL**, ein Tochterunternehmen der GTE-Corporation aus den Vereinigten Staaten Amerikas, hat den Inselstaat mit der für die Kommunikation notwendigen Infrastruktur versehen, sowohl national als auch international, in Ton, Daten und Video.

Ein hervorragendes Netz verbindet den größten Teil des Landes miteinander. Kommunikationszentren operieren in mehr als 70 Gemeinden, um die Kommunikation innerhalb und außerhalb der Nation zu erleichtern.

⇨ Kreditkarten

Die beste Akzeptanz haben American Express, Visa und Mastercard (Eurocard gehört zu Mastercard). Aber auch Acces, Banamex, Carnet, Diners Club, JCB werden in der Regel akzeptiert.

An einigen Banken, so an der „Banco Popular" in Santo Domingo, kann man mit Kreditkarten Bargeld abheben. Dafür werden allerdings ziemlich hohe Gebühren in Anrechnung gebracht.

Vorsicht beim Blankovordruck!!!
Von Einzelreisenden, die mit Kreditkarte ihre Hotelrechnung bezahlen möchten, wird schon beim Einchecken oft ein unterzeichneter Blankovordruck verlangt. Nach beendetem Hotelaufenthalt soll dann der zu zahlende Betrag eingesetzt werden. Wenn dieses Verfahren ordnungsgemäß durchgeführt wird, ist nichts dagegen einzuwenden.

Bei Unregelmäßigkeiten lassen Sie sich bitte den ungültigen Blankovordruck wieder aushändigen und zerreißen Sie ihn in kleinste Stücke, denn auch mit zerknüllten Papieren können Unbefugte noch etwas anfangen.

Wichtiger Tip
Notieren Sie sich von dem gültigen Exemplar die Belegnummer.

⇨ Kreuzfahrten

Casa de Campo, Isla Catelina, Puerto Plata, Santo Domingo werden regelmäßig von Kreuzfahrtschiffen, die im karibischen Raum operieren, angelaufen. Auch Kreuzfahrten, die in Miami (USA) und San Juan (Puerto Rico) beginnen, laufen die oben genannten dominikanischen Häfen an.

L

⇨ Leihwagen

Siehe Stichwort **Mietwagen**

⇨ Literatur

Kein Reisehandbuch kann alle Wissensgebiete vollständig abdecken, deshalb ist auf folgende Literatur hingewiesen, die zu einem erweiterten Studium der Dominikanischen Republik führen kann. Diese Aufstellung erhebt keinen Anspruch auf Vollständigkeit.

Deutschsprachige Literatur (einschließlich deutscher Übersetzungen)

- **Baratta**, Dr. Mario von (Herausgeber), mehrere Autoren, „Der Fischer Weltalmanach 2000", Frankfurt/M. 1999, liefert aktuelle Zahlen, Daten, Fakten und Hintergrundinformationen.
- **Bärtels**, Andreas, „Farbatlas Tropenpflanzen", Eugen Ulmer GmbH & Co Stuttgart 1990; 308 Farbfotos und straff gegliederte Beschreibungen können erstes Licht in das Dunkel des Tropenpflanzen-Dschungels bringen.
- **Casas**, Bartolomé de las, „Kurzgefaßter Bericht von der Verwüstung der westindischen Länder", Frankfurt 1981; Augenzeugenbericht der Greueltaten der Spanier.

• **Dyson/Christopher**, „Columbus“, Droemersche Verlagsanstalt München 1991; dieses Buch liefert gute Hintergrundinformationen über die 4 Reisen von Christoph Kolumbus in die Karibik.
• **Eggensperger**, Thomas, **Engel**, Ulrich, „Bartolomé de las Casas – Dominikaner – Bischof – Verteidiger der Indios“, Topos Taschenbuch, Band 207, Mainz 1991, sorgfältige Analyse der politischen und ideologischen Gegensätze der Conquista und dem leidenschaftlichen Verteidiger der Menschenrechte der Indios, Bartolomé de las Casas
• **Friedel**, Michael, „Dominikanische Republik“, München 1996, dieser Bildband besticht durch schöne Fotos mit kurzen Erklärungen und eine Geschichte zur Einführung.
• **Haller**, Dr. med. von Ernst, „Ärztlicher Rat für Tropenreisende“, Georg Thieme Verlag Stuttgart 1981; wichtiges, handliches Nachschlagewerk zur Verhütung und Behandlung von Tropenkrankheiten.
• **Hohl**, Rudolf, „Wandernde Kontinente“, Urania Verlag Leipzig 1985, behandelt als populärwissenschaftliches Werk die Kontinentalverschiebung im Laufe der Erdgeschichte mit „Zukunftsaussichten“.
• **Hoppe**, Jürgen, „Blühende Bäume in der Dominikanischen Republik“, Acción para la Educación Básica, Inc., Santo Domingo, 1997, übersichtliche Arbeit des deutschen Ökologen und Fotografen über die wichtigsten Bäume des Inselstaates
• **Lötschert/Beese**, „Pflanzen der Tropen“; dieses BLV Bestimmungsbuch kann „Erste Hilfe“ beim Erkennen der Unmengen von Tropenpflanzen leisten.
• **Meder**, Heinz, „Karibische Geschichten“, Ediciones Nuevo Mundo, Puerto Plata 1996; Geschichten von gestern und heute und allerhand Wissenswertes eines Insiders
• **Michener**, James A.,“Karibik“, ECON Verlag 1990; indianische Hochkulturen, europäische Eroberer und Missionare bilden den Hintergrund dieses packenden Romans.
• **Quack**, Ulrich: „Karibik – Kleine Antillen“, Iwanowski-Verlag Dormagen 1993; ist ein Reisehandbuch mit kompetenter und fundierter Beschreibung der Kleinen Antillen mit nützlichen Reisetips.
• **Schreiber**, Hermann, „Die Neue Welt“, Casimir Katz Verlag Gernsbach 1991; der bekannte Sachbuchautor schildert die Geschichte der Entdeckung Amerikas in interessante Geschichten aufgegliedert. Das ist die große Kunst, aus „trockener Historie“ auch für nichtfachkundige Leser spannende Literatur zu schaffen.
• **Thum**, Christine und Rolf, „Palmen, Reis und rote Bohnen“, Larimar Verlag, Kurzgeschichten über Land und Leute.

Englische Literatur

• **Hargreaves**, Dorothy und Bob, „Tropical Trees“, Ross-Hargreaves, Hawai 1965, zeigt 125 Farbbilder mit authentischen Beschreibungen karibischer Baumarten.
• **Hoppe**, Jürgen, „The National Parks of the Dominican Republic“, Santo Domingo, 1989, eine wissenschaftliche Arbeit über die Fauna und Flora der Dominikanischen Republik.
• **James Bond**, „Birds of West Indies“, Houghton Mifflin Company Boston 1990, ist ein gut illustriertes Vogelbestimmungsbuch der Westindischen Inseln.
• **Rood**, Carlton Alexander, „A Dominican Chronicle“, Santo Domingo 1989; geschichtliche Ereignisse in journalistischem Stil geschrieben.
• **Showker/Ellis**, „The Outdoor Traveler's Guide CARIBBEAN“, Stewart, Tabori & Chang New York 1989; ein Buch über die verschwiegenen Wege in die Karibik mit phantastischen Fotos.

- **Took**, Ian F., „Fishes of the Caribbean Reefs", Macmilian Education Ltd London 1991, bietet Kurzbeschreibungen und Farbbilder der häufigsten Fische der karibischen Riffe.

M

⇨ Maße und Gewichte

In der Dominikanischen Republik ist offiziell das metrische System eingeführt, trotzdem sind aber noch spanische und anglo-amerikanische Einheiten üblich. Die gebräuchlichsten sind hier aufgeführt:

1 vara	= 0,91 cm	1 legua (Meile)	= 1,609 km
1 inch (in)	= 2,540 cm	1 tarea (Tagwerk)	= 629 m^2
1 foot (ft)	= 0,305 m	1 acre (ac)	= 4047 m^2
1 yarda (yd)	= 0,914 m	1 cubic foot (ft^3)	= 28,317 dm^3
1 gálon (gal.)	= 3,785 l	1 barrel (bl.)	= 158,983 l
1 imperial gallon (imp. gal.)	= 4,546 l		
1 onza (oz)	= 28,350 g	1 arroba	= 11,34 kg
1 troy ounce (troy oz)	= 31,103 g	1 cargas	= 113,4 kg
1 pound (lb)	= 453,592 g	1 short ton (sh t)	= 0,907 t
1 libra (Pfund)	= 0,453 kg	1 long ton (l t)	= 1,016 t

⇨ Mietwagen

Sich ein Auto zu mieten und auf eigene Faust ein Land zu erforschen, ist sicherlich die interessanteste, ungebundenste und unabhängigste Möglichkeit.

Eine große Anzahl an Mietwagen steht den Kunden an den Flughäfen und in fast allen größeren Hotels und wichtigsten Städten zur Verfügung. Wer schon zu Hause bucht, fährt billiger.

- Die bekanntesten **Autoverleihfirmen** in Santo Domingo sind:

Firma	*Straße*	*Tel.-Nr./Fax-Nr.*
Avis	Aeropuerto Int. Las Americas	(001-809)549-04468
Budget	Av. J.F. Kennedy/Ecke Lope de Vega	(001-809)567-0175 bis 7
	Aeropuerto Int. Las Americas	(001-809)549-0351
Dollar	Aeropuerto Int. Las Americas	(001-809)549-0738
Hertz	Av. Indepedencia 454-SD	(001-809)221-5333 Fax: (001-809)211-8927
	Aeropuerto Int. Las Americas	(001-809)549-0454

Honda	J.F. Kennedy/Pepillo Salcedo	(001-809)567-1015 Fax: (001-809)541-0039
Mc Deal	Av. G. Washington 105 Aeropuerto Int. Las Americas	(001-809)688-6518 (001-809)549-0373
Nat. Rent a Car	Av. Abraham Lincoln/J.F.Kennedy Aeropuerto Int. Las Americas	(001-809)562-1444 Fax: (001-809)544-3030 (001-809)549-8303
Nelly Rent a Car	José Contreras 139	(001-809)535-8800 Fax: (001-809)535-1233
Thrifty	José María Heredia	(001-809)686-0133 Fax: (001-809)685-4933

Hinweise!!!
- *National Rent a Car vermieten gute Jeeps und geländegängige Pick-ups.*
- *Nelly Rent a Car haben günstige Preise.*

Diese beiden Vermieter haben Außenstellen auch in anderen Städten und in vielen Hotels.

- **Bedingungen**

- Ihr Mindestalter als Fahrer muß 25 Jahre betragen.
- Sie müssen im Besitz eines Führerscheins Ihres Herkunftslandes oder eines internationalen Führerscheins sein.
- Der Mietvertrag muß durch eine Kreditkarte abgesichert sein.

- **Prüfung bei der Übernahme**

- Die **Mängelbescheinigung** sollten Sie erst nach gründlicher Prüfung des Fahrzeugs (Blech-, Lack-, Motorschäden) unterschreiben, damit Ihnen bei der Rückgabe des Wagens keine Schäden zur Last gelegt werden, die Sie nicht verursacht haben.
- Auf gute **Bereifung, Reserverad**, intakte **Beleuchtung** und funktionierende **Bremsen** sollten Sie Ihr besonderes Augenmerk richten. Eine kurze **Probefahrt** ist angebracht.

- Weitere **Tips**:

- Bei der Wahl der Automarke wählen Sie möglichst ein solches aus, das genügend **Bodenfreiheit** besitzt, um auch schlechte Straßen und Nebenwege befahren zu können.
- Achten Sie stets beim Verlassen des Autos auf vollständigen **Verschluß** des Fahrzeugs.
- Lassen Sie nie **Wertgegenstände** (Kamaras usw.) und **wichtige Dokumente** im Auto zurück.
- Stellen Sie, wenn möglich, den Wagen **nachts** in einen verschließbaren Hof oder an einen anderen **vor Diebstahl sicheren Ort**. Fragen Sie bei Ihrer Hotelrezeption.

⇨ Motorräder

Motorräder eignen sich besonders gut, um einsame, versteckte Strände aufzusuchen oder Fahrten im Gebirge zu unternehmen. Fahrpraxis sollte vorhanden sein. Ein gültiger Führerschein wird manchmal verlangt. Normalerweise müssen Sie eine Kaution hinterlegen. Vor dem Abschluß eines Mietvertrages sollten Sie das Fahrzeug genau auf Mängel untersuchen. Sonst laufen Sie Gefahr, daß bei der Rückgabe anstehende Reparaturen auf Sie abgewälzt werden.

!!!

Achtung !!!
*Achten Sie darauf, daß für das geliehene Motorrad eine **Versicherung** abgeschlossen wird. Das Unfallrisiko ist angesichts des enormen Verkehrs in der Dominikanischen Republik sehr hoch.*

N

⇨ Nachtleben

Das ganze Land verfügt über eine große Anzahl von Nachtclubs, Pianobars und Diskotheken.

Das Nachtleben in **Santo Domingo** ist aktiver als in den anderen latein-amerikanischen Hauptstädten. Hier weiß man: Die Nächte sind nicht wiederholbar und laden zum Feiern ein. Immer sind der Merengue-Tanz gegenwärtig sowie die meisten modernen Rhythmen. Das Bier und der dominikanische Rum sind in der ganzen Welt berühmt. Die Dominikaner tanzen bis zum Morgengrauen, alles ein Grund, sich mit ins Vergnügen zu stürzen.
Die Nachtlokale präsentieren in der Regel gute Shows und musikalische Einlagen. In den Discos, von denen die meisten einheimische und ausländische Entertainer haben, wird jede Nacht leidenschaftlich getanzt.

⇨ Nationalparks und Reservate

Auch in der Dominikanischen Republik wächst die Einsicht:
- **ökologisch wertvolle Gebiete** mit einem schützenswerten Bestand an wildlebenden Tieren und Pflanzen vor der Bodenzerstörung und Wasserverschmutzung zu bewahren,
- den Menschen die **Wunder der Natur näher zu bringen** und
- gleichzeitig mit geschäftstüchtigem Hintergedanken **Attraktionen für den Tourismus** zu schaffen.
- **Rund 10 % des Landes**, einschließlich Meeresgebieten, stehen in der Dominikanischen Republik **unter Naturschutz**. Zur Besichtigung der Nationalparks benötigt man eine Genehmigung, die in der Regel 50 RD$ kostet. Die Nationalparkverwaltung vermittelt auf Anfrage auch Führer.
- **Der Öffentlichkeit** sind alle Nationalparks und Reservate **zugänglich**.
- Die **Definition Nationalpark** und die Einhaltung von Schutzbestimmungen, die der Naturschutz fordert, ist noch sehr unklar. So werden Sie in den Schutzgebieten beispielsweise massenhaft leere Patronenhülsen finden, die auf hohe Abschußquoten besonders an Wasservögeln schließen lassen.
- Es folgt eine **Aufstellung der Schutzgebiete**, in Anlehnung an das Buch „Los Parques Nacionales de la Republica Dominicana" von Jürgen Hoppe (s. Allgemeine Reisetips von A-Z, unter Stichwort „Literatur", S. 146ff).

Nationalparks und Schutzgebiete der Dominikanischen Republik

1 Santuario del Banco de la Plata
2 Parque Nacional Monte Cristi
3 Reserva Científica Isabel de Torres
4 Parque Nacional Armando Bermúdez
5 Parque Nacional Los Haitises
6 Reserva Científica Lagunas Redonda y Limón
7 Parque Nacional José del Carmen Ramírez
8 Reserva Científica Valle Nuevo
9 Parque Nacional Isla Cabritos
10 Reserva Científica Laguna Rincón o de Cabral
11 Parque Nacional Submarino La Caleta
12 Parque Nacional del Este
13 Parque Nacional Sierra de Baoruco
14 Parque Nacional Jaragua

Die **Numerierung** der Kurzbeschreibung der Nationalparks und Schutzgebiete ist mit den Ziffern in der Karte identisch.

Die **Tiernamen** werden meistens zuerst in Englisch angeführt, weil es nur lückenhaft deutsche Namen für die Tierarten der Karibik gibt.

1 Sanctuario del Banco de la Plata

Provinz: Küste vor Puerto Plata · Gründungsjahr: 1986 · Größe: 3.748 km² · Biotop: Meerespark, große Sandbank · Säugetiere: 2.000 bis 3.000 Buckelwale von November bis April (80 % der Population dieser Wale des Atlantischen Ozeans) · Anfahrt: per organisierter Bootsfahrt, Fahrtdauer ca. 8 Stunden

Das riesige Schutzgebiet der sog. „Banco de la Plata" („Silberbank"), 140 km von der Nordküste der Dominikanischen Republik (von Río San Juan) entfernt, hat durchschnittlich eine Wassertiefe von nur 20 m. An der Nordostseite der Flachsee erstreckt sich ein schützendes Riff, das für Boote sehr gefährlich werden kann. Hier sind in der Vergangenheit zahlreiche spanische Galeonen mit reichen Schätzen aus den ausgebeuteten Kolonien gesunken, daher der Name „Silberbank". Dem Naturschauspiel der liebesübermütigen Buckelwale beizuwohnen, ist eine Bootsfahrt wert, die unter fachmännischer Leitung durchgeführt wird.

2 Parque Nacional Monte Cristi

*Provinz: Monte Cristi · Gründungsjahr: 1983 · Größe: 530 km² · Durchschnittliche Jahrestemperatur: + 28,5 °C · Durchschnittliche Niederschlagsmenge: 600 mm · Vegetationszonen: Meeresflora, Mangrovensumpf, Lagunenvegetation, regengrüner Trockenwald · Pflanzen: u.a. Mequite, Duftakazie, Monte Cristi Salbei, Meertraube, Rote Mangrove · Reptilien und Amphibien: 11 Reptilienarten, u.a. Spitzkrokodile und 3 Lurcharten · Vögel: 163 Vogelarten, u.a. Brauner Pelikan (*Pelecanus occidentis*) / Brown Pelican, Prachtfregattvogel (*Fregata magnificens*) / American Frigate Bird, Silberreiher (*Egretta alba*) / Great Heron, Brauner Sichler (*Plegadis falcinellus*) / Glossy Ibis, Cayennereiher (*Nyctanassa violacea*) / Yellow crowned Nightheron · Anfahrt: bis zum Hügel „Morre de Monte Cristi" und bis zur „Saladillo Lagune" per Pkw, übrige Teile per Boot*

Zum Nationalpark gehören 7 vorgelagerte Inseln, **Los Cayos Siete Hermanos**. Das Land ist überwiegend flach, und es bekommt nur geringe Niederschlagsmengen ab. Dementsprechend ist auch die Vegetation auf dem Land sehr dürftig. Verschiedene Wasservogelarten und Eulen bevölkern den einsamen Nationalpark.

3 Reserva Científica Isabel de Torres

Provinz: Puerto Plata · Gründungsjahr: 1983 · Größe: 22 km² · Durchschnittliche Jahrestemperatur: + 17 bis + 25 °C · Durchschnittliche Niederschlagsmenge: 1.800 mm · Vegetationszonen: tropischer Regenwald und immergrüner Gebirgsregenwald, Karstlandschaft · Pflanzen: 594 Pflanzenarten · Vögel: 32 Vogelarten, davon 5 endemisch · Anfahrt: per Pkw von Puerto Plata

Das Schutzgebiet befindet sich südlich von Puerto Plata und umfaßt den 800 m hohen Berg Isabel de Torres. Die Bergspitze, mit einer Kabinenbahn (Terriferrica), zu Fuß oder mit einem Jeep auf einem Schotterweg zu erreichen, wurde in einen Ausflugspark umgewandelt. Vom Gipfel genießt man bei gutem Wetter einen herrlichen Blick auf Puerto Plata und die Umgebung. Charakteristische Gewächse im oberen Bereich der Bergvegetation sind die Bergpalme, der wilde Tamarindenbaum und der Sternapfel, im unteren Bereich der hispañiolische Mahagonibaum, der Trompetenbaum, Guttibaumgewächse und Zyperngras.

Unter den zahlreichen Vogelarten kann man mit etwas Glück eine endemische Papageienart (*Amazona ventralis*) / Hispaniolan Parrot, den Palmenschwätzer (*Dulus dominicus*) / Palm Chat, eine Taubenart (*Columbia passerina*) / Common Ground Dove, eine weitere Taubenart (*Columbia inornata*) Plain Pigeon, den hochbeinigen Limpkin (*Aramus guarauna*) / Limpkin und verschiedene Greifvögel, wie den Rotschwanzbussard (*Buteo jamaicensis*) / Red-tailed Hawk, ausmachen.

4 Parque Nacional Armando Bermúdez

*Provinz: Santiago · Gründungsjahr: 1956 · Größe: 766 km² · Durchschnittliche Jahrestemperatur: + 12 bis + 21 °C · Durchschnittliche Niederschlagsmenge: 1.000 mm bis 4.000 mm · Vegetationszonen: immergrüner Gebirgsregenwald, montaner Nebelwald der nördlichen Kordilleren (bis über 3.000 m) · Pflanzen: u.a. Karibische Kiefer · Vögel: u.a. eine endemische Papageienart (*Amazona ventralis*) / Hispaniolan Parrot, den Streifenspecht (*Melanerpes striatus*) / Hispaniolan Woodpecker, den Palmschmätzer (*Dulus dominicus*) / Palm Chat, der dominikanische Nationalvogel, und den Rotschwanzbussard (*Buteo jamaicensis*) / Red-tailed Hawk · Säugetiere: Wildschweine · Anfahrt: problemlos mit dem Pkw bis San José de las Matas, ab dort zu Fuß oder auf dem Rücken eines Pferdes, alternativ: Asphaltstraße bis Jarabacoa, von dort per Jeep auf schlechter Piste oder zu Fuß in südwestlicher Richtung bis Ciénega, dort Aufstieg zum Pico Duarte*

Das Schutzgebiet liegt in den Cordillera Central. Hier und im angrenzenden Parque Nacional José del Carmen Ramírez ragen die höchsten Gipfel des Antillenbogens in den tropischen Himmel: **Pico Duarte (3.175 m), La Pelona (3.087 m), La Rusilla (3.038 m)** und **Pico Yaque (2.760 m)**. Dieser Gebirgsteil, vulkanischen Ursprungs, entstand vor mehr als 60 Millionen Jahren. Das Gestein besteht zum größten Teil aus Kalkstein, Schiefer und Marmor.

In den subtropischen feuchten Regenwäldern bis 1.200 m Höhe gedeihen an **dominierenden Pflanzen** die Westindische Zeder (*Cedrela odorata*), die Westindische Walnuß (*Juglans jamaicensis*), die wilde Bergolive, Petitia (*Petitia domingensis*) und wildes Zuckerrohr. Zwischen 1.200 m und 1.500 m haben sich westindischer Kirschlorbeer (*Prunus myrtifolia*), Lirio (*Linociera ligustrina*) und Bergpalme (*Prestoea montana*) angesiedelt. Zwischen 1.500 m und 1.700 m wachsen Westindischer Sumac (*Brunellia comocladifolia*), Bergtamarinde (*Weinmannia pinnata*), wilder Avocadobaum (*Persea krugii*), Granatapfel (*Cyrilla racemiflora*) sowie Baumfarne (*Cyathea spp.*). Auf Höhen über 2.000 m behaupten sich noch Kreolische Pinien, teilweise in Krüppelform, und widerstandsfähige Sträucher und Kräuter.

Von den zahlreichen **Vogelarten** sind besonders der grüne Hispañiolische Papagei (*Amazona ventralis*) / Hispaniolan Parrot, der Streifenspecht (*Melanerpes striatus*) / Hispaniolan Woodpecker und verschiedene Tauben- und Greifvogelarten zu nennen.

Außerdem streifen Wildschweine durch die Bergwälder, und 47 Reptilienarten wurden registriert.

Im Nationalpark entspringen 12 der wichtigsten Flüsse des Landes, u.a der Yaque del Norte, Bao, Amina, Jagua und Guayubin.

5 Parque Nacional Los Haitises

*Provinz: Samaná · Gründungsjahr: 1976 · Größe: 208 km² · Durchschnittliche Jahrestemperatur: + 24 bis + 26 °C · Durchschnittliche Niederschlagsmenge: 1.900 bis 2.000 mm · Vegetationszonen: tropischer Regenwald, Mangrovensumpf · Pflanzen: u.a. Laubzedern, Wollbaum, Mahagoni · Vögel: u.a. Brauner Pelikan (*Pelecanus occidentalis*) / Brown Pelican, Prachtfregattvogel (*Fregata magnificens*) / American Frigate Bird, Blatthühnchen (*Jacana spinosa*) / Northern Jacana, Blaureiher (*Florida caerulea*) / Little Blue Heron, Schleiereule (*Tyto alba*) / Barn Owl · Anfahrt: organisierte Bootsfahrten ab Sánchez, Santa Bárbara de Samaná oder Sabaná de la Mar*

Der eindrucksvolle Nationalpark zieht sich um das Ende der Bucht von Samaná. Die hügelige Korallenlandschaft, die man in der Form mit Eierwaben vergleichen könnte, befindet sich teilweise unter und teilweise über dem Wasser. Die kleinen Hügel weisen

eine durchschnittliche Höhe von 200 bis 300 m auf. Es gibt in diesem Gebiet etwa 60 **Höhlen**, von denen die bekanntesten **San Gabriel, La Arena** und **La Línea** sind, teils mit angeblich indianischen Malereien und geritzten Skulpturen versehen. Oft sind die Decken der Höhlen eingestürzt. Von besonderem touristischen Interesse sind die Bäche Hondo und Salado und die herrliche San Lorenzo-Bucht.
In dem feuchten tropischen Klima gedeihen u.a. zahlreiche Farnarten, Bromelien, Lianen, Guttibaumgewächse, Moschus-Mahagonibäume, Westindische Zedern sowie im Flachwasser und Sumpf die weiße und rote Mangrove. Besonders die Wasservogelwelt ist zahlreich vertreten.

6 Reserva Científica Lagunas Redonda y Limón

*Provinz: Hatomayor · Größe: 101 km² · Vegetationszonen: Mangrovensumpf, Lagunenvegetation, regengrüner Feuchtwald · Vögel: u.a. Silberreiher (*Egretta alba*) / Great Heron, Nachtreiher (*Nycticorax nycticorax*) / Blackcrowned Nightheron, Rosa Löffler (*Ajaia ajaia*) / Roseate Spoonbill, manchmal auch Fischadler (*Pandion haliaetus*) / Osprey · Anfahrt: per Geländewagen und per Boot ab Miches*

Das Schutzgebiet liegt östlich des Städtchens Miches an der Bucht von Samaná. In der Lagunenlandschaft mit einer durchschnittlichen Wassertiefe von 1,45 m wachsen dichte Mangrovensümpfe, in denen es von Krebsen nur so wimmelt, für o.g. Wasservögel ein Paradies.

7 Parque Nacional José del Carmen Ramírez

*Provinz: San Juan · Gründungsjahr: 1958 · Größe: 764 km² · Durchschnittliche Jahrestemperatur: + 12 bis + 18 °C · Durchschnittliche Niederschlagsmenge: 1.800 mm in den Kammlagen der Berge · Vegetationszonen: Karstlandschaft, montaner Nebelwald, Quellgebiet mehrerer für die Landwirtschaft wichtiger Flüsse · Pflanzen: u.a. Kreolische Pinie · Vögel: u.a. eine endemische Papageienart (*Amazona ventralis*) / Hispaniolan Parrot, Streifenspecht (*Melanerpes striatus*) / Hispaniolan Woodpecker · Säugetiere: u.a. Wildschwein · Anfahrt: per Pkw nach El Palmar am Río Yaque del Sur, dann zu Fuß weiter, oder Asphaltstraße nach San Juan, Schotterweg bis Hato Nuevo, Aufstieg zum Berg Platicos (2.524 m), vorbei am Stausee Presa de Sabanelu*

Der Nationalpark grenzt an den Parque Nacional Armando Bermúdez, hoch in den Cordillera Central. Im **Tetero-Tal** sind präkolumbianische Felsgravierungen zu besichtigen. Im feuchten subtropischen Regenwald herrscht die Kreolische Pinie vor. Außerdem findet man den wilden Tamarindenbaum. Wildschweine und Waldratten führen die Liste der Säugetiere an. An Vogelarten kommen u.a eine Rabenart (*Corvus leucognaphalus*) / White-necked Crow, eine Papageienart (*Temnotrogon roseigaster*) / Hispaniolan Trogon, eine endemische Papageienart (*Amazona ventralis*) / Hispaniolan Parrot und der Streifenspecht (*Melanerspes striatus*) / Hispaniolan Woodpecker vor.

8 Reserva Científica Valle Nuevo

Provinz: La Vega · Größe: 409 km² · Vegetationszonen: immergrüner Gebirgsregenwald, montaner Nebelwald · Pflanzen: 249 Arten, davon 97 endemisch, u.a die Blaßblütige Magnolie · Vögel: 64 Vogelarten: u.a. verschiedene Singvögel · Anfahrt: per Pkw nach Valle Nuevo, rund 10 km südlich von Constanza, gut ausgebaute Asphaltstraße

Das Reservat liegt zwischen Constanza und San José de Ocoa auf einer Hochebene, die bis zu 2.640 m über dem Meeresspiegel ansteigt. 1983 wütete hier ein Feuer, das etwa ein Drittel des Waldes vernichtete. Langsam erholt sich die Vegetation wieder. Dominierend sind hier die Kreolische Pinie (*Pinus occidentalis*) und seltene Strauchgewächse. An Vögeln sind besonders der Kiefernweber (*Dendroica pinus chysoleuca*) / Pine Warbler, der Antillenzeisig (*Zonotrichia capensis*) / Rufous-collared Sparrow sowie Sperlingsvögel und Schwalbenarten zu nennen.

9 Parque Nacional Isla Cabritos

*Provinz: Independencia · Gründungsjahr: 1974 · Größe: 24 km², Insel im Lago Enriquillo · Vegetationszone: Trockenwald · Durchschnittliche Jahrestemperatur: + 28 °C · Durchschnittliche Regenmenge: 642 mm · Reptilien: die größte Population an wildlebenden Spitzkrokodilen der Welt, Wirtelschwanz und Nashornleguan · Vögel: 62 Vogelarten, charakteristisch: Flamingo (*Phoenicopterus ruber*) / Flamingo, Amerikanischer Graureiher (*Ardea herodias*) / Great Blue Heron, Dreifarbenreiher (*Hydranassa tricolor*) / Louisiana Heron, Louisiana Heron (Nycticorax nycticorax) / Black-crowned Night Heron, Brauner Sichler (*Plegadis falcinellus*) / Glossy Ibis, Amerikanisches Zwergsultanshühnchen (*Pophyrula martinica*) / Purple Gallinula, Rosa Löffler (*Ajaia ajaia*) / Roseate Spoonbill · Anfahrt: morgendliche Bootsausflüge von der Anlegestelle Azufrada, (zwischen Postner Río und Descubierta), siehe Hinweisschild*

Die Insel im Lago Enriquillo wird immer mehr zu einer Landzunge, weil der Wasserspiegel des Sees durch starke Verdunstung sinkt. In den letzten Jahren ist der Kanal zwischen Festland und Insel immer mehr versandet. Der See hat eine Länge von 42 km und eine Breite von 12 km. Er liegt zwischen 4 und 40 m unter dem Meeresniveau. In grauer Vorzeit war er mit dem Meer verbunden, deshalb sein hoher Salzgehalt.

In der Trockenzone haben sich in erster Linie Dornengestrüpp aus Akazienarten und Kakteen angesiedelt.

Attraktionen der Fauna sind die Spitzkrokodile und die vom Aussterben bedrohten, hier sehr zutraulichen, furchtlosen Nashornleguane und Wirtelschwänze, die in diesem Schutzgebiet nicht von den Menschen verfolgt werden.

An den Ufern des Sees und der Insel stelzen Flamingos (*Phoenicopterus ruber*) / Flamingo, auf der Suche nach Nahrung. Amerikanische Graureiher, Silberreiher, Dreifarbenreiher und Nachtreiher gehen ihrem Fischwaidwerk nach, und Braune Sichler stochern mit ihren gekrümmten Schnäbeln im Schlamm herum. Die nachtaktiven Kanincheneulen (*Athene cunicularia*) / Burrowed Owl verschlafen den halben Tag. Außerdem kommen hier die Antillennachtschwalbe (*Chordeiles grundlachii*) / Westindian Nighthawk und eine weißgekrönte Taube (*Columba leucocephala*) / White-crowned Pigeon vor.

10 Reserva Científica Laguna Rincón o de Cabral

*Provinz: Independencia · Gründungsjahr: 1983 · Größe: 47 km² · Vegetation: Lagunenvegetation, größtes Süßwasserreservoir des Landes · Pflanzen: u.a. Wasserlilien · Vögel: u.a. Flamingo (*Phoenicopterus ruber*) / Flamingo, Brauner Sichler (*Plegadis falcinellus*) / Glossy Ibis, Blatthühnchen (*Jacana spinosa*) / Northern Jacana, Schwarzkopfruderente (*Oxyura jamaicensis*) / Ruddy Duck, Westindische Maskenente (*Oxyura dominica*) / Masked Duck · Anfahrt: per Pkw ab Cabral*

Das Reservat befindet sich im Südwesten des Landes. Es ist der zweitgrößte See und das größte Süßwasserreservoir der Dominikanischen Republik.

11 Parque Nacional Submarino La Caleta

Provinz: Distrito Nacional · Gründungsjahr: 1986 · Größe: 10,1 km² · Vegetation: Meerespark 22 km östlich von Santo Domingo mit vorgelagertem Riff und dem absichtlich

versenkten Schiff „Hickory" · Meerestiere: u.a. große Mengen vielfarbiger Fische sowie Muränen und Stachelrochen · Anfahrt: von Santo Domingo per Pkw oder Boot
Der Meerespark befindet sich rund 20 km östlich von Santo Domingo. Die tiefste Stelle beträgt 180 m. Mehrere Riffe durchziehen das maritime Schutzgebiet, ein Refugium vieler bunter Fische und anderer Meeresbewohner.

12 Parque Nacional del Este

*Provinz: Altagracia · Gründungsjahr: 1975 · Größe: 430 km² einschließlich der Isla Saona · Durchschnittliche Jahrestemperatur: + 26,5 °C · Durchschnittliche Niederschlagsmenge: 1.300 mm · Vegetationszonen: regengrüner Feuchtwald mit Übergangszone zum Trockenwald · Pflanzen: u.a. Palmfarn, Balsambaum, Mezquite, Meertraube, Mahagoni · Vögel: 112 Vogelarten, 8 Arten endemisch und 11 endemisch in der Karibik, u.a. eine endemische Papageienart (*Amazona ventralis*) / Hispaniolan Parrot, Brauner Pelikan (*Pelecanus occidentalis*) / Brown Pelican, Prachtfregattvogel (Fregata magnificens) / American Frigate Bird, Rotfußtölpel (*Sula sula*) / Red footed Booby, Schleiereule (*Tyto alba*) / Barn Owl und eine einheimische große Eule (*Asio stygius*) / Stygian Owl · Reptilien: Nashornleguan (*Cyclura cornuta*) / Rhinoceros Iguana und verschiedene Eidechsenarten · Säugetiere: Schlitzrüßler, Jaguti, Karibische Seekuh · Anfahrt: per Boot ab Bayahibe*
Der Nationalpark umfaßt die Halbinsel zwischen Bayahibe und Boca de Yuma und die vorgelagerte Insel Saona (120 km²). Die terrassenartig ansteigende Landzunge ist überwiegend flach. Tropfsteinhöhlen mit Malereien und in den Fels gemeißelte Motive aus der Tainozeit sind nahe dem Dorf Guaragua zu besichtigen.

13 Parque Nacional Sierra de Baoruco

Provinz: Independencia · Gründungsjahr: 1986 · Größe: 800 km² · Durchschnittliche Jahrestemperatur: + 15 bis + 20 °C · Durchschnittliche Niederschlagsmenge: 1.000 bis 2.500 mm · Vegetationszonen: alle Vegetationsstufen vom regengrünen Trockenwald bis zum montanen Nebelwald und Übergangszonen · Pflanzen: 166 Orchideenarten, davon 32 endemisch, außerdem u.a Karibische Kiefer, Bergkirsche, Wachholder, Mahagoni, Ameisenbaum, Manacla · Vögel: u.a 49 Vogelarten, davon 28 Species Standvögel, 2 Zugvögel und 19 endemisch. · Anfahrt: Straßen und Wege streifen den Nationalpark nur am Rande, z.B. im Norden von Las Salinas über Angostura nach Duvergé (hier sind Abstecher möglich), im Westen entlang der haitianischen Grenze von Pedernales über Menca, Los Arroyos und Aguacate nach Duvergé, quer übers Gebirge, und im Süden von Pedernales bzw. Cabo Rojo auf einer zunächst guten Aspaltstraße in Richtung Las Mercedes.
Der Nationalpark liegt in der Provinz Independencia. Das geschützte Bergland erreicht eine maximale Höhe von 2.367 m. Das Gestein besteht aus kristallinem Kalk, der vor rund 50 Millionen Jahren entstanden ist. Weite Flächen sind mit Mischwäldern und reinem Pinienbestand bedeckt. Die Vegetationszonen reichen mit steigender Höhe vom Trockenwald bis zum Bergregenwald. Der Orchideenreichtum ist überwältigend. Über die Hälfte der Orchis des Landes wachsen in diesem Gebiet. 10 % von ihnen sind endemisch, d.h. sie kommen nur hier vor. An Bäumen findet man u.a. die Kreolische Pinie, den immergrünen Westindischen Kirschlorbeer, den Trompetenbaum und den Westindischen Sumac. Von den 49 Vogelarten sind beispielsweise folgende nur auf Hispañiola heimisch: 2 Rabenarten (*Corvus palmarum*) / Palm Crow, (Corvus leucognaphalus) / White-necked Crow, eine Zeisigart (*Carduelis dominicensis*) / Antillean Siskin, 2 Papageienarten (*Temnotrogon roseigaster*) / Hispaniolan Togon (*Amazona ventralis*) / Hispaniolan Parrot, 3 Taubenarten (*Columba squamosa*) / Red-necked Pigeon, (*Columba leucocephala*) /

White-crowned Pigeon (*Zenaida asiatica*) / White-winged Dove sowie der Amerikanische Turmfalke (*Falco sparverius*) / Sparrow Hawk, um nur einige zu nennen.

14 Parque Nacional Jaragua

*Provinz: Pedernales · Gründungsjahr: 1983 · Größe: 1.400 km² · Durchschnittliche Jahrestemperatur: + 27 °C · Durchschnittliche Niederschlagsmenge: 500-700 mm · Vegetationszonen: Dornbusch und Sukkulenten · Pflanzen: u.a. Kakteen, Balsambaum, Meertraube, Mahagoni, Rote Mangrove, Pockbaum · Reptilien: Nashornleguan (*Cyclura cornuta*) / Rinoceros Iguana, Wirtelschwanz (*Cyclura ricordi*) / Ricord Iguana und 4 Meeresschildkrötenarten · Vögel: 130 Vogelarten, das sind 60 % aller in der Dom. Rep. lebenden Gefiederten, u.a. Flamingo (*Phoenicopterus ruber*) / Flamingo, Silberreiher (*Egretta alba*) / Great Egret, Blaureiher (*Butorides striatus*) / Little Blue Heron, Prachtfregattvogel (*Fregata magnificens*) / American Frigate Bird, Rosa Löffler (*Ajaia ajaia*) / Roseate Spoonbill · Anfahrt: per Pkw von Oviedo, es können Fahrten mit Geländewagen und Bootsfahrten organisiert werden. In dem kleinen Ort El Caljuil, 5 km östlich von Oviedo, befindet sich das Informationsbüro des Nationalparks Jaragua.*

Zum Nationalpark gehören die vorgelagerten **Inseln Beata** und **Alto Velo** und im Osten die **Laguna Oviedo**. Es gibt zahlreiche Höhlen, von denen **Guanal**, **La Poza** und **Mongó** die bekanntesten sind, weil hier Malereien der Tainos, die hier unter dem **Kaziken Xaragua** lebten, zu besichtigen sind. Nach diesem Indianerhäuptling erhielt das Schutzgebiet den Namem „Jaragua". In und an der flachen Lagune Oviedo finden Sie die meisten Flamingos der Insel. 60 % der im Lande registrierten Vogelarten leben in diesem Nationalpark.

i

Weitere Informationen erteilt

Dirección Nacional de Parques, Apartado Postal 2487, Casa de Bastidas/Calle Las Damas 6, Santo Dominigo, Tel.: 682-7628, 685-1316

In den Schutzgebieten gibt es **keine Übernachtungsmöglichkeiten**.

⇨ Nautik

Die Dominikanische Republik verfügt über folgende Jachthäfen, über die Touristen einreisen können: Haina, La Romana, Pepillo Salcedo, Puerto Plata, San Pedro de Macorís, Santa Bárbara de Samaná und Santo Domingo.

Nähere Auskünfte erteilen: Club Náutico, Lope de Vega 55, Tel.: 566-4522, 1682, und Club Náutico, San Andrés 6, Tel.: 685-4940 in Santo Domingo.

O

⇨ Öffnungszeiten

Ämter: Mo-Fr 7.30 oder 8.00 Uhr bis 14.30 oder 15.00 Uhr

Banken: meistens Mo-Fr 8.00 oder 8.30 Uhr bis 15.00 Uhr, manchmal mit Mittagspause von 13.00 bis 14.00 Uhr

Geschäfte: meistens Mo-Fr 9.00 bis 18.00 oder 20.00 Uhr, teilweise mit Mittagspause von 12.00 oder 12.30 Uhr bis 14.00 oder 14.30 Uhr, Sa bis mittags

Postämter: gewöhnlich Mo-Fr 7.30 bis 17.00 Uhr, in größeren Städten bis 18.00 Uhr, Sa 7.30 bis 12.00 Uhr, oft Mittagspause von 12.00 oder 13.00 Uhr bis 14.00 Uhr
Museen: meistens Di-So 9.00 bis 12.00 Uhr und 14.00 bis 17.00 Uhr

P

⇨ Pflanzenwelt

Mit rund 8.000 Pflanzenarten bietet die Insel eine erstaunliche Vielfalt an Bäumen (u.a. Flammenbäume, Königspalmen, Kokospalmen, Karibische Pinien, Mangroven und Zedern in den Bergen) und Blumen (allein an die 300 verschiedene Arten von Orchideen).

In den unberührten **Küstenregionen** findet man noch die für das Land typischen Mangrovenwälder, in **höheren Lagen** u.a. Kiefern, Pinien, Baumfarne und Edelhölzer, darunter auch den bedrohten Nationalbaum des Landes, Mahagoni. In den **trockeneren Gebieten** dehnen sich Kakteenwälder aus, die hauptsächlich von den bis zu 3 m hohen Säulenkakteen gebildet werden.

Siehe auch ausführliches Kapitel 4 (Seite 61ff)

⇨ Post

Briefe, Postkarten und Briefmarken

Der Postverkehr ist langsam. Die Beförderungsdauer von Briefen und Postkarten Dominikanische Republik – Europa beträgt häufig 3 Wochen. Für **eilige Sendungen** werden **TNT** oder **Federal Express** empfohlen. Luftpostsendungen sind mit dem Vermerk **„Correo Aero“** zu versehen.

Es gibt **2 private Postgesellschaften**, die Briefe und Postkarten in ca. einer Woche nach Europa befördern:
- **DCS**, dieser Postbetrieb hat spezielle Briefkästen, meistens bei Hotels, die mit einem **Bananen-Emblem** gekennzeichnet sind. Diese Briefkästen werden zuverlässig täglich geleert. Die Briefpost wird ca. in einer Woche in Mitteleuropa zugestellt.
- **EPS**, dieses private Postunternehmen garantiert, Briefe und Postkarten innerhalb einer Woche von der Dominikanischen Republik nach Mitteleuropa zu befördern.

Die **blauen Postkästen** tragen die Aufschrift „Correos“. Die regelmäßige Leerung ist ein Problem, deshalb ist es ratsamer, die Heimatpost an der Rezeption Ihres Hotels abzugeben.

Das **Hauptpostamt** in Santo Domingo befindet sich in der Altstadt, im Palacio de Telecomunicaciones, Esq. Emiliano Tejera / Las Damas. Es könnte u.a. wichtig für postlagernd geschickte Briefe sein.

Briefmarken kann man auch in den meisten Hotels erstehen. Man braucht sich deshalb nicht extra zur Post zu begeben.

⇨ Prostitution

Im Zuge des Tourismusbooms hat sich die Prostituiertenrate beider Geschlechter in der Dominikanischen Republik in den letzten Jahren beträchtlich gesteigert.

Die Armut der Bevölkerung treibt leider immer mehr Frauen, Männer und Kinder, die sich prostituieren, auf die Straße und in die Diskotheken, um ausländische Touristen mit vermeintlich viel Geld zu umwerben. Das „älteste Gewerbe" der Welt wird stillschweigend geduldet, wohl deshalb, weil man die wirtschaftliche Notlage der Prostituierten kennt.

Die Prostitution ist naturgemäß der beste Nährboden für AIDS und andere Geschlechtskrankheiten, um so mehr, als sich die Prostituierten keinerlei gesundheitlichen Untersuchungen unterziehen müssen. Die mit AIDS infizierten Dominikaner werden auf ca. 30 % geschätzt.

R

⇨ Radio

Deutschsprachige Radiosendungen können Sie auf Kurzwelle empfangen:
- **Deutsche Welle** (16 m-, 25 m-, 31 m- und 49 m-Band), der Sendeplan mit Frequenzangaben kann kostenlos von der Sendezentrale in 50444 Köln, Postfach 100444 angefordert werden.
- **Radio Österreich** (16 m- und 19 m-Band)
- **Schweiz-Radio-International** (13 m- und 19 m-Band)

⇨ Reisevorbereitungen

Soll Ihre Reise erfolgreich, erholsam, nicht stressig sein, so müssen eine gute Planung und Vorbereitung vorausgehen.

Dazu einige Tips:
- **Informieren** Sie sich schon daheim gut und rechtzeitig über Land und Leute, dann werden Sie sich sicherer fühlen, falsche Vorstellungen kommen nicht erst auf, und Sie werden 2 Reisen erleben: eine in der Vorfreude und eine zweite in der Wirklichkeit.
- Wählen Sie die für Sie **günstigste Reisezeit** aus.
- Das **rechtzeitige Buchen Ihrer Flüge** ist wichtig! Nicht nur Sie haben dieses Reiseland zum Ziel.
- Treffen Sie frühzeitig Ihre **Gesundheitsvorsorgen**. Dazu gehören Terminabsprachen bei Gesundheitsämtern oder Ärzten wegen Impfungen und Medikamenten-Verschreibungen.
- **Fithalten** durch sportliche Aktivitäten ist ratsam.
- Sie sollten eine **Checkliste** anlegen und diese mit folgenden wichtigen Punkten „abarbeiten":

- Gültigkeit des Reisepasses überprüfen
- Kranken-, Unfall- und Reiseversicherungen abschließen

- Reiseschecks beschaffen
- Auslandskrankenschein besorgen
- Fotokopie aller wichtigen Papiere anfertigen
- Reiseführer und Landkarten beschaffen
- sonstige Reiseutensilien besorgen.

⇨ Religion

In der Dominikanischen Republik besteht **Religionsfreiheit**.

Die Zusammensetzung der **verschiedenen Konfessionen** ergibt folgendes Bild:

- Katholiken: 90 %
- Minderheiten von Protestanten, Bahai und Juden
- Außerdem gibt es noch den Voodoo-Kult, der in erster Linie von den in der Dominikanischen Republik lebenden Haitianern praktiziert wird. „Wodú" heißt in der westafrikanischen Sprache „Geist" (Näheres im Kapitel 7.4.3, S. 245ff).

Die katholische Kirche hat in **Santo Domingo** eine **Erzdiözese** und 4 Diözesen, die auf Santiago de los Caballeros, La Vega, Higüey und San Juan de la Maguana verteilt sind.

⇨ Restaurants

Die gleiche Unterscheidung, die im Hotelwesen getroffen wurde, gilt auch für das Gaststättenwesen. Es gibt internationale Restaurants mit weitgefächerter Speisenkarte und sehr einfache Gasthäuser, in denen das Essensangebot über Huhn mit Reis und rote Bohnen meistens nicht hinauskommt.

Wenn Sie Lust verspüren sollten, auch einmal außerhalb Ihres Hotels – wo Sie sicher gut speisen und trinken können – zu dinieren, dann gibt es besonders in Santo Domingo die besten Möglichkeiten. In der folgenden Tourenbeschreibung des Landes wird auf die Besonderheit der einzelnen Lokale eingegangen.

Die besseren Restaurants haben internationale Gerichte auf der Speisenkarte und jedes seine Spezialitäten, so daß Sie argentinische, deutsche, französische, italienische, mexikanische und orientalische Speisen probieren können, vor allem aber auch die wohlschmeckende kreolische Küche.

Es ist zu empfehlen, einen Tisch reservieren zu lassen. Grundsätzlich akzeptieren die Restaurants fast alle international anerkannten Kreditkarten.

Die Preise in den internationalen Restaurants sind mit denen in Deutschland, Österreich und der Schweiz zu vergleichen.

In den Restaurants wird neben der **Mehrwertsteuer** eine gesetzlich vorgeschriebene Steuer von **10** % des Konsums als **Dienstleistungszuschlag** erhoben. Außerdem ist es Usus, nach Gutdünken ein **Extratrinkgeld** von ca. 10 % zu geben.

➪ Routenvorschläge

Siehe Kapitel 7.3 (S. 241)

S

➪ Safe

Es ist dringend zu empfehlen, wenn vorhanden, den Hotel- oder Zimmersafe zu benutzen. Wertsachen, wie Reisepaß, Geld, Reiseschecks, Schmuck und Flugschein, sind nur dort sicher.

➪ Sicherheit

Die Dominikanische Republik zählt zu den sichersten Ländern der Karibik. Auf Meldungen über Überfälle auf Urlauber in der Dominikanischen Republik und auch in anderen Ländern reagieren der Tourismus und besonders unsere Landsleute oft sehr hysterisch.

Ist nicht gerade das **herausfordernde Verhalten mancher Touristen** der Auslöser krimineller Handlungen?

- **Zur Schau gestellter Reichtum** (Schmuck) ist in diesem armen Land eine Provokation.
- **Arrogantes Benehmen**, Hochnäsigkeit, Besserwisserei und Angeberei erzeugen Abneigung und Haß bei den Einheimischen.
- **Aufreizende Kleidung** und provozierendes Benehmen sind unter Nichtbeachtung des südländischen Temperaments für Frauen nicht ganz ohne Gefahr.
- **Verführung zum Diebstahl** ist oft auf nachlässige Überwachung der eigenen Habe und Ahnungslosigkeit zurückzuführen.

Hierzu **einige Tips**:

- Reisepaß, Geld, Reiseschecks, Flugscheine u.a. Wertsachen möglichst im Hotel- oder Zimmersafe deponieren!
- Wenn nicht anders möglich, Geld unauffällig am Körper tragen, z.B. im Brustbeutel, Hüftgürtel oder noch besser in der Innenseite von Kleidungsstücken!
- Geld nicht in der Öffentlichkeit zählen!
- Wertvollen Schmuck zu Hause lassen!
- Gepäck nie unbeaufsichtigt stehenlassen!
- Keine Gegenstände sichtbar im Auto zurücklassen!
- Foto- und Filmausrüstung nicht außer Griffweite lassen!
- In Santo Domingo und anderen größeren Städten sich möglichst in der Dunkelheit nicht außerhalb der Ferienunterkünfte bewegen!

Ernsthafte **polizeiliche Nachforschungen** bei Diebstahl oder anderen kriminellen Handlungen sind nicht zu erwarten. Sie sollten sich jedoch trotzdem bei der Polizei durchsetzen, zumindestens um eine Bescheinigung für Ihre Verluste zu erhalten (für die Gepäckversicherung).

⇨ Souvenirs, Souvenirs...

Der Besucher der Insel lernt die echte und ursprüngliche dominikanische Kunst schätzen, ebenso die große Vielfalt an Objekten, die aus Baumwollstoffen, Bernstein, Horn, Holz, Lariam, Muscheln, Ton usw. gefertigt sind.

Zahlreiche Souvenirgeschäfte mit großer Auswahl findet man in der Fußgängerzone Santo Domingos, in der „Calle Duarte" und der „Calle El Conde".

• **Bernsteinschmuck** wird in fast allen Andenkenläden reichlich angeboten. An der Nordküste Hispañiolas verbergen sich einige der ergiebigsten Bernsteinminen der Welt. Daher wird diese Küste auch ***Costa del Amber*** (Bernsteinküste) genannt.
Im „Museo de Amber" in Santo Domingo können Sie wunderschöne Bernsteinstücke bewundern und auch erstehen.
• **Holz- und Steinskulpturen**, besonders aus dem Raum zwischen Boca Chica und La Romana, gelten als besonders schön. Die Künstler dieser Region sind sehr geschickt in der Nachbildung alter Geister und Gottheiten, den „Zemi". Sie schaffen ausdrucksvolle Figuren aus Pockholz, das so schwer ist, daß es im Wasser versinkt.
• **Kaffee** ist ein beliebtes Mitbringsel. Empfehlenswert ist die Marke „Santo Domingo".
• **Larimar** ist eine Art Türkis, oft durchsichtig, türkisfarbig, zart blau oder weiß gemischt, wie die weiß- und blau-marmorierten Farbnuancen des Karibischen Meeres.
Das einzige Land unserer Erde, in dem diese Edelsteine zu finden sind, ist die Dominikanische Republik. Sie werden bisher nur in der Nähe des Dorfes Las Filipinas, rund 10 km südlich von Barahona, gefunden. Dieser einmalige Edelstein hat einen Härtegrad von 5,5, ist kratzfest und läßt sich gut polieren.
Aus Larimar gefertigte Halsketten, Armbänder, Ohrringe und Schmuckdöschen sind in allen Souvenirläden erhältlich. Imitationen gibt es nicht.
Dieser Edelstein wurde erst 1974 entdeckt, als ein dominikanischer Bergarbeiter einige Exemplare zu einem Juwelier in Santo Domingo brachte. Dieser war so begeistert von der leicht blauen Farbe des Steines, daß er ihm den **Namen „Larimar"** gab. Die ersten beiden Silben des Wortes kamen vom Vornamen seiner Tochter Larissa, also „Lari", und die letzten drei Buchstaben von dem spanischen Wort „mar" (Meer).
• **Merengue-Musik** und Salsa auf Kassetten sind beliebte Mitbringsel aus der Dominikanischen Republik. Angesichts der zahlreichen Interpreten fällt die Entscheidung nicht immer leicht.
• **Naive Malerei** ist eine Kunstrichtung, die aus dem Nachbarland Haiti auch auf die Dominikanische Republik „abgefärbt" hat. Es wird nach haitischen Vorbildern gemalt. Diese Massenproduktion hat mit den gekonnt naiven Bildern aus Haiti nichts mehr gemein. Nur mit großen Glück können Sie noch Originale aus Haiti erstehen.
• **Puppen**, in verschiedenen Ausführungen, sind ebenfalls beliebte Souvenirs. Eine Besonderheit sind **Limé-Puppen**, farbig glasierte Tonfiguren ohne Gesichter. Das läßt sich leicht damit erklären, daß in Hispañiola sehr viele Volksgruppen zusammenleben und diese eine Gesellschaft aufgebaut haben. Die Keramikpuppen sind mit einer kreolischen Tracht bekleidet.
• **Rum** zum Mitnehmen wird zu Hause sicher keine allzu lange Lebensdauer haben. Gute Marken sind Barceló, Bermúdez und Brugal.
• Außerdem gibt es Schnitzereien aus Holz, Kunstgewerbeartikel aus Horn, Leder und Muschelschalen, Keramik- und Flechtwaren sowie T-Shirts bis zum Überdruß.

• **Taino-Kunsthandwerk** aus Knochen, Muschelschalen, Ton oder Stein wurde in alten Zeiten von den Tainos den Verstorbenen als Grabbeigabe mitgegeben. Bei Bauarbeiten kommen diese Gegenstände manchmal wieder zum Vorschein. Mit etwas Glück erstehen Sie solche Originale. Es gibt natürlich auch Nachbildungen.
Bitte beachten Sie zum Punkt Souvenirs auch das Thema **Artenschutz!**
• **Zigarren** sind ein beliebtes Mitbringsel. Al Turro Fuente, Aurora, Cohiba, Davidoff, Griffin, Léon Jimanéz, Monte Cristo, Nr. 4 de Tabantillas und Nr. 4 de Zino sind empfehlenswerte Marken.

!!! ***Warnung!!!***
Hüten Sie sich vor den sog. „Fliegenden Händlern". Nur zu oft handeln diese mit billigen Produkten aus asiatischer Produktion.

⇨ Sport

Es gibt eine Vielzahl an Sportarten, die Sie sowohl als Amateur als auch als Berufssportler in der Dominikanischen Republik ausüben können. Das milde Klima gestattet es, das ganze Jahr hindurch sportlichen Aktivitäten nachzugehen. Es gibt wohl keine Sommersportart, die hier nicht ausgeführt werden kann.

Wassersport

• **Hochseefischen**
Wegen der attraktiven Fischgründe, die noch nicht überfischt sind, zieht es viele „Petrijünger" an die Küsten der Dominikanischen Republik.
Jährlich werden internationale Turniere durchgeführt, bei denen beispielsweise Barrakudas, Bonitos, Blaue Marline, Doradas, Goldmakrelen, Haie und Thunfische gefangen werden. Wenn Sie diesen Nervenkitzel suchen, kontaktieren Sie:
- Club Nautico, Santo Domingo, Inc. Lope de Vega No. 55, Tel.: 566-4522, 1682,
- Agentur Marlin, Cortecito bei Punta Cana, Tel.: 552-0729.

• **Rafting, Kanu- und Kajakfahren**
In den Kordilleren, besonders in Jarabacoa, werden diese Sportarten angeboten. Hier einige Adressen:
- Franz's Adventure del Caribe, Tel. + Fax: 574-2669, e-mail: franz.lang@codetel.net.do
- Get-Wet-Adventure-Company, gegenüber Hotel Piñar Dorada, Tel.: 574-6689, Fax: 586-1170
- Rancho Jarabacoa, Calle M. Gallan 54, Tel.: 574-4811, Fax: 574-4815, e-mail: get.wet@codetel.net.do

• **Segeln**
Segelboote und Yachten mit und ohne Skipper können Sie in den Marinas von La Romana und Boca de Yumá chartern. Außerdem verfügt „Club Nautico de Santo Domingo" in Boca Chica, Tel.: 566-4522, über Boote und entsprechendes Zubehör.

• **Surfen**
Cabarete ist **einer der besten Windsurfstrände der Welt**. Öfter finden hier Windsurf-Weltmeisterschaften statt. Ständiger Wind und die durch ein Riff geschützte

Bucht locken viele Surfer nach Cabarete. Außerdem hat dieser kleine, lebhafte Ort mit seinen vielen Geschäften, Restaurants und kleinen Pensionen ein besonderes Flair.

- **Tauchen**

Sporttauchen und Schnorcheln im Atlantik oder im Karibischen Meer sind ein Hochgenuß. Ausrüstung und fachmännische Anleitung erhalten Sie besonders in den großen Hotels von Boca Chica, der Playa Dorada und Puerto Plata. Das Tiefseetauchen wird unter Leitung von Fachleuten betrieben.
Das Karibische Meer an der Südküste der Dominikanischen Republik, zwischen Punta Cana und Cabo Rojo, ist mit seinem warmen Wasser und dem geringen Wellengang besser zum Tauchen und Schnorcheln geeignet als der Atlantik mit dem kälteren Wasser und der oft bewegten See. Die Wunderwelt unter Wasser ist besonders an den Küsten der Dominikanischen Republik sehr artenreich. Besondere Anziehungskraft für Taucher üben die rund 400 Schiffswracks aus, die auf dem Meeresgrund rund um Hispañiola liegen. Anfänger bekommen in den Hotelpools meist ein paar Schnupperstunden umsonst. Flaschen-Tauchen ist nur bei den lizensierten Tauchbasen möglich. Man kann dort Tauchkurse (PADI, SSI, CMAS, YMCA) absolvieren und komplette Ausrüstungen bekommen. Es werden auch Kurse für **Unterwasserfotografie** angeboten.

Adressen von Tauchschulen:
- **Santa Bárbara de Samaná**: Internationale Tauchschule für Unterwasserfotografie und Tauchen, im Hotel Cayacoa, Tel.: 538-2426, Fax: 538-2334
- **Bayahibe**: Scubafun (deutsche Leitung), Tel.: 523-4511, 4520, Fax: 550-9435, Tauchreviere: La Caleta, Isla Catalina
- **Boca Chica**: Tresure Divers (deutsche Leitung), im Hotel Don Juan Beach, Tel.: 523-4511, 4520, Fax: 523-4819
- **Las Terrenas**: Tropical Diving Center, im Hotel Tropic Banana, Tel.: 240-6110, Fax: 240-6112
- **Puerto Plata**: Mundo Submarino, Tel.: 586-3988
- **Punta Cana**: Dominican Divers, Tel.: 567-0346
- **San Pedro de Macorís**: Divers Cove Dominicano, Tel.: 526-1118, 556-5350
- **Santo Domingo**: Mundo Submarino, Tel.: 688-5838

Empfehlenswerte Tauchgründe:
- **Banco de la Plata** (Silberbank)

In diesem großen Naturschutzgebiet für Buckelwale und Belugas, rund 140 km nordöstlich von Río San Juan gelegen, ist 1641 die Galeone „Nuestra Señora de la Concepción" in einem Hurrikan gesunken, die großes Interesse bei Sporttauchern weckt.
- **Halbinsel Samaná**

Wunderschöne Tauchreviere gibt es in der Bucht von Samaná bei der Insel **Cayo Levantado**, in der Bucht von **Las Galeras** und bei **Las Terrenas**. Südlich und südöstlich von **Miches** sind für Taucher, die gerne Wracks aufsuchen, folgende Ziele zu nennen: das Segelschiff „Conde de Tolosa", die „Nuestra Señora de Guadelupe" und die „Scipio".
- **Monte Cristi**

Vor der Küste ist die legendäre Galeone „Isabela" ein begehrtes Ziel der Taucher.
- **Parque Nacional del Este**

Der Nationalpark, der die **Insel Saona** einschließt, ermöglicht neben seinen Highlights an Land auch das Beobachten von vielen bunten Riff-Fischen in den Flachwasserzonen und von Großfischen, beispielsweise Haien am Außenriff. Mit etwas Glück können Sie Seekühe am Punta Manatí und Delphine am Punta Delfín zu Gesicht bekommen.

- Die Steilwände der **Insel Catalina**, ebenfalls ein beliebtes Tauchrevier, sind bekannt für ihre Vorkommen an Muränen und Barrakudas.
- **Parque Nacional Jaragua**

Die Insel Beata (die Schöne) gehört zum o.g. Nationalpark. Hier finden Sie viele, teils noch unerforschte Höhlen, Abenteuer pur für wißbegierige und vom Forscherdrang beseelte Taucher.

- **Parque Nacional Litoral Sur Santo Domingo**

Dieses Tauchrevier, an der Mündung des Flusses Haina gelegen, präsentiert dem Taucher aufgrund des Süß- und Salzwassers einen vielfältigen Fischbestand.

- **Parque Submarino La Caleta**

Dieser Unterwasser-Nationalpark liegt ca. 20 km östlich von Santo Domingo. Hier kann man zahlreiche bunte Fische, Korallen, Seesterne und Schwämme bewundern. Eine besondere Attraktion sind zwei Schiffswracks: die 1984 versenkte „Hickory" und die 1989 versenkte „Captain Alsina".

- **Punta Palenque**

Dieses Kap wird von den Tauchern gern aufgesucht, weil hier das Schiffswrack der „Diomedes Imperial" seit 1806 auf dem Meeresgrund ruht.

- **Wellenreiten**

Am Playa Grande, nahe dem San-Juan-Fluß, herrschen, besonders im Winterhalbjahr, ideale Bedingungen zum Wellenreiten.

Weitere Sportarten

- **Baseball**

Baseball oder „Pelota", wie ihn die Dominikaner zu nennen pflegen, ist seit 1896, seitdem die US-Amerikaner ihn hier einführten, der **Nationalsport** des Landes. Professionelle und Amateure geben sich dieser Sportart, die das ganze Jahr über ausgeübt wird, mit Begeisterung hin. Die offizielle Saison ist jedoch der Winter. Die Dominikanische Republik hat viele exzellente Spieler großer Ligen hervorgebracht, beispielsweise Juan Marichal.

Die vier z.Zt. **bedeutendsten Clubs** sind:

- **Licey**, seit 1907 in Santo Domingo ansässig, ältester Verein des Landes,
- **Escogido**, ebenfalls in Santo Domingo,
- **Aguilas Cibaeñas**, in Santiago de los Caballeros,
- **Estrellas Orientales**, in San Pedro de Macorís.

(Näheres in Kap. 7.4.5, S. 247f)

- **Bergsteigen**

Die imposante Bergwelt der Dominikanischen Republik, besonders die **Cordillera Central**, lockt immer mehr Bergwanderer an. Die Bergorte für Trekkingtouren sind in erster Linie Jarabacoa, Constanza und San José de las Matas. Wenn es auch Ihnen in den Sinn kommen sollte, den höchsten Berg des Landes, den 3.175 m hohen **Pico Duarte**, zu besteigen, dann sollten Sie besonders auf gute Ausrüstung achten. Dazu gehören als Mindestausrüstung wetterfeste Kleidung, festes Schuhzeug, ein Schlafsack und Kartenmaterial sowie natürlich eine gute Kondition. Trotz durchschnittlicher Temperaturen von +15 °C muß mit Wetterstürzen gerechnet werden. Minusgrade sind keine Seltenheit.

Als **Basisstationen** und **Informationsstellen** bieten sich folgende Ranches in **Jarabacoa** an:

- Rancho Jarabacoa, Tel.: 574-4811, Fax: 574-4815
- Rancho Baiguate, Tel.: 696-0318, Fax: 574-4940, deutsch/englische Leitung

La Ciénega (35 km von Jarabacoa entfernt) ist der letzte Ort im Yaque-Tal, bevor der eigentliche Aufstieg beginnt.

- **Billard**

Billard wird hauptsächlich in privaten Clubs, jedoch auch in einigen Hotels gespielt.

- **Fußball**

Diese in Europa so beliebte Sportart ist hierzulande weitgehend unbekannt.

- **Golf**

Es gibt wunderbare Golfplätze in der Dominikanischen Republik:

- **Bávaro:** Bávaro Golf Club, 18-Loch-Anlage, 6.136 m, Par 71
- **Boca Chica:** San Andrés Country Club, La Caleta, 9-Loch-Anlage, 3.363 m, Par 36
- **Bonao:** Bonao Golf Club, 9-Loch-Anlage, 1.241 m, Par 27
- **Cabarete:** Cabarete Country Club
- **Casa de Campo** (vom Golfplatz-Architekten Pete Dye kreiert):
  - Los Links, 18-Loch-Anlage, 5.908 m, 72 Par
  - Dientes de Perro (Zähne des Hundes), 18-Loch-Anlage, 6.298 m, Par 72
- **Jarabacoa:** Jarabacoa Golf Club, 9-Loch-Anlage, 2.689 m, Par 36
- **Juan Dolio:**
  - Cumayasa Golf Club
  - Metro Country Club
- **Playa Grande:** Playa Grande Golf Club, 18-Loch-Anlage, von Robert Jones kreiert
- **La Romana:** La Romana Country Club, privat, 18-Loch-Anlage, 6.575 m, Par 72
- **Puerto Plata:**
  - Costambar Golf Club, 9-Loch-Anlage
  - Playa Dorada Golf Club, 18-Loch-Anlage, 6.170 m, 72 Par
  - Playa Grande Golf Club, 18-Loch-Anlage
- **Santa Bárbara de Samaná:** Lomo de Chivo Country Club, 9-Loch-Anlage, 634 m, Par 27
- **Santiago de los Caballeros:** Las Aromas Country Club, 18-Loch-Anlage, 5.487 m, Par 72
- **Santo Domingo:**
  - Cayacoa Golf Club, 9-Loch-Anlage, 3.202 m, Par 36
  - Santo Domingo Country Club, 18-Loch-Anlage, 6.003 m, Par 72

- **Hahnenkampf**

Den Hahnenkämpfen zuzusehen, ist nicht jedermanns Sache. Es ist eine Leidenschaft der Dominikaner. Hierbei wird sehr viel Geld gewonnen, verloren und verwettet (Näheres in Kap. 7.4.5, S. 248).

- **Jogging**

An allen Stränden, überall in der Provinz und den Grünanlagen der Städte gibt es ausreichend Gelegenheit zum Laufen.

- **Mountainbiking**

Diese Sportart wird immer beliebter. Sie ist eine gute Möglichkeit, die Umgebung Ihres Ferienortes kennen zu lernen und auch in schwieriges Gelände vorzudringen. Einige Hotels organsieren Radtouren dieser Art. Bitte respektieren Sie die Natur.

- **Polo**

Gute Möglichkeiten für Polo und ebenfalls gute Trainer gibt es in Sierra Prieta und La Romana, Casa de Campo, Tel.: 523-3333.

- **Reiten**

Der Reitsport kann vielerorts betrieben werden. Ausreiten entlang der einsamen Strände und ins Hinterland für Anfänger und Fortgeschrittene wird von vielen Hotels organisiert. **Empfehlenswerte Reitgebiete sind:**

- **Bayahibe:** Hotel Casa del Mar, Tel.: 221-8880 und Dominicus, Tel.: 686-5658
- **Constanza:** mehrere Ranchos
- **Jarabacoa:** mehrere Ranchos
- **Juan Dolio:** Rancho Caribe
- **La Romana:** Centro Ecuestre, Reitstall mit rund 500 Pferden und Ponys, Casa de Campo, Tel.: 523-3333
- **Las Terrenas:** Reitstall, Calle Hacia las Playas, Tel.: 240-6060
- **Punta Cana:** viele Hotels
- **Puerto Plata:** Rancho de la Esperanza, Gaspar Hernandez 3-11, Tel.: 223-0059, Fax: 589-2600
- **Santa Bárbara de Samaná:** Rancho Thikis (zwischen Santa Bárbara de Samaná und Las Galeras)

- **Tennis**

Jedes Jahr im November findet die wichtigste Veranstaltung auf internationaler Ebene statt: der Marlboro-Cup. Tennisplätze gibt es fast in jeder Hotelanlage.

⇨ Sprachen

Spanisch ist die offizielle **Amts- und Landessprache**. In Touristenhotels/-zentren wird auch Englisch, teilweise auch Deutsch, verstanden und gesprochen. Wer als Reisender spanisch spricht, kann bessere Kontakte zur Bevölkerung herstellen. Zur Vorbereitung auf einen Urlaub in der Dominikanischen Republik sollte auch ein Spanischkursus an der Volkshochschule gehören.

Es ist wichtig zu wissen, daß die dominikanische Art, Spanisch zu sprechen, eine andere ist als in Spanien selbst. Außerdem gilt hier, wie auch im übrigen Mittel- und Südamerika, daß es spezielle und vor allem Englisch-orientierte Ausdrücke gibt. Wie auch anderswo hat jede Region ihren speziellen Tonfall, an dem man die Herkunft des/der Sprechers/Sprecherin erkennen kann. Ebenso ist die Landessprache immer noch von der wohlklingenden Sprache der Taino-Indianer beeinflußt.

Als eines der ersten literarischen Werke des Landes, die uns bekannt sind, gilt eine ländliche Romanze, die von **Tiro de Molina** in den Jahren 1616 bis 1618 verfaßt wurde.

Kleiner Sprachführer

Wichtige Ausdrücke und Redewendungen

Alles inbegriffen	Todo incluído
Apotheke	Farmacia
Arzt	Médico
Auf Wiedersehen!	Adiós!
Augenarzt	Oculista
Bäckerei	Panadería
Bank	Banco
Besser	Mejor
Billig	Barato
Bis bald!	Adios!
Bis später!	Hasta luego!
Bitte schön!	Por favor!
Danke (sehr)!	(Muchas) gracias!
Das ist ...	Esto/Eso es ...
Das ist wichtig	Es importante
Das ist zu teuer	Es demasiado caro
Die Rechnung bitte	La cuenta por favor
Ein Zimmer mit Bad	Una habitación con baño
Entschuldigen Sie	Perdón
Entschuldigung	Disculpe
Es gibt	Hay
Fern	Lejos
Fischgeschäft	Pescadería
Fotogeschäft	Tienda de fotografía
Frau	Señora
Fräulein	Señorita
Früh	Temprano
Geöffnet	Abierto
Geschlossen	Cerrado
Gestatten Sie, bitte!	Con permiso!
Gestern	Ayer
Groß	Grande
Gut	Bieno
Guten Abend	Buenos noches
Guten Morgen	Buenos dias
Guten Tag	Buenos tardes
Haben Sie...?	Tiene usted...?
Hallo	Hola
Heiß	Caliente
Herr	Señor
Heute	Hoy

Hilfe	Socorro
Ich brauche ein Mittel gegen ...	Necesito un medicamento contra ...
Ich habe hier Schmerzen	Siento dolores aquí
Ich leide an ...	Padezco de ...
Ich möchte gern...	Quisiera ...
Ich verstehe	Comprendo
Ich verstehe nicht(s)	No comprendo (nada)
Immer geradeaus	Siempre derecho
Ja	Si
Kalt	Frio
Kirche	Iglesia
Kellner, bitte zahlen!	Camarero, la cuenta por favor!
Klein	Pequeño
Konditorei	Repostería
Können Sie bitte langsamer sprechen?	Podriá hablar más despacio, por favor?
Können Sie mir helfen?	Puede ayurdame?
Krankenhaus	Hospital
Langsam	Lento
Leer	Vacio
Links	Izquierda
Marktplatz	Plaza del mercado
Mit Vollpension	Con pensión completa
Morgen	Mañana
Nah	Cerca
Nein	No
Nicht richtig	Incorrecto
Nichts zu danken	De nada
Oben	Arriba
Parkplatz	Estacionamieto
Polizeistation	Estación de policía
Post	Correo
Postamt	Oficina de correos
Rechts	A la derecha
Richtig	Correcto
Schlecht	Malo
Schlechter	Peor
Schnell	Rápido
Schwimmbad	Piscina
Sind Zimmer frei?	Hay habitaciones libres?
Spät	Tarde
Sprechen Sie Englisch?	Habla usted ingles?
Strand	Playa
Supermarkt	Supermercado
Tag	Dia
Tankstelle	Gasolinera

Teuer	Caro
Übermorgen	Pasado mañana
Unten	Abajo
Vielen Dank	Muchas gracias
Voll	Lieno
Vorgestern	Anteayer
Wann ...?	Cuándo ...?
Wann ist geöffnet?	A qué horas está abierto?
Wann ist geschlossen?	A qué horas está cerrado?
Warum?	Por Qué?
Was ...?	Qué ...?
Was bedeutet das?	Qué significa esto/eso?
Was kostet es?	Cuánto vale?
Wecken Sie mich um sechs!	Llámeme usted a la seis!
Welche?	Cuá/Cuáles?
Wer?	Quién/Quiénes?
Wie geht es Ihnen?	Cómo está?
Wie geht's	Cómo esta usted/Que tal?
Wie heißt auf spanisch?	Cómo ce dice en español
Wie heißt diese Kirche?	Cómo se llama este iglesia?
Wie spät ist es?	Que hora es?
Wie?	Cómo?
Wie oft muß ich das einnehmen?	Cuántas veces tengo que tomar esta medicina?
Wieviel?	Cuánto?
Wie weit ist ...?	A qué distancia está...?
Wo gibt es einen Arzt?	Dónde hay un médico?
Wo ist da?	Dónde está/están?
Wo ist die Straße?	Dónde está la calle?
Wo ist die Toilette?	Dónde está el retrete?
Wo kann ich finden ...?	Dónde puedo encontrar ...?
Woche	semane
Zahnarzt	Dentista

Zahlen

0	cero	11	once
1	uno	12	doce
2	dos	13	trece
3	tres	14	catorce
4	cuatro	15	quince
5	cinco	16	dieciséis
6	seis	17	diecisiete
7	siete	18	dieciocho
8	ocho	19	diecinueve
9	nueve	20	viente
10	diez	30	treinta

40	cuarenta	90	noventa
50	cincuenta	100	cien
60	sesenta	200	doscientos
70	setenta	500	quinientos
80	ochenta		

Jahreszeiten

Frühling	Primavera	Herbst	Otoño
Sommer	Verano	Winter	Invierno

Monate

Januar	Ener	Juli	Julio
Februar	Febrero	August	Agosta
März	Marzo	September	Setiembre
April	Abril	Oktober	Octubre
Mai	Mayo	November	Noviembre
Juni	Junio	Dezember	Diciembre

Tage

Montag	Lunes	Freitag	Viernes
Dienstag	Martes	Samstag	Sábado
Mittwoch	Miécoles	Sonntag	Domingo
Donnerstag	Jueves		

Geographische Ausdrücke

Berg	Montaña, Monte	Platz	Plaza
Berggipfel	Pico	Quelle, Brunnen	Fuente
Brücke	Puente	Riff	Arrecife
Dorf	Puebla	Sandbank	Banco
Ebene	Llano	Schlucht	Barranco
Feld	Campo	See	Lago
Felsen	Roque	Stadt	Ciudad
Fluß	Río	Stausee	Embalse
Garten	Jardín	Steilküste	Acantilado
Hafen	Puerto	Strand	Playa
Höhle	Cueva	Straße	Calle
Küste	Costa	Sumpf	Pantano
Landstraße	Carretera	Tal	Valle
Landzunge	Punta	Turm	Torre
Leuchtturm	Faro	Wald	Bosque
Meer	Mar	Wasserfall	Salto
Park	Parque	Weg	Camino

⇨ Strände

Es gibt wunderschöne Strände entlang den Küstenlinien des Inselstaates. Wenn Sie nicht gerade in der Nähe der großen Häfen baden, ist das Wasser sehr sauber. Bei Sonnenschein leuchtet es in den verschiedenen Türkis- und Blautönungen. An lebhaften Stränden, aber auch an verträumten Sandbuchten fehlt es nicht.

„Von allen touristischen Stränden der Welt besitzen nur wenige so feinen Sand und so kristallklares Wasser wie die dominikanischen. Das Weiß ist so außergewöhnlich, daß man Mühe hat zu glauben, daß es natürlich ist. Ganz ohne Zweifel muß dieses Gebiet zu den schönsten der Welt gerechnet werden."

(Information der Vereinigten Nationen, 1968)

Die Badezonen an den Strandhotels sind meistens durch Abtrennungen markiert. Oft ist ein Riff vorgelagert, das gefährliche Strömungen und hohe Wellen abhält. An einsamen, wilden Stränden ohne ein vorgelagertes, schützendes Riff zu baden, sollte nur mit äußerster Vorsicht gewagt werden.

Die bekanntesten Badestrände

- <u>**Nordküste**</u> (von West nach Ost)
  - **Playa de Luperón**, ca. 55 km westlich von Puerto Plata, mehrere Badebuchten mit feinsandigem Strand, teilweise nur mit dem Boot erreichbar
  - **Playa Cofresí**, ca. 15 km westlich von Puerto Plata, eine durch ein Korallenriff geschützte Sandbucht
  - **Playa Dorada**, ca. 10 km östlich von Puerto Plata, ein von einem Korallenriff geschützter feinsandiger „Goldstrand", voll erschlossen und von vielen Luxushotels flankiert
  - **Playa Sosúa, Sand Castle Beach** und **Playa Chiquita**, drei feinsandige, von Korallenriffen geschützte Badebuchten
  - **Playa de Cabarete**, eine durch ein Korallenriff geschützte Bucht, ideale Bedingungen für Windsurfer
  - **Playa de Río San Juan**, von Korallenbänken geschützte, feinsandige Strände
  - **Gri-Gri**, geschützte Sandbucht in Río San Juan
  - **Playa Grande**, viele Kilometer langer, wenig erschlossener, feinsandiger, riffgeschützter Strand, teils von Palmenwäldern eingerahmt
- <u>**Halbinsel Samaná**</u>
  - **Las Terrenas**, feinsandige Badebucht, von tropischer Vegetation mit vielen Kokospalmen gesäumt, früher ein Geheimtip für Individualisten, heute inzwischen vom internationalen Tourismus eingeholt
  - **Cayo Levatado**, kleine Insel mit sehr feinem, weißem Strand aus Korallenkalksand, auch als „Bacardi-Insel" bekannt
  - **Las Galeras, Playa Rincón** und **Playa Portillo**, drei von Korallenriffen als Wellenbrecher geschützte, feinsandige Strände, von Kokospalmen umrahmt
- <u>**Nordost- und Ostküste**</u>
  - **Playa de Bávaro, Playa del Macao, Playa de Punta Cana, Playa Juanillo**, 50 km langer, von Riffen geschützter, feiner Strand aus Korallenkalksand, von endlos erscheinenden Kokospalmenwäldern gesäumt, trotz einiger großer Ferienresorts kilometerlange unberührte Strandabschnitte

- **Südostküste** (von Ost nach West)
- **Playa de Bayahibe**, feinsandiger Badestrand
- **Playa Club Dominicus**, gepflegter, feinsandiger Strand
- **Isla Saona**, im Bereich des **Parque Nacional del Este**, feinsandige Badebuchten, nur per Boot zu erreichen
- **Playa Boca de Chavón, Playa Minita**, idyllische, sehr schmale Strände
- **Isla Catalina**, paradiesische Badebuchten
- **Playa Villas del Mar, Playa Juan Dolio, Playa Guayacanes, Playa Caribe**, gepflegte Palmenstrände, teilweise reichen die Korallenriffe bis an den Strand
- **Playa de Boca Chica**, Bucht durch Korallenriff geschützt, sehr flaches, ruhiges Wasser, besonders gut für Kinder geeignet
- **Südwestküste**
- **Playa Saladilla, Playa San Rafael, Playa de Baoruco, Playa Los Patos**, feinsandige Badebuchten, im Hinterland urwaldüberzogene Berge

⇨ Stromspannung

In der Dominikanischen Republik beträgt die Stromspannung **110/120 Volt Wechselstrom**. Mit einem **amerikanischen Flachstecker-Adapter** und Geräten, die auf 110 Volt umzuschalten sind, können Sie aus den Steckdosen Strom entnehmen. Die besagten Flachstecker bekommt man daheim in Elektroabteilungen großer Kaufhäuser.

T

⇨ Taxi

- **Erkennungszeichen**

Taxis sind mit einem **„T"** auf dem Wagendach oder an der Windschutzscheibe gekennzeichnet.

- **Preise**

Es ist sehr unklug, nur den Zielpunkt anzugeben und auf die Ehrlichkeit des Taxifahrers, also auf einen angemessenen Preis, zu vertrauen.

Wichtiger **Tip**:

Der Fahrpreis sollte vor der Fahrt ausgehandelt werden. In den Städten sollte er nicht über 50 Pesos liegen.

In den meisten Hotels gibt es Preistafeln, die Sie bitte beachten sollten, damit Sie nicht übervorteilt werden.

- **Verschiedene Arten von Taxis**
- **Touristentaxis**

Es sind meistens schwere amerikanische Limousinen, die am Flughafen oder an großen Hotels zu finden sind.

- ***Colectivos*** (Kollektivtaxis)

Das sind oft sehr alte und pannenanfällige amerikanische Straßenkreuzer, die in den Städten auf festen Routen zwischen 6.00 und 18.00 Uhr fahren und Kunden auf **Handzeichen** mitnehmen.

- **Individualtaxis**

Es sind kleinere Autos, meistens ebenfalls in schlechtem Zustand.

- **Motoconchos** sind Mopedtaxis, sehr beliebt und preiswert. Sie werden gern innerhalb der Ortschaften benutzt. Auf der Halbinsel Samaná verkehren die sog. „Put-Put-Taxis" mit überdachten Anhängern, in denen Sie vor Regen geschützt sind.

⇨ Telefonieren

Es gibt in der Dominikanischen Republik konkurrierende private Telefongesellschaften. Deshalb können Sie preisgünstig in den Büros und Telefonzellen von **CODETEL**, **TRICOM** oder **All American** telefonieren. In den Büros erhalten Sie die entsprechenden Telefonkarten. Es besteht Selbstwähldienst.

Die Firma **CODETEL** ist weit verbreitet. Es ist eine nordamerikanische Firma, die in Zusammenarbeit mit der Dominikanischen Republik ein sehr gut funktionierendes Telefon-, Telefax- und Telexnetz aufgebaut hat. Sie ist das wichtigste Unternehmen dieser Branche geworden und betreibt mehr als 95 % des Fernmeldewesens des Landes. 45 Städte und Dörfer besitzen **ca. 350.000 Telefonanschlüsse**, wovon 60 % auf die Hauptstadt Santo Domingo entfallen.
Die CODETEL-Büros gibt es in jedem größeren Ort, in Santo Domingo und Puerto Plata sogar mehrere. Öffnungszeiten von CODETEL: 8.00-22.00 täglich.

Für **Ferngespräche** in die meisten ausländischen Staaten besteht Selbstwähldienst (z.B. auch nach Deutschland). Für ein 3-Minutengespräch nach Mitteleuropa muß man bei CODETEL ca. 10,- DM bezahlen. In den Hotels ist es erheblich teurer.
Direktwähldienst von der Dominikanischen Republik:
- **nach Deutschland:** 011 + 49 + Vorwahl der Stadt ohne die „0"
- **nach Österreich:** 011 + 43 + Vorwahl der Stadt ohne die „0"
- **in die Schweiz:** 011 + 41 + Vorwahl der Stadt ohne die „0"

Direktwähldienst von Deutschland, Österreich und der Schweiz:
- **in die Dominikanische Republik:** 00 + 1 + 809 (gültig für jede Stadt) + die Telefonnummer des dominikanischen Teilnehmers

Die **Inlandsgespräche**, nach Entfernungen berechnet, sind sehr preisgünstig.

Bitte beachten Sie, daß in der Karibik teilweise eine Gebühr schon nach dem 3. Klingelzeichen berechnet wird, auch wenn keine Verbindung zustande gekommen ist.

⇨ Tierwelt

In der Dominikanischen Republik gibt es auf dem Lande keine für Menschen gefährlichen Tiere. Die **Landsäugetiere** sind mit **33 Arten** vertreten. Vom Aussterben bedroht sind die **Schlitzrüssler** und die **Jutia**, eine Nagetierart. **Haustiere**, wie Pferde, Rinder, Schweine, Esel und Ziegen, kamen erst mit den Spaniern auf die Insel Hispañiola, die vielerorts **verwildert** sind. An **Meeressäugetieren** sind besonders die **Antillen-Seekuh** (Manati), die vom Aussterben bedroht ist, und die **Buckelwale** zu erwähnen, die sich regelmäßig in den Monaten Dezember bis März an der **Weihnachtsbank**, der **Silberbank** und der **Bucht von Samaná** einfinden, um sich zu paaren oder um ihre Jungen zur Welt zu bringen. Die Silberbank, die 140 km von der Atlantikküste der Insel entfernt liegt, ist das wichtigste Schutzgebiet des Atlantischen Ozeans, in dem ca. 3.000

Buckelwale in der besagten Zeit eintreffen. Boote fahren zur Walbeobachtung hinaus. Die **Vogelwelt** ist mit **258 Arten** im Land vertreten. Besonders auffällig sind Flamingos, Pelikane, Kuhreiher (aus Afrika eingebürgert), Papageien, Nektarvögel, wie Bananaquit, und diverse Kolibriarten. An **Reptilien** sind das Spitzkrokodil, 2 Leguanarten, 4 Meeresschildkrötenarten und kleine Reptilien, wie Schlangen, Eidechsen und Geckos, heimisch. Die **Insekten** sind sehr artenreich im Land anzutreffen.

Siehe auch ausführliches Kapitel 5 (S. 77)

⇨ Trinkgeld

Trinkgelder (propinas) sind ein wichtiger Teil des Einkommens der dienstbaren Geister im Fremdenverkehr, denn die Gehälter sind ziemlich niedrig.

Ca. 1 US$ pro transportiertem Gepäckstück und pro Tag des Aufenthalts für den Raumservice im Hotel sind angebracht. Außerdem sollten Sie Taxifahrer und Fremdenführer je nach Leistung mit einem kleinen Zusatzhonorar bedenken. In Restaurants kommen noch 10 % Servicezuschlag und 8 % Mehrwertsteuer auf die Rechnung. Ein zusätzliches Trinkgeld von ca. 10 % wird erwartet. Bei sehr guter Bedienung darf es auch etwas mehr sein.

⇨ Trinkwasser

Bitte beachten Sie, daß Leitungswasser kein Trinkwasser ist. Zum Zähneputzen ist es jedoch bedenkenlos geeignet. Besser benutzen Sie aber das im Zimmer in Thermoskannen servierte Trinkwasser. Trinkwasser verschiedener Marken erhalten Sie in den Supermärkten des Landes.

U

⇨ Unfall/Notruf

- **Santo Domingo**
- Ambulanz, Feuerwehr, Polizei, Tel.: 911 (außer für Santo Domingo auch für andere größere Städte)
- Medizinische Notfälle, Centro Cardiovascular, Josefa Perdomo 152, Tel.: 682-6071
- Clínica Gómez Patino, Indepedencia 701, Tel.: 685-9131
- Rotes Kreuz (Cruz Roja Dominicana), Ensanche Miraflora, Tel.: 682-4545
- Gebührenfreie Hotline für erkrankte Urlauber, Tel.: 120035000
- **Santiago de los Caballeros**
- Hospital José Maria Cabral y Báez, Avenida Central, Tel.: 583-4311
- **La Romana**
- Centro Médico Oriental, St. Rosa, Tel.: 556-2555
- **Puerto Plata**
- Hospital Ricardo Limardop, J.K. Kuhnhart, Tel.: 586-2210
- **San Pedro de Macorís**
- Hospital Oliver Pino, Tel.: 529-3353

V

⇨ Verhalten

- **Ungeduld** Ihrerseits stößt auf völliges Unverständnis der Insulaner. Bei auftretenden Unregelmäßigkeiten und Schwierigkeiten hören Sie von den Einheimischen oft die Worte „no hay problema", und fast immer wird eine Lösung gefunden, aber dabei läßt man sich Zeit. Bewahren Sie deshalb bitte Ruhe.
- **Überheblichkeit**, zu der manche Reisende neigen, löst bei der einheimischen Bevölkerung verständlicherweise starke Frustration aus.
- **Sport-** und noch mehr **Badekleidung** außerhalb von Stränden und Sportanlagen ist nicht üblich. Allzu aufreizende Kleidung bei Frauen wird oft mißverstanden. „Oben ohne"-Baden und -Sonnen wird zwar an Touristenstränden und -hotels toleriert, verstößt aber gegen die Moralvorstellungen der Einheimischen.
- Um den **Kontakt mit der einheimischen Bevölkerung** herstellen zu können, sollten Sie ein paar Brocken Spanisch sprechen.

⇨ Verkehrsunfall

Man hofft nicht, daß er eintritt. Trotzdem, auch wenn Sie noch so vorsichtig gefahren sind, kann ein Unfall passieren. Unabhängig davon, ob Sie Schuld haben oder nicht, beachten Sie bitte folgendes:

1. **Ruhe bewahren** ist die erste Bürgerpflicht, wie ein Sprichwort heißt!
2. **Klaren Kopf behalten** und tief durchatmen!
3. **Höflich bleiben**, auch wenn der Ärger groß ist!
4. **Unfallstelle absichern**, damit nicht noch mehr passiert! Dazu gehören: Warnblinklicht einschalten und Warnzeichen in genügendem Abstand aufstellen!
5. Um mögliche **Verletzte kümmern**, eventuell Krankenwagen bestellen!
6. **Polizei verständigen**!
7. Vom **Unfallbeteiligten** Name, Anschrift, Kennzeichen und Fabrikat des Fahrzeugs notieren!
8. **Unfallort und Zeit** festhalten!
9. **Kein Schuldanerkenntnis** unterschreiben!

⇨ Versicherungen

- **Grundsätzliches**

Prüfen Sie Ihre bereits abgeschlossenen Versicherungen, ob diese auch für alle Länder unserer Erde gelten, und achten Sie beim Abschluß von neuen Versicherungen im Hinblick auf Ihre Reise in die Dominikanische Republik auf diesen Passus.

- **Haftpflichtversicherung**

In der Dominikanischen Republik besteht kein Haftpflichtversicherungszwang. Trotzdem wird dringend empfohlen, eine Haftpflicht- und Kaskoversicherung für die Dauer des Aufenthalts abzuschließen, denn passieren kann allerlei. Schon eine Sekunde Unaufmerksamkeit, beispielsweise beim Überqueren der Straße, bei dem Sie ein Auto zum Ausweichen zwingen, und schon ist es geschehen.

• **Reiserücktritts-Versicherung**
Der Abschluß einer Reiserücktritts-Versicherung ist für den Fall, daß Sie beispielsweise erkranken, zu empfehlen.

• **Reisegepäck-Versicherung**
Eine Reisegepäck-Versicherung erstattet Ihnen die Kosten, die Ihnen durch Verlust oder Diebstahl ihres Gepäcks oder Teile Ihres Gepäcks entstanden sind. Ob beispielsweise Wertsachen oder teure Film- oder Fotoausrüstungen mitversichert sind, muß im einzelnen geprüft werden.

• **Reisekranken-Versicherung**
Es ist dringend anzuraten, sich bei Ihrer gesetzlichen Krankenkasse zu erkundigen, ob Ihre Versicherung sich auch auf den Aufenthalt in Übersee erstreckt. Falls dies nicht der Fall ist, sollten Sie eine zusätzliche private Reisekranken-Versicherung abschließen. Auf jeden Fall sind Quittungen für Arzt- und Medikamenten-Rechnungen aufzubewahren.

• **Reisepreis-Sicherungsschein**
Er ist eine Garantie dafür, daß Sie von Ihrem Reiseland in Ihr Heimatland zurückgebracht werden, wenn Ihr Reiseunternehmen inzwischen Pleite gemacht hat.

• **Versicherungspaket**
Dieses Angebot umfaßt normalerweise eine Haftpflicht-, Unfall-, Gepäck- und Rat & Tatversicherung. Diese Pakete, die Sie z.B. bei der Europäischen Reiseversicherung, bei Hansa-Merkur oder Elvia abschließen können, sind in der Regel auf 8 Wochen begrenzt. Bei längerem Aufenthalt in der Dominikanischen Republik müßten Sie Einzelversicherungen abschließen, die teuer sind.

W

⇨ Währung

Die nationale Landeswährung ist der Dominikanische Peso (RD$). Sein realer Wert fluktuiert mit dem US-Dollar. Die Zentralbank fixiert den Kurs in Übereinstimmung mit dem Markt. Verwirrend ist, daß manchmal auch Preise nur mit dem Zeichen $ ausgezeichnet werden. Gemeint sind dann jedoch keine US-Dollar, sondern Dominikanische Pesos (RD$).
1 RD$ ist in 100 Centavos (auch „Cheles") unterteilt. Es sind **Noten** im Werte von 1, 5, 10, 20, 50, 100, 500 und 1.000 Pesos im Umlauf. Ferner gibt es **Münzen** im Wert von 1, 5, 10, 25 und 50 Centavos. Weil der amtliche **Umtauschkurs** ständigen Schwankungen unterworfen ist, erkundigen Sie sich bei Ihrer Bank oder einer Wechselstube.

• **Landeswährung**: Noten und Münzen in der Landeswährung dürfen bei der Ein- und Ausreise nicht mitgeführt werden.

• **Fremdwährung/Umtausch**: Die Einfuhr von Fremdwährungen aller Art ist unbeschränkt erlaubt, Deklaration ist erforderlich. Es wird die Mitnahme von US$-Travellerschecks empfohlen. Euro-Reiseschecks werden nicht akzepziert. DM und Schweizer Franken umzutauschen, ist ungünstiger.

• **Ein- und Ausfuhr von RD$**: Die Ein- und Ausfuhr von dominikanischen Pesos ist nicht gestattet.

Hinweise!

• Zur Zeit können 30 % der eingetauschten Pesos wieder in die Auslandswährung zurückgewechselt werden (Umtauschbeleg der dominikanischen Bank ist notwendig).

• Tauschen Sie nur in Banken! Die Wechsler mit den „mobilen Wechselstuben" auf den Straßen sind Betrüger. Sie locken mit günstigen Wechselkursen. Oft werden Touristen mit Falschgeld betrogen oder mit einfachen Tricks um ihr Geld gebracht.

Derzeitiger Devisenkurs
1 DM = ca. 6,79 RD$
1 US$ = ca. 16,05 RD$
1 Euro = ca. 13,29 RD$

⇨ Walbeobachtung

Die **Silver Bank (Silberbank)**, die 140 km von der Atlantikküste der Insel entfernt liegt, ist das wichtigste Schutzgebiet des Atlantischen Ozeans, in dem jährlich bis zu **3.000 Buckelwale** in der Zeit von Dezember bis März zur Paarung und zum Gebären eintreffen. Es ist ein beeindruckendes Schauspiel, vom Boot aus den bis zu 15 Meter langen und 30 Tonnen schweren Buckelwalen beim Springen und Tauchen zuzuschauen. Die Silver Bank besteht aus einer Unterwasserplattform aus Korallen. Sie ist Teil eines Meeressockels, der sich von den Bahamas bis zur Weihnachtsbank hinzieht.

Dieses Gebiet ist ebenfalls eine **Fischereizone**, in der die Navigation sehr risikoreich ist. Während vieler Jahrhunderte gerieten hier zahlreiche Schiffe in Seenot und erlitten Schiffbruch. Die Bank hat ihren Namen nach einem aufgelaufenen Schiff mit einer immensen Gold- und Silberfracht an Bord erhalten.

Jagd und Belästigung der Wale sind verboten! Die touristischen Aktivitäten an der Silberbank unterliegen strengen Regeln, um die Wale nicht zu stören.

Die Bootsfahrten zur Silberbank von Puerto Plata aus dauern ca. 8 Stunden. Ebenso werden Ausflüge von Luperón und den Turks & Caicos-Inseln aus unternommen. Da dieses Gebiet geschützt ist, benötigt man eine Genehmigung.

Auskünfte
Informationen (auch in Englisch) erteilen die Wissenschaftler an der CIBIMA, dem Institut für Meeresforschung in Santo Domingo, Tel.: 685-6682.

Bootsfahrten
Firma Whale Marine, z.Zt. von der Kanadierin Kim Beddall, Tel.: 538-2494, Fax: 538-2545 geleitet, bietet walverträgliche Touren in das Schutzgebiet an.

⇨ Wein

Es gibt ein kleines Weinanbaugebiet in Neiba. Obgleich die klimatischen Bedingungen hier sehr gut sind, sind die Anpflanzungen sehr beschränkt. Es werden nur Trauben zum Verkauf angeboten. Wein wird im Lande nicht hergestellt.

➪ Wirtschaft

Die Wirtschaft der Dominikanischen Republik ruht auf **vier Säulen:** auf der Landwirtschaft, dem Bergbau, dem Tourismus und der Industriefreihandelszone.

• Die Einnahmen aus dem **Tourismus** und der **Industriefreihandelszone** sind in den letzten 10 Jahren am stärksten gestiegen.

• Die **Landwirtschaft** exportiert hauptsächlich Kaffee, Kakao, Rohrzucker, Ananas, Orangen, Bananen, Blumen und Gemüse.

• Die **Bergbau-Produktion** konzentriert sich auf die **Cibao-Region**, zwischen den Gebirgszügen der Cordillera Central und Cordillera Septentrional gelegen. Hier gibt es große **Eisennickelvorkommen**, die in der größten Übertagemine des Kontinents abgebaut werden.

Außerdem werden **Gips** und **Marmor** exportiert.

Nach einer Phase des Wachstums zu Beginn der 70er Jahre des 20. Jahrhunderts geriet die Dominikanische Republik in den folgenden Jahrzehnten in große **wirtschaftliche Schwierigkeiten**, deren Überwindung bis heute aussteht. Die Gründe dafür sind:

- die hohe Auslandsverschuldung,
- die kontinuierliche Abwertung des dominikanischen Pesos im Vergleich zum US$,
- die galoppierende Inflation,
- die hohe Arbeitslosigkeit und
- die Zunahme der Bevölkerung.

Z

➪ Zeitungen

Die gebräuchlichsten einheimischen Zeitungen sind: **El Caribe, El Siglo, Hoy, La Información** und **Listín Diario** mit leicht konservativen Tendenzen. Die gängigen Abendzeitungen **El Nacional** und **Ultima Hora** werden ab 17.00 Uhr verkauft. In den Hotels der Touristenorte findet man meistens die englischsprachigen Zeitungen **Santo Domingo News**, **Puerto Plata News** und **Bóhio Dominicano**.

➪ Zeitunterschied

Der Zeitunterschied zwischen der Landeszeit der Dominikanischen Republik und der Mitteleuropäischen Zeit (MEZ) (z.B. Deutschland, Österreich und der Schweiz) beträgt **minus 5 Stunden** und während unserer **Sommerzeit minus 6 Stunden**. Wenn es beispielsweise bei uns 12.00 Uhr mittags ist, zeigt die Uhr in der Dominikanischen Republik erst 7.00 Uhr bzw. 6.00 Uhr während unserer Sommerzeit an.

➪ Zoll

Reisegut

Gegenstände, die für den persönlichen Bedarf des Reisenden bestimmt sind, wie Kleidung, Wäsche, Schuhe, Toilettenartikel, Schmuck usw., können **zollfrei** eingeführt werden.

Übliche Reisegegenstände, wie Foto- und Filmapparat bzw. Videokamera mit Leerkassetten, Reiseschreibmaschine oder Laptop usw., dürfen unter der Voraussetzung der Wiederausfuhr ebenfalls abgabenfrei mitgeführt werden.

Zollfrei sind außerdem für über 16 Jahre alte Reisende:

- 200 Zigaretten oder eine Kiste Zigarren (maximale Stückzahl der Zigarren entsprechend der Aufenthaltsdauer und der Einschätzung durch den dominikanischen Zoll)
- eine Flasche Spirituosen
- 2 angebrochene Fläschchen Parfüm
- Geschenke im Gesamtwert bis maximal 100 US$

Einfuhrverbot

- Die Mitnahme von Fleisch, Wurst, Käse und frischem Gemüse sowie Obst ist verboten.
- Die Mitnahme und der Besitz von Drogen und Rauschmitteln wird mit hohen Geldbußen oder Gefängnis bestraft.

Lebende Tiere

Für die Mitnahme von Hunden und Katzen sind erforderlich:

- ein **tierärztliches Gesundheitszeugnis**, ausgestellt frühestens 15 Tage vor Ankunft, aus dem hervorgeht, daß innerhalb der letzten 3 Monate im Herkunftsgebiet keine ernsthaften Tierseuchen aufgetreten sind,
- ein **Tollwutimpfzeugnis**, aus dem hervorgeht, daß die Impfung mindestens 30 Tage, aber höchstens 12 Monate zurückliegt.

Für andere Tiere ist eine Einfuhrerlaubnis der Direccion de Ganaderia, Secretaria de Estado de Agricultura, Santo Domingo, erforderlich.

Pflanzen und Lebensmittel

Die Einfuhr von lebenden Pflanzen, Gemüse, Früchten und Blumen ist nur mit Genehmigung des Secretaria de Estado de Agricultura, Santo Domingo, möglich.

Waffen und Munition

Für Sportwaffen ist die Import-Erlaubnis des Secretary of Interior, Santo Domingo, erforderlich.

7.2 Regionale Reisetips von A - Z

*Die **Preiskategorien** der Unterkünfte (für ein Doppelzimmer pro Tag) werden in diesem Buch durch die Zahl der $-Zeichen unterschieden:*
$$$$$ = über 160 US$
$$$$ = ca. 120 bis 160 US$
$$$ = ca. 80 bis 120 US$
$$ = ca. 40 bis 80 US$
$ = unter 40 US$

News im Web: www.iwanowski.de

Inhalt

Altos de Chavón (S. 234ff)

Restaurants

• *Casa del Río*, Tel.: 523-3333, ist ein französisch geführtes Restaurant, in dem Sie vom Tisch am Fenster einen herrlichen Ausblick auf den tropischen Urwald am Fluß genießen können. Es werden internationale Gerichte serviert.

• *Casa des Sol*, Tel.: 523-3333, italienische Küche

• *El Pescador*, Tel.: 523-3333, Meeresfrüchte

• *El Sombrero*, Tel.: 523-3333, texanisch-mexikanische Küche

• *La Piazetta*, ein italienisches Restaurant mit elegantem Ambiente, ist über Casa de Campo (s.S. 198f) zu reservieren. Die Pasta schmeckt hier besonders gut.

Baní (S. 292f)

Wichtige Adressen und Telefonnummern

• *Krankenhaus:*

- *Clínica Peravia*, Esq. Calle Mella No. 56 / 16 de Agosto, Tel.: 522-3846
- *Clínica Dra. Argentina Feliz de León CXA*, Calle Sánchez No. 35, Tel.: 522-6276

• *Bank:*

- *Banco Popular*, Esq. Calle Duarte / Máximo Gómez
- *Baninter*, Calle Sánchez No. 19

Hotels

• *Los Almendros $$*, südlich von Baní, ist ein Strandhotel mit Restaurant und Swimmingpool.

Zimmer: Die Gästezimmer sind modern und komfortabel eingerichtet.

• *Alba $*, Calle Presidente Billini No. 13, Tel.: (001.809)522-3590, ist ein einfaches, kleines Hotel am Ortsausgang in Richtung Azua.

Restaurant

Pizzeria Yarey, Calle Sánchez No. 10, serviert riesige Pizzas sowie Fisch- und Fleischgerichte in großen Portionen.

Barahona (S. 305ff)

Wichtige Adressen und Telefonnummern

• *Krankenhaus: Hospital Jaime Mota*, Avenida Casandra Damirón, Tel.: 524-2441

• *Ärztezentrum: Centro Médico Regional Magnolia*, Calle Uruguay No. 71, Tel.: 524-2470, 2607

• *Apotheke: Farmacia Mendez*, Calle María Montéz No. 26, Tel.: 524-2318

• *Post:* am Parque Central

• *Telefon: Codetel*, Calle Nuestra Señora del Rosario No. 36, Tel.: 524-3939

Hotels

• ***Casa Bonito $$$$***, *Km 16, Carretera de la costa, Barahona, südlich der Stadt, auf einem Hügel gelegen, Einfahrt ohne Hinweisschild, rechts vor einer Flußbrükke kurz vor dem Ort Bahoruco, Tel.: (001-809)696-0215, Fax: (001-809)223-0548, ist ein ruhiger, verträumter Ort für spezielles Publikum, deutsche Leitung*

Zimmer: *12 Hütten, alle mit Panoramablick und Klimaanlage, sind zweckmäßig eingerichtet.*

Weitere Einrichtungen: *Ein Restaurant und eine Bar verwöhnen die Gäste.*

• ***Riviera Beach $$$$***, *amhsa hotels, Av. Enriquillo No. 56, Barahona, Tel.: (001-809)524-5111, Fax: (001-809)524-5798 wurde 1993 eröffnet. Dem all-inclusive-Strandhotel sind der sehr gepflegte Hotelstrand und eine Mangroveninsel vorgelagert. Man überblickt die paradiesische Küstenlinie. Diverse Wassersportarten können hier ausgeübt werden.*

Zimmer: *108 Gästezimmer sind alle mit Klimaanlage, vollständigem Bad/WC, Telefon, Kabelfernsehen und Safe ausgestattet, einige verfügen über einen Balkon.*

Weitere Einrichtungen: *Ein Coffee Shop, 2 Restaurants, 2 Bars, ein Konferenzsaal, Babysitting, ein Souvenirshop, ein Geldwechselbüro und freies Parken für Gäste gehören zum Service.*

Sport und Unterhaltung: *Ein kleiner Swimmingpool sorgt für Erfrischung, ein Tennisplatz für sportliche Aktivitäten und eine Live Show für Unterhaltung. Ausritte, Schnorchel- und Tauchkurse werden angeboten.*

• ***Oasi $$$***, *Carretera Cabral Km 1, Tel.: (001-809)248-4564, ist eine 6 km außerhalb Barahonas in Richtung Cabral liegende moderne Hotelanlage.*

Zimmer: *Die 35 geschmackvoll möblierten Gästezimmer sind mit Klimaanlage, Fernsehen und Telefon ausgestattet.*

Weitere Einrichtung: *Die großzügig angelegte Poolanlage ist von tropischer Vegetation umgeben.*

• ***Micheluz $$***, *Avenida 30 de Mayo No. 28, Tel.: (001-809)524-2358, ein pinkfarbenes Gebäude, liegt im Zentrum des Ortes nahe dem Parque Central.*

Zimmer: *24 geräumige, saubere Gästezimmer sind mit Dusche und Klimaanlage ausgestattet.*

Weitere Einrichtungen: *Abends wird in einem netten, einfachen Restaurant serviert.*

• ***Guarocuya Beach Resort $***, *Avenida Enriquillo am Playa Saladilla, Tel.: (001-809)524-4121, 2211, 233-0748/49, ist ein einfaches Hotel. Es liegt direkt am Strand. Alte Bäume rahmen es idyllisch ein. Visa wird akzeptiert.*

Zimmer: *22 klimatisierte Zimmer zu günstigen Preisen stehen den Gästen zur Verfügung.*

• ***Victoria $***, *Esq. Padre Billini 15-A / Calle Uruguay, Tel.: (001-809)524-2392, liegt im Zentrum des Ortes.*

Zimmer: *Saubere Einzel- und Doppelzimmer werden den Reisenden angeboten.*

Restaurants

• ***Brisas Caribe***, *Carretera Batey Central, in der Verlängerung des Malecón, Tel.: 524-2794, chinesische Küche, hier werden Meeresfrüchte zu günstigen Peisen zubereitet und serviert. Von einer großen Terrasse oberhalb der Straße hat man einen herrlichen Blick auf die Karibische See.*

• ***Costa Sur***, *Calle Costa Sur, Tel.: 524-3838, serviert einfache dominikanische Küche, vornehmlich Fischgerichte.*

• ***La Rocca***, *Avenida Enriquillo, im Hotel Caribe, Tel.: 524-2185, in einem open-air-Restaurant werden hauptsächlich Fischgerichte, auf dominikanische Art zubereitet, serviert.*

Bayahibe (S. 328f)

Hotels

• ***Casa del Mar $$$$$***, Tel.: (001-809)221-8880, 562-7475, Fax: (001-809)221-8881, 540-3117, e-mail: amhsa@codetel.net.do, Internet: http://www.amhsa.com, wurde im November 1997 eröffnet. Es liegt direkt an einem Sandstrand, der je nach Sonnenstand teilweise von Palmen beschattet wird. Gelegentlich besuchen Fregattvögel diesen Küstenabschnitt.

Zimmer: 536 Zimmer und 32 Suiten mit Balkon und wunderschönem Blick aufs Meer stehen den Gästen zur Verfügung.

Weitere Einrichtungen und Service: Ein riesengroßer Swimmingpool befindet sich in einer gepflegten Gartenanlage. Sie haben 4 Restaurants zur Auswahl. Das Hotel bietet folgende Serviceleistungen an: Sauna, Friseursalon, Bank zum Geldwechseln, Babysitting, „Kid's Club"-Programm und freier Transport nach Chavón, La Romana und zu den Golfplätzen.

Sport: Hier können Sie Tennis spielen, Wasserski laufen, Segeln, Paddeln, Windsurfen, Kanu fahren, Tauchen, Schnorcheln, Volleyball spielen.

• ***Bayahibe $***, Tel.: (001-809)707-3684, Fax: (001-809)556-4513 liegt nur wenige Meter vom idyllischen Fischerhafen Bayahibe entfernt.

Hotel Bayahibe – Bayahibe

Zimmer: Insgesamt können 17 einfache, aber geräumige Gästezimmer, 7 im Parterre und 10 in der ersten Etage, teilweise mit Balkon, vermietet werden. Alle Zimmer sind mit Ventilator und Minibar ausgestattet. Am Wochenende ist eine Reservierung empfehlenswert.

Weiterer Service: Das Restaurant des Hotels serviert gutes, preiswertes Essen. Spezialität des Hauses ist Hummer in allen Variationen. Es können von hier Bootstouren organisiert werden.

• ***Casa Daniel $***, Tel. (001-809)223-2711, ist etwas schwierig zu finden. Sie fahren die Hauptstraße bis ans Meer, dort geht es links über einen Baseballplatz bis zu einem Jägerzaun, hinter dem das Gästehaus liegt.

Zimmer: Die Gästezimmer sind einfach, aber zweckmäßig eingerichtet.

• ***Turistico $***, im Ortszentrum, Tel.: (001-809)550-6040, pink- und türkisfarbenes Gebäude

Zimmer: Die einfachen Gästezimmer sind mit Ventilator ausgestattet.

Restaurants

• ***Bayahibe*** liegt direkt am Strand und ist bekannt für ausgezeichnete Fisch- und Meeresfrüchte-Gerichte. Besondere Spezialität ist „lambi", eine große Conch-Meeresschnecke mit rosafarbenem Gehäuse und herzhaftem Fleisch.

• ***Big Sur***, Tel.: 248-2462, befindet sich direkt am Strand, neben einem Stützpunkt der dominikanischen Marine. In dem Restaurant gibt es lecker zubereitete Meeresfrüchte und Pastas.

• *La Bahia liegt direkt am Strand. Der „Segen des Meeres" wird hier gedünstet, gegrillt und gebraten zubereitet und serviert.*
• *La Punta, am Fischerhafen, ist ein Restaurant, in dem man leckere Gerichte aus Fisch und Schalentieren zubereitet.*

Tauchen
Dive Center Scubafun, beim Hotel Bayahibe, Tel.: 301-6999, Fax: 550-9435, steht unter deutscher Leitung. Es werden Tauchgänge im Gebiet des Parque Nacional del Este, an den Steilwänden der Isla Catalina und an Wracks durchgeführt.

Boca Chica (S. 320)

Wichtige Adressen und Telefonnummern
• *Krankenhaus: Centro de Especialidades, San Andrés, Tel.: 523-5546, 5504*
• *Apotheke: Farmacia Boca Chica, Calle Duarte, Tel.: 523-4208*
• *Post: Calle Duarte, Mo-Fr 8.00-15.00 Uhr geöffnet*
• *Telefon: Codetel, Plaza del Sol / Esq. Calle San Rafael, Tel.: 220-7912*
• *Bank: Banco Popular, Calle Duarte, Mo-Fr 8.00-16.00 Uhr geöffnet*

Hotels
• *Boca Chica Resort $$$$$, Calle 20 Diciembre; Tel.: (001-809)523-4521, Fax: (001-809)523-6310, e-mail: b.resort@codetel.net.do ist eine all-inclusive-Anlage.*
Zimmer: Von den großzügig ausgestatteten Gästezimmern, die nichts zu wünschen übrig lassen, blicken Sie entweder auf den Garten oder auf die Karibische See.
Weitere Einrichtungen: Pools, Sportcenter, Golfanlage, Restaurants und eine Diskothek können von Ihnen genutzt werden.
• *Coral Hamaca Beach Hotel & Casino $$$$$, P.O. Box 2973, Calle 20 de Diciembre, Tel.: (001-809)523-4611, Fax: (001-809)523-6767, internet: http://www.coralhotels.com, e-mail: coral.h@codetel.net.do, alles inklusive, ist ein großzügig konzipiertes Luxushotel, direkt am weißen Strand, der von einem Korallenriff geschützt ist, nicht weit vom Zentrum des Ortes entfernt.*
Zimmer: 621 freundlich ausgestattete Zimmer mit Klimaanlage, Bad oder Dusche, WC, Telefon, Kabelfernsehen und Mietsafe bieten Garten- oder Seeblick. Der älteste Teil der Hotelanlage befindet sich direkt am Strand. Die später entstandenen Bauabschnitte wurden mehr ins Hinterland gebaut. Für größere Gruppen stehen die Unterkünfte jenseits der Straße bereit.
Weitere Einrichtungen: Sie können zwischen 5 Restaurants wählen, 2 im Altbau und 3 im Neubau. Die schmackhaften Gerichte werden am Büfett serviert, oder Sie bestellen à la carte. Mehrere Bars, Kinderspielplatz, Nachtclub, Konferenzsaal, Spielkasino, Babysitting, freies Parken für Gäste, eine Poollandschaft und Sauna gehören zum Service. Andenkenläden warten auf Käufer.
Sport und Unterhaltung: Es wird ein volles Programm an Wassersportarten geboten, außerdem Golf, Tennis, Billard, Reiten, Aerobic, Gymnastik und Sportaktivitäten für Kinder. Ein Fitness-Center dient der Körperertüchtigung.
• *Don Juan Beach Resort $$$$ Calle Abraham Nuñez, Tel.: (001-809)523-4511, Fax: (001-809)523-4622, zentrale Reservierung: Fax: (001-809)688-5271, Internet: http://www.caei.com/djbr.htm, e-mail: h.donjuan@codetel.net.do, ist ein modernes, sehr gepflegtes „all inclu-*

sive"-Beach Resort. Der Strand unter hohen Palmen, für jedermann zugänglich, besteht aus weichem, weißem Sand, ideal für Urlauber mit Kindern. An einem Steg herrscht reger Bootsverkehr.

Zimmer: *225 Gästezimmer sind mit Klimaanlage, Telefon, Kabelfernsehen, Safe, Bad/WC, Mahagonimöbeln und teilweise mit Balkon ausgestattet.*

Weitere Einrichtungen: *Coffee Shop, Restaurant, Nachtclub, Konferenzsaal, Babysitting, Wechselstube, Andenkenladen, freies Parken für Gäste und Sauna gehören zum Service.*

Sport und Unterhaltung: *Ein komplettes Wassersportprogramm, außerdem Tennis, Golf (18-Loch-Anlage), Reiten und ein tägliches Unterhaltungsprogramm mobilisieren die Gäste.*

• ***Apart Hotel Madejra $$****, Esq. Calle Abrahám Nuñez No. 1 / Dominguez, Tel.: (001-809)523-4434, Fax: (001-809)523-4532 ist ein kleines Hotel.*

Zimmer: *18 Gästezimmer sind zu vermieten.*

• ***Villa Sans Soucy $$****, Calle Juan Bautista Vicini No. 48, Tel.: (001-809)523-4461, Fax: (001-809)523-4136, ca. 10 Minuten zum Strand, ist ein gut geführtes, empfehlenswertes Mittelklassehotel, z.Zt. unter kanadischem Management.*

Zimmer: *17 Gästezimmer mit Klimaanlage*

Weitere Einrichtungen: *ein Frühstücksrestaurant und und freies Parken für Gäste*

Sport und Unterhaltung: *Swimmingpool und Golf*

• ***Cenearfe 1 Guest House $****, 20 de Diciembre No. 18, Boca Chica, Tel.: (001-809)523-6597, Cenearfe, Beeper 512-9859 ist ein kleines, sehr sauberes, empfehlenswertes Rasthaus, neben dem großen Coral Hamaca Beach Hotel gelegen.*

Zimmer: *8 Gästezimmer sind zweckmäßig eingerichtet.*

Weitere Einrichtungen: *Ein Swimmingpool gehört mit zum Anwesen. Es gibt keinen direkten Zugang zum Karibischen Meer.*

• ***Guesthouse Méson Isabela $****, Calle Duarte No. 3, Tel.: (001-809)523-4224, Fax: (001-809)523-4634 ist eine familiär geführte nette Unterkunft, von einem wunderschönen, tropischen Garten eingerahmt. Ein kleiner Strand gehört zum Anwesen.*

Zimmer: *Die Gästezimmer und Apartments sind mit Ventilator und Fernsehen ausgestattet.*

Restaurants

• ***Boca Marina****, Calle Duarte No. 12, Tel.: 523-6702, das auf Pfählen erbaut wurde, serviert leckere Meeresfrüchte und gute Fischgerichte.*

• ***L'Horizon****, Calle 20 de Diciembre No. 1, Tel.: 523-4375, die Spezialität des Restaurants sind lecker zubereitete Meeresfrüchte.*

• ***Neptun's Club****, Tel.: 523-6534, liegt direkt am Strand. Fischgerichte und Meeresfrüchte werden besondes schmackhaft zubereitet.*

Busse

Es bestehen häufige Verbindungen von und nach Santo Domingo (ca. 30 km).
Busterminal: in San Andrés
Haltestelle: kleiner Park zwischen den Straßen Calle San Rafael und Calle Duarte

Taxis

Taxis finden Sie in der Calle Duarte und an der Ecke Calle Duarte / Calle Caracol

Autovermietung

- *Florida, Calle Duarte, Tel.: 523-6403*
- *Mc Deal, Calle Duarte, Tel.: 523-4414*

Tauchen

*Der **Unterwasserpark La Caleta** liegt in der Nähe des Ortes. Das dort auf dem Meeresgrund liegende **Wrack Hichory** übt eine besondere Anziehungskraft auf Taucher aus.*
*Die unter deutscher Leitung von Peter Lorenz <p.lorenz@codetel.net.do> stehende Tauchschule **Treasure Divers**, im Hotel Don Juan Beach Hotel, Tel.: (001-809)523-4511 (Hotel), 5320, Fax: 523-4819, Internet: www.diveguideint.com/p0338.htm, http://www.netwing.at/business/boca-chica/index.html, bietet ihre Dienste an, 10-jährige Tauchbasiserfahrung in der Dominikanischen Republik*

Bonao (S. 341)

Hotel

Jacaranda $$, an der Autopista Duarte, 2 km vor Einfahrt nach Bonao, von Norden kommend
***Zimmer:** 22 Gästezimmer mit Klimaanlage, Dusche/WC und Fernsehen stehen für zumeist Durchgangsreisende bereit.*
***Weitere Einrichtungen:** Direkt neben dem Hotel gibt es ein „Fastfood"-Restaurant, in dem man sich seine gewünschte Mahlzeit zusammenstellen kann.*

Cabarete (S. 369)

Wichtige Adressen und Telefonnummern

- *Private Postbetriebe:*
  - *DCS, dieser Postbetrieb hat spezielle Briefkästen, überwiegend bei Hotels, die mit einem Bananen-Emblem gekennzeichnet sind. Diese Briefkästen werden zuverlässig täglich geleert. Die Briefpost wird ca. nach einer Woche in Mitteleuropa zugestellt.*
  - *EPS, Calle Principal Cabarete, Plaza La Criolla, Tel.: (809)571-0668, Fax: (809)571-0776; dieses private Postunternehmen garantiert, Briefe und Postkarten innerhalb einer Woche von der Dominikanischen Republik nach Mitteleuropa zu befördern.*
- *Telefon:*
  - *Codetel, an der Hauptstraße, Tel.: 571-0650*
  - *Tricom, Plaza Comercial, Laguna de Don Pepe, Tel.: 470-0840*

Hotels

- ***LTI Sol de Plata Beach Resort $$$$**, Tel.: (001-809)571-3600, Fax: (001-809)571-3389, all inclusive, direkt am feinsandigen Strand, auf einem 250.000 m² großen Grundstück einer ehemaligen Hacienda, besteht aus 8 dreistöckigen Gebäuden und 29 Villen*

***Zimmer:** Die Gäste sind in 471 Zimmern mit Klimaanlage, Fön, Minibar, Mietsafe, Telefon und Kabelfernsehen untergebracht.*
***Weitere Einrichtungen:** 6 Restaurants und 3 Bars verwöhnen Sie. Zur weitläufigen Anlage*

gehören außerdem: Diskothek, Souvenirshop, Kiosk und Friseur. In der tropischen Gartenanlage befindet sich eine großzügig gestaltete Poollandschaft mit 2 Süßwasser- und einem Meerwasser-Flußpool mit anliegender Poolbar und separatem Kinderbecken.
Sport: *Diverse Wassersportarten, u.a. Basketball und Minigolf, können dazu beitragen, Sie fit zu halten.*

- ***Cabarete Beach Hotel $$$****, Tel.: (001-809)571-0755, Fax: (001-809)571-0831, e-mail: beach.hotel@codetel.net.do, ist ein kleines, gemütliches Hotel mit persönlichem Service, erholsamer Atmosphäre und vielen Wassersportmöglichkeiten. Das Hotel liegt direkt am Strand, im Zentrum der langen Sandbucht von Cabarete. Das Personal ist äußerst freundlich.*

Zimmer: *24 zweckmäßig eingerichtete Zimmer stehen den Gästen zur Verfügung. Große und ruhige Beach-Front-Zimmer haben Meeresblick, Deckenventilator und Balkon oder Terrasse. Zimmer mit Sicht auf den Garten haben Klimaanlage oder Deckenventilator. Jedes Zimmer verfügt über einen eigenen Mietsafe.*
Weitere Einrichtungen und Service: *Das „Mariposa Grill Restaurant", direkt am Strand, bietet die beste Auswahl an gegrillten Speisen, Barbecue und karibischen Gerichten. Das Frühstücksbüffet wird auf der Panoramaterrasse im 2. Stock serviert. Außerdem gibt es noch 2 Bars. Sie haben die Möglichkeit, Geld zu wechseln. Kinderhütedienst, Transport vom und zum Flughafen.*
Das Gratis-Wassersportpaket: *Inbegriffen ist eine Stunde pro Tag: Kajak, Surfbrett, Segelboot, Boogie Brett, Schnorchelausrüstung und Anfängerausrüstung für Windsurfer sowie eine Tauchlektion im Schwimmbad (2mal pro Woche), Strandliege, Badetuch und Lagerungsmöglichkeit für Windsurf-Zubehör.*

- ***Punta Goleta Beach Resort $$$****, P.O. Box 272 Puerto Plata, Tel.: (001-809)571-0700, 571-0956, Fax: (001-809)571-0707, 0709, alles inklusive, ist eine große Anlage in einem weitläufigen Park mit Ferienhäusern im victorianischen Stil. Das Resort liegt 1,5 km außerhalb von Cabarete.*

Zimmer: *160 Gästezimmer mit Klimaanlage und Kabelfernsehen werden vermietet.*
Weitere Einrichtungen: *Sonnenterrasse, Liegewiese, Restaurant, Poolbar, Babysitting, freies Parken für Gäste und Sauna gehören zum Service.*
Sport und Unterhaltung: *Möglichkeiten zum Schwimmen, auch im Pool, zum Reiten, Golf-, Tennis-, Volleyball- und Billardspielen sind gegeben. Außerdem können Sie die Sauna besuchen oder sich ein Fahrrad leihen. Abends startet ein Unterhaltungsprogramm.*

- ***Ria Fortuna Beach $$$****, Jardin Deportivo, Tel.: (001-809)571-0901, 0902, 0512, Fax: (001-809)571-0873, 0875, e-mail: ria.fortuna.bh@codetel.net.do, umgeben von einem Palmengarten, wurde von einer bestehenden Hotelanlage übernommen und großzügig umgebaut und renoviert. Das Hotel befindet sich auf einem 12.000 m² großen Areal und 500 m vom Strand entfernt, mit hoteleigener Strandbar.*

Zimmer: *Alle Gästezimmer sind zweckmäßig ausgestattete Doppelbettzimmer mit Telefon, Dusche/WC und einem großen Balkon oder einer Terrasse. In jedem Zimmer befindet sich neben einer Recycling-Klimaanlage zusätzlich ein Deckenventilator. 6 kleine Zimmer werden ohne Einzelbettzimmer-Aufschlag angeboten. In allen Zimmern befindet sich außerdem ein Safe.*
Das Aparthotel ist in 20 verschieden eingerichtete Apartments, teilweise mit 1, 2 oder 3 Schlafzimmern, Wohnzimmer, Bad/WC aufgeteilt. Jedes Apartment besitzt einen großen Balkon oder eine Terrasse. Die Betten sind teilweise gemauert. Die Apartments können „all inclusive", nur mit Frühstück, als Halb- oder Vollpension gebucht werden.
Weitere Einrichtungen und Service: *Neben einem großen Restaurant mit Klimaanlage*

stehen den Gästen ein à-la-carte-Restaurant sowie eine Poolbar zur Verfügung. In der Anlage befinden sich außerdem eine Arztpraxis, ein Massagesalon, ein Fitnessraum, ein Supermarkt, ein Fernsehsalon mit Satelliten-TV, in dem auch deutschsprachige Programme empfangen werden, und ein Kinderspielplatz. 2-mal täglich steht den Urlaubern ein kostenloser Busservice in das 4 km entfernte Zentrum von Cabarete zur Verfügung. Ebenso wird abends täglich eine kostenlose Fahrt in die Stadt Sosúa angeboten.

Sport und Unterhaltung: *Wöchentlich wird Schnuppertauchen am Pool und ein Schnupperreiten angeboten. In 2 großen Swimmingpools, 2 Kinderpools und einem Wirlpool kann man sich erfrischen. Zur Unterhaltung wird ein Animationsprogramm mit gedämpfter Lautstärke (keine Lärmbelästigung) geboten.*

• ***Tropical Lagoon & Garden $$$**, P.O. Box 701 Puerto Plata, Tel.: (001-809)571-0956, Fax: (001-809)571-0709, alles inklusive, rund 3 km von Cabarete entfernt liegt das neu angelegte Hotel, eine im Bungalow-Stil errichtete Anlage, etwa 650 m über einen Anliegerweg vom feinsandigen Strand entfernt.*

Zimmer: *Insgesamt 226 Zimmer des inmitten eines tropischen Gartens gelegenen Hotels sind mit Dusche/WC, Ventilator, Moskitoschutz vor den Fenstern, Balkon oder Terrasse ausgestattet. Sie verteilen sich auf mehrere, flachgebaute Gebäude und Bungalows.*

Weitere Einrichtungen und Service: *Hierzu gehören ein Willkommenstrunk bei der Ankunft, ein Frühstück, Mittag- und Abendessen und eine spezielle Kaffeestunde am Nachmittag, Gratis-Transporte von und nach Cabarete 5-mal pro Tag, ärztliche Betreuung rund um die Uhr, Ausflugsprogramme, Souvenirläden mit deutschen Zeitungen, Auto- und Motorradvermietung, eine internationale Telefon- und Telefaxzentrale, eine Wechselstube, 8 Bars und 3 Restaurants.*

Sport und Unterhaltung: *An Sportaktivitäten werden angeboten: Reiten, Tennis, Fußball, Tischtennis, Boccia, Volleyball, Aerobic, Wasserball und ein Schnupperkurs für Taucher.*
Das Unterhaltungsprogramm enthält ein reichhaltiges Animationsangebot mit verschiedenen Shows, professionellen Folklore-Tanz-Vorführungen, ein Abendprogramm mit Livemusik und Disko-Abende.

• ***Villa Taina $$$**, Tel.: (001-809)571-0722, Fax: (001-809)571-0883, e-mail: Happy.cabarete@codetel.net.do, unter deutscher Leitung, liegt nicht direkt am Meer.*

Zimmer: *Die Gästezimmer sind mit Klimaanlage ausgerüstet.*

• ***El Pequeno Refugio Beach Hotel $$**, Tel.+ Fax: (001-809)571-0770, http://www.hispaniola.com/pequeno-refugio, e-mail: pequeno.refugio@codetel.net.do, ist unmittelbar am Strand von Cabarete gelegen. Es bietet einen fantastischen Blick über die gesamte Bucht. Das Hotel wird zu 90 % mit einem Öko-Solarsystem betrieben. Eine eigene Windsurfstation ist vorhanden.*

Zimmer: *Das Refugium besteht aus 3 Gebäuden. Das* **Hauptgebäude** *enthält 25 zweckmäßig eingerichtete Gästezimmer mit Dusche/WC und 4 Zimmer mit 2 Gemeinschaftsbädern. Im* **„Pinky Haus"** *(Strand House) befinden sich 5 Zimmer mit Doppelbetten und 2 Gemeinschaftsbädern sowie ein Zimmer mit Doppelbett, Dusche/WC.* **„Casa Verde"** *(Surfer's Lodge), in typisch dominikanischem Stil gebaut, liegt mitten in einem tropischen Garten und nur 10 m vom Strand entfernt. Es verfügt über 5 Zimmer, mit je 2 oder 3 Betten, 2 Gemeinschaftsbädern und 2 Duschen. Für Alleinreisende gilt, daß eine Zusammenlegung mit anderen Einzelreisenden möglich ist.*

Weitere Einrichtungen: *Im Restaurant mit Blick aufs Meer werden das Frühstücksbüffet und das Abendessen serviert. An der Bar gibt es alle landestypischen und internationalen Getränke und Cocktails. Auf der großen Strandterrasse kann man sich herrlich entspannen.*

Sport: *Das Volleyball-Netz am Strand lädt immer zu einem Spiel ein. Die Windsurfstation* *bietet Unterricht und Verleih von Ausrüstungsgegenständen an, mitgebrachte können gratis gelagert werden.*

- ***Estrella del Mar $$***, *ein Amhsa-Hotel, Tel.: (001-809)571-0808, Fax: (001-809)571-0904, 566-2436, 2354, e-mail: amhsa@codetel.net.do,*

Zimmer: *75 Zimmer mit Balkon, Telefon, Fernsehen, Bad/Dusche, Klimaanlage stehen für die Gäste bereit.*

Weitere Einrichtungen: *Im Restaurant wird ein Büfett angeboten. Swimmingpool, Andenkenladen und Wechselstube gehören zum weiteren Service.*

Sport: *Windsurfen und Schnorcheln können Sie in diesem Feriendomizil betreiben.*

- ***Haus „Surf de Sanssouci" und Haus Playa de Sanssouci $$***, *deutsche Besitzer Hans Joachim & Ingeborg Stahl, Tel.: (001-809)571-0613, Fax: (001-809)571-1542, vermieten nur Zimmer ohne Verpflegung.*

Zimmer: ein Apartment *oben „De Luxe", 40 m², 2 Betten, separates Zimmer mit einem Bett, separate Küche mit Kühlschrank, Dusche/WC, 10 m² Terrasse mit Meerblick sowie* ***10 Apartments*** *à 20 m², mit Kochgelegenheit (deshalb keine Verpflegung durch die Vermieter), Kühlschrank, Dusche/WC und Terrasse mit Meerblick werden angeboten.*

- ***Hostal de la Playa $$*** *Remigio López No. 1, Tel.: (001-809)571-0930, Fax: (001-809)571-0931, e-mail: hostal@codetel.net.do das erklärte Ziel dieses Hotels ist es,* ***individuellen Urlaub*** *anzubieten.*

Zimmer: *28 Gästezimmer, davon 23 mit Blick auf den Atlantischen Ozean und 2 mit sog. „Queen-Betten", die besonders breit sind, werden vermietet. Alle Zimmer sind mit Ventilator ausgerüstet. Es werden keine Mahlzeiten serviert. In unmittelbarer Nähe gibt es genügend Möglichkeiten, sich zu beköstigen.*

Sportaktivitäten: *Es können beispielsweise Surfen, Tauchen, Schnorcheln und die üblichen Wassersportarten, Moutainbiken, Tennis, Tischtennis und Volleyball ausgeübt werden. Golf und Reiten kann vermittelt werden.*

- ***Isla Verde Beach $$***, *Jardin Deportivo, Tel.: (001-809)571-0807, Fax: (001-809)571-0814, e-mail: islaverde@codetel.net.do, http://www.catdesign.net/islaverde, liegt im Areal Jardin Deportivo, ca. 3 km vom bekannten Windsurfer Paradies Cabarete entfernt. Bis zum Strand sind es ca. 600 m. Diese kleine Anlage steht z.Zt. unter deutscher Leitung von Rüdiger Krauss und Ursula Rinker. Es ist eine „Oase der Ruhe", ideal für Gäste, die Entspannung und gemütliche, familiäre Atmosphäre suchen, und ohne Animation.*

Zimmer: *Die 40 Gästezimmer, in mehreren Gebäuden weitläufig in einem schönen tropischen Garten gelegen, sind sehr sauber und zweckmäßig mit Dusche/WC, Deckenventilator und Mietsafe eingerichtet. Einige Zimmer werden gegen Aufpreis mit Klimaanlage angeboten. Die Standardzimmer sind in karibischem Stil erbaut. Außerdem können Sie einen Bungalow wählen.*

Hotel Isla Verde – Cabarete

Sport und Unterhaltung: *Hier kann man Volleyball und Billard spielen.*

Weitere Einrichtungen: *Das Hotel verfügt über eine Bar und ein Restaurant in typisch dominikanischem Stil, in dem aber vorwiegend europäische Küche serviert wird. Als Verpflegung können Sie zwischen „all* *inclusive" oder nur mit Frühstück wählen. Ein sehr schön angelegter Swimmingpool mit einem kleinen Wasserfall ist ein besonderes Kleinod. Hier können Sie die warmen Nachmittage verbringen und sich dazu noch mit einem karibischen Cocktail an der Bar erfrischen.*

Der Stolz des Hotels ist der zauberhaft angelegte **tropische Garten**, *in dem u.a. Bougainvillea, Flamboyant, Orchideen, Kamelien, nach dem Jesuiten Camel benannt, die „Puta del noche" („Nutte der Nacht"), die so heißt, weil sie nur in der Nacht betörend duftet, und Heliconien blühen. Außerdem gedeihen hier neben anderen tropischen Pflanzen verschiedene Palmenarten, Feigenbäume (Ficus benjaminus), mit ihrem dichten Laubwerk und tiefen Schatten spendend, und Kasuarinebäume, deren ursprüngliche Heimat Australien ist.*

- ***Orilla del Mar $$**, Tel.: (001-809)571-0730, Fax: (001-809)571-0740 ist direkt am Strand gelegen, außerhalb des Ortes. Gleich hinter der Düne rauscht das Meer. „Orillo" heißt auf Deutsch „Meeressaum". Der Aufenthalt kann mit oder ohne „all inclusive" gebucht werden. Das Personal ist nach unseren Erfahrungen besonders nett und zuvorkommend.*

Zimmer: *84 Gästezimmer mit Ventilator stehen im Angebot.*

Sport und Unterhaltung: *Zu den Sportaktivitäten, die Sie ausüben können, zählen Volleyball, Billard und Tischtennis. Jeden Abend wird den Gästen eine Show dargeboten.*

Weitere Einrichtungen: *Für Kinder sind diverse Spiele vorgesehen.*

- ***Seagrade Beach Club $$**, Tel.: (001-809)571-0789, 612-0721, Fax: (001-809)571-0651, „all inclusive", liegt am Strand. Der Aufenthalt unter den schattenspendenden Bäumen ist besonders in der heißen Mittagszeit zu empfehlen.*

Zimmer: *Es werden insgesamt 170 Gästezimmer angeboten.*

Sport und Unterhaltung: *Sportlich können Sie sich beim Reiten, als Tennis-, Tischtennisspieler und als Taucher betätigen.*

Weitere Einrichtungen: *Zum Swimmingpool gehört auch ein Kinderpool.*

- ***Alegria $**, Tel. + Fax: (001-809)571-0455, e-mail: akdars@minet.ca, unter kanadischer Leitung, wurde 1996 eröffnet. Es ist umgeben von einer Fülle von tropischer Vegetation, einschließlich großer Kokospalmen, und es liegt direkt am Strand. Ein eigener Generator und Wassertanks machen das Hotel für eine gewisse Zeit unabhängig bei Strom- und Wasserausfällen.*

Zimmer: *14 saubere Zimmer, 4 davon mit Küche, stehen den Gästen zur Verfügung. Jedes Zimmer hat Ausblick auf den Ozean.*

Restaurants

- ***New Wave Café** liegt direkt am Strand. Hier verkehrt meist junges Publikum.*
- ***Miro** liegt ebenfalls am Strand. In diesem gemütlichen Restaurant werden schmackhafte Pastagerichte und Salate serviert.*
- ***Zur Hexenstube** hat eine gutbürgerliche Küche zu bieten, um nur einige Gerichte zu nennen: Hackfleisch mit Salzkartoffeln, Leberkäse, Spiegelei mit Bratkartoffeln, Schweinekotelett mit gemischtem Gemüse. Die Menüs wechseln täglich.*
- ***Tropicoco** liegt am Ortsausgang Richtung Sosúa. Es ist auf dominikanische Küche spezialisiert. Jeden Samstag wird ein beliebtes Barbecue hergerichtet.*

Motorrad- und -roller- und Autoverleih

***Mauri Moto Renta**, Tel.: (001-809)571-0666, neuer Inhaber des von dem Deutschen Maurus Schrenk gegründeten erfolgreichen Unternehmens ist z.Zt. Martin Antonio Bongos.*

Es werden Motorräder, Motorroller, Pkw und Jeeps (Daihatsu Rerroza) zu günstigen Preisen vermietet.
Nähere Angaben über die Preise finden Sie in den grünen Seiten „Das kostet Sie die Dominikanische Republik".

Lokale Tourenveranstalter

• ***Jungle River Tour,*** *Tel.: (001-809)696-3253*
Der Start der Tour beginnt an der Straße Cabrera-Cabarete, wo eine kleine Brücke den Fluß Yasica überspannt, ca. 2 km östlich von Sabaneta de Yasica. Zunächst besuchen Sie einen Mini-Zoo mit Papageien und Schlangen. Ein Führer erklärt Ihnen etwas über Bäume, Sträucher und Früchte. Mit einem Boot fahren Sie dann den Urwaldfluß entlang bis zu einer Lagune, die von einer Düne aufgestaut wird, kurz vor der Mündung in den Atlantik. Dort hat sich das kleine Restaurant „Laguna Bar" angesiedelt, das urig aus Treibholz zusammengezimmert wurde. Hier kann man einheimische Fischgerichte probieren. Auf einem kleinen Gang zu den einheimischen Fischern hören Sie etwas über den Fang von Krabben und anderen Krustentieren. Sie haben die Möglichkeit, im Süßwasser der Lagune zu baden. Der Ausflug dauert etwa 2 ½ Stunden.

• ***Univers Touren mit Herz,*** *Carretera Cabarete – Sosúa, Tel./Fax: (001-809)571-0631 hat folgenden, für dieses Unternehmen bezeichnenden Slogan an sein Büro geschrieben: „Mit Klasse weg von der Masse!"*
Mit dem vielseitigen Programm dieser Firma können Sie Land und Leute kennenlernen: Playa Grande / Laguna Gri-Gri, Samaná / Cayo Levantado, Samaná / Las Terrenas, Santiago / Cibao Tal, Jarabacoa / Wasserfälle, Puerto Plata / Edelsteinfahrt, Santo Domingo / Landeshauptstadt, Trauminsel Saona Flugreise, Rafting / Yague del Norte, Canoying, Funny Bike / Beach Tour, Petri Heil / Hochseefischen, Segeltörn AIDA, Reitausflug.

Reiten

Rancho de la Esperanza, *Tel.: 223-0059, Fax: 589-2600, liegt zwischen Cabarete und Río San Juan, in Gaspar Hernandez. Es werden Ausritte für Anfänger und geübte Reiter am Strand und ins Hinterland organisiert.*

Constanza (S. 343f)

Wichtige Adressen und Telefonnummern

• ***Information: Secretaría de Turismo,*** *Calle Matilde Viñas No. 18, Tel. + Fax: 539-2900*

• ***Krankenhäuser:***
- ***Centro de Especialidades Médicas „Titi",*** *Calle General Gregorio Luperón, Tel.: 539-3331*
- ***Centro Médico del Valle,*** *Calle Miguel A. Abreu No. 79, Tel.: 539-2642*
- ***Centro Médico Dr. Rodriguez,*** *Calle Rufino Espinosa, Tel.: 539-2696*

• ***Apotheken:***
- ***Farmacia Diaz Quezada,*** *Esq. Calle Gratereaux / 14. de Junio, Tel.: 539-2020*
- ***Farmacia San José,*** *Calle Miguel A. Abreu / Salomé Ureña, Tel.: 539-2516*

• ***Banken:***
- ***Baninter,*** *Calle General Gregorio Luperón*
- ***Intercontinental,*** *Avenida Antonio Abud Isae*

- *Post:* am Parque Municipal
- *Telefon: Codetel*, Calle Salomé Ureña No. 26, Tel.: 539-2435

Unterkünfte

- *Nueva Suize $$*, Tel.: 529-2233, gut ausgestattetes Ferienhotel
- *Cabañas*, Tel.: 539-3268, e-mail: Cabamont@hotmail.com, ist eine Bungalow-anlage auf einem bewaldeten Hügel, ca. 3 km vor der Stadt.

Zimmer: Die Bungalows sind komplett eingerichtet und mit Küche ausgestattet.
Weitere Einrichtungen: Zum Service gehören eine Cafeteria und ein Kinderspielplatz.

El Breton (S. 367f)

Restaurant

Restaurant Virginia liegt an der Hauptstraße Cabrera – Cabarete (5), rechte Straßenseite, direkt neben dem Ortsausgangsschild El Breton. Hier gibt es ein kräftiges Frühstück, beispielsweise mit Kartoffeln, Schafskäse, Wurst, Brötchen, Butter, Marmelade, Omelett und Kaffee in einer großen Kanne.

Higüey (S. 333ff)

Wichtige Adressen und Telefonnummern

- *Bank: Banco Popular*, am Parque Central
- *Post:* am Parque Central
- *Telefon: Codetel*, am Parque Central, Esq. Calle Cambronal / H. Trejo

Hotels

- *Don Carlos $*, Calle Ponce de Léon, Tel.: (001-809)554-2713, Fax: (001-809)554-2344, vermietet einfache Zimmer mit Klimaanlage und Fernsehen
- *El Nilo $*, gegenüber der Basilika, Tel.: (001-809)554-5742, ist eine einfache Unterkunft

Restaurants

- *Delicios del Mar* und *La Fama* sind zwei empfehlenswerte Restaurants, die beide am Parque Central liegen.

Jarabacoa (S. 344)

Wichtige Adressen und Telefonnummern

- *Krankenhaus: Clínica Dr. Cesar Terrero*, Avenida Independencia No. 2, Tel.: 574-4597
- *Apotheke: Farmacia Independencia*, Avenida Independencia No. 44, Tel.: 574-4264
- *Telefon: Codetel*, Avenida Independencia, Tel.: 574-4350

Unterkünfte

- *Rancho Baíguate $$$$$*, Tel.: (001-809)574-6890, Fax: (001-809)574-4940, e-mail: rancho.baiguate@codetel.net.do, liegt an der Straße nach Constanza, Rich-

tung Süden, ca. 4 Kilometer außerhalb des Ortes, zwischen den Flüssen Baíguate und Jimenoa. Auf einem Gelände von 72.000 m² befinden sich liebevoll eingerichtete Bungalows in lockerer Formation. Das Gemüse für das tägliche Büfett stammt von den umliegenden Anbauflächen.
Zimmer: *Von den insgesamt 17 geschmackvoll eingerichteten Zimmern sind die begehrtesten diejenigen mit Blick zum Fluß hinüber.*
Weitere Einrichtungen: *Einst als Feriencamp für Kinder von wohlhabenden Dominikanern erbaut, ist es heute eine weitläufige Anlage für jedermann mit Pool und Reitstall.*
Aktivitäten: *Trekking-, Kanu-, Reit- und Jeeptouren sowie Rafting, Canyoning und Paragliding können organisiert werden.*
- ***Piñar Dorada $$$***, *Tel.: (001-809)574-2820, Fax: (001-809)574-2237, 687-7012, ein wunderschön gelegenes Berghotel, liegt außerhalb des Ortes, ebenfalls an der Straße nach Constanza, Richtung Süden, in sehr ruhiger Lage in einem Pinienwald.*

Zimmer: *Die 36 Zimmer mit Klimaanlage sind etwas dunkel, weil das Gebäude von Pinien umstellt ist.*
Aktivitäten: *Man kann Tennis spielen, und es werden Ausflüge in den Nationalpark Armando Bermúdez und zu Wasserfällen organisiert.*
- ***Montaña $***, *Tel.: (001-809)682-8181, außerhalb von Jarabacoa in ruhiger Lage, von Pinien umgeben, vermietet nett eingerichtete Zimmer.*

Restaurant
- ***El Salto*** *liegt an der rechten Straßenseite zum Salto de Jimenoa. Die Sommerfrischler schätzen besonders das ausgezeichnet zubereitete „guinea" (Perlhuhn).*

Sport
- ***Agentur Get-Wet-Adventure-Company***, *Tel.: 574-6689, 586-1170, Fax: 586-1655, e-mail: get.wet@codetel.net.do, unter deutscher Leitung, ist auf Wasserfallklettern und Rafting spezialisiert.*
- ***Franz's Adventuras del Caribe***, *Tel. + Fax: 574-2669, e-mail: franz.lang@codetel.net.do, ebenfalls unter deutscher Leitung, führt Kajak- und Raftingtouren durch*
- ***Jarabacoa Golf Club*** *Tel.: 573-2474, 2992, Fax: 574-9440, verfügt über eine 9-Loch-Anlage.*

Jimani (S. 302f)

Unterkünfte
- ***Dormitorio $***, *am Zentralplatz, an der Ecke, die nach „Duvergé" ausgeschildert ist*

Zimmer: *4 saubere Gästezimmer, ein WC und ein Waschbecken werden „Rucksackreisenden" angeboten.*
- ***Jimani $***, *Calle 19 de Marzo No. 2, Tel.: (001-809)248-3139 bietet eine gute Übernachtungsmöglichkeit, um beispielsweise den Ort La Descubierta und/oder die Isla Cabritos im Enriquillo-See zu besuchen, denn in La Descubierta gibt es nur sehr einfache Schlafgelegenheiten. Dieses Hotel ist eine ältere Anlage aus der Trujillo-Zeit, die man renoviert hat.*

Zimmer: *10 einfache Zimmer mit Klimaanlage stehen für die Gäste bereit.*
Weitere Einrichtungen: *Hierzu gehören ein Swimmingpool, ein luftiges Restaurant und ein großer Parkplatz.*

Busse
Es bestehen gute Busverbindungen von und nach Santo Domingo, teilweise stündlich, Expreßverbindungen 2 x täglich.

Juan Dolio (S. 321)

Wichtige Adressen und Telefonnummern
- *Krankenhaus:*
  - *Clínica Dr. Galvez, Plaza Hispañiola, Tel.: 526-1061*
- *Apotheke: Farmacia Böni, schräg gegenüber dem Hotel Bussola, Tel.: 526-2609*
- *Telefon: Codetel, Plaza Quisqueya, Tricom, Plaza Ramada*

Hotels
- ***Coral Costa Caribe Beach Hotel & Casino $$$$$**, Juan Dolio Beach, Tel.: (001-809)526-2244, Fax: (001-809)526-3141, alles inklusive*

Zimmer: *492 Zimmer mit Klimaanlage, Telefon und Satellitenfernsehen stehen den Gästen zur Verfügung.*
Weitere Einrichtungen: *4 Restaurants und Sauna gehören zur Anlage.*
Sport und Unterhaltung: *2 Tennisplätze können genutzt werden. Folgende Sportaktivitäten sind möglich: Reiten, Gymnastik, Radfahren, Schnorcheln, Windsurfen, Tauchen, Bootfahren und Golfspielen.*

- ***Caribbean Village Costa Linda $$$$**, Juan Dolio, Reservierungs-Zentrum, Tel.: (001-809)526-2161, Fax: (001-809)526-360*

Zimmer: *162 Gästezimmer mit Klimaanlage, Telefon und Kabelfernsehen*
Weitere Einrichtungen: *Restaurant, Casino, Babysitting und freies Parken für Gäste*
Sport und Unterhaltung: *Swimmingpool und Unterhaltungsprogramm*

Caribbean Village Costa Linda – Juan Dolio

- ***Caribbean Village Decamerón Club & Casino $$$$**, Juan Dolio, San Pedro de Macorís, Tel.: (001-809)526-2009/2010, Fax: (001-809)526-2310, ist eine geschmackvolle all-inclusive-Anlage. Über einen Sandweg erreicht man den palmengesäumten Strand. Die Anlage besteht aus mehreren Gebäuden.*

Zimmer: *378 Gästezimmer mit Klimaanlage, Telefon und Kabelfernsehen sowie Balkon mit Blick aufs Meer, auf den Pool oder in den Garten, stehen bereit.*
Weitere Einrichtungen: *4 Restaurants, Bars, Pizza- und Barbecue-Stand, 3 Swimmingpools, ein Nachtclub, Diskothek und ein Casino gehören zur Anlage.*
Sport und Unterhaltung: *Tennis (3 Sandplätze), Volley- und Basketball, Reiten (täglich 1 Stunde), Segeln, Schnorcheln, Schnuppertauchen im Pool, Windsurfen und Radfahren sind hier möglich. Außerdem gibt es ein Unterhaltungsprogramm.*

- ***Metro-Golf $$$$** * Hotel * Golf * Marina, Tel.: (001-809)526-2811, Fax: (001-809)526-1808 ist eine all-inclusive-Anlage. Golfspielen muß jedoch extra bezahlt werden. Das Hotel liegt direkt am Strand.*

Zimmer: Die Gäste sind in 223 Zimmern untergebracht.
Weiterer Service: Ausritte und Tauchen können organisiert werden.

• **Talanquera Country & Beach Resort $$$$**, Juan Dolio Beach, P.O. Box 22142 Santo Domingo, Tel.: (001-809)526-1510, Fax: (001-809)541-1292, Internet: http://www.talanquera.com, e-mail: sales@talanquera.com, in Strandnähe, alles inklusive
Zimmer: 320 Zimmer mit Klimaanlage, Telefon und Kabelfernsehen werden an die Gäste vermietet.
Weitere Einrichtungen: Das L'Ecrevisse Gourmet Restaurant wird Sie besonders verwöhnen. Außerdem gibt es noch 2 weitere Restaurants und 4 Bars.
Sport und Unterhaltung: Das Sportprogramm umfaßt Tauchen, Gymnastik, Reiten, Kajakfahren, Schnorcheln, Windsurfen und Tennis. Live-Shows jeden Abend sorgen für gute Stimmung.

• **Caribbean Village Tropics $$$**, Juan Dolio, Reservierungs-Zentrum, Tel.: (001-809)526-2009, Fax: (001-809)526-1430, alles inklusive
Zimmer: 81 Gästezimmer mit Klimaanlage, Telefon und Kabelfernsehen
Weitere Einrichtungen: Restaurant, Casino, Babysitting und freies Parken für Gäste
Sport und Unterhaltung: Swimmingpool und Unterhaltungsprogramm

• **Capella Beach Resort $$$**, Tel.: (001-809)526-1080, Fax: (001-809)526-1088, e-mail: h.capella@codetel.net.do, ist ein all-inclusive-Hotel.
Zimmer: Moderne Gebäude mit 271 Zimmern (von Standard über Honeymoon bis Penthouse mit Jacuzzi), eingerahmt von einer weitläufigen Gartenanlage, stehen den Gästen zur Verfügung.
Weitere Einrichtungen: 3 Bars und 3 Restaurants, davon ein italienisches und ein à la carte-Restaurant, geben ihr Bestes, um Sie zu verwöhnen. Ein Nachtclub, Boutiquen, eine große Poolanlage, eine Sauna und ein Fitness-Center vervollständigen die Anlage.
Sport und Unterhaltung: Beim Tennisspielen, im Fitness-Center und bei diversen Wassersportarten dürfen Sie sich sportlich betätigen.

• **Playa Real $$**, Tel.: (001-809)526-1114, Fax: (001-809)526-1623, in Sichtweite des Meeres
Zimmer: Dieses Hotel vermietet 296 Zimmer mit Klimaanlage, Dusche/WC, Telefon, Kabelfernsehen und fast alle mit Meerblick.
Weitere Einrichtungen: Hierzu gehören 3 Restaurants und eine Bar.
Sport: Es besteht Gelegenheit zum Volleyball-, Tennis- und Tischtennisspielen, Reiten, Schnorcheln und Surfen.

Restaurants

• **El Pescador**, Metro Hotel, Tel.: 526-1710, einheimische, spanische und internationale Küche sowie Meeresfrüchte

• **El Sueño**, Tel.: 526-2065, italienisches Restaurant, mittlere Preisklasse, empfehlenswert

• **Tommy's BBQ & Grillrestaurant**, Avenida Boulevard, gegenüber Hotel Albatros, Tel.: (001-809)526-1452, Fax: (001-809)526-2404, „... deutsche Küche bei Ingrid & Carlos", so lautet der Text am Aushängeschild des kleinen, aber gemütlichen Restaurants. Das Essen ist gut und reichhaltig, außerdem werden auch **7 Gästezimmer** mit Ventilator, Dusche/WC vermietet. Visa und Mastercard werden für die Übernachtung akzeptiert.
Sport: Auf der internationalen Bowlingbahn können Sie sich sportlich betätigen.

Busse
Terminals: in San Pedro de Macorís und Santo Domingo, Guaguas halten auf Handzeichen an der Hauptstraße.

Autovermietung

- *Budget, im Hotel Capella, Tel.: 526-1907*
- *Faenza Rent-a-Car, Plaza Boulevard, Tel.: 526-1713, Fax: 526-1619*
- *Metro Tours, im Hotel Metro, Tel.: 526-1706*

Tauchen

- *Calypso Diving Center, im Hotel Punta Garza, Tel.: 526-2127, Fax: 526-3814, PADI-Ausbildung, führt Anfängerkurse durch.*
- *Coral Scuba-Club, Tel.: 526-3046, Fax: 526-1226, deutsche Leitung, organisiert Exkursionen und hält Anfängerkurse ab.*
- *Neptuno Dive Center, im Hotel Talanquera, Tel.: 526-1473, PADI-Ausbildung, Exkursionen und Tauchgänge an Wracks stehen auf dem Programm.*

Juan Esteban (S. 309)

Hotel
Club Hotel El Quemaito $$, Km 10 Carretera Barahona – Paraiso, P.O. Box 150, Tel./Fax: (001-809)233-0999 wird von dem schweizer Paar Erwin Durrer & Verena Schmidt geführt. Das Club Hotel liegt abseits der Hauptstraße und ist ab Hinweisschild auf einer Stichstraße von 500 m Richtung Küste zu erreichen.
Zimmer: 14 Gästezimmer verschiedener Größe mit Klimaanlage warten auf Besucher.
Weitere Einrichtungen: In dem großflächig und großzügig angelegten Garten am Steilufer über dem Meer, der u.a. mit Palmen und Kakteen bepflanzt ist, ist ein Pool eingelassen. Auf der Sonnenterrasse können Sie sich wunderbar bei meist frischem Seewind entspannen.

La Descubierta (S. 301f)

Unterkünfte

- *Padre Billini $, Calle Padre Billini, No. 26, Fax: (001-809)696-0327 (die gleiche Fax-Nummer wie Pension Hostal del Lago), ist eine bescheidene Unterkunft mit einigen wenigen Betten.*
- *Pension Hostal del Lago $, Calle Mella No. 2, Tel.: (001-809)224-9525, Fax: (001-809)696-0327 ist eine sehr einfache, saubere Herberge.*

Zimmer: 2 Gästezimmer mit Ventilator, Waschbecken und WC werden vermietet.

Restaurant
Restaurant Brahaman's, Calle Castón Deligne No. 1, Tel.: 224-9525, Fax: 696-0327
Hier werden einheimische und kreolische Gerichte serviert, z.B. Reis mit Bohnen, Maniok, Fleischeinlagen und Salat. Unangenehm ist allerdings die zu laute Musik.

Busse

Es verkehren zweimal täglich Expreßbusse nach Santo Domingo bzw. Jimani. Das Terminal in Santo Domingo für diese Buslinie befindet sich in der Calle Juan B. Vicini, Cera del Huscallito, Esq. 27 de Febrero. Die Busse sind klimatisiert. Die Fahrzeit beträgt rund 5 Stunden.

Telekommunikation

Das „Centro de Telecomunicaciones y Remesas Vimenca", Tel.: 696-0327 liegt in der Casa Comercial Miriam Noris.

Einkaufen

Der „Colmado Plaza Ramirito", Castón Deligne, No. 17, Tel.: 696-0481 verkauft die zum Leben notwendigsten Lebensmittel.

La Romana (S. 323)

Wichtige Adressen und Telefonnummern

- *Krankenhäuser:*
- *Centro Medico Dr. Canela, Esq. Avenida Libertad No. 44 / Calle Benito Monción, Tel.: 556-3135, 2665*
- *Hospital Aristides Fiallo Cabral, Calle Teniente Amado García, Tel.: 556-2345*
- *Apotheken:*
- *Farmacia Central, Calle Teniente Amado García*
- *Farmacia Diana, Esq. Castillo Marquéz / D. Hernández*
- *Banken:*
- *Banco Este, Calle Enriquillo*
- *Banco Popular, Avenida Santa Rosa de Lima*
- *Post: Calle Duarte und Calle Castillo Marquéz*
- *Telefon: Codetel, Calle Duarte No. 28*

Hotels

- *Casa de Campo $$$$$, P.O. Box 140, La Romana, Reservierung, Tel.: (001-809))523-3333, 8698, Fax: (001-809)523-8548, 8394, e-mail: casadecampo@codetel.com.do, Internet: www.ccampo.com.do, liegt 4 Kilometer östlich der Stadt. Casa de Campo heißt übersetzt: „Haus auf dem Lande", in Wirklichkeit ist es jedoch eines der größten Sportresorts der Karibik und eines der exklusivsten der Welt. Angeblich verbrachte hier Michael Jackson seine Flitterwochen, und es wohnten und vergnügten sich hier Prince Charles, Robert Redford und Sharon Stone. Das legendäre Sportresort Casa de Campo ist eine riesige, parkähnliche, 2.800 ha große Hotelanlage mit eigenem Flugplatz, die einer ganzen Stadt gleicht. Die Distanzen in dem weitläufigen Gelände werden mit hoteleigenen Elektroautos überbrückt.*

Zimmer: Es umfaßt 750 Gästezimmer, die in Villenform und Gebäudekomplexen über das große Gelände verteilt sind, luxuriös eingerichtet.

Weitere Einrichtungen: 9 ausgezeichnete Restaurants, ein Nachtclub, ein Konferenzsaal, Babysitting, ein Tontaubenschießplatz und eine Sauna können genutzt werden.

Sport: Auf dem Gelände befinden sich 2 Golfplätze (je 18-Loch), 6 Swimmingpools, Schießanlagen mit 60 Schießständen, 13 Tennis- und Minigolfplätze. Ein Polo- und Reitclub mit über 2.500 Pferden, ein Yacht- und Beachclub, die Gelegenheiten zum Segeln, Windsurfen, Paddeln, Hochseefischen, Wasserski, Schnorcheln und Tauchen vervollständigen die Möglichkeiten zu einem abwechslungsreichen Aktivurlaub.

- ***Olimpo $**, Esq. Padre Abreu / Calle Pedro A. Lluveres, Tel.: (001-809)550-7646, Fax: (001-809)550-7647, ist ein kleines, bescheidenes Hotel mit bewachtem Parkplatz*

***Zimmer:** Die einfach ausgestatteten Gästezimmer haben Klimaanlage und Fernsehen.*

Restaurants

- ***La Carreta Steak House**, Enriquillo No. 15, Tel.: 550-0327, hier gibt es saftige Steaks in verschiedenen Zubereitungen.*
- ***La Casita del Mar**, Calle Francisco Richiez No. 57. Tel.: 556-5509, 5932 ist ein renommiertes Restaurant, das Speisen der italienischen und internationalen Küche lecker zubereitet.*
- ***Lago Grill**, Casa de Campo, Tel.: 523-3333, einheimische, internationale und mediterrane Küche*
- ***Tropicana**, Casa de Campo, Tel.: 523-3333, serviert Gerichte einheimischer und spanischer Küche sowie Meeresfrüchte.*

Autovermietung

- ***Avis Rent-a-Car**, Calle Castillo Marquéz No. 35, Tel.: 550-0600*
- ***Hertz**, Casa de Campo, Tel.: 523-3333/Ext 8988*
- ***Honda Rent-a-Car**, Avenida Santa Rosa No. 84, Tel.: 550-6911*
- ***National**, Casa de Campo, Tel.: 523-8191, 556-8006*
- ***Nelly Rent-a-Car**, Avenida Santa Rosa No. 61, Tel.: 556-2156*

Las Galeras (S. 361)

Telefon

***Codetel**, in der Hauptstr., Mo-Sa 8.00-13.00, 14.00-21.00 Uhr So 9.00-13.00, 16.00-21.00 Uhr*

Hotels

- ***Villa Serena $$$$**, Apartado Postal 51-1, Samaná, Tel.: (001-809)538-0000, 696-0065, Fax: (001-809)538-0009, 538-2545, e-mail: vserena@codetel.net.do, einen Kilometer östlich von Las Galeras direkt am Meer gelegen, ist ein kleines, intimes Hotel, das sich inmitten einer völlig unberührten tropischen Natur befindet. Bei Hochzeitsreisenden ist es sehr beliebt. Das Preis-Leistungs-Verhältnis stimmt. Bei Ankunft erhalten Sie auf Ihrem Zimmer einen Obstkorb und eine kleine Flasche Wein als Willkommensgruß.*

***Zimmer:** Die 11 geräumigen und komfortablen Zimmer mit Ventilator oder Klimaanlage sind mit viel Geschmack eingerichtet. Jedes hat seinen besonderen Charme und eine eigene Atmosphäre. Sie können von Ihrem Zimmer aus auf eine Veranda hinaustreten und das Meer mit einer kleinen vorgelagerten Insel überblicken. Über jedem Bett wölbt sich ein Baldachin.*

***Weitere Einrichtungen:** Ein tropischer Garten erstreckt sich rund ums Hotel mit seinem Gourmet-Restaurant, einem kleinen „Schmuckkästchen". Es gibt eine Lobby mit Sitzgelegenheiten und eine große Terrasse mit Blick aufs Meer. Im hoteleigenen Restaurant wird ausgezeichnete karibische und internationale Küche serviert.*

Aktivitäten: *Das Hotel organisiert Ausflüge mit Boot oder Pferd zu vielen einsamen Stränden in der Umgebung. Außerdem sind Wandern, Schnorcheln, Tauchen und Golfspielen möglich.*

- ***Club Bonito $$$**, Hotel * Bar * Restaurant, Tel./Fax: (001-809)696-0082, 538-0203, Fax: 696-0082, 0204, e-mail: club.bonito@codetel.net.do, Web site: http://www.club-bonito.com, blickt direkt auf die sandige Meeresbucht Bahía de Rincón. Jährlich von Februar bis April besuchen bis zu 4.500 Buckelwale die Bucht. Hier spürt man noch den Zauber der Karibik. Noch ist die Ruhe das beste Attribut der Bucht und des Hotels. Hierher kommen Gäste, die dem Trubel der großen Resorts entfliehen wollen. Die derzeitige Besitzerin ist eine Deutsche.*

Hotel Club Bonita – Las Galeras

Zimmer: *14 große Gästezimmer sind geschmackvoll mit Bambusmöbeln eingerichtet.*

Weitere Einrichtungen: *Besonders eigenwillig ist die Empfangshalle gestaltet und dekoriert. Auffällig ist ein versteinerter Baum, dessen Schnittstelle dekorativ beleuchtet ist. Eine großzügige Treppe führt zu den Gästezimmern im ersten Stock empor. Jedes Möbelstück ist ein Unikat.*

Ein besonderes Lob gilt dem **tropischen Garten** *mit seiner Fülle an prangenden Bougainvillea, Hibiskus, Scharlachroten Ixora und dem Steingarten, in dem verschiedene Pflanzen in die Vertiefungen des Kalkgesteins eingelassen sind. Die Blütenpflanzen werden gern von Schmetterlingen aufgesucht, und die metallisch glänzenden Flügel der Libellen glitzern in der Sonne.*

Ein kleiner **Pavillon** *hat Liegestühle, in denen man sich in Abgeschiedenheit entspannen kann, angesichts der türkis und kobaltblau schimmernden Bucht von Rincón. Dieser Ort im Halbschatten der Kokospalmen ist ein wunderschönes Plätzchen.*

- ***Casa Marina Bay $$$**, Casa Marina Bay, Tel.: (001-809)538-0020, Fax: (001-809)538-0038 befindet sich 10 min. vom Arroyo Barril Airport und 20 min. von Samaná entfernt. Es ist eine großzügige Anlage. Ein ca. 50 m breiter Palmenhain trennt das Hotel vom Sandstrand.*

Zimmer: *200 Standardzimmer mit Terrasse oder Balkon, Bad/WC, Kabelfernsehen, Klimaanlage und Mietsafe und 50 Suiten in Bungalows dienen den Gästen als Unterkunft.*

Weitere Einrichtungen: *3 Restaurants, deren kreolische und internationale Gerichte Ihren Gaumen verwöhnen, und 4 Bars stehen zur Wahl. 2 Swimmingpools stehen Ihnen zur Verfügung.*

Sport und Unterhaltung: *Tennis, Radfahren, Wasserski, Windsurfen, Schnorcheln, Tretboot- und Kajakfahren, Tauchen, Sportfischen und Aktivitäten für die Kinder in einem „Kids Club" können ausgeübt werden. Der Unterhaltung dienen Shows, Livemusik, Spiele und Spaß in der Mini-Disko für die Kleinen.*

- ***Todo Blanco $$$**, Tel. + Fax: (001-809)225-0049, ein intimes Strandhotel im Kolonialstil mit offenen Terrassen und herrlichem Blick wird z.Zt. vom benachbarten Club Bonito mitverwaltet. Oft wird die Empfangshalle von Todo Blanco bei Fotoaufnahmen von Models benutzt. Keines der Möbelstücke ist Fabrikware. Das individuell auf dieses Hotel abgestimmte, handgearbeitete Interieur besteht aus beachtenswerten Unikaten.*

Zimmer: *8 luxuriös eingerichtete Gästezimmer werden vermietet.*
- ***Moorea Beach $$**, Tel.: (001-809)-538-0007, Fax: (001-809)538-0202 e-mail: hotel.moorea @codetel.net.do, ist ein beliebtes Ziel für Familien und Individualreisende, abseits der Touristenzentren der Dominikanischen Republik. Das kleine Hotel steht unter deutsch-griechischer Leitung.*

Zimmer: *alle 13 Doppelzimmer bieten Balkon oder Terrasse, Ventilator und Blick aufs Meer.*
Freizeitaktivitäten: *Es werden Reitausflüge, Bootsfahrten zu entlegenen Buchten und Tauchkurse unter deutscher Leitung angeboten. Motorräder können direkt im Hotel gemietet werden.*
- ***Paradiso Bungalows $**, Tel./Fax: (001-809)538-0210 liegt ca. 150 m vom Strand entfernt.*

Zimmer: *5 Hütten stehen den Gästen zur Verfügung. Hier sind Sie einfach und preisgünstig untergebracht.*
- ***Villa Marina $**, Tel.: (001-809)538-0003 ist eine ältere Anlage, die ca. 500 m vom Strand entfernt liegt. Es werden keine Kreditkarten akzeptiert.*

Zimmer: *7 Gästezimmer im Hauptgebäude und 4 Bungalows können gemietet werden. Die Zimmer sind sauber und mit Bad/WC und Ventilator ausgerüstet.*
Weitere Einrichtungen: *Auf dem Gelände von Villa Marina befindet sich das* ***Restaurant Vittoria.***

Restaurants
- ***Gri-Gri** befindet sich an der einzigen Kreuzung. Dieses Restaurant serviert Fisch zu niedrigen Preisen. Von hier aus hat man eine gute Übersicht über das bunte Treiben im Ort.*
- ***Nancy** ist bekannt für die Spezialität „pescado con coco", Fisch in Kokos*

Andenkenläden
***Artesania Acosta** und **Joyeria Cocorio** präsentieren eine reiche Auswahl an Souvenirs.*

Tauchen
***Dive Samaná**, Las Galeras, Tel.: 538-2066, Fax: 538-2545, diese Tauchbasis wird von Peter Trübel geleitet.*

Las Terrenas (S. 362f)

Wichtige Adressen und Telefonnummern
- *Information:*
  - ***Agencia de Viajes**, im Einkaufszentrum, vermittelt u.a. Flüge nach Haiti, La Romana, Punta Cana und Santo Domingo.*
  - ***Casa de las Terrenas**, Tel.: 240-6251, organisiert Ausflüge und verleiht Autos.*
- ***Telefon:*** *Die Telefongesellschaften Codetel und Turilel haben ihre Büros in der Hauptstraße.*

Hotels

• ***Cacao Beach Resort & Village $$$$***, (001-809)240-6000, Fax: (001-809)240-6020, e-mail: hotel.cacao@codetel.net.do, liegt inmitten eines herrlichen tropischen Gartens.
Zimmer: Alle 180 Gästezimmer haben Klimaanlage, Bad/WC und Terrasse.
Weitere Einrichtungen und Service: Im Hotelkomplex gibt es 4 Restaurants. Im „Mariposa" werden Ihnen morgens ein reichhaltiges Frühstück und abends ein internationales Büffet serviert. Im „Sancocho" gibt es Pizzas und Gegrilltes vom Holzofen und Lunch am Rande des Swimmingpools. „Guatapanal" ist ein anspruchsvolles Restaurant à la carte. Jeden Abend werden hier frische Langusten kredenzt. „El Sombrero" ist die Pool-Bar am Rande des Swimmingpools. Hier locken die karibischen Cocktails.
Eine Boutique präsentiert ihre Produkte und Gebrauchsgegenstände des einheimischen Kunsthandwerks. Ein medizinischer Bereitschaftsdienst ist rund um die Uhr abrufbereit.
Sport und Unterhaltung: Für den Sportliebhaber gibt es Wassergymnastik und Wasserpolo im Swimmingpool, ein Fitnesszentrum mit Hydromassage, eine Sauna und einen Gymnastikraum, ein Tauchsportzentrum, ein Feld für Strandvolleyball und 2 beleuchtete Tennisplätze.
Natürlich gibt es auch die übliche Animation. Kabarett, Magie, folkloristische Vorführungen, Tanzkurse für Salsa und Merengue dienen dem Spaß an der Freude. Den Gästen stehen auch ein Zentrum für Billard und andere Gesellschaftsspiele zur Verfügung.

• ***Aligió Beach Hotel $$$***, Tel.: 001(809)240-6255, Fax: 001(809)240-6169, 1996 eröffnet, liegt direkt am Meer und paßt sich harmonisch in die Natur ein.
Zimmer: Die mit Deckenventilator, Telefon, Schließfach, Bad/WC/Bidet und Terrasse eingerichteten Zimmer geben den Blick aufs Meer oder die Tropenlandschaft frei.
Weitere Einrichtungen: Rund um das mitten im Grün der Tropenvegetation eingebettete große Schwimmbad sind die Rezeption, die auch Ausflugsbuchungen vornimmt, die Bar und das unter Leitung italienischer Chefköche stehende Restaurant angeordnet. Es bietet schmackhafte italienische, internationale und lokale Spezialitäten am Buffet und à la carte an. Babysitter-Vermittlung, Wäschereidienst, Arzt auf Abruf, Fahrrad-, Auto- und Jeepverleih gehören zum Service.
Sport und Unterhaltung: Aligió verfügt über 2 Swimmingpools und eine Tauchschule mit italienischen Lehrern. Angeboten werden Unterwasser-Kurse, Tauchgänge mit Begleitern und Schnorcheln. Ein Fußball- und ein Volleyballplatz sind vorhanden. Ein Unterhaltungsprogramm, auch mit Folklore-Elementen, bietet täglich neue Vorführungen.
Ausflüge: Pferdeausritte, Exkursionen zu den Wasserfällen von Limón und Hochseeangeln sind möglich.

• ***El Portillo Beach Resort $$$***, P.O. Box 646, Tel.: (001-809)240-6100, Fax: (001-809)240-6104, ist ein „all inclusive"-Hotel.
Zimmer: 171 Gästezimmer mit Telefon stehen im Angebot.
Weitere Einrichtungen: 2 Restaurants, verschiedene Bars gehören zum Service.
Sport und Unterhaltung: Ein Swimmingpool und zwei Tennisplätze warten auf die Bewegungsfreudigen, und täglich wird ein Unterhaltungsprogramm vorgeführt.

• ***Tropic Banana $$$*** Tel.: (001-809)240-6110, Fax: (001-809)240-6112, e-mail: hotel.tropic@codetel.net.do, bietet viel Flair, sehr französisch. An Wochenenden spielt gelegentlich der alte Cosseco mit seiner Band – Merengue, versteht sich.
Zimmer: Das kleine Bed & Breakfast-Hotel vermietet 27 Gästezimmer.
Weitere Einrichtungen: Ein Swimmingpool gehört mit zur Anlage. Das Restaurant ist sehr beliebt.

Sport: *Das große Sportangebot umfaßt u.a. Tennis, Reiten und die* ***Tauchschule Barracuda.***

• ***Acaya $$,*** *Tel.: (001-809)240-6161, Fax: (001-809)240-6166, z.Zt. unter belgischer Leitung, ist ein kleines Hotel, das von den Besitzern persönlich geführt wird. Auf der luftigen Terrasse läßt es sich gut aushalten.*

Zimmer: *Das Hotel vermietet 16 Gästezimmer mit komplettem Bad, Deckenventilator und Meeresblick.*

Weitere Einrichtungen: *Das Restaurant hat eine reichhaltige Auswahl an internationalen Speisen und Getränken anzubieten. Dem Hotel ist eine internationale Tauchschule (PADI) angeschlossen.*

Sport: *Pferde zum Ausreiten können im Ort gemietet werden. Als weitere sportliche Aktivitäten werden organisiert: Kanufahren, Harpunenfischen und Surfen.*

Hotel Atlantis – Las Terrenas

• ***Atlantis $$,*** *Tel.: (001-809)240-6111, Fax: (001-809)240-6205, e-mail: hôtelatlantis.codetel.net.do, http://www.where2stay.com/islands/resorts/379htmi, z.Zt. unter französischer Leitung, liegt direkt neben dem Hotel Punta Bonito. Dieses im Halbschatten der Palmen liegende Hotel zeichnet sich durch seine originelle kubische Bauweise der Unterkünfte aus, die an Bauten in Spanien oder Portugal erinnern. Eine grob entworfene Seekarte an einer Wand demonstriert die Entdeckung Amerikas durch die Spanier.*

Zimmer: *Es werden den Feriengästen 18 individuell verschieden gestaltete Zimmer mit Ventilator und Moskitoschutz vor den Fenstern angeboten. Die einzelnen Gästezimmer sind unterschiedlich benannt, z.B.: Ibiza, Casablanca, Jamaica, Acapulco usw.*

Restaurant: *Es ist der Treffpunkt von Anhängern feiner französischer Küche, dafür garantiert der Küchenchef, Schüler des Bérad Boyer und ehemaliger Chefkoch des französischen Präsidenten.*

• ***Casa Robinson $$,*** *Tel.: (001-809)240-6496, unter italienischer Leitung, ist eine kleine Pension, im Grün der Tropenvegetation der Küste versteckt und auf einem Seitenweg, ca. 50 m vom Strand entfernt, zu erreichen. Kreditkarten werden nicht akzeptiert.*

Zimmer: *In mehreren Häuschen gibt es 16 saubere Gästezimmer mit und ohne Küche und mit Dusche/WC.*

• ***Coyamar $$,*** *Tel./Fax: (001-809)248-2353, Internet: www.coyamar.de, eine kleine 2-geschossige Anlage, liegt direkt am Playa Bonita, 2 km westlich von Las Terrenas.*

Zimmer: *10 Gästezimmer sind geschmackvoll eingerichtet.*

Weitere Einrichtungen: *Ein palmwedelgedecktes luftiges open-air-Restaurant, ein winziger Pool und Kunst im Stil von Niki de St. Phalle gehören zur Hotelanlage.*

• ***Las Cayenas $$,*** *Tel.: (001-809)240-6080, Fax: 240-6070, 1991 eröffnet, liegt am Strand Las Ballenas. Es wird von Marie Antoinette Piquet geführt.*

Zimmer: *30 einfache, aber geräumige Zimmer mit Moskitoschutz, Dusche/WC und rustikaler Möblierung stehen den Gästen zur Verfügung.*

Weitere Einrichtungen: *Die Solar-Elektrik verursacht keine störenden, brummenden Geräusche wie die üblichen Generatoren.*

• ***Las Palmeras $$,*** *Hotel * Restaurant * Bar, Carretera a Portillo No. 1, Tel.: (001-809)707-7263, ist ein kleines Hotel. Mastercard und Visa werden akzeptiert.*

Zimmer: *10 Zimmer stehen für die Gäste bereit.*

• ***Punta Bonita Resort $$***, *Tel.: (001-809)240-6082, Fax: (001-809)240-6012, ist im Landhausstil am Strand erbaut. Es diente als Unterkunft für das deutsche Team des Films „Klinik unter Palmen" mit Klaus Jürgen Wussow u.a.*
Zimmer: *Das Hotel hält Bungalows für Badeurlauber bereit.*
Weitere Einrichtungen: *Ein Restaurant mit internationaler und einheimischer Küche und eine Bar verwöhnen die Urlauber. Verpflegungsmäßig ist nur Halbpension vorgesehen.*
Sport: *Der Hotelgast kann die Ausrüstungen für Wasserski, Sportfischen und Windsurfen benutzen. Außerdem können Pferde für einen Ausritt entlang des Strands von Las Terrenas gemietet werden.*
• ***Casa Grande $***, *Tel.+ Fax: (001-809)240-6349 ist ein kleines Beach Hotel & Restaurant. Es wird von 2 netten Frauen (deutschsprachig) mit Charme, Wärme und natürlicher Freundlichkeit geführt. Die Gäste werden individuell betreut, eine echte Alternative zu den riesigen Hotelburgen des Massentourismus, ein Geheimtip für Individualtouristen, die Ruhe und Entspannung suchen. Wegen der sympathischen Gastgeberinnen ist dieses kleine Hotel/Restaurant besonders empfehlenswert. Man hat das Gefühl, daß sich die beiden Frauen über jeden Gast, der hier erscheint, aufrichtig freuen.*
Zimmer: *7 Gästezimmer, sauber und zweckmäßig eingerichtet, in ruhiger Lage, inmitten einer gepflegten Gartenanlage, warten auf Ihren Besuch. Frühstück wird in der Cafeteria des Hauses serviert.*
Weitere Einrichtungen und Service: *Das luftige Restaurant, palmwedelgedeckt, ist abends ein beliebter Treffpunkt. Bei Ihrer Planung von Ausflügen und individueller Erkundung des Landes können Sie auf die tatkräftige Unterstützung der beiden Frauen zählen.*
• ***Los Pinos Beach Resort $***, *Tel.: (001-809)240-6168, Fax: (001-809)240-6197, Beach Resort/Restaurant/Steak House, unter schweizer Leitung, wird von Christian und Nathalie Wiedmer geführt. Am Sandstrand kann man stundenlang entlanglaufen.*
Zimmer: *Im Erdgeschoß befindet sich ein Zimmer mit Dusche/WC. Die Gäste der 4 Gästezimmer im 1. Stock müssen sich jeweils 2 WC und einen Waschraum mit Dusche teilen. 2 weitere Bungalows sind genauso wie die vorher genannten Gästezimmer sauber und zweckmäßig eingerichtet. In den Übernachtungskosten ist ein kontinentales Frühstück eingeschlossen.*
Weitere Einrichtungen: *Im Restaurant werden besonders leckere Fleischgerichte zu moderaten Preisen angeboten.*

Restaurants

• ***Comedor Jahaira***, *Calle Francisca Lora Nr. 26, Tel.: 240-6522, serviert ausgezeichnete dominikanische Gerichte zu kleinen Preisen. Eine Speisenkarte gibt es nicht. Sonderwünsche werden erfüllt. Besonders schmackhaft ist der landestypische Eintopf „Sancocho".*
• ***Hotel Atlantis***, *Tel.: 240-6111, Fax: 240-6205, ist Treffpunkt von Anhängern feiner französischer Küche, dafür garantiert der Küchenchef, Schüler des Bérad Boyer und ehemaliger Chefkoch des französischen Präsidenten.*
• ***La Cocina*** *befindet sich an der Hauptstraße, direkt neben Codetel. Bewundernswert ist der schöne Blumengarten auf dem sonst verwilderten Grundstück. In diesem Restaurant sind "Huhn im Kräutermantel" und "Thunfisch mit Kokos" besonders zu empfehlen.*
• ***Manuel*** *liegt rund 100 m rechts vom Hotel Coyamar an der Playa Bonita. Der Wirt kauft seine Meeresfrüchte direkt bei den Fischern am Strand. Serviert wird rustikal auf einfachen Holzbänken unter den Palmen. Vorteilhaft ist es, etwa 2 Stunden vorher Bescheid zu sagen, wenn man hier speisen will.*

Strandbars

• *Casa Azul* ist ein blaues Haus gegenüber dem Einkaufszentrum am Strand, in dem sich gern jung und alt treffen.

• *Paco Cabaña*, am Strand gelegen, ist ein guter Platz für einen Longdrink bei Sonnenuntergang.

Diskothek

Nuevo Mundo (Neue Welt), an der Hauptstraße gegenüber Codetel gelegen, ist ein lebhafter Schauplatz der Völkerverständigung, an dem sich alle Rassen, Nationalitäten und Altersstufen einfinden. Neben Modernem werden natürlich auch Salsa und Merengue gespielt.

Tauchen

Acaya Diving Center, Rudi Bamberger & Helmut Zierow, Las Terrenas/Hotel Acaya, Tel.: (001-809)240-6161, Fax: (001-809)240-6166, in Deutschland: Manuela + Holger Distel, Neue Heimat 9, 78147 Vöhrenbach, Tel.: 07727-1440, Fax: 07727-7428, bietet dem Anfänger eine qualifizierte Ausbildung nach PADI, SSI und VIT. Spezialkurse und Meeresbiologie-Kurse für Fortgeschrittene werden auf Anfrage durchgeführt. Vom Hotelstrand, 20 m vor der Tauchbasis, geht es zu 16 verschiedenen Tauchplätzen. Nach einer Fahrzeit von 10-20 Minuten können Sie die Wunderwelt der Karibik unter Wasser „pur" erleben, Außenriff, Höhlen, Grotten und Plateaus. Die Spezialität dieser Tauchbasis sind Nachttauchgänge an der vorgelagerten Insel Las Ballenas.

Tagesausflüge: Diese Tauchbasis organisiert auch Tagesausflüge:

- *nach Las Galeras* (Steilwandtauchen, Tauchen am Wrack) und
- *in die Bucht* von Las Terrenas (Beobachtung von Buckelwalen von Mitte Januar bis Mitte März).

Ausrüstungen: Die Tauchbasis ist wie folgt ausgerüstet und eingerichtet:

- 16 Stahlflaschen (10 Liter), DIN und INT,
- 11 komplette Ausrüstungen (Atemregler, Jackets, Overalls),
- ein Bauer Kompresser M2B,
- ein Tauchboot für maximal 8 Personen, d.h. für Tauchen in kleinen Gruppen,
- Kamera- und UW-Lampenverleih,
- ein Erste-Hilfe-Koffer inklusive O_2-Vorrat und
- ein Schulungsraum.

Autovermietung

• *Baja's Rent a Car*, Tel.: 240-6343, vermietet eine Flotte 4WD Vitara, ideal, um auch schwieriges Gelände der Samaná-Halbinsel zu erkunden.

• *Jessie-Car-Rental*, Tel.: 240-6415, Fax: 001-809)240-6070 vermietet Autos, Motorräder und „Quadros", kleine 4-radangetriebene offene Fahrzeug (Motorräder mit 4 Rädern). Visa wird akzeptiert.

Pferdevermietung

Rancho Las Terrenas, am Strand, vermietet Pferde.

Luperón (S. 378)

Wichtige Adressen und Telefonnummern

- *Apotheke: Farmacia Alejandra, Calle Duarte*
- *Post: Parque Central*
- *Telefon:*
  - *Codetel, Calle Duarte No. 40, Fax: 571-8052*
  - *Telekom, Calle Duarte, gegenüber der Polizeistation*

Hotels

- ***Caribbean Village Luperón $$$$**, Ciudad Marina, Luperón, Puerto Plata, Tel.: (001-809)571-8303, 8316, Fax: (001-809)571-8180, Internet: http://www.allegroresorts.com, e-mail: isenior@allegroresorts.com, alles inklusive, rund 3 km außerhalb der Stadt*

***Zimmer:** 441 Gästezimmer in 3-stöckigen Gebäuden im Kolonialstil mit Klimaanlage, Telefon und Kabelfernsehen, Kühlschrank, Balkon mit Blick aufs Meer, auf den Pool oder in den Garten werden vermietet.*

***Weitere Einrichtungen:** 4 Restaurants, Bars, Boutiquen, eine Diskothek und 2 Swimmingpools für Erwachsene sowie 2 für Kinder, Sauna und freies Parken für Gäste gehören zum Service.*

***Sport und Unterhaltung:** Zu den Sportaktivitäten zählen: Schnorcheln, Windsurfen, Kajakfahren, Segeln, Reiten und Fahrradfahren. Ein Unterhaltungsprogramm sorgt für gute Laune.*

- ***Luperón Beach Resort $$$**, Tel.: (001-809)571-8303, Fax: (001-809)571-8180, all inclusive, liegt 3 km außerhalb von Luperón, in Alleinlage, direkt am Strand, 1 Stunde zum Flughafen Puerto Plata.*

***Zimmer:** Insgesamt 531 geräumige, helle und freundliche Gästezimmer mit Klimaanlage, Bad und Dusche, WC, Satelliten-Fernsehen, Kühlschrank, Mietsafe, Balkon oder Terrasse werden angeboten.*

***Weitere Einrichtungen:** Das Resort verfügt über zwei Pools, Liegeterrasse, Poolbar, zwei Whirlpools, Kinderbecken und 4 Restaurants, Bars, Boutique, Souvenirshop, Bank, Kosmetikladen und Diskothek.*

***Sport:** Das Sportangebot ist sehr mannigfaltig: Aerobic, Volleyball, Tennis, Tischtennis, Billard, Fahrradverleih, Schnorcheln, Windsurfen, Segeln, Kajaks, Bananenboot, Schnuppertauchen im Pool, Fitness-Center und Reiten.*

- ***Hosteleria Rancho del Sol $$**, zwischen Luperón und El Castillo, Tel.: (001-809)543-8172, Fax: (001-809)580-1320, am Strand*

***Zimmer:** 8 Gästezimmer mit Ventilator stehen für Urlauber zur Verfügung.*

***Weitere Einrichtungen:** Eine überdachte Terrasse und ein Restaurant laden zum Verweilen und Speisen ein.*

***Sport:** Surfbretter, Tauchausrüstung, Kanus und Segelboote werden gegen Zahlung einer Leihgebühr vermietet.*

- ***Sirena del Norte $**, Calle Duarte, Tel.: (001-809)571-8217, in der Nähe der Polizeistation, ist eine sehr einfache Unterkunft.*

Restaurants

- ***Dally**, Calle 27 Febrero No. 48, Tel.: 571-8034, ist auf Fisch- und Fleischgerichte spezialisiert.*

• *Puerto Blanco Marina, Tel.: 204-4164, direkt am Jachthafen, in der Nähe des Hotels Luperón gelegen, serviert internationale Küche zu moderaten Preisen.*

Nagua (S. 363)

Unterkünfte

• ***Residence Sol de Oró $$$**, Tel.: (001-809)248-7342, 7345, 7346 steht unter italienischer Leitung. Ein gepflegter Strand mit Liegen steht den Gästen zur Verfügung.*

***Zimmer:** Die Gäste sind in Bungalows mit eigener Küche, Dusche/WC untergebracht. Es sind 36 Wohneinheiten für 6 Personen und 24 Wohneinheiten für 2 Personen vorhanden, die im März/April 1999 bezugsfertig wurden.*

***Weitere Einrichtungen:** In dem sauber geführten Restaurant gibt es gutes Essen zu moderaten Preisen.*

• ***Carib Caban $**, P.O. Box 45 Nagua, Tel.: (001-809)584-4208 liegt an einem 22 km langen Palmenstrand, 8 km von Nagua entfernt.*

***Zimmer:** 30 Gästezimmer sind sauber und zweckmäßig eingerichtet und geeignet für Reisende mit schmalem Budget. Ein einfaches Restaurant ist angeschlossen. Die Gebäude hätten einen neuen Außenanstrich nötig.*

Parque Nacional Isla Cabritos (S. 298f)

Bootsfahrten

Am besten bestellt man ein Boot einen Tag im voraus am Anlegesteg La Sofrada am Lago Enriquillo, 3 km vor La Descubierta, oder im Informationsbüro (Información Touristico) des Restaurants Brahaman's, in La Descubierta, Calle Gaston S. Delgue No. 19, Tel.: (001-809)224-9525, Fax: (001-809)693-0237.

Parque Nacional Los Haitises (S. 357ff)

Bootsfahrten

• *Die **Parkverwaltung in Sabaná de la Mar**, Avenida de los Héroes 54, Tel.: (001-809)556-7333 veranstaltet Bootsfahrten. Hier erhält man auch die Genehmigung für den Parkbesuch.*

• ***Amilka Tours**, Sánchez, Calle Colón No. 15, Tel.: (001-809)552-7664, 552-7102, Fax: (001-809)522-7664, Handy: 606-0551, unternimmt Ausflüge zum Nationalpark für z.Zt. 110,- DM pro Person.*

Playa Caribe (S. 320)

Hotel

***Embassy Beach Resort $$** Tel.: (001-809)535-8389, Fax: (001-809)535-5292, alles inklusive*

***Zimmer:** Dieses Resort vermietet 167 Gästezimmer mit Klimaanlage, Telefon und Kabel-*

fernsehen.
Weitere Einrichtungen: *Restaurant, Konferenzsaal, Babysitting, freies Parken für Gäste und Sauna gehören zum Service.*

Playa Dominicus (S. 329)

Hotel
Gran Dominicus $$$$, *Bayahibe, Tel.: (001-809)565-6591, Fax: (001-809)567-4710, alles inklusive, völlig neu aufgebaut und renoviert nach dem Hurrikan George 1998, ist wunderschön in einer Bucht inmitten eines tropischen Gartens gelegen. Gegenüber dem Hotel gibt es viele Bilder der sog. Naiven Malerei zu kaufen. Kleine Bars, Restaurants und Privathäuser haben sich an einem Platz vor dem Hotel angesiedelt.*
Zimmer: *460 Zimmer mit dem üblichen Komfort stehen den Gästen zur Verfügung.*
Weitere Einrichtungen: *Zur Ferienanlage gehören zwei Tennisplätze, und es bestehen Möglichkeiten zum Schnorcheln und Tauchen. Ein Freilichttheater, ein Swimmingpool, eine Diskothek, Boutiquen, ein Fotoshop, Restaurants, Bootsvermietung, ein Konferenzsaal, Babysitting, freies Parken für Gäste und eine Sauna gehören zum Service.*
Sport und Unterhaltung: *Sie können hier Tennis spielen und das tägliche Animationsprogramm miterleben.*

Playa Grande (S. 367)

Hotel
Caribbean Village Playa Grande $$$$, *P.O. Box 10 Río San Juan, Playa Grande, Reservierungs-Zentrum, Tel.: (001-809)582-1170, Fax: (001-809)582-6094, alles inklusive, wurde 1994 eröffnet. Zu einem der schönsten Strände der Karibik, der östlich des Hotels liegt, wird man mit dem Shuttle-Bus gefahren. In erster Linie ist diese Anlage ein* ***Golfhotel.*** *Die Hotelanlage besteht aus einem dreistöckigen Gebäude.*
Zimmer: *300 geräumige Gästezimmer mit Klimaanlage, Telefon und Kabelfernsehen, Safes (gegen eine geringe Gebühr) werden vermietet.*
Weitere Einrichtungen: *3 Restaurants und 3 Bars sorgen für Ihr leibliches Wohl. Zum weiteren Service gehören Babysitting und freies Parken für Gäste.*
Sport und Unterhaltung: *Ein von Robert Trent entworfener riesiger Golfplatz (18 Loch-Anlage), der drittgrößte des Landes, ein Swimmingpool und eine Tennisanlage warten auf Sie.*
Bei „all inclusive" kann das Golfspielen auch gleich mitgebucht werden. Eine Tauchschule ist dem Hotel angeschlossen. Täglich wird ein Unterhaltungsprogramm geboten.

Playa Palenque (S. 288f)

Hotel
Apart Hotel Playa Palenque $$, *Puerto de Palenque, Sabana Grande de Palenque, Tel.: (001-809)243-2525, Fax: (001-809)243-2500, e-mail: hot.pl.palenque@codetel.net.do, liegt in einem wunderschönen Garten mit Fruchtbäumen und -sträuchern (Brotfrucht, Mango, Kokospalmen, Orangen, Zitronen, Bananen). Der alte Baumbestand*

Apart Hotel Playa Palenque – Playa Palenque

wurde liebevoll in die Anlage integriert. Genauso fürsorglich, wie die Pflanzen behandelt wurden, werden jetzt auch die Gäste individuell, familiär und zuvorkommend betreut. Der sympathische schweizer Besitzer Peter Wegmüller und seine charmante Gattin Dra. med. Maria Elexia Bautista-Wegmüller wie auch das sorgfältig ausgewählte Personal garantieren einen erholsamen Aufenthalt in dieser kleinen Oase der Ruhe und Beschaulichkeit. Dieses Schmuckkästchen liegt nur 300 m von dem endlos erscheinenden naturbelassenen Strand entfernt, der in völliger Abgeschiedenheit daliegt. Wem er zu einsam ist, der kann sich auf Anforderung von einem extra vom Hotel angestellten Sicherheitsbeamten begleiten lassen.

Zimmer: *8 Apartments mit allem Komfort (kleine Küchennische mit Kühlschrank und Eßecke) und dazugehörigen Loggien mit formschönen Bögen werden den Gästen in dem 1-stöckigen Hotel angeboten.*

Weitere Einrichtungen: *Ein Swimmingpool und eine Bar mit Restaurant gehören mit zur Anlage.*

Puerto Plata (S. 372ff)

Wichtige Adressen und Telefonnummern

• ***Information: Oficina de Turismo***, *Malecón 20, Tel.: 586-3676, erteilt gerne allgemeine und spezielle Auskünfte, insbesondere über die Abbauorte von Bernstein.*

• ***Krankenhäuser:***

- ***Centro Médico Dr. Bournigal***, *Antera Mota, Dr. José N. Redondo, Tel.: 586-4140, 2342, 3542*
- ***Clínica Dr. Brugal***, *J. del C. Ariza 15, Tel.: 586-2519*
- ***Clínica Dr. José Gregorio Hernandez***, *Avenida 27 Febrero No. 21, Tel.: 586-1166*
- ***Clínica Ricardo Limardo***, *J.F. Kunhart, Tel.: 586-2210*

• ***Zahnarzt:*** *Dr. Ivan Rivera, Avenida 27 Febrero No. 48, Tel.: 586-3432*

• ***Apotheken:***

- ***Farmacia San Juan***, *Calle 12 de Julio No. 86, Tel.: 586-2568*
- ***Farmacia Scarlett***, *Circunvalación Sur No. 68, Tel.: 586-4364*

• ***Banken:*** *In der Calle J.F. Kennedy gibt es mehrere Banken.*

• ***Post:*** *Esq. Calle 12 de Julio / Prud'homme*

• ***Telefon:***

- ***Codetel***, *Calle Beller No. 48, Tel.: 686-1803 und am Flughafen*
- ***Tricom***, *Avenida Febrero No. 75, Tel.: 471-5005*

Hotels

• ***Flamenco Beach Resort $$$$$***, *Occidental Hotels, Playa Dorada, Reservierungs-Zentrum, Tel.: (001-809)320-5084, 6602, Fax: (001-809)320-6319, größere Anlage mit 2-stöckigen Gebäuden*

Zimmer: *Insgesamt werden 582 rustikale Gästezimmer, davon 42 Juniorsuiten und 4 Mastersuiten, alle mit Klimaanlage, Telefon zum Selbstwählen, farbigem Kabelfernsehen, Mietesafe, vollständigem Bad/WC, Ventilator und Minibar angeboten.*

Weitere Einrichtungen: *2 Swimmingpools in einem 1.000* m^2 *großen Garten, ein Shopping Center, Auto- und Motorradverleih, eine Bank zum Geldwechseln, Babysitting, ein Kinderspielplatz, Sauna, ein Coffee Shop, 3 Restaurants, Bars, ein Konferenzsaal, freies Parken für Gäste machen den Aufenthalt in diesem Resort angenehm.*

Sport und Unterhaltung: *Ihnen steht ein umfangreiches Sportangebot zur Verfügung. Ein 18-Loch-Golfplatz liegt ganz in der Nähe.*

• ***Jack Tar Village Puerto Plata Resort & Casino $$$$$***, *P.O. Box 368, Playa Dorada, Carretera Luperón km 5 1/2, Playa Dorada, Reservierungs-Zentrum, Tel.: (001-809)320-3800, Fax: (001-809)320-4161, Internet: http://www.allegroresorts.com, e-mail: isenior@allegroresorts.com, alles inklusive, liegt am Rande der Hotelzone, ca. 200 m vom Strand durch den schönen Garten getrennt, in der Nähe des Golfplatzes. Die große Ferienanlage mit strohgedeckten, komfortablen Bungalows bietet für all-inclusive-Reisende auch das sog. „Maximum-Paket", d.h. Sie können ohne Gepäck anreisen und bekommen vor Ort alles, von der Zahnbürste, Unterhose, Shorts bis zum Badeanzug, aus der Hotelboutique geliefert.*

Zimmer: *290 große Gästezimmer in 75 Villas mit Klimaanlage, Telefon und Kabelfernsehen blicken entweder auf den Pool oder in den Garten. Kinder sind nicht zugelassen.*

Weitere Einrichtungen: *Ein Coffee Shop, 4 Restaurants, 2 Swimmingpools, ein Nachtclub, ein Massagesalon, Bank, Souvenir- und Fotoshop, ein Spielkasino, ein Konferenzsaal und freies Parken für Gäste tragen mit dazu bei, Ihnen den Urlaub in diesem Hotel so angenehm wie möglich zu machen.*

Sport: *Das umfangreiche Sportprogramm bietet viele Möglichkeiten der aktiven Betätigung. Wer golfen möchte, der bucht am besten die Golf-Casitas.*

• ***Paradise Beach Club & Casino $$$$$***, *P.O. Box 337, Playa Dorada, Hotels AMHSA, Tel.: (001-809)320-3663, Fax: (001-809)320-4858, Internet: http://www.amhsa.com, e-mail: amhsa@codetel.net.do, alles inklusive, 3-stöckige Anlage in victorianischem Stil, mit großer Poollandschaft*

Zimmer: *436 Zimmer verschiedener Kategorien, alle mit Klimaanlage, Telefon, Mietsafe, Kabelfernsehen und Bad/WC ausgestattet, werden vermietet.*

Weitere Einrichtungen: *3 Restaurants, ein Nachtclub, Casino, Babysitting, ein Ausflugsbüro, freies Parken für Gäste und Sauna können von Ihnen genutzt werden. Ein wunderschöner tropischer Garten mit riesigen Philodendren, Yagrumas, Palmen und Gummibäumen sowie ein künstlicher Wasserfall, der sich in ein Auffangbecken ergießt, und eine Poollandschaft geben diesem Hotel eine besondere Note.*

Sport und Unterhaltung: *Für die Ausübung der üblichen Sportarten im und auf dem Wasser (Segeln, Windsurfen, Schnorcheln) sowie auf dem Land (Tennis, Reiten und Golf) ist gesorgt. Ein abendliches Unterhaltungsprogramm gibt's natürlich auch.*

• ***Caribbean Village Club on the Green $$$$***, *P.O. Box 653, Playa Dorada, Reservierungs-Zentrum, Tel.: (001-809)320-1111, Fax: (001-809)320-5386, Internet: http://www.allegroresorts.com, e-mail: isenior@allegroresorts.com, ist ein „alles-inklusive"-Hotel in modernem Reihenhausstil.*

Zimmer: *Die Gäste sind in 336 Zimmern in mediterranem Stil mit Klimaanlage, Telefon und Satellitenfernsehen untergebracht.*
Weitere Einrichtungen: *Das moderne Hotel verfügt u.a. über 3 Restaurants, 5 Bars, Babysitting, Sauna und freies Parken für Gäste.*
Sport und Unterhaltung: *Selbstverständlich wartet auch ein Swimmingpool auf Sie. Zu den vielseitigen Möglichkeiten, Sport zu betreiben, gehören u.a. Tennis, Golf, Volleyball und Tischtennis. Das Unterhaltungsprogramm bietet sehr viel Abwechslung.*

- ***Caribbean Village Fun Royal $$$$**, P.O. Box 653, Playa Dorada, Purto Plata, Reservierungs-Zentrum, Tel.: (001.809)320-4811, 320-4054, Fax: (001-809)320-5301, alles inklusive*

Zimmer: *Von den 168 Gästezimmern mit Klimaanlage, Telefon und Farbfernsehen mit Kabelanschluß und Bad/WC haben die meisten Balkon oder Terrasse.*
Weitere Einrichtungen: *3 Restaurants, 4 Bars, eine Diskothek, Babysitting, Sauna, freies Parken für Gäste, Auto- und Zweiradverleih, Massage und Geldwechselschalter gehören zum Service.*
Sport und Unterhaltung: *3 Swimmingpools, 2 Tennisplätze und ein Golfplatz sind die traditionellen Sportstätten. Außerdem können Wassersportarten, wie Windsurfen, Schnorcheln, Segeln und Bootfahren, ausgeübt werden. Ein Unterhaltungsprogramm sorgt für Abwechslung.*

- ***Caribbean Village Fun Tropicana $$$$**, P.O. Box 589, Playa Dorada, Reservierungs-Zentrum, Tel.: (001-809)320-4811, Fax: (001-809)320-6120, alles inklusive*

Zimmer: *184 Zimmer mit Klimaanlage, Telefon und Kabelfernsehen stehen für Gäste bereit.*
Weitere Einrichtungen: *Restaurants, Babysitting, freies Parken für Gäste sind eine Selbstverständlichkeit.*
Sport und Unterhaltung: *Das Sport- und Unterhaltungsprogramm ist sehr mannigfaltig.*

- ***Gran Ventana Beach Resort $$$$**, P.O. Box 22, Playa Dorada, Tel.: (001-809)320-2111, Fax: (001-809)320-2112, Internet: http://www.tricom.net/granventana/gvhp.html, e-mail: vh@tricom.net, alles inklusive, 2-stöckige Anlage in victorianischem Stil, in üppigem, tropischem Garten*

Zimmer: *332 Zimmer mit Klimaanlage, Telefon und Kabelfernsehen warten auf Gäste.*
Weitere Einrichtungen: *Coffee Shop, 2 Restaurants, Nachtclub, Konferenzsaal, Babysitting, Kindergarten, Massage, Friseursalon, Andenkenladen, Sauna und freies Parken für Gäste erweitern den Service des Resorts.*
Sport und Unterhaltung: *Swimmingpool, Tennis und Unterhaltungsprogramm bieten etwas für Körperertüchtigung und zum Amüsement.*

- ***Playa Naco Golf & Tennis Resort $$$$**, P.O. Box 56, Playa Dorada, Hotelera NACO, Tel.: (001-809)320-6226, Fax: (001-809)320-6225, Internet: www.nacohotels.com, e-mail: info@nacohotels.com, all-inclusive-Anlage*

Zimmer: *398 Zimmer mit Klimaanlage, Telefon und Kabelfernsehen werden angeboten.*
Weitere Einrichtungen: *2 Restaurants, 2 Bars, ein Nachtclub, ein Konferenzsaal, Shoppingarkaden, freies Parken und Sauna stehen den Gästen zur Verfügung.*
Sport und Unterhaltung: *Ein umfassendes Sportangebot und ein abwechslungsreiches Unterhaltungsprogramm warten auf Sie.*

- ***Puerto Plata Beach Resort & Casino $$$$**, P.O. Box 600 Puerto Plata, Hotels AMH-SA, Tel.: (001-809)586-4243, Fax: (001-809)586-4377, Internet: http://www.amhsa.com, e-mail: amhsa@codetel.net.do, alles inklusive, in victorianischem Stil gebaut, eigener Strand*

Zimmer: *216 Gästezimmer, in victorianischem Stil eingerichet, alle mit Klimaanlage, Telefon und Kabelfernsehen ausgestattet.*

Weitere Einrichtungen: *3 Restaurants, ein Swimmingpool, ein Nachtclub, Spielkasino, ein Konferenzraum, eine Bank zum Geldwechseln, eine Shopping-Arkade, freies Parken für Gäste gehören mit zum Service des Strandhotels.*
Sport und Unterhaltung: *Sie können hier Tennis auf dem Hotelgelände und Golf auf dem nahen Golfplatz spielen. Ein Animationsprogramm fehlt natürlich auch nicht.*
• **Puerto Plata Village $$$$**, *P.O. Box 716 Puerto Plata, Playa Dorada, Tel.: (001-809)320-4012, Fax: (001-809)320-5113, e-mail: pvillage@aacr.net, alles inklusive, liegt einen ca. 10-Minuten-Fußweg vom Strand entfernt.*
Zimmer: *390 Zimmer und Suiten mit Klimaanlage, Telefon und Kabelfernsehen werden vermietet.*
Weitere Einrichtungen: *4 Restaurants, 4 Bars, ein großer Swimmingpool, Räumlichkeiten für Konferenzen und freies Parken für Gäste stehen Ihnen zur Verfügung.*
Sport und Unterhaltung: *Sie können unter zahlreichen Sportaktivitäten wählen, z.B. Golf, Tennis, Wassersport und Fahrradfahren. 4 Tennisplätze (2 mit Flutlicht), Volley- und Basketballplätze können genutzt werden. Das Spaß- und Unterhaltungsprogramm läuft rund um die Uhr.*
• **Victoria Resort $$$$**, *P.O. Box 22 Puerto Plata, Playa Dorada, Tel.: (001-809)320-1200, Fax: (001-809)320-4862, Internet: http://www.tricom.net/granventana/gvhp.html, e-mail: vh@tricom.net, das Herz des Dorada Playa. Ein schöner Lotusteich mit Wasserhyazinthen und Seerosen, Rallen und Libellen erfreut den Naturfreund.*
Zimmer: *190 Zimmer mit Klimaanlage, Telefon und Kabelfernsehen werden den Gästen angeboten.*
Weitere Einrichtungen und Service: *2 Restaurants, Babysitting, eine Boutique, ein Andenkenladen, eine Eisdiele, eine Wechselbank, Motorradverleih und freies Parken für Gäste können in Anspruch genommen werden.*
Sport: *Das Sportprogramm umfaßt beispielsweise Schnorcheln, Windsurfen, Reiten, Radfahren und Tennis.*
• **Club Heavens $$$** *Apartado Postal 576, Playa Dorada, Tel.: (001-809)320-5250, 2324, Fax: (001-809)320-4733, Internet: http://www.amhsa.com, e-mail: amhsa@codetel.net.do, alles inklusive*
Zimmer: *102 Standardzimmer mit einem oder 2 Doppelbetten und 90 Suiten mit 2 getrennten Wohneinheiten stehen den Gästen wahlweise zur Verfügung. Alle Zimmer sind mit Bad/WC, Klimaanlage, Telefon, Fernsehen und Safe ausgestattet.*
Weitere Einrichtungen: *Hierzu gehören u.a.: 2 Restaurants, 3 Bars, eine Diskothek, ein Gymnastik- und ein Massageraum sowie ein Souvenirshop, ein Spielzimmer und Boutiquen.*
Sport und Unterhaltung: *Das übliche Sportangebot ähnelt dem anderer Strandhotels. Ein abendliches/nächtliches Unterhaltungsprogramm hält Sie schon wegen der meistens überdrehten Lautstärke wach.*
• **Playa Dorada Hotel $$$**, *P.O. Box 272, Playa Dorada, Tel.: (001-809)320-6602, Fax: (001-809)320-2775, alles inklusive*
Zimmer: *254 Zimmer mit Klimaanlage, Telefon und Kabelfernsehen stehen den Gästen zur Verfügung.*
Weitere Einrichtungen: *Restaurant, Boutiquen, Nachtclub, Konferenzsaal, Spielkasino, Babysitting, freies Parken für Gäste gehören zum Service des Hotels. Die Anlage ist* **z.T. behindertengerecht** *konzipiert.*
Sport und Unterhaltung: *Zuerst die Betätigung auf dem Tennis- oder Golfplatz, dann ein erquickendes Bad im Swimmingpool und schließlich das Miterleben des abendlichen Unterhaltungsprogramms, das ist die richtige Reihenfolge.*

• ***Villas Doradas $$$***, *Occidental Hotels, P.O.Box 1370 Puerto Plata, Playa Dorada, Tel.: (001-809)320-3000, Fax: (001-809)320-4790, alles inklusive, wurde 1993 total renoviert.*
Zimmer: *Das Resort bietet 244 Gästezimmer, einschließlich 56 Suiten und 5 Villas, mit Klimaanlage, Deckenventilator, Telefon, Kabelfernsehen und Safe, an.*
Weitere Einrichtungen: *Die Gastronomie bietet unter dem Konzept von „all inclusive" in 3 Restaurants verschiedener Geschmacksrichtungen ihre Spezialitäten an. Ein Swimmingpool in einem exotischen Garten, Autovermietung, ein Bazar, Babysitting und freies Parken für Gäste gehören zum weiteren Service.*
Sport: *Das Sportangebot ist umfangreich, z.B. Tennis, Volleyball, Reiten, Wasserski, Katamaransegeln, Parasailing und Golf (in der näheren Umgebung).*

Restaurants

• ***Acuarela***, *Calle Profesor Certad No. 3, Tel.: 586-5314, in einem liebevoll restaurierten Haus mit gutem Ambiente und gepflegter Gartenatmosphäre, ist bekannt für seine schmackhaften Gerichte internationaler Küche.*

• ***Aguacero*** *liegt am lebhaften Malecón von Puerto Plata. Hier stehen mexikanische und deutsche Gerichte auf der Speisenkarte.*

• ***Hemingway's Café*** *in der Plaza Dorada verbreitet Gemütlichkeit. Bei Livemusik werden leckere mexikanische und deutsche Snacks serviert.*

• ***La Ponderosa***, *Calle 12 de Julio No. 156, Tel.: 586-1597, ist ein typisches einheimisches Restaurant, im dem Fisch und Eintöpfe, alles frisch zubereitet, gut munden. Die Spezialität ist gegrillte Languste.*

Flughafen

Der ***Internationale Flughafen La Union***, *Tel.: 586-0219, liegt 25 km östlich von Puerto Plata in Richtung Sosúa. 1980 wurde er für den internationalen Flugverkehr freigegeben.*

Busse

Die komfortabel mit Klimaanlage, WC und Fernseher ausgestatteten Busse der Busunternehmer Caribe Tours und Metro Tours verbinden Puerto Plata mit Santa Bárbara de Samaná, Santiago de los Caballeros und Santo Domingo.

• ***Caribe Tours***, *Calle 12 de Julio No. 33, Tel.: 586-4544*

• ***Metro Tours***, *Calle Beller, Tel.: 586-6062, 8161. Das Terminal befindet sich in der Calle 16 de Agosta.*

Autovermietung

• ***Budget***, *Tel.: (011-809)586-4433, Aeropuerto La Union Puerto Plata, Tel.: (011-809)586-0284*

• ***Hertz***, *Aeropuerto La Union Puerto Plata, Tel.: (011-809)586-0454*

• ***Luck Rent-a-Car***, *Tel.: 586-0217, Fax: 586-0208, vermietet Geländewagen der Firmen Skoda und Toyota*

• ***National inter Rent*** *Carr. Luperón Km 2,5, Tel.: (001-809)586-1366, Fax: 586-1329*

Shopping-Arkade

Galeria Comercial „El Patio" *liegt vor dem Hotel Gran Ventana Beach Resort. In dieser Shopping-Arkade finden Sie u.a. einen Schönheitssalon, afro-amerikanische Boutiquen, Bars und eine Wechselstube.*

!!! **Bernsteinkauf**
Achtung!!!
Unter den Bernsteinverkäufern gibt es natürlich auch **Scharlatane**, *die Ihnen unechte Stücke verkaufen wollen. Zu schnell haben Sie einen täuschend ähnlichen "Bernstein" angedreht bekommen, der aus Kunststoff besteht und aus Fernost eingeführt wurde. Echten Bernstein kann man am sichersten daran erkennen, daß er fluoresziert.*

Tip!!!
Günstig *kann man rohe, ungeschliffene, bis zu faustgroße Bernsteine rund um die Mine „La Toca" von Händlern erwerben. Zu Hause können Sie die Steine bearbeiten lassen, und Sie haben ein gutes Geschäft gemacht.*

Punta Cana (S. 336f)

Wichtige Adressen und Telefonnummern
- *Bank: Plaza Bávaro*
- *Telefon: **Codetel** in den Hotels Plaza Bávaro und Cortecito*

Hotels
- ***Allegro Resort $$$$$***, *P.O. Box 68 Higüey, Tel.: (001-898)687-5747, 685-0151, www.allegroresort.com, für Europa: Luisenstraße 94, D-61348 Bad Homburg, Deutschland, Tel.: 06172-67870, Fax: 06172-678787*

Zimmer: *Das Resort vermietet 540 Gästezimmer.*
Weitere Einrichtungen: *4 Restaurants zur Auswahl sorgen für Ihr leibliches Wohl. Wäschereidienst, Babysitting, Wechselstube, Autoverleih gehören zum weiteren Service.*
Sport und Unterhaltung: *Tennis auf 4 Plätzen, Reiten, Sportfischen und Fahrradfahren können ausgeübt werden. Shows, Bands und Folkloregruppen sorgen für Unterhaltung.*
- ***Caribbean Village Bávaro $$$$$***, *P.O. Box 68, Bávaro, Higüey, Tel.: (001-809)687-5747, Fax: (001)685-0139, 0151, Internet: http://www.allegroresorts.com, e-mail: isenior@allegro resorts.com, alles inklusive, liegt direkt am Strand*

Zimmer: *540 Zimmer mit Klimaanlage, Telefon, Satellitenfernsehen, Balkon mit Meeresblick stehen den Gästen zur Verfügung.*
Weitere Einrichtungen: *3 Restaurants, 2 Snackbars, Babysitting und freies Parken für Gäste gehören zum Service.*
Sport und Unterhaltung: *In einem Swimmingpool, auf dem Tennisplatz, im Fitness-Center, beim Windsurfen, Reiten, Kajak fahren und auf dem Fahrrad können Sie sich sportlich betätigen.*
- ***Catalonia Bávaro Resort $$$$$***, *Tel.: (001-809)412-0000, Fax: (001-809)412-5036, im September 1998 eröffnet, ist ein „alles inbegriffen"-Hotel. Eine lange Palmenallee mit 2 Doppelreihen an Palmen auf jeder Seite und dazwischen Bougainvillea führt zum Empfangsgebäude.*

Zimmer: *Das Hotel verfügt über 720 Junior Suiten, die in alleinstehenden Villen von jeweils 24 Suiten verteilt sind. Zum Komfort gehören Klimaanlage, Ventilator, Badezimmer mit runder Wanne und getrennter Duschwanne, Satellitenfernsehen, Telefon mit Direktwahl, Safe, Kühlschrank, Haarfön, Terrasse.*
Weitere Einrichtungen und Serviceleistungen: *Ein großer Swimmingpool mit Inseln, getrenntes Kinderschwimmbecken, Whirl-Pool, ein Zentralrestaurant mit Büfett und 5 wei-*

tere verschieden geprägte Restaurants, Kofferabholdienst, Wäschereidienst, Kinderhort, Arztdienst, Spielsalon und Bibliothek gehören zum weiteren Service.

Sport und Unterhaltung: *Sie haben die Möglichkeit, zahlreiche sportliche Tätigkeiten auszuüben, z.B. im Wassersport: Windsurfen, Tauchen (Einführungskurse im Schwimmbad und Tauchgänge), Kanufahren, Segeln, Wasserski und Katamaransegeln. Die Ausübung weiterer Sportarten, wie Tennis, Darts, Billard, Bogenschießen, Volleyball, Fußball, Wasserpolo, Basketball, Tischtennis, sind ebenfalls möglich.*

Ein Profiteam ist bemüht, abwechslungsreiche Unterhaltung zu bieten. Hierzu gehören auch Aerobic, Fitnessübungen, Wassergymnastik, Kurse über landesübliche Malerei, das Begehen eines Naturlehrpfades, Live-Musik, Kurse über Merengue, Aufführungen eines Freilufttheaters und Spiele für Kinder.

• ***Fiesta Bávaro Beach Resort $$$$$****, P.O. Box 1, Tel.: (001-809)221-8149, Fax: (001-809)221-8150 ist eine sehr großzügig angelegte und weiträumige Anlage von 300.000 m^2. Ein Korallenriff dicht vor dem Strand ermöglicht ein gefahrloses Baden und Betreiben verschiedener Wassersportarten. Der feinsandige, weiße, rund 1.000 m lange Strand wird von einem großen Bestand an Kokospalmen gesäumt.*

Insgesamt besteht die Anlage aus 4 Hotelkomplexen: Hotel Playa Bávaro, Hotel Jardin Bávaro, Aparthotel Golf Bávaro und Hotel Casino.

Zimmer: *Bungalows mit jeweils 8 und 28 Zimmern und ein Gebäudeblock mit 85 Zimmern enthalten insgesamt 629 Standardzimmer und 372 Junior Suiten, komfortabel ausgestattet und klimatisiert. Zur Ausstattung gehören Direktwahl-Telefon, Salellitenfernsehen, Kühlschrank, vollständiges Bad und Terrasse.*

Weitere Einrichtungen: *4 Restaurants mit internationaler Küche und 5 Bars bemühen sich, die Gäste zufrieden zu stellen. 24-Stunden-Arztdienst, Supermarkt, Sportartikelladen, Andenkengeschäft, Boutique, Parfümerie, Friseur, Reiseagentur und Spielzimmer sind Selbstverständlichkeiten in diesem riesigen Resort.*

In einem ***Shopping-Center*** *gleich außerhalb des Resorts gibt es diverse Geschäfte, die z.B. Sportartikel, Textilien, Schmuck, Silberwaren und Bernstein verkaufen.*

Sport und Unterhaltung: *Zu den weitläufigen Sportinstallationen gehören Tennis, Basketball, Volleyball, Fußball und die nautischen Sportarten.*

• ***Iberostar Hotels & Resorts****, Playa Bávaro, Higüey, Fax: (001-809)221-7030, spanische Hotelkette*

Im Komplex gibt es 3 Hotels: Dominicana, Meliá Bávaro Resort und Punta Cana

\- ***Dominicana $$$$$****, Tel.: (001-809)331-6500, Fax: (001-809)688-9888, e-mail: iberostar @iberostar.com*

Zimmer: *346 Gästezimmer sind in einem 4-stöckigen Gebäude mit begrünten Innenhöfen untergebracht. Alle Zimmer verfügen über ein vollständiges Bad, Klimaanlage, Deckenventilator, Fernsehen, Kühlschrank, Telefon, Safe und Balkon. Außerdem werden 112 Juniorsuiten in 14 Bungalows vermietet.*

Weitere Einrichtungen: *In 3 unterschiedlichen Restaurants können Sie Ihr „all-inclusive"-Angebot auskosten. Zum weiteren Service zählen eine Ladenstraße in kreolischem Stil mit verschiedenen Geschäften, Friseur und Drogerie sowie ein Arztservice.*

Sport und Unterhaltung: *Sie können sich vielseitig sportlich betätigen, z.B. bei Gymnastik, Wasserball, Bogenschießen, Tischtennis, Tennis, Reiten, Schnorcheln, Windsurfen, Segeln, Tauchen und Hochseeangeln. Abends gibt es attraktive Shows und Tanzdarbietungen.*

\- ***Bávaro Resort $$$$$****, Tel.: (001-809)221-6500, Fax: (001-809)221-6186, e-mail: iberostar@iberostar.com*

Zimmer: Je 8 Junior-Suiten (ca. 35 m^2) sind in 75 Bungalows mit Telefon, Fernsehen, Klimaanlage, Deckenventilator, Fön, Kühlschrank und Mietsafe (gegen Gebühr) untergebracht.
Weitere Einrichtungen: Hierzu gehören 3 Restaurants, Bar, Salon, Ladenstraße, Minisupermarkt, Diskothek, Kinderclub, Ladenstraße und Friseur.
Sportangebot inklusive, nach Verfügbarkeit: Bogenschießen, Tischtennis, Areobic, Volleyball können von Ihnen genutzt werden, außerdem jeweils eine Stunde pro Person unnd Woche: Tennis, Windsurfen und Segeln.
Sportangebote gegen Gebühr: Hierzu zählen Tauchen (PADI-Tauchschule), verschiedene Bootsausflüge und Segeln.
Unterhaltung: Jeden Abend findet ein Unterhaltungsprogramm mit eigenem Tanzorchester und professionellen Shows statt.

- **Punta Cana $$$$$**, Tel.:(001-809)221-6500, Fax: (001-809)221-7030, e-mail: iberostar@iberostar.com

Zimmer: Angeboten werden 347 Gästezimmer in einem 4-stöckigen Gebäude. Alle Zimmer verfügen über ein komplettes Bad, Satelliten-Fernsehen, Klimaanlage und Deckenventilator, Haartrockner, Telefon, Kühlschrank, Mietsafe und Balkon.
Weitere Einrichtungen: Ein Büfett-Restaurant, eine Beach-Bar mit Grill, Pizzeria sowie 2 à-la-carte-Restaurants (italienisch und mexikanisch) sorgen für lukullische Genüsse. Zum weiteren Service gehören verschiedene Geschäfte, Friseursalon, Arztservice und Apotheke.
Sport und Unterhaltung: Für die Sportbegeisterten bieten sich folgende Möglichkeiten, sich zu betätigen: Aerobic, Wassersportarten ohne Motor, Windsurfen, Segeln, Tennis, Volleyball, Gymnastik, Bogen- und Karabinerschießen, Wasserball, Tischtennis, Tauchen (PADI-Tauchbasis), Reiten und Hochseefischen (gegen Gebühr).
Jeden Abend gibt es ein abwechslungsreiches Animationsprogramm.

- **Meliá Bávaro Resort $$$$$**, Tel.: (001-809)221-2311, Fax: (001-809)686-5427, e-mail: meliá.bavaro@codetel.net.do, wurde im November 1991 eröffnet. Die riesige Hotelanlage, in landestypischem Stil erbaut, auf einem Gelände von rund zwei Millionen Quadratmetern, liegt am Ende der Playa Cortecito. Eine Zunge natürlichen Waldes befindet sich zwischen dem Hauptgebäude und den Bungalows. Fast 80 Gärtner sind damit beschäftigt, den großen Park, in dem Sie Pfauen, Flamingos und Papageien antreffen, zu pflegen. Hoteleigene Fahrzeuge (Shuttle) überbrücken die weiten Wege. Die Hotelanlage besteht aus einem Haupthaus mit 83 Suiten mit separatem Pool und 86 Villen mit je 8 Suiten.

Zimmer: Insgesamt 750 Suiten sind geräumig und geschmackvoll mit Klimaanlage, Bad oder Dusche, WC, Telefon, Satelliten-Fernsehen, Minibar, Sitz- und Eßecke, Kühlschrank und weiteren Annehmlichkeiten ausgestattet.
Weitere Einrichtungen: Im Zentralgebäude, mit modernen Skulpturen geschmückt, sind untergebracht: Rezeption, Verwaltung, Boutiquen, Piano-Bar, Büfett-Restaurant, Unterhaltungsräume, Tanzbar, privates An- und Abreiseterminal. Zum übrigen Hotelkomplex gehören: 7 Restaurants, u.a. ein Gourmet-Restaurant à la carte und ein Fischrestaurant, eine Wechselstube, ein Supermarkt, eine Ladengalerie mit Apotheke, Parfümerie, Friseursalon, Autovermietung, ein großer klimatisierter Versammlungsraum, Bankett bis zu 400 Personen, 2 Tagesräume zu je 25 Personen für kleine Veranstaltungen, eine Sonnenterrasse und Pool-Bar.
Sport und Unterhaltung: An Sporteinrichtungen (teilweise gegen Gebühr) sind eine Tauchschule, eine Tennisanlage, eine Mehrzweckhalle und ein Swimmingpool vorhanden. Im Disco-Pub trifft man sich gern abends. Ein professionelles Unterhaltungsteam sorgt Tag und Nacht mit Spiel, Spaß, Tanz und Show für gute Laune.

• ***Paradisus Punta Cana $$$$$***, *ist ein Komforthotel der Sol Meliá Gruppe. Es liegt direkt am kilometerlangen Strand. Beim Bau der Anlage wurde ein Teil des Mangrovenwaldes erhalten.*
Zimmer: *Die 498 luxuriösen und geschmackvoll eingerichteten Suiten (45 m²) verteilen sich auf 29 Bungalows. Sie verfügen über Klimaanlage, Bad oder Dusche, WC, Fön, Minibar, Safe, Satelliten-Fernsehen, Telefon, Sitz- und Eßecke, Balkon oder Terrasse.*
Weitere Einrichtungen: *Eine großzügig konzipierte Poollandschaft, ein Kosmetiksalon, ein Minimarkt, medizinischer Dienst, Babysitter-Service, ein Casino und ein Hochzeitspavillon vervollständigen die Anlage. Um das kulinarische Wohl der Gäste kümmert man sich in den verschiedenen Restaurants.*
Sport und Unterhaltung: *Das Sportangebot ist sehr reichhaltig: Tischtennis, Volley- und Basketball, Tennis auf mehreren Plätzen, Bogenschießen, Fitness-Center, Sauna/Whirlpool, Reiten, Windsurfen, Segeln, Kanuverleih, Wasserfahrrad, Schnorcheln und Tauchen. Gegen Gebühr können Sie in der Nähe auf einer 18-Loch-Anlage Golf spielen oder zum Hochseefischen in See stechen.*
• ***Barceló Bávaro Beach Golf & Casino Resort***, *P.O. Box No. 3177, Santo Domingo, Tel.: (001-809)686-5797, Fax: (001-809)686-5859*
Dieses Resort, das zur Gruppe der Barceló Hotels gehört, ist in folgende Hotels unterteilt:
- ***Casino Bávaro $$$$***, *im Dezember 1989 eröffnet, im Sommer 1995 renoviert, liegt gegenüber dem Golfplatz.*
Zimmer: *Alle 234 Einheiten, davon 64 Junior Suiten (4 Einzelbetten) und 170 Standard-Doppelzimmer, sind mit Klimaanlage, Minibar, Farbfernseher mit Kabelanschluß, Telefon und Safe ausgerüstet.*
Weitere Einrichtungen: *2 Restaurants und 3 Bars können von Ihnen wahlweise frequentiert werden. Eine Boutique, ein Schmuck- und Souvenirgeschäft präsentieren ihre Waren.*
Unterhaltung: *Im Spielcasiono, in dem ca. 400 Personen Platz finden, können Sie am Roulette, bei Black Jack, Baccarat, am Glücksrad, an Spielautomaten und beim Würfelspiel Ihr Glück versuchen.*
- ***Golf Bávaro $$$$***, *im Mai 1989 eröffnet, im Sommer 1995 renoviert, liegt gegenüber dem Golfplatz.*
Zimmer: *Alle 126 Einheiten, davon 40 mit 2 getrennten Schlafzimmern, 36 mit 3 Schlafzimmern, 32 Suiten und 18 Senior Suiten mit 2 Badezimmern sind mit Klimaanlage, Minibar, Farbfernseher mit Kabelanschluß, Telefon und Safe ausgerüstet.*
Weitere Einrichtungen: *2 Restaurants und 3 Bars gehören zur Anlage des Hotels. Ein Souvenirgeschäft, ein Foto-Shop, ein Kunstmarkt, eine Poststelle und eine Wäscherei bieten ihre Dienste an.*
- ***Jardin Bávaro $$$$***, *im Dezember 1987 eröffnet, liegt direkt am Strand.*
Zimmer: *Alle 401 Doppelzimmer sind mit Klimaanlage, Minibar, Farbfernseher mit Kabelanschluß, Telefon und Safe ausgerüstet.*
Weitere Einrichtungen: *2 Restaurants und 4 Bars sorgen für das leibliche Wohl der Gäste. In der Eingangshalle befinden sich ein Schmuck- und ein Souvenirgeschäft sowie eine Boutique. Zu weiteren Serviceeinrichtungen zählen ein Wäschereidienst, ein medizinisches Zentrum, ein Kindergarten und Babysitting sowie die Erteilung von Spanischunterricht.*
Unterhaltung: *Allabendlich werden Shows vorgeführt.*
- ***Playa Bávaro $$$$***, *im Februar 1985 eröffnet, 1994 renoviert, liegt direkt am Strand.*
Zimmer: *Alle 598 Zimmer sind mit Klimaanlage, Minibar, Farbfernseher mit Kabelanschluß, Telefon und Safe ausgerüstet. 16 Doppelzimmer besitzen eine Verbindungstür.*
Weitere Einrichtungen: *3 Restaurants und 4 Bars verwöhnen die Gäste. Ein Schmuck-*

und Souvenirgeschäft, eine Apotheke, ein medizinisches Zentrum und ein Krankenwagen befinden sich im Hotelkomplex.

Unterhaltung: *Merengue-Unterricht, Theatervorführungen und Shows gehören zum Unterhaltungsprogramm.*

Gemeinsam für alle 4 Hotels zu nutzende Einrichtungen *(z.T. gebührenpflichtig)*

Sport: *Angefangen beim Tauchen in der geheimnisvollen Welt des Korallenriffs, über Windsurfen und Segeln, Wasserski, Schwimmen und Hochseeangeln, findet hier der Wassersport einen breiten Rahmen. Außerdem ist das Betätigungsfeld für Sportler auch anderer Sportarten, wie Tennis (6 Tennisplätze), Fußball, Softball, Tischtennis, Aerobic, Wassergymnastik, Volleyball, Wasserball, Dartwurf, Badminton und Boccia sowie Golf auf dem 18-Loch-Golfplatz, schier unerschöpflich.*

- **Bavaro Palace $$$$$**, *P.O.Box 1 Higüey, Tel. (001-809)686-5797, Fax: (001-809)686-5859, Komforthotel, in karibischem Stil erbaut, im Dezember 1993 eröffnet, nur durch einige Palmen vom endlosen Strand getrennt*

Zimmer: *Insgesamt 594 Zimmer in 6 Gebäuden sind mit 2 Doppelbetten oder einem King-Size Bett, Klimaanlage, Telefon, Minibar, Tresor, Farbfernseher mit Kabelanschluß, Sitzgruppe, Balkon, Bad mit 2 Waschbecken und einem Fön ausgerüstet. Fast alle Zimmer haben Meerblick.*

Weitere Einrichtungen: *5 Restaurants, Swimmingpool mit Kinderbecken, Souvenir- Schmuckgeschäft, Boutique, medizinischer Dienst und Kunstgalerie gehören zum Service.*

Sportangebote inklusive, nach Verfügbarkeit: *Ihnen wird ein umfangreiches Sportangebot, z.B. Tennis mit Flutlicht, Windsurfen (Standardbretter), Sunfishsegeln, Glasboden-, Bananen- und Tretboot, Kajaks, Schnorchelausrüstung, Aerobic, Tischtennis, Volleyball und Fitness-Center, geboten.*

Sportangebote gegen Gebühr: *hierzu zählen Golfausrüstung, Greenfees, Windsurfen (F2-Ausrüstung), Tauchen (PADI-Tauchschule), Hochseefischen, Reiten und Wasserski.*

Unterhaltung: *Auf dem Programm stehen Theater und Tischspiele.*

Messe: *In der Kirche „Oratorio Virgen de San Salvador" wird samstags und sonntags ein Gottesdienst abgehalten.*

Bávaro-Expreß: *Ein kostenloser Zug pendelt täglich zwischen den 5 Hotels.*

Autovermietung: *Pkw, Jeeps und Kleinbusse können gemietet werden.*

- **Bávaro Village $$$$**, *Tel.: (001-809)221-8555, Fax: (001-809)221-8556, e-mail: village@codetel.net.do, ist ein Resort „all inclusive". Es liegt nicht direkt am Strand. Wenn Sie nicht zu Fuß gehen möchten, haben Sie alle 30 Minuten die Möglichkeit, einen Transfer vom Haupteingang des Hotels zu benutzen.*

Zimmer: *230 Gästezimmer, mit Bambusmöbeln, Balkon mit Pool- oder Gartenblick, Klimaanlage, Telefon, Kabelfernsehen und Safe ausgestattet, werden vermietet.*

Weitere Einrichtungen: *In einem Restaurant und 4 Bars kann man sich verwöhnen lassen. Auto- und Zweiradverleih, medizinischer Dienst, Rollstühle und rollstuhlgerechte Räume, Gymnastik und Massage gehören zum weiteren Service.*

- **LTI-Beach Resort Punta Cana $$$$**, *Tel.: (001-809)221-2262, Fax: 687-8745, e-mail: puntacana br@codetel.net.do, all inclusive, in der weitläufigen, 120.000 m² großen Resortanlage befinden sich mehrere im karibischen Stil erbaute 3-stöckige Wohngebäude, umgeben von einem tropischen Garten.*

Zimmer: *Insgesant 447 Standard-, Superiorzimmer und Juniorsuiten sind mit allem Komfort ausgestattet.*

Weitere Einrichtungen: *Mehrere Restaurants und Bars, ein Minimarkt, Boutiquen, Friseur, Kinderspielplatz und eine großzügig angelegte lagunenartige Poollandschaft runden das*

vielfältige Angebot ab.
Sport: *Alle erdenklichen Sportarten, wie beispielsweise Tennis, Tischtennis, Beach-Volleyball, Badminton, Wassergymnastik, Aerobic, Baketball, Boccia, Minigolf, Tretboot- und Kanufahren, können ausgeübt werden.*

- **Riu Resort**, *Tel.: (001-809)682-1533, 221-7171, Fax: (001-809)685-9537*

Im Komplex gibt es 4 Hotels: Riu Melao, Riu Naiboa, Riu Palace Macao, Riu Taino, in einem riesigen Palmenhain gelegen.

\- **Riu Melao $$$$**

Zimmer: *Das Hotel umfaßt insgesamt 244 Gästezimmer mit der üblichen Ausstattung.*
Weitere Einrichtungen und Service: *Das Restaurant „La Proa" mit Nichtraucherzone und die Snackbar „Cocos" liegen im tropischen Garten. Im Rahmen des „all inclusive"-Angebots stehen den Gästen auch die übrigen Bars zur Verfügung. In der bunten „Karibischen Straße" gibt es diverse Geschäfte und Boutiquen.*
Sport und Unterhaltung: *An Sportaktivitäten ist für Tennis, Tischtennis, Volleyball, Sportfischen, Schnuppertauchen, Schnorcheln, Wasserski, Segeln, Kanu- und Kajakfahren sowie Wellenreiten gesorgt.*

\- **Riu Naiboa $$$$** *liegt inmitten des Riu Resort.*

Zimmer: *Insgesamt stehen den Gästen 372 Zimmer mit allem Komfort zur Verfügung.*
Weitere Einrichtungen und Service: *Ein klimatisiertes Restaurant mit Nichtraucherzone, Bar-Salon, Babysitting auf Anfrage und Wäschereidienst erhöhen die Attraktivität des Hotels. In der „Karibischen Straße" finden Sie u.a. eine Pizzeria, eine Diskothek, Boutiquen, Souvenirshops, einen Friseursalon und einen Arzt in Bereitschaft.*
Sport und Unterhaltung: *An Sportgelegenheiten fehlt es nicht: Tennis, Tischtennis, Volleyball, Kanu, Segeln, Tauchen, Sportfischen. Ein Golfplatz befindet sich in 12 km Entfernung. Animation ist selbstverständlich dabei.*

\- **Riu Palace Macao $$$$$** *liegt direkt am Sandstrand in einem Palmenhain und ganz in der Nähe der „Karibischen Straße", ein großes Haus in Hufeisenform.*

Zimmer: *364 geräumige Zimmer im Landhausstil sind komfortabel mit Bad/WC, Fön, Balkon/Terrasse, zentralgesteuerter Klimaanlage, Minibar und Mietsafe ausgestattet.*
Weitere Einrichtungen und Service: *Die Restaurants mit Nichtraucherzone und die Bar, die Sonnenterrasse mit Pool, aus dem 4 hohe Fontänen sprühen, das Kinderbecken, ein Souvenirshop, Boutiquen, ein Fotoshop, ein Massagesalon, ein Juwelierladen, ein Friseursalon gehören zum Hotelkomplex.*
Sport und Unterhaltung: *Die Sporteinrichtungen umfassen (teilweise gegen Gebühr): Tischtennis, Billard, Tennis, Windsurfen, Tauchen unter Leitung der Tauchschule (PADI+NAUI), Kanu und Hochseefischen.*
Ein laufend wechselndes abendliches Unterhaltungsprogramm, Live-Musik, Modenschauen und Theateraufführungen sind an der Tagesordnung.

\- **Riu Taino $$$$** *liegt direkt am weitläufigen, 26 km langen Strand von Arena Gorda, in einem riesigen Palmenhain.*

Zimmer: *Insgesamt 360 Zimmer sind in zweistöckigen Bungalows mit Bad/WC, Klimaanlage, Telefon, Fernsehen, Mietsafe, Minibar, Balkon/Terrasse untergebracht.*
Weitere Einrichtungen: *Zum Service des großzügig konzipierten Bungalowhotels gehören Souvenirshops, Boutiquen, ein Fotoshop, ein Fitness-Center, ein Friseur, Wäschereidienst usw.*
Sport und Unterhaltung: *Als Sportler können Sie sich beim Tischtennis, Tennis (3 Plätze), Volleyball, Windsurfen, Kanu, Segeln, Tauchen, Sportfischen und Wasserski betätigen. Abends werden Unterhaltungsprogramme gestartet.*

• *La Posada de Piedra $$*, Tel.: (001-809)552-0827, Fax: (001-809)552-0676
Zimmer: Es ist eine einfache Pension, die 3 Gästezimmer am Strand vermietet.

Restaurants
Auch außerhalb der Hotels können Sie gut speisen:

• ***Capitán Cook***, Playa del Cortecito, Tel.: 552-0646, liegt in einer kleinen Fischersiedlung nordöstlich vom Bávaro Beach Resort direkt am Strand. Mittags sammelt ein Boot die Gäste am Strand zum Hummermenü ein. Den Fisch kann man sich direkt vom Grill wählen. Außerdem werden schmackhafte Paellas und dazu spanischer und chilenischer Wein kredenzt.

• ***El Pescador Matru***, an der Piste nach El Cortecito, ist ein nettes Lokal des Fischers Matru. Den Fisch kann man sich in der Kühltruhe selbst auswählen.

• ***La Mamma Venezia***, Punta Cana Beach Resort, Tel.: 688-4032, probieren Sie einheimische, internationale oder italienische Gerichte oder Meeresfrüchte.

• ***Los Corales***, Villas y Restaurante, Tel.: 543-8833, Fax: 225-0716, dieses beliebte italienische Fischrestaurant befindet sich gut 2 km nördlich vom Melía Bávaro Resort, direkt am Strand.

• ***Pizzino***, Tel.: 360-1174, liegt in Cortecito, hinter dem Hotel Los Corales. Die Pizzas sind superdünn, reichlich belegt, knusprig und trotzdem saftig. Auch das italienische Eis schmeckt hervorragend.

Flughafen
Am Flughafen Punta Cana werden sowohl **internationale Flüge** als auch **Inlandsflüge** mit der „Air Santo Domingo" nach El Portillo (Nordküste), La Romana, Puerto Plata, Santiago de los Caballeros und Santo Domingo abgefertigt.

Autovermietung

• ***Balear-Rent-a-Car***, im Hotel Carabela, Tel.: 221-2728
• ***Hertz***, Tel.: 221-7094
• ***Metro-Rent-a-Car***, Plaza Bávaro, Tel.: 221-0828

Busse
Vom Busbahnhof bestehen Direktverbindungen nach Santo Domingo.

Einkaufen
Plaza Bávaro ist ein großes Shoppingcenter mit vielen Geschäften.

Río San Juan (S. 368f)

Wichtige Adressen und Telefonnummern

• ***Information: Secretaria de Turismo***, Calle Duarte, an der Lagune Gri-Gri, Tel.: 589-2831
• ***Apotheke: Farmacia Bisono***, Calle Duarte, Tel.: 589-2252
• ***Post:*** Mo-Sa 9.00-17.00 Uhr geöffnet
• ***Telefon: Codetel***, Calle Duarte

Hotels

• ***Bahía Principe $$$$***, *Río San Juan, km 18, Tel.: (001-809)562-7475, 1590, Fax: (001-809)226-1991/94, „all inclusive", ist eine riesige Anlage, die direkt an einem durch ein Korallenriff geschützten Sandstrand liegt. Die Anlage wurde 1995 neu eröffnet.*
Zimmer: *Die 970 Doppelzimmer sind in Villen untergebracht, von einem Palmenhain teilweise beschattet. Sie liegen 20 m bis 100 m vom Strand entfernt. Ausgestattet sind sie mit Klimaanlage, Bad/WC, Satelliten-Fernsehen, Mini-Bar (gegen Gebühr), Mietsafe und Terrasse oder Balkon.*
Weitere Einrichtungen und Service: *Ein riesiger Swimmingpool mit Kinderbecken, ein Pool für Aktive, eine ausgedehnte Sonnenterrasse, Theatervorführungen, abendliche Shows, ein Miniklub für Kinder, Babysitter auf Bestellung, Gepäckträgerservice, tägliche Busverbindungen nach Cabarete und Sosúa, ein Wäschereidienst, Post, Fax, Geldwechsel und Ärztedienst können in Anspruch genommen werden.*
Sport und Unterhaltung: *Windsurfen, Katamaransegeln, Kajakfahren, Schnorcheln, Tauchunterricht für Anfänger, Tennis, Mountainbikes, Volleyball, Fußball, Gymnastik, Fitness, Merengue-Tanz, Programm für Spiele, Unterhaltung tagsüber und abends für Erwachsene und Kinder stehen im Angebot.*
• ***Bahía Blanca $$***, *Calle Gaston F. Deligne No. 5, Tel.: (001-809)589-2563, 2562, Fax: (001-809)589-2528 steht z.Zt. unter freundlicher frankokanadischer Leitung. Zu beiden Seiten des kleinen 2-stöckigen, luftigen Hotels, auf einer Klippe gelegen, gibt es eine sandige Badebucht. Kuhreiher und Truthahngeier rasten während der Nacht in den nahen Bäumen. Manchmal kommen Fregattvögel an diesen Küstenabschnitt.*
Zimmer: *Das Hotel stellt 18 nett eingerichtete Gästezimmer mit Terrasse und Ozeanblick für Gäste zur Verfügung.*
Weitere Einrichtungen: *In einem gut geführten Restaurant und einer Bar kümmert man sich um Ihr leibliches Wohl.*
Sport: *Das Gewässer ist hier sehr klar. Es eignet sich sehr gut zum Schnorcheln, besonders an einem vorgelagerten Riff. Tauchgänge und Reitausflüge können organisiert werden.*
• ***Río San Juan $***, *Tel.: (001-809)589-2211, hat schon bessere Zeiten gesehen.*
Unterbringung: *38 Zimmer stehen für die Gäste bereit.*
Weitere Einrichtungen: *Restaurant und Swimmingpool sind vorhanden. Beachtenswert ist der schöne tropische Garten.*

Restaurants

• ***Bahía Blanca***, *Calle Gaston F. Deligne No. 5, Tel.: 589-2563, 2562, in gleichnamigem Hotel (siehe vorher) genießt man bei gutem Essen den herrlichen Blick aufs Meer.*
• ***Yanichelle***, *Calle Duarte N. 7, Tel.: 589-2394, serviert schmackhafte Fisch- und Fleischgerichte.*

Tauchen

Gri-Gri Divers, *Calle Gaston F. Deligne No. 4, Tel./Fax: 589-2671, e-mail: d.mceachrona@codetel.net.do, fährt bis zu 12 Tauchplätze an, auch nachts. Manchmal trifft man auch auf Manatis (Seekühe). Man kann hier den Tauchschein (PADI-Openwater-Kurs) erwerben.*

Samaná (S. 356f)

Hotels

• ***Club Calimba Samaná $$$**, Las Pascualas, Samaná, Tel.: (001-809)248-5131, Celuar: 1-299-3397, Fax: (001-809)248-5132, liegt an einem Sandstrand. Das Hotel wurde im August 1998 eröffnet. „All inclusive" oder Halbpension sind möglich,*
***Zimmer:** 105 Gästezimmer mit Ventilator stehen den Gästen zur Verfügung.*
***Weitere Einrichtungen:** Ein abwechslungsreiches Programm und eine Mini-Disko sorgen für Unterhaltung.*
• ***Gran Bahía $$$$**, P.O. Box 2024, Los Cacaos, Samaná, Occidental Hoteles, Tel.: (001-809)533-3111, Fax: (001-809)538-2764, Internet: http://www.occidentalhoteles.com, e-mail: ohrd.h.gbahia@codetel.net.do, ist ein „all inclusive"-Hotel. Es liegt 11,5 km östlich von Santa Bárbara de Samaná. Diese luxuriöse Ferienanlage, die in mehreren Etagen auf dem Vorsprung der Steilküste, inmitten natürlicher Vegetation angelegt ist, ist ein idealer Ort für die Beobachtung von **Buckelwalen** aus einem günstigen Winkel. Die beste Zeit ist Mitte Februar bis März. Die Walbeobachtung wird vom WWF, CEPSE und der dominikanischen Marine überwacht. Man hat von diesem Hotel den besten Überblick über das Treiben der Wale, wenn sie ihre liebestollen Sprünge vollführen. Überwältigend ist außerdem der Blick auf die gegenüberliegende **Insel Cayo Levantado** mit ihrem Traumstrand. Auf der Hotelseite befindet sich allerdings nur ein kleiner Sandstrand.*

Hotel Gran Bahía – Halbinsel Samaná

***Zimmer:** 110 Standardzimmer, 9 Suiten und 2 Villas, die weiter im Hinterland liegen, mit jeweils 4 Zimmern, mit allem Komfort eines modernen Hotels, wie Klimaanlage, Telefon, Kabelfernsehen usw., stehen im Angebot.*
***Weitere Einrichtungen:** Ein Coffee Shop, 2 Restaurants, 2 Bars, ein Konferenzsaal für 60 Personen, eine Boutique, Babysitting und freies Parken für Gäste gehören zum Service. Außerdem bieten die Hotels Gran Bahía und Cajo Levantado ein **Hochzeitspaket** an.*
***Sport und Unterhaltung:** Reiten, Schwimmen im Pool oder in kleinen Sandbuchten an der Steilküste, Tennis, ein Gymnastikprogramm und Animatiom werden angeboten.*
• ***Tropical Lodge $$**. Avenida Marina, Apdo. Postal 14-2, La Aguada, Samaná, Tel.: (001-809)538-2480, Fax: (001-809)538-2068, 538-2545, liegt direkt am Malecón und ist terrassenförmig angelegt. Man genießt einen herrlichen Blick auf die Bucht von Samaná und die kleinen Inseln, die durch Brücken miteinander verbunden sind. Bewundernswert ist der tropische Garten, der das Hotel umgibt.*
***Zimmer:** Die 11 Gästezimmer sind sauber und zweckmäßig eingerichtet.*
***Weitere Einrichtungen:** Baden ist nur im Swimmingpool möglich. Zum Strand kann man von hier aus nicht gehen. Auf einer großzügig angelegten Terrasse können Sie sich dem Sonnenbad hingeben.*

Sanchéz (S. 356)

Wichtige Adresse und Telefonnummern

Information: ***Amilka Tours**, Calle Colón No. 15, Tel.: 552-7664, 7102, Fax: 552-7664, Handy: 606-0551, (Büro: von der Hauptstraße gegenüber der Texaco Tankstelle abbiegend Richtung Hafen, Ausschilderung folgend) organisiert Ausflüge zum Nationalpark Los Haitises, Voranmeldung erwünscht, ratsam, zwischen 8.00-8.30 Uhr dort zu sein, eventuelle Wartezeiten werden mit einem Kaffeeservice überbrückt und am Ende der Tour mit einem gemeinsamen Essen der Gruppe. Getränke sind im Preis nicht enthalten.*

Hotel-Restaurant

***Los Corrales $$**, 13 km östlich von Sanchéz, Richtung Santa Bárbara de Samaná, Tel.: (001-809)223-0329, Fax: (001-809)530-1391, ist eine Bungalowanlage in parkähnlicher Umgebung.*

Zimmer: Die Gästezimmer sind zweckmäßig eingerichtet.

Weitere Einrichtung: Das Restaurant ist auf Meeresfrüchte spezialisiert.

San Pedro de Macorís (S. 321ff)

Wichtige Adressen und Telefonnummern

- *Krankenhäuser:*
  - ***Clínic Dr. George**, Avenida Presidente Henrique No. 3, Tel.: 529-6111*
  - ***Clínica Oliver Pino**, Tel.: 529-3353*
- *Apotheken:*
  - ***Farmacia Milagrosa**, Avenida Circunvalación No. 115, Tel.: 529-2375*
  - ***Farmacia Miramar**, Calle Sánchez No. 68, Tel.: 529-3161*
  - ***Farmacia Olga**, Avenida Independencia 53, Tel.: 529-3448*
- *Bank: Calle General Cabral*
- *Post: Esq. Calle Duarte / Calle General Cabral, 8.00-17.00 Uhr geöffnet*
- *Telefon: **Codetel**, Avenida Independencia No. 27*

Hotels

- ***Renaissance Capelia Beach Resort $$$$**, Villas del Mar, Tel.: (001-809)526-1080, Fax: (001-809)526-1088*

Zimmer: 167 Gästezimmer mit Klimaanlage, Telefon und Kabelfernsehen sind zu vermieten.

Weitere Einrichtungen: Coffee Shop, Restaurant, Nachtclub, Konferenzsaal, Casino, Babysitting, freies Parken für Gäste und Sauna gehören zur Hotelanlage.

Sport und Unterhaltung: Im Swimmingpool sowie auf dem Tennis- und Golfplatz können Sie sich sportlich betätigen. Abends läuft ein Unterhaltungsprogramm.

- ***Playa Real $$$** – Occidental Hoteles, Villas del Mar, Tel.: (001-809)526-1114, Fax: (001-809)526-1623, alles inklusive*

Zimmer: 300 Zimmer mit Klimaanlage, Telefon und Kabelfernsehen stehen zur Verfügung.

Weitere Einrichtungen: Coffee Shop, Restaurant, Konferenzsaal und freies Parken für Gäste gehören zum Service.

Sport und Unterhaltung: Swimmingpool, Tennis, Golf und ein Unterhaltungsprogramm können frequentiert werden.

• *Macorix $, Avenida Deligne (Malecón), Tel.: (001-809)529-2100, eine einfache Unterkunft mit Tennisanlage und Swimmingpool.*

Busse
*Das **Busterminal Astrapú** befindet sich in der Avenida Circunvalación, Tel.: 529-4846, von hier aus verkehren Busse auf festen Routen, beispielsweise nach und von Santo Domingo, La Romana und anderen Städten der Ostprovinzen.*

Autovermietung
Nelly Rent-a-Car, Avenida Circunvalación No. 9, Tel.: 529-6768

Santa Bárbara de Samaná (S. 359ff)

Wichtige Adressen und Telefonnummern
- *Krankenhaus: Centro Médico Dr. Vicente, Avenida Franco del Rosario Sánchez No. 2, Tel.: 538-2535*
- *Apotheke: Farmacia Bahía, in der Nähe des Malecón*
- *Banken:*
  - *Banco Popular, Malecón*
  - *Baninter, Avenida Franco del Rosario Sánchez No. 111*
- *Telefon: Codetel, Malecón*

Hotels
• *Cayacoa Beach $$$, Occidental Hoteles, Santa Bárbara de Samaná, Tel.: (001-809)538-3131, Tel.: (001-809)538-2985, Internet: www.occidental-hoteles.com, e-mail: ohrd.h.cayacoa@codetel.net.do, alles inklusive, auf dem Hügel Escondida mit Blick auf die Bucht von Samaná gelegen, ist ein Platz, von dem viele meinen, er ist ein Überbleibsel des Paradieses.*
Zimmer: 82 Zimmer mit Klimaanlage sind zu vermieten.
Weitere Einrichtungen: Ein Restaurant und eine Beach Bar dienen dem leiblichen Wohl der Gäste. Eine renommierte Tauchschule ist angeschlossen.
Sport: An Sportaktivitäten sind Tauchen, Fischen, Schnorcheln, Windsurfen und Tennis möglich.

• *Cayo Levantado $$$, Occidental Hoteles, Santa Bárbara de Samaná, Tel.: (001-809)538-3141, Fax: (001-809)2998, Internet: www.occidental-hoteles.com, e-mail: ohrd.h.cayacoa@codetel.net.do, alles inklusive*
Zimmer: 44 Gästezimmer mit Klimaanlage werden vermietet.
Weitere Einrichtungen: Ein Restaurant und eine Lobby Bar gehören zur Anlage.
Sport: Tauchen, Fischen, Kajakfahren, Schnorcheln und Windsurfen können ausgeübt werden.

• *Tropical Lodge $$$, Avenida Marina, Santa Bárbara de Samaná, Tel.: (001-809)538-2480, Fax: (001-809)538-2068, romantisch, mit Blick auf die Bucht gelegen, ca. 10 Minuten zu Fuß zum Ortskern*
Zimmer: 15 Gästezimmer mit Klimaanlage werden angeboten.
Weitere Einrichtungen: Coffee Shop, Restaurant, Babysitting und freies Parken für Gäste gehören zum Service.

• *Nilka $, Calle Santa Bárbara, Tel.: (001-809)538-2218, 2245*
Zimmer: Einfache Gästezimmer mit Fernsehen, teilweise mit Balkon

Restaurants

• ***Mata Rosada**, Malecón No. 5, Tel.: 538-2388, 2400, ist ein gemütliches Restaurant, in dem ganz besondere Leckerbissen auf der Grundlage von Schalentieren und Fisch zubereitet werden.*

• ***Camilo**, Malecón No. 4, Tel.: 538-2495, hier gibt es reichliche Portionen an Fleisch- und Fischgerichten.*

Busse

*Die Busse der Unternehmer **Caribe Tours** und **Metro Tours** verkehren regelmäßig in Richtung Sánchez - Sosúa und Puerto Plata - Santo Domingo.*

Schiffsverbindungen

Eine Personenfähre verbindet Santa Bárbara de Samaná mit Sabaná de la Mar am jenseitigen Ufer der Bucht von Samaná. Die Schiffe legen an der Mole am Malecón ab und an.

Autovermietung

***J.A. rent-a-car**, Avenida Malecón No. 5, Tel.: 538-2940, Fax: 538-2774, vermietet Jeeps.*

Motorradvermietung

***Xamaná rent-a-motor**, Avenida Malecón No. 5, vermietet Zweiräder verschiedener Typen.*

Sport

• *Auf der **9-Loch-Golfanlage** von Santa Bárbara de Samaná können Sie Ihre Künste zeigen.*

• *Die **International School of Underwater Photography & Dive**, Tel.: 538-2066, Fax: 538-2545, von Peter Trübel geleitet, hat einen guten Ruf, der über die Landesgrenzen hinausgeht. Die Tauchbasis befindet sich in Las Galeras.*

Santiago de los Caballeros (S. 346ff)

Wichtige Adressen und Informationen

• ***Information:** Avenida Juan Duarte, Tel.: 582-8928, im 2. Stock des Rathauses (Ayauntamiento) befindet sich das Informationsbüro, in dem Ihnen gern Auskünfte aller Art gegeben werden.*

• ***Krankenhäuser:***
- ***Centro Médico UCE**, Tel.: 532-6152*
- ***Clínica Dr. Bonilla**, Avenida J.P Duarte No. 57, Tel.: 247-3888, 3265*
- ***Clínica Dr. Pichardo**, Calle Restauración N. 135, Tel.: 582-4103, 0983*
- ***Clínica José Ma.**, Cabral y Báez, Avenida Central, Tel.: 583-4311*
- ***Clínica** Santiago, Avenida B. Colón No. 17, Tel.: 582-6484, 8796*

• ***Apotheken:***

- ***Farmacia Metro***, *Avenida J.P. Duarte, Tel.: 581-0018*
- ***Farmacia Normal***, *Calle del Sol No. 83, Tel.: 582-5488, 5579*
- ***Farmacia Restauración***, *Calle Restauración No. 51, Tel.: 582-2434*

• ***Banken:*** *Mehrere Banken, auch mit Geldautomaten, gibt es in der Calle del Sol.*

• ***Post:*** *Esq. Calle del Sol / Calle Luís*

• ***Telefon:***

- ***Codetel***, *Avenida Esq. Estrella Sadhalá / Avenida J.P. Duarte, Tel.: 241-4280*
- ***Tricom***, *San Luís No. 34, Tel.: 471-7987*

Hotels

• ***El Gran Almirante $$$$***, *Avenida Estrella Sadhalá (Ausfallstraße nach Monte Cristi), Tel.: (001-809)580-1992, Fax: (001-809)241-1492, imposant ist ein Wasserfall in der Halle, der aus einer Höhe von 3 Stockwerken herabrauscht.*

Zimmer: *120 Gästezimmer mit Klimaanlage und Kabelfernsehen werden vermietet.*

Weitere Einrichtungen: *Ein Restaurant, eine Bar, ein Casino und eine Diskothek gehören zum weiteren Hotelkomplex.*

• ***Santiago Camino Real $$$***, *Esq. Calle del Sol / Avenida Mella, Tel.: (001-809)581-7000, Fax: (001-809)582-4566, 7274, e-mail: hcentroplaza@codetel.net.do, ist vorteilhaft im Zentrum der Stadt an der Einkaufsstraße Calle del Sol gelegen. Vom Dachrestaurant El Hidalgo hat man einen herrlichen Blick auf die Altstadt.*

Zimmer: *Die komfortablen Gästezimmer sind mit Klimaanlage ausgerüstet.*

• ***Camp David Ranch $$***, *Tel.: (001-809)583-5230, liegt ca. 20 Kilometer außerhalb der Stadt, von der Straße nach Polo Quémado Richtung Norden biegt man bei Kilometer 7,5 im Stadtteil Gurabo rechts ab. Das gesamte Anwesen mit weiter Umgebung ist im Besitz eines Erben der Rum-Dynastie Bermúdez, der eine Autosammlung mit den alten Cadillacs des Diktators Trujillo als Attraktion präsentiert.*

Zimmer: *17 Zimmer stehen für die Gäste bereit.*

Weitere Einrichtungen: *Von der Terrasse des Restaurants genießt man besonders in der Dunkelheit einen großartigen Blick auf das Lichtermeer Santiagos.*

Restaurants

• ***Bar Colón***, *Calle 30 de Marzo, befindet sich schräg gegenüber dem Hotel Mercedes. Es ist eine typisch dominikanische Frühstücksbar, in der es u.a. frische Obstsäfte und kleine Snacks gibt.*

• ***Ciao Ciao***, *Esq. Avenida María R. Sánchez / Los Jardines No. 13, Tel.: 583-1092, ist ein italienisches Restaurant, in dem besonders Nudeln und Fischgerichte gut schmecken.*

• ***El Café***, *Esq. Calle Cinco / Avenida Texas, Tel.: 587-4247, liegt direkt hinter dem Supermarkt Victoria. Eine ständige Geräuschkulisse liefert ein hausinterner Wasserfall. Hier dürfen Sie zwischen einheimischen, französisch-schweizerischen und internationalen Speisen sowie Meeresfrüchten wählen. Steaks und Pasta sind besonders schmackhaft.*

• ***Pez Dorado***, *Calle del Sol No. 43, Tel.: 582-2518, gegenüber dem Parque Duarte gelegen, ist ein gut geführtes chinesisches Restaurant mit ausgezeichneter fernöstlicher und internationaler Küche. Die schmackhaften Fischgerichte sind besonders empfehlenswert. Die Kellner servieren vornehm mit Frack und Fliege.*

Museum

Museo del Tabaco *(Tabakmuseum)*

Öffnungszeiten: *Di-So 9.00-12.00 und 15.00-17.00 Uhr*

Das Tabakmuseum liegt an der Kreuzung der Avenida 16 de Agosto / Avenida 30 de Marzo. Hier wird die Geschichte des Tabakanbaus und der -verarbeitung demonstriert.

Zigarrenfabrik

Die Zigarrenfabrik finden Sie in der Calle 16. Augusto. Den Arbeiterinnen und Arbeitern können Sie bei der Fertigung der Zigarren zusehen: wie sie die Tabakblätter schneiden und zu einer fertigen Zigarre rollen, ist beachtenswert. (Siehe auch Kap. 8.8.2 S. 349)

Rumfabrik

*Die **Rumfabrik J. Bermúdez**, Esq. Calle J. Armando Bermúdez / Avenida 27 de Febrero*

***Öffnungszeiten**: täglich 9.00-12.00 und 14.00-16.00 Uhr*

Die Rumfabrik befindet sich in der Avenida Armando Bermudéz, im Norden der Stadt. Führungen werden in unregelmäßigen Abständen durchgeführt. (Siehe auch Kap. 8.8.2 S. 349)

Inlandsflüge

Vom Aeropuerto Cibao, Calle 20, Tel.: 226-8191, 8194, im Nordwesten der Stadt gelegen, verkehren täglich Flüge nach La Romana, Punta Cana und Santo Domingo mit der „Air Santo Domingo".

Busse

- ***Caribe-Tours**, Esq. Avenida 27 de Febrero / Calle 10, Tel.: 576-0790, die Busse dieses Bus-Unternehmens verkehren mehrmals täglich nach Puerto Plata und Santo Domingo*
- ***Metro-Tours**, Esq. Avenida Maimón / Avenida J.P. Duarte, Tel.: 582-9111, 587-4711, 3811, die Busse dieser Bus-Gesellschaft verkehren zwischen Puerto Plata und Santo Domingo mit Halt in Santiago de los Caballeros.*

Guaguas

Haltestellen

- ***Fahrten in verschiedene Richtungen:***
  - *Parque Duarte*
  - *Parque Restauración*
  - *Esq. Calle J.P. Duarte / Calle Restauración*
- ***Fahrten nach Puerto Plata:***
  - *Esq. Avenida Imbert las Carreras / 30 de Marzo*
- ***Fahrten nach La Vega und Moca:***
  - *Kreuzung Autopista Duarte / Avenida Estrella Sadhalá*
- ***Fahrten nach San José de las Matas:***
  - *Puente Hermanos Patiño, Esq. Avenida Mirador de Yaque*

Autovermietung

- ***Avis-rent-a-car**, Avenida Estrella Sadhalá No. 19, Tel.: 582-7007*
- ***Budget**, Tel.: (001-809)575-2158*
- ***Honda-rent-a-car**, Esq. Avenida Estrella Sadhalá / B. Colón, Tel.: 575-6077, Fax: 575-7730*
- ***Nelly-rent-a-car**, Avenida J.P. Duarte No. 106, Tel.: 583-6695*

Santo Domingo (S. 249ff)

Information

• *Secretaría de Estado de Turismo* (Fremdenverkehrsamt), Oficinas Gubernamentales (Staatliches Büro), Bloque D, Esq. Avenida México / Avenida 30 de Maro, Tel.: 221-4660, Fax: 682-3806, e-mail: sectur@codetel.net.do, zuständig für Auskünfte größerer Tragweite

• *Secretaría de Estado de Turismo* (Fremdenverkehrsamt), Avenida George Washington / Presidente Vicini, Tel.: 682-8181, erteilt bereitwillig Auskünfte aller Art an ausländische Gäste, auch in Englisch.

Polizei

Policia Nacional, Calle Leopoldo Navarro, Tel.: 682-8181

• *Notruf*, Tel.: 911

Notdienste

• *Cruz Roja Dominicana* (Dominikanisches Rotes Kreuz), Ensanche Miraflores, Tel.: 682-4545, Banco de Sangre Ext. (Blutbank Apparat), Tel.: 149

• *MOVIMED*, Servicio privado de urgencias médicas (Privater Notdienst), Tel.: 532-0000

• *Servicio Ambulancia Aérea* (Luft-Rettungsdienst), Tiradentes 52-SD, Tel.: 567-1101, 4171

Krankenhäuser, Ärzte, Zahnärzte

• *Centro Cardiovascular* (Herz-Kreislauf-Zentrum), Calle Josefa Perdomo, No. 152, Tel.: 682-6071

• *Centro de Intoxicaciones* (Vergiftungszentrale), Tel.: 532-6511

• *Centro Médico UCE* (Ärztezentrum UCE), Máximo Gómez No. 66, Tel.: 682-0171

• *Clínica Abreu* (Hospital), Esq. Avenida Independencia / Avenida Beller No. 42, Tel.: 688-4411, Privatklinik

• *Clínica Corazones Unidos* (Hospital), Ensanche Naco, Fantino Falco No. 21, Tel.: 567-4421

• *Clínica Dental Ana Martinez* (Zahnklinik), Avenida Tiradentes No. 12, Tel.: 683-6215

• *Clínica Dental Aracena* (Zahnklinik), Avenida Independencia No. 2655, Tel.: 532-2831

• *Clínica Gómez Patiño* (Hospital Gómez Patino), Avenida Independencia No. 701, Tel.: 685-9131, Privatklinik

• *Dra. Frankenberg*, Tamara, *Gynäkologin* (auch englischsprachig), Centro Gyne. y Obstetr., Avenida Independencia No. 451, Tel.: 688-5797

• *Dr. Bueno*, Rudyard Coraona, *Internist* (auch deutschsprachig), Hospital Aybar, Avenida Federico Velázquez, Tel.: 684-0383, 3672

• *Dr. Guillen*, Rafael, *Hals-, Nasen- und Ohrenarzt* (auch deutschsprachig), Centro de Otorrinolaringología y Espesialidades, Esq. 27 de Febrero / F. Enríquez y Caravajal, Tel.: 682-0151 (Praxis), 686-4411, 688-6641 (Klinik)

• *Dr. Sardinas*, Ceasar Cabral, Calle D. Delgado, Tel.: 688-6135, 6751

Apotheken

Fast an jeder Straßenecke findet man in der Stadt Apotheken, hier einige aus der Altstadt:

• *Farmacia Central*, Calle Hostos No. 105, Tel.: 685-2085

• *Farmacia Dr. Baez*, Calle Arz. Meriño No. 410, Tel.: 682-0962

- *Farmacia Los Hidalgos, 27 de Febrero No. 241, Tel.: 565-4848*
- *Farmacia San Augustin, Calle Duarte No. 20, Tel.: 542-2339*
- *Farmacia San Judas Tadeo, Avenida Independencia No. 57, Tel.: 689-6664*

Hotels

- ***Barcelo Gran Hotel Lina & Casino $$$$$**, Esq. Máximo Gómez / 27 de Febrero, Tel.: (001-809)563-5000, Fax: (001-809)686-5521*

***Zimmer:** 217 Gästezimmer mit Klimaanlage, Telefon und Kabelfernsehen werden vermietet.*
***Restaurant:** Ein exklusives spanisches Gourmet-Restaurant steht zu Ihren Diensten.*
***Weitere Einrichtungen:** Coffee Shop, Restaurant, Nachtclub, Konferenzsaal, Casino, Babysitting, für Hotelgäste freies Parken und Sauna runden den Servicebereich ab.*
***Sport und Unterhaltung:** Hierzu gehören Swimmingpool, Tennis, Golf und ein Unterhaltungsprogramm.*

- ***Renaissance Jaragua & Casino $$$$$**, Avenida George Washington No. 367 (Malecón), Tel.: (001-809)221-2222, Fax: (001-809)686-0528, ist ein Luxus-Weltklassehotel mit Blick aufs Meer.*

***Zimmer:** 300 komfortable Gästezimmer sind mit Klimaanlage, Minibar, Telefon und Kabelfernsehen ausgerüstet.*
***Weitere Einrichtungen:** 5 Restaurants, Bars, Coffee Shop, Nachtclub, Konferenzsaal, Spielkasino, Diskothek, Babysitting, für Hotelgäste freier Parkplatz und Sauna gehören zum weiteren Service.*
***Sport und Unterhaltung:** Es besteht die Möglichkeit, Tennis zu spielen und sich im Swimmingpool zu erfrischen. Ein Unterhaltungsprogramm sorgt für Abwechslung.*

- ***V Centenario Inter-Continental $$$$$**, Avenida George Washington No. 218 (Malecón), Tel.: (001-809)221-0000, Fax: (001-809)221-2020*

***Zimmer:** 200 Gästezimmer besitzen Klimaanlage, Telefon und Kabelfernsehen.*
***Restaurant:** Im Restaurant werden Gerichte der internationalen Küche serviert.*
***Weitere Einrichtungen:** Coffee Shop, Restaurant, Konferenzsaal, Casino, Babysitting, freies Parken für Gäste und Sauna können in Anspruch genommen werden.*
***Sport und Unterhaltung:** Ein Swimmingpool kann genutzt, und Tennis und Golf können gespielt werden.*

- ***Atabeyra $$$$**, Calle Santiago No. 752, Tel. + Fax: (001-809)686-2876, e-mail: Hotel.atabeyra@codetel.net.do, in der Nähe der Universität in ruhiger Lage.*

***Zimmer:** 14 Zimmer stehen den Gästen zur Verfügung.*
***Weitere Einrichtung:** Im Patio befindet sich ein Pool.*

- ***El Embajador Hotel & Casino $$$$**, Avenida Sarasota No. 65, Tel.: (001-809)221-2131, Fax: (001-809)532-4494, ist in 45 min vom Internationalen Flughafen „Las Américas" zu erreichen.*

***Zimmer:** Das Hotel besitzt 298 große Gästezimmer, alle mit Balkon, Klimaanlage, Kabelfernsehen, Telefon und Minibar.*
***Restaurant und Bar:** 4 Restaurants und 2 Bars sorgen für Ihr leibliches Wohl.*
***Weitere Einrichtungen:** Ein Türkisches Bad, eine Sauna, ein Massage-Salon, ein Swimmingpool, eine schöne Gartenanlage, ein Spielkasino, eine Shopping-Arkade, eine Kunstgalerie mit Bildwerken dominikanischer Künstler, Spielplätze für Tennis und Baseball und ein Nachtclub gehören mit zu diesem eleganten Hotel.*
***Unterhaltung:** Das Unterhaltungsprogramm wird immer wieder neu gestaltet.*

- ***Santo Domingo $$$$***, *Esq. Avenida Independencia / Avenida Abraham Lincoln, Tel.: (001-809)211-1511, Fax: (001-809)535-4050, 533-7455, e-mail: hotel.stodgo@codetel.com.do*
Zimmer: *220 komfortable Zimmer mit Klimaanlage, Minibar, Telefon, Kabelfernsehen und Haartrockner stehen für die Gäste bereit.*
Weitere Einrichtungen: *3 verschiedene Restaurants, kleine Shops, Casino, freies Parken für Gäste und Massage/Sauna gehören zum Service des Hotels.*
Sport: *Im Swimmingpool und auf dem Tennisplatz können Sie sich sportlich betätigen.*
- ***Sheraton Santo Domingo Hotel & Casino $$$$***, *Avenida George Washington No. 365 (Malecón), Tel.: (001-809)688-0823, 211-6666, Fax: (001-809)687-8150, 211-6837*
Zimmer: *Die 260 Gästezimmer sind mit Klimaanlage, Telefon und Kabelfernsehen ausgestattet.*
Weitere Einrichtungen: *Coffee Shop, Restaurant, Nachtclub, Konferenzsaal, Casino, Babysitting, freies Parken für Gäste und Sauna sind inbegriffen.*
Sport und Unterhaltung: *Swimmingpool, Tennis und Unterhaltungsprogramm gehören zum Service.*
- ***Comodore $$$***, *Avenida Bolivar No. 193, Tel.: (001-809)541-2277, Fax: (001-809)562-4486, wird viel von Geschäftsleuten besucht.*
Zimmer: *87 Gästezimmer mit Klimaanlage, Telefon und Kabelfernsehen sind zu mieten.*
Weitere Einrichtungen: *Zum Service zählen ein Coffee Shop, ein Restaurant, ein Konferenzsaal, ein Casino und für Hotelgäste die Möglichkeit, frei zu parken.*
Sport und Unterhaltung: *Ein Swimmingpool dient der Erfrischung und ein Showprogramm der Unterhaltung.*
- ***Continental $$$***, *Avenida Máximo Gómez No. 16, Tel.: (001-809)688-1840, Fax: (001-809)687-8397, wird viel von Geschäftsleuten besucht.*
Zimmer: *84 Zimmer mit Klimaanlage, Telefon und Kabelfernsehen stehen den Gästen zur Verfügung.*
Weitere Einrichtungen: *Ein Restaurant, eine Bar, ein Andenkenladen, ein Ausflugsbüro und ein Friseursalon gehören zur Anlage.*
- ***Hostal Nader $$$***, *Esq. Calle Luperón No. 151 / Avenida Duarte, Tel.: (001-809)687-6674, Fax: (001-809)687-7887, liegt mitten in der Altstadt und besitzt einen wunderschönen, lauschigen, begrünten Innenhof. In dem stilvollen Gebäude sehen große Gemälde auf Sie herab. Der Besitzer betreibt außerdem eine Kunstgalerie in der Calle Rafael A. Sánchez No. 22 für moderne dominikanische Kunst.*
Zimmer: *10 Zimmer mit Möbeln aus der Kolonialzeit stehen für Gäste bereit.*
- ***Hostal Palacio Nicolás de Ovando $$$***, *Calle Las Damas No. 53, P.O. Box 89-2, Tel.: (001-809)687-3101, zeichnet sich durch seine vorteilhafte Lage im Herzen der Altstadt aus. Es ist ein historisches Hotel aus der Kolonialzeit in der historischen Ciudad Colonial (Kolonialzone) mit einem zauberhaften Innenhof. Nach grundlegender Renovierung eröffnet es im Jahre 2000 neu.*
Zimmer: *Das Hotel ist mit 100 Gästezimmern, Klimaanlage und Telefon ausgestattet.*
Weitere Einrichtungen: *Zur Anlage und zum Service gehören: Swimmingpool, tropischer Garten, internationales Gourmet-Restaurant mit spanischen Spezialitäten und internationaler Küche, Cafeteria, Konferenzsalon, Pianobar, Andenkenladen, Ausflugsbüro, Taxiservice und Autovermietung.*
- ***Palacio $$$*** *Avenida Duarte No. 106, Tel.: (001-809)682-4730, Fax: (001-809)687-5535, e-mail: h.palacio@codetel.net.do, Internet: http://www.codetel.net.do/HotelPalacio/Welcome.html, direkt in der Altstadt gelegen, ist ein stilvoll restauriertes Gebäude aus dem 16. Jahrhundert mit kleinem Innenhof und altem Inventar und Gemälden.*

Zimmer: 7 kleine Gästezimmer mit Klimaanlage, Fernsehen und Minibar sind in kolonialem Stil eingerichtet.

• **Plaza $$$**, Esq. Avenida Tiradentes / Calle Presidente González, Hotelera Naco, Tel.: (001-809)541-6226, Fax: (001-809)541-7743

Zimmer: 220 Zimmer mit Klimaanlage, Telefon und Kabelfernsehen werden für Gäste bereit gehalten.

Weitere Einrichtungen: 2 Restaurants und 3 Bars, freies Parken für Hotelgäste und ein Fitness Center gehören zum Service.

Unterhaltung: Der Unterhaltung dient tägliche Livemusik.

• **Cervantes $$**, Cervantes No. 202, Tel.: (001-809)688-2261, 2269, Fax: (001-809)686-5754

Zimmer: 180 kleine Gästezimmer mit Terrasse, Klimaanlage, Telefon und Kabelfernsehen

Restaurant und Bar: Das Bronco Steak House hat 24 Stunden täglich geöffnet.

Weitere Einrichtungen: Coffee Shop, Konferenzsaal, Babysitting, für Hotelgäste freies Parken und Sauna können in Anspruch genommen werden.

Sport und Unterhaltung: Swimmingpool und Unterhaltungsprogramm sind eine Selbstverständlichkeit.

• **El Senorial $$**, Esq. Vicini Burgos No. 58 / Avenida Independencia, Tel.: (001-809)687-4367, Fax: (001-809)687-0600 bietet den Gästen ein ansprechendes modernes Ambiente.

Unterbringung: Den Gästen stehen Zimmer mit Klimaanlage und Fernsehen zur Verfügung.

• **El Napolitano Hotel & Casino $$**, Esq. George Washington No. 101 (Malecón) / Calle Cambronal, Aptdo. 3691, Tel.: (001-809)687-1131/39, Fax: (001-898)687-6814, hat eine sehr günstige Lage zum Altstadtkern von Santo Domingo, ca. 10 Minuten zu Fuß.

El Napolitano Hotel & Casino – Santo Domingo

Zimmer: Alle 72 Gästezimmer mit Klimaanlage, Kabelfernsehen, Telefon und Balkon haben Blick aufs Karibische Meer.

Weitere Einrichtungen: Ein Restaurant, ein Nachtclub, ein Casino, eine Disko, ein Friseursalon, ein Andenkenladen, ein Konferenzsaal und freies Parken für Hotelgäste gehören mit zum Service.

Sport und Unterhaltung: In einem Swimmingpool können Sie sich erfrischen. Ein lautes Unterhaltungsprogramm bis spät in die Nacht wirkt manchmal störend, wenn man schlafen möchte, deshalb sollte man den Wunsch äußern, Zimmer der Straße abgewandt zu bekommen.

• **Hotel & Casino NACO $$**, Tiradentes No. 22, Tel.: (001-809)562-3100, Fax: (001-809)544-0957

Zimmer: 107 Gästezimmer sind mit Klimaanlage, Telefon und Kabelfernsehen ausgestattet.

Weitere Einrichtungen: Coffee Shop, Restaurant, Konferenzsaal, Casino, Babysitting, für Hotelgäste freies Parken und Sauna können von Ihnen in Anspruch genommen werden.

Sport und Unterhaltung: Swimmingpool und Unterhaltungsprogramm gehören zum Service.

• **Hispañiola & Casino $$**, Esq. Avenida Independencia / Avenida Abraham Lincoln, Fax: (001-809)533-7455, 535-4050

Zimmer: 165 Zimmer mit Klimaanlage, Telefon und Kabelfernsehen stehen für die Gäste bereit.
Weitere Einrichtungen: Das italienische Gourmet-Restaurant „La Pizzetta" hat einen guten Ruf. Sie können die Sauna und das Spielkasino besuchen oder sich auf dem Tennisplatz sportlich betätigen.

- **Plaza Colonial Apart Hotel $$**, Esq. L.O. Pellerano / Julio Verne, Gazcue, Tel.: (001-809)687-9111, Fax: (001-809)686-2877, e-mail: p.bonilla@codetel.net.do

Zimmer: 100 Apartments mit Küchenecke, Klimaanlage, Telefon und Kabelfernsehen werden vermietet.
Weitere Einrichtungen: Ein Coffee Shop und ein Restaurant gehören mit zu diesem Hotel.

- **Apart Hotel City $**, Calle José Contraras, Tel.: (001-809)682-6285 vermietet einfache Zimmer mit Klimaanlage
- **Apart Hotel D'Piedra $** Avenida 27 Febrero No. 194, Tel.: (001-809)567-4267, 4268, 5302, bietet schlicht eingerichtete Zimmer an.
- **Apart Hotel Plaza Florida $**, A. Bolivar No. 203, Tel.: (001-809)541-3957, Fax: (001-809)540-5582 ist ein Hotel, das sich besonders für Familien und Geschäftsleute eignet.

Zimmer: 32 Gästezimmer mit Klimaanlage, Telefon und Kabelfernsehen stehen bereit.
Weitere Einrichtungen: Coffee Shop, Restaurant, Nachtclub, Konferenzsaal, Babysitting und für Hotelgäste freies Parken können von Ihnen in Anspruch genommen werden.
Sport und Unterhaltung: Im Swimmingpool dürfen Sie sich entspannen.

- **Cenearfe II Casa Huespedes $**, Lopez de Vega, No. 150, ist eine kleine, einfache Unterkunft mit moderaten Übernachtungspreisen.
- **Independencia $**, Esq. Arz. Noue / Estrella, direkt am Parque Independencia gelegen, bietet sehr einfache Zimmer an.

Empfehlenswerte Restaurants

Es ist zu empfehlen, einen Tisch reservieren zu lassen. Grundsätzlich akzeptieren die Restaurants fast alle international anerkannten Kreditkarten. Die Preise in den internationalen Restaurants sind mit denen in Deutschland, Österreich und der Schweiz vergleichbar. Alle hier genannten Restaurants haben eine Klimaanlage.
Achtung!!! Beim Verzehr von Fisch achten Sie bitte auf den Hinweis in „Allgemeine Reisetips von A-Z" unter dem Stichwort „Gesundheit".

- **Alcázar**, im Hotel Santo Domingo, Esq. Avenida Independencia (Malecón)/Abraham Lincoln, Tel.: 221-1511, hat Oscar de la Renta-Design im marokkanischen Palast-Ambiente, einheimische, französische und internationale Küche, Spezialitäten sind gegrilltes Fleisch sowie leckere Meeresfrüchte.
- **Antoine**, im Sheraton Santo Domingo Hotel & Casino, Avenida George Washington No. 365 (Malecón), Tel.: 221-6666

Spezialitäten: einheimische, französisch-schweizerische und internationale Küche

- **Barra Uno**, Lope de Vega No. 21, Tel.: 547-2527, bedient im 24-Stunden-Service.
- **Black & Light**, Pedro Henríquez Urena No. 157, Tel.: 688-4214

Spezialitäten: deutsche und internationale Küche sowie Meeresfrüchte

- **Bronco Steak House**, im Hotel Cervantes, Cervantes No. 202, Tel.: 686-8161, wird von Einheimischen sehr geschätzt, etwas düstere Atmosphäre

Spezialitäten: einheimische und internationale Küche sowie Meeresfrüchte

- **Bucanero**, Sans Souci Tourist Harbor, Tel.: 592-2202

Spezialitäten: einheimische und internationale Küche sowie Meeresfrüchte

- ***Cantábrico***, *Independencia No. 54, Tel.: 687-5101*
Es zählt zu den Feinschmeckerlokalen der Metropole, südliches Ambiente, Spezialitäten: internationale und mediterrane Küche sowie Meeresfrüchte
- ***Cappuccino***, *Máximo Gómez No. 60, Tel.: 682-8006*
Spezialitäten: italienische und internationale Küche
- ***Cafeteria Colonial***, *Calle El Conde*
Die Kaffeebar mitten in der Fußgängerzone, in der auch frische Säfte und ein einfaches Frühstück gereicht werden, war während der spanischen Franco-Diktatur Treffpunkt der Bürgerkriegsflüchtlinge.
- ***Casa del Mofongo***, *Avenida 27 Febrero No. 299, Tel.: 541-1121, unter den überwiegend dominikanischen Speisen sind besonders die Schweine- und Rindfleischgerichte in pikanter Sauce zu empfehlen.*
- ***Deli***, *im Hotel Renaissance Jaragua & Casino, Tel.: 221-2222*
Spezialitäten: lateinamerikanische und mediterrane Küche
- ***Don Pedro***, *Esq. Julio Verne No. 4 / L.O. Pellerano, Tel.: 688-5737*
Spezialitäten: einheimische und internationale Küche sowie Meeresfrüchte
- ***Don Pepe***, *Avenida Pasteur No. 41, Tel.: 686-8481, ist bekannt für seine schmackhaften Geflügelgerichte und das spanische Ambiente.*
- ***El Cafecinho***, *Plaza Abraham Lincoln, Esq. Avenida Abraham Lincoln / Avenida 27 de Febrero, serviert Gerichte der brasilianischen Küche.*
- ***El Conuco***, *Casimiro de Moya No. 152, Tel.: 686-0129*
Typisch dominikanisches Ambiente. Etwa alle Stunde legen die Angestellten die Arbeit nieder, singen und tanzen temperamentvolle Tänze. Einheimische Gerichte, in eisernen Töpfen serviert, bestellen Sie am besten à la carte.
- ***Esquina de Tejas***, *Avenida 27 de Febrero No. 343, Tel.: 567-2161, hier wird auf kubanische Art und Weise gekocht.*
- ***Fellini***, *Roberto Pastoriza No. 504, Tel.: 540-5330*
Hier gibt es internationale und italienische Spezialitäten sowie Meeresfrüchte.
- ***Festival***, *im Plaza Naco Suite Hotel, Tel.: 541-6226*
Hier läßt man sich einheimische Spezialitäten kommen.
- ***Figaro***, *im Hotel Renaissance Jaragua & Casino, Avenida George Washington No. 367 (Malecón), Tel.: 221-2222*
Auf der Speisenkarte stehen in erster Linie italienische Gerichte.
- ***Palacio de Jade***, *José María Heredia No. 6, Tel.: 686-3226*
Hier wird auf orientalische Art und Weise gekocht.
- ***La Briciola***, *Arzobispo Merno No. 152a, Tel.: 688-5055*
Mit den Speisen aus dominikanisch-italienischer Küche in kolonialer Atmosphäre kann man zufrieden sein.
- ***La Canasta***, *im Sheraton Hotel & Casino, Avenida George Washington No. 365 (Malecón), Tel.: 221-6666*
Wer neugierig auf einheimische Spezialitäten ist, der ist hier richtig.
- ***La Mezquita***, *Avenida Independencia No. 407, Tel.: 687-7090, empfehlenswert sind die würzigen Paellas in Zusammenhang mit Sangria.*
- ***La Piazzetta***, *im Hotel Hispañiola & Casino, Tel.: 221-7111*
Probieren Sie hier leckere italienische Speisen und Meeresfrüchte.
- ***Latino***, *im Hotel Renaissance Jaragua & Casino, Avenida George Washington No. 367 (Malecón), Tel.: 221-2222*
Dieses Restaurant ist auf lateinamerikanische Gerichte und lokale Speisen spezialisiert.

- ***Lina***, *im Gran Hotel Lina, Tel.: 563-5000*
Spezialitäten sind hier spanische und internationale Leckerbissen sowie Meeresfrüchte.
- ***Lotus***, *im Hotel Renaissance Jaragua & Casino, Avenida George Washington No. 367 (Malecón), Tel.: 221-2222*
Die orientalische Küche gibt sich große Mühe, ihre Gäste zufriedenzustellen.
- ***Manhatan Grill***, *im Hotel Renaissance Jaragua & Casino, Avenida George Washington No. 367 (Malecón), Tel.: 221-2222*
Hier wird man schon vom würzigen Geruch angelockt, internationale Küche.
- ***Mesón de la Cave***, *Avenida Mirador del Sur, Tel.: 533-2818, serviert dominikanische und internationale Gerichte, untermalt von Live-Musik in einer geräumigen Tropfsteinhöhle, romantische Atmosphäre, samstags Tanz.*
- ***Ojas***, *Esq. Jonas Salk / Avenida Independencia, Tel.: 682-3940,*
ist eines vegetarisches Restaurant
- ***Pappala Pasta***, *Doctor Báez No. 23, Tel.: 682-4397*
Die Spezialitäten entsprechen internationaler und italienischer Geschmacksrichtung.
- ***Paté Palo***, *Plaza de Españia, hier sitzt man gemütlich im Freien mit Blick auf den Alcázar de Colón. Die ständig wechselnde Speisekarte bietet eine genügend große Anzahl von Gerichten zur Auswahl an.*
- ***Sherazade***, *Calle Roberto Pastoriza No. 226, Tel.: 227-2323*
Spezialitäten entstammen der mediterranen und arabischen Küche.
- ***Spaguettissimo***, *Paseo de los Locutores No. 13, Piantini, Tel.: 547-2650*
Spezialitäten dieses Restaurants sind einheimische, internationale, italienische, mediterrane Gerichte und Meeresfrüchte.
- ***Vesuvio***, *George Washington No. 521 (Malecón), Tel.: 689-2141, 221-1954*
Nach der großen Speisenkarte sind Spezialitäten der internationalen und italienischen Küche sowie Meeresfrüchte zu ordern. Die Pizzas sind besonders lecker. Man genießt beste Aussichten auf den Malecón. Reservierung wird empfohlen.
- ***Vesuvio II***, *Avenida Tiradentes No. 17, Tel.: 562-6060*
Hier werden einheimische, internationale, italienische und mediterrane Speisen, Fisch und Meeresfrüchte serviert.

Autovermietung

Die bekanntesten Autoverleihfirmen sind:

Firma	*Straße*	*Tel.-Nr., Fax-Nr.*
Avis	*Av. A. Lincoln/Sarazota*	*(001-809)535-7191*
	Aeropuerto Int. Las Américas	*(001-809)549-0468*
Budget	*Av. J.F. Kennedy/Lope de Vega*	*(001-809)567-0175, 0177*
	Aeropuerto Int. Las Américas	*(001-809)549-0351*
Dollar	*Aeropuerto Int. Las Américas*	*(001-809)549-0738, 1-200-1186 (national kostenlos)*
Hertz	*Av. Indepedencia 454*	*(001-809)221-5333, (001-809)211-8927*
	Aeropuerto Int. Las Américas	*(001-809)549-0454*
Honda	*Av. J.F. Kennedy/Pepillo Salcedo*	*(001-809)567-1015, 1016, 01-200-1130 (national kostenlos), Fax: 541-0039*
	Aeropuerto Int. Las Américas	*(001-809)549-0362*
Mc Deal	*Av. G. Washington 105,*	*(001-809)688-6518*

	Aeropuerto Int. Las Américas	*(001-809)549-0373*
National Car rental	*Av. Abraham Lincoln/ J.F. Kennedy*	*(001-809)562-1444, Fax: 544-3030*
	Aeropuerto Int. Las Américas	*(001-809)549-8303*
Nelly	*Calle José Contreras 139*	*(001-809)535-8800*
	Aeropuerto Int. Las Américas	*(001-809)549-0505, 0509*
Thrifty	*Aeropuerto Int. Las Américas*	*(001-809)686-0133*

Überlandbusse

• ***Abfahrtsstellen***

- ***Autopista Duarte, km 9:*** *Abfahrten nach Valle Cibao, Santiago de los Caballeros, La Vega, Puerto Plata, Moca*
- ***Calle Juan B. Vicini*** *(Esq. 27 de Febrero /Huascalito).: Abfahrten zum Lago Enriquillo*
- ***Elías Piña:*** *Abfahrten nach San Cristobál, Baní, Azua, Palmar de Ocoa, Barahona, San Juan de Maguana*
- ***Parque Enriquillo:*** *Abfahrten nach Boca Chica, Juan Dolio, San Pedro de Macorís, La Romana, Higüey, Punta Cana*

• ***Adressen der Busunternehmer:***

- ***Compañia Nacional de Autobusses:*** *Avenida Charles Summer, Urb. Los Prados, Tel.: 565-6681*
- ***Caribe Tours:*** *Esq. Avenida 27 de Febrero / Leopoldo Navaro, Tel.: 221-5418, 4422*
- ***Metro:*** *Esq. Avenida Winston Churchill / Calle Hatuey (Plaza Central), Tel.: 544-4580, Fax: 541-9454*
- ***Terra-Bus:*** *Esq. Avenida 27 de Febrero / Máximo Gómez (Plaza Criolla), Tel.: 472-1080*

Inland-Fluggesellschaften

- ***Air Santo Domingo****, Avenida 27 de Febrero No. 272, Tel.: 683-8020, 6691, Fax: 683-8028; Avenida Luperón, Tel.: 683-4535; Flughafen Las Américas, Tel.: 549-1005, häufige Flüge auf dichtem Flugnetz*
- ***Bávaro Sun Flight Línea Aérea****, Esq. Avenida 27 Febrero / Avenida Máximo Goméz und Flughafen Herrera, Tel.: 221-4808, Fax: 686-4039*
- ***Dominicana de Aviación****, Avenida Jiménez Moya, Tel.: 533-1151*

Europäische Fluggesellschaften

- ***Air France****, Avenida George Washington No. 101, Tel.: 686-8419*
- ***Condor / Hapag Lloyd****, Avenida George Washington No. 353, Tel.: 682-8133*
- ***LTU****, Calle Gustavo Mejía Ricart No. 54, Tel.: 541-5151/59*
- ***Lufthansa****, Avenida George Washington No. 353, Tel.: 689-9625*
- ***Martinair Holland:*** *Esq. Avenida Máximo Gómez / Juan S. Ramírez, Tel.: 688-6661*

Taxi

Taxistände findet man an allen wichtigen Plätzen, oder man versucht, Taxis auf ihren Fahrten durch die Stadt durch Handzeichen anzuhalten.

Banken

Es gibt in der Altstadt zahlreiche Bankfilialen. Hier nur die Adressen der bekanntesten:

- ***Banco BHD:*** *Avenida Duarte*

- *Banco Popular:* Avenide Mella und beim Alcázar de Colón
- *Banco Reserva:* Avenide Mella und Calle Isabel La Católica

Einkaufszentren

- *Multicentro Churchill:* Avenida Churchill, gutes Angebotsspektrum
- *Plaza Central:* Esq. Avenida Winston Churchill / 27 de Febrero, gute Auswahl
- *Plaza Naco,* moderate Preise

Nachtlokale

Das Nachtleben in der Metropole ist sehr rege und aktiver als in den anderen lateinamerikanischen Ländern. Anschließend folgt eine Aufstellung der renommiertesten Nachtlokale:

- *Bachata Rosa:* Tel.: 687-6674
- *Barra Uno:* Tel.: 547-2527
- *Café Atlántico:* Tel.: 565-1841
- *Café Capri:* Tel.: 566-3679
- *Cervantes Piano Bar:* Tel.: 686-8161
- *El Napolitano:* Tel.: 687-1131
- *El Yarey:* Tel.: 221-6666
- *Euroclub:* Tel.: 541-6226
- *Fiesta:* Tel.: 221-2222
- *Guácara Taíno,* Avenida Rómulo Betancourt 655, Tel.: 530-2666 ist in einer 350 m langen unterirdischen Höhle untergebracht. Dieses Lokal ist mit Bar, Tanz- und Showbühne ausgestattet. **Öffnungszeit:** 21.00-03.00 Uhr
- *Hollywood Café:* Tel.: 566-3349
- *Jubilee,* im Hotel Jaragua / Renaissance, Tel.: 688-8026, ist eine supermoderne Disco
- *Las Palmas:* Tel.: 221-1511
- *Merengue Bar:* Tel.: 221-2222
- *Neón:* Tel.: 221-7111
- *Omni:* Tel.: 221-6666

Hauptpost

Heroes de Luperón / Rafel Damirón, Centro de los Heroes, Tel.: 534-6218, Fax: 534-6318

- *CODEMAIL:* Tel.: 535-8109
- *EMS Express Mail Service:* Tel.: 532-2432, 3220
- *Philatelie:* Tel.: 532-7819
- *Telefax CODETEL:* Tel.: 532-7244

Sosúa (S. 369ff)

Wichtige Adressen und Telefonnummern

- *Information:*
  - *Centro de Información Sosúa,* Calle Duarte No. 5, gegenüber der Banco Popular, Tel.: (001-809)571-1305, steht Ihnen für alle anfallenden Fragen und Auskünfte zur Verfügung, täglich 9.00-18.00 Uhr geöffnet.
  - *Secretaría de Estado de Turismo,* Hauptstraße nach Cabarete, Haus von Erich Hauser, Tel. + Fax: 571-3433
- *Krankenhaus: Clínica Dr. Whehbe,* Calle Pedro Clisante, Tel.: 571-1135
- *Apotheken:*
  - *Farmacia Atlantic,* Calle Mota No. 11 (Los Charamicos), Tel.: 571-2303
  - *Farmacia San Raphael,* Hauptstraße nach Cabarete (El Batey), an der Texaco-Tankstelle
- *Banken:*

- ***Banco Dominicano del Progreso***, *Calle Pedro Clisante No. 12, mit Geldautomat*
- ***Banco Nacional de Credito***, *Calle Duarte*
- ***Banco Popular***, *Calle Alejo Martinez (El Batey), mit Geldautomat, Mo-Fr 8.00-16.00 Uhr, Sa 8.00-13.00 Uhr geöffnet*
- ***Banco Reserva***, *Calle Pedro Clisante*

• ***Privates Postunternehmen: EPS***, *Calle Pedro Clisante No. 12, Village Square, P.O. Box 40, Sosúa, Tel.: (809)571-3451/3452, Fax: (809)571-3453, garantiert, Briefe und Postkarten innerhalb einer Woche von der Dom. Republik nach Mitteleuropa zu befördern.*

• ***Telefon: Codetel***, *Esq. Calle Alejo Martinez / Roberto Matos (El Batey), Tel.: 571-2001*

Hotels

• ***Casa Marina Beach Club $$$$***, *Calle Bruno Philipp, El Batey, Tel.: (001-809)571-3690/91/94, Fax: (001-809)571-3110, e-mail: cmhotels@codetel.net.do, ist ein all inclusive-Hotel, eigener Strand*

Zimmer: *210 komfortabel ausgestattete Zimmer sind mit Klimaanlage, Telefon, Kabelfernsehen und Safe ausgerüstet.*

Weitere Einrichtungen: *3 Restaurants, 5 Bars, Diskothek, freies Parken für Gäste, Sauna und ein Privatstrand können von Ihnen genutzt werden.*

Sport und Unterhaltung: *Aus der Vielzahl der Sportangebote können Sie sich Ihre Lieblingssportart auswählen, entweder Beach Volleyball oder Windsurfen, Segeln, Tauchen oder Kajakfahren.*

• ***Casa Marina Reef $$$$***, *El Batey, Reservierungs-Zentrum: Tel.: (001-809)571-3690, Fax: (001-809)571-3110, e-mail: cmhotels@codetel.net.do ist ein „all inclusive"-Hotel.*

Zimmer: *Die Gästezimmer sind zweckmäßig eingerichtet.*

Weitere Einrichtungen: *3 Restaurants, 6 Bars und ein Swimmingpool gehören zur Hotelanlage,*

Sport: *Das Sportangebot, besonders bezüglich Wassersport, ist sehr reichhaltig.*

• ***Piergiorgio Palace Hotel $$$$***, *Calle la Puntilla, Tel.: (001-809)571-2626, Fax: (001-809)571-2786, ist im Südstaatenstil erbaut. Ein italo-amerikanischer Modemacher ließ diesen märchenhaften, weißen Hotelpalast auf eine Klippe zaubern.*

Zimmer: *51 Gästezimmer sind mit Klimaanlage, Fernsehen und Telefon ausgerüstet.*

• ***Playa Escondida Beach Resort $$$*** *Tel.: (001-809)471-5040, 612-9485, Fax: (001-809)571-1210, e-mail: cmhotels@codetel.net.do, ist ein „all inclusive"-Hotel. Bis zum Strand sind es rund 200 m.*

Zimmer: *Insgesamt 90 Gästezimmer mit Klimaanlage, vollständigem Bad, Safe, Kabelfernsehen und Blick auf den Pool, in 3 Gebäuden untergebracht, werden vermietet.*

Weitere Einrichtungen: *Ein Restaurant, eine Bar, ein Minimarkt, ein Ausflugsbüro, ein Swimmingpool und ein kostenloser Transfer zum Casa Marina Beach gehören zum weiteren Service.*

Sport: *Die üblichen Sportaktivitäten können Sie im Hotel Casa Marina ausüben.*

• ***Sand Castle Beach Resort $$$***, *Tel.: (001-809)530-1684, Fax: (001-809)530-1685*

Zimmer: *240 Gästezimmer mit Klimaanlage, Telefon und Kabelfernsehen stehen im Angebot.*

Weitere Einrichtungen: *Eigener Strand, Coffee Shop, Restaurant, Nachtclub, Konferenzsaal, Babysitting und freies Parken für Gäste gehören mit dazu.*

Sport und Unterhaltung: *Im Swimmingpool und auf dem Tennisplatz können Sie sich Bewegung verschaffen. Es besteht die Möglichkeit zum Tennisspielen und Reiten. Ein Unterhaltungsprogramm sorgt für Abwechslung.*

• **La Esplanada $$**, *Occidental Hotels, Avenida Pedro Clisante, Tel.: (001-809)571-3333, Fax: (001-809)571-3922, alles inklusive*
Zimmer: *210 Gästezimmer mit Klimaanlage, Telefon und Kabelfernsehen werden vermietet.*
Weitere Einrichtungen: *3 Restaurants, ein Swimmingpool, eine Diskothek und freies Parken für Gäste gehören zum Service.*
Sport: *Fischen, Tauchen, Reiten, Kajakfahren, Segeln, Schnorcheln, Windsurfen, Tennis und Volleyball können betrieben werden. Ein Golfplatz ist in der Nähe.*
• **One Ocean Place $$**, *El Batey, Tel.: (001-809)571-3131, Fax: (001-809)571-3144*
Zimmer: *50 Gästezimmer sind mit Klimaanlage, Telefon und Kabelfernsehen ausgestattet.*
Weitere Einrichtungen: *Coffee Shop, Restaurant und freies Parken für Gäste sind eine Selbstverständlichkeit.*
Unterhaltung: *Abends läuft ein Unterhaltungsprogramm.*
• **Pension Anneliese (Hotel garni) $$**, *Calle Dr. Rosen, liegt an der Steilküste, in der Nähe des Hotels Waterfront in ruhiger Lage. Es ist keine direkte Bademöglichkeit gegeben.*
Zimmer: *10 Zimmer, teilweise auch mit 3 Betten, einschließlich 2 Einzelzimmern, sind mit Ventilator und Naßzelle ausgestattet. Das deutsche Frühstück wird separat berechnet.*
• **Sea Breeze $$** *El Batey, Tel.: (001-809)571-2115, Fax: (001-809)571-2129, 586-3363*
Zimmer: *50 Gästezimmer besitzen Klimaanlage, Telefon und Kabelfernsehen.*
Weitere Einrichtungen: *Coffee Shop, Restaurant, Nachtclub, Babysitting und freies Parken für Gäste gehören mit zum Service.*
Sport und Unterhaltung: *Nach der Hitze des Tages ist eine Erfrischung im Swimmingpool genau das Richtige.*
• **Sosúa $$**, *Sosúa Noventidos C. por A. Calle Alejo Martinez, Tel.: (001-809)571-2683, 3530, Fax: (001-809)571-2180 war das erste Hotel in Sosúa.*
Unterbringung: *14 Zimmer stehen für die Gäste bereit.*
• **Sosúa-by-the-Sea $$** *Calle Bruno Philipp, Tel.: (001-809)571-3222, Fax: (001-809)571-3020, e-mail: h.sosúabts@codetel.net.do, Internet: caribecom.com/hotel/sosúabts/sbts.htm, befindet sich im Herzen von El Batey in Sosúa und verfügt über einen kleinen Strandabschnitt.*
Zimmer: *81 Gästezimmer teilen sich in Superior Suiten, Apartments und Studios auf. Alle Zimmer sind mit Satelliten-Fernsehen, Safe, Kühlschrank und Telefon ausgestattet.*
Weitere Einrichtungen: *Hierzu zählen ein Swimmingpool, zwei Restaurants, eine Bar, eine Sonnenterrasse, ein Souvenir- und Zeitungsshop, eine Boutique, ein Schönheits- und Massagesalon, Babysitting, ein Casino, ein Wäschedienst, Autovermietung, ein Postdienst, medizinische Betreuung und ein Taxi-Service.*
Sport und Unterhaltung: *Golf und Tennis können gespielt werden. Außerdem ist die Möglichkeit zum Reiten, Segeln, Tauchen, Windsurfen, Jet-Ski-Fahren und Hochseeangeln gegeben.*
• **Waterfront $$**, *Calle Dr. Rosen, No. 1, Tel.: (001-809)571-2670, Fax: (001-809)571-3586, e-mail: h.waterfront@codetel.net.do, ist bekannt für seine günstige Lage, um abends prächtige Sonnenuntergänge zu genießen. Baden im Meer ist wegen der Steilküste schwierig.*
Zimmer: *Die Gästezimmer sind zweckmäßig eingerichtet.*
Weitere Einrichtungen: *Das Hotel verfügt über einen Pool.*
• **Aparthotel Atlantico $**, *Calle Alejo Martinez, El Batey, Tel. + Fax: (001-809)571-2367 ist eine preislich günstige Alternative zu den teureren „all inclusive"-Hotels. Das kleine Hotel mit Restaurantbetrieb steht unter deutscher Leitung von Achim Tovar. Ein üppig blühender und grünender tropischer Garten mit Kokospalmen, Strelitzien, Bananen und Orchideen ist*

eine kleine Oase. Das Preis-Leistungs-Verhältnis stimmt.
Zimmer: 10 Gästezimmer mit Klimaanlage und Dusche/WC werden angeboten.
• *Yaro Hotel $, Calle Dr. Rosen, Tel.: (001-809)571-2651, Fax: (001-809)571-3814 ist ein kleines Hotel.*
Zimmer: 24 Gästezimmer mit Klimaanlage und Dusche/WC werden angeboten.
Weitere Einrichtung: in einem Pool können Sie sich erfrischen.
• *Tourist Studios, Projekt: Calle Dr. Rosen, No. 3, Sosúa, P.O.Box 589, Tel.: (001-809)571-2212; Tourist Studio Office: P.O. Box 589, Santo Domingo, Tel.: (001-809)685-7851, liegt direkt im Zentrum von Sosúa. Man benötigt nur 7 Minuten bis zum Meer. Shops sind in der Nähe. 15 saubere und gemütlich mit Bad, Küche und kleiner Terrasse eingerichtete **Apartments** werden nur für längere Zeiträume vermietet. Auf einem Sonnendeck kann man sich entspannen. Elisabeth Thau, eine interessante Frau, deutschsprachig und die Besitzerin dieser Studios, steht Ihnen mit Rat und Tat zur Seite.*

Restaurants

• *Atlántico, Calle Julio Arzeno, im alten Stadtteil Charamicos, Tel.: 571-2878, spektakulär an der Klippe gelegen, bietet auf der Speisenkarte Fisch- und Fleischgerichte sowie Meeresfrüchte an.*
• *La Caretta, Calle Pedro Clisante No. 7, El Batey, ist ein italienisches Restaurant mit schmackhaften Pizzas und Pastas im Angebot. Während Sie speisen, können Sie das Leben auf der Hauptstraße verfolgen.*
• *La Roca ist das letzte Haus an der Calle Pedro Clisante. Hier kann man ausgezeichnet speisen. Im ersten Stock wird Billard gespielt. Die Spezialität sind lecker zubereitete Langusten.*
• *Marco Polo, Calle Alejo Martínez No. 2, Tel.: 571-3128, 3680, liegt in der Bucht von Sosúa auf einer Steilküste. Man kann den Blick aufs Meer beim Speisen genießen. In diesem romantischen Restaurant werden sehr gute italienische und internationale Gerichte serviert.*
• *Waterfront, Calle Dr. Rosen, Tel.: 571-2670, hier genießen Sie ebenfalls beim Dinieren einen einmaligen Blick auf den Atlantischen Ozean und abends einen karibischen Sonnenuntergang. Es werden internationale Gerichte angeboten.*

Busse

Caribe Tours, Tel.: 571-1388, 3808, die Haltestelle Carretera 5 Sosúa - Puerto Plata, Kreuzung Los Charamicos, befindet sich an der Hauptstraße, ca. 2 km außerhalb von Sosúa Richtung Puerto Plata. Meistens steht ein gelbblauer Bus an der Haltestelle. Ab 6.00 Uhr morgens verkehren stündlich Busse über Santiago de los Caballeros nach Santo Domingo. Außerdem gibt es z.Zt. eine Tagesverbindungen nach Santa Bárbara de Samaná und zurück.

Guaguas

Diese Kleinbusse können Sie an der Hauptstraße von Sosúa herbeiwinken. Sie verkehren im Nahverkehr und im weiteren Bereich bis Puerto Plata und Cabarete.

Taxis

Taxistände finden Sie beispielsweise in Sosúa an der Calle Pedro Clisante und am Eingang zu Los Charamicos.

Einkaufen

- ***El Batey Supermarkt***, *Calle Pedro Clisante, an der Hauptstraße gehört zur Wurst- und Käsefabrik von Arthur Kirchheimer, dessen Waren in der ganzen Dominikanischen Republik sehr geschätzt werden.*
- ***Panadería Moser*** *(deutsche Bäckerei), Villas Ana María, Tel.: 571-3383, hier gibt es ein reichhaltiges Frühstück in einem Café.*

Tauchen

Northern Coast Aquasports S.A. (PADI), *Tel.: (001-809)571-1028, Fax: (001-809)571-3883, e-mail: northern@codetel.net.do, ist seit 1988 eine komplett lizensierte und versicherte Wassersport-Gesellschaft in Sosuá. Hier wird Ihnen die Möglichkeit geboten:*

- *ein zertifizierter, sportlicher Taucher zu werden und mit einem versierten Begleiter Riffe zu besuchen,*
- *organisierte Tauchausflüge mit einer Gruppe von Tauchern zu unternehmen,*
- *als Tauchlehrer zu arbeiten oder*
- *in einem PADI-Tauchzentrum selbst Unterricht zu erteilen.*

Alle Boote besuchen verschiedene Tauchplätze, 3- oder 4mal pro Tag. Es können maximal 8 Taucher mitgenommen werden.

Strände

- ***Playa Casa Marina*** *ist eine kleine Bucht, die öffentlich betreten werden darf. Ein Zugang befindet sich von der Calle Bruno Philipp zwischen den Hotels Casa Marina und Sosúa-by-the-Sea.*
- ***Playa Cangrejo*** *liegt ca. 5 km von Sosúa entfernt, in Richtung Puerto Plata*
- ***Playa Chiquita*** *ist, wie der Name sagt, eine kleine Strandbucht am Rande des Ortes.*
- ***Playa de Sosúa*** *ist ein 1,5 km langer Sandstrand in der Bucht von Sosúa, die zwischen den beiden Stadtteilen El Batey und Los Charamicos liegt.*

Ausflüge

Agencia de Viajes y Operadora de Turismo, *Calle Duarte - Galería Fuente, Local No.10, Tel.: 571-2567, Fax: 571-1733, El Batey, Sosuá bietet beispielsweise geführte Ausflugsfahrten nach Río San Juan/Playa Grande, Cibao/Santiago, zu den Jarabacoa-Wasserfälle, nach Samaná/Cayo Levantado, Samaná/Las Terrenas und Santo Domingo an.*

7.3 Reiserouten in der Dominikanischen Republik

Vorschlag für eine 2- bis 3wöchige Reise im Mietwagen

Gebiet	Kapitel	Unternehmungen/Ausflugsziele	Tage min./max.	ca. km	Touristische Interessen
Santo Domingo	13.2	Historische Gebäude, Kirchen, Museen, Plätze, Aquarium	2	-	Geschichte, Architektur, Altstadtleben
Santo Domingo - Playa Palenque	8.2	Baden	1	56	Strandleben
Playa Palenque - Barahona	8.3	Lago Enriquillo, Nationalpark Jaragua	2/3	160	Fauna, Flora, Naturschutz
Barahona - Sierra Baoruco	8.4	Parque Nacional Jaragua, Cabo Roco	2	304	Fauna, Flora, Naturschutz
Barahona - La Romana	8.5	Wasserbauprojekt „Jigüey Acuate", Höhle „Los Tres Ojos", Baden, Wassersport	1/2	338	Wasserbauwirtschaft, Strandleben
La Romana - Bayahibe / Playa Dominicus	8.6	Altos de Chavón, Bootsausflüge zur Insel Saona und auf dem Río Chavón	2/3	20	Fauna, Flora, Strandleben
Bayahibe / Playa Dominicus - Bávaro / Punta Cana	8.7	Baden, Wassersport	1/2	116	Strandleben
Bávaro - Santiago de los Caballeros	8.8	Wallfahrtsort Higüey, Abstecher San Rafael del Yuma, Abstecher Constanza, Parque Nacional Pico Duarte, Ausflug San José de las Matas	1/3	466 ohne Ausflüge	Katholizismus, Bergsteigen
Santiago - Las Galeras - Nagua	8.9	Halbinsel Samaná, Parque Nacional Los Haitises	3/4	334	Strandleben, Fauna, Flora, Naturschutz, Wasserfall
Nagua - Santiago	8.10	Ökologischer Park „Amazonia 2", Cabarete, Sosua, Puerto Plata, Ausflug La Isabela	2	378	Fauna, Strand, Jüdische Emigration, Archäologie
-	-	-	14/21	-	-

Entfernungstabelle in Kilometern / Meilen

Meilen														
Azua	34	50	85	142	81	172	150	177	106	115	130	152	207	160
55	Bani	84	119	108	115	206	116	142	137	149	96	118	173	126
80	135	Barah	101	192	121	188	199	226	152	65	180	202	257	210
137	192	163	Ceme	242	102	87	235	261	211	71	216	200	156	192
229	174	309	389	Cotui	223	154	143	170	68	257	124	48	96	61
130	185	195	164	359	Const	189	162	189	25	173	143	37	92	51
277	372	303	140	248	304	Dajab	322	348	125	158	302	112	47	104
241	186	321	378	230	261	518	El Seibo	27	166	265	65	131	207	166
285	229	364	421	273	304	561	43	Higüey	199	291	92	180	234	193
170	220	245	340	110	40	201	276	320	Jaraba	282	152	19	67	32
185	240	105	114	414	278	254	426	469	454	Jimani	245	271	227	263
210	155	290	347	199	230	487	105	148	245	395	La Roma	134	188	147
245	190	325	322	77	60	181	211	289	30	436	215	La Vega	55	14
333	278	413	251	155	148	76	334	277	108	365	303	88	Mao	47
258	203	338	309	99	82	168	268	311	52	423	237	22	75	Moca
312	337	338	175	214	34	393	493	436	267	289	362	147	81	134
300	245	380	423	76	171	282	301	344	141	485	270	111	189	114
150	205	70	120	379	265	260	391	434	305	60	360	395	371	442
250	305	170	218	479	382	358	491	534	422	104	460	480	469	527
335	280	415	310	157	150	152	336	379	110	424	305	90	76	77
385	330	465	402	149	185	261	386	429	145	516	355	115	168	93
395	340	386	219	217	210	44	396	439	180	333	365	150	32	137
90	35	170	227	139	220	336	151	194	185	275	120	155	143	177
365	310	445	502	143	238	349	366	409	208	550	335	178	256	181
255	200	335	347	42	95	206	256	299	65	440	225	35	113	38
283	228	363	325	64	98	184	284	327	68	439	253	38	91	16
83	138	148	54	302	110	194	324	367	150	168	293	328	305	363
173	118	253	310	162	193	450	68	111	208	358	37	178	266	200
275	220	355	292	97	90	151	276	319	50	406	245	30	58	17
120	65	200	257	109	140	297	121	164	155	305	90	125	213	147
Kilometer														

194	186	93	155	208	239	245	56	227	158	176	52	107	171	75
209	152	127	189	174	205	211	22	193	124	142	86	73	137	40
210	236	43	106	258	289	240	106	276	208	225	92	157	220	124
109	236	75	135	193	250	136	141	312	216	202	34	193	181	160
133	47	235	298	98	93	135	86	89	26	40	188	101	60	67
129	106	165	237	93	115	130	137	148	59	61	68	120	56	87
21	175	161	222	94	162	27	209	217	128	114	120	280	94	247
244	187	243	305	209	240	246	94	227	159	176	201	42	171	75
271	214	270	332	235	266	273	120	254	186	203	228	69	198	102
166	88	189	262	68	90	112	115	129	40	42	93	129	31	96
180	301	37	65	263	320	207	171	342	273	273	104	222	252	189
225	168	223	286	189	220	227	75	208	140	157	182	23	152	56
91	69	245	298	56	71	93	96	111	22	24	204	111	19	78
50	117	230	291	47	104	20	151	159	70	57	189	165	36	132
83	71	275	327	48	58	85	110	112	24	10	225	124	11	91
Monte Cristi	154	183	244	84	141	43	188	296	107	93	142	202	73	169
248	Nagua	280	342	97	45	156	130	42	47	61	238	145	81	112
295	450	Neiba	76	267	332	211	149	320	252	269	91	201	264	168
393	550	123	Peder	328	385	271	211	382	314	331	169	263	317	230
135	156	430	528	Puerto Plata	52,	67	152	139	71	58	226	166	37	134
227	73	535	620	83	Río San Juan	143	183	87	71	58	283	198	68	165
70	251	329	437	108	230	Saban	189	198	109	95	170	204	75	171
302	210	240	340	245	295	305	San Cristb	171	102	120	107	52	115	19
315	67	515	615	223	140	318	275	Sama	89	102	278	206	123	152
172	76	405	505	115	115	175	165	143	S. Franci de Macori	14	210	117	34	84
150	98	433	533	93	93	153	193	165	22	Salced	229	134	20	101
229	383	147	272	364	456	273	173	448	338	369	San Juan	159	215	126
325	233	323	423	268	318	328	83	331	188	216	256	S. Pedro de Macori	129	33
117	131	425	510	60	110	120	185	198	55	33	346	208	Santia	96
272	180	270	370	215	265	275	30	245	135	163	203	53	155	Santo Domin

7.4 Das Leben auf Hispañiola

7.4.1 Der Karneval

Sehr eindrucksvoll und mitreißend sind die **Karnevalsfeiern** der Dominikaner, die im Februar in allen Städten des Landes stattfinden. Die leuchtenden Kostüme, die funkelnden und Fratzen schneidenden Masken und die rhythmische Musik tun das ihrige, um die ganze Lebensfreude der Dominikaner voll zu entfalten.

Der Karneval ist das populärste Fest mit den größten Traditionen der Dominikanischen Republik. Er stammt aus der Kolonialzeit, und er wurde kurz vor der Karwoche gefeiert, wobei sich die Einwohner von Santo Domingo in Nachahmung der europäischen drei närrischen Fastnachtstage maskierten.

Auch wenn es bereits im 16. Jahrhundert Masken in Santo Domingo gab, so gilt es als sicher, daß die koloniale Tradition seit den republikanischen Ruhmestaten vom 27. Februar 1844 und vom 16. August 1865 ihren Aufschwung nahm und Karneval gefeiert wurde.

Bekanntlich wird der Karneval vor der Fastenwoche begangen, die Zeit der Buße und Vorbereitung auf die Leiden Christi.

Anscheinend hat das Wort Karneval seinen **Ursprung** in dem italienischen Worten **„Carne vale“**, was so viel wie „Adios dem Fleische“ bedeutet. Den Gläubigen wurde vor der Fastenwoche eine kurze Zeit der Ausschweifungen gewährt.

Später stellte sich eine enge Verbindung zwischen dem christlichen Brauch und heidnischen Vorstellungen ein.

Die **hinkenden Teufel** („Diabolos Cojuelos“) mit ihren berühmten Masken sind die Zentralfiguren des dominikanischen Karnevals. Sie sind bekannt als „Spanferkel“ von Santiago, als „Cachuas“ in Cabral, als „Stiere“ in Monte Cristi, als „Papierne“ in Cotuí, als „Guloyas“ in San Pedro de Macorís, als „Bananenblatt-Teufel“ in Barahona, als „Meerrochen“ in Hato Mayor und als „Maskierte“ in Bonao.

Die hinkenden Teufel beginnen während der Wochenenden des Monats Februar aufzutauchen, dem Monat der dominikanischen Unabhängigkeit. Sie sind mit zahlreichen dekorativen Elementen verziert, mit Spiegeln, Glöckchen, Rosinen, Bändern, Pfeifen, Püppchen und anderem mehr.

7.4.2 Merengue

Merengue ist mehr als Musik. Es der „Pulsschlag der Dominikaner“! Nach der Merengue-Musik wird getanzt. Es ist jedoch ein eigenartiger Tanz. Es sieht aus, als ob die Tänzer ein steifes linkes Bein hätten oder als ob sie ein schweres Gewicht an diesem Bein hinter sich herzögen. Nach einer volkstümlichen Sage entstand Merengue während einer Fiesta, auf der ein hochrangiger Gast mit einem Klumpfuß zu tanzen versuchte.

Sein Ursprung ist wahrscheinlich bei den afrikanischen Sklaven zu suchen, die sich bei der Feldarbeit mit einer Bleikugel am linken Bein im Rhythmus zu bewegen suchten. Das linke Bein konnten sie dabei jedoch nur nachziehen.

Merengue wird Ihnen in der Dominikanischen Republik nicht nur in die Beine gehen, zwangsläufig auch nicht mehr aus dem Kopf. Fast jeder Radiosender spielt Merengue. Jeder Arbeiter bei der Arbeit, jeder einheimische Fahrer im Auto und jeder Kellner beim Servieren wird von dieser Musik begleitet. Abends auf der Promende oder an Festtagen an bestimmten Stränden wird der Rhythmus zum Rausch.

Die Originalinstrumente einer **Merengue-Combo** sind:

- eine diatonische Handharmonika,
- eine doppelseitige Trommel,
- eine „guira", eine Raspel, ein gerillter Blechkörper, über den man mit einem Metallstab kratzt und
- eine „marimba", ein Resonanzbaß mit 4 Tönen.

Dazu gehört natürlich die wohltönende Stimme eines Sängers.

Die **Big Bands** haben später den Merengue durch andere Instrumente bereichert, so z.B. durch die Trompete, die Posaune, das Saxophon und sogar die Orgel. Die Bands gingen auf Tournee ins Ausland, meistens in die USA, und das Plattengeschäft boomte.

Merengue

Wenn Sie selbst einmal das „Merengue-Fieber" richtig miterleben möchten, dann sollten Sie einen Abend in der Tropfsteinhöhlen-Diskothek „Guancara Taina" in Santo Domingo verbringen.

Das größte **Merenguefestival** wird jährlich Ende Juli bis Anfang August für mehrere Tage **in Santo Domingo** zelebriert. Die breite Avenida George Washington (der Malecón) und im weiteren die Paseo Presidente Billini sind dann zum Teil für die Festlichkeiten abgesperrt. Viele Musikgruppen „feuern" die Massen an. Getanzt wird bis zur völligen Erschöpfung, und Rum und Bier fließen in Strömen.

7.4.3 Der Voodoo-Kult

Der **Begriff** leitet sich von „Vodu" ab, einem Wort der westafrikanischen Ewe-Sprache, das Schutzgeist bedeutet.

Im Jahre **1860** versuchten die Kolonialmächte, den Voodoo-Kult einzudämmen oder sogar auszurotten. Die Missionare starteten eine Bekehrungswelle, mit Massentaufen und Gottesdiensten. Aber das Bekenntnis zum christlichen Glauben bedeutete damals und bedeutet auch heute keineswegs den Verzicht auf den Glauben an die Götter der Vorfahren **aus Afrika** und die damit verbundenen Riten.

Noch immer übt der Voodoo in weiten Teilen der Insel, besonders in Haiti, einen großen Einfluß aus. Der Ausspruch, daß 90 % der Haitianer Christen sind und zu 100 % dem Voodoo-Kult anhängen, hat heute noch seine Berechtigung.

In den 40er Jahren unseres Jahrhunderts wurde von den **US-Amerikanern** der letzte Versuch unternommen, den Haitianern den Voodoo zu nehmen. Sie sandten Prediger verschiedener Sekten ins Land, um die Haitianer zu bekehren. Auch diese Konfessionen konnten den traditionellen Voodoo nicht ersetzen. **1952** wurde die Regierung dieser Situation mit einer Verfassungsänderung gerecht, die jedem Haitianer das Recht auf **Religionsfreiheit** gewährt. Seitdem darf Voodoo offiziell ausgeübt werden. Trotzdem ist die Regierung bestrebt, ihn durch Auferlegen von **Steuern** einzudämmen.

Bis vor wenigen Jahren galt der Voodoo bei den Haitianern als eine **tiefverwurzelte Kultreligion**. **Heute** wird er jedoch durch den wachsenden Fremdenverkehr in zunehmendem Maße zu einer folkloristischen Attraktion degradiert.

Fast überall in den Armenvierteln von Port-au-Prince, der Hauptstadt Haitis, und auf dem Lande ertönt jeden Samstag nach Einbruch der Dunkelheit der eintönige Rhythmus von Trommeln, die zur Begleitung von Voodoo-Zeremonien geschlagen werden. Nur durch gute Beziehungen ist es Fremden möglich, solchen einheimischen Voodoo-Zeremonien beizuwohnen.

Aus unserer Sicht erscheinen die ritualen Abläufe des Voodoo-Kults fremd und unbegreiflich. Die Transzendenz, die Hinwendung zu den „Loas", den göttlichen Wesen, erfordert allerhöchste **Konzentration** der Beteiligten. Begleitende Kulthandlungen können vorübergehende Besessenheit auslösen, besonders dann, wenn durch Suggestion die Vorstellung einer Vereinigung mit den „Loas" ausgelöst wird.

In diesem Zustand sprechen die Besessenen oft afrikanische Wortfetzen („vitu") der ritualen Sprache „Langage". Nach ihrem Glauben bildet sie die Verständigungsbrücke zu den „Loas". Der nachfolgende, lang anhaltende **Trancezustand** bewirkt eine innerliche Entspannung der Beteiligten, läßt sie die eigentlichen Kulthandlungen aber nicht mehr erinnern.

Es kann als sicher gelten, daß der Voodoo seinen **Ursprung** in den Ländern Westafrikas hat. Die deportierten Negersklaven entwickelten daraus den heutigen Voodoo, der sich nun wiederum stark ausbreitete. Es kam zu einer **Vermischung** afrikanischer Riten mit der längst ausgestorbenen Kultur der Indianer und mit christlichen Glaubensinhalten. So befinden sich im Tempel neben Voodoo-Reliquien auch christliche Heiligenbilder und manchmal sogar Figuren oder Tongefäße aus vorkolumbianischer Zeit.

Der Voodoo-Kult manifestiert sich in Riten, Weihgeschenken sowie der priesterlichen Hierarchie. Höchste Gottheit ist der „Papa maetre", der Hüter des Universums und der Menschheit, ohne dessen Mitwirkung gar nichts möglich ist. Ihm untergeordnet sind die bereits erwähnten „Loas". Diese werden in freundlich gesonnene **„Rata-Loas"** und aggressive, feindlich gesinnte **„Petro Loas"** unterteilt. Für den Voodoo-Gläubigen stellen die „Rata-Loas" Mächte dar, die, wenn sie angerufen werden, Wohltaten ausüben und Hilfe vermitteln, während die „Petro Loas" den Menschen auch schaden können. So haben Bauern, Fischer und Jäger ihre eigenen „Loas", die für die Ernte, Fänge und Einkünfte angerufen werden.

Der **Tanz** stellt im wesentlichen Kult-Elemente dar. Man bezeichnet daher den Voodoo auch als **getanzte Religon**. Jeder Tanz, der vom teils schwermütigen, teils temperamentvollen Rhythmus der dumpf dröhnenden **Trommeln** drei verschiedener Größen akustisch untermalt wird, wird durch Gesänge begleitet. Die meist aus Mahagoni gearbeiteten und mit Kuhhaut überzogenen Trommeln sind zum wichtigsten Symbol des Voodoo geworden.

Von besonderer Bedeutung sind die **Véve-Zeichen**, die mit weißer Asche oder Mehl auf den fest gestampften Boden des „Hounfort", des Tempels, gemalt sind. In die Geschichte ist der **Voodoo-Priester Boukaman** eingegangen, der zu Ehren des „Petro Loa" den großen Sklavenaufstand von 1791 auslöste.

7.4.4 Die Freundlichkeit der Dominikaner

Nicht nur die tropische Landschaft, der ewige Sommer, die weißen Sandstrände, die exotischen Farben sind meiner Meinung nach die größten Schätze des Landes, die gibt es in anderen Gegenden unserer Erde auch. Der größte Schatz sind die Natürlichkeit, Offenheit und Gastfreundschaft der Dominikaner, besonders in abgelegenen Orten auf dem Lande. Sympathisch ist, daß sie keine Hektik kennen. Als Fremder brauchen Sie oft nur zu lächeln, was wir Europäer leider fast verlernt haben, und schon ist eine Brücke zu den Einheimischen hergestellt. Die Zähne Ihres Gegenübers blitzen in den milchkaffeebraunen, freundlichen Gesichtern. Nicht ohne Stolz wird Ihnen süßer Kaffee oder Zuckerrohrsaft angeboten. Selbst die Ärmsten gewähren Ihnen Gastfreundschaft. Sie dürfen am Leben der Dorfbewohner teilhaben. Natürlich ist man auch neugierig, was Sie als Fremder für ein Mensch sind, was Sie denken und was Sie zu erzählen haben.

Wo gibt es solche Menschen noch auf unserem Globus? Wo begegnet man Ihnen noch ohne Arg und Hintergedanken? Dies sind rein persönliche Erfahrungen, die man nur als Individualreisender machen kann. In den Hotelburgen sind auch die Dominikaner angepaßt. Sie müssen schon in die entlegenen Dörfer der Republik reisen, um so etwas zu erleben.

7.4.5 Zwei dominikanische Leidenschaften: Baseball und Hahnenkampf

Baseball

Baseball ist der **Volkssport Nummer eins** in der Dominikanischen Republik, wahrscheinlich ein Überbleibsel der zweimaligen Besetzung des Landes durch die US-amerikanischen Truppen. Von Dezember bis März ist hierzulande die Baseballsaison. Leidenschaftlich verfolgen die Dominikaner, ob jung oder alt, den Ausgang der wichtigen Spielduelle. Außerdem sitzen US-amerikanische Einkäufer auf den Tribünen, um nach guten Spielern Ausschau zu halten.

In den Sommermonaten ist in Nordamerika das „Baseball-Fieber" ausgebrochen. Dann sind die Dominikaner daheim von ihren Fernsehgeräten nicht mehr fortzubringen, weil sie sich an den Erfolgen ihrer Baseball-Idole mitfreuen möchten, denn die US-Mannschaften haben einen sehr großen Anteil an dominikanischen Spielern in ihren Spitzenmannschaften, ihrer „Major League". Stars wie Pedro Martinez, Sammy Sosa oder Raúl Mondesi verdienen in den USA schwere Millionen US-Dollar und sind das Vorbild der dominikanischen Jugend, die eifrig diesen Breitensport auch auf der Straße pflegt, um einmal selbst als Star zu Ruhm und Reichtum in dem Gastland USA zu gelangen. Schätzungsweise 600 dominikanische Profis sind in den USA unter Vertrag.

Hahnenkampf

Was für den Spanier der Stierkampf ist, das ist für den Dominikaner der Hahnenkampf. Jedes größere Dorf hat einen **„Club Gallistico"**, einen Club für den Hahnenkampf. Der stolze Hahn gilt als der Inbegriff der Männlichkeit. Er verkörpert den **dominikanischen Machismo**. Die Arenen, in denen die Hähne um ihr Leben kämpfen, sind wie ein kleines Amphitheater angeordnet, und sie sind meistens bis zum letzten Platz besetzt. Der Kampf der gefiederten Gladiatoren ist eine reine Männerdomäne. Frauen ist der Zutritt während der Veranstaltung streng untersagt. Am Eingang der Arenen wachen **bewaffnete Polizisten**, damit es zu keinen Gewalttätigkeiten kommt.

Vor dem Kampf werden beide Kampfhähne von einem **Schiedsrichter** begutachtet. Die Regel besagt, daß nur Hähne mit gleicher Größe und Gewicht gegeneinander kämpfen dürfen. Die Krallen der Hähne sind mit messerscharf geschliffenen Sporen der Schildkrötenkrallen bestückt, die dem Gegner so schnell wie möglich die verletzenden oder gar tödlichen Hiebe beibringen sollen. Auch diese obligatorischen Waffen der Hähne werden vom Schiedsmann begutachtet. Die **Wetten** sind hoch abgeschlossen.

Dann werden die Hähne aufeinander losgelassen. Es brodelt wie in einem Hexenkessel. Lautstarke Anfeuerungsrufe erfüllen die Arena. Sieg oder Niederlage, letztere bedeutet meistens den Tod des unterlegenen Hahns, und Triumph oder Schmach der Besitzer liegen dicht beieinander. Der Ausgang des Kampfes ist nicht voraussehbar, deshalb wächst die Spannung von Minute zu Minute. Das Kampfgeschehen dauert zwischen 5 und 20 Minuten. Der Besitzer des siegreichen Hahns fühlt sich nach dem Kampf wie ein Gladiator, nur daß er nicht selbst gekämpft hat. Seine Pflicht ist es, diejenigen, die auf ihn gewettet haben, manchmal das Drei- bis Fünffache des Wetteinsatzes auszuzahlen. Auf der anderen Seite steht der Ruin des Verlierers, der außerdem noch mit Hohn und Spott überschüttet wird. Beim Hahnenkampf hat sich schon mancher finanziell ruiniert.

i Das kostet Sie die Dominikanische Republik

- Stand Sommer 2001 -

News im Web: www.iwanowski.de

Auf den grünen Seiten geben wir Ihnen **Preisbeispiele** für Ihren Urlaub in der Dominikanischen Republik, damit Sie sich ein relatives Bild über die Kosten Ihrer Reise und eines Aufenthalts machen können.

Natürlich sollten Sie die Preise als vage **Richtschnur** auffassen. Bei manchen Produkten oder Leistungen geben wir Ihnen eine Preis-Spannbreite an. Bedenken Sie bitte, daß die saisonalen Schwankungen z.T. beträchtlich sind, besonders bei den Unterkünften.

Aktueller Kurs: 1 DM = ca. 6,79 RD$, 1 US$ = ca. 16,05 RD$, 1 Euro = ca. 13,29 RD$

BEFÖRDERUNGSKOSTEN

Flüge

LTU

Düsseldorf/Frankfurt/M./München - Puerto Plata (LTU Sparbuch): 1.259 bis 1.479 DM

Düsseldorf/Frankfurt/M./München - Puerto Plata (LTU regulär): 1.390 bis 1.760 DM

Düsseldorf/Frankfurt/M./München - Punta Cana (LTU Sparbuch): 1.149 bis 1.399 DM

Düsseldorf - Punta Cana (LTU regulär): 1.390 bis 1.720 DM

Condor

Berlin-Schönefeld - Puerto Plata: 1.368 bis 1.628 DM

Berlin-Tegel - Puerto Plata: 1.568 bis 1.988 DM

Bremen - Puerto Plata: 1.568 bis 1.988 DM

Dresden - Puerto Plata:	1.568 bis 1.988 DM
Düsseldorf - Puerto Plata:	1.478 bis 1.828 DM
Frankfurt/M. - Puerto Plata:	1.368 bis 1.788 DM
Genf - Puerto Plata:	1.568 bis 1.988 DM
Hamburg - Puerto Plata:	1.368 bis 1.988 DM
Hannover - Puerto Plata:	1.368 bis 1.988 DM
Köln/Bonn - Puerto Plata:	1.568 bis 1.988 DM
Leipzig - Puerto Plata:	1.368 bis 1.988 DM
München - Puerto Plata:	1.368 bis 1.988 DM
Nürnberg - Puerto Plata:	1.568 bis 1.988 DM
Stuttgart - Puerto Plata:	1368 bis 1.988 DM
Wien - Puerto Plata:	1.568 bis 1.988 DM
Zürich - Puerto Plata:	1.568 bis 1.988 DM
Augsburg - Punta Cana:	1.638 bis 1.888 DM
Berlin-Schönefeld - Punta Cana:	1.438 bis 1.688 DM
Berlin -Tegel - Punta Cana:	1.638 bis 1.888 DM
Bremen - Punta Cana:	1.638 bis 1.888 DM
Dresden - Punta Cana:	1.638 bis 1.888 DM
Düsseldorf - Punta Cana:	1.438 bis 2.038 DM
Frankfurt/M. -Punta Cana:	1.438 bis 1.688 DM
Genf - Punta Cana:	1.638 bis 1.888 DM
Hamburg - Punta Cana:	1.438 bis 2.038 DM
Hannover - Punta Cana:	1.438 bis 2.038 DM
Köln/Bonn - Punta Cana:	1.638 bis 1.888 DM
Leipzig - Punta Cana:	1.438 bis 2.038 DM
München - Punta Cana:	1.438 bis 1.838 DM
Münster - Punta Cana:	1.638 bis 1.888 DM
Nürnberg - Punta Cana:	1.638 bis 1.888 DM
Paderborn - Punta Cana:	1.638 bis 1.888 DM
Stuttgart - Punta Cana:	1.438 bis 2.038 DM
Berlin-Tegel - Santo Domingo:	1.568 bis 1.988 DM
Bremen - Santo Domingo:	1.568 bis 1.988 DM
Dresden - Santo Domingo:	1.568 bis 1.988 DM
Düsseldorf - Santo Domingo:	1.568 bis 1.988 DM
Frankfurt/M. - Santo Domingo:	1.368 bis 1.788 DM
Genf - Santo Domingo:	1.568 bis 1.988 DM
Hamburg - Santo Domingo:	1.568 bis 1.988 DM
Hannover - Santo Domingo:	1.568 bis 1.988 DM
Köln /Bonn - Santo Domingo:	1.568 bis 1.988 DM

Leipzig - Santo Domingo:	1.568 bis 1.988 DM
München - Santo Domingo:	1.568 bis 1.988 DM
Nürnberg - Santo Domingo:	1.568 bis 1.988 DM
Stuttgart - Santo Domingo:	1.568 bis 1.988 DM
Wien - Santo Domingo:	1.568 bis 1.988 DM
Zürich - Santo Domingo:	1.568 bis 1.988 DM

Continental
Frankfurt/M - Santo Domingo über USA: ab 1.655 DM

Air France
Frankfurt/M. - Santo Domingo über Paris: ab 1.403 DM

Iberia
Frankfurt/M. - Santo Domingo
über Madrid oder Barcelona: ab 1.560 DM

Fluggastgebühr

Bei Abflug aus der Dominikanischen Republik wird eine Fluggastgebühr in Höhe von 10 US$ erhoben.

Befreit sind Transitpassagiere, die die Transitzone der dominkanischen Flughäfen nicht verlassen, sowie Kinder unter 2 Jahren.

Inlandsflüge

Air Santo Domingo ist die führende private Fluggesellschtaft in der Dominikanischen Republik, die Inlandsflüge zu den sechs wichtigsten nationalen Flughäfen **Santo Domingo-Herrera, El Portillo, La Romana, Puerto Plata, Punta Cana** und **Santiago de los Caballeros** unterhält.

- **Flüge nach El Portillo**

Abflughafen	über	ca.-Preis in US$
Santo Domingo	-	49
La Romana	Punta Cana	83
Puerto Plata	-	49

- **Flüge nach Santo Domingo**

Abflughafen	über	ca.-Preis in US$
El Portillo	-	49
Puerto Plata	-	54
Punta Cana	-	54
Santiago de los Caballeros	-	49

- **Flüge nach La Romana**

Abflughafen	über	ca.-Preis in US$
El Portillo	Punta Cana	83
Puerto Plata	-	59
Punta Cana	-	29
Santiago de los Caballeros	Punta Cana	83

- **Flüge nach Puerto Plata**

Abflughafen	über	ca.-Preis in US$
El Portillo	-	49
Santo Domingo	-	54
La Romana	-	59
Punta Cana	El Portillo	90
Punta Cana	La Romana	83

- **Flüge nach Punta Cana**

Abflughafen	über	ca.-Preis in US$
El Portillo	-	54
Santo Domingo	-	54
La Romana	-	29
Puerto Plata	La Romana	83
Puerto Plata	El Portillo	90

- **Flüge nach Santiago de los Cabelleros**

Abflughafen	über	ca.-Preis in US$
Santo Domingo	-	49
La Romana	Punta Cana	83
Punta Cana	-	59

Mietwagen / Motorräder

• Je nach Fahrzeugtyp müssen Sie ab ca. 60 US$ pro Tag, ab ca. 360 US$ pro Woche rechnen, jeweils mit begrenzten Kilometern. Benzin geht zu Lasten des Mieters.
• Die Anmietung von Motorrädern ist ebenfalls möglich (diebstahlsgefährdet). Die Versicherung schließt den Verlust nicht ein. In diesem Fall muß der Mieter das Motorrad für ca. 2.000 bis 3.000 US$ ersetzen.

Treibstoffpreise

- Super bleifrei (sin plomo super): 27,90 RD$
- Normalbenzin (Gasolina normal): 22,80 RD$
- Diesel (gasoleo): 12,90 RD$

Geführte Reisen (z.B. Meier's Weltreisen)

Auf den Spuren Christopher Columbus
• Erste Route: Busreise ab Punta Cana, 1 Woche ab/bis Deutschland ab 2.699 DM: Deutschland - Punta Cana - La Romana - Boca Chica - Santo Domingo - Jarabacoa - Santo Domingo - Santiago - Haiti/Cap Haitien - La Ferrière - Puerto Plata - Halbinsel Samaná/Las Terrenas - Santo Domingo - Punta Cana
• Zweite Route: Busreise ab Puerto Plata, 1 Woche ab/bis Deutschland ab 2.688 DM: Deutschland - Puerto Plata - Cap Haitien - La Ferrière - Haiti - Grenze Haiti/Dom. Rep. - Santiago - Santo Domingo - Samaná - Cayo Levantado - Las Terrenas - Los Haitises - Puerto Plata

Busfahrten

Preisbeispiele:
- Santo Domingo - Barahona: ca. 3,50 US$
- Santo Domingo - Haiti: ca. 90 US$

Taxifahrten

Preisbeispiele:
- Bávaro - Punta Cana Flughafen: ca. 25 US$
- Stadtfahrten: ca. 5 US$
- Sammeltaxi: ca. 5 RD$
- Motorradtaxi: 5 bis 10 RD$

AUFENTHALTSKOSTEN

Essen und Trinken

Die Preise für Essen und Trinken in Supermärkten wie auch in Restaurants – natürlich nach Klassen unterschiedlich – entsprechen in der Regel denen in Mitteleuropa.

Im Restaurant:
- Frühstück ab 60 RD$
- Mittagessen ab 100 RD$
- Abendessen ab 120 RD$

In Restaurants kommen noch 10 % Servicezuschlag und 8 % Mehrwertsteuer auf die Rechnung. Ein zusätzliches Trinkgeld von ca. 10 % wird erwartet. Für alle Dienstleistungen sind Trinkgelder üblich.

Unterkünfte

Preisbeispiele (Angaben für Einzel-/Doppelzimmer):

- **Hotels**

- V Centenario Intercontinental, in Santo Domingo, ab 195 / ab 210 US$
- Renaissance Jaragua Resort & Casino, in Santo Domingo, ab 180 / ab 180 US$, Nebensaison ab 140 / ab 140 US$
- Melia Santo Domingo, in Santo Domingo, ab 145 / ab 155 US$, Nebensaison ab 110 / ab 120 US$
- Santo Domingo, in Santo Domingo, ab 140 / ab 140 US$, Nebensaison ab 120 / ab 120 US$
- El Embajador, Gran Hotel Lina, Hispañiola, Plaza Naco, in Santo Domingo, je ab 90 US$, Nebensaison teilweise ab 70 US$
- Kleinere Hotels, wie Apart Plaza Colonial, Cervantes, Zimmer ab 45 US$

Auf alle Hotelpreise kommen noch 13 % Steuern und 10 % Service. Als Nebensaison gelten in den genannten Hotels die Monate Mai bis November.

Meist sehr interessante Angebote bieten deutsche Reiseveranstalter für die Hotelanlagen (teilweise all-inclusive-Resorts) in den Hauptferiengebieten Puerto Plata, Playa Dorada (Nordwesten), Sosua, Cabarete (Norden), Halbinsel Samaná, Santa Bárbara de Samaná, Sánchez, Las Terrenas, Playa Bonita (Nordosten), Bávaro, Punta Cana (Südosten) und Boca Chica, Juan Dolio, La Romana (Süden).

- **Dormitories**

Dormitory, in Jimaní, 150 Pesos pro Nacht für 2 Personen

Sport

- **Tauchen**

Tauchgänge	US$
1 Tauchgang	ca. 30
2 Tauchgänge	ca. 49
3 Tauchgänge	ca. 90
5 Tauchgänge	135
10 Tauchgänge	245
12 Tauchgänge	288
1 Nachttauchgang	40
1 Wracktauchgang	40
Höhlentauchen	85

- **PADI 5-Stern-Kurse**

Kurse	US$
Open Water Diver-Kurs	325
Referral Student Dives	200
Advanced Open Water Diver-Kurs	250
Advanced Pls-Kurs (9 Tauchgänge)	450
Rescue Diver-Kurs	350
Medic First Aid-Kurs	85
Master Scuba Diver (5 Spezialitäten)	799
Divemaster	495
Assistant Instructor	299

Post

Briefmarken für normale Postkarten und Briefe kosten 10 RD$ und DCS-Briefmarken 25 RD$.

Telefonieren

Nach dem Kauf einer Telefonkarte der Firma CODETEL können Sie eine Minute für nur 19 Pesos nach Mitteleuropa in Büros dieser Firma oder in entsprechenden Telefonzellen telefonieren. Von Hotels aus zu telefonieren ist um ein Vielfaches teurer.

Eintrittspreise

- **Manatí Park Bávaro**

Die Eintrittspreise betragen z.Zt. für Erwachsene 21 US$ und für Kinder 10 US$.

- **Parque Nacional Jaragua** und andere Nationalparks

Ein Permit (Genehmigung zum Betreten des Nationalparks) kostet z.Zt. 50 Pesos pro Person.

Ausflüge

- **Bootsfahrt zum Parque Nacional Los Haitises**

Das Unternehmen Amilka Tours, Calle Colón No. 15, Sánchez, Tel. 552-7664, 7102, Fax: 552-7664, unternimmt Ausflüge zu o.g. Nationalpark für z.Zt. 450 Pesos pro Person.

- **Bootsfahrt auf der Laguna Oviedo**

Sie können eine Bootsfahrt auf der o.g. Lagune bei Kapitän Blanco, El Cajuil, für ungefähr 2 Stunden für ca. 700 Pesos vereinbaren.

- **Ritt zum Wasserfall Limón**

Pro Pferd werden 100 Pesos pro Stunde verlangt.

8. REISEN IN DER DOMINIKANISCHEN REPUBLIK

8.1 Santo Domingo – älteste Stadt der Neuen Welt

Regionale Reisetips zu Santo Domingo
entnehmen Sie bitte den gelben Seiten 228ff

Zeitvorschlag
2 Tage

8.1.1 Überblick

Santo Domingo war die **erste europäische Stadt in Amerika.** Hier wurde die **erste Kathedrale** gebaut, residierte der **erste Gouverneur**, wurde der **erste Bischof** geweiht und das **erste Krankenhaus** gebaut. So könnte man die Reihe der Premieren fortsetzen.

Restaurierte Altstadt – Zone Colonial

Man restauriert die alten Baudenkmäler, was bislang aber nur in der **Zone Colonial** zu spüren ist. Bislang flossen etwa 10 Millionen US-Dollar in die Altstadt-Sanierung.

Wer sich jedoch für die wechselvolle Geschichte der Stadt, des Landes und Amerikas interessiert, hat in dieser geschichtsträchtigen Stadt, speziell in der Zone Colonial, ein weites Betätigungsfeld und reiches Anschauungsmaterial. Hier faßten die Spanier als damals europäische Großmacht zuerst richtig Fuß. Hier nahm der europäische Einfluß mit seinen Licht- und Schattenseiten seinen Anfang.

reiches Anschauungsmaterial

8.1.2 Geschichte Santo Domingos

1496 wurde eine Siedlung mit dem Namen **Nueva Isabela** (Neu-Isabela) von Don Bartolomé de Colón, dem Bruder Christoph Kolumbus', am östlichen Ufer des Río Ozama **gegründet**, um nahe an den Goldminen zu sein und weil man meinte, einen sichereren Hafen als in La Isabela gefunden zu haben. Der Schock vom Wirbelsturm an der Nordküste saß den Spaniern noch in den Gliedern.

Stadtgründung

Redaktions-Tips

Übernachten:

Alle genannten Hotels sind zentral gelegen, um auf kurzem Weg die koloniale Altstadt von Santo Domingo zu Fuß zu erkunden:

- **Sheraton Santo Domingo Hotel & Casino $$$$** (Kap. 7.2, S. 230), ein luxuriöses Hotel mit allem Komfort.
- **El Hostal Palacio Nicolas de Ovando $$$** (Kap. 7.2, S. 230), zeichnet sich besonders durch seine vorteilhafte Lage im Herzen der Altstadt aus.
- **Napolitano Hotel & Casino $$** (Kap. 7.2, S. 231), ein solides Mittelklassehotel.

Essen:

- **Alcázar** (Kap. 7.2, S. 232), im Hotel Santo Domingo, hat Oscar de la Renta-Design im marokkanischen Palast-Ambiente. Die Spezialitäten der einheimischen und französischen Küche sind gegrilltes Fleisch sowie leckere Meeresfrüchte.
- **Paté Palo** (Kap. 7.2, S. 234), hier sitzt man gemütlich im Freien mit Blick auf den Alcázar de Colón. Die ständig wechselnde Speisekarte bietet eine genügend große Auswahl an Gerichten.

Sehenswürdigkeiten:

- **Der Palast des Diego Kolumbus (Alcázar de Don Diego Colón)** (1) (Kap. 8.1.4, S. 256ff). In diesem massiven Gebäude lebten die Nachkommen des Admirals Christoph Kolumbus 77 Jahre lang. Die originalen Wände sind stumme Zeugen ihrer Intrigen, ihres Glücks und Leids. Heute sind die Galerien, Festsäle und Empfangsräume wieder mit wertvollem Mobiliar und Kunstgegenständen aus der Kolonialzeit prachtvoll ausgestattet.
- Der ehemalige **Palast des Gouverneurs und der Generalkapitäne (Palacio de los Capitanes / Museo de las Casas Reales)** (4) (Kap. 8.1.4, S. 259ff) beherbergt heute das attraktivste Museum der Stadt.
- **Die Kathedrale (Catedral Primada de América)** (10) (Kap. 8.1.4, S. 262ff) ist ebenfalls Erzdiözese. Das Gotteshaus ist das wichtigste koloniale Denkmal der Stadt.
- **Der Kolumbuspark (Parque de Colón)** (11) (Kap. 8.1.4, S. 265) wird von dem bronzenen **Denkmal von Christoph Kolumbus**, der nach Norden, nach La Isabela, zeigt, beherrscht.
- **Das Bernsteinmuseum (Museo de Ambar)** (12) (Kap. 8.1.4, S. 265f) liegt gegenüber der Kathedrale. Die ältesten Stücke des dominikanischen Bernsteins sind **bis zu 48 Millionen alt**. Interessant sind die **Einschlüsse**. Durch sie wird der Nachwelt sozusagen ein Fenster in die Entwicklungsgeschichte der Kleinlebewelt von Flora und Fauna geöffnet.
- **Das Fort Ozama und der Huldigungsturm (Fortaleza Ozama - Torre del Homenaje)** (14) (Kap. 8.1.4, S. 267f) beeindruckt durch seine dicken Mauern. Vom 18,50 m hohen Torre del Homenaje wurde damals für einlaufende Schiffe Salut geschossen, daher der Name Huldigungsturm.
- **Das Haus des Tostado (Casa Tostado** (17) (Kap. 8.1.4, S. 269f) ist ein eindrucksvolles Haus der Kolonialzeit in spätgotischem Stil, das heute als Museum gutes Anschauungsmaterial der damaligen Zeit präsentiert.
- **Das Dominikanerkloster (Convento de los Dominicanos)** (20) (Kap. 8.1.4, S. 271f). Der bekannteste dominikanische Mönch war **Bartolomé de las Casas**, der u.a. hier wirkte und ein **hartnäckiger Kämpfer für die Menschenrechte und weiser Denker** war. Er trat für eine humanitäre Behandlung der Indianer ein. Sein Denkmal steht auf dem Vorhof der Klosterkirche.

1502 brach jedoch ein weiterer **Hurrikan** mit voller Gewalt auch **über Nueva Isabela** herein und zerstörte die neue Siedlung. **Christoph Kolumbus** fiel bei der spanischen Krone in Ungnade, und man inhaftierte ihn in der Festung am Río Ozama. Neuer Gouverneur wurde **Nicolás de Ovando**. Der ordnete an, daß die Stadt am Westufer des Río Ozama neu entstehen sollte, und nannte sie **Santo Domingo** (Heiliger Sonntag). Es entstanden die erste Kathedrale, die Calle Las Damas, von imponierenden Steinhäusern gesäumt, und das erste Gouverneursgebäude.

der neue Gouverneur

1504 erhob man Santo Domingo zum **Bistum**. **1509** erlebte Santo Domingo die kurze Blüte einer **Hauptstadt von Spanisch-Amerika**. Diego Colón, der Sohn von Christoph Kolumbus, wurde ihr erster Vizekönig von Spanien. **1512** gründete man in Santo Domingo die **erste Universität** in Spanisch-Amerika. **1519** begann Santo Domingos Stern schon wieder zu sinken, als **Hernán Cortés** zu neuen Ufern aufbrach und **Mexiko** eroberte, gefolgt von **Pizarros** Einnahme von Peru. Diese Ereignisse und die **Gier nach den Gold- und Silberschätzen** des reicheren Mittel- und Südamerikas waren für die junge Kolonie eine Katastrophe und schwächten sie sehr. **1535** verlegte man den **Sitz des Vizekönigs von Spanien** nach **Ciudad México**.

Diego Colón erster Vizekönig

Im Januar 1586 näherte sich der berühmt-berüchtigte **Pirat Francis Drake** mit **23 Schiffen** und einem Aufgebot von **1.200 Soldaten** Santo Domingo. Er versteckte seine Flotte außer Sichtweite der Stadt und ließ seine Soldaten zu Fuß in einem Nachtmarsch von Land aus sich der Stadt nähern. Die Stadtmauer war, im Gegensatz zu der Befestigung an der Seeseite, an der Landseite leichter zu überwinden. Am **10.01.1586** nahm der englische Pirat die Stadt ein und forderte die enorme Summe von **250.000 Dukaten Lösegeld**. Um seiner Forderung Nachdruck zu verleihen, zündete er den Stadtkern an. Santo Domingo konnte mit bestem Willen nur ein Zehntel der Summe aufbringen. Auch nachdem jede Kirche, jedes Kloster und die wohlhabenden privaten Häuser der Stadt geplündert wurden, mußte der Pirat sich mit dieser Summe zufrieden geben. In der folgenden Zeit schien es so, als ob die einst blühende Stadt 300 Jahre in eine Periode der Finsternis und des Unglücks verfallen sollte. **1655** belagerte der Engländer **Oliver Cromwell** die Stadt. Ihm war jedoch kein Erfolg beschieden.

Piratenüberfall

1673 machte ein **schweres Erdbeben** die Stadt dem Erdboden gleich. Am **07.05.1842** richtete ein **weiteres Erdbeben** schwere Schäden in der Stadt an. Am **27.02.1844** erstürmten Männer des Geheimbundes „Trinitaria" die Festung von Santo Domingo und nahmen die Soldaten der haitischen Garnison gefangen. Die **Unabhängigkeit der ersten Dominikanischen Republik** wurde von den Freiheitskämpfern Mela und Sanchéz proklamiert.

1930 suchte ein **Hurrikan** Santo Domingo heim und zerstörte sie schwer. **1936** ließ der Diktator Trujillo die Stadt wieder aufbauen und gab ihr den Namen **Ciudad Trujillo** (Stadt Trujillo). **1961** fiel Trujillo einem Attentat zum Opfer, und die Hauptstadt des Landes wurde **wieder in Santo Domingo umbenannt**.

Trujillos Gewaltherrschaft

8.1.3 Die Gründung von Santo Domingo

Über das genaue Datum, wann Santo Domingo durch den Generalkapitän Don Bartolomé Colón, dem Bruder Christoph Kolumbus', gegründet wurde, gehen die Meinungen auseinander. Gonzalo Fernández de Oviedo schrieb den 05. August 1494, der Dominikanermönch Bartolomé de las Casas den 04. August 1496, der Pater Cipriano de Utrera, ein moderner Historiker, das Jahr 1498 der Gründung der Stadt zu. Das offizielle Datum ist jedoch nach langem Hin und Her auf den 04. August 1496 festgelegt worden.

Ursprung des Namens der Stadt

Einige dieser widersprüchlichen Darstellungen basieren auf der Idee, daß die Gründung der Stadt am Sankt Dominikustag stattgefunden hat, andere leiteten die Gründung von der Ankunft des Generalkapitäns und die Landung am Sonntag („Domingo") ab und daß Don Bartolomé Colón außerdem wünschte, sich der zukünftigen Stadt mit aller Kraft zu widmen, im Andenken an seinen Vater, dessen Name Domingo war. Auf jeden Fall ist sicher, daß dieses Ereignis nach der zweiten Reise von Christoph Kolumbus stattgefunden hat.

Die Gründung von Santo Domingo geschah nach den verhängnisvollen Ereignissen am Fort La Navidad, bei denen die Kolonie praktisch durch die Eingeborenen dezimiert wurde, als Rache für die an ihnen verübten Grausamkeiten und für die Habgier der Spanier. Hier in La Navidad hatte der Pater Bernardo Boil am 06. Januar 1494 im Namen des Heiligen Benediktus die erste Messe in einer improvisierten Kirche zelebriert.

Die Festungen von „Santo Tomás" in Jánico, „La Magdalena" am Ufer des Río Yaque und „La Concepción" in La Vega wurden anschließend errichtet. Von „La Concepción" unternahmen die Spanier erfolgreiche Expeditionen ins fruchtbare und an Bodenschätzen reiche Cibao-Tal.

Gründe für die Gründung am Ozama-Ufer

In Abstimmung mit Christoph Kolumbus' Instruktionen, die vor der Rückreise nach Spanien gegeben wurden, fuhr Don Bartolomé Colón mit seinen expansiven Operationen fort, um Gewinne für die spanische Krone zu erzielen. Erfolge waren die **Entdeckung der Haina Goldmine** und die **Besetzung des linken Ozama-Ufers**, an dem er Santo Domingo in seiner ursprünglichen Form gründete.

Vor der Verwaltung durch **Pater Nicolás de Ovando** wurde die Stadt durch eine Ameisenplage und Hurrikane in Mitleidenschaft gezogen. Aus diesem Gund und wegen der Notwendigkeit, die spanischen Interessen auf das Westufer auszudehnen, das am Goldwaschprozeß von Haina teilhatte, und noch mehr wegen seines wohlbekannten Wunsches, alles zu ändern, was sein Vorgänger getan hatte, entschloß sich Ovando, die Stadt Santo Domingo auf das gegenüberliegende Ufer des Flusses zu verlegen, dort wo sich ihr Kern heute noch befindet.

Er plante mit Präzision und legte die Standorte von Befestigungsanlagen, Kirchen und Krankenhaus sowie die Straßenführungen fest. Besonders durch die Planung der Verteidigungsanlagen bewies Ovando strategischen Weitblick.

Die positive Entwicklung der Niederlassung und ihre Wichtigkeit als Repräsentation Spaniens auf dem neuentdeckten Kontinent Amerika wurde durch ein **königliches Dekret vom 07. Dezember 1508** gewürdigt, indem Santo Domingo die **Stadtrechte** übertragen wurden. Außerdem durfte es ein **eigenes Wappen** verwenden.

Ovando, ein widersprüchlicher Mensch

Pater Nicolás de Ovando war einerseits ein bewundernswerter und aktiver, aber andererseits auch ein widersprüchlicher Mensch, der wegen seiner edlen Herkunft zwar geachtet wurde und Anerkennung für die prachtvolle Ausstattung von Santo Domingo erhielt, der jedoch andererseits sein Gewissen gegen Verbrechen abstumpfte, die durch die Admiralität und andere fürchterliche Barbaren gegenüber den Indianern verübt wurden. Die Eingeborenen wurden mit Feuer und Schwert besonders im Territorium von Jaragua unter dem Vorwand, daß sie Rebellen sein, verfolgt.

erste Periode des Glanzes

Als Don Diego Colón in Hispañiola als ihr neuer Gouverneur ankam, legalisierte er demonstrativ seine Rechte vor dem königlichen Rat. Außerdem bog er seine Differenzen mit dem Souverän zurecht, indem er die Heirat mit Doña María de Toledo vereinbarte, die mit der Alba-Dynastie verwandt war. Santo Domingo erfuhr seine erste Periode vornehmen Glanzes, und seine Bewohner lebten in unbekümmerter Zufriedenheit. Die junge Gemahlin von Don Diego Colón war von einem ganzen Hofstaat von edlen Damen, Rittern und deren Gattinnen umgeben. Es begann in Hispañiola eine neue Ära, indem sich eine koloniale Gesellschaft konsolidierte. Die Konstruktion des wichtigsten Bauwerks dieser Periode hatte gerade begonnen, der Sitz des endgültigen Regierungssitzes und Wohnsitz der Familie Colón, der majestätische Alcázar.

8.1.4 Bedeutendste Sehenswürdigkeiten

Santo Domingo beherbergt als erste von Europäern erbaute Stadt Amerikas die ältesten Monumente, jahrhundertalte Zeugnisse und die ersten wichtigen Daten der Kolonialgeschichte. Die **UNESCO** erklärte 1990 den historischen Teil von **Santo Domingo zum Kulturerbe der Menschheit**. Das kulturelle Erbe der Stadt besteht aus rund **300 Monumenten**, von denen die wichtigsten in diesem Buch vorgestellt werden sollen.

Hinweis
Die Nummern hinter den Überschriften der Sehenswürdigkeiten finden Sie im Stadtplan der Altstadt wieder.

Übersicht der wichtigsten Sehenswürdigkeiten

a) <u>**Monumente**</u>

- **Alcázar de Don Diego Colón (Palast des Diego Kolumbus) (1)**
  (Calle de Las Damas, Plaza de la Hispanidad)

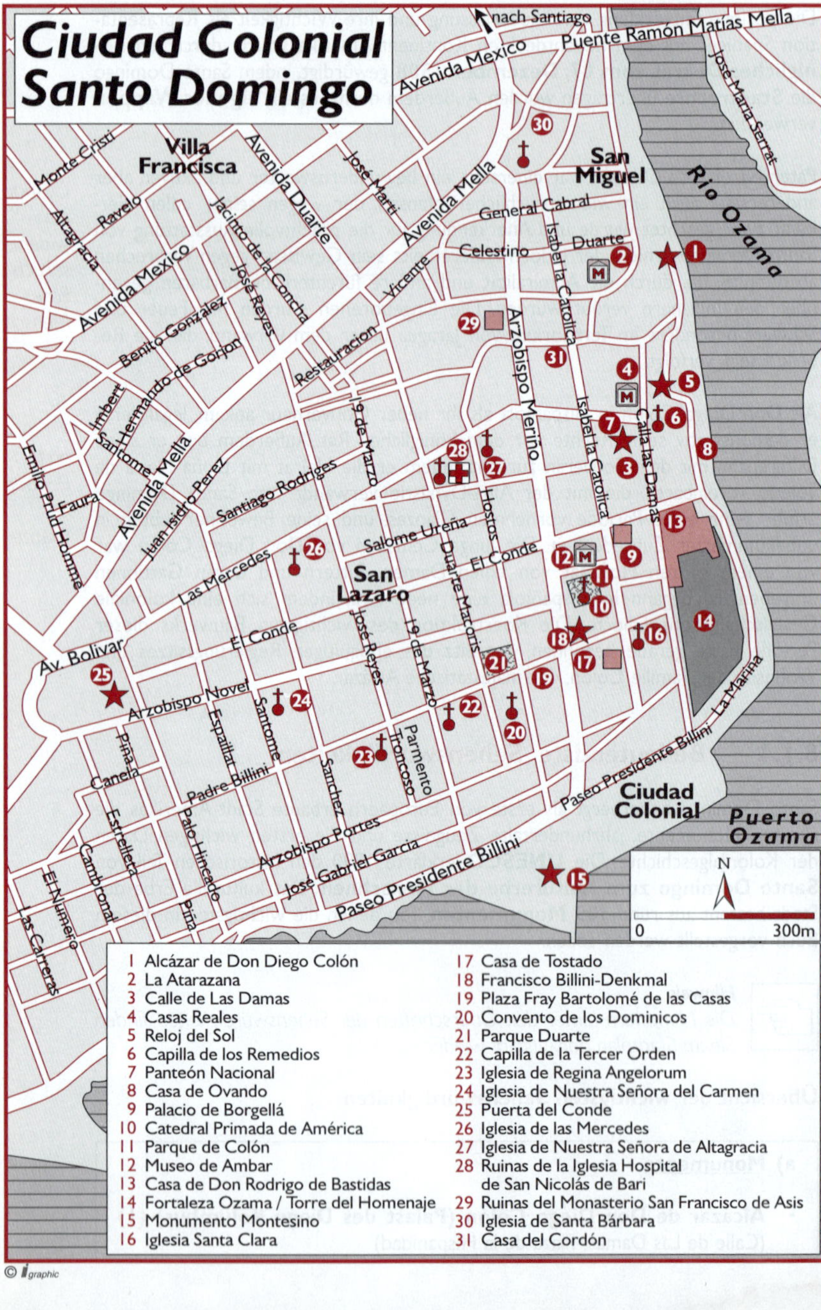
Ciudad Colonial
Santo Domingo
nach Santiago
Puente Ramón Matías Mella
Avenida Mexico
José María Serrat
Río Ozama
Villa Francisca
San Miguel
San Lazaro
Ciudad Colonial
Puerto Ozama
Monte Cristi
Altagracia
Ravelo
Avenida Duarte
José Martí
Avenida Mella
General Cabral
Celestino
Duarte
Isabel la Catolica
Jacinto de la Concha
José Reyes
Vicente
Benito Gonzalez
Hernando de Gorjon
Restauracion
Arzobispo Meriño
Imbert
Santome
Emilio Prud Homme
Faura
Juan Isidro Perez
Santiago Rodriges
19 de Marzo
Calle las Damas
Salome Ureña
Hostos
El Conde
Las Mercedes
Duarte Macoris
Av. Bolivar
Arzobispo Novel
Espaillat
Parmento Troncoso
Sanchez
Padre Billini
Piña
Canela
Estrelleta
Palo Hincado
Cambronal
El Numero
Las Carreras
Arzobispo Portes
José Gabriel Garcia
Paseo Presidente Billini
La Marina
N
0 300m
1 Alcázar de Don Diego Colón
2 La Atarazana
3 Calle de Las Damas
4 Casas Reales
5 Reloj del Sol
6 Capilla de los Remedios
7 Panteón Nacional
8 Casa de Ovando
9 Palacio de Borgellá
10 Catedral Primada de América
11 Parque de Colón
12 Museo de Ambar
13 Casa de Don Rodrigo de Bastidas
14 Fortaleza Ozama / Torre del Homenaje
15 Monumento Montesino
16 Iglesia Santa Clara
17 Casa de Tostado
18 Francisco Billini-Denkmal
19 Plaza Fray Bartolomé de las Casas
20 Convento de los Dominicos
21 Parque Duarte
22 Capilla de la Tercer Orden
23 Iglesia de Regina Angelorum
24 Iglesia de Nuestra Señora del Carmen
25 Puerta del Conde
26 Iglesia de las Mercedes
27 Iglesia de Nuestra Señora de Altagracia
28 Ruinas de la Iglesia Hospital de San Nicolás de Bari
29 Ruinas del Monasterio San Francisco de Asis
30 Iglesia de Santa Bárbara
31 Casa del Cordón

- **La Atarazana (Das Schiffszeughaus)/Museo de los Atarazanas Reales (Museum des königlichen Schiffszeughauses) (2)** (Calle La Atarazana/Calle Vicente Celestino Duarte)
- **Palacio de los Capitanes/Museo de las Casas Reales (Museum der königlichen Häuser) (4)** (Calle de Las Damas/Calle las Mercedes)
- **Reloj del Sol (Sonnenuhr) (5)** (Calle de Las Damas)
- **Capilla de los Remedios (Kapelle der immerwährenden Hilfe) (6)** (Calle de Las Damas)
- **Iglesia de los Padres Jesuitas y Panteón Nacional (Kirche der Jesuitenpater und Nationale Heldengedenkhalle) (7)** (Calle de Las Damas)
- **Palacio de Borgellá (Borgellá-Palast) (9)** (Calle Isabel la Catolica)
- **Catedral Primada de América (Kathedrale) (10)** (Parque de Colón)
- **Fortaleza Ozama - Torre del Homenaje (Fort Ozama – Huldigungsturm) (14)** (Calle de Las Damas)
- **Iglesia Santa Clara (Sankt Klara-Kirche) (16)** (Calle Padre Billini)
- **Convento de los Dominicanos (Dominikanerkloster) (20)** (Calle Padre Billini)
- **Capilla de la Tercer Orden (Kapelle des Tercer-Ordens) (22)** (Calle Padre Billini)
- **Iglesia de Regina Angelorum (Regina Angelorum-Kirche) (23)** (Calle Padre Billini)
- **Iglesia de Nuestra Señora del Carmen (Carmen-Kirche) (24)** (Calle Sanchez/Arzobispo Nouel)
- **Iglesia de las Mercedes (Mercedes-Kirche) (26)** (Calle las Mercedes)
- **Iglesia de Nuestra Señora de Altagracia (Altagracia-Kirche) (27)** (Calle las Mercedes/Calle Hostos)
- **Ruinas de la Iglesia Hospital de San Nicolás de Bari (Ruinen der Kirche und des Hospital Sankt Nicolaus) (28)** (Calle Hostos/Calle General Luperón)
- **Ruinas del Monasterio San Francisco de Asis (Ruinen des Franziskanerklosters) (29)** (Am Ende der Calle Hostos)
- **Iglesia de Santa Barbara (Sankt Barbara-Kirche) (30)** (Gabino Puello)

b) Sehenswerte Häuser

- **Casa de Ovando (Ovandohaus) (8)** (Calle de Las Damas)
- **Casa Tostado (Haus des Tostado) (17)** (Calle Padre Billini/Calle Arzobispo Merino)
- **Casa de Don Rodrigo de Bastidas (Haus des Don Rodrigo de Bastidas) (13)** (Calle de Las Damas)
- **Casa del Cordón (Haus der Kordel) (31)** (Calle Emiliano Tejera)

c) Stadttor

- **Puerta del Conde (Tor des Grafen) (25)** (Calle Palo Hincado)

d) **Parks, Plätze und berühmte Straße**
- **Parque de Colón (Kolumbuspark) (11)** (Calle El Conde/Calle Arzobispo Merino)
- **Calle de Las Damas (Damenstraße) (3)**
- **Plaza Fray Bartolomé de las Casas (19)** (Calle Padre Billini)
- **Parque Duarte (Duartepark) (21)** (Calle Padre Billini)

e) **Denkmäler**
- **Francisco Billini-Denkmal (18)** (Calle Padre Billini/Calle Arzobispo Merino)
- **Monumento Montesino (Montesino-Standbild) (15)** (Paseo Presidente Billini)

f) **Museen**
- **Museo de las Casas Reales (Museum der königlichen Häuser) (4)** (Calle las Damas/Calle las Mercedes), **Öffnungszeiten**: Di-So 9.30-17.00 Uhr
- **Museo de los Atarazanas Reales (Museum des königlichen Schiffszeughauses) (2)** (Calle La Atarazana/Calle Vicente Celestino Duarte), **Öffnungzeiten:** täglich 9.00-18.00 Uhr
- **Museo de Ambar (Bernsteinmuseum) (12)** (El Conde No. 107, am Plaza Colón, gegenüber der Kathedrale

Hinweis
Es wird empfohlen, die Besichtigung der Sehenswürdigkeiten der Altstadt in der Reihenfolge vorzunehmen, wie sie im Buch aufgeführt ist, um unnötige Wege zu vermeiden.

Altstadtbesichtigung

- **Alcázar de Don Diego Colón (Palast des Diego Kolumbus) (1)**

(Calle Las Damas, Plaza de la Hispanidad)
Öffnungszeiten: täglich Mo, Mi-So 9.00-17.00 Uhr, Di 9.00-16.00 Uhr

Geschichtliches

Prachtbau der damaligen Zeit

1510-1516 baute man an dem **Palast für den Vizekönig Diego de Colón**, dem Sohn Christoph Kolumbus', unter Anleitung spanischer Architekten und unter Mithilfe von 1.500 Indianern als Zwangsarbeiter, ohne einen einzigen Nagel zu verwenden. **1512-1513** erblickten **Juana und Isabel**, die beiden jüngsten Töchter von Don Diego und seiner Gemahlin, in diesem Palast das Licht der Welt.

1517 heirateten **Enriquillo und Mencia** in der Kapelle des Palastes, die noch in ihrer originalen Struktur erhalten ist. Enriquillo war das Symbol der **Rebellion gegen Ungerechtigkeit**. Der große **Romancier Manuel de Jesús Galván** erzählt die Lebensgeschichte dieses Mannes in seinem Buch mit dem Titel „Enriquillo“. **Nach 1549** wurde der Palast nach dem Tod von Bartolomé Colón (1544

Prachtbau der damaligen Zeit – Palast des Diego Kolumbus

gestorben) und seiner Schwiegertocher (1549 gestorben) **lange nicht bewohnt**. **1770** war das Gebäude total verlassen. Man versuchte, es in ein Gefängnis umzufunktionieren, aber ohne Erfolg. **1809 u. 1835** verwandelten Zusammenbrüche in diesen Jahren den ehemaligen Palast in eine Ruine. **1955** begann man mit der gründlichen **Restauration** des Palastes unter der Leitung des spanischen **Architekten Javier Barroso**, nachdem der Palast schon als Steinbruch gedient hatte. **1965-1968** wurden nach der Revolution weitere **durchgreifende Restaurationsmaßnahmen** durchgeführt. Die einzelnen Räume bekamen ihr ursprüngliches Dekor zurück.

Verfall

Restaurierung

Tip
Auf diesem Platz sollten Sie Ihren Rundgang durch die Altstadt beginnen. Fremdenführer, auch mit englischen und deutschen Sprachkenntnissen, können Sie begleiten.

In dem zweigeschossigen Bauwerk, in einer **Mischung aus Gotik** und **maurischem Stil** mit Elementen der spanischen und italienischen **Renaissance**, wurde kein einziger Nagel, weder in seinen **22 Räumen** noch an den 72 Türen und Fenstern, benutzt. Kennzeichnend sind die 2 übereinander angeordneten Arkadenreihen des Palastes. In den prachtvoll ausgeschmückten Gemächern waren in vergangenen Zeiten berühmte Männer zu Gast, wie Diego Velázquez (Kolonisator Kubas), Hernán Cortés (Eroberer Mexikos), Ponce de Léon (Kolonisator Puerto Ricos und Entdecker Floridas), Alonso de Ojedo (Erforscher Venezuelas) und Francisco Pizarro (Eroberer Perus).

verschiedene Bauelemente

Dieser Palast, oder das „Haus des Prinzen", wurde der Sitz des ersten spanischen Gerichts in der Neuen Welt. Hier wurden Strategien des neuen Machtbereichs in der Neuen Welt entwickelt und Expeditionen finanziert, um Guatemala, Kuba, Peru, Mexiko, Puerto Rico, Kolumbien und Jamaika zu besetzen und zu kolonisieren.

Sitz des ersten spanischen Gerichts

Außerdem sind die originalen Wände stumme Zeugen der Intrigen, des Glücks und Leids, unter denen die Nachkommen des Admirals Christoph Kolumbus 77 Jahre lebten.

Restauriert – Palast des Diego Kolumbus

Heute beherbergt der Alcázar de Don Diego Colón ein **Museum**. Die Galerien, Festsäle und Empfangsräume sind wieder mit wertvollem Mobiliar und Kunstgegenständen aus der Kolonialzeit prachtvoll ausgestattet: Ritterrüstungen, alte Gewehre, Kästen und Schränke mit wunderbaren Intarsienarbeiten, verzierte Schreibpulte, antike Truhen, Schiffsmodelle aus der Kolonialzeit, alte Musikinstrumente (Harfen, Lauten), Spinnräder und wunderschön gearbeitete Stühle und Leuchter. Die Fliesen wurden damals aus Spanien eingeführt. Die restaurierte Inneneinrichtung vermittelt ein gutes Bild vom prunktvollen Leben am Hof des Vizekönigs.

• La Atarazana (Das Schiffszeughaus)/Museo de los Atarazanas Reales (Museum des königlichen Schiffszeughauses) (2)
(Calle La Atarazana/Calle Vicente Celestino Duarte)
Öffnungzeiten: täglich 9.00-18.00 Uhr

Über eine Treppe vom Alcázar de Colón gelangt man zum tiefergelegenen Altarazana, einem Gebäudekomplex, der nach den damals dort gelagerten Schiffsausrüstungen benannt ist. Das Mittelschiff und die beiden symmetrischen Seitenschiffe wurden voraussichtlich vor 1516 erbaut. Die Gewölbe errichtete man nach 1541, und die Säulenhalle sowie einige der Fenster und die Widerlager werden dem 18. Jahrhundert zugeordnet.

Zeughaus

Das Gebäude wurde als Zeughaus konzipiert, aber so gebaut, daß auch Schiffe hergestellt werden konnten. Es setzte sich aus den Palästen der Hafenbehörde der Kolonie und dem Sitz und der Residenz des königlichen Gerichtshof zusammen. Die heute einfühlsam und völlig restaurierten Kolonialhäuser enthalten Kunstgalerien, kleine Hotels, Souvenirläden und typische Restaurants.

Das **heutige Museum**, in dem die koloniale Vergangenheit von Santo Domingo museal verwaltet wird, umfaßt Museumsstücke vom 16. Jahrhundert bis zur Ausrufung der Unabhängigkeit von Spanien im Jahre 1821. Sehenswert sind u.a. die alten Seekarten. Außerdem wird über den früheren Schmuggel, besonders mit Gold und Silber, ausführlich berichtet.

Die Schätze der „Concepción"

Leitschiff der spanischen Siberflotte

Einen breiten Rahmen nimmt der Untergang des Schiffes **„Concepción"** am **31. Oktober 1641** und dessen geborgene Schätze in Anspruch. Ein Hurrikan trieb das Schiff damals auf ein Riff der Silberbank. Die „Concepción" war das Leitschiff der damaligen spanischen Silberflotte. Fast 200 der 500 Mann starken Besatzung überlebten die Katastrophe. Obgleich man wußte, wo das Schiff gesunken war, waren die Spanier nicht in der Lage, den Schatz zu bergen. Dieses Schiff hat eine große Menge an Kostbarkeiten befördert, bevor es sank, nicht nur Gold und Silber, sondern auch diverse Naturprodukte der Neuen Welt, die für die spanische Krone, die Kirche und private Handelsleute bestimmt waren. Nur geringe Schätze sind in diesem Museum ausgestellt.

Schatzsuche

1687 segelte **William Phips** aus London mit 2 Schiffen in die Karibik, um das Wrack zu bergen. Er stammte aus Neu-England und hatte einflußreiche Investoren in London gefunden. Mit karibischen Perlentauchern hob er den bisher größten Schatz, der je zuvor aus dem Meer gefischt wurde. 69.000 Pfund Silber und 25 Pfund Gold im damaligen Wert von 250.000 englischen Pounds wurden dem Meer entrissen. Der Erfolg der Expedition machte ihn zu einem reichen Mann, obgleich er 1/10 der englischen Krone abtrat und den Rest mit 14 Investoren teilte. Als Belohnung wurde er außerdem in den Adelsstand erhoben.

Verbindung Altstadt/Hafen – Puerta de la Atarazana

1979 erhielt der US-amerikanische **Schatzsucher Burt Webber** von der dominikanischen Regierung die Erlaubnis, unter Gewinnbeteiligung von 50 % erneut nach den Schätzen der „Concepción" zu tauchen. Er konnte noch einige Tonnen Silbermünzen heben.

Durch die **Puerta de la Atarazana** gelangt man auf das untere Flußufer des Río Ozama mit dem langgestreckten Hafenkai und dem Ceiba-Baum, den Christoph Kolumbus angeblich benutzt haben soll, um seine Schiffe zu vertäuen.

• Calle de Las Damas (Damenstraße) (3)

man zeigte sich

Eine Legende berichtet, daß die Damen der Vizekönigin María de Toledo, der Ehefrau des Diego Kolumbus, an den Nachmittagen hier spazieren zu gehen pflegten. Daher rührt der Name Damenstraße.

• Palacio de los Capitanes (Palast der Generalkapitäne)/Museo de las Casas Reales (Museum der königlichen Häuser) (4)

(Calle las Damas/Calle las Mercedes)
Öffnungszeiten: Di-So 9.30-17.00 Uhr

Geschichtliches

1509-1528 errichtet, mehrmals umgebaut, beherbergte der Gebäudekomplex während der Kolonialzeit den **Palast des Gouverneurs und der Generalkapitäne**, die Königliche Audienz, die Verwaltung, die Gerichtsbarkeit und den Rechnungshof. Am **31.05.1976** wurde das Museum offiziell vom damaligen Präsidenten der Dominikanischen Republik, Dr. Joaquín Balaguer, eröffnet. Seine Majestät König Juan Carlos I. und Königin Sofia von Spanien honorierten die Zeremonie durch ihre Anwesenheit.

Attraktives Museum – Palast der Generalkapitäne

Der Komplex der königlichen Häuser besteht **aus zwei homogenen Gebäuden**, die im Innern miteinander harmonieren. Experten meinen, daß beide Gebäudeteile aus zwei verschiedenen Epochen stammen. Der **Palast der Generalkapitäne**, der mit seiner Fassade nach Nordosten blickt und aus Natursteinen gefertigt wurde, entstand zuerst, während der andere Gebäudekomplex, die **Königliche Audienz**, die sich im Südosten befindet und deren Mauerwerk aus Ziegeln und Quadersteinen besteht, später errichtet wurde. Zur Auflockerung der großflächigen Fassade tragen ein umlaufendes steinernes Gesims im oberen Bereich, das Portal und die verzierten Fensterbalustraden bei.

gelungene Restauration

Die Restauration ist so gut gelungen, daß sie als ein wahres Wunder zu bezeichnen ist. Es wurde das gleiche Material wie im Original verwendet. Fantastisch ist die Renovierung der Holzdecken, Türen und Fenster gelungen.

Anschauungsmaterial der Vergangenheit

Jetzt ist hier das **attraktivste Museum der Stadt** eingerichtet, das das **Leben von 3 Jahrhunderten** in Santo Domingo von den frühen Jahren des 16. Jahrhunderts bis 1821, dem Jahr der sog. „vorübergehenden Unabhängigkeit", widerspiegelt und wieder aufleben läßt. Es werden Schlaglichter auf soziale, ökonomische, politische und militärische Gebiete geworfen und mit entsprechenden Exponaten aus den Bereichen Seefahrt, Handwerk, Wohnkultur und Kunst veranschaulicht. Es liegen Dokumentationen über die Christianisierung des Landes, Gesundheit und Pharmazie des 17. Jahrhunderts, Entwicklung des Bergbaus und Handwerks, der Landwirtschaft und speziell der Zuckerindustrie aus.

Interessant sind die **aus dem Meer gehobenen Schätze** der in den Hurrikanen gesunkenen Galeonen. **Kapitän Tracy Brown** barg die Kostbarkeiten und Kunstgegenstände der ***„Guadeloupe"*** und der ***„Conde de Toloso"***, die 1724 während eines Hurrikans in der Samaná-Bucht versanken, und der Galeone ***„Concepción"***, die 1641 ebenfalls in einen Wirbelsturm geriet und mit Mann und Maus unterging. Das Schiff war mit einer wertvollen Fracht von Silberbarren und Münzen auf dem Weg nach Spanien. Tracy Brown stellte fest, daß noch mehr als 400 Wracks auf dem Meeresgrund rund um Hispañiola liegen.

Zur Besichtigung freigegeben sind außerdem: Portraits und Statuen hoher Persönlichkeiten, Münzsammlungen und Buchführungen, der Gouverneurspalast selbst, das Adjudantenzimmer und das Büro der Generalkapitäne, in denen der Gouverneur und seine spanischen Generalkapitäne kraft ihres Amtes herrschten.

Im Gouverneurssaal gab der Gouverneur mit seinen Generalkapitänen seine Empfänge und Soiréen.

Gut geschulte Führer vermitteln wichtige Hintergrundinformationen und erklären Ihnen die markantesten Exponate.

Zeitmesser – Sonnenuhr

- **Reloj del Sol (Sonnenuhr) (5)**

(Calle de Las Damas)

Gegenüber dem Palacio de los Capitanes/Museo de las Casas Reales erhebt sich ein Turm mit einer Sonnenuhr, die aus dem Jahre 1753 stammt und die unter dem damaligen Gouverneur Francisco Rubio y Peñaranda errichtet wurde. Von ihrer Art gibt es nur noch sehr wenige auf unserem Globus.

- **Capilla de los Remedios (Kapelle der immerwährenden Hilfe) (6)**

(Calle de Las Damas)

Ehemals private Andacht – Los Remedios-Kapelle

Diese Kapelle, im kastilisch-romanischen Stil erbaut, war das private Gotteshaus der Familie Davila Mitte des 16. Jahrhunderts. Sie war vom Innenhof des Wohnhauses der Familie Davila aus zu begehen. Das kleine Gotteshaus war fast ausschließlich aus Ziegelsteinen erbaut. Das Rippenwerk des Gewölbes ruhte auf den Ziegelmauern.

privates Gotteshaus

- **Iglesia de los Padres Jesuitas y Panteón Nacional (Kirche der Jesuitenpater und Nationale Heldengedenkhalle) (7)**

(Calle de Las Damas)

Geschichte des Bauwerks

1714 ist mit dem Bau der ehemaligen **Jesuitenkirche** begonnen worden, deren Äußeres eher einer Festung denn einer Kirche gleicht. **1743 o. 1745** wurde sie für den **ersten Gottesdienst** geöffnet. **Erst 1755** war der Bau **vollendet**. Nach der Ausweisung der Jesuiten hat dieses Gebäude in seiner wechselvollen Geschichte mehrere Funktionen gehabt. **1767** diente es als **königliches Tabaklagerhaus**, und es fanden Theateraufführungen statt. **1785** wurde es von einem **Hurrikan** beschädigt. **Nach 1792**, während der Besetzung durch französische Truppen, beherbergte es das **Seminar San Fernando**. **Nach 1844** hat man aus der ehemaligen Kirche ein **Theater** gemacht. **1955** ließ der Diktator Trujillo den Bau zu einer **Gedenkstätte für bedeutende dominikanische Patrioten und Persönlichkeiten** umrüsten. Die ehemalige Jesuitenkirche wurde zum **Pantéon Nacional**. Trujillo selbst wurde wegen seiner Gewaltherrschaft hier nach seinem Ableben die letzte Ruhe-

von Jesuitenkirche zur Heldengedenkstätte

Heute Heldengedenkhalle – früher Jesuitenkirche

stätte verwehrt. **1965** fanden während der **Aprilrevolution** obdachlose Familien einen sicheren Unterschlupf.

Unter dem Dach des heutigen Pantéon Nacional, in dem ein „ewiges Feuer" brennt, befinden sich nach der Restauration die Sarkophage und Gedenktafeln vieler bedeutender Männer der dominikanischen Geschichte, so die der **Nationalhelden Duarte, Sánchez** und **Mella** und des **Dichters** der dominikanischen Nationalhymne **Emilio Prud'homme**. In einem Deckengemälde symbolisieren die rechte Seite das Leben und die linke Seite den Tod. Einige Gegenstände stammen aus Europa, beispielsweise ein riesiger, reich verzierter Kronleuchter aus Bronze, ein Geschenk des spanischen Diktators Franco an den dominikanischen Diktator Trujillo. Das Mittelschiff formt ein Kreuz mit zwei Seitenkapellen, in deren Schnitt der besagte Bronzeleuchter hängt.

- **Casa de Ovando (Ovandohaus) (8)**

(Calle de Las Damas)

eines der ältesten Gebäude der Stadt

Hier hatte der zweite spanische **Gouverneur Nicolás de Ovando** seine Residenz. Es gehört mit zu den ältesten Gebäuden der Stadt. Kunsthistorisch beachtenswert ist das spätgotische Portal. Heute ist der ehemalige Gouverneurssitz mit dem Haus der Familie Davila verbunden und zum **Hostal Casa de Ovando** (Hotel) mit Swimmingpool und anmutigem Garten ausgebaut worden.

- **Palacio de Borgellá (Borgellá-Palast) (9)**

(Calle Isabel la Catolica)

Geschichtliches
1825 wurde dieser Palast vom **haitischen Gouverneur Borgellá** während der Besetzung des Landes erbaut. **Bis 1947** war der Palast Sitz des Nationalkongresses. Danach beherbergte er das Institut der „Bellas Artes". **Ab 1989** wurde er für ständig wechselnde **Ausstellungen** benutzt.

Typisch für diesen 1-stöckigen Palast sind seine Arkaden.

- **Catedral Primada de América (Kathedrale) (10)**

(Parque de Colón)

Geschichtliches
Am **25.10.1510** wurde dem **Architekten Alonso de Rodríguez** ein Kontrakt überreicht, aufgrund königlicher Order eine Kathedrale mit dem vollständigen Namen **Basilica Menor de la Virgen le La Anunciación** in Santo Domingo de Guzmán zu konstruieren. **Juni 1513** segelte Alonso de Rodríguez mit 11 Bauarbeitern und 2 Steinmetzen nach Hispañiola. **Don Diego Colón** nahm die

Grundsteinlegung vor, und die Arbeit wurde aufgenommen. Die Arbeiten litten jedoch unter den Aktivitäten und dem Einfluß der spanischen Eroberer von Mittel- und Südamerika. Die Arbeiter verließen die Baustelle, um Abenteuer in diesen Ländern zu suchen. Dies bewirkte die Aufhebung des Kontrakts. **Alonso Rodríguez** selbst segelte mit den Konstruktionsplänen **nach Mexiko**, um dort die Kathedrale von México City zu bauen.

Arbeiter verließen die Baustelle

1519 kam **Bischof Alejandro Geraldini** auf der Insel an und beklagte bitterlich, daß die Gemeindemitglieder in kleinen Häusern lebten und die Kathedrale nur eine Hütte war. Er versuchte, den Bau wieder zu beleben. Am **25.03.1521** legte Bischof Alejandro Geraldini, der vergeblich um Unterstützung bei den Königen Léon X. und Carlos V. von Spanien gebeten hatte, einen **neuen Grundstein** für den Bau der **Kirche Santa María la Menor**, so hieß dieses Gotteshaus damals. Der Bischof erlebte die Vollendung des Bauwerks seiner Träume nicht mehr. **1523** wurden die **Arbeiten** am Gotteshaus **wieder aufgenommen**. Am **24.06.1535** zelebrierte man bereits ein **Te Deum** zum Sieg Karl V. über Tunesien.

Wiederbelebung des Baus

1536 wurden die sterblichen Überreste von Christoph Kolumbus **von Spanien nach Santo Domingo überführt** (obgleich er schon am 20. Mai 1506 in Valladolid (Spanien) gestorben und 1513 nach Sevilla umgebettet worden war), weil es der ausdrückliche Wunsch des großen Entdeckers war, in Santo Domingo begraben zu werden. **1541 vollendete** der **Baumeister Rodrigo de Bastidas** den Bau der Kirche. **1546** hat Papst Paul III. den Kirchenbau der **Catedral Santa María La Menor** zum Status der **ersten Kathedrale der westindischen Insel** erhoben. Dieses gab der Kathedrale die kirchliche Überlegenheit gegenüber anderen Kirchen in der Neuen Welt, eine Vormachtstellung, die sie zum Zentrum des Christentums des damaligen Amerikas machte. Die Geschichte der Kathedrale ist jedoch auch sehr eng mit der Geschichte des **Grabes von Christoph Kolumbus** verbunden. So unruhig und letztlich unglücklich, wie das Leben des großen Entdeckers verlief, so hat man auch seinen Leichnam nicht in Frieden ruhen lassen. **1795** mußte Spanien in dem Vertrag von Basel den Ostteil Hispañiolas an Frankreich abtreten, deshalb überführte man die **Gebeine von Christoph Kolumbus** in das damals noch spanische Kuba, **in die Kathedrale von Havanna**. Am **10.09.1877** entdeckte der Priester **Francisco Javier Billini** bei Reparaturarbeiten der Kathedrale von Santo Domingo einen Bleisarg mit der Aufschrift:

Ältestes Gotteshaus der Neuen Welt – die Kathedrale

mehrere Umbettungen

„Illustre y estimado varón don Cristóbal Colón“ („dem berühmten und hochgeschätzten Don Christoph Kolumbus“). Die Leichenteile wurden für diejenigen des Entdeckers erklärt, und man behauptete, daß 1795 der Sarg von Don Luis Colón, dem Enkel von Christoph Kolumbus, anstatt desjenigen von Christoph Kolumbus versehentlich oder absichtlich nach Havanna geschickt wurde. Wer will das genau sagen? Nach der Auffassung der Santo Domingoaner hat der Leichnam „ihres Christoph Kolumbus“ somit Santo Domingo nie verlassen. Aber es gibt, wie oben bereits gesagt, noch eine andere Version.

1889 mußten die Spanier auch Kuba räumen. Dabei soll der **Sarg** von Christoph Kolumbus, der 1795 von Santo Domingo nach Havanna überführt worden war, **wieder in die Kathedrale von Sevilla** gebracht worden sein. Andererseits wird jedoch behauptet, nur ein Teil der sterblichen Überreste sei nach Spanien überführt worden. Somit ist der Streit um das Grab des Genuesen immer noch nicht entschieden. Verkompliziert wird er noch dadurch, daß auch die Genuesen erklären, sie hätten einen Teil der Überreste in ihrem Besitz.

unklare Aussagen

Zusammenfassend ist zu sagen, daß z.Zt. **4 Städte** behaupten, bei ihnen sei Christoph Kolumbus letztlich begraben: Santo Domingo, Havanna, Sevilla und Genua.

Neben dem Hauptaltar befinden sich 14 Kapellen und Nischen, in denen die Asche berühmter Persönlichkeiten aufbewahrt wird.

robuste Bauweise

Die Kathedrale und Erzdiözese ist das wichtigste koloniale Denkmal von Santo Domingo. Rein äußerlich erweckt es nicht den Eindruck eines Bischofsdoms, wie man ihn sich in Europa vorstellt. Die Neigung zu Erdbeben in dieser Gegend zwang zu einer mehr horizontalen Lage. Alle hohen Aufbauten wurden beim Bau vermieden. So flankiert die Kathedrale robust, aber trotzdem majestätisch, die Nordseite des Parque Colón und mißt innen 54,55 m in der Länge und 23,00 m in der Breite.

Drei Eingänge führen ins Innere des Gotteshauses:

- Vom **Nordeingang** sieht man auf den Kolumbusplatz.
- Vom **Südeingang** überblickt man den Priesterplatz. Dieser Eingang wurde auch das **„Tor der Vergebung“** genannt, weil hier politisch Verfolgte Einlaß hatten. Damals gab es schon Übereinkommen oder internationale Verträge, daß Dissidenten anderer Regierungen geschützt werden sollten. Personen, die dieses Tor passierten, wurde **politisches Asyl** gewährt.
- Den **Haupteingang** betritt man durch einen Atrium. Diese Säulenvorhalle wurde unglücklicherweise während der haitischen Besetzung im 19. Jahrhundert zu einem Markt umfunktioniert.

Kirchen-schändung

Dieses Bauwerk ist die älteste Kathedrale der Neuen Welt. Es grenzt an ein **Wunder**, daß das Gotteshaus Erdbeben, Hurrikane, Feuer, Piratenüberfälle und Zerstörungen durch Kriege überstanden hat, auch wenn es jeweils hierbei Schaden genommen hat. So hat sich beispielsweise der **Pirat Francis Drake** nach Plünderung der Kathedrale daran ergötzt, ein Freudenfeuer mit den wertvollen kirchlichen Dokumenten anzuzünden.

- **Die Baustile**: In ihrem inneren Aufbau und an zwei Eingängen erkennt man den **spätgotischen Stil**, aber es gibt auch eine Rückkehr zum erdgebundenen **Romanischen**. Ebenso kommen **maurische und isabellinische Stilelemente** vor. Der Einfluß der **Renaissance** zeigt sich sowohl am westlichen Eingangstor als auch in der Dekoration einiger Nebenkapellen und im Chorgestühl.

mehrere Stilelemente

- **Die Kapellen**: In der Kathedrale gibt es 14 Kapellen und zwei Altäre an den Kopfenden der beiden Seitenschiffe. Sie wurden nach und nach in das Gotteshaus integriert. Einer ist der Altar der Heiligen Reliquie und der andere der Altar der Ave Maria.

- **Der Domschatz**: Eine große Anzahl religiöser Weihgeschenke und Schmuckstücke bildet den Fundus des Domschatzes.

Dr. Joaquín Balaguer, ehemaliger Staatspräsident der Dominikanischen Republik, sagte: „In der Kathedrale vermischen sich, wie bei fast allen unseren kolonialen Denkmälern, Linien und Eigenheiten aller Stilepochen: vom reinen und schlanken Gotischen und der Renaissance bis zum strengeren klassischen Stil. Dort sieht man sie Seite an Seite: die durchsichtigen Spitzbögen, die luftigen Schnörkel, aus dem weiten Orient stammend, und die Hufeisenbögen, poliert von Arabern und ausgeglüht von der Wüstensonne. Sie alle sind bis auf diese Seite des Ozeans gereist."

Kolumbus zeigt nach La Isabela – Kolumbusplatz

- **Parque de Colón (Kolumbuspark) (11)**

(Calle El Conde/Calle Arzobispo Merino)

Dominierend auf diesem Platz, auf dem sich die beiden Hauptgeschäftsstraßen, die Calle Arzobispo Meriño und die Calle El Conde, kreuzen, ist das monumentale **Bronzestandbild von Christoph Kolumbus**. Der große Entdecker zeigt mit seinem linken Arm nach Norden, nach La Isabela, der ersten Siedlung der Spanier auf der Insel Hispañiola. Die Statue des großen Entdeckers wurde von dem französischen Künstler Gilbert geschaffen. An der Ostseite des Platzes befindet sich der **Palacio de Borgellá**, der während der haitischen Besatzung (1822-1844) Sitz des Gouverneurs war. Die Westseite des Parque de Colón wird vom **ehemaligen Rathaus** beherrscht. Die Fassade der gedrungenen **Catedral** de Santa María la Menor nimmt die Südseite des Platzes ein.

- **Museo de Ambar (Bernsteinmuseum) (12)**

(El Conde No. 107, am Plaza Colón, gegenüber der Kathedrale, Tel.: (001-809)221-1333, Fax: (001-809)682-5101)

Christoph Kolumbus überreichte nach seiner Rückkehr in Spanien seiner Königin Isabela ein Rohstück des Bernsteins der Insel Hispañiola. Bernstein ist bekanntlich ein **fossiles Harz**, das von prähistorischen Bäumen produziert wurde. Der Ursprung des dominkanischen Bernsteins ist das **Harz des Hymenaea-Baumes**, eines Laubbaums, der vor Millionen von Jahren während des Terziärs in den Bergen der Cordillera Septentrional in der Nähe der jetzigen Orte Santiago de los Caballeros und Puerto Plata sowie in den Bergen der Cordillera Oriental in der Nähe von Hato Mayor und Bayaguana wuchs. Dort befinden sich auch die Vorkommen und nicht am Meer, wie beispielsweise im Baltikum an der Ostsee. Die ältesten Stücke des dominikanischen Bernsteins sind **bis zu 48 Millionen Jahre alt**. Der Wissenschaft eröffnet sich ein weites Erkenntnisspektrum. Es wird sozusagen ein Fenster in die **Entwicklungsgeschichte der Kleinlebewelt** von Flora und Fauna geöffnet, zumal dieser Bernstein überraschend klar und überreich an perfekt erhaltenen fossilen Einschlüssen ist. So können wertvolle Rückschlüsse über die Evolution der Pflanzen- und Tierwelt aus grauer Vorzeit gezogen werden. Auch erfährt man etwas über die **Verbreitung**, das **Verhalten** und die **Funktion** bestimmter Tierarten. Es können Aussagen über Ökologie und Stammesgeschichte gemacht werden.

Bernstein in den Bergen

Eingeschlossene Organismen – Bernsteinmuseum

Die Dominikanische Republik ist eines der wenigen Länder, die über **Bernsteinminen** verfügen. Mehr als 7.000 fossile Exemplare an Einschlüssen sind bislang zu Tage befördert worden, einschließlich beispielsweise Insekten, Weichtieren, Würmern, Eidechsen, Wassertropfen und Luftblasen. Die Wissenschaft interessiert sich seit langem für die eingeschlossenen Organismen wegen ihres **ausgezeichneten Erhaltungszustandes**. Die konservierende Wirkung des Harzes, die schon die alten Ägypter kannten, verzögert und zerstört Pilz- und Bakterienbildung. Bei diesen Einschlüssen sind nicht nur die Oberflächen der Organismen, sondern auch Details des Körperinneren, wie Muskelfasern und Gewebezellen, erhalten.

großer Farbenreichtum

Dominikanischer Bernstein kommt in einem **großen Spektrum an brillanten Farben** vor, die vom lichten Gelb, über dunkles Honiggelb, Braun, Rot, Schwarz, Grün, Pink, Violett, Silbrig und sogar bis zum geheimnisvollem Blau reichen, milchig gefärbt oder klar durchsichtig.

Das Museum

Einschlüsse

In Schaukästen dieses Museums können Sie zahlreiche im Bernstein eingeschlossene fossile Pflanzen und Tiere bewundern. Durch vergrößernde Fotografien werden die fossilen Einschlüsse deutlicher und transparenter. Sie staunen beispielsweise über eingeschlossene Blätter, Moose, Ästchen, Samen, Blumen, Früchte, Pilze, Haare, Federn, Eierschalen, Frösche, Geckos, Leguane, Bienen, Ameisen, die sich bekämpfen, Milben auf einer Mücke, Paarung von Wanzen, Zecken, Fliegen, Schmetterlinge, Ameisenjungfern, Käferlarven, Spinnenläufer, Doppelfüßler, Libellen, Flohkrebse, Asseln, Schnecken, Fadenwürmer und Skorpione.

In weiteren Schaukästen werden auch ausländische Bernsteineinschlüsse gezeigt, so aus Deutschland, Neuseeland und Madagaskar.

Schmuckgeschäft

Hier werden Sie durch Fotografien über die **Verarbeitung von Bernstein** informiert, wie aus ihm verschiedene Figuren und Schmuck, Ketten, Anhänger, Ringe und meist in Silber gefaßte Einschlüsse, hergestellt werden. Außerdem wird ein Videofilm über Bernsteinverarbeitung gezeigt. Die dominikanischen Künstler schneiden und polieren den Bernstein meisterhaft und kreieren Umrisse, Rundungen und Wölbungen, gemäß der Maserung. Sie bemühen sich, dem Schmuckstück Oberflächenglanz, den Schattierungen entsprechend, zu geben.

Videofilm über Bernsteinverarbeitung

Im Volksmund wird Bernstein auch **„Tränen der Sonne“** genannt. Diese Metapher trifft um so mehr zu, wenn man ein besonders schönes, kristallines Stück Bernstein, beispielsweise in diesem Geschäft, in Händen hält und überlegt, ob man es für sich erwerben möchte.

• Casa de Don Rodrigo de Bastidas (Haus des Don Rodrigo de Bastidas) (13)

(Calle de Las Damas)

Aus den Aufzeichnungen von Doña María Ugarte erfahren wir, daß **Don Rodrigo de Bastidas**, Generalkapitän in Santa Marta, im heutigen Kolumbien, war, einer Provinz, die er für die spanische Krone entdeckte und eroberte. **1512**, nach seiner Rückkehr aus Südamerika, ernannte man ihn zum **Ehrenbürgermeister von Santo Domingo**. Hier ließ er sich an der ersten Straße der ältesten Stadt der Neuen Welt, der Calle de Las Damas (Damenstraße), ein Haus bauen.

1527 starb er an den Folgen einer mörderischen Attacke in Kuba. Seine sterblichen Überreste wurden nach Santo Domingo überführt, und man setzte ihn in einer Kapelle der **Catedral Primada de América** bei. Nach seinem Tode wohnte der Erzbischof der Stadt, sein Sohn mit gleichem Namen, in seinem Haus.

Das Gesamtgebäude umfaßt eine Fläche von 3.000 m^2. Die einzelnen Gebäudeteile umschließen einen Innenhof. Die Fassade ist mit der Außenseite in die Festungsmauer integriert. Beachtenswert ist der arkadenumsäumte Innenhof mit einem etwa 100 Jahre alten Baumbestand. Die modernisierten Räume dienen heute als **Kunstgalerie** mit ständig wechselnden Ausstellungen dominikanischer Künstler und als Geschäft für einheimisches Kunsthandwerk.

arkadenumsäumter Innenhof

• Fortaleza Ozama - Torre del Homenaje (Fort Ozama – Huldigungsturm) (14)

(Calle de Las Damas)

Baugeschichte

1502 hatte sich der **Gouverneur Nicolás de Ovando** entschlossen, die Festung auf dem Westufer des Río Ozama anzulegen. Er beauftragte den **Baumei-**

Trutzig – Fort Ozama

ster Juan de Rabé mit seiner Konstruktion. Dieses Fort spielte eine wichtige Rolle in der Geschichte von Santo Domingo und der Dominikanischen Republik. **1503** ist der **Torre del Homenaje** (Huldigungsturm), der einem kleinen Kastell gleicht, erstmalig urkundlich erwähnt. **1503 - 1924** diente der Turm als Fahnenträger von 7 Nationen, die Santo Domingo besetzt hielten. **1787** wurde unter König Carlos III. das jetzige mächtige **neoklassizistische Tor** erbaut.

Verdienste als Gouverneur und Wissenschaftler – Oviedo-Denkmal

In dem weiträumigen Fort haben sehr berühmte Persönlichkeiten gelebt, so beispielsweise **Gouverneur Don Diego Colón** und seine Frau Doña María de Toledo. **Gonzales Fernández de Oviedo**, der hier von 1533 bis 1557 Festungskommandant war, schrieb hier sein bekanntes Buch „Historia General y Natural de las Indias" („Allgemeine und Naturgeschichte Westindiens"). Sein **Denkmal** steht auf dem weiten Innenhof. Außer in seinem Amt als hat er sich als Historiker, Ethnologe, Anthropologe und Naturwissenschaftler betätigt.

vielseitiger Wissenschaftler

Beeindruckend sind die dicken Mauern, die Zisterne, die Schießscharten, der 18,50 m hohe, von **Fray Nicolás de Ovando** erbaute **Torre del Homenaje**, von dem für einlaufende Schiffe damals Salut geschossen wurde, deshalb der Name Torre del Homenaje (Huldigungsturm). Der massive Turm war von 1515 bis 1525 Wohnsitz von Gonzalo Fernández de Oviedo. Das Pulvermagazin wurde erst in der zweiten Hälfte des 18. Jahrhunderts erbaut. Erschreckend sind die **unterirdischen Gefängnisse**, in denen zwei Jahrhunderte lang Indianer-Häuptlinge (Kaziken), aufsässige Sklaven und Revolutionäre gefoltert, eingekerkert und hingerichtet wurden.

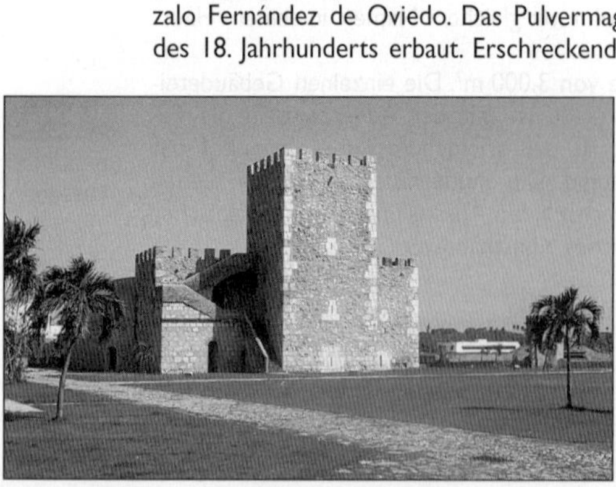

Ehemals Schiffssalut – Huldigungsturm

Das Fort hat ein schönes **neoklassizistisches Tor**. Nach übereinstimmender Meinung der Historiker soll es das dritte sein, das Einlaß zur Festung gewährt. Es ist geplant, im Fortaleza Ozama ein historisches Museum unterzubringen.

• Monumento Montesino (Montesino-Standbild) (15)

(am Meer/Calle de Las Damas)

Unbequemer Mahner – Montesino-Denkmal

Der Dominikanerpater **Antón de Montesino**, dem dieses moderne Denkmal gewidmet ist, war ein **leidenschaftlicher Kämpfer für die Menschenrechte**, ein Mitstreiter von Bartolomé de las Casa. Der Abt setzte sich für die menschenwürdige Behandlung der versklavten Indianer ein, und er hielt Diego Colón, anderen Eroberern und den Landbesitzern während eines **Adventsgottesdienstes am 12.12.1511** eine denkwürdige Moralpredigt, in der er ihnen ihre frevelhaften und verabscheuungswürdigen Handlungen vorhielt.

Blumenschmuck – Calle Padre Billini

Eine Tafel im Foyer ist zur Erinnerung an die Einweihung des Denkmals 1982 angebracht. In dieser Zeit besuchte der mexikanische Staatspräsident López Portillo die Dominikanische Republik.

• Iglesia Santa Clara (Sankt Klara-Kirche) (16)

(Calle Isabel La Católica/Calle Padre Billini)

In der Calle Padre Billini fällt besonders positiv der üppige Blumenschmuck an den Fenstern auf. In der gleichen Straße befindet sich die Iglesia Santa Clara. Sie wurde von 1552 bis 1556 erbaut und war ursprünglich der Heiligen Anna geweiht. Sie war das **erste Nonnenkloster** des Franziskanerordens der Neuen Welt. Später ging sie in den Besitz des Klarissen-Ordens über. Beachtenswert ist das alte Deckengewölbe.

altes Deckengewölbe

• Casa de Tostado (Haus des Tostado) (17)

(Calle Padre Billini/Calle Arzobispo Meriño)
Öffnungszeiten: Di-So 9.00-12.00 und 14.30-17.30 Uhr

Dieses Haus mit der restaurierten Eckfront gehörte dem **Schriftsteller und Notar Don Francisco Tostado de la Peña**, der 1502 zusammen mit dem Gouverneur Nicolás de Ovando in Santo Domingo ankam, der der erste einheimische Professor der Friedensuniversität, oder der Gorjon-Schule, war und der unglücklicherweise das Opfer eines der von den Truppen des Piraten Francis Drake abgeschossenen Kanonenkugeln wurde. Später war das Haus Sitz des Erzbischofs.

von Kanonenkugel getötet

Nach Meinung der Spezialisten, die die Restauration des Hauses vornahmen, war dieses Gebäude eines der schönsten Häuser der Kolonie in spätgotischem Stil. Einmalig sind die Doppelfenster, die in dieser Art die einzigen in Amerika sind. Das Fenster über dem Eingang ist im oberen Teil mit spätgotischem Maßwerk geschmückt.

Blick in Kolonialzeit – Haus des Tostado

eines der schönsten Häuser der Kolonie

Die Restaurationsarbeiten haben noch andere Elemente aufgedeckt, die einen unvergleichlichen archäologischen Wert haben.

Heute beherbergt Casa Tostado das **Museo de la Familia Dominicana del Siglo XIX**. (Museum der dominikanischen Familie des 19. Jahrhunderts), in dem der Besucher charakteristisches Mobiliar, eine umfangreiche Sammlung wertvollen Porzellans und andere Antiquitäten des 19. Jahrhunderts bewundern und die Gewohnheiten der Bewohner dieser Epochen nachvollziehen kann.

Finder des Kolumbus-Sarkophags – Billini-Denkmal

- **Francisco Billini-Denkmal (18)**
  (Calle Padre Billini/Calle Arzobispo Merino)

Gegenüber dem Casa Tostado steht auf einem Platz das Denkmal des Paters Don **Francisco Billini**, der in der Kathedrale von Santo Domingo den Sarkophag von Christoph Kolumbus gefunden hat.

- **Plaza Fray Bartolomé de las Casas (19)**
  (Calle Padre Billini)

Auf diesem Platz hat man dem **Pater Bartolomé de las Casas**, der leidenschaftlich für die Menschrechte der Indianer gekämpft und dadurch persönlich viele Schwierigkeiten bekommen hat, ein würdiges Denkmal gesetzt.

Kämpfer für Menschenrechte – Las Casas-Denkmal

- **Convento de los Dominicos (Dominikanerkloster) (20)**

(Calle Padre Billini/Calle Hostos)

Geschichtliches

1510 wurde das Dominikanerkloster als hölzernes Provisorium **gegründet**. **1512** soll der Dominikanerpater **Bartolomé de las Casas** hier bereits seine ersten theologischen Vorlesungen gehalten haben. **1524** veranlaßte der Gouverneur Nicolás de Ovando einen **Neubau** aus Stein am heutigen Platz. **1535** war die Klosterkirche **vollendet**.

Am **28.10.1538** gründeten die Mönche entsprechend einem Erlaß des Papstes Paul III. die **erste Universität in Amerika** („Universidad de Santo Tomás de Aquino") gegenüber der Klosterkirche. **Heute** ist hier die „Universidad Católica de Santo Domingo" untergebracht.

erste Universität

Auf den ersten Blick macht die Klosterkirche äußerlich einen eher schlichten, nüchternen Eindruck. Doch beim näheren Betrachten fällt die **schön gegliederte, verzierte Westfront** auf, die dem Stil der Frührenaissance zuzuschreiben ist. Der untere Teil der Fassade mit dem Haupteingang wird von einer Balustrade vom oberen Teil, der in einer Fensterrosette ausläuft, getrennt. Die Flächen sind mit Rankwerk aus Stuck und Pilaster ausgefüllt. Ein kleiner Turm an der Nordseite ist ziemlich unscheinbar.

Geschichtsträchtig – Dominikanerkloster

Im Inneren erkennt der Fachmann **verschiedene Stilelemente**: das vierjochige Tonnengewölbe im Stil der **Spätgotik**, die Sterngewölbe im **Renaissancestil**, der holzgeschnitzte Hauptaltar sind dem **Barock** zuzuordnen, und in einer Nachbarkapelle stößt man auf einen restaurierten Altar, der aus der **Gründerzeit** stammen könnte. Er ist mit biblischen Szenen und Portraits von Ordenspersönlichkeiten verziert. Die beiden Seitenschiffe sind in mehrere Kapellen aufgeliedert.

Die dominikanischen Mönche haben Geschichte gemacht. Unter ihnen gab es **hartnäckige Kämpfer für die Menschenrechte und weise Denker**:

- **Bartolomé de las Casas** trat für eine humanitäre Behandlung der Indianer ein (ausführlicher in Kapitel 2.4.2, Seite 35ff). Sein Denkmal steht auf einem Vorhof der Klosterkirche, dem Plaza Fray Bartolomé de las Casas (Platz des Bruders Bartolomé de las Casas).
- **Antón de Montesino** wurde auch die „Stimme der Justiz" genannt. Bekannt wurde seine Adventspredigt von 1511, in der er die Landbesitzer wegen ihrer Mißhandlung der Indianer anklagte. Er hat mit seinen Ausführungen die Grundlagen für modernes internationales amerikanisches Recht umrissen. Sein Denkmal erhebt sich an der Flußmündung des Río Ozama.
- **Pedro de Córdova** war die dritte der großen Figuren, die von den Kanzeln Hispañiolas mit Weisheit für Humanität predigten.

Adventspredigt von 1511

Dem Nationalhelden zum Andenken – Duarte-Denkmal

Die dominikanischen Mönche waren Kämpfer und Denker. Die hier gegründete Kirche und Schule wurden später die **erste Universität der Neuen Welt**, gegründet in Übereinstimmung mit dem Erlaß des Papstes Paul III., datiert vom 28. Oktober 1538.

• Parque Duarte (Duartepark) (21)

(Calle Padre Billini)

Gegenüber dem Dominikanerkloster steht ein **Denkmal von Juan Pablo Duarte.**

Geschichtliches

1843 leitete Juan Pablo Duarte den **Geheimbund „Trinitaria"**, der sich geschworen hatte, das haitische Regime mit allen Mitteln zu bekämpfen und eine eigene Republik für Osthispañiola zu gründen. Ihm zur Seite standen in erster Linie **Ramón Mella** und **Francisco del Rosario Sánchez.**

1844 brach die **Revolution** aus. Doch Mella geriet in Gefangenschaft der Haitianer. Sanchéz verbarg sich in Santo Domingo, und Duarte ging ins Exil nach Curacao, eine Insel der Kleinen Antillen vor der Küste von Venezuela. Am **27.02.1844** erfolgte der **Sturm auf das Fort von Santo Domingo** durch den wieder freigelassenen Mella und Pedro Santana, letzterer ein reicher Landbesitzer, und weitere Männer des Geheimbundes. Die Haitianer wurden vertrieben. Die Revolutionäre riefen die **erste Republik der Dominikanischen Republik** aus.

Vertreibung der Haitianer

Obgleich **Duarte** bei dieser Aktion nicht beteiligt war, wurde er als **erster Nationalheld** gefeiert, wahrscheinlich wegen seines selbstlosen Patriotismus und weil er die sonst übliche Machtbesessenheit der meisten Revolutionäre nicht besaß.

• Capilla de la Tercer Orden (Kapelle des Tercer-Ordens) (22)

(Calle Padre Billini)

Massives Mauerwerk – Kapelle des Tercer-Ordens

Gegenüber der Westfront des Dominikanerklosters befindet sich die kleine Kapelle des Tercer-Ordens, im 18. Jahrhundert errichtet, die in ihren Grundzügen spätgotische Züge trägt, die im Gewölbe und in einigen Seitenkapellen deutlich werden. Hier hat Eugenio María de Hostos im 19. Jahrhundert die ersten Lehrerseminare der Insel veranstaltet.

spätgotische Züge

- **Iglesia de Regina Angelorum (Regina Angelorum-Kirche) (23)**

(Calle Padre Billini/Calle José Reyes)

Sie wurde 1564 von Doña María de Arana errichtet und ist das erste Gotteshaus der **Dominikaner-Nonnen.** Der gotische Stil vereinigt sich mit der Festigkeit des romanischen Stils und bereichert somit die traditionale Kolonialarchitektur.

I. Kirche für Nonnen – Regina Angelorum-Kirche

In der Kirche lebten und schrieben zwei der ersten Poetinnen Amerikas, Schwester Leonor de Ovando und Elvira de Mendoza.

Sehr kleine Andachtsstätte – Carmen-Kirche

Im 17. und 18. Jahrhundert wurde die Kirche mehrmals umgestaltet. Hier ist übrigens Padre Billini begraben.

- **Iglesia de Nuestra Señora del Carmen (Carmen-Kirche) (24)**

(Calle Sanchez/Arzobispo Nouel)

Die Carmen-Kirche wurde wahrscheinlich im Jahre 1564 errichtet. Sie ist eines der kleinsten Gotteshäuser in Santo Domingo mit nur einem Kirchenschiff. Die Apsis ist kuppelförmig überwölbt und mit ausgeprägten Hohlkehlen verziert. Das Kruzifix, eine wertvolle Holzplastik aus dem 16. Jahrhundert, dominiert im Altarraum.

eines der kleinsten Gotteshäuser

- **Puerta del Conde (Tor des Grafen) (25)**

(Calle Palo Hincado)

Etwas Geschichte

1665 rettete **Don Bernardino de Méneses Bracamote y Zapata**, Conde de Peñalva, die Stadt vor der versuchten Invasion der Engländer, die unter dem Kommando von Admiral Penn und General Venables stand. Zu Ehren des Grafen (Conde) wurde das Stadttor so benannt. Am **27.02.1844** wurde die Puerta del Conde der Schauplatz der glorreichen **Verkündigung der Unabhängigkeit**. Hier vertrieben die Patrioten die haitianischen Militärs und hißten zum erstenmal die dominikanische Flagge. Später wurde das Gemäuer Grabstätte der Gebeine der „Väter der Nation", Duarte, Sánchez und Mella, bis diese in das **Mausoleum im Parque Independencia** umgebettet wurden.

erstmals dominikanische Flagge gehißt

Heute weht auf dem Tor die **Nationalflagge**, die jeden Tag von der Nationalgarde eingeholt wird.

Dies ist eines der ältesten Stadttore Santo Domingos. Zuerst „San Genaro" genannt, wurde das Tor in „Puerta del Conde" umgetauft. Es existiert jedoch auch der Name „Bastion de Fevrero 27", weil hier die drei Gründungsväter der Nation, deren sterbliche Überreste hier ruhten, am 27.02.1844 die **Unabhängigkeitserklärung** abgaben, die zur Geburt der Dominikanischen Republik führte. Zum Gedenken an die drei Nationalhelden brennt hier eine ewige Flamme.

Zu Ehren des Retters der Stadt – Tor des Grafen

Die Stadttore Puerta del Conde und **Puerta de la Misericordia** sind Durchlässe der ehemaligen Stadtmauer. Puerta el Conde ist Teil des **Parque Independencia**, dessen Zentrum das **nationale Pantheon** ist.

- **Iglesia de las Mercedes (Mercedes-Kirche) (26)**

(Calle Las Mercedes)

Geschichtliches

1549-1555 betrug die Bauphase, in der Baumeister **Rodrigo de Liendo** die Kirche für den Mercedorier Orden errichten ließ. Auch diese Kirche ist ständigen Zerstörungen durch Erdbeben, Hurrikane und Piraten ausgesetzt gewesen, jedoch immer wieder aufgebaut worden. **1586** verlor die Kirche ihre meisten Schätze durch die **Plünderung** des **Piraten Francis Drake**. **Seit 1986** wird das ehemalige Kloster **restauriert**.

gut erhaltenes Kloster

Dieses Bauwerk ist das einzige der in Hispañiola errichteten Klöster, das noch erhalten ist, während diejenigen, die die Dominikaner erbauten, allesamt verschwunden sind und die der Franziskaner zu Ruinen wurden.

Die strengen Linien des **romanischen Baustils** haben sich in der Mercedes-Kirche mit den leichten Linien des **gotischen Baustils** verknüpft. Die noch fast vollständig erhaltenen Sterngewölbe sind typische Stilelemente der Spätgotik. Diese Kirche weist somit sehr gegensätzliche Bauelemente auf. Von großem Wert ist der ge-

Allen Stürmen der Zeit getrotzt – Mercedes-Kirche

schnitzte Altar mit den versilberten Arabesken und beachtenswert das Altargemälde der María de las Mercedes.

Tirso de Molina, ein großer spanischer Dramaturg, wohnte zwei Jahre in dieser Kirche.

• Iglesia de Nuestra Señora de Altagracia (Altagracia-Kirche) (27)

(Calle Las Mercedes/Calle Hostos)

Diese Kirche, die der Jungfrau von Altagracia, der Beschützerin der Dominikaner, geweiht ist, ist eine Kirche aus jüngerer Zeit, blendendweiß angestrichen. In ihren Wänden sind Teile alter Nebenräume der Hospitalkirche von San Nicolás de Ovando eingearbeitet worden. Eine der Kapellen des Gotteshauses bewahrt Spuren des gotischen und maurischen Stils.

Modernes Bauwerk – Altagracia-Kirche

• Ruinas de la Iglesia Hospital de San Nicolás de Bari (Ruinen der Kirche und des Hospital Sankt Nikolaus) (28)

(Calle Hostos/Calle General Luperón)

Gleich neben der Iglesia de la Virgin de Altagracia liegt das Hospital San Nicolás de Bari als Ruine. **1503** ließ Nicolás de Ovando eine **Kirche**, in die ein **Hospital integriert** war, bauen, in dieser Art das erste Bauwerk mit der Doppelfunktion in der Neuen Welt. Der geistliche und medizinische Dienst funktionierten die gesamte Kolonialzeit hindurch, auch wenn Beschädigungen durch Naturkatastrophen dem Gebäude zwischenzeitlich arg zusetzten. Durch einen Plan aus dem Jahre 1783 sind die Grundrisse, Aufrisse und Fassaden bekannt. Dieses Bauwerk hatte die Form eines lateinischen Kreuzes. Gewölbeansätze weisen darauf hin, daß die Seitenschiffe und höchstwahrscheinlich auch das Hauptschiff durch Emporeneinbauten in zwei Stockwerke untergliedert waren. Die schönsten Teile waren die unterschiedlichen Kapellen. Sie waren jeweils der Jungfrau Maria, den Allerheiligen, den vier Aposteln und „der Frau der ewigen Hilfe" geweiht. Der Hochaltar bestand aus vier ionischen Säulen, die durch Tragebalken vereint waren. Dominant war der Morgenstern, der die Geburt Christi ankündigte. Fast der gesamte Bau war aus flachen Backsteinen aufgemauert worden.

Doppelfunktion

Form eines lateinischen Kreuzes

Damals Kirche und Hospital zugleich – Sankt Nikolaus

wunderschöne Bögen

Doña María Ugarte, eine Zeitgenössin, schrieb: „Das Schiff ist durch wunderschöne Bögen (einer davon ist erhalten), die von kräftigen zylinderförmigen Streben mit einem zackenförmigen Kapitel gestützt werden, begrenzt. Diese Säulen erheben sich über einem Würfel mit eingeschliffenen Hohlkehlen. Gotisches Rippenwerk schließt das Dach des Schiffes ab. Das Mittelschiff wurde dem Gottesdienst vorbehalten, während die Seitenschiffe und der Teil im Hintergrund für Krankensäle bestimmt waren."
Letztlich ist das Bauwerk jedoch, genau wie das Franziskanerkloster, in immer kürzeren Abständen Erdbeben und Hurrikanen zum Opfer gefallen und schließlich zur Ruine geworden.

- **Ruinas del Monasterio San Francisco de Asis (Ruinen des Franziskanerklosters) (29)**

(Am Ende der Calle Hostos)

Geschichtliches

mächtiger Gebäudekomplex

1554 begann **Alonso de Espinar** und der Architekt **Rodrigo de Liendo**, der auch schon das Kloster Merced und die dazugehörige Kirche gebaut hatte, mit den Bauarbeiten. Zum mächtigen Gebäudekomplex gehörten 3 Bauwerke: das Kloster, die Kirche und die Tertiaries-Kapelle. Einige Steine von weichem Material wurden extra aus Spanien für das Bauwerk herbeigeschafft, um Skulpturen herauszuarbeiten. Wir wissen, daß Liendo sein Werk nicht vollendet hat.

Unvollendet – Franziskanerkloster

1586 legten die Soldaten des **Piraten Francis Drake** Feuer in der Kirche und dem Kloster. Hierbei ist wahrscheinlich auch die Tertiaries-Kapelle zerstört worden. **1673** wurde das Kloster durch ein **Erdbeben** zum größten Teil zerstört. **1795 gaben die Franziskaner das Kloster auf**, nachdem Hurrikane und Erdbeben das Gebäude immer wieder beschädigt hatten. **1805** war während der Kämpfe gegen die haitischen Eindringlinge eine ganze **Artillerie** von Kanonen **auf den Dächern von La Merced und San Francisco** installiert. **Bis 1881** wurden die Ruinen als **Irrenanstalt** genutzt.
1930 brachte ein verheerender **Hurrikan** große Teile der Westfassade zum Einsturz.
Heute finden in den Ruinen häufig **Freilichtkonzerte** dominikanischer Musiker statt.

Der religiöse Orden der Franziskanermönche war der erste seiner Art, der in der Neuen Welt Fuß faßte. Die Franziskaner, die am 12. Oktober 1500 die Insel Hispañiola erreichten, begannen hier auf einem Hügel, von dem man auf die See und den brückenüberspannten Río Ozama sehen konnte, im Stil der Spätgotik mit dem Bau der **ersten Klosteranlage der Neuen Welt**.

immer wieder Verzögerungen

Aber es gab **Probleme mit der Fertigstellung**. Immer wieder kam es zu Verzögerungen, weil ständig neue Alternativen diskutiert wurden. Die Pläne sahen vor, zuerst die Kirche zu bauen. Die vieleckige Apsis, von soliden Strebepfeilern gestützt, sollte innen entstehen, vergleichbar der San Gerónimo in Granada, mit ihrem Gewölbe aus zusammenlaufenden Streben. Der Eingang ist noch gut erhalten.

dreifach geschlungene Kordel

Bemerkenswert ist das Relief am Portal, eine dreifach geschlungene Kordel des Heiligen Franziskus, die in der Mitte ein Wappen des Ordens einschließt, das höchstwahrscheinlich in einen weichen, für den Meißel des Bildhauers geeigneten Stein eingearbeitet wurde. Auf Hispañiola gab es weit und breit keinen solchen Stein. Er wurde für diesen Zweck per Schiff extra aus Spanien herbeigeschafft. In der Ruine trifft man auf eine Zisterne, 2 Bögen, von denen der eine Spuren von Wandmalereien zeigt, und einen Küchengarten mit einem bronzenen Kochtopf. Berühmt ist auch die Garay- oder María de Toledo-Kapelle.

Dieses wichtige Gebäude war während der Bauphasen vielen Wandlungen unterworfen. Wirbelstürme zerstörten Teile des Bauwerks, und Erdbeben verursachten Beschädigungen und Einstürze. Schließlich legten die Soldaten des Seeräubers Francis Drake Feuer in der Kirche und im Kloster, das mag auch der Grund für die Zerstörung der Tertiarer Kapelle gewesen sein.

Verfall

Nachdem die Franziskaner das Land verlassen hatten, verkamen die Gebäude. Die Erschütterung durch die Schüsse der Kanonen der Haitianer und weitere Erdbeben ließen die Decken einstürzen. Die Trümmerfelder wurden als Steinbruch mißbraucht.

Als ob all dies noch nicht genug war, so wurde außerdem der einzige Schatz, das **berühmte Grab des Alonso de Ojeda**, das die Ruinen mit Entschlossenheit zu bewachen schien, **geplündert**. Der nachfolgende Verbleib der sterblichen Überreste des Verstorbenen ist bislang unbekannt geblieben. Diese geheimnisumhüllte Grabschändung wartet noch auf Aufklärung. Eines Tages werden die Übeltäter vielleicht entdeckt.

Das Kloster wurde sogar als **Irrenanstalt** genutzt. Über viele Jahre waren hier die Geisteskranken interniert. Sie verstärkten noch das ohnehin schon traurige Erscheinungsbild der Ruinen und umgaben es mit einer Aura des Abscheus. Die Ketten, mit denen die Kranken angekettet waren, sind immer noch an den Wänden zu sehen.

Restauration

Dieses wichtige Bauwerk wird zur Zeit restauriert, um die langen Serien des Übels zu beenden. Die Gemäuer hat man gesäubert, das heruntergefallende Material klassifiziert und seinen möglichen Platz erforscht sowie wichtige Teile nach und nach rekonstruiert. Die Bögen wurden fest untermauert, damit sie wieder den lichten Raum beherrschen.

Hier in diesem Franziskanerkloster wurde übrigens der Taino **Guarocuya** erzogen und nach christlichem Bekenntnis auf den Namen **Enriquillo** getauft (Näheres siehe Kapitel 8.3.1, 299ff).

- **Iglesia de Santa Bárbara (Sankt Barbara-Kirche) (30)**
(Gabino Puello)

Geschichtliches
1578 hat man mit den Bauarbeiten **begonnen**. Etwa 100 Jahre später wurde das Gotteshaus zerstört. **Ende d. 17. Jh.** begann der **Wiederaufbau. 1987** erfuhr die Kirche eine grundlegende **Renovierung**. Die Sankt Barbara-Kirche ist die einzige Kombination zwischen Kirche und Festung in Santo Domingo. Es fallen die beiden unterschiedlich hohen Türme auf. Die Stilelemente des gut erhaltenen Gotteshauses reichen von der Gotik bis zum Barock.

Verschiedene Baustile – Sankt Barbara-Kirche

Im Jahre 1537 schlug man dem Monarchen vor, eine zweite Pfarrei im Stadtgebiet innerhalb der Stadtmauer zu errichten. Aus dem Steinbruch von Sankt Barbara wurde das Material zum Bau des Alcázar, der Kathedrale und der Herrenhäuser bezogen. In dieser Kirche wurde Juan Pablo Duarte, der Gründungs-Vater der Nation, getauft.

Interessant ist es auch, auf dem Platz vor der Kirche das städtische Treiben der Leute zu beobachten.

- **Casa del Cordón (Haus der Kordel) (31)**
(Ecke Calle Isabel la Católica/Calle Emiliano Tejera)
Öffnungszeiten: Mo-Fr 9.00-16.00 Uhr

Geschichtliches
1503 ließ **Don Francisco de Garay**, der spätere Gouverneur von Jamaika, das Haus erbauen, noch vor der Fertigstellung des Alcázars, der Residenz des ersten Vizekönigs von Spanien Diego Colón. **1504** überließ der Besitzer es als Geschenk an **Don Diego de Colón** und seine Frau. **1586** entging es der Brandschatzung und Plünderung des Piraten **Francis Drake**, weil dieser es selbst zu seinem vorübergehenden Wohnsitz gewählt hatte. **1974** waren die umfangreichen **Restaurationsarbeiten** abgeschlossen. **Heute** beherbergt es die **Banco Popular**. Ein Museum, das die Wohnkultur des 16. Jahrhunderts dokumentiert, ist angeschlossen.

erstes Steinhaus der Spanier in Amerika

Es ist das **älteste Haus Santo Domingos** und es wird als das erste im spanischen Stil erbaute Steinhaus Amerikas betrachtet, das von einem der ersten Siedler in der Karibik, **Don Francisco de Garay**, erbaut wurde. Ein Jahr später, bis zur Fertigstellung des Palacio Alcácar, der anschließenden Residenz des Vizekönigs von Spanien, hat hier **Don Diego Colón**, der Sohn Christoph Kolumbus', mit seiner Frau María de Toledo gewohnt. Danach wurden im weißen Salon des

Hauses lange Zeit hindurch Sitzungen des **königlichen Gerichtshofes** abgehalten, der im Jahre 1516 in die Casas Reales übersiedelte.

Ältestes Steinhaus Santo Domingos – Haus der Kordel

Der Name des Hauses geht auf die **Kordel der Franziskanermönche** zurück, die heute noch in Stein gemeißelt über dem Eingangsportal zu erkennen ist.

Der **Seeräuber Francis Drake** hat hier das Lösegeld in Form von Schmuck, Gold- und Silbermünzen der noblen Frauen für ihre inhaftierten Männer kassiert. Somit wurden hier schon damals, wie auch heute, Geldgeschäfte abgewickelt. Zusätzlich beschlagnahmte der englische Pirat, der im Namen der englischen Königin Elisabeth I. agierte, das Haus, um dort während der Dauer der Besetzung von Santo Domingo selbst zu wohnen.

Besetzung durch Pirat Francis Drake

Heute wird ein Kulturzentrum von der o.g. Bank gefördert.

8.1.5 Die moderne City und deren Sehenswürdigkeiten außerhalb des Altstadtkerns

Vom modernen Flughafen „Las Américas" kommend, führt eine breite Straße, auch „Las Americás" genannt, in die City von Santo Domingo. Entlang des Boulevard sieht man auf ornamentale Gärten mit blühenden Sträuchern und Blumenrabatten in allen Farben. Die Ausblicke aufs Meer, das von lichtem Grün bis zu intensivem Blau leuchtet, geben einen ersten Einblick von den Naturschönheiten der Tropeninsel.

Ausblick aufs Meer

Drei Brücken überspannen den Río Ozama. Sie tragen die Namen der Gründer der Dominikanischen Republik: **Duarte, Sánchez** und **Mella**.

In Santo Domingo gibt es viele komfortable **Hotels**, vom Luxus-Hotel mit beispielsweise Golfplatz, Tennisplätzen, Swimmingpool, Nachtklub und Casino bis zu denen, die für Reisende mit begrenzten Geldmitteln in Frage kommen. Auch die **Restaurants** mit unterschiedlichem Niveau servieren ihre Gerichte und Getränke auf einheimische, spanische, italienische, französische, chinesische Art usw. Sie können außer in der Altstadt in Gebäuden aus dem 16. Jahrhundert auch in eleganten, absolut modernen sowie in Restaurants dinieren, die in Höhlen integriert sind.

Hinweis
Sich in den übrigen Teilen der Stadt, außer im Altstadtkern und entlang des Malecón, zurechtzufinden, ist schwierig, weil es fast keine Straßenschilder

gibt. Da nützt Ihnen auch ein guter Stadtplan nur wenig, zumal auch die Auskünfte der Passanten oft sehr widersprüchlich sind. Nur mit viel Geduld findet man seine Ziele.

• Parque Independencia

Die beste Perspektive auf die Struktur des **Altars des Vaterlandes** (Altar de la Patria), in dem die Gebeine der Gründer der Dominikanischen Republik, **Juan Pablo Duarte, Francisco Sánchez** und **Ramón Mella**, ruhen, hat man von der Durchgangsstraße aus der Altstadt in die Neustadt, der Calle del Conde.

Unabhängigkeitspark

Der Unabhängigkeitspark (Parque Independencia), in dem sich das Mausoleum befindet, wurde kürzlich verändert, der Pavillon abgerissen und Teile der kultivierten Anlage durch gepflasterte Terrassen ersetzt. Das Projekt erzeugte eine erhebliche Polemik in der Bevölkerung, weil viele meinten, daß der National Pantheon ein würdigerer Platz für die sterblichen Überreste der Helden sei als dieses Mausoleum. Nichtsdestoweniger ist der Altar des Vaterlandes ein sakraler Ort für die Dominikaner, die sich dort versammeln, um ihre Helden zu verehren.

• Faro a Colón (Leuchtturm des Kolumbus)

(Ostteil von Santo Domingo)
Öffnungzeiten: 9.00-17.00 Uhr täglich

gigantisches Monument

Im Osten der Stadt jenseits des Río Ozama ist ein schon von weitem sichtbares, gigantisches, pharaonisches Monument, das eine Länge von 237,50 m und eine Breite von 52 m aufweist, auszumachen. Es ist der kreuzförmige Leuchtturm des Kolumbus, der für das Kolumbusjahr 1992, 500 Jahre nach Entdeckung Hispañiolas (aus europäischer Sicht) durch den großen Seefahrer, erbaut wurde. Im Oktober 1992 während der Feierlichkeiten, die durch den Ex-Präsidenten Dr. Joaquín Balaguer eröffnet wurden, wurde erstmalig ein großes Kreuz an den Nachthimmel projiziert.

Fragwürdiger Kolossalbau – das Lichthaus

Die geschätzten Baukosten liegen bei 70 Millionen US$. An Feiertagen produzieren 149 Laser das riesige Kreuz, das im Umkreis von 100 km zu sehen ist, auch jetzt noch mit 350.000 Watt an den Himmel. Dafür muß die Stromversorgung einiger Stadtteile in Santo Domingo unterbrochen werden. Um dieses Projekt in die Tat umzusetzen, ließ Dr. Balaguer am 06.Oktober 1992 ganze Elendsviertel am Rande der Stadt abreißen und 50.000 Einwohner umsiedeln.

Das Kreuzschiff ist außerdem ein **Mausoleum aus weißem Marmor**, in dem die sterblichen Überreste Christoph Kolumbus' ruhen sollen. Das ist jedoch nicht ganz sicher, denn eine andere Legende besagt, daß seine Gebeine 1795 über Havanna nach Sevilla überführt wurden.

Am Kolumbus-Leuchtturm beginnen 21 Straßen. Jede von ihnen repräsentiert ein Land Amerikas. Letztlich münden sie in die Autobahn „Las Americas".

- **National-Aquarium**

(Avenida. España, an der Küste im Ostteil der Stadt, jenseits des Río Ozama)
Öffnungszeiten: 9.30-18.00 Uhr täglich außer Mo

Sehenswert ist das auf einer Fläche von fast 5.000 m² für 20 Millionen US-Dollar erbaute und 1990 eröffnete Aquarium, **das umfangreichste der Karibik**, in dem nach den einzelnen Küstenregionen der Dominikanischen Republik Wasserbecken angebracht sind, die in den unterschiedlichen Biotopen Meerestiere zeigen. Dazu gehören u.a.: Meeresschildkröten, Einsiedlerkrebse, Korallen, Seeanemonen, Seeigel, Seesterne, Langusten und viele Fische, wie Haie, Muränen, Rochen, Doktor- und Engelfische, um nur einige zu nennen.
Die Attraktion ist eine durchsichtige, begehbare Röhre, in der man von allen Seiten von Meerestieren umgeben ist.

durchsichtige, begehbare Röhre

- **La Ceiba de Colón (Baumwollbaum des Kolumbus)**

(am Ozama-Fluß)

Direkt am Río Ozama, dem Fluß, der die Stadt Santo Domingo durchfließt und in zwei Teile teilt, befindet sich das erste koloniale Denkmal, der Baumwollbaum, an dem Christoph Kolumbus die drei Karavellen, mit denen er den Atlantischen Ozean überquerte, befestigt haben soll.

- **Jardín Botanico (Botanischer Garten)**

(im Westen der Stadt, im Viereck der Straßen: Av. de Rep. de Colombia, Av de Rep. de Argentina, Av de los Próceres, Av. de los Reyes Catolico)
Öffnungszeiten: 9.00-17.00 Uhr täglich außer Mo

Der Botanische Garten von Santo Domingo, 1976 eröffnet, ist nach **Dr. Rafael M. Moscoso** benannt, einem namhaften dominikanischen Botaniker, der als erster ein Buch über die Arten des Landes veröffentlicht hat. Dieser Botanische Garten ist angeblich der drittgrößte unseres Globus, seitdem ein Waldgebiet von 2.000.000 m² angegliedert wurde. Man ist hier stolz auf die größte Blumenuhr der Welt. Hier können Sie eine Kollektion von lokalen, tropischen und subtropischen Pflanzen bewundern. Besonders ausgedehnt sind die **Palmenkulturen mit über 200 Arten**, und besonders liebevoll angelegt ist der Japanische Garten. Den **Orchideen** wird ein besonders großer Rahmen eingeräumt. 67 Arten, die auf der Insel vorkommen, und etwa 300 Variationen sind zu bewundern, besonders „*Oncidium henekenii*", deren Blüte wie eine Spinne aussieht. In einer Schlucht können Sie **Urwaldpflanzen** bewundern.

größte Blumenuhr der Welt

Dem Besucher stehen kompetente Führer, die Informationstouren durchführen, zur Verfügung.

reiche Auswahl an Wildtieren

• Parque Zoológico Nacional (Zoo)
(im Norden der Stadt, am Ufer des Río Ozama)

Der Zoologische Garten von Santo Domingo mit einer Ausdehnung von 160 Hektar, am Río Isabela gelegen, ist einer der größten Lateinamerikas. Er beherbergt eine reiche Auswahl an Wildtieren, die sich überwiegend in Freigehegen bewegen, besonders viele niedere Tierarten, unter ihnen einheimische **Leguane** und kaninchengroße, in der Karibik **„Juta"** genannte Nagetiere, die in der Dominikanischen Republik vom Aussterben bedroht sind. Charakteristische **Vogelarten** des Landes, wie Kolibris und Papageien, sind ebenfalls zahlreich in diesem Zoo vertreten.

Nashornleguan – Zoo

kleine Eisenbahn in der Anlage

Sie können eine kleine Eisenbahn benutzen, die die weiträumige Anlage befährt. Das nachgestellte afrikanische Biotop, ein großes Vogelhaus und der Kinderzoo befinden sich außerhalb.

• Museo Nacional de Historia y Geografia (Museum für Geschichte und Geografie)
(Plaza de la Cultura)
Öffnungszeiten: 10.00-17.00 Uhr, täglich außer Mo

Höhen und Tiefen der Geschichte

Beeindruckend ist der Querschnitt durch die Höhen und Tiefen der dominikanischen Geschichte. Zu den Tiefen gehört zweifelsfrei die Ära des grausamen Diktators Trujillo. Besonderes Interesse erregen der Wagen des Tyrannen, in dem er 1961 einem Attentat zum Opfer fiel, und seine Totenmaske. Besonders ausführlich werden die haitianische Besatzung, der Freiheitskampf der Dominikaner, die Besatzung der USA und die Zeit des Trujillo-Regimes dokumentiert.

• Museo Numismatico y Filatelico
(Avenida Mejico/Pedro Henriquez Urena, Tel.: 688-6512, im Gebäude der Zentralbank)
Öffnungszeiten: 9.00-17.00 Uhr täglich außer So und Mo

Münzen und Briefmarken

Wahrscheinlich ist hier die umfangreichste Sammlung an Münzen und Briefmarken der Karibik ausgestellt, die die Herzen jedes Numismatikers und Philatelisten höher schlagen läßt.

- **Institute Galerie de Arte Nouveau**
(Avenida Independencia/Avenida Pasteur)

Es ist die bekannteste Adresse für moderne Kunst in der Dominikanischen Republik.

- **San Ramón Art Gallery**
(El Conde 513 und Avenida Abraham Lincoln 904)

Hier stellen Künstler aus, die sich bereits einen Namen gemacht haben, wie beispielsweise der berühmte Jaime Colson und Guillo Oviedo.

- **Mercado Modelo (Kunstgewerbemarkt)**
(Avenida Mella)

Dieser Markt ist einer der wichtigsten Kunstgewerbezentren von Santo Domingo. Dort kann man außer Artikeln des Kunstgewerbes auch Heilkräuter und Gegenstände für Zauberei und Hexerei sowie Fleisch, Obst und Gemüse kaufen. Auf dem größten Markt der Stadt können Sie jedoch auch leicht die Geduld verlieren, weil Sie ständig von aufdringlichen Souvenir-Händlern umringt sind.

Kunstgewerbe

- **Mercado de Oportunidades (Markt der Gelegenheiten)**
(Avenida 27 de Febrero)

Dieser Flohmarkt ist für Sammler eine gute Gelegenheit. Hier werden jeglicher Ramsch, aber auch Schmuck und Kunstgegenstände angeboten.

- **Parque Mirador del Sur (Südpark)**
(Im Süden der Stadt)

Dieser 4,5 km lange Grüngürtel ist ein idealer Ort zum Joggen und Wandern. Er ist von vielen Wegen durchzogen. Ein kleiner See lädt zum Verweilen ein. Sehenswert sind außerdem seine Grotten und Höhlen. Dort befinden sich auch das **Restaurant Meson de la Cave** und die **Höhlendisko Guacare Taina**, beide unter der Erde in einer Grotte gelegen. Letztere ist nicht nur für Tanzbegeisterte ein Erlebnis.

Restaurant und Disko in der Höhle

- **Teatro Nacional (Nationaltheater)**
(Avenida Maximo Gomez, Tel.: 687-9131)

Wenn Ihr Aufenthalt mit der Theatersaison zusammentrifft, sollten Sie einen Besuch im Nationaltheater von Santo Domingo einplanen.

Das Nationaltheater kann mehr als 1.700 Personen in seinem Hauptsaal aufnehmen. Es werden Musicals, klassische und moderne Stücke sowie unterhaltsame Shows aufgeführt.

- **Malecón**
(Avenida Washington)

Uferpromenade

Sehr lohnend ist ein Bummel entlang der Uferpromenade. Hier finden Sie viele Hotels und die besten Restaurants der Stadt. Es ist die bevorzugte, von Kokospalmen gesäumte **Promenade der Dominikaner**, ein Treffpunkt der sorglosen Jugend und der Menschen, die den Kontakt zur Natur, zum rauschenden Meer zu ihren Füßen suchen. Die Uferpromenade zieht sich über 10 km an der Küste des Karibischen Meeres entlang. Von hier aus kann man in der Dunkelheit besonders gut das leuchtende Kreuz sehen, das vom Kolumbus-Leuchtturm an den nächtlichen Himmel projiziert wird.

Im Juli jeden Jahres wird der Altstadtteil des Malecón für das farbenfrohe **Merenguefestival** gesperrt.

8.1.6 Heutige Probleme der Metropole

Die **Landflucht** ist, wie in fast allen großen Städten der Welt, ein ernstes Problem. Besonders junge Menschen hoffen, in der Großstadt ein moderneres, leichteres Leben und einen Job zu finden. Damit wächst auch das **Wohnungsproblem**.

zu schnelles Wachstum

Mit dem Wachstum von Santo Domingo gibt es Engpässe in der **Versorgung von Strom und Wasser**. Das **Müllproblem** ist überhaupt nicht gelöst. Hitze, tropische Gewitterstürme und Hurrikane tragen mit dazu bei, daß der Abfall zum Himmel stinkt.

8.2 Santo Domingo - Playa Palenque

Zeitvorschlag
1-2 Tage

Entfernung
Santo Domingo - Playa Palenque: 55 km

Streckenhinweis
Von Santo Domingo *(Río Ozama-Mündung) in westlicher Richtung bis* San Cristóbal *(Km 29), hier die richtige Ausfahrt zu finden, ist schwierig, an einem Rondell*

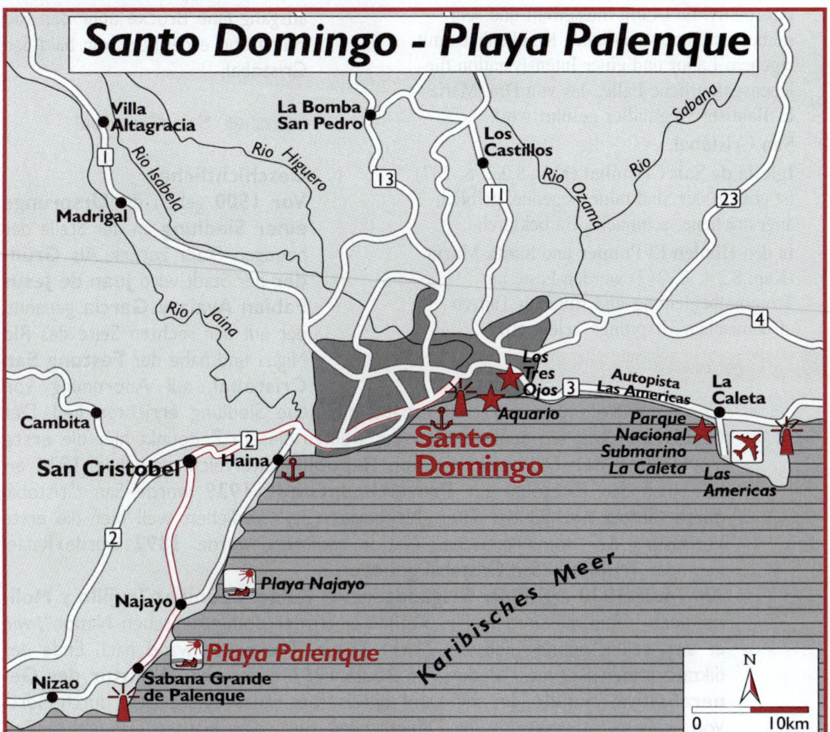

Redaktions-Tips

Übernachten:

- **Playa Palenque**
- **Apart Hotel Playa Palenque $$** (Kap. 7.2, S. 208f), eine Oase der Ruhe. Es liegt in einem wunderschönen Garten. Hier werden Sie individuell, familiär und zuvorkommend von dem sympathischen schweizer Besitzer Peter Wegmüller und seiner charmanten Gattin Dra. med. Maria Elexia Bautista-Wegmüller betreut.

Essen:

- **Apart Hotel Playa Palenque $$** (Kap. 7.2, S. 208f) serviert auserlesene Gerichte, nur vom Feinsten.

Sehenswürdigkeiten:

- **Playa Palenque**. Der **Besuch des Krankenhauses Palenque** (Kap. 8.2.2, S. 289) ist sehr informativ. Es ist ein musterhaft und sehr sauber geführtes staatliches Krankenhaus mit eigenem Labor und einer Intensivstation für lebensgefährliche Fälle, das von Dra. Maria E. Bautista-Wegmüller geführt wird.
- **San Cristóbal**
- **Iglesia de San Cristóbal** (Kap. 8.2.2, S. 287) ist eine in der Stadtmitte liegende, gelblich angestrichene, schmucke Barockkirche.
- In den **Höhlen El Pomier** und **Santa María** (Kap. 8.2.1, S. 287) werden Feste mit Trommelbegleitung und rituellen Tänzen afrikanischen Ursprungs zelebriert.

ist „Najayo/Palenque" ausgeschildert, dort Abzweigung ***rechts****, an einer Shell-Tankstelle vorbei, dann* ***links*** *bis an eine Mauer, dort folgt man* ***rechts*** *der Straße bergan (z.Zt. schlechter Straßenabschnitt), dann wieder der Ausschilderung „Najayo/Palenque" folgend, Abzweigung* ***links****,* ***Nizao*** *(Km 37),* ***Palenque*** *(Km 55)*

8.2.1 Unterwegs nach Playa Palenque

Wenn man Santo Domingo über die Küstenstraße, Avenida George Washington, die in die Carretera Sánchez übergeht, Richtung Westen verläßt, überquert man am Stadtausgang eine Brücke über den Río Haina und erreicht schon bald San Cristóbal.

San Cristóbal

Geschichtliches

Vor 1500 gehen die **Ursprünge einer Siedlung** an der Stelle der heutigen Stadt zurück. Als **Gründer** der Stadt wird **Juan de Jesús Fabían Ayala y García** genannt, der auf der rechten Seite des Río Nigua und nahe der **Festung San Cristóbal**, auf Anordnung von Christoph Kolumbus am Fluß erbaut, die neue Siedlung errichten ließ. Der **06.11.1844** war ein denkwürdiger Tag, weil zu diesem Zeitpunkt hier die **erste Verfassung der Dominikanischen Republik** unterzeichnet wurde. **1934** erhob man San Cristobál zur **Provinzhauptstadt**. **1939** wurde San Cristobál durch Gesetz No. 93 der Titel „Meritorius City" verliehen, weil hier die erste Verfassung der dominikanischen Nation ratifiziert wurde. **1892** wurde Rafael Leonidas **Trujillo** in San Cristobál **geboren**.

erste Verfassung der Dom. Rep.

Am **16.08.1930** ergriff der **Brigadegeneral Rafael Leónidas Trujillo y Molina**, auch „Generalissimo Trujillo, Wohltäter (!) der dominikanischen Nation", wie er sich selbst nennen ließ, die Macht. Dieser Titel verschwand nach Ende des diktatorischen Regimes wieder. Am **30.05.1961** endete die **Diktatur des Generalissimo Trujillo**, der sein Land mit eiserner Faust regiert hatte, durch Mord. Von großem Interesse für die Öffentlichkeit sind seine Häuser. Die meiste Zeit lebte der Diktator auf seiner **Farm „Estancia Fundacíon"**. Das dominierende

Gebäude war das **„Casa de Caoba"**, nur aus einheimischen Edelhölzern erbaut, in denen der Generalissimo seine unzähligen Geliebten empfing. Dieses Haus wurde durch den Hurrikan David schwer zerstört.

Schmuckstück – Iglesia de San Cristóbal

Das Schönste der heutigen Stadt mit ihren **137.500 Einwohnern** ist sicherlich ihre in der Stadtmitte liegende, gelblich angestrichene, schmucke Barockkirche **Iglesia de San Cristóbal** mit ihrem Mahagoniinterieur.

Die Geschicke der Stadt sind sehr eng mit dem Leben des hier gebürtigen ehemaligen **Ex-Diktators Rafael Trujillo** verbunden. In der **Iglesia de San Cristóbal** ruhte der Leichnam des Diktators Trujillo nach seiner Ermordung drei Monate lang, bevor er nach Paris überführt wurde, weil man ihm in dominikanischem Boden keine endgültige Ruhestatt gewähren wollte. Der Familie des Ex-Diktators wurde zunächst in Frankreich Asyl gewährt, bevor sie nach Spanien emigrierte.

Auf einem Hügel liegt der stark verfallene **Palacio del Cerro**, ehemals im Besitz der Familie Trujillo. Das Gebäude soll renoviert werden. Ein kleines **Museum** wurde im **Casa de Caoba** (Mahagoni-Haus) eingericht, in dem Gegenstände und Kunstwerke, die der Trujillo-Famile gehörten, ausgestellt sind. Weitere Sehenswürdigkeiten sind die **Höhlen von El Pomier**, die **Bäder von La Toma** und die **Kirche und Höhle von Santa María**, hier werden Feste mit Trommelbegleitung und rituellen Tänzen afrikanischen Ursprungs zelebriert. Der afrikanische Einfluß hat sehr starken Einlaß in die dominikanische Folklore gefunden.

Mahagoni-Haus

Playa Najayo

Die Weiterfahrt zu den Stränden von Playa Najayo (einst im Privatbesitz der Trujillo-Familie) und Playa Palenque führt durch landwirtschaftlich genutztes Gelände. Die Dörfer sind von Mango- und Brotfruchtbäumem, Kokospalmen und Bananen umstanden.

In Playa Najayo haben sich kleine Geschäfte und Verkaufsstände angesiedelt. Im Umland breiten sich Plantagen mit Gemüse, Reis und Mais aus. In kleinbäuerlichen Betrieben werden Rinder gezüchtet. Weiße Kuhreiher begleiten die kleinen Herden. Der Naturstrand ist im Hinterland durch Buschvegetation eingerahmt.

Plantagen und Busch-vegetation

Die Küste von Najayo und Palenque ist für **Taucher** interessant, weil man dort zu im 19. Jahrhundert gesunkenen französischen Galeonen hinabtauchen kann.

8.2.2 Playa Palenque

Regionale Reisetips zu Playa Palenque
entnehmen Sie bitte den gelben Seiten 208f

Nach der anstrengenden Stadtbesichtigung von Santo Domingo sollten Sie in diesem kleinen Ort etwas ausspannen. Hierfür kann das **Apart-Hotel Playa Palenque** empfohlen werden. Es ist eine stille Oase, die Ihnen nach dem unruhigen Leben der Großstadt sicherlich guttun wird. Trotz einer Durchschnittstemperatur von + 30 °C tagsüber weht in dieser Gegend ständig ein erfrischender Seewind, der als sehr angenehm empfunden wird. Am Wochenende ermöglicht das Hotel den Gästen, einer folklorischen Darbietung beizuwohnen. Es wird Merengue-Musik von einer einheimischen Band gespielt, bei der der Hausherr persönlich das Saxophon meisterhaft bläst. Dieses kleine Paradies hat sich **Peter Wegmüller und seine Gattin Dra. Maria Elexia Bautista-Wegmüller** aufgebaut.

Oase der Ruhe

Der Hausherr spielt selbst das Saxophon

In dem eingefriedeten Garten wachsen u.a. 13 Kokospalmen, Mangobäume und ein Brotfruchtbaum, Hibiskus und eine seltsame Pflanze, die die „Dame des Tages und Nutte der Nacht" genannt wird, weil ihre unscheinbare weiße Blüte nur des Nachts einen betörenden Duft verströmt.

In einem **Interview** erzählt der Schweizer im Plauderton, wie er sein „kleines Königreich" aufgebaut hat:

INFO

Peter Wegmüller – Pionier des Fremdenverkehrs

Nach erfolgreichem Geschäftsleben habe er hier das Glück seines Lebens gefunden. Nachdem schon der Rücken und die Schultern im kühlen Europa zu schmerzen begannen, habe ihn das **Fernweh in wärmere Länder** getrieben. Er habe den Orient, Afrika, Südostasien und die Philippinen mit dem Hintergedanken bereist, sich in einem tropischen Land niederzulassen. Ferienhalber sei er dann auch in die Karibik geflogen. Es habe ihm hier sehr gut gefallen, das Klima, der ewige Sommer und die Freundlichkeit der Bevölkerung. Da er der spanischen Sprache kundig sei, habe er schnell Kontakt zu den Einheimischen gefunden.

Er sei in die Dominikanische Republik zurückgekehrt und habe sich gedacht, hier **seinen Lebenstraum zu verwirklichen**, an dieser noch unerschlossenen Südküste des Landes **ein kleines Hotel** zu errichten. Hier, wo noch keine großen Hotelbauten standen, war noch echte Karibik-Romantik zu spüren. Auch würde sich sein kleines Hotel nicht sehr gut zwischen den großen Hotelburgen an der Ost- und Nordküste ausmachen. So habe er sich entschlossen, nachdem er sich von Europa gelöst habe, hier mit dem Bau seines Hotels zu beginnen, und zwar in der Art, wie er es früher als Reisender durch viele Länder der Erde immer gerne vorgefunden hätte.

Von den Bauplänen bis zur Ausführung sei es jedoch ein langer, dorniger Weg gewesen, angefangen mit dem Landkauf bis zu den eigentlichen Bauarbeiten. Er habe sehr viel selbst mit Hand anlegen müssen.

Zu seinem Lebensglück gehöre sehr entscheidend auch **seine Frau**, die er hier durch einen Zufall als Ärztin kennengelernt habe. Es war Liebe auf den ersten Blick. Durch ihre guten Beziehungen sei vieles leichter in diesem Land zu bewerkstelligen. Ihr Verdienst sei es auch, daß er über **sehr gutes einheimisches Personal** verfüge. Auf Pünktlichkeit und Ehrlichkeit werde besonderer Wert gelegt. Eine bessere ärztliche Betreuung kann man sich als Feriengast nicht wünschen, wenn die **Gastgeberin selbst eine Ärztin** ist!

Sein Hobby sei die **Musik**. Er habe bis zum Weggang aus Europa selbst in einer Dixieland-Band gespielt und habe hier in kürzester Zeit eine Combo aufgebaut, die ausschließlich für sein Hotel landestypische Merenguemusik spiele. Die Musik habe ihn mit den Dominikanern in engere Verbindung gebracht als alles andere.

Besuch des Krankenhauses Palenque

Es ist ein musterhaft und sehr sauber geführtes staatliches Krankenhaus mit eigenem Labor und einer Intensivstation für lebensgefährliche Fälle. Die Patienten werden kostenlos behandelt. 15 Ärzte der verschiedenen Fachrichtungen, sogar ein Zahnarzt, sind hier beschäftigt. Ein Ambulanzwagen steht bereit. Eine Wäscherei ist angeschlossen. Insgesamt arbeiten z.Zt. 130 Angestellte in der Klinik.

musterhaft geführt

Die **Leitung** hat Dra. Maria Elexia Bautista-Wegmüller, Directora Hospital municipal Tomasina Valdez, Tel.: (Hosp.) 243-2676, (Res.) 243-2525, Fax: 243-2500.

Chefärztin (Mitte) im Labor – Hospital Palenque

8.3 Playa Palenque - La Descubierta - Jimani - Barahona

© graphic

Zeitvorschlag
2 Tage

Entfernung
Playa Palenque - La Descubierta - Jimani - Barahona: 331 km

Streckenhinweis
*Ab Playa Palenque fährt man in westlicher Richtung, Überquerung des Río Niza (Km 4) in Don Gregorio an einer Gabelung, Abzweigung links, der Ausschilderung „**Nizao**" folgend, an einer T-Kreuzung (Km 11), bei einer Shell-Tankstelle, Abzweigung links, erreicht man die Straße **No. 2**. Im weiteren Streckenverlauf passiert man folgende größere Orte und markante Punkte: **Baní** (Km 24), **Hatillo** (Km 52), an dem Hinweisschild „La Ruta Lago Enriquillo" mit einem kleinen blauen Wartehäuschen (Km 126), Abzweigung rechts, **Vicente Noble** (Km 130), an einer Gabelung am Zentralplatz muß man sich rechts halten, dann wieder rechts und an einer weiteren Gabelung links. Am besten fragt man die Leute. Schließlich folgt man der Ausschilderung nach „Neiba", überquert den Río Yaque del Sur (Km 133), passiert **Tamayo** (Km 136), erreicht die Straße No. 48 und biegt nach rechts ab. In der Folge durchfährt man die Orte **El Salado** (Km 165), **Galván** (Km 168), **Neiba** (Km 175), **Jaragua** (Km 183), **Clavellina** (Km 192), **Postrer Río** (Km 201), **Lago Enriquillo** (Km 209) Bootssteg zur Abfahrt auf die Isla Cabritos (Nationalpark), **La Descubierta** (Km 212), Militärkontrolle bei **Boca de Cachón** (Km 230) bis **Jimani** (Km 236), wo man gut übernachten kann. Die Weiterfahrt erfolgt auf der Straße No. 46, zunächst entlang des Südufers des Lago Enriquillo in östlicher Richtung, über **El Limón** (Km 249), **Baitoa** (Km 272), **La Zura** (Km 274), **Venga a Ver** (Km 277), **Duvergé** (Km 279), **El Abanico** (Km 288), **Mella** (Km 292), **Cristóbal** (Km 306), **La Lista** (Km 312), **Cabral** (Km 317), **Cachón** (Km 323), eine T-Kreuzung (Km 330) mit Abzweigung nach rechts bis **Barahona** (Km 331).*

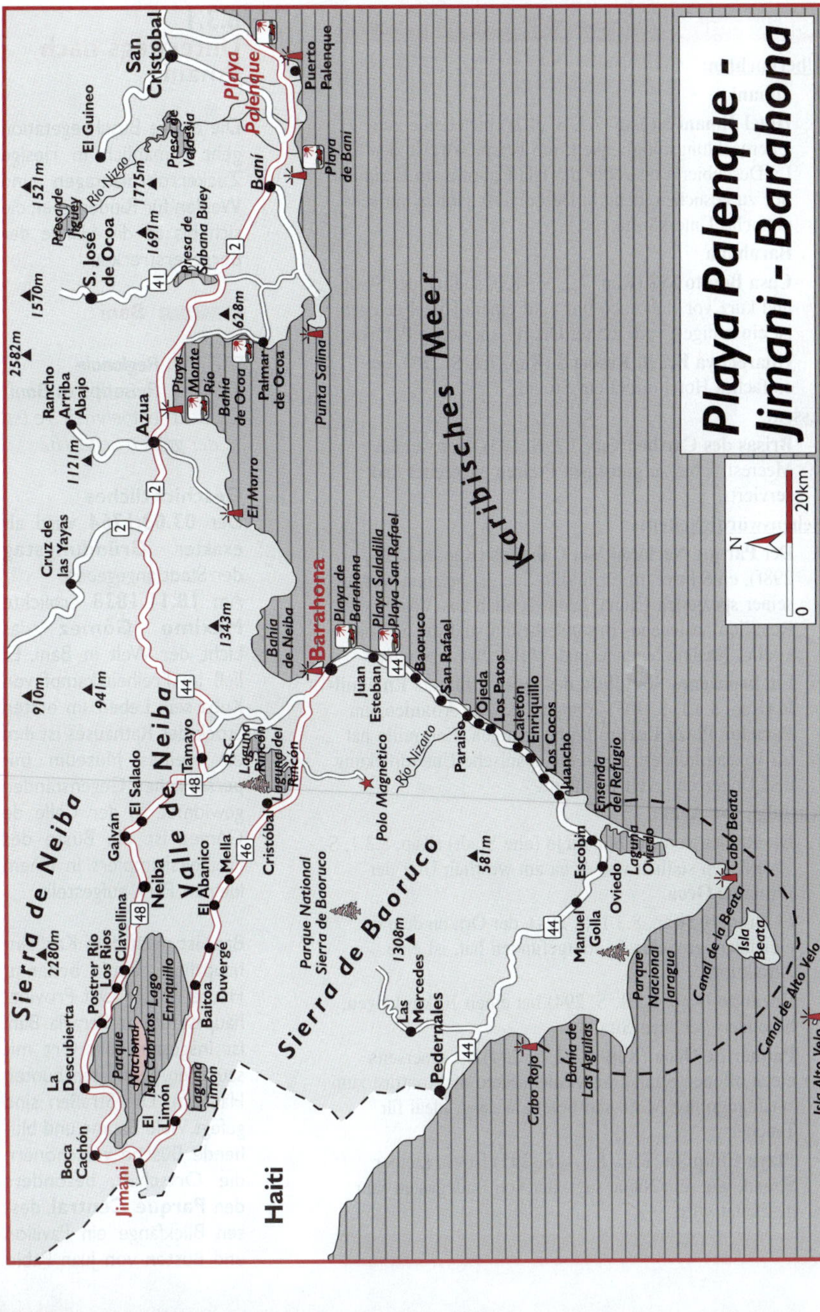
Playa Palenque - Jimani - Barahona
0
20km
N
Karibisches Meer
Sierra de Neiba
Valle de Neiba
Sierra de Baoruco
Haiti
San Cristobal
El Guineo
Playa Palenque
Puerto Palenque
Presa de Valdesia
Río Nizao
Playa de Baní
Baní
1521m
1775m
Presa de Jiguey
S. José de Ocoa
1691m
Presa de Sabana Buey
1570m
628m
2582m
Rancho Arriba Abajo
Playa Monte Río
Bahía de Ocoa
Palmar de Ocoa
Punta Salina
Azua
1121m
El Morro
Cruz de las Yayas
Barahona
Playa de Barahona
Playa Saladilla
Playa San Rafael
Bahía de Neiba
1343m
910m
941m
Tamayo
R.C.
Laguna Rincón
Laguna del Rincón
Juan Esteban
Baoruco
San Rafael
Paraíso
Ojeda
Los Patos
Caletón
Enriquillo
Los Cocos
Juancho
Río Nizaito
Polo Magnetico
Ensenda del Refugio
El Salado
Galván
Neiba
El Abanico
Mella
Cristóbal
Parque National Sierra de Baoruco
581m
Laguna Oviedo
Escobin
Oviedo
Cabo Beata
Canal de la Beata
Isla Beata
Manuel Golla
Parque Nacional Jaragua
Canal de Alto Velo
Isla Alto Velo
2280m
Postrer Río
Los Rios
Clavellina
1308m
Las Mercedes
Pedernales
Bahía de Las Aguilas
Cabo Rojo
La Descubierta
Parque Nacional Isla Cabritos
Lago Enriquillo
Baitoa
Duvergé
El Limón
Laguna Limón
Boca Cachón
Jimani
2
41
44
46
48
© graphic

Redaktions-Tips

Übernachten:

- **Jimani**
  Hotel Jimani $ (Kap. 7.2, S. 302f) bietet eine gute Übernachtungsmöglichkeit, um beispielsweise den Ort La Descubierta und/oder die Isla Cabritos im Enriquillo See zu besuchen, denn in Descubierta gibt es nur sehr einfache Unterkünfte.
- **Barahona**
  - **Casa Bonito $$$** (Kap. 7.2, S. 183), südlich der Stadt und kurz vor Bahoruco links auf einem Hügel gelegen, ist ein ruhiger, verträumter Ort für spezielles Publikum.
  - **Guarocuya Beach Resort $** (Kap. 7.2, S. 183), ein einfaches Hotel direkt am Strand.

Essen:

Brisas des Caribe (Kap. 7.2, S. 183), hier werden Meeresfrüchte zu günstigen Preisen zubereitet und serviert.

Sehenswürdigkeiten:

- Der **Parque Nacional Isla Cabritos** (Kap. 8.3.1, S. 298f), eine Insel im Enriquillo-See, ist bekannt wegen seiner speziellen Fauna, hauptsächlich aus Vögeln und Reptilien bestehend. Besonderheiten sind die Spitzkrokodile, Nashornleguane und Wirtelschwanzleguane.
- Ein **bronzenes Standbild** des Indianerführers **Enriquillo** (Kap. 8.3.1, S. 303) können Sie in **El Abanico**, am **Parador Plaza Enriquillo** besichtigen. Enriquillo hat im 16. Jahrhundert gegen die spanische Unterdrückung und Ungerechtigkeit rebelliert.

Ausflüge von Azua:

- Die Ruinen von **Pueblo Viejo** (alte Stadt) (Kap. 8.3.1, S. 294) liegen südlich von Azua am westlich Ufer der **Bahía de Ocoa**.
- **El Número** (Kap. 8.3.1, S. 294), der Ort, an dem die gleichnamige Schlacht stattgefunden hat, ist eine Attraktion.
- **Coranito** (Kap. 8.3.1, S. 294) hat einen 10 km langen, besonders schönen Strand.
- **Palmar de Ocoa** (Kap. 8.3.1, S. 294) hat einerseits einen offenen Strand mit grauem Sand im Kontrast zum smaragdgrünen Meer und tiefem Wasser, ideal für Taucher.
- **Playa Chiquita** (Kap. 8.3.1, S. 295) ist ein kleiner Strand, wie sein Name sagt, der von Badegästen sehr geschätzt wird.

8.3.1 Unterwegs nach Jimani

Die dichte Buschvegetation geht allmählich in riesige Zuckerrohrplantagen und Weiden für Rinder über, die sich bis an die Hänge der Berge erstrecken.

Baní

Regionale Reisetips zu Baní *entnehmen Sie bitte der gelben Seite 182*

Geschichtliches

Der **03.03.1764** wird als exakter **Gründungstag** der Stadt angegeben.
Am **18.11.1838** erblickte **Máximo Gómez** das Licht der Welt in Baní. Er ließ im Freiheitskampf von Kuba sein Leben. Im ersten Stock des Rathauses ist ihm ein kleines Museum mit persönlichen Gegenständen gewidmet. In der Calle de Gómez ist die Büste des Freiheitskämpfers in einem kleinen Park aufgestellt.

Baní ist nach dem Kazikenhäuptling Baní benannt. Heute ist der Ort Provinzhauptstadt von Peravia. Baní ist insgesamt ein Ort mit sauberen, gepflegten, bunten Häusern. Die Straßen sind gefegt. Viele Bäume und blühende Büsche verschönern die Ortschaft, besonders den **Parque Central**, dessen Blickfänge ein Pavillon und Büsten von Juan Pablo

Duarte und Marco Cabral sind. Auffällig viele Schmuckläden, nette Geschäfte und Banken bestimmen das Stadtbild. Ins Auge fallend ist außerdem das Rathaus (Comite municipal), ein lila gestrichenes Gebäude.

Das auffällige Rathaus der Stadt – Bani

Am Zentralplatz gibt es einen Busbahnhof. Auf dem farbenfrohen **Obst- und Gemüsemarkt** herrscht reges Leben. Hier wird kräftig und mit viel Raffinesse um günstige Preise gefeilscht.

Fototip
Wenn das Licht morgens und nachmittags schräg auf die Verkaufsstände fällt, lassen sich die lebhaften Marktszenen mit den goldgelben, in der Sonne leuchtenden Apfelsinen und anderen zum Verkauf angebotenen Früchte sehr gut einfangen.

Berühmt sind die rötlichen **Dünen von Baní**, ausgedehnte Sandflächen, reich an Eisenelementen. In Baní, wie auch in anderen Städten, zwingen tiefe Querrillen und künstlich aufgeworfene Straßenschwellen den Verkehrsteilnehmer zum Langsamfahren.

Nach dem Verlassen der Stadt in westlicher Richtung führt Sie die Straße bergan in ein **Trockengebiet**, in dem Säulenkakteen, gelbblühende Agaven, Dornenbüsche, Akazien und Mimosen wachsen. *dürres Land*

Ab **Hatillo**, einem kleinen Ort, erblickt man die Bahía de Ocoa und rollt anschließend durch eine **Küstenebene**, die von fruchtbarem Schwemmland gebildet ist und sich halbmondförmig um die Meeresbucht ausbreitet. Die Straße führt oft schnurgerade durch die Ebene. Große Bestände an Kokospalmen, Mangobäumen und Plantagen mit Bananen, Maniok, Mais und Reis zeugen von der Fruchtbarkeit des Bodens.

Azua

Geschichtliches

1504 ist das **Gründungsjahr** von Azua, dessen vollständiger Name **Azua de Compostela** ist. Der Begründer dieser Ortschaft war **Diego Velázquez**, der später Kuba eroberte. Azua wurde dreimal von französischen Korsaren zerstört, die Pyromanen waren und Freude auch an dieser brennenden Stadt hatten. **1805** fand die **Besetzung** dominikanischen Territoriums durch den Haitianer **Jean Jacques Dessalines** statt, der am 01.01.1804 die Unabhängigkeit Haitis proklamiert hatte. Azua wurde während dieses Feldzugs durch Brandschatzung verwü- *dreimal von Korsaren zerstört* stet. Am **19.03.1844** wurde der haitianische Führer **Charles Herrand geschlagen**. Auf dem Rückzug ließ er an verschiedenen Stellen Feuer legen, so auch in Azua. **1845** erhielt Azua den Status einer **Provinzhauptstadt**.

1849 brannte der haitianische Präsident **Faustin Soulouque** nach seiner Niederlage in den Schlachten von El Número und Las Carreras auf dem Rückzug die Stadt bis auf Grundmauern nieder.

!!!

Vorsicht!

*Im Zentrum des Ortes muß man achtsam sein, um nicht versehentlich geradeaus zu fahren. Beachten Sie bitte das unscheinbare Schild „No Entrada". Hier lauern oft **Polizisten**, um den Fremden die falsche Fahrweise nachzuweisen und um zu kassieren. Man darf bei der Weiterfahrt nur rechts abbiegen.*

Azua, Verwaltungszentrum der Provinz „Azua de Compostela", hat ca. 80.000 Einwohner und besitzt einen **lebhaften Zentralplatz**, an dem sich die Leute treffen, um sich zu unterhalten oder um sich im Schatten der Bäume zu entspannen.

Geschickte Straßenhändler – Azua

Im Umland, dem sog. **Trockenwaldgebiet**, werden **Viehzucht** und **Akkerbau** betrieben, meistens nur durch künstliche Bewässerung möglich. Zu den Feldfrüchten gehören in erster Linie Bananen, Melonen und Gemüse, Grundlage für Handel und Wandel.

Gehandelt wird mit allem, was zu Geld zu machen ist. Besonders eifrig sind die Straßenhändler, die mobil oder an Verkaufsständen an Landstraßen und exponierten Plätzen in der Stadt ihre Waren anpreisen.

Lohnende Ausflüge in die Umgebung von Azua:

- Südlich von Azua, am westlichen Ufer der **Bahía de Ocoa**, finden Sie die Ruinen von **Pueblo Viejo** (alte Stadt).
- **El Número**, der Ort, an dem die gleichnamige Schlacht stattgefunden hat, ist eine Attraktion gleichermaßen für einheimische und fremde Besucher, die das Abenteuer ihrer Rundfahrt durch die Dominikanische Republik lieben. Der **Panoramablick**, den man von hier aus zum Ferienparadies von Coranito am Ostufer der **Bahía de Ocoa** hat, ist diesen Abstecher wert.

Bucht von Ocoa

- **Coranito** hat einen rund 10 km langen, besonders schönen Strand. Das topografische Charakteristikum im Hinterland sind die Ausläufer eines südlichen Gebirgszugs der Kordilleren, der **Sierra de Ocoa**.
- **Palmar de Ocoa** hat einerseits einen offenen Strand mit grauem Sand im Kontrast zum smaragdgrünen Meer und tiefem Wasser, in das Sie als Taucher

einen Blick auf die reiche tropische Meeresfauna werfen und als Sportfischer aktiv werden können. Andererseits gibt es hier eine kleine Bucht mit einem 3 km langen Strand mit weißem Sand und flachem Wasser, gut zum Baden geeignet.

• **Playa Chiquita**, wie sein Name schon sagt, ist ein kleiner Strand mit grauem Sand, kristallklarem Wasser und einer Badestelle mit mitteltiefem Wasser und kaum Wellen, eine attraktive Nische für Badegäste.

Nachdem man Azua verlassen hat, durchfährt man landwirtschaftlich genutztes Land, das von mehreren kleinen Flüssen durchzogen ist.

Fahrt durch trockenes Land

Nach einer Straßengabelung, an der man die Straße No. 2, die nach San Juan und an die haitianische Grenze weiterführt, verläßt und geradeaus auf der 44 weiterfährt, geht es wieder ins Gebirge. **Trockenes, steiniges Land** umgibt den Reisenden, eine Gegend, deren Boden zum größten Teil aus wasserdurchlässigem Kalkgestein besteht, auf das die heiße Tropensonne unbarmherzig brennt.

Von der Tropensonne ausgedörrt – karges Land

Von der Sonne ausgedörrter, teils nackter Boden, Dornenbüsche, Kakteen in verschiedenen Formen und Agaven in lockerer Formation, ein Land, das an Mexiko erinnert, so präsentiert sich diese Wegstrecke. Besonders dort, wo die Straße das Land durchsägt, sind starke **Erosionserscheinungen** sichtbar. In einem weiten nach links gekrümmten Bogen führt die Straße durch dieses öde Land. Vor den wenigen ärmlichen, aus rohen Brettern zusammengezimmerten und mit Palmenwedeln gedeckten Hütten am Wegesrand spielen halbnackte Kinder. Die Grundfarbe der Landschaft ist grau.

trockenes Land

Das einzig Freundliche sind die im Frühjahr leuchtend gelb bis orange blühenden Agaven.

Dann öffnet sich ein weiter Blick auf den großen Fluß **Río Yaque del Sur** mit Palmen im Flußtal und steilen kahlen, stark erodierten Wänden. Er ist eine große Flußoase im trockenen Land. Die Straße wird des öfteren von Sand und Geröll verschüttet. Bei starken Regenfällen bilden sich tiefe Rillen in den Straßendurchbrüchen.

Im Tal des Río Yaque del Sur

Hurrikan George

Die sonst fruchtbare Flußoase kann auch ein Bild des Grauens bieten, wie nach der zerstörenden Kraft des Hurrikans George. Nicht der Sturm, sondern die gewaltigen Niederschlagsmengen, die den Fluß anschwellen ließen, haben den sonst friedlichen Fluß zu einer alles zerstörenden Naturgewalt gemacht. Die Ortschaft **Tamayo** wurde überflutet, und meterhohe Sand-, Geröll- und Schlammassen haben weite Wohngebiete zerstört und unbewohnbar gemacht.

Zerstörerische Wasserkraft des Hurrikans – Tamayo

Valle de Neiba

Dieses Tal ist ein **riesiges Zuckerrohranbaugebiet**. Interessant ist es, der Ernte zuzusehen. Das geschnittene Rohr wird mit Karren, die mit 4 Ochsen bespannt sind, an ein Eisenbahngleis gezogen. Dort wird das Zuckerrohr gebündelt und mit Hilfe eines Portalkrans auf Waggons verladen, die eine Diesellok zur Zuckerfabrik transportiert.

Zuckerrohranbau

Dann passiert man das etwas größere Dorf **Galván**. Tilandsien, das sind Pflanzen, die ihre Nahrung aus der Luft ziehen, wachsen auf den freihängenden Strom- und Telefonleitungen.

Der nächste Ort ist **Nieba**, das Zentrum des Zuckerrohr-Anbaus. Hier werden den Reisenden geröstete Bananen, Hähnchenschenkel und Fleischstücke feilgeboten. Wein wird in kleinen Mengen angebaut. Straßenhändler bieten die süßen Trauben ebenfalls zum Verkauf an.

INFO

Die Geschichte des Zuckerrohrs in der Dominikanischen Republik

Zuckerrohr ist der wichtigste Sektor, der die Wirtschaft der Dominikanischen Republik stützt. Es hat andere Naturprodukte, wie Kakao, Kaffee und Tabak, die in vergangenen Zeiten boomten, übertroffen.

Die ursprüngliche Pflanze stammt aus China und Indien. Sie wurde von den Arabern im 13. Jahrhundert n. Chr. in Spanien eingeführt. Die Araber, die zu dieser Zeit

Spanien beherrschten, errichteten eine große Anzahl an Plantagen in der Umgebung von Almerá, Granada und Málaga. Aber durch die Ausrottung der indianischen Bevölkerung in Hispañiola – dem vorher entscheidenden Faktor des goldenen Geschäfts – verschlechterte sich abrupt die Situation aus Mangel an geeigneten Händen, um die nötigen Arbeiten auszuführen. Eine rettende Erfindung zeigte einen Ausweg aus der prekären Lage auf.

Um die Wende zum 16. Jahrhundert entwickelte ein Einwohner von La Concepción de la Vega, der Aquilar genannt wurde, ein Instrument aus Holz, mit dem er den Saft aus dem Zuckerrohr preßte. Es war die Vorstufe einer **Zuckermühle**.

Im Osten des Landes hatten die Trejo-Brüder ebenfalls eine Zuckermühle in Betrieb genommen und produzierten erhebliche Mengen. Die entscheidende Unterstützung für die im Entstehen begriffene Industrie kam von den Hieronymiter-Mönchen und auch von einem königlichen Kommandanten, der ein Darlehen von bis zu 6.000 Pesos gewährte, rückzahlbar innerhalb von 2 Jahren.

Zuckerrohrernte – Galvan

Die Sklaverei der Indianer wurde von der Sklaverei der Schwarzen abgelöst. Die Afrikaner setzten ihre Muskelkraft nicht nur für die landwirtschaftlichen Aufgaben, sondern auch an den hydraulisch betriebenen Zuckermühlen und den Raffinerien ein.

Mehr als 35.000 schwarze Sklaven sollen vor 1547 unter schlimmen Bedingungen auf der Insel gearbeitet haben. Verständlicherweise begann sich die koloniale Wirtschaft wegen der Ausbeutung der aus Afrika eingeführten Sklaven wieder zu erholen.

Die Entwicklung der Zuckerindustrie verschlechterte sich später erneut aufgrund der zunehmenden Entvölkerung der Insel. Auch wenn die Zuckerproduktion in den ungünstigen Perioden der Geschichte des Landes schwankte, verlor sie nie das charakteristische Merkmal, der wichtigste Sektor der variierenden landwirtschaftlichen Produktion des Landes zu sein.

Nach und nach beeinflußte mehr und mehr ausländisches Kapital die Zuckerindustrie der Karibikinseln. Ausschlaggebend für Investitionen waren die fruchtbaren Böden und die niedrigen Produktionskosten wegen der billigen Arbeitskräfte. Das starke finanzielle Interesse an diesem aufblühenden Industriezweig lockte immer mehr ausländische Unternehmer ins Land. Banken etablierten sich.

Ende des 19. Jahrhunderts waren die wichtigsten Produktionsstätten in ausländischen Händen: fünf in italienischen, vier in nordamerikanischen, zwei in kubanischen und eine in englischen.

1918, zwei Jahre nach der US-amerikanischen Besetzung der Dominikanischen Republik, erwarb eine Tochterfirma der „South Porto Rico Sugar Company" 144.418 acres Land in La Romana. Diese Zahl des Landkaufs wurde bald vervielfacht, und die mächtige „Central Romana" machte sich selbständig. Dieses private Unternehmen, eine Tochterfirma von „Gulf and Western", produziert gegenwärtig 17.000 Tonnen jährlich, weitaus mehr als das staatliche Unternehmen „CEA".

Z.Zt. sind mehr als drei Millionen Hektar für den Anbau von Zuckerrohr im Lande freigegeben, bestehend aus 16 der wichtigsten Plantagen. 12 von ihnen werden von der „CEA", 3 von „Vicini" und eine von „Gulf and Western" bewirtschaftet.

Lago Enriquillo

Der Enriquillo-See, der größte See der Antillen, liegt rund 30 m unter dem Meeresspiegel. Er ist 30 km lang und hat eine durchschnittliche Breite von 10 km. In seiner Mitte liegen drei Inseln, die wichtigste davon ist **Isla de Cabritos**.

An Hitze und Trockenheit angepaßt – Kakteen

Im wüstenähnlichem Umfeld rund um den teilweise verkrusteten **Salzsee** wurden einige bedeutende ehemalige Taíno-Siedlungen entdeckt.

Dieses Gebiet wird auch die **Bratpfanne Hispañiolas** genannt, weil es besonders in der Mittagszeit bis zu +50 °C heiß werden kann. Hier gedeihen **Kakteen** besonders gut. Einige Arten erreichen Höhen von mehreren Metern.

Parque Nacional Isla Cabritos
(Insel der Zicklein)

Regionale Reisetips zum Parque Nacional Isla Cabritos *entnehmen Sie bitte der gelben Seite 207*

3 km vor La Descubierta liegt zur Linken am Lago Enriquillo die **Anlegestelle La Sofrada**, von der man mit einem Boot auf die nur **24 km²** große, 1974 zum Nationalpark erklärte Isla Cabritos fahren kann. Am besten man bestellt ein Boot einen Tag im voraus am Anlegesteg La Sofrada oder im Informationsbüro (Información Touristico) des Restaurants Brahaman's in La Descubierta, Calle Gaston S. Delgue No. 19, Tel.: (001-809)224-9525, Fax: (001-809)693-0237.

Die Insel ist 12 km lang und bis 2,5 km breit. Die Höhe der Insel variiert von 4 m bis 40 m über dem Seespiegel. Der Boden ist maritimen Ursprungs und besteht zum größten Teil aus Kalk. Es gibt kein Süßwasser auf der Insel. Die **Durchschnittstemperatur** beträgt **+28 °C**, doch manchmal werden auch Werte von +50 °C erreicht. **642 mm** ist die jährliche **durchschnittliche Niederschlagsmenge.**

Unter den **über 100 Pflanzenarten** gibt es mehrere endemische.

Die **Tierwelt** besteht zum größten Teil aus Vögeln und Reptilien. Schon am Bootssteg kann man manchmal Spitzkrokodile, Dreifarbreiher, Stelzenläufer und andere Stelz- und Watvögel beobachten.

Eine Rarität – Nashornleguan

- Markante Gestalten der **62 registrierten Vertreter der Vogelwelt** sind: der **Rosa Flamingo** *(Phoenicopterus ruber)*, der **Amerikanische Graureiher** *(Ardea herodias)*, der **Dreifarbenreiher** *(Hydranassa tricolor)*, der **Nachtreiher** *(Nycticorax nycticorax)*, die **Indianerdommel** *(Ixobrychus exilis)*, der **Braune Sichler** *(Plegadis falcinellus)*, das **Amerikanische Zwergsultanshühnchen** *(Purple Gallinula)*, der **Rosa Löffler** *(Ajaia ajaja)* und die **Weißkopftaube** *(Columba leucocephala)*.
- Für die **Reptilien** herrschen trotz der Insellage gute Lebensbedingungen. Der Nationalpark ist ein Rückzugsgebiet für **Spitzkrokodile** *(Crocodylus acutus)*, die hier unter Schutz gestellt sind und sich von Fischen und Leguanen ernähren. Außerdem kommen hier der **Nashornleguan** *(Cyclura Cornuta)* und der **Wirtelschwanzleguan** *(Cyclura ricordi)* vor.

gute Lebensbedingungen für Reptilien

INFO Enriquillo, ein Symbol des Widerstands gegen Ungerechtigkeit

Wer war Enriquillo, dessen indianischer Name Guarocuya war, nach dem der Lago Enriquillo benannt ist? Folgende Begebenheit aus seinem Leben und die sich daraus ergebenden Konsequenzen charakterisieren sein Wesen:

Als ein wohlhabender Spanier, **Andrés de Valenzuela**, versuchte, Enriquillos Frau Mencía zu vergewaltigen, machte Enriquillo dem Spanier schwere Vorwürfe. Valenzuela stieß ihn um und prügelte ihn in Gegenwart von anderen Indianern. Enriquillo, in seiner Würde verletzt, legte eine legale **Beschwerde** beim Leutnant Pedro Bobadille ein, der diese nicht akzeptierte. Darauf richtete er seine **Klage an das königliche Gericht**. Dort teilte man ihm mit, wenn er darauf bestünde, die Justiz mit seinem

Fall zu beauftragen, würde man ihn ins Gefängnis werfen. Sein indianisches Blut schwoll ihm in den Adern. Er versammelte seine Freunde um sich und floh in die Berge von Bahoruco. Das war im Jahre **1519**, und für 14 Jahre hielt er seine rebellische Position aufrecht. Die Aktionen der Spanier, Enriquillo zu fangen, blieben erfolglos. Die Kraft des Rebellen wuchs, als er ein spanisches Schiff, das schwer mit Gold beladen war, an der Küste von Barahona mit seinen Mannen kaperte.

Kämpfer für Gerechtigkeit – Indianer Enriquillo

Die Spanier schickten den **Abgesandten Pater Remigio** zu Enriquillo. Dem Pater erklärte der Indianer. „Man soll mir versichern, daß man mich in den Bergen nicht mehr angreift, dann werde ich zu ihnen, deren Reichtümer für mich keine Bedeutung haben, zurückkehren".

Diese Mission ergab **keine Einigung**, aber sie bewirkte, daß der Gouverneur der Insel den König Karl V. von Spanien ersuchte, den Frieden zwischen Spaniern und Indianern zu erklären.

In dieser Zeit wurde **Kapitän Hernando de San Martín**, ein kenntnisreicher Soldat, bestens mit den Bergen von Bahoruco vertraut, als **Abgesandter** ausersehen, um mit dem Rebellen Kontakt aufzunehmen. Der Kapitän, beeindruckt von der Gestalt Enriquillos, der vor ihm wie eine Skulptur aus Bronze stand, richtete folgende Worte an den Indianer: „Ich komme, um Dich einzuladen, Frieden zu schließen oder andererseits einen harten Krieg gegen Dich zu führen, wenn Du unbeirrt Deine Rebellion weiterführen willst." – „Herr, wenn Du in friedlicher Absicht kommst", antwortete Enriquillo, „warum sprichst Du dann von Krieg?" – Der Spanier antwortete mit der Gegenfrage: „Unter welchen Bedingungen akzeptierst Du mich, um nachzugeben?"

Kapitän San Martín, in aller Ruhe sprechend, versicherte absolute Wohlgesonnenheit und Freiheit für Enriquillo und alle Indianer, im Wege eines **Friedensvertrages**, unterzeichnet von Karl V., König von Spanien und Kaiser von Deutschland, und der Anerkennung von Enriquillo.
Der abgeschlossene Vertrag führte zum **Ende der Rebellion** und zur Herausgabe des gekaperten Goldes.

1533 erschien ein spanisches Schiff, kommandiert von **Kapitän Francisco de Barrionuevo**, mit 200 Soldaten an Bord und dem Dokument des Friedensvertrags zwischen dem alten Kontinent Europa und der Neuen Welt, mit der Referenz des mächtigen Karl V., König von Spanien und Kaiser von Deutschland, in dessen Reich die Sonne nicht unterging.

Das Dokument, adressiert an Enriquillo, statuierte die **Abschaffung der Sklaverei** und wurde Enriquillo auf Isla Cabritos im Enriquillo-See persönlich übergeben. In der Verfügung des spanischen Königs war zu lesen, daß der Indianerhäuptling in den Adelsstand erhoben worden war und daß er sich künftig „Don Enriquillo" nennen durfte. Außerdem wurde ihm das Recht zugestanden, die Örtlichkeit und Größe eines Reservats nach seiner Wahl zu bestimmen, wo er in Frieden mit seinem Stamm leben durfte. Der einfache Indianer wurde hitzig, inspiriert von der Ehre, die seiner Rasse zuteil wurde und dem Recht, respektiert und anerkannt zu werden. Er signierte das Dokument und warf es übermütig in die Luft als Zeichen des Einverständnisses und Beifalls.

Er ordnete augenblicklich an, daß seine Gefolgsleute von den Bergen herabkommen sollten, um dem Abkommen Folge zu leisten. Dies war der **erste Friedensvertrag zwischen** verschiedenen Völkern **der Alten und der Neuen Welt**.

Don Enriquillo starb 3 Jahre nach seinem späten Erfolg. Sein Leichnam ruht in der Kapelle von Azua Vieja.

Die mitreißende Biographie von Enriquillo und die Hintergründe, weshalb er zum Rebellen wurde, hat der große **Romanschriftsteller Manuel de Jesús Galván** in seinem Buch „Enriquillo" spannend erzählt.

letzter Aufstand der Taino

Die über 400 Jahre alten **Felzzeichnungen** in „Las Caritas", in der sog. „Höhle der kleinen Gesichter" in der Sierra de Neiba, nördlich des Lago Enriquillo, geben Zeugnis über den letzten großen Aufstand der Taino 1533 unter dem Kaziken Enriquillo gegen die übermächtige Besatzungsmacht Spanien. Trotz des Widerstands der Taino und des königlichen Dokuments benötigten die Spanier in der Folge nur rund 20 Jahre, um die Indianer auf Hispañiola und anderen Karibikinseln zu 90 % auszurotten.

La Descubierta

Regionale Reisetips zu La Descubierta
entnehmen Sie bitte den gelben Seiten 197f

In diesem sehr idyllisch gelegenen Ort scheint die Zeit still zu stehen. Die Menschen leben in erster Linie von der Landwirtschaft, die nach alten Methoden betrieben wird. Hierbei ist der Esel immer noch ein bewährtes Lasttier. Kurzum, man hält an alten Traditionen fest. Dazu gehört auch, daß beispielsweise der Mais auf der Straße zum Trocknen ausgebreitet wird. La Descubierta zeichnet sich durch seine **bunt bemalten Holzhäuser** aus. Ein Flüßchen mit frischem Wasser ist von hohen Urwaldbäumen und viel Gebüsch umstanden. Die **gewaltigen Ceibabäume** (Kapok) mit ihren versteifenden Brettwurzeln sind besonders eindrucksvoll. Im April sind sie blattlos. Frauen holen in der Morgenkühle Wasser vom Fluß und Brennholz aus dem Busch.

Der Esel als bewährtes Lasttier – La Descubierta

Viele Ziegen laufen hier herum. Große Schmetterlinge in Gelb und Grün gaukeln durch die Luft, hier und dort an Blüten Nektar oder Tau saugend. Honig wird auf der Straße zum Verkauf angeboten. Die kahlen, verkarsteten Berge stehen in krassem Gegensatz zum oasenartig anmutenden Ort.

Schwere Last auf dem Kopf – Holzsammlerin

In **Boca de Cachón**, 18 km außerhalb des Ortsausgangs von La Descubierta in Richtung Jimani, passiert man eine **Militärkontrolle**, wenn man die westlichen Buchten des Sees umfahren will. Es ist möglich, daß Sie gefragt werden, was Sie im dominikanisch-haitischen Grenzland vorhaben, denn von hier aus führen mehrere Straßen und Wege nach Haiti.

In dem winzigen Ort **La Furnia** gibt es einen Seitenweg zum See, wo man möglicherweise gut **Flamingos** im seichten Wasser zu sehen bekommt (der Weg ist jedoch nur bei sehr trockenem Wetter mit einen normalen PKW passierbar; nach Regenfällen oder während des Niedergehens von Niederschlägen hilft nur ein vierradangetriebener Geländewagen (4WD), um an die Ausguckstelle zu gelangen). Wegen der Bodenfeuchtigkeit werden Ihnen unzählige Moskitos die „Stichfahrt" im wahrsten Sinne des Wortes und die Beobachtung der Vögel zur Qual machen, wenn Sie nicht durch ein Moskitonetz und völlige Bedeckung ihres Körpers mit Kleidung, einschließlich Handschuhen, geschützt sind.

Mückenplage

Jimani

Regionale Reisetips zu Jimani
entnehmen Sie bitte den gelben Seiten 194f

Tip!
Es ist empfehlenswert, in Jimani zu übernachten, weil es derzeit in La Descubierta nur sehr einfache, wenn nicht gar als primitiv zu bezeichnen-

de Unterkünfte gibt. Wenn die Zeit nach der vorgeschlagenen Tagestour ab Palenque für einen Besuch des Nationalparks Isla Cabritos am gleichen Tag zu kurz sein sollte, könnte man die 21 km mit dem Auto zur Bootsanlegestelle **La Sofrada** *am Lago Enriquillo auch am nächsten Tag zurückfahren, wenn man eine Fahrt vereinbart hat.*

Der Ort Jimani selbst, am Westufer des Lago Enriquillo gelegen, macht einen sehr guten Eindruck. Die Steinhäuser sind gut unter Farbe. Der Zentralplatz unter schattigen Bäumen ist großzügig angelegt. Im Ort gibt es viele Neubauten. Nach dem Passieren des Zentralplatzes biegen Sie links ab und folgen der Aufschrift „Duvergé" in Richtung Osten.

schattiger Zentralplatz

8.3.2 Weiterfahrt nach Barahona

Die **Rumfirma Brugal** hat die Initiative ergriffen und **Ortsschilder** der Dörfer in diesem Teil der Provinz rund um den Lago Enriquillo, gleichzeitig mit ihrer Firmenreklame, aufgestellt, deshalb ist es leicht, sich hier zu orientieren.

Getränkeshop im alten Auto – erfinderische Idee

In **El Limón** sind viele Häuser aus Holz gefertigt und mit Blech oder Palmwedeln gedeckt, nicht vergleichbar mit den schönen Steinhäusern in Jimani. Der Blick auf den Enriquillo-See ist frei. Aus dem Dornengestrüpp ragen neben Königspalmen auch Fächerpalmen in den Tropenhimmel. Die Luft ist sehr trocken und heiß.

Blick auf den Enriquillo-See

In **Baitoa** fallen die leuchtend blühenden Oleander an der Durchgangsstraße auf. An den tieferen Lagen am Lago Enriquillo stehen Tausende von Palmen.

Duvergé ist ein größerer Ort mit einem großzügig angelegten Zentralplatz. Originell ist ein kleiner Getränkeshop an der Straße, der in einem ausgedienten Auto untergebracht ist. Man kann am Ort, wenn man von der Dunkelheit überrascht wird, in kleinen Hotels übernachten.

In **El Abanico**, am **Parador Plaza Enriquillo** befindet sich ein markantes **Standbild** des rebellischen Indianerführers **Enriquillo**, in Bronze gegossen. Hier zweigt links eine Straße nach Neiba ab, aber man bleibt weiter auf der

Statue von Enriquillo – El Abancio

Straße No. 46 Richtung Barahona. In der Umgebung von **Mella** führt die Straße durch eine trockene Gegend mit einem dichten, fast undurchdringlichem Gebüsch aus dornigen Akazien und Kakteen.

Friseursalon unter freiem Himmel – La Salina

Wenn Sie kurz nach **Cerro de la Escoba** links in eine Seitenstraße abbiegen, kommen Sie in das Dorf **La Salina**. Hier, abseits der Durchgangsstraße, herrscht noch ursprüngliches Leben. Die Dorfbewohner sind sehr freundlich. Alle Augen sind auf Sie gerichtet. Wenn Sie lächeln, lächelt man fröhlich zurück, und der erste ehrliche Kontakt ist hergestellt. Man deutet Ihnen an, daß Sie gerne am Leben des Dorfes teilnehmen dürfen. Ein Friseurbetrieb verrichtet draußen seine Arbeit. Frauen bekommen eine neue Frisur. Mit Lockenwicklern auf dem Kopf verlassen sie den **„Open-Air-Salon"**. Ihre Naturkrause ist nicht gefragt.

Dominospieler – La Salina

Die Männer spielen in aller Seelenruhe **Domino** unter schattigen Bäumen. Man hat sehr viel Zeit für einen Plausch vor der Hütte, beobachtet alles, auch natürlich die Fremden, die hier sehr selten vorbeikommen.

Straßenverkäufe

In **La Lista**, einem kleinen Ort am **Laguna del Rincón**, werden viele Stühle an der Straße angeboten. Es ist immer wieder das gleiche: Wenn eine Familie Stühle oder andere Artikel zum Verkauf an der Straße anbietet, dann versuchen es auch andere Familien oder Gruppen, trotz der sich aufbauenden großen Konkurrenz. Dadurch ist das Angebot sehr groß und die Verkaufschance für die einzelne Familie sehr klein.

Cabral ist ein größerer Ort mit einer Tankstelle und wieder einem schattigen Zentralplatz und Geschäften, bei denen man das Nötigste kaufen kann.

Barahona

Regionale Reisetips zu Barahona
entnehmen Sie bitte den gelben Seiten 182ff

Geschichtliches

1519 begann die **Rebellion des Indianers Enriquillo** mit seinen Gefolgsleuten gegen die Spanier. Die Geschichte Barahonas ist mit der Lebensgeschichte dieses **unbezähmbaren Indianers** verknüpft, der als das **Symbol der indianischen Rebellion** gegen die Ungerechtigkeit des Weißen Mannes gilt und von dem vorher im Kapitel 8.3.1, Seite 299ff, ausführlich berichtet wurde. **1533** war der **Indianeraufstand beendet**. **1802** wurde Barahona von dem französischen **General Toussaint L'Ouverture** gegründet. **1907** erkärte man Barahona zur **Provinzhauptstadt** dieser Region. Am **02.07.1927** gründete man die **erste Transportgesellschaft der Antillen**, die ihre Dienste für Fracht und Passagiere zwischen St. Croix, St. Thomas, San Juan, Santo Domingo, Port Au Prince und Santiago de Cuba anbot.

Widerstand gegen die Spanier

© i graphic

Traditionelle Feierlichkeiten

1996 wurde der **internationale Flughafen María Montéz** eröffnet. **Heute** ist der Ort mit seinen rund 80.400 Einwohnern das **Zentrum der Zuckerindustrie** mit seiner Raffinerie, seinen Silos und Zuckerrohrhallen. Im Hafen werden Massengüter, wie Gips, Holz, Kaffee, Steinsalz und Zuckerrohr, verschifft.

In Barahona, Hauptstadt der gleichnamigen Provinz, ist wichtiges Wirtschaftszentrum des Südwestens. Das Stadtbild bestimmen zum größten Teil hübsche Holzhäuser, Hütten und Marktstände.

Hier finden in der ersten Woche im Oktober jeden Jahres wichtigste **Feierlichkeiten** statt. Hierbei dreht man sich im **Carabiné-Tanz**, der typisch für die Südprovinz ist. Er wird in Barahona u.a. mit einem Akkordeon, einer Güira (Reibe) und einem Pandero (Tambourin) interpretiert.

Folgende **Traumstrände** in der Umgebung von Barahona, die jedoch beim Baden nicht immer ohne Gefahren sind, werden nach Süden immer wilder:

traumhafte Strände

- **Playa Punta Inglesa**, noch im Stadtbereich, ein weißer Strand, nur allmählich zum Meer abfallend
- **Playa la Saladilla**, nach Süden anschließend
- **Playa Quemaíto**, in der Nähe von Juan Estabán, ein riffgeschützter, weißsandiger Strand
- **Playa San Rafael**, ein nicht durch ein Riff geschützer Kieselstrand, teilweise starke Brandung, an der Mündung eines Flüßchens wird ein aufgestautes Süßwasserbecken gern für ein erfrischendes Bad genutzt.
- **Playa Boaruco**, ein nicht durch ein Riff geschützter Strand mit aufgestautem Badebecken
- **Playa La Ciénage**, kein vorgelagertes Riff, teilweise hohe Wellen

Selbstgebasteltes Spielzeug – Barahona

Außerdem ist Barahona eine gute **Ausgangsbasis für interessante Ausflüge** zum Lago Enriquillo, in die Nationalparks Parque Nacional Jaragua und Parque Nacional Sierra de Boaruco und in den Südwestzipfel des Landes.

In der Ebene um Barahona sieht man dank menschlicher Aktivitäten wieder Kokospalmenhaine und Bananenanpflanzungen. Das einfache Leben der Küstenbewohner läuft noch in ruhigen Bahnen. Die Kinder basteln sich oft ihr Spielzeug selbst. Von der gut ausgebauten Küstenstraße von Barahona nach Süden genießt man immer wieder spektakuläre Ausblicke aufs Karibische Meer.

Die Abenteuer des verwegenen Piraten Roberto Cofresí

Piraten-schicksal

An den Stränden von Barahona und Beata Island, ganz im Süden von Hispañiola, spielten sich während des 19. Jahrhunderts die Abenteuer des kühnen Piraten Roberto Cofresí („cofre" heißt auf Spanisch „Truhe") ab. Er wurde am 27.06.1791 in Cabo Rojo an der Südwestspitze von Puerto Rico als Sohn des deutschen Emigranten Franz Gustav von Kupferstein geboren. Seine Hauptverstecke waren Höhlen auf den Inseln Mona und Soana sowie in Samaná in der Dominikanischen Republik und an der Südküste Puerto Ricos. Von hier startete er mit großer Raffinesse und Kühnheit seine Überfälle auf Frachtschiffe, so daß er zu einer legendären Gestalt für die Einwohner der südlichen Küsten der Dominikanischen Republik wurde.

Cofresí wurde nach seiner Gefangennahme am **19. Mai 1825** in Puerto Rico **exekutiert.**

Es wird erzählt, daß in **Punta Iglesia**, südlich des Hafens von Barahona, die **Schätze Cofresís** in irdenen Gefäßen begraben liegen. In **La Ciénaga** südlich von Barahona sind **Münzen** aus verschiedenen Ländern gefunden worden, zusammen mit einer Anstecknadel mit dem Bildnis Napoleon I. Außerdem entdeckte man an den Stränden nahe von **Juan Esteban** eine Kiste mit kostbaren Edelsteinen von immensem Wert.

Die Legende erzählt, daß Cofresís Schätze noch nicht entdeckt worden sind, weil es des Piraten Gewohnheit war, seine Schätze ohne Mitwisser zu vergraben. Man befürchtet, daß beim Bergen der Schätze jemand sein Leben lassen würde.

Mehr als einmal haben sich Gruppen von Abenteurern zusammengefunden, um einen der Schätze Cofresís auszugraben, nachdem jemand verkündete, ihm sei im Traum ein Hinweis gegeben worden, wo sich einer der Schätze des legendären Piraten befände. Diese Gruppen haben sich jedoch unmittelbar, nachdem sie hörten, welcher Fluch auf den Schätzen des Piraten Cofresí läge, immer wieder aufgelöst, und die Suchaktionen verliefen im Sande.

8.4 Barahona - Parque Nacional Jaragua - Cabo Roco - Sierra de Baoruco - Barahona

Zeitvorschlag
2 Tage

Entfernung
Barahona - Parque Nacional Jaragua - Cabo Roco - Sierra Baoruco - Barahona: 304 km

Streckenhinweis
Von ***Barahona*** *folgt man der* ***44*** *in südlicher Richtung entlang der Küste. Man passiert folgende Orte:* ***Juan Esteban*** *(Km 11),* ***El Arroya*** *(Km 13),* ***Cienaga*** *(Km 19),* ***San Rafael*** *(Km 24),* ***Ojeda*** *(Km 36),* ***Los Patos*** *(Km 39),* ***Catelón*** *(Km 45),* ***Enriquillo*** *(Km 59),* ***Los Cocos*** *(Km 53),* ***Juancho*** *(Km 57),* ***La Colonia*** *(Km 61),* ***El Caljuil*** *(Km 69),* ***Oviedo*** *(Km 74),* ***Los Tres Charcos*** *(Km 78),* ***Manuel Goya*** *(Km 81), Kreuzung der Straßen Oviedo - Pedernales mit Cabo Rojo - Nationalpark Sierra de Baoruco (Km 112), Abzweigung* ***links, Cabo Rojo*** *(Km 118), zurück zur vorher genannten Kreuzung (Km 124), geradeaus weiter Richtung Nationalpark Sierra de Baoruco, Pinienwald der* ***Sierra de Baoruco*** *(Km 152), Rückweg auf gleicher Route wie Hinweg (Km 304).*

8.4.1 Traumhafte Strände an der Barahona-Halbinsel

einsame Strände

La Saladilla, Río Cano, El Quemaíto, Bahoruco, La Ciénaga, El Desfiladero de los Amargados, San Rafael, Los Patos, Paraíso und andere namenlose wunderschöne, einsame, sonnendurchglühte Strände sind von überwältigender Schönheit und Reinheit, echte Schätze der Natur. Sie wechseln mit hohen Klippen in fasziniere-dem Rhythmus ab.

Zum Jaragua Nationalpark

tropischer Regenwald

An der Küstenstraße ziehen sich noch geschlossene **Urwälder** die Berghänge hinauf. Besonders üppig gedeiht der tropische Regenwald dort, wo Taleinschnitte mit Flußläufen geschützte Nischen bilden. Wieder andere Gebiete sind von rotblühenden Ranken überzogen. Teilweise ist jedoch auch die ursprüngliche Vegetation durch Brandrodung der Menschen zerstört worden, um für Plantagen und Weideland Raum zu schaffen, besonders dort, wo das Gelände ein nicht zu starkes Gefälle aufwies. In **Juan Esteban** (Näheres in Regionale Reisetips von A-

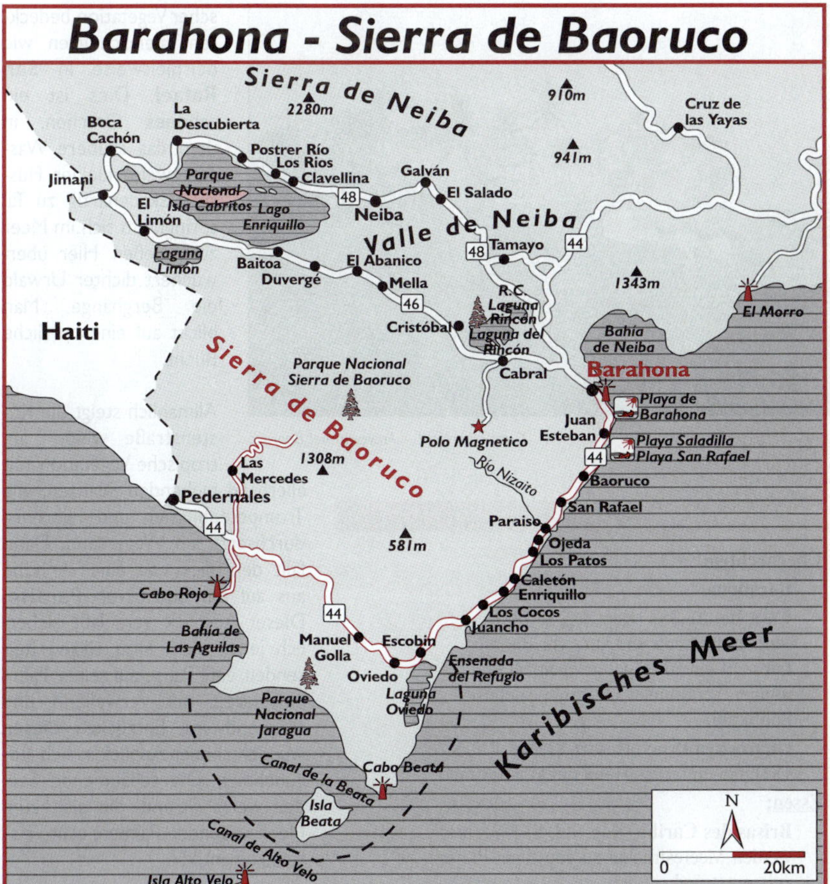

© igraphic

Z, unter Juan Esteban, S. 197), einem kleinen Ort, wird u.a. Maniok angebaut. Unterhalb des Dorfes fällt die Küste steil ins Meer.

In der Nähe von **Baoruco** fällt ein Anwesen auf, das, einem Adlerhorst gleich, hoch auf einem Berg gelegen ist und von dem man weit in die Runde auf die urwaldüberwucherten Berge und hinüber zur türkisfarbenen Karibischen See sieht. Es ist das **Casa Bonita Resort** (Näheres in Regionale Reisetips von A-Z, unter Barahona, S. 183). Zu Füßen des Berges hat sich der Fluß sein Bett in das Gebirge gesägt.

Blick auf türkisfarbenes Meer

Auf der Fahrt pendelt der Blick zwischen der wunderbar glitzernden Karibischen See, die pfefferminzgrün, türkis und kobaltblau funkelt, und den mit üppig tropi-

Gute Übersicht – Anwesen bei Baoruco

scher Vegetation bedeckten Taleinschnitten, wie beispielsweise in **San Rafael**. Dies ist ein schönes Örtchen, in dem das saubere Wasser zweier kleiner Flüsse kaskadenartig zu Tal springt, um sich im Meer zu ergießen. Hier überwuchert dichter Urwald die Berghänge. Man blickt auf eine herrliche Bucht.

Allmählich steigt die Küstenstraße wieder an, tropische Vegetation mit allerhand blühenden Pflanzen, wie Trompetenblumen und Hibiskus, durchsetzt am Wegesrand. Dann fällt der Blick von einer Anhöhe aus auf die Bucht von **Paraíso**. Dieser Ausblick veranlaßt sicherlich jeden nicht allzu eiligen Reisenden, eine Pause auf seiner Fahrt einzulegen, um verweilend und staunend vor Entzücken diesen wunderschönen Anblick in sich aufzunehmen. Die schäumende See, der weiße Strand, die sich zum Meer neigenden Palmen, echte Karibikromantik!

In **Ojeda** ist der Strand besonders weiß.

In **Los Patos** mündet ein kleiner Fluß mit klarem Bergwasser ins Meer. Ein Restaurant an der Mündung dieses Flüßchens ist meistens gut besucht. Sehr lebhaft wird es besonders an Wochenenden. Es herrscht dann auch reger Badebetrieb im Süßwasser der Flußmündung. In einem weiteren kleinen Restaurant gegenüber der Kirche der Adventsgemeinde kann man

Redaktions-Tips

Übernachten:

- **Barahona**
- **Casa Bonito $$$** (Kap. 7.2, S. 183), südlich der Stadt und kurz vor Baoruco links auf einem Hügel gelegen, ist ein ruhiger, verträumter Ort für spezielles Publikum.
- **Guarocuya Beach Resort $** (Kap. 7.2, S. 183), ein einfaches Hotel direkt am Strand.

Essen:

- **Brisas des Caribe** (Kap. 7.2, S. 183), hier werden Meeresfrüchte zu günstigen Preisen zubereitet und serviert.

Sehenswürdigkeiten:

- Der **Parque Nacional de Jaragua** (Kap. 8.4.2, S. 311ff) ist mit 1.400 km² das größte unter Schutz stehende Gebiet des Landes.
- Im **Parque Nacional Sierra de Baoruco** (Kap. 8.4.3, S. 314f) sind **49 Vogelarten** registriert worden.

Ausflüge:

Zahlreiche **Traumstrände** liegen an und zwischen den kleinen Orten entlang der Küste zwischen Barahona und Los Cocos.

sich ebenfalls erfrischen und zwanglos mit den Wirtsleuten über Land und Leute plaudern.

In **Caleton** werden das Land wieder trockener, die Vegetation spärlicher und die Berge im Hinterland niedriger.

Enriquillo (Km 54), nach dem rebellischen Indianer (siehe im vorigen Kapitel 8.3.1, Seite 299ff) benannt, ist ein größerer Ort, der in einer Ebene liegt, von großen Feldern umgeben, auf denen beispielsweise die Getreideart Sorgum angebaut wird.

Küstenlandschaft – bei Enriquillo

Bei **Los Cocos**, einem kleinen Ort, mündet ebenfalls ein Fluß ins Meer. Der einsame Strand lädt zum Verweilen ein. Das Hinterland ist flach. Die Büsche kriechen am Boden. Große Flächen sind landwirtschaftlich bearbeitet.

Wenn man in **Juancho**, einem Straßendorf, einen Blick auf die Laguna Oviedo werfen möchte, kann man, an einem Militärposten vorbei, links in einen Seitenweg fahren. Dort liegen einige Boote. In **La Colonia** säumen große Gummibäume die Durchgangsstraße.

In **El Caljuil** befindet sich das Informationsbüro des **Nationalparks Jaragua**. Die Diensthabenden sprechen jedoch nur Spanisch, und leider gibt es dort kein Informationsmaterial oder Karten zu erstehen. *Information über Nationalpark*

8.4.2 Der Nationalpark Jaragua

Hinweisschild
Ein gelbes Schild mit folgender Aufschrift zeigt den Eingang zum Nationalpark an:
Direciona Nacional de Parques Officina de Administraccion
Parque Nacional de Jaragua
WWF

Am Büro wehen 2 Fahnen:
- die Fahne der Dominikanischen Republik und
- eine grün-gelbe Fahne mit dem Emblem der Nationalparks der Republik.

Organisation
• Die **Zentrale Parkverwaltung** in Santo Domingo, Tel.: 682-7628, oder die **Parkverwaltung** des o.g. **Informationsbüros in El Caljuil**, östlich von Oviedo, stellt Ihnen ein **Permit** (Erlaubnisschein) zum Besuch des Nationalparks aus. Ohne Genehmigung dieser Stellen darf der Nationalpark nicht betreten werden.

- Ein einheimischer Führer kann Ihnen gestellt werden.
- Rund 600 m vom Infobüro Richtung Oviedo entfernt führt links ein Seitenweg nach 50 m zum Haus des **Kapitäns Señor Blanco**, der Bootsfahrten von ca. 2 Stunden in der Laguna Oviedo, besonders zur Beobachtung von Großvögeln, wie z.B. Flamingos, Löfflern und Reihern, unternimmt.

Achtung!!!
Sollten Sie Jeepfahrten organisieren, nehmen Sie auf Ihre Exkursion genügend Verpflegung und vor allem genügend zum Trinken mit!

Höhlen

Der 1983 gegründete, **1.400 km²** große Nationalpark Jaragua, im äußersten Südwesten der Dominikanischen Republik gelegen, ist das größte unter Schutz stehende Gebiet des Landes. Es schließt die Inseln **Beata** und **Alto Velo**, die völlig kahl sind, und das dazwischenliegende **Seegebiet** ein. Der **Name** stammt vom **Taino-Kaziken (Häuptling) Xaragua**. Es existieren mehrere Höhlen im Park: Guanal, La Cueva La Poza und Cueva Mongó, die **Felszeichnungen** aus der Periode der Indianer enthalten.

Oviedo-Lagune

Die **geologische Formation** hat sich vor 50 Millionen Jahren gebildet, als sich die Landmasse aus dem Meer erhob. Die angrenzenden Gebiete der **Oviedo Lagune**, genauso wie die **Inseln Beata und Alto Velo**, tauchten vor etwa 1 Million Jahren auf. Die Bodenzusammensetzung besteht aus Kalkstein maritimen Ursprungs, vermischt mit Eisenoxyden rötlicher Färbung. In der Oviedo-Lagune ist das sehr flache Gewässer mit milchig-weißem Brackwasser gefüllt. Die Uferzone ist ein mehr oder weniger feuchter, von Prielen durchzogener grauer, beigefarben bis rosa gefärbter klebriger Tonboden.

Der **Strand** an der Bahía de las Aguilas (Adlerbucht) im Nationalpark ist einer der besten unseres Erdballs, sauber und schneeweiß.

Die **durchschnittliche Temperatur** in diesem Gebiet beträgt **+ 27 °C**, und die **Regenmenge** variiert zwischen **500 und 700 mm** jährlich.

Pflanzenwelt

Seewasser-Pionierpflanze – Mangrove

Die Vegetation besteht hauptsächlich aus subtropischem Trocken- und sukkulentem Dornenwald.

Konstant hohe Wärmegrade und geringe Niederschläge bringen langsam wachsende **Pflanzen** hervor, in den Wäldern beispielsweise **Gumbo-Limbo** *(Bursea simaruba)*, **Hispañiola-Mahagoni** *(Swientenia mahagoni)*, **Cholla-Kaktus** *(Opunita caribaea)*, **Bitteraloe** *(Aloe vera)*, **Wilde Frangipani** *(Plumeria obtusa)*

Zart pastellfarben – Rosa Löffler

und in den Mangrovensümpfen z.B. **Rote Mangrove** *(Rhizophora mangle)* und **Weiße Mangrove** *(Laguncularia racemosa)*.

Tierwelt

Der Nationalpark enthält eine differenzierte Fauna mit einer großen Anzahl endemischer Arten.

• 130 Arten oder 60 % der **Vögel** des Landes wurden hier festgestellt. Die Hälfte von ihnen lebt in aquatischer Umgebung. Hier ist die größte Population an **Rosa Flamingos** *(Phoenicopterus ruber)*, speziell in der Oviedo Lagune, zu sehen. Andere hier vorkommende Arten sind u.a. der **Silberreiher** *(Egretta alba)*, der **Blaureiher** *(Florida caerulea)*, der **Mangrovenreiher** *(Butorides striatus)*, der **Prachtfregattvogel** *(Fregata magnificens)*, der **Rosa Löffler** *(Ajaia ajaja)* und die **Rußseeschwalbe** *(Sterna fuscata)*.

Refugium der Reptilien

• Unter den **Reptilien** gibt es ebenfalls interessante Arten, wie den **Wirtelschwanzleguan** *(Cyclura ricordi)* und den **Nashornleguan** *(Cyclura cornuta)*. Beide Arten sind endemisch in Hispañiola. Außerdem gibt es 4 Meeresschildkrötenarten im Schutzgebiet: die **Echte Karettschildkröte** *(Eretmochelys imbricata)*, die **Lederschildkröte** *(Dermochelys coriacea)*, die **Unechte Karettschildkröte** *(Caretta caretta)* und die **Suppenschildkröte** *(Chelonia mydas)*.

• Die **Säugetiere** sind mit dem sehr seltenen **Dominikaner Zaguti** *(Plagiodontia aedium)*, einem nachtaktiven, 30 cm langen Nagetier, das zu den Meerschweinverwandten gehört, vertreten. Das nur in der Dominikanischen Republik vorkommende (endemische) ***Solenodon Pardoxus*** gehört zusammen mit einer auf Kuba vorkommenden Art *(Solenodon cubanus)* zu den ältesten Säugetieren der Antillen. Beide Arten sind in großer Gefahr auszusterben. Es ist ein nachtaktives Tier, das sich tagsüber in Höhlen und trockenen Baumstümpfen verbirgt. Sein Körper ist schmal und länglich. Typisch ist das rattenartige Aussehen und die lange rüsselförmige Schnauze. Darüber hinaus leben **11** von 18 im Lande vorkommenden **Fledermausarten** im Nationalpark.

Solenodon

vom Aussterben bedroht

8.4.3 Weiterfahrt in die Sierra de Baoruco

wildes Buschland

Um **Manuel Goya** gibt es einige Felder und Weideland für Rinder. Anschließend wird das Buschland immer wilder, und Sie durchfahren ca. 50 Kilometer lang einen **Trockenurwald** mit Akaziengebüsch, Kakteen, Dornen und Agaven, dazwischen Tausende und Abertausende von meist gelben **Schmetterlingen**, die sich teilweise an feuchten Stellen und an Viehdung sammeln. Mit ihren zusammengefalteten, hochgestellten Flügeln gleichen sie in ihrer Vielzahl einer Segelregatta in Miniaturausgabe. Beim Auffliegen kann man sie in ihrem Durcheinanderwirbeln mit einem Schneegestöber vergleichen.

Kakteen, Dornen und Agaven – Trockenurwald

Die sehr einsamen Streckenabschnitte sind ohne jegliche menschliche Besiedlung. Allmählich werden das Land hügeliger und der verwitterte Kalkböden trockener.

Wenn Sie an einer Kreuzung links zum **Cabo Rojo** (Rotes Kap) abbiegen, dann gelangen Sie auf einer 6 km langen Stichstraße zu einer Schiffsverladestelle für den **Bauxitverkehr**. Die Anlage ist militärisch bewacht und für die Öffentlichkeit nicht zugänglich.

In einigen Senken hat sich nach starken Regenfällen Wasser gesammelt, in dem sich **Wasservögel**, wie Stelzenläufer, Gelbschenkel, Enten und verschiedene Limikolen, versammelt haben.

„Segelregatta en miniature" – Schmetterlinge

Erdstraße in die Sierra Baoroco

Wieder zu besagter Kreuzung zurückgekehrt, geht es anschließend über ein kleines Stück von 300 m einer roten Erdstraße, dann auf einer Aspaltstraße, die dem Lkw-Bauxitverkehr dient, in Richtung Sierra de Baoruco nach Norden. Man blickt auf eine Brücke zurück, die man vorher überquert hat, nach Süden in Richtung Cabo Rojo.

Die gut ausgebaute **Straße** ist **kilometriert**, mit Null bei Cajo Rojo beginnend. In der Nähe der Brücke ist der Kilometer 6 angeschrieben.

Die lockere **Vegetation** der tiefer liegenden Gegend, hauptsächlich aus Dornengestrüpp und Kakteen bestehend, wechselt allmählich in ein undurchdringliches Geflecht von Dornenbüschen und Büschen mit größerem Laub.

An einer Geländeschwelle, die die Straße steil ansteigend überwindet, ändert sich die Vegetation schlagartig. Es tut sich ein **lockerer Pinienwald** auf. Hier ist die Kreolische Pinie (*Pinus occidentalis*) heimisch. Ihre Nadeln sind zu je 4 gebündelt. Es ist hier oben sehr still und die Luft angenehm kühl. Teilweise trifft man auf große **Waldbrandflächen**, in denen sich der junge Wald wieder regeneriert. Farnkräuter, Rhododendrongewächse, Orchideen und Pflanzen, die wie Tabakpflanzen aussehen, wachsen am Waldboden.

Hier und im 800 km^2 großen anschließenden **Parque Nacional Sierra de Baoruco** sind **49 Vogelarten** registriert worden, 28 dauernd hier lebende, 2 Arten sind Zugvögel und 19 sind endemisch.

Wenn die Asphaltstraße 35 km von Cabo Rojo entfernt endet und nur noch eine Schotterstraße weiter ins Gebirge führt, beenden wir unsere Weiterfahrt mit dem angemieteten Pkw. Es besteht die Gefahr von Reifenpannen, die man in dieser Einsamkeit nicht unbedingt eingehen sollte. Mit einem Geländewagen könnte man die Fahrt fortsetzen.

schlechte Wege

Auch hier schon kann man auf versteckten Pfaden wandern, kann die wunderschönen **Schmetterlinge** bewundern, wie sie von Blüte zu Blüte gaukeln, und die **Kolibris**, die nach ihrer Nektar-Nahrung suchen. Das brummende Geräusch ihres Flugs ähnelt dem einer dicken Hummel. Frisches Quellwasser sprudelt zwischen den Bäumen und Felsen zu Tal. Oft ziehen graue Wolken, die die Wildnis in ein diffuses Licht tauchen, durch die unberührten **„Nebelwälder"**.

8.5 Barahona - Santo Domingo - La Romana (Casa de Campo)

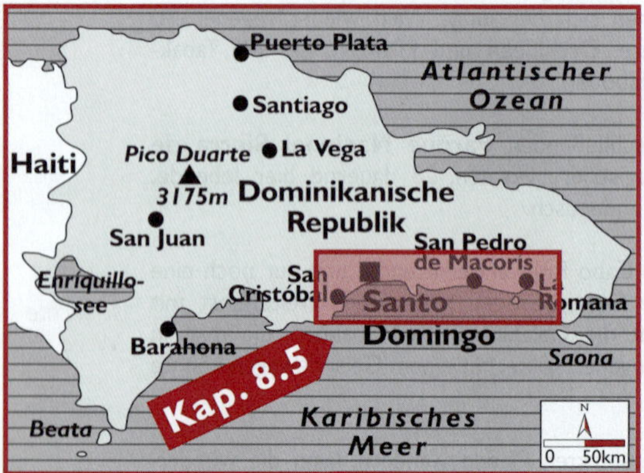

© igraphic

Zeitvorschlag
I Tag

Entfernung
Barahona - La Romana: 338 km

Streckenhinweis
*Von **Barahona** nordwärts auf der **44**, dann ostwärts auf der **2** bis **Santo Domingo** (Km 216), hier ist es wichtig, die richtige Ausfallstraße nach Osten zu erreichen. Man muß versuchen, die **2. Brücke über den Río Ozama**, von der Flußmündung aus gesehen, zu befahren, um auf die **Autopista Las Americas**, die Straße No. 3, zu kommen, Besichtigung des Höhlensystems von **Los Tres Ojos** (Km 225). Weitere bedeutende Orte und markante Punkte sind: **Boca Chico** (Km 252), **Playa Caribe** (Km 272), **Juan Dolio** (Km 281), **San Pedro de Macorís** (Km 282), **La Romana** (Km 328) und **Casa de Campo** (Km 334).*

8.5.1 Unterwegs nach La Romana

Die Rückfahrt von Barahona nach Santo Domingo verläuft über die gleiche Strekke wie der Hinweg (siehe Kapitel 8.3, S. 292ff). Man könnte, wenn das Interesse dafür besteht, nach Km 110 links abbiegen, um einen Abstecher nach San José de Ocoa zu machen, wo in der Nähe dieser Stadt ein großes Wasserbauprojekt verwirklicht wurde. Ob eine Besichtigung des Bauwerks möglich ist, ist von Fall zu Fall abzuklären.

Wasserbauprojekt „Jigüey-Acuate" bei San José de Ocoa

großer Stausee

Eine venezolanisch-italienische Gesellschaft, die mit sehr guten Ingenieuren besetzt ist und die schon weltweit ähnliche Projekte verwirklicht hat, hat eine gewaltige 110 m hohe Staumauer errichtet, um das Wasser der Flusses aufzustauen.

Das aufgestaute Wasser soll folgender Nutzung zugeführt werden:

- Es soll als **Trink- und Brauchwasser** in erster Linie für Santo Domingo verwendet werden.
- Es soll zu **Bewässerungszwecken** in der Landwirtschaft Verwendung finden.
- Es soll zur **Elektrizitätsgewinnung** dienen.

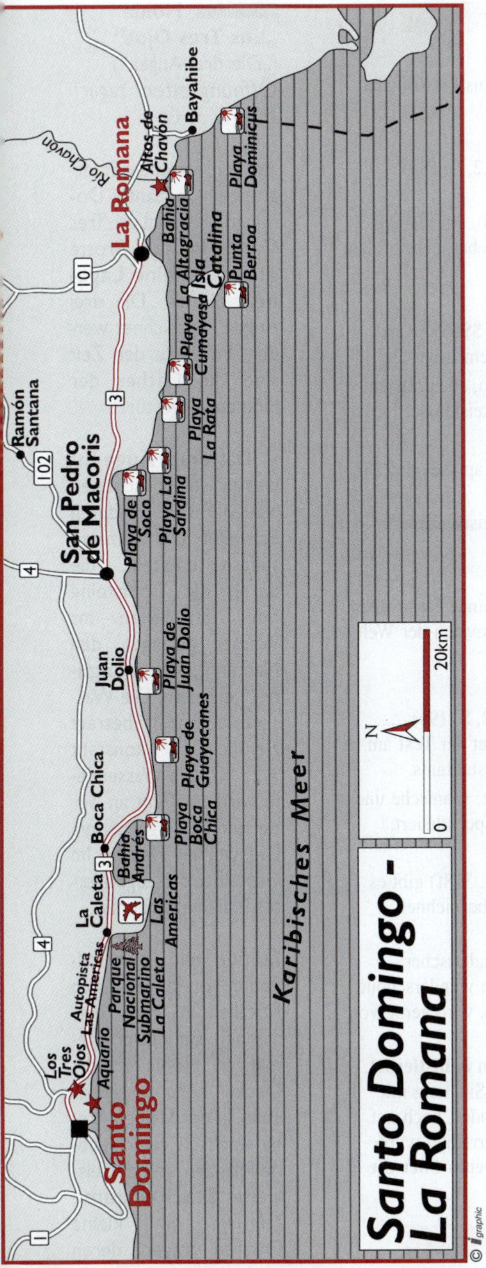

Leider fließt **zu wenig Wasser** aus den Bergen in die Talsperre. Das hat zweierlei Gründe:

- Seit Jahrzehnten wurde an den **tropischen Wäldern** gesündigt. Diese wurden **rücksichtslos abgeholzt**, und man hat nichts für die Wiederaufforstung getan, denn **der intakte, gesunde Wald ist das beste Wasserreservoir**.
- Andererseits ist außerdem an der Natur insofern gefrevelt worden, als man ohne Überlegung und ohne Beachtung der Folgen die **Fluß- und Bachbetten durch Ausbeutung von Kies und Sand zerstört** hat. In diesen Fällen versickert das wertvolle Wasser ungenutzt im Boden.

Elektrizität

Das enorme Bauwerk umfaßt einerseits die Anlage der Elektrizitätsgewinnung (Turbinen usw.), von dort wird das Wasser für die Bewässerung der Landwirtschaft durch einen **22 km langen Kanal** unterirdisch umgeleitet und dann zum nächsten Stausee weitergeführt, an dem Elektrizität gewonnen wird, und schließlich wird es als Trinkwasser für Santo Domingo mit seinen 2.138.262 Einwohnern aufbereitet.

sehr kostspielig

Dieses riesige Bauvorhaben, das zum größten Teil mit einheimischen Geldmitteln finanziert wurde, ist für ein Land der dritten Welt sehr kostspielig, deshalb sind die Anstrengungen, die zu seiner Verwirklichung gemacht wurden, beachtenswerte Leistungen.

Redaktions-Tips

Übernachten:
In den Badeorten der Südküste von Boca Chica bis La Romana gibt es zahlreiche Hotels aller Klassen.

- **Boca Cica**
- **Coral Hamaca Beach Hotel $$$$$**, (Kap. 7.2, S. 185), komfortabel und großzügig konzipiert.
- **Cenearfe 1 Guest House $** (Kap. 7.2, S. 186), ein kleines, sehr sauberes, empfehlenswertes Rasthaus, neben dem großen Coral Hamaca Beach Hotel gelegen.
- **Juan Dolio**
- **Coral Costa Caribe Beach Hotel & Casino $$$$$** (Kap. 7.2, S. 195), ein „all inclusive-Hotel" mit allem Luxus.
- **Capella Beach Resort $$$** (Kap. 7.2, S. 196), ebenfalls ein „all inclusive-Hotel", jedoch der mittleren Preisklasse.
- **San Pedro de Macorís**
- **Renaissance Capelia Beach Resort $$$$** (Kap. 7.2, S. 223), ein Hotel mit allen Annehmlichkeiten.
- **Playa Real $$$** (Kap. 7.2, S. 223), alles inklusive, eine Hotelanlage der gehobenen Mittelkasse.
- **La Romana**
  Casa de Campo $$$$$ (Kap. 7.2, S. 198f), eines der größten Sportresorts der Karibik und eines der exklusivsten der Welt.

Essen:

- **Juan Dolio**
- **Tommy's BBQ & Grillrestaurant**, (Kap. 7.2, S. 196), „... deutsche Küche bei Ingrid & Carlos", so lautet der Text am Aushängeschild des kleinen, gemütlichen Restaurants.
- **El Pescador** (Kap. 7.2, S. 196), einheimische, spanische und internationale Küche, ist auf Meeresfrüchte spezialisiert.

Sehenswürdigkeiten:

- In der Grotte **„Los Tres Ojos"** (Kap. 8.5.1, S. 318f) gibt es **3 kleine Lagunen**, die als „Die drei Augen" bezeichnet werden.
- **La Caleta** (Kap. 8.5.1, S. 319), ein kleiner malerischer **Fischerort** in einer großen Bucht, an der man wunderschöne **Sonnenauf- und -untergänge** genießen kann, wird gerne von Malern aufgesucht.
- **Altos de Chavón** (Kap. 8.5.2, S. 324ff) ist ein **Künstlerort**, der nach Originalplänen einer andalusischen Siedlung mit römischen Stilelementen aus dem 16. Jahrhundert hoch auf einem Hügel mit Blick auf den Río Chavón errichtet wurde. Bemerkenswert ist das **Archäologisches Museum über die Tainokultur**.

Höhle „Los Tres Ojos"
(„Die drei Augen")
Öffnungszeiten: täglich 8.30-17.30 Uhr

An der östlichen Stadtgrenze von Santo Domingo liegt „Los Tres Ojos". In der Grotte gibt es **3 kleine Lagunen**, die als „Die drei Augen" bezeichnet werden. Im Laufe der Zeit sind die Dächer der Höhlen eingestürzt.

• Das **erste Auge** hat wegen seiner schönen blauen Farbe, die durch Schwefel- und Kalziumsulfate entsteht, die durch die Tropfsteine oder Stalaktiten ins Wasser gelangen, den Namen **„Blaue Lagune"** erhalten. Die Wassertemperatur beträgt ziemlich konstant + 25 °C. Die Wassertiefe wird mit 6 m an der tiefsten Stelle gemessen. Die weißen Flecken im Gestein sind abgelagertes Kalziumkarbonat.

Das Gestein ist in Millionen von Jahren durch Korallen im Meer entstanden. Bei dieser ehemaligen Höhle ist die Decke heruntergebrochen. In der kleinen Arena wachsen verschiedene Pflanzen, so beispielsweise **Stachelbäume** *(Havia)*, die kleine Früchte tragen, deren

Samenkapseln schon am Baum zerplatzen und deren Samen dann zu Boden fallen. Außerdem wächst hier eine Pflanze, die *Mage* genannt wird und die früher als Heilpflanze zur Herstellung von fiebersenkenden und schmerzstillenden Mitteln verwandt wurde.

• Das **zweite Auge** wird auch **„Kühlschranksee"** genannt, weil hier nie die Sonne hineinscheint. Das Wasser ist meistens 2 Grad kälter als in der „Blauen Lagune". Dieser unterirdische See weist an seiner tiefsten Stelle 12 m auf. Hier wurden Fische ausgesetzt, um die Moskitolarven zu vernichten. Es herrscht eine sehr hohe Luftfeuchtigkeit von 80 %. Bei der Überfahrt mit einem Floß kann man die schönen Stalaktiten bewundern.

Tropfsteinhöhle – Los Tres Ojos

• Anschließend gelangt man zu einem **außen liegenden See**, der nicht zu den 3 Augen gehört. In der Höhle, die man passiert, sind **Stalaktiten** (an der Decke sich bildende Kalkgebilde) und **Stalagmiten** (am Boden sich bildende Kalkgebilde) zu **Säulen** zusammengewachsen. **Riesenfarne** wachsen an den Ufern des klaren Außensees, dem man bis auf den Grund sehen kann. Die tiefste Stelle wurde mit 20 m gemessen. Man hat ein Krokodil, das sehr scheu ist und sich nur sehr selten zeigt, in dem See ausgesetzt. Indios haben noch vor 500 Jahren diese Höhle bewohnt.

ehemals von Taino bewohnt

• Das **dritte Auge** besichtigt man meistens auf dem Rückweg. Es wird auch der **„Damensee"** genannt. Als noch strengere Sitten im Lande herrschten, haben hier die Damen getrennt von den Herren gebadet. Der See ist nur 1,70 m an seiner tiefsten Stelle und weist eine Wassertemperatur von +25° C. auf. Die Stalaktiten wachsen in dieser offenen Höhle nicht senkrecht nach unten, sondern nach außen gebogen, weil an der Lichtseite die Wasserverdunstung stärker ist als an der Schattenseite. **Versteinerte Fossilien** und eine Baumwurzel, die wie ein Krokodil aussieht, sind auszumachen. Termiten, wilde Bienenvölker und schwirrende Kolibris beleben den Felsenkessel.

La Caleta

Dieser **kleiner Fischerort** liegt in einer großen Bucht, an der man wunderschöne **Sonnenauf- und -untergänge** genießen kann. Hier versammeln sich gerne **Maler**, um hier ihre Eindrücke auf die Leinwand zu bannen.

Im **La Caleta Park** stellt ein **Museum** Keramik aus der vorkolumbianischen Zeit aus. Außerdem ist ein lokaler Indianerfriedhof zu besichtigen.

Boca Chica

Regionale Reisetips zu Boca Chica
entnehmen Sie bitte den gelben Seiten 185ff

Naherholungsziel der Einheimischen

Boca Chica war einst ein wichtiger Hafen für den Zuckerrohrexport. Die günstige Lage zu Santo Domingo, nur 36 km östlich von der Metropole und 33 km vom internationalen Flughafens „Las Américas“ entfernt, ist der Grund dafür, daß der jetzige Badeort ein Naherholungsziel in erster Linie für Dominikaner wurde. An den Wochenenden geht es hier hoch her. Dann kommen die Großfamilien aus der nahen Metropole, um sich hier dem Vergnügen hinzugeben. Es wird oft sehr lustig, wenn Merengue gespielt und getanzt wird, und laut. An die überdrehte Lautstärke der Musik muß man sich gewöhnen. Sie bekommen einen Einblick, wie sich die Dominikaner in ihrer Freizeit amüsieren.

ideal für Familien mit Kindern

Der **weiche Sandstrand** und das vorgelagerte Korallenriff, das die Wellen abschirmt, machen die Bucht von Boca Chica zu einem **ruhigen, sicheren Badegewässer**, das ideal für Familien mit Kindern ist. Der natürliche Swimmingpool ist 2 km lang, 400 m breit und sehr flach. Erst weiter draußen werden Wassertiefen von 2 m erreicht.

Der Ort selbst scheint auf den ersten Blick nur aus Restaurants, spezialisiert auf italienische, französische, deutsche und internationale Küche, Imbißbuden, Pizzerien, Strandcafés, Bars und Clubs zu bestehen, und doch ist er ein typisch dominikanischer Ort mit einer Kirche, einem Park und allen Arten von Wohnungen. Angelockt durch den starken Tourismus, wimmelt es hier nur so von Strandhändlern. Alle Wassersportarten können ausgeführt werden. Besonders für Wasserski bestehen hier besonders gute Bedingungen.

Die Fahrt Richtung Osten führt an einer teilweise unterhöhlten **Steilküste** entlang, die kaum Gelegenheit zum Baden bietet, mit Ausnahme von **Playa Caribe**. Dieser Küstenstreifen ist jedoch ein bevorzugtes **Revier für Surfer**.

Playa Caribe

Regionale Reisetips zu Playa Caribe
entnehmen Sie bitte den gelben Seiten 207f

Der schneeweiße, sehr feinkörnige Strand von Playa Caribe liegt abseits des Massentrubels. Von den Klippen springen einige Tollkühne direkt ins Karibische Meer. An Imbißbuden, an denen Fisch gebacken wird, fehlt es nicht.

Schließlich erreicht man **Juan Dolio**, auf einem schmalen Sandstrand gelegen.

Juan Dolio

Regionale Reisetips zu Juan Dolio
entnehmen Sie bitte den gelben Seiten 195ff

Auch Juan Dolio hat sich wegen der Nähe zu Santo Domingo und dem Internationalen Flughafen Las Américas zu einem lebhaften Touristenort entwickelt. Es schießen immer mehr Hotels wie Pilze aus dem Boden. Die Badeverhältnisse sind nicht so ideal wie in Boca Chica, weil das Wasser bis zum Riff sehr flach ist.

lebhafter Touristenort

Freizeit, Baden, Wassersport – Juan Dolio

San Pedro de Macorís

Regionale Reisetips zu San Pedro de Macorís
entnehmen Sie bitte den gelben Seiten 223f

Geschichtliches

Ursprünglich gab es an der Mündung des Río Higuamo ein Dorf mit dem indianischen Namen **Mosquitisol. 1822** entstand San Pedro de Macorís an der Flußmündung. **Kubanische und haitianische Flüchtlinge** waren die Begründer dieser Ortschaft, die durch den **Zuckerboom** mit seinem Höhepunkt Ende des Ersten Weltkriegs so reich geworden war, daß man vom ***„Danza de los Milliones“*** („Tanz der Millionen“) sprach. Aus dieser Zeit stammen die schönen Paläste und Herrensitze der „Zuckerbarone“ und die im gotischen Stil erbaute Kirche. Als in der Mitte der 70er Jahre die Zuckerpreise auf dem Weltmarkt rapide fielen, verblaßte der Glanz der Stadt. Am **23.06.1882** wurde der junge Ort die **Provinzhauptstadt** der gleichnamigen Provinz. Am **20.06.1884** entstand die **erste Telefonverbindung** zwischen San Pedro de Macorís und Santo Domingo, die Präsident Ulises Heureaux und General Francisco Gregorio Billini zu einem ersten Ferngespräch nutzten. **Heute** profitiert die Stadt zwar immer noch vom Anbau von Zuckerrohr, aber in erster Linie hält sie die **„Zona francas“** (Freihandelszone) wirtschaftlich hoch. Durch die **„Universidad Central de Este“** (Universität des Ostens) fällt der Stadt auch heute noch eine gewisse Bedeutung zu.

Tanz der Millionen

Universität des Ostens

Das Wahrzeichen der 123.855 Einwohner zählenden Hauptstadt der gleichnamigen Provinz ist die 1910 erbaute **Kirche von San Pedro Apostol**, die auf den Río Macorís, auch Río Higuamo genannt, sieht. Sie ist in neoklassizistischem Stil erbaut.

San Pedro de Macorís ist eine der Provinzen, die mit der Geschichte der **modernen Kommunikation** des Landes eng in Verbindung zu bringen ist. Die erste Telefonverbindung zwischen San Pedro de Macorís und Santo Domingo wurde hier installiert, und es war auch der erste Ort, an dem automatische Telefone zuerst in Betrieb genommen wurden.

Iglesia San Pedro Apostol – San Pedro de Macorís

Pan American Airways spielte eine wichtige Rolle, um die Stadt flugtechnisch an den Rest der Welt anzubinden. Eines der größten Wasserflugzeuge der damaligen Zeit (The American Clipper) landete auf dem Río Higuamo, um denjenigen, die eine schnelle Verbindung in die USA wünschten, an Bord zu nehmen.

Der Reichtum, der durch den **Zuckerboom** eingebracht wurde, spiegelte sich in den **eleganten Villen** der sog. „Zuckerbarone" und der **Architektur der City** in neuklassizistischem und victorianischem Stil wieder. Die Bauarbeiten wurden von qualifizierten schwarzen Arbeitern britischer Kolonien, die vom Zuckerboom angelockt wurden, ausgeführt.

Diese einfachen **Arbeiter** der Inseln über dem Wind und der Inseln unter dem Wind, der **Kleinen Antillen**, die als **„Cocolos"** bekannt wurden, brachten nicht nur die Kenntnis des architektonischen Stils, der leicht während einer Stadtbesichtigung wiederzuerkennen ist, sondern auch, vielleicht als ihr einziges Gepäck, die **Bibel** und **primitive Musikinstrumente** mit. Mit diesen Musikinstrumenten wurden die Sounds der **„Cainané"** produziert. Der **Momise-Tanz**, bekannt als „Guloyas", ein Name, der auch den Tänzern gegeben wird, ist ein Produkt dieser Einwanderer.

Musik und Tanz der Einwanderer

Seine Ursprünge werden in dem alten englischen „Mummer"-Drama gefunden, das noch mit leichten Abwandlungen in **drei verschiedenen Tanz-Variationen** erhalten ist, in:

- **„La danza salvaje"** (der wilde Tanz), in dem die Tänzer durch die Straßen ziehen,
- **„La danza del padre invierno"** (Tanz des Vaters Winter), praktiziert bei bestimmten Gelegenheiten, um den Kampf zwischen dem Riesen und dem Heiligen George auszuspielen, und
- **„El Codril"**, der von einer Gruppe von Tänzern Arm in Arm in 2 Reihen getanzt wird.

Wie ihre Vorfahren in den afrikanische Urwäldern, in denen sie ihren Göttern in rituellen Zeremonien bei Sonnenuntergang huldigten, üben die **Guloyas** nach des

Tages Arbeit ihre **erotischen und sinnlichen Tänze** aus. Während des **Karnevals** marschieren sie in Paraden in ihren Kostümen und Ziergewändern, die mit kleinen Spiegeln und jeder Art von vorstellbarem Perlenschmuck versehen sind, durch die Straßen. Alle Zurückhaltung ist gewichen, wenn der Klang der Trommeln ertönt. Die Menschenmenge rundherum verfolgt bewegt die einnehmenden Rhythmen, die sich in den Bewegungen der Füße und im ganzen Körper der Menschen widerspiegeln. Flaschen mit Alkohol wandern von Hand zu Hand, bis sie geleert sind. So feiern die Guloyas und die Leute von San Pedro de Macorís Karneval.

Lebenslust

Wenn Sie am **29. Juni, dem Tag von Sankt Peter und Paul**, in dieser Stadt sind, sollten Sie sich dieses Spektakel nicht entgehen lassen.

Die **Universidad Central del Este** (UCE) (Ostzentrale Universität), eine akademische Institution, von Dr. José Hazim gegründet, in der Tausende von Dominikanern und Fremde ihre Universitätsstudien absolvieren, befindet sich in San Pedro de Macorís. Seit ihrer Gründung hat die UCE den Lebensstil der Stadt beeinflußt. Der Bedarf an Wohnraum, Restaurants und Supermärkten wurde weitgehend befriedigt.

Die **Baseball-Saison** von Oktober bis Februar macht die Stadt noch aktiver, wenn die Lichter des Tetelo Vargas Stadium angehen. Die Estrellas Orientales (Sterne des Ostens) sind das lokale Team.

National-sport Baseball

La Romana

Regionale Reisetips zu Romana
entnehmen Sie bitte den gelben Seiten 198f

Geschichtliches

1502 wurde La Romana von **Juan de Esquivel** gegründet. Die Stadt **La Romana** hat ihren Namen von der **römischen Waage** im Hafen, mit der alle Waren des Im- und Exports gewogen wurden. **1897** gründeten Kubaner eine **Ölraffinerie**, die der Stadt den wirtschaftlichen Aufschwung brachte. Die Ansiedlung von großen **Zuckerrohrgesellschaften** tat das ihrige, den Wohlstand der Stadt zu begründen. Am **01.01.1945** verlieh man der Siedlung den Status einer **Provinzhauptstadt**. **Heute** hat La Romana 132.693 Einwohner. Cajuiles, der **Golfplatz** von La Romana, ist einer der berühmtesten unseres Globus.

Der Reiz der Stadt liegt heute mehr in ihrer Umgebung als in ihrem Stadtbild. Besondere Anziehungskraft für den Reisenden haben die vorgelagerte **Insel Catalina** mit ihren herrlichen Stränden, zu denen ständig Ausflugsboote starten, die exklusive Ferienanlage **Casa de Campo** und **Altos de Chavón**, ein im mediterranen Stil erbautes Dorf oberhalb des gleichnamigen Flusses.

herrliche Strände

8.5.2 Ausflug nach Altos de Chavón

Regionale Reisetips zu Altos de Chavón
entnehmen Sie bitte der gelben Seite 182

Zeitvorschlag
1 Tag

Entfernung
La Romana (Casa de Campo) - Altos de Chavón - La Romana (Casa de Campo): 12 km

Künstlerort – Altos de Chavón

Streckenhinweis
*Verlassen des Hotelgeländes von **Casa de Campo** an der Rezeption Abzweigung **rechts**, an einem Rondell (Km 2) Abzweigung **links**, kurz dahinter befindet sich ein **Feuerwehrhaus** („Bomberos"), man passiert Rancho Arriba, kreuzt mehrmals den **Golf-Cours** und erreicht schließlich **Altos de Chavón** (Km 6), Rückfahrt auf gleichem Weg wie Hinfahrt (Km 12).*

nachgebaute andalusische Siedlung

Der berühmte italienische **Filmarchitekt Roberto Copa** und der dominikanische **Baumeister Tony Caro** ließen von 1976 bis 1982 **den Künstlerort Altos de Chavón** nach Originalplänen einer andalusischen Siedlung mit römischen Stilelementen aus dem 16. Jahrhundert hoch auf einem Hügel mit Blick auf den Río Chavón errichten. Eine dominikanisch-amerikanische Stiftung finanzierte das 40 Millionen-Objekt. Das Baumaterial waren Natursteine, Ziegel und Holz. Die Straßen pflasterte man mit Kopfstein.

Künstlerort

Altos de Chavón wurde Drehort vieler Kampf- und Helikopteraufnahmen des Vietnamfilms „Apocalypse Now". Kunsthandwerker, Maler und Bildhauer leben und arbeiten heute noch hier. Es gibt Werkstätten, in denen auf altertümliche Art und Weise Teppiche geknüpft werden und in denen auf alten Webstühlen gewebt wird. Die Künstler stellen ihre Werke in kleinen Boutiquen aus.

Iglesia de San Estanislao – Altos de Chavón

Zum Baukomplex gehören u.a.:
- die kleine geweihte **Kirche Iglesia de San Estanislao**, zu der aus diesem Anlaß der Papst Johannes Paul II. die Asche und eine Skulptur des Nationalheiligen Polens beisteuerte.
- ein **Amphitheater** mit 5.000 Sitzplätzen, in dem gelegentlich Theater- und Musikveranstaltungen statt-

finden, so reizvoll, daß selbst Stars wie Frank Sinatra, Julio Iglesias und Gloria Estefan hier auftraten. Auch heute noch gastieren hier gern bekannte Merengue-Bands.

- eine **Design-Schule**, Außenstelle der berühmten New Yorker Design-Schule Parson School, deren Studenten und Professoren hier regelmäßig ausstellen, und
- ein **Museum**.

Amphitheater – Altos de Chavón

Oberhalb des Río de Chavon genießen Sie eine schöne Aussicht auf das romantische Flußtal.

Archäologisches Museum über die Tainokultur

Öffnungszeit: täglich 9.00-21.00 Uhr

Das kleine Museum ist sehr übersichtlich angelegt. Die Beschriftung geben in Spanisch und Englisch ausreichend Hintergrundinformationen über die Tainokultur und den Zusammenprall mit der Kolonialmacht Spanien.

gute Hintergrundinformation

- **Die Paläoindianer**

Die Einwanderer aus Südamerika haben bereits **grob behauene** Werkzeuge aus Stein, wie **Äxte** mit einer Einkerbung für den Stiel, angefertigt. Die Klingen wurden vemutlich mit Lianen befestigt. Es sind jedoch auch Steinäxte gefunden worden, an denen auch der Schaft aus Stein bestand. **Mörser und Schalen**, die genau ineinanderpassen, scharfkantige **Schaber und Messer** aus Flintsteinen wurden von den Archäologen J.M. Crucent und Irving Rouse in Casimira (Provinz Azua) zutage gefördert und auf das Alter von ca. 5000 v. Chr. geschätzt.

- **Taino-Kultur**

Als die Spanier auf den karibischen Inseln erschienen, stießen sie auf die schon höher entwickelten Taino. Die ersten Eindrücke von **Christoph Kolumbus** über die Eingeborenen sind wie folgt wiedergegeben:

„Die Eingeborenen sind sehr freundlich. Sie sind nicht aggressiv. Sie suchen die Übereinstimmung mit den Fremden herzustellen. Meine Majestäten, ich bin der Meinung, daß es keine besseren Menschen und kein besseres Land auf dieser Erde gibt als hier. Diese Menschen lieben andere Menschen, wie sie sich selbst lieben. Sie haben eine zuvorkommende Art zu sprechen und zu lächeln. Sie laufen nackt herum, wie ihre Mütter sie geboren haben..."

Kolumbus' Schilderung über die Taino

Die Kultur der Taino hat sich, verglichen mit derjenigen der Paläoindianer, weiterentwickelt. Die Tainos lebten während der Zeit der spanischen Entdeckung in Hispañiola, Puerto Rico, Jamaika und dem östlichen Teil Kubas. Die steinzeitlichen

Werkzeuge hatten sich verfeinert. Dieser **Prozeß der Weiterentwicklung** auch in anderen Bereichen läßt sich in folgenden Punkten zusammenfassen:

- Die **Steinäxte** wurden sehr viel **feiner geschliffen**.
- Es wurde bereits **Ackerbau** betrieben.
- Es wurden auch schon **Stoffe gewebt**.
- Die Tainos verstanden bereits etwas von der **Töpferkunst**. Verschiedene Keramikwaren, wie herzförmige Flaschen und Krüge, sind überliefert.
- Exzellente **Skulpturen**, die zeremoniellen Charakter hatten, zeugen von **künstlerischer Ausdruckskraft**.
- Beachtenswert ist die **soziale, politische und religiöse Organisation** des Volkes.

Gummi war den Spaniern unbekannt

- Die Taino haben **merkwürdige Ballspiele** vollführt. Hierbei wurde ein **Gummiball** verwendet, der aus dem Extrakt der Copey-Pflanze *(Clusia roseq jacq)* hergestellt wurde. Dieser Gummiball hat die Spanier sehr in Erstaunen versetzt. Sie hatten zuvor noch nie Gummi zu Gesicht bekommen. Für diese Ballspiele haben sich die Spieler **Steinringe** um den Hals oder um die Taille gelegt, ähnlich den U-förmigen Steinen, die von mittelamerikanischen Ballspielen bekannt wurden. Diese Steinringe sollten mit verhindern helfen, daß der Gummiball bei dem Spiel zu Boden fiel.
  Über die **Spielregeln** ist folgendes bekannt: Das Ballspiel wurde von zwei gegeneinander kämpfenden Mannschaften ausgetragen. Der Ball durfte nicht zu Boden fallen. Mit Kopf, Ellbogen, Schultern und Hüften mußte er weiterbefördert werden. Die Hände und Füße durften dabei nicht verwendet werden. Die Spieler mußten eine große körperliche Beweglichkeit besitzen. Die Plätze, auf denen diese Spiele ausgetragen wurden, hießen „Batey". Das Spielfeld wurde durch Steinreihen begrenzt.

Archäologisches Museum – Altos de Chavón

trance-ähnlicher Zustand

- Die Taino zelebrierten das sog. **Cohoba-Ritual**. Der Häuptling und der Medizinmann inhalierten hierbei ein **halluzinierendes Pulver** (*Pipdenia peregrina*), um sich in einen tranceähnlichen Zustand zu versetzen. Hierdurch sollte die Kommunikation mit den Göttern und Ahnen der Verstorbenen hergestellt werden, die um Hilfe und Beistand angerufen wurden. Das Pulver hatte eine toxische Wirkung. Um es durch die Nase einzunehmen, wurde ein Gerät entwickelt, das aus einer Röhre bestand und das sich nach oben hin gabelte, um an die Nasenlöcher geführt zu werden. Die die Zeremonie ausführenden Männer saßen auf **3-beinigen Steinsitzmulden** und hölzernen Duho-Sitzen.
  Tabak spielte bei der Cohoba-Zeremonie ebenfalls eine sehr wichtige Rolle. Allgemein wurde er zum Zweck der Entspannung und zum Genuß geraucht. Andererseits rauchten die Indios ihn als Mittel zum Durchstehen der langen, kräftezehrenden Wanderungen durch die Wildnis. Er wurde auf kleinen Feldern angebaut. Durch Zusammenrollen der getrockneten Blätter ergaben sich

die sog. **„Tabaccos"**. Dieses Wort hat in alle Sprachen der Welt Einlaß gefunden.
Für die Zeremonie wurden bestimmte **Kultfiguren** benutzt, die zur Vertreibung von Krankheiten durch den Medizinmann dienten, denn er war für die Gesunderhaltung des Volkes zuständig.

- Die Taino trugen **Amulette** um den Hals. Es waren Schnecken- und Muschelgehäuse, oder sie waren aus Stein oder Keramik gefertigt.
- Zur individuellen **Körperbemalung** wurden Stempel und Rollen verwendet. Bestimmte Pflanzen lieferten den roten Farbstoff, um die schön geformten Körper der Eingeborenen zu bemalen, daher der Name „Rothaut". *Bezeichnung „Rothaut"*
- Die große territoriale Vereinigung der einzelnen Stämme ist auf eine **straffe Organisationsform** unter Leitung des Häuptlings zurückzuführen.
- Die **Siedlungen** der Tainos lagen **an geographisch günstigen Stellen**.
- **Fischen, Jagen** und das **Sammeln von Früchten** und Knollen sicherte die Existenz der Taino. Für den Fischfang benutzten die Indianer schon Netze, die mit Steinen beschwert wurden.
- Ein **tiefes Verständnis für die Natur** war diesem Naturvolk eigen.

- **Die Kolonialzeit**

alte Zuckermühlen

Am Río Chavón stehen heute noch die Ruinen der alten Zuckermühlen der Spanier. **2 Männer** haben entscheidend in das Leben der Taino eingegriffen. Es waren Juan Ponce de León und Nicolás de Ovando.

- Kapitän **Juan Ponce de León** hatte Christoph Kolumbus auf seiner 2. Reise begleitet und kämpfte später gegen die Taino. Nach einer erfolgreichen militärischen Kampagne gegen die Eingeborenen ernannte ihn der Gouverneur Nicolás de Ovando zum Leutnant. Später kolonisierte Juan Ponce de Léon Puerto Rico. Ponce hat Zeit seines Lebens die „Quelle der Jugend" gesucht. Hierbei gelangte er auch nach Florida. Dort wurde er von einem vergifteten Indianerpfeil getroffen. An den Folgen der Vergiftung starb er 1521 in Havanna. *Suche nach der „Quelle der Jugend"*
- **Nicolás de Ovando** hat die meisten Kämpfe gegen den Indianerhäuptling Cotubanama geführt, den er schließlich besiegt hat. Zunächst wurde Cotubanama auf die Insel Soana verschleppt und schließlich in Santo Domingo öffentlich gehängt.

Waffenunterlegenheit

Die **Taino**, die zwar auch untereinander ihre Streitigkeiten, eventuell um ein Mädchen, ausfochten und die sich auch gegen die kriegerischen Kariben zur Wehr setzten, waren im Grunde genommen **ein friedliches Volk**. Ihre Freiheit gegen die Spanier verteidigten sie leidenschaftlich, konnten jedoch gegen die stark bewaffneten Europäer den Sieg nicht davontragen.

Ihre **Waffen** bestanden aus hölzernen Speeren, aus Pfeil und Bogen, wobei die Pfeile teils vergiftet waren, und Steinschleudern. Außerdem kämpften sie mit einem **toxischen Gas**, vermutlich einem Nervengas, das aus den Samen von Pfeffer gewonnen wurde, indem man die Samen über Holzkohlefeuern in Lehmtöpfen kochte.

8.6 La Romana - Bayahibe/Playa Dominicus

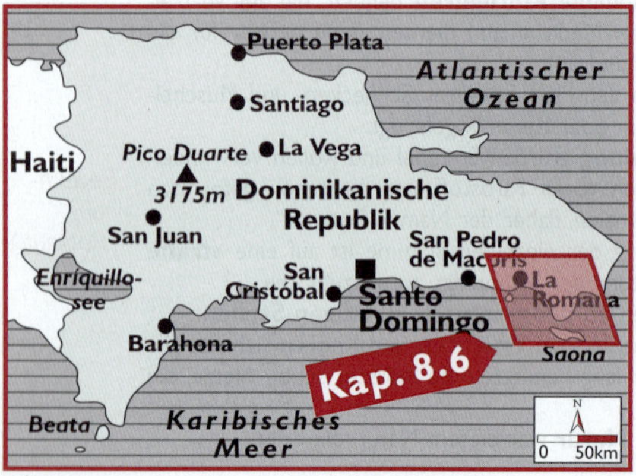

© Igraphic

Zeitvorschlag
1 Tag

Entfernung
La Romana - Bayahibe/ Playa Dominicus: 20 km

Streckenhinweis
*Von **La Romana** aus in östl. Richtung auf der Straße No. 4 überquert man den Fluß **Río Chavón** (Km 10) auf einer Brücke, bei **Los Cinos Caminos** Abzweigung **rechts** (Km 15) nach **Bayahibe/Playa Dominicus** (Km 20). Eine **Alternativstrecke** führt über **Boca de Chavón**.*

8.6.1 Bayahibe und Playa Dominicus

Nach Überquerung des **Río Chavón** über eine Brücke steigt die Straße in einer tief in den Felsen geschnittenen Schlucht auf der gegenüberliegenden Uferseite an. Über das Dorf **Los Cinos Caminos** ist **Bayahibe**, ein kleiner, alter Fischerort, erreicht.

Redaktions-Tips

Übernachten:
Club Dominicus $$$$ (Kap. 7.2, S. 208), Bayahibe, Higüey, wunderschön in einer Bucht inmitten eines tropischen Gartens gelegen.

Essen:
Das o.g. Hotel verfügt über ein ausgezeichnetes Restaurant.

Sehenswürdigkeit:
Die **Insel Saona** (Kap. 8.6.2,S. 330f) ist ein Vogelparadies. Das Flachwasser rund um die Insel mit seinem **Mangroven-Ökosystem** ist ein ideales Fischbrutrevier und Aufenthaltsort anderer Seetiere.

Ausflug:
Einen **Bootsausflug zum Río Chavón** (Kap. 8.6.3, S. 331) sollten Sie sich nicht entgehen lassen. Palmen, Mangroven und Schilf säumen die teils steilen Uferpartien.

Bayahibe

Regionale Reisetips zu Bayahibe
entnehmen Sie bitte den gelben Seiten 184f

Seine beste Zeit hatte dieser **kleine Hafen**, als es noch keine Landverbindung zwischen Santo Domingo und Higüey gab. In dieser Zeit hatte Bayahibe die Funktion des Hafens von Higüey.

Heute ist Bayahibe durch die Straßenverbindung mit La Romana aus seiner Isolation gerissen worden, und der Fischerort verfügt über

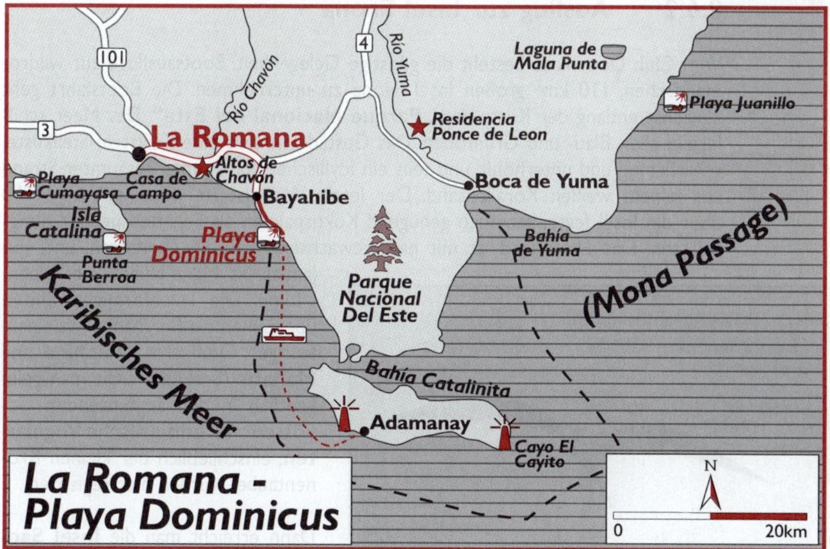

einen kleinen, beschaulichen Hafen. Hier pulst das einheimische Leben, und auch den Fremden, die hier verweilen möchten, wird Gastfreundschaft in einem gemütlichen Gourmet-Restaurant am Hafen und in einem kleinen Hotel gewährt. Außerdem verfügt Bayahibe über einen ausgezeichneten Strand.

Bayahibe, ein idealer Ort für Individualisten, ist ein guter Ausgangsort für **Bootsfahrten in den Parque Nacional del Este** und zu den Inseln **Saona** und **Catalina**.

Malerischer Fischerhafen – Bayahibe

Playa Dominicus

Regionale Reisetips zu Playa Dominicus
entnehmen Sie bitte der gelben Seite 208

Der feinsandige Strand von Playa Dominicus wird von der Hotelanlage Club Dominicus, die unter italienischem Management steht, beherrscht.

8.6.2 Ausflug zur Insel Saona

Vom Club Dominicus besteht die günstige Gelegenheit, Bootsausflüge zur wildromantischen, 110 km² großen Insel Saona zu unternehmen. Die Bootsfahrt geht zunächst entlang der Küste des **„Parque Nacional del Este"**. Das Meer schillert in allen Blau- und Grüntönen. Das Gestade ist teils eine Kalkstein-Steilküste, scharfkantig und unterhöhlt, und teils ein idyllischer von Palmen gesäumter Strand aus feinem weißen Korallensand. Der letzte Wirbelsturm „George", der 1998 über die Insel fegte, hat noch genügend Kokospalmen als Schattenspender übriggelassen. Das Hinterland ist mit naturgewachsenem Busch überzogen, und von Januar bis März blühen die Tulpenbäume. Die kelchförmigen Blüten überziehen die Berghänge mit einem feurigen Orangerot. **Delphine** und **Manatis** (Seekühe) sieht man gelegentlich in den angrenzenden Gewässern. **11 endemische Vogelarten**, einschließlich der kleinen Kronentaube, wurden hier registriert.

Palmenstrand

Unermüdliche Segler – Prachtfregattvögel

Dann erreicht man die **Insel Saona**. Hier wohnen **ungefähr 1.000 Einheimische**, die im wesentlichen vom Fischfang und von der Jagd auf Tauben und Wildschweine leben. Es ist wichtig zu wissen, daß auf Saona die niedrigste Sterblichkeitsrate in der Dominikanischen Republik zu verzeichnen ist.

Geschickte Fischer – Braune Pelikane

Das Flachwasser rund um die Insel mit seinem **Mangroven-Ökosystem** ist ein ideales Fischbrutrevier und Refugium anderer Seetiere.

ideales Fischbrutgebiet

Im Mangrovensumpf brüten **Prachtfregattvögel**. Majestätisch segeln die großen Vögel ohne Flügelschlag im Seewind über der Brutkolonie. Die weiße Brust der Altvögel leuchtet in der Sonne. Ihr Gabelschwanz trägt zur Schönheit ihrer spektakulären Flugsilhouette bei.

Braune Pelikane lassen das Boot dicht herankommen. Erst in der Nähe wird ihr kontrastreiches Gefieder sichtbar.

Seiden-, Purpur- und Dreifarbreiher gehen ihrem Fischwaidwerk nach, und blauschnäbelige **Tölpel** verdauen ihre Fischmahlzeit. Aufregend ist es, ihren Sturzflügen beim Stoßtauchen zuzusehen. **Fliegende Fische** schießen vor dem Boot aus dem Wasser, und große rote **Seesterne** ruhen sichtbar auf dem Meeresboden.

Während die Nordseite der Insel unberührte Natur ist, befindet sich an der Südseite der kleine **Fischerort Adamaney** mit seinen bunt bemalten Holzhäusern.

bunt bemalte Holzhäuser

8.6.3 Bootsausflug zum Río Chavón

In Kombination mit der Bootsfahrt zur Insel Saona oder auf einer Extratour kann man auch günstig vom Club Dominicus per Boot in den Río Chavón hineinfahren. Vorbei an dem Fischerort Bayahibe, steuert man die Mündung des Flusses an. Besonders reizvoll sind die urwaldbestandenen Ufer. Riesige Bäume, beispielsweise Ceibabäume (Kapok), Palmen, Mangroven, und Schilf säumen die teils steilen Uferpartien. Nicht selten sieht man **Fischadler** sich kopfüber ins Wasser stürzen, um manchmal einen zappelnden Fisch zu erwischen. Verschiedene **Reiherarten** sind regelmäßig zu beobachten.

Eindrucksvoll liegt die Künstlersiedlung **Altos de Chavón** hoch über dem bewaldeten westlichen Flußufer.

Auf Entdeckungsfahrt – Río Chavón

8.7 Playa Dominicus - Punta Cana/Bávaro

© igraphic

Zeitvorschlag

1 Tag

Entfernung

Playa Dominicus - Bávaro: 75 km

Streckenhinweis

Von **Bayahibe** *in nördlicher Richtung bis* **Los Cinos Caminos** *(Km 5), Abzweigung* **rechts** *auf die Straße No. 4 bis* **Higüey** *(km 34), in der Stadt an einer Gabelung* **links** *(Km 36), vorbei an der Basilika zur Linken, an einer T-Kreuzung (Km 37),*

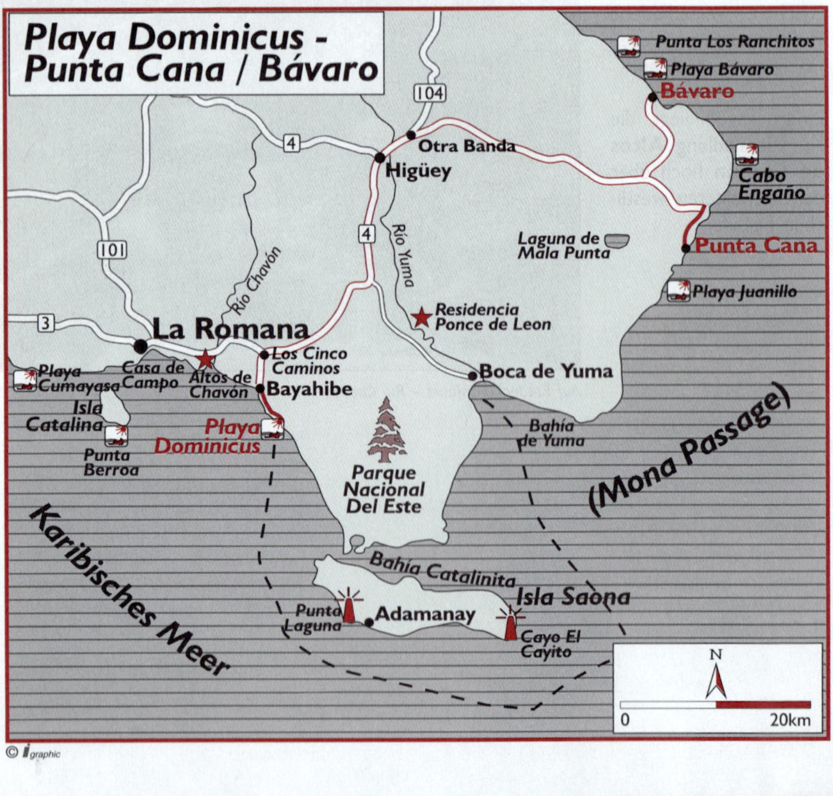

© igraphic

__rechts__ in die Avenida de la Libertad, in __Otra Banda__ (km 41) Abzweigung __rechts__, Abzweigung __links__ (Km 70) bis __Punta Cana__ (Km 50), wieder zurück zur Abzweigstelle (km 59) und nach __Bávaro__ (Km 75),

Wallfahrtsort Higüey

Regionale Reisetips zu Higüey
entnehmen Sie bitte der gelben Seite 193

- **Geschichtliches**

1494 wurde Higüey von **Juan de Esquivel**, dem Eroberer von Jamaika, gegründet. Higüey ist somit eine der ersten Stadtgründungen von Europäern in Amerika.

1502-1508 verwaltete **Juan Ponce de Léon** die Provinz Higüey von San Rafael del Yuma aus. Er wurde anschließend Gouverneur von Puerto Rico und segelte 1513 nach Florida, um die „Quelle der ewigen Jugend" zu finden. Durch einen vergifteten Pfeil eines Indianers fand er den Tod. **Mitte des 16. Jh.** wurde auf Initiative von Don Alonso de Peña und Don Simón Bolívar, einem Ururgroßvater des südamerikanischen Freiheitskämfers, der Bau einer kleinen Kirche aus Stein begonnen.

Suche nach der „Quelle der Jugend"

Redaktions-Tips

__Übernachten:__

- **Punta Cana**
  Hier gibt es nur teure Hotels:
- **Catalonia Bávaro Resort $$$$$** (Kap. 7.2, S. 214f), im September 1998 eröffnet, ist ein „alles inbegriffen"-Hotel.
- **Fiesta Bávaro Beach Resort $$$$$** (Kap. 7.2, S. 215) ist eine sehr großzügig angelegte und weiträumige Anlage von 300.000 m^2. Ein Korallenriff dicht vor dem Strand ermöglicht ein gefahrloses Baden und Betreiben verschiedener Wassersportarten.
- **Los Corales $$$$$** (Kap. 7.2, S. 218) ist ein luxuriöses Hotel für Individualisten mit gehobenen Ansprüchen.
- **La Posada de Piedra $$** (Kap. 7.2, S. 220) ist eine einfache Pension.

__Essen:__

- **Punta Cana**
- **Captain Cook** (Kap. 7.2, S. 220) liegt in einer kleinen Fischersiedlung nordöstlich vom Bávaro Beach Resort und direkt am Strand.
- **El Pescador Matu** (Kap. 7.2 , S. 220), an der Piste nach El Cortecito, gibt es ein nettes Lokal des Fischers Matu.

__Sehenswürdigkeiten:__

- **Wallfahrtsort Higüey**
  Das Wahrzeichen der Provinzhauptstadt Higüey ist die **Basilika Nuestra Señora de la Altagracia** (Kap. 8.7, S. 333ff) am Eingang des Ortes, in der eine heilige Madonnenstatue aus dem 16. Jahrhundert verehrt wird.
- **Casa de Ponce de León am Río Yuma** (Kap. 8.7, S. 335f) diente einmal als **Festung** und zum anderen als **Wohnhaus**.
- Im **Manatí Park Bávaro** (Kap. 8.7, S. 337f) finden regelmäßig Shows statt. Volieren mit Vögeln, Gehege mit Spitzkrokodilen und Wasserschildkröten sowie ein Taino-Museum sind im großzügig angelegten Gelände verteilt.

__Ausflug:__

San Rafael del Yuma

Dieser Ort liegt 24 km südlich von Higüey. Hier wurde 1505/06 ein **Kastell für Juan Ponce de Léon** (Kap. 8.7, S. 335f) am Río Yuma erbaut, das Sie besichtigen können.

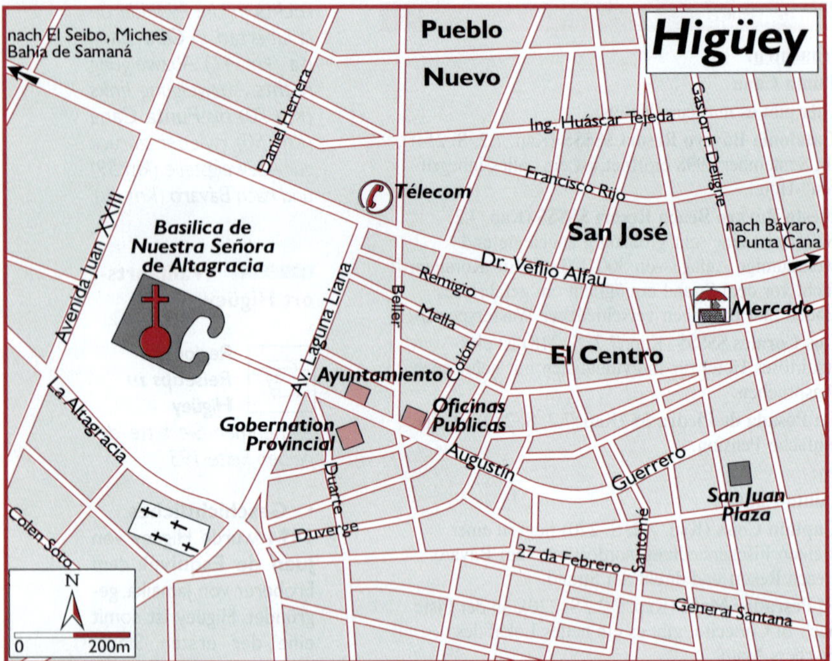

Basilika Nuestra Señora de la Altagracia – Higüey

1569 erfolgte die **Grundsteinlegung der Wallfahrtskirche** Nuestra Señora de la Altagracia. Am **21.01.1691** hatten die Spanier die Franzosen in der **Schlacht von La Limonada** geschlagen, nachdem sie die Jungfrau Altagracia um Hilfe und Schutz angerufen hatten. Der 21. Januar wurde zum Andenken an den Sieg zum Tag der Altagracia ernannt.

1943 überzeugte Monseñor die Regierung von der **Notwendigkeit des Baus einer neuen Wallfahrtskirche**. Umfangreiche Spenden gingen sehr bald ein, und der Welt beste Architekten waren aufgefordert, Pläne für die zukünftige Basilika zu entwerfen. Den Zuspruch erhielten die beiden französischen **Baumeister André Jacques Dunoyer de Segonzac** und **Pierre Dupré**.

Am **05.10.1954** wurde der Grundstein für die **neue Wallfahrtskirche** gelegt. Am **21.01.1971** fand die **Einweihung der neuen Basilika** statt.

Heute noch suchen alljährlich Tausende von Pilgern den **wichtigsten Wallfahrtsort** des Landes auf. Auch Papst Johannes Paul II. hat der Wallfahrtskirche schon seinen Besuch abgestattet.

Die moderne, für Reisende schon von weitem sichtbare **Basilika Nuestra Señora de la Altagracia** ist das Wahrzeichen der Provinzhauptstadt Higüey. Sie befindet sich auf einem weiten, 137 m^2 großen Gelände. Die Kosten für den Bau betrugen 5 Millionen Pesos, von denen der dominikanische Staat den größten Teil bewilligte. Ein hochaufragender, parabelförmiger Spannbetonbogen, einem gespannten Bügel gleich, ersetzt den Kirchturm. In seinem unteren Bereich sind die Glocken untergebracht. Der Architekt Dunoyer de Segonzac erklärte nach der Fertigstellung die zu Gott gewandte Symbolik, angedeutet durch die himmelaufragende Form und Durchsichtigkeit der farbigen Glasfenster. Er hat die aufstrebenden Linien, die in den Bögen gipfeln, mit den Kontrapunkten polyphoner Musik verglichen, ergänzt durch die Harmonie der durch die farbigen Fenster fallenden Lichtbündel.

zu Gott gewandte Symbolik

Eine hochverehrte heilige Madonnenstatue aus dem 16. Jahrhundert befindet sich im Innern der Kirche. Sie wird von vielen Pilgern, besonders an dem Feiertag „Día de la Altagracia", besucht. Nicht nur aus der Dominikanischen Republik, sondern auch aus anderen Ländern, besonders aus dem benachbarten Haiti, strömen die Wallfahrer herbei, um der Jungfrau Maria ihre Ehrerbietung zu erweisen, ein Gelübde einzulösen oder Bitten und Wünsche vorzutragen.

hochverehrte Madonnenstatue

Viele Kranke und Krüppel sind unter den Pilgern, die die „Virgen de la Altagracia" („Jungfrau der Heiligen Gnade") um Heilung von ihren Leiden bitten. Der Namenstag der Jungfrau Maria ist der 21. Januar. Im Laufe der Jahrhunderte hat der Marienkult viele wundersame Legenden hervorgebracht.

Abschließend kann gesagt werden, auch wenn man kein gläubiger Katholik ist, vermittelt besonders das Innere der Basilika eine Stimmung von hohem ästhetischen und spirituellen Wert.

Ansonsten ist Higüey das **Zentrum eines fruchtbaren Zuckerrohranbaugebietes**. Das hügelige Gelände ist des Urwaldes beraubt. Obstplantagen bedecken das grüne Land. Auf den Weiden sieht man viele Rinder, aber auch Pferde und Ziegen. Hohe Bäume ragen aus den Galeriewäldern entlang der Fluß- und Bachläufe heraus.

Abstecher nach San Rafael de Yuma und Boce de Yuma

In **San Rafael de Yuma** ist die Hauptattraktion **Casa de Juan Ponce de León** (Haus des Juan Ponce de León) am Río Yuma. Dieses kastellartige Haus liegt 24 km südlich der La Altagracia Basilica in Higüey.

kastellartiges Haus

• **Geschichtliches**

1493 erreichte **Juan Ponce de León** (1460 - 1521) Hispañiola mit der **zweiten Expedition von Christoph Kolumbus**. Er tat sich im Kampf gegen die Indianer in Higüey hervor und erhielt als Anerkennung dafür den Posten eines Gouverneurs über die Provinz Higüey. **1505/06** ließ Ponce de León sich ein Haus am Río Yuma bauen, das eine **Doppelfunktion** erfüllen sollte, einmal als **Festung**

ruheloser Abenteurer

und zum anderen als **Wohnhaus**. **1508** segelte der Abenteurer, in Boca del Yuma startend, **nach Puerto Rico**, um diese Insel zu erobern und Gold zu finden. **1509 - 1511** war er **Statthalter in Puerto Rico**. Aber auch auf dieser Karibikinsel hielt es ihn nicht lange. **1513** erreichte Ponce de León nach einer langen Reise über zahlreiche **Bahama-Inseln** das nordamerikanische Festland und schließlich **Florida**. **1520** ernannte man ihn zum **Gouverneur von Florida**. Hier glaubte er, den sagenhaften **Jungbrunnen** zu finden. Doch den „Quell der ewigen Jugend" fand er nicht. Dieses Glück blieb ihm versagt, dafür traf ihn unglücklicherweise ein Giftpfeil der Indianer. **1521 starb Ponce de León** an den Folgen der Vergiftung in Havanna.

Die Restaurierung des besagten Hauses war wegen des extrem soliden Mauerwerks, das die vergangenen Jahrhunderte gut überstanden hatten, einfach. Das am Gebäude fehlende Material fand man in der Umgebung wieder.

Heute ist dieses Momument, das für die Nachwelt von großem historischen Wert ist, der Öffentlichkeit zugänglich. In dem kleinen **Museum** sind Einrichtungsgegenstände und persönliche Dinge des Seefahres und Abenteurers ausgestellt.

Treff von Anglern und Hochseefischern

Boca de Yuma, 7 km südlich von San Rafael de Yuma, ist ein kleiner Ort, von dem **Juan Ponce de León** 1508 nach Puerto Rico segelte. Heute ist Boca de Yuma Treffpunkt von Sportanglern und Hochseefischern. Von der Flußmündung des Río Yuma aus ist nach einer Wanderung von ca. einer knappen Stunde in südlicher Richtung die Höhle **Cueva de Berna** zu erreichen.

Die Kokosküste am Ostkap der Insel

Die Kokosküste, ein über 40 Kilometer langer, ununterbrochener, weißer, feiner Sandstrand und endlose Kokospalmenpflanzungen im Hinterland, umfaßt die Strände von Macao, Cortecito, Bávaro, Punta Cana und Punta Juanillo. Dort haben sich Hotels angesiedelt, die bereits Weltruhm erlangt haben.

Palmenstrand – Playa Bávaro

Punta Cana

Regionale Reisetips zu Punta Cana *entnehmen Sie bitte den gelben Seiten 214ff.*

weicher Sand und Palmen

Punta Cana (einschließlich des Touristenzentrums Bávaro) hat sich seit seiner Entstehung vor rund 10 Jahren zum **wichtigsten Feriengebiet des Landes** entwickelt. Es liegt an der Südostküste der Insel Hispañiola, der **Costa del Coco**. Hier erstreckt sich ein **40 km langer Strand** mit weichem Sand, Palmenhainen, einzelnen Eingeborenenhütten und Hotels für Badegäste, so weit das Auge reicht. Ein Stadt- oder Dorfkern Punta Cana ist nicht vorhanden. Wer nur Strand, Palmen und Sonne sucht, der ist hier am richtigen Ort. Luxushotel reiht sich an Luxushotel. Man ist völlig unter sich, für einige ein Vorteil, andere fühlen sich zu sehr von der einheimischen Bevölkerung, den Städten, den Dörfern und dem Land isoliert. Dem kann man jedoch durch Ausflüge ins Umland abhelfen.

Luxus, Luxus ...

Badefreuden – Punta Cana

Hier an der Südostküste der Insel Hispañiola hat sich, man kann fast sagen in unbewohntem Gebiet, seit Ende der achtziger Jahres des 20. Jahrhunderts eine Urlaubsregion mit z.Zt. 14 großen Hotelkomplexen und 3 Golfplätzen entwickelt. Ab dem Jahre 2000 sollen noch mehr Projekte entstehen. Platz für weitere Anlagen ist hier genug vorhanden.

Punta Cana hat einen eigenen **internationalen Flughafen** mit direkten Anschlüssen nach Europa.

Unterwegs nach Bávaro

Man fährt durch Bauernland. Riesige Rinderherden grasen auf den Weiden. In Küstennähe breitet sich teilweise ein halbhoher Primärurwald aus, abwechselnd mit für Rinder urbar gemachtem Weideland. In unmittelbarer Nähe des Strandes wachsen Kokospalmen.

halbhoher Primärurwald

Die vielen, meist teuren Hotels liegen zweifelsfrei an **einem der schönsten Strände der Karibik**, allerdings auch **isoliert** von der Außenwelt. Die nächste Stadt ist ziemlich weit entfernt. Feriengäste, die die Abgeschiedenheit lieben, die sich nur erholen, sich dem luxuriösen Badeleben hingeben und Wassersport betreiben möchten, sind hier richtig. Der Manatí Park ist seit einiger Zeit die einzige Attraktion in der Nähe.

Manatí Park Bávaro

(Plaza Bávaro, Locales 6 y 7, Bávaro/Higüey, Tel.: (001-809)552-0807, Fax: (001-809)552-0810)

Beim Eintritt in den Manatí Park passiert man zunächst einen Andenkenladen. Bei der weiteren Besichtigung kommt man an **vielen Volieren** vorbei, in denen z.B.

Falken, Habichte, Käuzchen und Truthahngeier gehalten werden. Besondere Aufmerksamkeit haben wir **endemischen Arten** gewidmet. Das sind solche Arten, die nur auf Hispañiola vorkommen.

Dazu gehört beispielsweise der **Papagei *Amazona ventrales***. Diese Papageienart kann bis zu 50 Jahre alt werden. Sie hat die Fähigkeit, Laute zu imitieren. Ihre Füße benutzt sie wie Menschen ihre Hände, um ihre Nahrung festzuhalten. Wie es bei den Menschen Rechts- und Linkshänder gibt, so gibt es auch bei ihnen Recht- und Linksfüßer. Normalerweise bleibt ein Papageienpaar das ganze Leben zusammen. Die Paarungzeit dauert mehrere Wochen, und nach der Eiablage hilft das Männchen dem Weibchen beim Ausbrüten der Eier.

Spitzkrokodil – Manatí Park Bávaro

In Wasserbecken können Sie **Wasserschildkröten, Leguane** und **Amerikanische Spitzkrokodile** aus nächster Nähe besichtigen.

In einem **Taino-Museum** sind Gräber, Waffen, Steinwerkzeuge, wie Messer, Schaber, Äxte, und Gerätschaften zum Jagen und Fischen, wie Pfeilspitzen, Netze und ein Einbaum, ausgestellt.

Taino-Artefakte

Zu unterschiedlichen Zeiten finden Shows mit Delphinen, Papageien, Pferden und Vorführungen über das Leben der Ureinwohner Hispañiolas, der Taino, statt.

Der Streckenabschnitt San Pedro de Macorís - Santo Domingo wurde bereits im Kapitel 8.4, Seite 321ff, und Santo Domingo selbst im Kapitel 8.1, Seite 249ff, beschrieben.

8.8 Bávaro - Santo Domingo - Santiago de los Caballeros

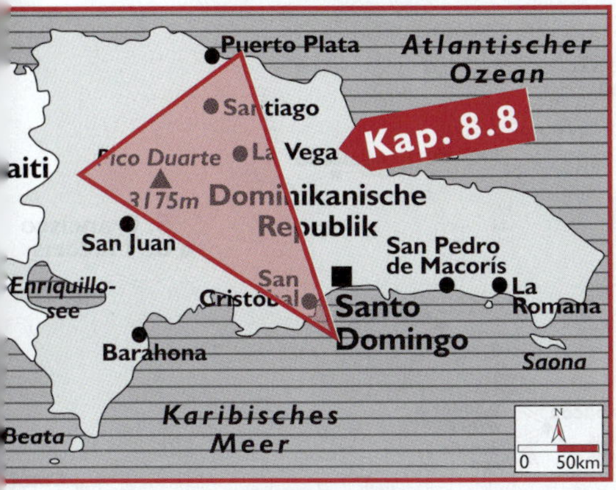

Zeitvorschlag
1 Tag

Entfernung
Bávaro - San José de ***las Matas*** *mit Umweg über Hato Major (zwischen Bávaro und Santo Domingo) -* ***Santo Domingo*** *und Abstecher nach El Río (zwischen Santo Domingo und Santiago de los Caballeros) -* ***Santiago de los Caballeros****: 466 km*

Streckenhinweis
Von ***Bávaro*** *(Hotel Mélia Bávaro) zunächst in südlicher Richtung, dann in westlicher Richtung bis* ***Otra Banda*** *(Km 46), Abzweigung* ***links*** *auf die* ***Straße No. 104*** *bis* ***Higüey*** *(Km 55), Abzweigung* ***rechts*** *auf die* ***Straße No. 4*** *bis* ***Hato Mayor*** *(Km 122), Abzweigung* ***links*** *bis* ***San Pedro de Macorís*** *(Km 160), Abzweigung* ***rechts*** *bis* ***Santo Domingo*** *(Km 250), Abzweigung* ***rechts*** *auf die* ***Autobahn No. 1*** *(Carretera Duarte) bis Straßengabelung (Km 338), Abzweigung* ***links*** *bis* ***El Río*** *(Km 371), Abzweigung* ***rechts*** *bis* ***Santiago de los Caballeros*** *(Km 466)*

8.8.1 Unterwegs nach Santiago de los Caballeros

Die Fahrt von Bávaro nach Higüey ist in der Gegenrichtung bereits im Kapitel 8.7, Seite 333ff beschrieben worden.

Auf der Autopista Duarte

Verkaufsstände mit tropischen Früchten

Auf der „Autopista Duarte" verläßt man die Hauptstadt Santo Domingo. Zunächst schauen Sie noch zu beiden Seiten auf die üblichen Zweckbauten, wie Tankstellen, Autowerkstätten, Fabriken und Baufirmen am Rande der Stadt, bis Ihre Augen mehr und mehr über ländlichere Gebiete schweifen. Verkaufsstände mit tropischen Früchten laden zum Anhalten und Kaufen ein. In einem Hochtal, angesichts der Vorberge der Kordilleren, dehnen sich große Plantagen mit Zitrusfrüchten aus.

Die erlaubte Höchstgeschwindigkeit auf der 4-spurigen Autobahn beträgt 100 km/h. Es gibt überall Zuwege auf die Felder und in die Ortschaften, so daß

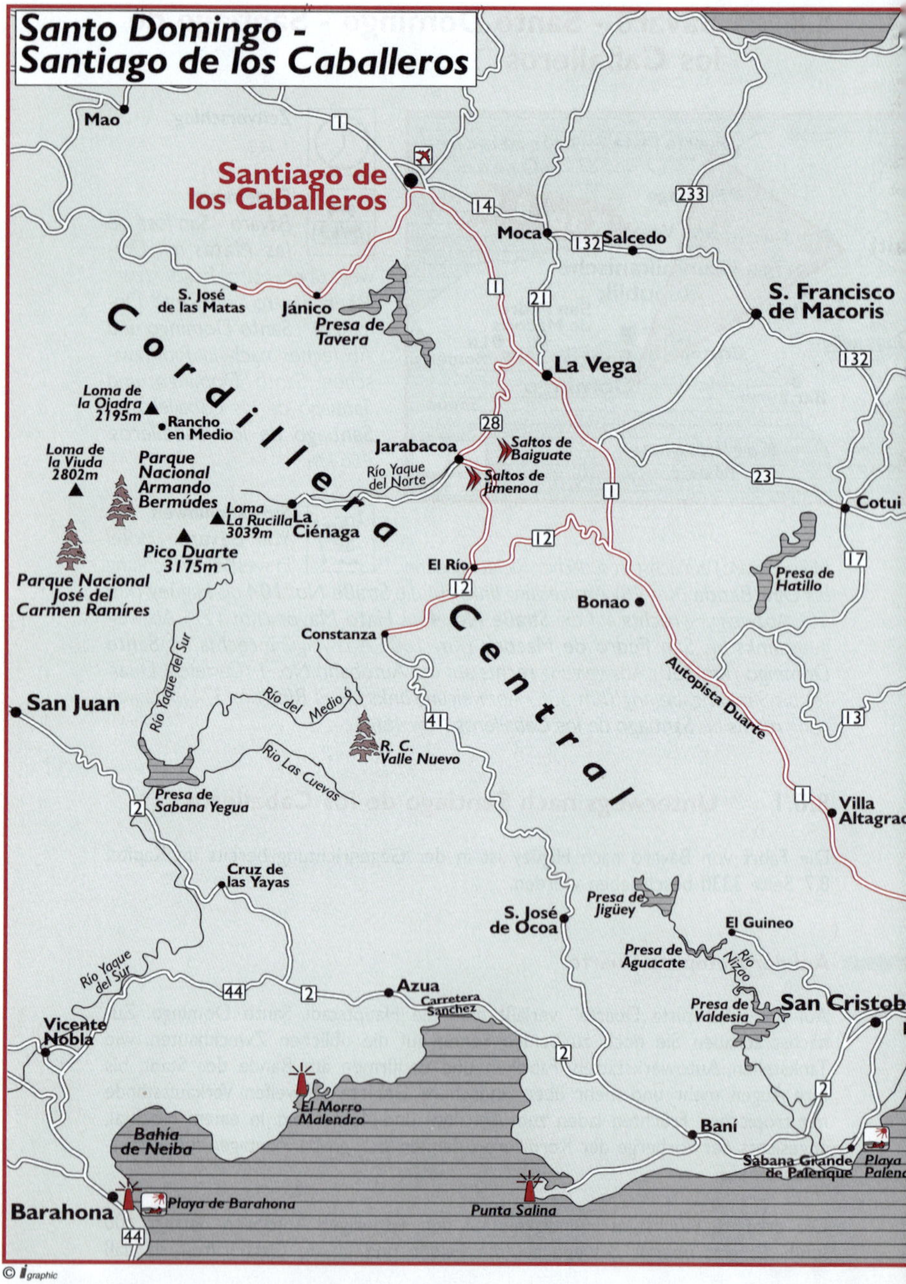
Santo Domingo - Santiago de los Caballeros
Mao
Santiago de los Caballeros
Moca
Salcedo
S. Francisco de Macoris
S. José de las Matas
Jánico
Presa de Tavera
La Vega
Cordillera Central
Loma de la Ojadra 2195m
Rancho en Medio
Loma de la Viuda 2802m
Parque Nacional Armando Bermúdes
Jarabacoa
Saltos de Baiguate
Saltos de Jimenoa
Río Yaque del Norte
Loma La Rucilla 3039m
La Ciénaga
Pico Duarte 3175m
Parque Nacional José del Carmen Ramíres
El Río
Bonao
Cotui
Presa de Hatillo
Constanza
Autopista Duarte
San Juan
Río Yaque del Sur
Río del Medio
R. C. Valle Nuevo
Río Las Cuevas
Presa de Sabana Yegua
Villa Altagrac
Cruz de las Yayas
S. José de Ocoa
Presa de Jigüey
El Guineo
Presa de Aguacate
Río Nizao
Azua
Carretera Sanchez
Presa de Valdesia
San Cristoba
Vicente Nobla
El Morro Malendro
Bahía de Neiba
Baní
Sábana Grande de Palenque
Playa Paleng.
Barahona
Playa de Barahona
Punta Salina
1
14
233
132
21
28
23
12
17
13
41
2
44
© graphic

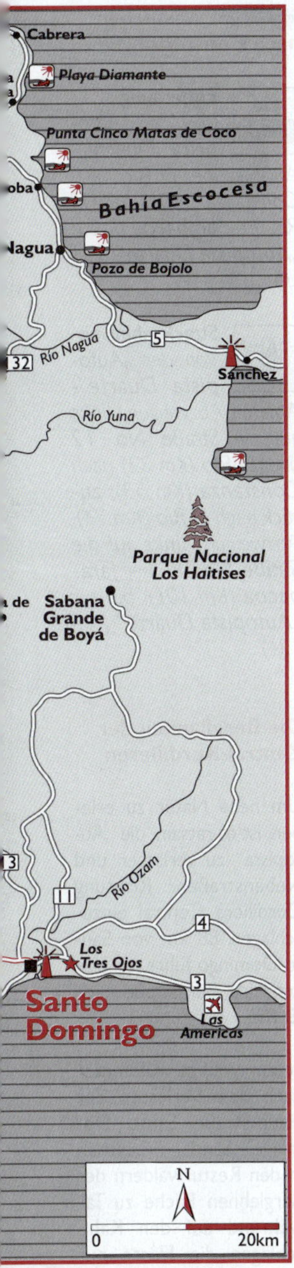

manchmal unvermutet Radfahrer und Vieh Ihre Fahrbahn kreuzen können. Einige Autos im Verkehrsstrom befinden sich in erbärmlichem Zustand. Nachts fahren einige Fahrzeuge teilweise ohne jegliche Beleuchtung.

gefährliches Fahren bei Dunkelheit

Hinweis
Unser dringlicher Rat: Fahren Sie nicht während der Dunkelheit und beim Niedergehen tropischer Regenfälle, die Ihnen oft völlig die Sicht nehmen.

größerer Marktflecken

Villa Altagracia, ein größerer Marktflecken, in dem sich die Verkaufsstände verdichten und in dem der Ackersegen der fruchtbaren Umgebung verkauft wird, ist ein sauberer Ort mit bunt bemalten Häusern und vielen Geschäften.

Verkaufsstände – Villa Altagracia

Auf den **Kahlschlägen der Primärwälder**, die der intensiv betriebenen Landwirtschaft weichen mußten, blieben meist nur die Palmen stehen. Der übrige „nutzlose" Baumbestand und das Gebüsch wurden abgeholzt oder abgebrannt. Schwere **Erosionsschäden** sind die Folge der völligen Vernichtung der natürlichen Pflanzendecke. Nur in den „Achselhöhlen" der Berge blieb der Urwald stehen. Ananasplantagen und Reisfelder in **Sonador** breiten sich aus. Viele Töpfer- und Korbwaren werden an der Straße feilgeboten, denn hier ist das Zentrum der Keramikindustrie und des Töpferhandwerks.

Töpfer- und Korbwaren

In **Bonao** könnte man eine Pause machen.

Regionale Reisetips zu Bonao
entnehmen Sie bitte der gelben Seite 187

Redaktions-Tips

Übernachten:

Santiago de los Caballeros

- **El Gran Almirante $$$$** (Kap. 7.2, S. 226), imposant ist ein 3 Stockwerke hoher Wasserfall in der Halle.
- **Camp David Ranch $$,** (Kap. 7.2, S. 226) liegt ca. 20 Kilometer außerhalb der Stadt und ist im Besitz eines Erben der Rum-Dynastie Bermúdez.

Essen:

Santiago de los Caballeros

- **El Café** (Kap. 7.2, S. 226) liegt direkt hinter dem Supermarkt Victoria. Eine ständige Geräuschkulisse liefert ein hausinterner Wasserfall.
- **Pez Dorado** (Kap. 7.2, S. 226) ist ein chinesisches Restaurant mit ausgezeichneter fernöstlicher und internationaler Küche.

Sehenswürdigkeiten:

Santiago de los Caballeros

- Die **Catedral de Santiago de Apóstol** (Kap. 8.8.2, S. 348) zeigt gotische und klassizistische Bauelemente.
- Das **Museo del Tabaco** (Kap. 8.8.2, S. 348f), Calle 30 de Marzo, gegenüber der Kathedrale, demonstriert die Geschichte des Tabakanbaus vom 15. Jahrhundert bis in die Neuzeit.
- Das **Monumento de los Héroes de la Restauración** (Kap. 8.8.2, S. 349), eine 67 m hohe Säule des Heldenmonuments aus Marmor, ist das Wahrzeichen der Stadt und schon von weitem sichtbar.
- In der **Zigarrenfabrik** (Kap. 8.8.2, S. 349), Calle 16. Augusto, können Sie die einzelnen Arbeitsabläufe der Herstellung von Zigarren verfolgen.
- In der **Rumfabrik Bermúdez** (Kap. 8.8.2, S. 349), Avenida J. Armando Bermúdez, sind die Produktionsräume im Rahmen einer Führung zu besichtigen.

Ausflüge:

- **Constanza** und **Jarabacoa**

  Unterwegs sind die **Bergurwälder** (Kap. 8.8.1, S. 343ff) schon die Fahrt wert. In den **Zentral-Kordilleren** sind abenteuerliche Sportarten, wie **Rafting** im Río Yaque del Norte, **Tubing** (eine Fahrt in schwimmenden Reifen auf dem ruhigen Fluß **Jimenoa**) und Kanufahren, Attraktionen.
- **Pico Duarte**

  Die Besteigung des 3.175 m hohen Berges ist hauptsächlich mit Ausdauer zu schaffen. Der **beste Einstieg** ist der Ort **La Cienega**. Dort kann man sich einen einheimischen Führer mieten.

Abstecher nach Constanza

Entfernung

*Von der „Autopista Duarte"-Abfahrt, über **El Río** nach **Constanza**, zurück nach **El Río**, über **Jarabacoa**, bis zur **„Autopista Duarte"**: 131 km*

Streckenhinweis

*Von der „Autopista Duarte"-**Abfahrt**, Abzweigung **links** auf die **Straße No. 12** über **El Río** (Km 32) nach **Constanza** (Km 53), **zurück** nach **El Río** (Km 74), Abzweigung **links** auf die **Straße No.28** über **Jarabacoa** (Km 101), bis zur **„Autopista Duarte"** (Km 131)*

Die Bergflanken der Zentral-Kordilleren

Um heile Natur zu erleben, ist es ratsam, die „Autopista" zu verlassen und Nebenstraßen Richtung Cordillera Central einzuschlagen. 88 km von Santo Domingo führt zur Linken eine Bergstraße nach **El Río.**

Schon wenige Kilometer nach dem Verlassen der Hauptstraße Santo Domingo - Santiago rauschen in den Resturwäldern der Berglehnen Bäche zu Tal, während auf den Kahlschlägen die Flüsse nur nach starken Regenfällen Wasser führen, dabei jedoch sehr viel Erdreich fortspülen.

Je weiter man bergan fährt, desto geschlossener werden die **Bergurwälder**. Unzählige Pflanzenarten sind hier heimisch: Farne, Bambus, Baumfarne, Flechten, Orchideen, Cistrosengewächse, eine Vielzahl an Bäumen, Büschen und Kräutern. Kleine Wasserfälle am Wegesrand, gaukelnde Schmetterlinge in Gelb, Rostrot und Blau, der heisere Schrei von Greifvögeln, die Vielzahl der Blattformen, die verschiedenen Farbschattierungen des Blattwerks vom hellen Grün der Farne bis zum Blaugrün einiger Urwaldbäume begeistern den Naturfreund. Hier ist die Natur noch intakt. Gespenstisch sieht es aus, wenn der Nebel durch die Bergwälder geistert. Auf einer Paßhöhe, 16 km von der Hauptstraße im Tal entfernt, kann man nicht nur „die Seele baumeln", sondern auch die Augen entspannend über die blauen Berge der Kordilleren schweifen lassen.

intakte Natur

Einkauf per Pferd – La Palma

Dann geht die Fahrt wieder zu Tal. In **La Palma** überzieht eine Kaffeeplantage das Bergland. Die Anpflanzung ist jedoch gut in die Landschaft integriert. Sie stört in ihrer geringen Ausdehnung noch nicht das natürliche Landschaftsbild. Weiter im Tal in **La Ciénaga** werden auch Gemüsearten angebaut, die an kühleres Klima angepaßt sind, z.B. Kartoffeln, Bohnen, Kohl und Spargel. Außerdem werden hier Blumen gezüchtet.

Gemüseanbau und Blumenzucht

El Río ist nur ein kleiner Ort ohne großartige Sehenswürdigkeiten. Es ist der landschaftliche Reiz seiner Umgebung im Bergland, der anzieht.

Wenn man will und die Zeit dazu ausreicht, kann man weiter nach **Constanza** fahren.

Constanza

Regionale Reisetips zu Constanza
entnehmen Sie bitte den gelben Seiten 192f

Constanza ist ein **Luftkurort**, in rund 1.100 m Höhe, in einem fruchtbaren Hochtal und am Rand des Reserva Científica Valle Nueva gelegen. Die Durchschnittstemperatur liegt bei nur + 15 °C. Im Winter kann das Thermometer bis minus 5 °C anzeigen. In dem gemäßigten Klima gedeihen Äpfel, Apfelsinen, Aprikosen, Artischocken, Brom- und Erdbeeren, Kiwis, Pampelmusen, Pflaumen und Zitronen sowie diverse Gemüsearten.

gemäßigtes Klima

In Constanza hat man eine sehr gute Ausgangsposition, um in die Berge zu reiten, Bergwanderungen zu unternehmen und Wasserfälle aufzusuchen.

Wieder nach El Río zurückgekehrt, sollte man in nördlicher Richtung nach **Jarabacoa** vorstoßen.

Jarabacoa

Regionale Reisetips zu Jarabacoa
entnehmen Sie bitte den gelben Seiten 193f

Bergwelt der Cordillera Central

In dem Gebirgsort Jarabacoa (rund 600 m ü.M.) haben viele reiche Dominikaner ihr Wochenendhaus, um der Hitze im Tiefland zu entfliehen. Auch Urlauber aus aller Welt zieht es immer häufiger in die Bergwelt der Cordillera Central. Vielleicht ist es der Kontrast zwischen den tropischen Tiefländern und den sonnendurchglühten Stränden zu dem alpinen Hochland, der so reizvoll ist. Der **Luftkurort**, umgeben von Pinienwäldern, Flüssen, Bergen und Tälern, weist ein mildes, gesundes Klima mit durchschnittlichen Temperaturen von + 20-25 °C auf. Da hier alles gedeiht, sind der beliebte Ort und seine Umgebung sowohl für ihre Blumenzüchtungen als auch für ihre Pferdezucht berühmt. Das Umland ist ideal für Wanderfreunde und Naturliebhaber. Auf sog. Ranchos gibt es für Touristen gute Übernachtungsmöglichkeiten.

Aktivitäten:

• **Reitausflüge** zu folgenden Zielen erfreuen sich großer Beliebtheit:
- Der **Wasserfall „Salto de Baiguate"** liegt ca. 4 km von Jarabacoa entfernt. Nach ca. 1 km zweigt beim Hotel Piñar eine Piste ab, die zu dem besagten, 20 m in die Tiefe stürzenden Wasserfall führt. Man kann natürlich auch zu Fuß gehen und braucht für den Weg ca. 1 ½ Stunden.
- Der Wasserfall **„Salto de Jimenoa"** ist ca. 6 km von Jarabacoa entfernt. Er fällt 42 m in ein natürliches Becken. Hier kann man ein erfrischendes Bad nehmen. Einige Wagemutige springen von den Felsen in das Badebecken.

• **Trekkingtouren** zum höchsten Gipfel der karibischen Inseln, dem **Pico Duarte** (3.175 m), haben einen besonderen Reiz.

• **Besonders abenteuerliche Sportarten** sind:

ausgefallene Extremsportarten

- **Rafting**, ein mitreißendes Erleben, das Sie eine wildromantische Landschaft genießen läßt, die nur über den Wasserweg, die Stromschnellen und tief eingeschnittene Täler des Flusses **Yaque del Norte** erreichbar ist,
- **Tubing**, eine Fahrt in schwimmenden Reifen auf dem ruhigen Fluß **Jimenoa**, ein beschauliches Vergnügen ohne jegliche Gefahr,
- **Canyoning**, eine andere Art des Abenteuers. Mit dem Jeep fahren Sie durch den Urwald bis zum **Wasserfall Jimenoa**. Dort beginnt der Abstieg in den Cañon und das eigentliche „Canyoning". Lassen Sie sich überraschen.

Schließlich kommen Sie wieder zur „Autopista Duarte", biegen rechts ab und erreichen La Vega.

La Vega

Diese Stadt blickt auf eine bewegte Vergangenheit zurück:
1495 ließ **Christoph Kolumbus** an strategisch wichtigen Punkten **Forts** errichten, nicht nur aus Verteidigungsgründen, sondern auch um Außenposten auf der Suche nach Gold zu sichern. So wurde das **Fort La Concepción** erbaut, das die Keimzelle der zukünftigen Siedlung wurde. Hier prägte man die **erste Münze** mit Metall aus nahegelegenen Bergwerken. **1508** erhielt La Vega Real, wie die spanische Niederlassung damals genannt wurde, das **Stadtrecht**. **1512** wurde es **Sitz des ersten Bischofs**, der in Hispañiola eingesetzt wurde, und das erste **Kloster des Mercedarier Ordens**, 1220 von Petrus Nolascus und Raimund von Peñaforte gegründet, errichtete man auf einem Hügel, auf dem Christoph Kolumbus seinerseit ein großes Kreuz aufstellen ließ, eines der christlichen Symbole, die den Dominikanern so lieb und wert sind. Am **02.12.1562** wurde die Stadt von einem **Erdbeben** total zerstört.

Suche nach Gold

Am **07.05.1844** brachte ein erneutes **Erdbeben** die meisten Gebäude zum Einsturz und begrub viele Menschen unter ihren Trümmern. In der Folge hat **Jean Jacques Dessalines**, ein ehemaliger Sklave, der sich zum **Kaiser Jakob I. von Haiti** krönen ließ, nach seiner Niederlage und während seines Rückzugs von Santo Domingo La Vega gänzlich in Schutt und Asche versinken lassen. Am **16.08.1887** erhielt die Stadt durch die eröffnete Eisenbahnlinie La Vega-Sanchez der „Ferrocarril Central" eine wichtige Verkehrsverbindung zum Meer. Der Schienenstrang durchlief von La Vega das gesamte fruchtbare Cibao-Tal bis zum Seehafen Sánchez an der Bahía de Samaná.

Brandschatzung der Haitianer

Trotz der schwerwiegenden Schicksalsschläge haben die Bewohner die Stadt immer wieder aufgebaut. Der stärkste Impuls der Wirtschaftsförderung kam, wie bereits erwähnt, durch die Eisenbahnverbindung zum Meer.

Heute ist La Vega wirtschaftliches Zentrum des fruchtbaren Cibao-Tals.

Ausflug zum Santo Cerro (Heiliger Berg)

An der Straße 21, 7 km nördlich von La Vega, liegt auf einem 465 m hohen Berg die **Wallfahrtskirche Virgen de las Mercedes**. Santo Cerro ist ausgeschildert. Auf dem Berg soll **Christoph Kolumbus** ein Holzkreuz, das er als Abschiedspräsent von seiner Königin Isabela I. erhalten hatte, aufgestellt haben. Es kam jedoch zu Kämpfen mit den Tainos.

Nach einer Legende soll den Spaniern die Jungfrau Maria erschienen sein, die ihnen Beistand bei den Kämpfen mit den Eingeborenen zugesichert habe. Als Dank für den Sieg über die waffenmäßig unterlegenen Indios wurde hier eine kleine Kirche errichtet, die jedoch später den Erdbeben zum Opfer fiel.

Ende des 19. Jahrhundert erbaute man eine massivere Wallfahrtskirche, die immer noch viele Pilger anzieht, die sich am 24. September jeden Jahres zu einer Wallfahrt einfinden.

Wallfahrtskirche

Das fruchtbare Cibao-Tal

Die Fruchtbarkeit des Cibao-Tals (Valle Cibao) ist sprichwörtlich. Es mißt in der Länge ca. 230 km und in der Breite zwischen 15 und 40 km und erstreckt sich **von Monte Cristi** im Westen **bis zur Bucht von Samaná** in Osten. Im Norden wird es von den **Cordillera Septentrional** und im Süden von den **Cordillera Central** begrenzt. Während der **Río Yague del Norte** ab der Wasserscheide bei Santiago de los Caballeros den westlichen Teil des Tals speist, bewässern der **Río Camú** und der **Río Yuna** sowie mehrere kleine Flüsse und Kanäle den östlichen Teil des Tals.

Bewässerungsanlagen

Es war schon zur Zeit der **Taino** stark besiedelt. **Christoph Kolumbus** geriet seinerzeit ins Schwärmen. Seine lyrischen Ausführungen über das Cibao-Tal sind überliefert. Er bezeichnete es als Abbild des Paradieses wegen seiner Üppigkeit und seines Reichtums. **Ende der 1940er Jahre** ließ die US-amerikanische **Firma Fruit Company** Bewässerungsanlagen bauen, die den großflächigen Anbau von Bananen, Mais, Maniok, Reis und Zuckerrohr sowie günstige Bedingungen für den Anbau von Kakao und Tabak ermöglichten. An den Berghängen baute man Kaffee an.

mildes Klima

Heute ist dieses Tal die ertragreichste Region der ganzen Republik. Die ganze Gegend von Santiago, Monsor Nouel, Duarte, Esquaillat, La Vega, Sánchez Raminez und Salcedo ist reich an **landwirtschaftlichen Produkten.** Sie versorgt den Rest des Landes mit Nahrungsmitteln. In dem milden Klima wächst einfach alles: Reis, Mais, Kartoffeln, Knoblauch, Bananen, Papaya, Ananas, Erdbeeren, sonstige Feldfrüchte aller Art und Blumen.

Außerdem verfügt diese Region über **Erze**, wie Gold, Eisen und Nickel, sowie andere **Mineralvorkommen**. Sie wird als das geografische Zentrum des Staatsgebietes angesehen. Der **Merengue-Tanz** hat hier seine Wurzeln. **Monsor Nouel** ist bekannt als das Dorf der Hortensien.

8.8.2 Santiago de los Caballeros – Stadt des Rums und Tabaks

Regionale Reisetips zu Santiago
entnehmen Sie bitte den gelben Seiten 225ff

- **Geschichtlicher Überblick**

Santiago wurde **dreimal gegründet**. **1498 oder 1499** vollzog **Bartolomé Colón**, der Bruder Christoph Kolumbus', die **erste Stadtgründung** am Fluß Río Yaque del Norte, etwa 8 km vom heutigen Santiago entfernt. Hier wurde zunächst ein **Fort** auf einem Hügel errichtet, um das sich allmählich eine Siedlung bildete. Die **zweite Stadtgründung** erfolgte durch **Frey Nicolás de Ovando**, später Gouverneur von Santo Domingo, in der landschaftlich reizvollen Gegend von Jacagua. Er garantierte den Siedlern, die erst kürzlich aus Spanien angekommen waren, und anderen, die aus La Isabela stammten, Land und Anstellungen. Er selbst baute sich eine Sommerresidenz, in der er seine Ferien verbrachte. **1508** überreichte der spanische König Fernando Santiago die **Stadtrechte. 1562** zerstörte ein **Erdbeben** die Stadt vollständig. **1563** erfolgte die **dritte Stadtgründung** an der gleichen Stelle, an der Bartolomé Colón sich vor 64 Jahren niedergelassen hatte, 8 km südlich der vorherigen Stadt Santiago. Möglicherweise rührten diese Ereignisse König Felipe II. so, daß sie ihn veranlaßten, von einer heroischen Gruppe von Einwohnern als wahren Rittern zu sprechen, daher der Name **Santiago de los 30 Caballeros** (Santiago der 30 Ritter). Nach einer anderen Version über die Namensgebung vermutet man, daß nach Aufzeichnungen des damaligen Rechts mindestens 30 Ritter für die Gründung einer neuen Stadt nötig waren. **1660** plünderte und brandschatzte der **französische Pirat Fernando de la Flor** die Stadt. **1804** brannten **haitianische Truppen** die Stadt nach kurzer Besetzung nieder. **1842** wurde die Stadt von einem weiteren **Erdbeben** heimgesucht. **1857** formierte sich eine **provisorische Regierung**, einer neuen Verfassung wurde zugestimmt und **Santiago de los Caballeros** zur **Hauptstadt** der Republik erklärt. General José Desiderio Valverde wurde Präsident und Benigno Filomeno Rojas sein Vize. Am **04.09.1863** proklamierte der Prälat Don Ulises Francisco Espaillat die **Wiederherstellung der Republik. Heute** ist Santiago eine wohlhabende Stadt, die hauptsächlich von der **Produktion von Rum und Tabak** lebt.

zwei Versionen über Namensgebung

Santiago de los Caballeros, die **zweitgrößte Stadt**, nicht gerade die schönste, aber sicherlich die reichste des Landes, hat gegenwärtig **364.447 Einwohner**. Hier geht es lange nicht so hektisch zu wie in Santo Domingo. Die Stadt ist das natürliche Zentrum seiner landwirtschaftlich intensiv genutzten Umgebung in der **Cibao**, einem fruchtbaren Tal, das den Entdeckern wie das Abbild des Paradieses erschien. Es ist immer noch ein Wunder an üppiger Vegetation und landwirtschaftlicher Produktivität.

Zentrum der Landwirtschaft

Das Markanteste an Santiago de los Caballeros ist zweifelsohne seine **Kathedrale Santiago Apostol**, aber auch der **Kulturplatz**, der **Duarte-Park** – Versammlungspunkt der traditionellen und romantischen Kutschen – und schließlich das hochaufragendes **Heldendenkmal** sind sehenswert.

Berühmt ist auch die gute Qualität der dort in Handarbeit hergestellten **Zigarren**. Die bekanntesten Marken sind Davidoff und Aurora. Ein weiterer erfolgreicher Industriezweig ist die Produktion von hochwertigem **Rum** und Likör. Berühmt ist die hiesige Rumfabrik J. Bermúdez. Santiago ist außerdem die Heimat des dominikanischen Volkstanzes **Merengue**, der mit Guira, Trommel und Akkordeon gespielt wird.

Vom historischen Standpunkt aus gesehen, ist Santiago de los Caballeros immer im **Vorfeld der Kämpfe um die Freiheit** gewesen. Die Santiagoaner kämpften zuerst gegen die Haitianer und besiegten sie in der Schlacht vom 30. März mit Truppen, die von José María Imbert von Moca angeführt wurden. Die **kulturelle Tradition** ist mit dem Namen des **Musikers Juan Francisco García**, einer der unbestrittenen Säulen dominikanischer klassischer Musik („Sinfonia Quisqueyana"), verbunden, desgleichen mit **Julio Alberto Hernández**, der sich mehr mit

Stadt des Widerstands

Stadt der Schönen Künste

folklorischer Musik und Tanz beschäftigt hat. Santiago hat auch bekannte **Maler** hervorgebracht, wie **Yoryi Morel**. Seine außerordentliche Palette an Werken reicht von leuchtenden Flamboyant-Bäumen bis zu Porträts armer Bauern. Der **Schriftsteller Enrique Deschamps**, Autor des Buches „La República Dominicana, Directorio y Guía General", 1907, war ebenfalls ein Sohn der Stadt Santiago. Letztlich sind Poeten vom Kaliber eines **Ramón Emilio Jiménez**, der mit seinem Werk „La Patría en la Cancíon" (Vaterland in Gesängen) an die Öffentlichkeit trat, sehr erfrischend.

Sehenswürdigkeiten

Catedral de Santiago de Apóstol

Die dreischiffige Kathedrale wurde von 1868 bis 1895 erbaut. Sie zeigt neugotische und neuklassizistische Bauelemente. Beachtenswert sind die bunten Glasfenster von José Rincón-Mora und der Mahagonialtar.

Museo del Tabaco

(Calle 30 de Marzo, gegenüber der Kathedrale)
Öffnungszeiten: Di-So 10-17.00 Uhr

Die Geschichte des Tabakanbaus vom 15. Jahrhundert bis in die Neuzeit wird hier demonstriert. Manchmal wird auch gezeigt, wie Zigarren gerollt werden. Bessere

1 Museo Tomás Morel
2 Casa del Arte
3 Mercado Modelo
4 Monumento de los Héroes de la Restauración de la República
5 Museo de la Villa
6 Centro de la Cultura
7 Palacio Consistorial
8 Parque Duarte
9 Museo del Tabaco
10 Kathedrale Santiago Apóstol
11 Polizei
12 Festung San Luís

Anschauung erhalten Sie allerdings in der Zigarrenfabrik der Stadt, wie im folgenden beschrieben.

Gotisches Portal – Kathedrale

Monumento de los Héroes de la Restauración

Die 67 m hohe Säule des Heldenmonuments aus Marmor ist das Wahrzeichen der Stadt und schon von weitem sichtbar. Es wurde 1940 zur Erinnerung an die 1865 erreichte Wiederherstellung der Dominikanischen Republik von dem Diktator Trujillo erbaut. Auf einer quadratischen Grundfläche ruht die gedrehte Säule mit einem Engel auf ihrer Spitze.

Hochaufragend – Heldenmonument

Man kann den spiralförmigen äußeren Säulengang hinaufsteigen oder mit dem Aufzug nach oben fahren. Dort hat man von einer Aussichtsplattform einen phantastischen Blick über die Stadt und das Cibao-Tal. Das Innere des Gebäudes ist mit Wandgemälden des spanischen Malers Vela Zanetti geschmückt.

Zigarrenfabrik

(Calle 16. Augusto)

Der Tabak wird in Ballen von den Plantagen angeliefert. Die Blätter werden nach Qualitäten sortiert. Kubanischer und dominikanischer Tabak werden gemischt.

2 Stunden werden die grob gedrehten Tabakblätter in hölzernen Formen gepreßt und anschließend mit geschickten Händen unter Mithilfe eines Messers mit runder Klinge zu Zigarren geformt.

Geschickte Hände – Zigarrenfabrik

Rumfabrik Bermúdez

(Avenida J. Armando Bermúdez)

Führungen: Mo-Fr 9.00-12.00 und 14.00-16.00 Uhr (je nach Bedarf)

Rum ist in der Dominikanischen Republik zum Alltagsgetränk geworden. In dieser Fabrik sind die Produktionsräume im Rahmen einer Führung zu besichtigen. Eine Rumprobe ist inbegriffen.

Aufstieg zum Pico Duarte (Parque Nacional José del Carmen Ramírez)

Die beste Anfahrtmöglichkeit
besteht von Santiago de los Caballeros über Jarabacoa.

Regionale Reisetips zu Jarabacoa
entnehmen Sie bitte den gelben Seiten 193f

ziemlich anstrengend

Wer den Gipfel des 3.175 m hohen **Pico Duarte** erklimmen möchte, muß über Ausdauer, gute Kondition und Leidensfähigkeit verfügen, um die Strapazen durchzustehen. Die lange Tour durch den Bergurwald ist ziemlich anstrengend. Es geht zum Teil sehr steil bergauf. Für die Wanderung, die kein besonderes bergsteigerisches Können erfordert, braucht man genügend Trinkwasser, festes Schuhzeug, einen Schlafsack, Regenschutz und einen warmen Pullover. Man muß für die Wanderung mindestens 2 Tage einplanen.

Der **beste Einstieg** ist der Ort **La Ciénega**. Dort kann man einen einheimischen Bergführer anheuern. Am besten eignet sich die trockene Zeit von Dezember bis März, dann ist es auf dem Dreitausender allerdings auch sehr kalt.

Abzuraten ist der Aufstieg in der Karwoche. Ein echter Dominikaner hat den Ehrgeiz, mindestens einmal in seinem Leben auf dem Gipfel des Pico gestanden zu haben, und die Ostertage sind dafür eine begehrte Zeit.

unglaublich schönes Seitental

Wer die Einsamkeit und die Schönheit der Berglandschaft mehr als den Gipfel liebt, dem sei das **Valle del Tetero** empfohlen, ein unglaublich schönes Seitental mit rauschenden Wasserläufen und Pinien.

8.8.3 Ausflug nach San José de las Matas

Entfernung
Santiago de los Caballeros - San José de las Matas - Santiago de los Caballeros: 80 km

Hinauf in die Berge

kleinbäuerliche Betriebe

Auf der mit San José de las Matas ausgeschilderten Straße geht es zunächst durch ein mit Dornenbüschen und Kakteen bewachsenes Trockengebiet. Auf freigeschlagenen Flächen haben sich kleinbäuerliche Betriebe angesiedelt. Man durchfährt ein sehr **buckeliges Land**, auf dem die Straße oft oben auf den Bergkämmen verläuft.

Janico, der erste größere Ort mit einer schmucken Kirche, den man passiert, ist sehr sauber und liegt in einer Talsohle. Auffällig sind seine kleinen reinlichen Restaurants. Idyllisch ist der **Zentralplatz**, auf dem die Leute nach getaner

Schmucke Kirche – Janico

Arbeit sitzen und sich unterhalten. Genauso auffällig ist die **Freundlichkeit seiner Bewohner**. Wenn man sie nach dem richtigen Weg fragt, so schwingt sich bestimmt ein hilfsbereiter Bursche auf sein Moped und fährt voraus, damit man die in Frage kommende Ausfahrt aus dem Ort auch tatsächlich findet.

In der Umgebung werden Maniok und Kaffee angebaut. Flechten hängen von vereinzelten Nadelbäumen.

San José de las Matas

Eine wunderschöne Allee mit weit ausladenden Bäumen empfängt den Besucher, bevor er den schattigen **Zentralplatz** mit buntem, pulsierendem Leben erreicht. Noch reizvoller ist die **landschaftlich idyllische Umgebung**. Der Ort (600 m ü. M.) ist ein sehr guter Ausgangspunkt, um den schwerzugänglichen **Nationalpark „Parque Nacional Armando Bermúdez“** und den dahinter liegenden **„Parque Nacional José del Carmen Ramírez“** per Pferd oder in eingeschränktem Maße auch per Geländewagen zu erkunden. In San José de las Matas gibt es eine Tankstelle und sehr einfache Unterkünfte.

Näheres über diese Nationalparks finden Sie in den gelben Seiten, im Kapitel 7.1, Allgemeine Reisetips von A-Z unter „Nationalparks und Reservate“, Seite 153f.

8.9 Santiago de los Caballeros - Las Galeras - Nagua

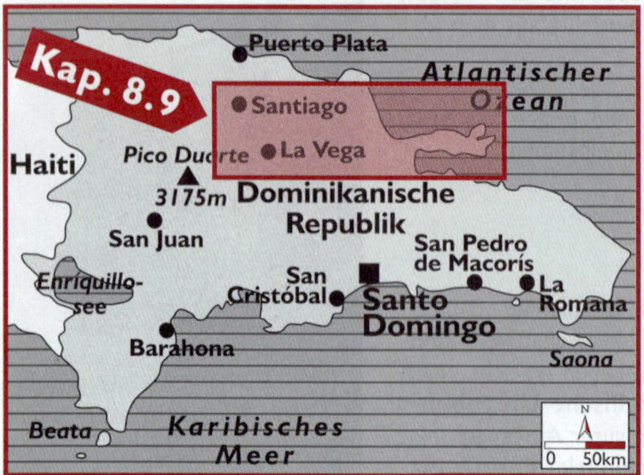

© igraphic

Zeitvorschlag
4 Tage

Entfernung
Santiago de los Caballeros - Las Galeras - Nagua: 334 km

Streckenhinweis
Ab ***Santiago de los Caballeros*** *auf der Straße No. 14 in östlicher Richtung nach* ***Moca*** *(Km 21), weiter über die Straße No. 132 nach* ***Salcedo*** *(Km 25,* ***San Franciso de Macorís*** *(Km 47) bis* ***Nagua*** *(Km 120), Abzweigung* ***rechts*** *auf die Straße No. 5 über* ***Sánchez*** *(Km 149) bis* ***Samaná*** *(Km 184), weiter nach* ***Las Galeras*** *(Km 216), zurück nach* ***Samaná*** *(248), Abzweigung* ***rechts*** *(Km 249), auf einer Schotterpiste mit dem nächsten Ziel* ***El Limón*** *(Km 265), wo es einen Wasserfall gibt, weiter nach* ***El Portillo*** *(Km 277),* ***Las Terrenas*** *(Strand) (Km 297),* ***Sanchéz*** *(Km 305) auf der Straße No. 5 bis* ***Nagua*** *(Km 334)*

8.9.1 Unterwegs nach Las Galeras

Moca

tapfere Männer

Moca, 1702 gegründet und heute Provinzhauptstadt von Espaillat, ist seiner tapferen Männer wegen berühmt, die von Tyrannen, wie Ulises Heureaux, der 1899 hier selbst ermordet wurde, und Rafael Trujillo, hingerichtet wurden.

Von touristischem Interesse ist das **Eisenbahndenkmal** am Ortsausgang in Richtung Salcedo, unserem nächsten Ziel. Beachtenswert sind außerdem die **Kirche** und ein **modernes Denkmal**. Die

Dankbar für den Ackersegen – Denkmal in Moca

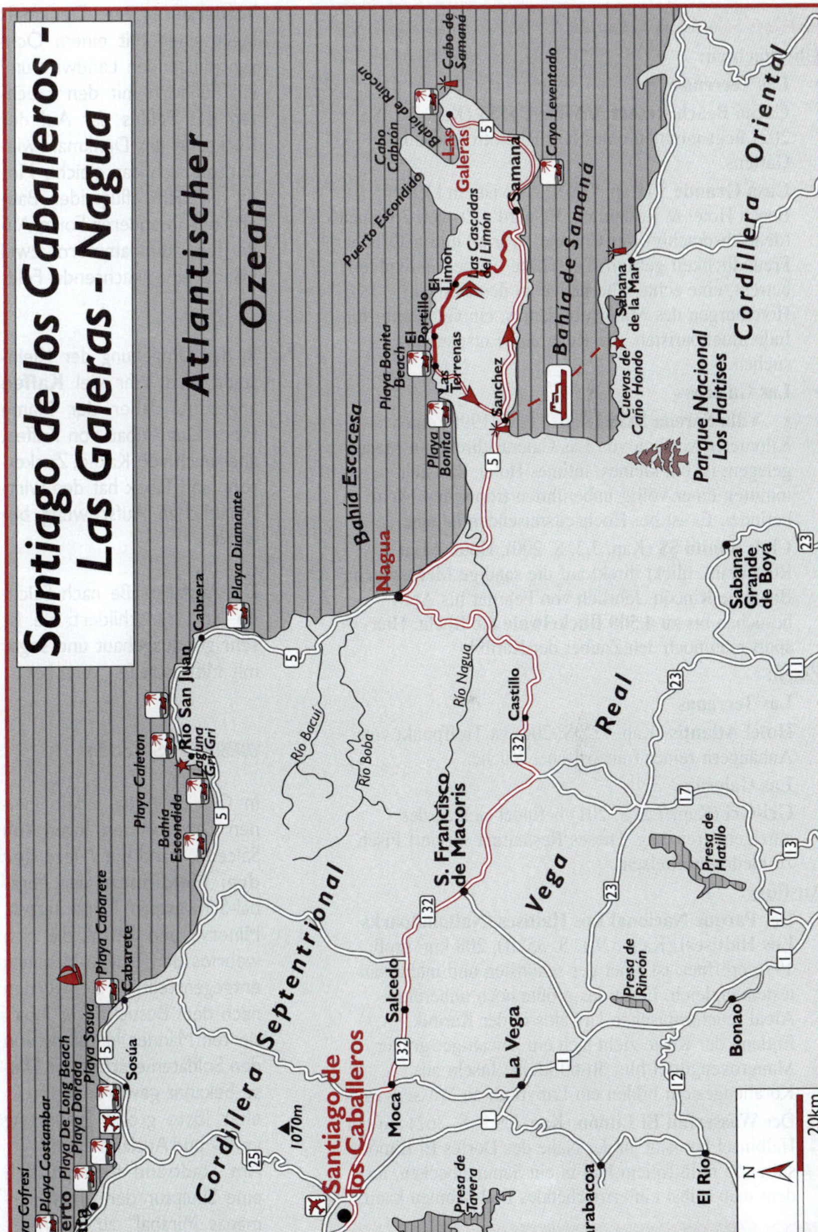
Santiago de los Caballeros -
Las Galeras - Nagua
Atlantischer
Ozean
Bahía Escocesa
Bahía de Samaná
Bahía de Rincon
Cabo Cabrón
Cabo de Samaná
Las Galeras
Cayo Leventado
Samaná
Las Cascadas del Limón
El Limón
Puerto Escondido
El Portillo
Las Terrenas
Playa Bonita Beach
Playa Bonita
Sanchez
Sabana de la Mar
Cuevas de Caño Hondo
Parque Nacional Los Haitises
Cordillera Oriental
Nagua
Playa Diamante
Cabrera
Río San Juan
Laguna Gri-Gri
Playa Caleton
Bahía Escondida
Playa Cabarete
Cabarete
Playa Sosúa
Sosúa
Playa Dorada
Playa De Long Beach
Playa Costambar
Playa Cofresí
Puerto Plata
Cordillera Septentrional
1070m
Santiago de los Caballeros
Moca
Salcedo
S. Francisco de Macoris
Castillo
Río Nagua
Río Bacuí
Río Boba
Vega Real
La Vega
Presa de Tavera
Jarabacoa
El Río
Bonao
Presa de Rincón
Presa de Hatillo
Sabana Grande de Boyá
5
132
1
12
17
13
23
11
25
N
0
20km
© igraphic

Redaktions-Tips

Übernachten:

- **Las Terrenas**
- **Cacao Beach Resort & Village $$$$** (Kap. 7.2, S. 202) liegt inmitten eines herrlichen tropischen Gartens.
- **Casa Grande $** (Kap. 7.2, S. 204) ist ein kleines Beach Hotel & Restaurant. Es wird z.Zt. von 2 Frauen (deutschsprachig) mit Charme, Wärme und natürlicher Freundlichkeit geführt. Die Gäste werden individuell betreut, eine echte Alternative zu den riesigen Hotelburgen des Massentourismus, ein Geheimtip für Individualtouristen, die Ruhe und Entspannung suchen.
- **Las Galeras**
- • **Villa Serena $$$$** (Kap. 7.2, S. 199f), einen Kilometer westlich von Las Galeras direkt am Meer gelegen, ist ein kleines, intimes Hotel, das sich inmitten einer völlig unberührten tropischen Natur befindet. Es ist bei Hochzeitsreisenden beliebt.
- **Club Bonito $$** (Kap. 7.2, S. 200), Hotel * Bar * Restaurant, blickt direkt auf die sandige Meeresbucht Bahía de Rincón. Jährlich von Februar bis April besuchen bis zu **4.500 Buckelwale** die Bucht. Hier spürt man noch den Zauber der Karibik.

Essen:

- **Las Terrenas**

  Hotel Atlantis (Kap. 7.2, S. 204) ist Treffpunkt von Anhängern feiner französischer Küche.
- **Las Galeras**

  Gri-Gri (Kap. 7.2, S. 201) befindet sich an der einzigen Kreuzung. Dieses Restaurant serviert Fisch zu niedrigen Preisen.

Ausflüge:

- Der **Parque Nacional Los Haitises (Nationalparks Los Haitises)** (Kap. 8.9.1, S. 357ff), 208 km^2 groß, 1976 eröffnet, ist einer der schönsten und interessantesten zugleich. Er ist das größte noch unberührte Areal feuchtropischen Urwalds in der Karibik. Entlang der Küste zieht sich ein gewaltiger grüner Mangrovengürtel hin. 50-60 kleine Inseln aus Korallengestein bilden ein Labyrinth an Wasserwegen.
- Der **Wasserfall El Limón** (Kap. 8.9.2, S. 362) auf der Halbinsel Samaná, in der Nähe des Dorfes El Limón, stürzt 55 m in freiem Fall in ein Sammelbecken, in dem man selbst ein erfrischendes Bad nehmen kann.

Vorderseite des Denkmals stellt einen mit einem Ochsen pflügenden Landwirt und ein Füllhorn mit den Früchten des Feldes dar. Auf der Rückseite des Denkmals wiederholt sich das gleiche Motiv mit dem pflügenden Bauern, nur in anderer Form. Außerdem umklammern zwei Hände eine wachsende Feldfrucht.

In der Umgebung der Kleinstadt wird sehr viel **Kaffee** angebaut, daher der Name Moca. Der Anbau von Kaffee, aber auch von Kakao, Zuckerrohr und Tabak hat den wirtschaftlichen Aufschwung bewirkt.

Die Ausfallstraße nach Salcedo ist ausgeschildert. Sie ist sehr gut ausgebaut und sogar mit Mittelstreifen versehen.

Salcedo

In Ojo de Agua, einem kleinen Ort vor den Toren von Salcedo, stand die Wiege **der drei Heldinnen**, der Mirabal-Schwestern María Teresa, Minerva und Patria, die sich wehrlos den Trujillo-Männern entgegenstellten. Sie wurden nach dem Besuch ihrer inhaftierten Männer kaltblütig von den Soldaten erschossen. Diese bekannt gewordene Greueltat löste große Empörung im In- und Ausland aus.
Am Stadtrand befindet sich eine Skulptur der „Tres Hermanas Mirabal" zu deren Erinnerung.

Auffällig sind die **bunte Kirche** der Stadt und die **vornehmen Landhäuser** am Rande des Ortes, von tropischer Vegetation eingerahmt.

Auch diese Kleinstadt liegt inmitten eines großen Obst- und Gemüseanbaugebietes. Besonders häufig werden Papaya, Maniok, Bananen und Ananas angebaut. Als Begrenzung der Felder dienen Hecken aus dicht gesetzten Kakteen und Agaven.

San Francisco de Macorís

Man fährt durch ein fruchtbares Tal, das durch genügend Regen und dauernd Wasser führende Bäche von den Bergen bewässert wird. Im Schatten großer Urwaldbäume gedeiht **Kakao**, der teilweise auf den Straßenrändern zum Trocknen ausgebreitet wird.

Trocknen von Kakao auf der Straße – San Francisco de Macorís

Wunderschöne Schmetterlinge, auch Schwalbenschwänze, besuchen die nektarspendenden Blüten der üppigen tropischen Vegetation.

wunderschöne Schmetterlinge

Die Stadt San Francisco de Macorís, in deren Mauern rund 100.000 Menschen wohnen, hat trotz ihrer Größe einen ziemlich **dörflichen Charakter**, weil fast alle Bewohner von der Landwirtschaft leben. Die Stadt hat keine nennenswerten Sehenswürdigkeiten zu bieten.

hauptsächlich Landwirtschaft

Auch nach dem Verlassen der Stadt am Wegesrand sieht man überall Anpflanzungen von Papaya, Kakao, Bananen, Mangos und Königspalmen. Auf den Viehweiden grasen schwarzbunte Holsteiner, rotbraune Angeliter und Zeburinder.

Castillo

Dieser Ort ist ein endlos in die Länge gezogenes Straßendorf. Es liegt in einer Ebene, in der auch Reisfelder angelegt sind. Bauern pflügen mit ihren Ochsen die sumpfigen Äcker.

Auch hier werden die Kakaobohnen auf der Straße getrocknet. Teilweise ist die halbe Fahrbahn mit ihnen bedeckt.

Sánchez

Regionale Reisetips zu Sánchez
entnehmen Sie bitte der gelben Seite 223

Das kleine Städtchen Sánchez mit rund 22.000 Einwohnern und mit seinen ruhigen Straßen und schönen Holzhäusern im victorianischen Stil liegt am Anfang der Halbinsel Samaná an der Bahía de Samaná auf der dem Atlantik abgewandten Seite.

Hafenstadt

Sanchéz war einmal ein lebhafter, aktiver Hafen, weil sich dort die **Endstation der Eisenbahnlinie** befand, die der **Schotte Mr. Baird** baute. Die Eisenbahnlinie verband die Städte La Vega und San Francisco de Macorís mit der Bucht. Nachdem der Straßenbau vorangetrieben wurde, legte man die Eisenbahnlinie still. Die Ozeandampfer sind verschwunden, die Kaffee und Kakao nach Übersee verfrachteten. Im verlandeten Hafen bestimmten heute nur noch kleine Fischerboote das Bild. Hier kann man günstig Krabben kaufen.

Die Straßen und Häuser der kleinen Hafenstadt sind über mehrere Hügel verteilt. Für Eisenbahnfreunde ist das **Eisenbahnmuseum** unter freiem Himmel und die Besichtigung des alten Bahnhofs von Interesse. Aber auch Sánchez ist für den Urlauber meistens nur Durchgangsstation auf dem Weg zu den Stränden der Halbinsel Samaná oder **Ausgangspunkt für Touren in den Nationalpark Los Haitises**.

Die Halbinsel Samaná

Regionale Reisetips zu Samaná
entnehmen Sie bitte der gelben Seite 222

Immer noch ist diese 63 km lange und zwischen 10 und 20 km breite Halbinsel die schönste Gegend für Individualtouristen. Sie ist bisher vom Massentourismus verschont geblieben. Hoffentlich gibt es die tropischen Wälder mit ihrer Pflanzenvielfalt und die einsamen Strände in versteckten Buchten, die sauberen Gebirgsflüsse und die reiche Vogelwelt, die springenden Buckelwale in ihrem Paarungsrausch noch lange. Schon der Bau eines internationalen Flughafens auf Samaná und entsprechend vermehrte Hotelkapazitäten würden das paradiesische Leben auf der Halbinsel verändern.

Wildromantische Felsenküste – Halbinsel Samaná

Die Wildnis der Halbinsel Samaná bot im US-amerikanischen Bürgerkrieg den schwarzen Sklaven Zuflucht. Samaná ist eine paradiesische Tropenlandschaft mit unzähligen Botanikwundern, einsamen Stränden und schroffen Felsenküsten.

paradiesische Tropenlandschaft

Ausflug zum Parque Nacional Los Haitises (Los Haitises Nationalpark)

Regionale Reisetips zum Parque Nacional Los Haitises
entnehmen Sie bitte der gelben Seite 207

Überblick

Der 208 km² große Nationalpark, 1976 eröffnet, ist einer der schönsten und interessantesten zugleich. Er ist das größte noch unberührte Areal feuchttropischen Urwalds in der Karibik. Entlang der Küste zieht sich ein gewaltiger grüner Mangrovengürtel hin. 50-60 kleine Inseln aus Korallengestein bilden ein Labyrinth an Wasserwegen.

feucht-tropischer Urwald

Es wird angenommen, daß dieses Gebiet sich vor rund 40 Millionen Jahren gebildet hat. Der überschwemmte Landstrich, aus dem jetzt eine große Anzahl an Felsen als kleine Inseln herausragt, deren überwiegendes Material maritime Ablagerungen aus Korallen ist, wurde durch spätere Erdbewegungen emporgedrückt.

Eine der 50-60 kleinen Inseln – Los Haitises Nationalpark

Die Oberflächenform ist sehr unregelmäßig. Sie besteht zumeist aus Hügeln von 200 bis 300 m Höhe. Die höchsten Erhebungen messen fast 500 m. Der Boden der kleinen Täler macht nur eine dünne rötlich und gelblichweiße Schicht aus. Das Korallengestein mit seiner Durchlässigkeit für Regenwasser ist verantwortlich für den Mangel an Oberflächenwasser. Die durchschnittlich jährliche Niederschlagsmenge beträgt 1.900 bis 2.000 mm und die Temperatur +24 bis +26 °C im Jahresdurchschnitt. Wegen der reichlich niedergehenden Regenmengen und der hohen Luftfeuchtigkeit hat sich trotz schlechter Bodenqualität eine große Artenvielfalt an subtropischer Vegetation gebildet. Hierzu gehört hauptsächlich eine große Anzahl an Farnen, Bromelien und Lianen.

große Artenvielfalt

- Die **häufigsten Baumarten** sind: **Westindische Zeder** (*Cedrela odorata*)/ Indian Ceder, **Westindischer Mahagoni** (*Swietenia mahagoni*)/Hispaniolan Mahagony, **Copey** (Clusia rosea)/Copey, **Kapok- oder Wollbaum** (*Ceiba pentandra*)/ Silk-cotton Tree, **Amerikanische Rhizophora** (*Rhizophora manpla*)/Red Mangrove und **Weiße Mangrove** (*Laguncularia racemosa*)/White Mangrove.

- Die **häufigsten Vogelarten** sind: **Brauner Pelikan** (*Pelecanus occidentalis*)/ Brown Pelican, **Prachtfregattvogel** (*Fregata magnificens*)/Magnificent Frigatebird, **Amerikanischer Blaureiher** (*Egretta caerulea*)/Little Blue Heron, **Schleiereule** (*Tyto alba*), Barn Owl, **Rosenseeschwalbe** (*Sterna dougallii*)/Roseate Tern.
- **Säugetiere** sind mit folgenden Arten vertreten: **Hutia** (*Plagiodontia aedium*)/ Hutia, ein 30 cm großes Nagetier, und **Schlitzrüßler** (*Solenodon paradoxus*)/Solenodon, ein insektenfressendes, ungefähr 30 cm großes Säugetier, vom Aussterben bedroht.

Felszeichnungen

Von historischer und kultureller Wichtigkeit ist das **ausgedehnte Höhlensystem** mit den Höhlen **La Arena**, **San Gabriel** und **La Línea**. Sie enthalten präkolumbianische Felszeichnungen und Piktogramme. Andere interessante Punkte außer den Höhlen sind Cano Hondo, Punta Arena, Cano Salado, San Lorenzo Bay und Los Pájaros Keys.

Persönliches Erlebnis

Es schwimmen kleine Pflanzeninseln herum, und man erkennt auf ihnen die blauen Blüten der Wasserhyazinthen. Weil dieses Gebiet sehr fischreich ist, halten sich hier ständig zahlreiche ***fischfressende Wasservögel*** *auf, beispielsweise Braune Pelikane, Amerikanische Blaureiher, Nachtreiher, Fregattvögel und Raubseeschwalben.*

Geschickter Fischer – Dreifarbenreiher

In diesem einzigartigen Nationalpark lernt man die faszinierenden Höhlensysteme der ***Taino*** *kennen. Hier suchten und fanden die Tainos Schutz, und an einigen Stellen hielten sie ihre religiösen Zeremonien ab. Felspiktogramme und Wandmalereien künden davon. Man kann einige zugängliche Tropfsteinhöhlen besichtigen. In einigen sind die Deckengewölbe eingestürzt. Die Baumwurzeln sind teilweise bis zu 40 m lang, um das Wasser in der Höhle aufzusaugen.*

Später fanden in den Höhlen und labyrinthischen Wasserstraßen der Karsthügellandschaft ***Piraten*** *Unterschlupf. Die 13 km von Sabaná de la Mar befindliche Höhle* ***Cuevas de Cano Honde*** *ist besonders eindrucksvoll.*

Heute fahren Sie auf gut ausgerüsteten Booten durch Kanäle zwischen den stelzenartigen Luftwurzeln der Mangroven hindurch und vorbei an den Kuppen eines Meeresgebirges, den winzigen „Cayos". Man fährt Sie zu einigen ***Brutkolonien****, in denen Fregattvögel, Braune Pelikane und Nachtreiher brüten. Besonders eindrucksvoll sind die Männchen der Fregattvögel mit ihren roten aufgeblähten Kehlsäcken. Außerdem ist das Betteln* *der Jungvögel von Nacht-, Seiden-, Dreifarb-, Grau- und Mittelreihern zu hören und das Füttern des Reihernachwuchses zu sehen. Als Schutzgebiet von Fauna und Flora ist Los Haitises von unschätzbarem Wert.*

Hinweis
Bei den Bootsfahrten sollten Sie darauf achten, daß Paddel und Schwimmwesten an Bord sind.

Cayo Levantado

Diese Insel, nur knapp 2 km lange und 500 m breit, wird auch „Bacardi-Insel" genannt. Sie ist das Hauptausflugsziel in der Bahía de Samaná. Das Dorf **Los Cacaos** ist der nächste Startpunkt für eine 15-20-minütige Bootsfahrt zum herrlich weißen Inselstrand. So schön die kleine unbewohnte Insel mit ihren 3 Stränden aussieht, wenn kein Mensch zu sehen ist, so sehr leidet ihr Anblick, wenn es von Tagesgästen nur so wimmelt.

Touristen-attraktion

Nachdem Sie den Hafen von Sánchez passiert haben, kommen Sie an dem **Arroyo Barril Airport von Samaná** mit seinem 5.000 feet langen Rollfeld vorbei. Die Flugzeit vom Herrera Domestic Airport in Santo Domingo nach Samaná beträgt ungefähr 25 Minuten. Die Fahrt auf der Küstenstraße fortsetzend, vorbei an Millionen von Kokospalmen, erreichen Sie den Ort Santa Bárbara de Samaná.

Santa Bárbara de Samaná

Regionale Reisetips zu Santa Bárbara de Samaná
entnehmen Sie bitte den gelben Seiten 224f

Geschichtliches

Am **12.01.1493** ankerte **Christoph Kolumbus** an den Stränden von Samaná. Am **13.01.1493** kam es zur ersten **Schlacht** in der Neuen Welt **zwischen Ciguayos und den Spaniern**. Der Admiral Christoph Columbus schrieb in sein Tagebuch: „Ich habe niemals zuvor so viele Pfeile über einem Schiff fliegen sehen." Aus diesem Grund wurde die Bucht auch „Golfo de las Flechas" (Bucht der Pfeile) genannt.

Verbundene Inseln – Santa Bárbara de Samaná

1511 legten hier die ersten **Sklavenschiffe** aus Afrika an. **1756** gründete **Brigardier Francisco Rubio Peñaranda**, der damalige Gouverneur der Insel, Santa Bárbara de Samaná, wie der vollständige Name des Ortes lautet. Jenseits der Bahía de Samaná entstand **Sabana de la Mar**. Zahlreiche Einwanderer stammten von den Kanarischen Inseln. **1824 und 1825** ließen sich mehrere ehemalige Sklaven in Samaná nieder.

als Hafenstadt nicht mehr gefragt

1916-1924 hatten die **USA** das Land besetzt. In dieser Zeit entstand eine solide Straßenverbindung von Santo Domingo nach Santiago de los Caballeros und weiter an die Nordküste, hierdurch verlor der Hafen von Santa Bárbara de Samaná an Bedeutung. **1946** wütete ein **großes Feuer** in der Stadt. **Ab 1990** entwickelte sich Santa Bárbara de Samaná zu einem attraktiven Ort für den **Tourismus**.

gute Badestrände

Santa Bárbara de Samaná hat sich von einem Fischerort zu einem ansehnlichen Städtchen und Verwaltungszentrum der Halbinsel Samaná entwickelt und besitzt großzügig angelegte, gepflegte Grünanlagen. Brücken verbinden der Küste vorgelagerte Inseln miteinander. Der Ort ist dank seiner sehr guten Badestrände in der Umgebung und der guten Fischgründe zum idealen Ausgangspunkt für Ausflugs-, Angel- und Tauchfahrten geworden. Zahlreiche Hochseeyachten ankern hier.

Die Stadt Santa Bárbara de Samaná feiert seit mehr als einem halben Jahrhundert jährlich ein fröhliches **Fest am 04. Dezember** im Haus von Doña Vetilia Pena, in dem **„Bambulá“** getanzt wird. Es ist ein ritueller Tanz, der ebenfalls während der Festlichkeiten am **Saint Raphael Tag am 24. Oktober** getanzt wird. Der **„Chivo Floret“**, ein Tanz mit erotischen Motiven, den viele für zu obszön halten, ist ein weiterer Tanz, der typisch für Samaná ist, genau wie **„Oli Oli“**, Teil einer Karnevalsparade, in der nur Männer tanzen.

Samaná ist berühmt für seine **fabelhafte einheimische Küche**. Zu den favorisierten Gerichten gehört „Pescado con Coco" (Fisch mit Kokosnuß), ein köstlicher Genuß.

Las Galeras

Regionale Reisetips zu Las Galeras
entnehemen Sie bitte den gelben Seiten 199ff

Der kleine Fischerort Las Galeras liegt an der **Bahía de Rincón**, die im Westen von dem **Cabo Cabrón** und im Osten von dem **Cabo Samaná** eingerahmt wird. Besonders an Sonn- und Feiertagen herrscht hier reges Leben. Dann feiern Einheimische mit ihren Familien, grillen frisch gefangene Fische, machen Musik und tanzen Merengue.

kleiner Fischerort

Einsamer Strand – Las Galeras

In der übrigen Zeit bietet der weiße, 20 km lange Strand besonders den Indiviual-Reisenden, die Ruhe und Abgeschiedenheit suchen, genügend Freiraum.

Strände

- **Cabo Cabrón**
Diese Halbinsel mit ihren idyllischen Buchten ist von Las Galeras mit dem Boot in kurzer Zeit zu erreichen. Sie müssen mit den Fischern über eine Bootsfahrt verhandeln.
- **Playa Rincón**
Diesen Strand sollten Sie ebenfalls mit dem Fischerboot ansteuern, beschaulicher, einfacher und besser als mit einem geliehenen Moped.
- **Playa Cozón, Playa Punta Bonita** und **Las Ballenas**, in der Nähe von Las Terrenas, sind nur per Boot zu erreichen. Der Preis muß ausgehandelt werden.

einsame Strände

8.9.2 Rückfahrt nach Nagua

Wasserfall El Limón

Auf einer Schotterstraße, kurz hinter Samaná, rechts von der Straße No. 5 abzweigend, erreicht man das Dorf El Limón. Der Ort heißt deshalb so, weil es hier viele Zitronenbäume gibt. Hier kann man sich Pferde mit Führer mieten, um zu den 55 m hohen Kaskaden eines Wasserfalls zu gelangen, der ganzjährig Wasser führt. Nach heftigen Regenfällen ist der Pfad sehr verschlammt und rutschig. Der Weg führt durch tropischen Regenwald, der von vielen Lianen durchzogen ist. Zebraschmetterlinge gaukeln bei Sonnenschein durch den Wald. Man kommt an Kaffee- und Kakaopflanzungen vorbei. Nach ½ bis ¾ Stunde, je nach Wegverhältnissen, hat man die Kaskaden des Gebirgsflusses erreicht. Man steigt vom Pferd und steigt einen Abhang zu Fuß hinunter. Hier blickt man in die Höhe und bewundert, wie das Fließgewässer in freiem Fall 55 m tief in ein Sammelbekken stürzt, in dem man selbst ein erfrischendes Bad nehmen kann.

55 m hohe Kaskade

mit dem Pferd erreichbar

Hoch zu Roß – Ziel: der Wasserfall El Limón

Sprühender Wasserschleier – Wasserfall El Limón

Warnung

Nach starken Regenfällen sollte man den Pferderitt nicht unternehmen, weil es besonders an einer Stelle steil bergab geht und man ohne Steigbügel, nur auf einem manchmal schlecht gezurrten Sattel sitzend, leicht vom Pferd stürzen und ohne Sturzhelm auf scharfe Steine aufschlagen kann. Man ist nicht versichert und man unternimmt diesen gefährlichen Ritt auf eigenes Risiko.

Las Terrenas

Regionale Reisetips zu Las Terrenas

entnehmen Sie bitte den gelben Seiten 201ff

Um Las Terrenas zu erreichen, muß man auf einer Nebenstraße, die erst 1990 befestigt und asphaltiert wurde, kurz vor Sanchéz rechts abbiegen und eine wildromantische Berglandschaft überqueren. Die steilen Auf- und Abfahrten haben teilweise 15 % Steigung bzw. Gefälle. Der kleine Ort **El Nanjarito** oben in den Bergen ist von dichter tropischer Vegetation umgeben. Wie magnetisch werden die Blicke auf die

überschwenglich orangerot blühenden Flamboyant-Bäume im Urwald gelenkt. Auf den großen **lilafarbigen Orchideen** glänzen manchmal noch die Wassertropfen des letzten Regenschauers wie Diamanten.

Einfache, aber zweckmäßige Bude – Las Terrenas

In **Las Terrenas** ist alles in Reichweite. Tagsüber Erholung, Ruhe, behaglicher Lebensrhythmus, Wandern über samtweichen, feinen Sand und sportliche Betätigung und nachts Entspannung in sanfter Meeresbrise und entfernte, lockende Klänge der örtlichen Musik. In Las Terrenas spüren Sie noch den **Zauber der Karibik**. Der urige Strand ist naturbelassen. Kokosnüsse liegen im Sand. Alte Stubben und Baumstümpfe werden dort belassen, wo sie liegen, im Palmenhain oder am Strand. Der Küste vorgelagert ist ein **Korallenriff**, das als ideales Tauchrevier bekannt ist.

ideales Tauchrevier

Karibikzauber – Las Terrenas

Aufregend wird es, wenn sich von November bis März die **Buckelwale** vor der Küste einfinden, die die arktischen Gewässer des Atlantik verlassen haben, um sich hier zu paaren und um zu gebären.

Nagua

Regionale Reisetips zu Nagua
entnehmen Sie bitte der gelben Seite 207

In Nagua, Provinzhauptstadt von María Trinidad Sanchéz mit rund 60.000 Einwohnern, erreicht man die Küste des Atlantischen Ozeans. In der Umgebung gibt es besonders **schöne Strände**, beispielsweise Playa Grande, La Preciosa, El Breton, Playa Diamante, La Entrada, Playa Boba und weitere namenlose wilde Strände, an denen u.a. Zwergpalmen wachsen. Man wird auf Verkaufsbuden aufmerksam, bei denen Spanferkel geröstet werden. An der Küstenstraße zwischen Nagua und Sánchez haben sich kleine Restaurants und Hotels angesiedelt. Der Gran Estero mündet in den Ozean. Das Hinterland ist sumpfig. Die morastigen Wasserstellen sind von dichten Schilfdickichten und Binsen umstellt.

namenlose wilde Strände

8.10 Nagua - Puerto Plata - Santiago de los Caballeros - (Santo Domingo)

Zeitvorschlag
2 Tage

Entfernungen
Nagua - Puerto Plata - Santiago de los Caballeros - (Santo Domingo): 378 km

Streckenhinweis
*Von **Nagua** auf der **Straße No. 5** weiter in westlicher Richtung, immer entlang der Nordküste über **Cabrera** (Km 40), **Río San Juan** (Km 59), **Cabarete** (Km 111), **Sosúa** (Km 123), **Puerto Plata** (Km 148), Erreichen der **Autopista Duarte** (Km 188), **Santiago de los Caballeros** (Km 212), (Santo Domingo, Km 378)*

8.10.1 Unterwegs nach Puerto Plata

Ein Höhenzug mit verwittertem Kalkgestein, das durch Risse, Spalten und Höhlen zergliedert ist, kommt ziemlich nahe an die Nordküste der Insel heran.

Cabrera

kleiner, hübscher Ort

Cabrera ist ein kleiner, hübscher Ort mit einem zum Verweilen einladenden Zentralplatz. Die älteren Holzhäuser sind gut unter Farbe, und die neueren Steinhäuser machen einen gepflegten Eindruck.

Eine Bucht zum Verweilen – Cabrera

Die zerklüftete Steilküste weiter im Norden ist am **„Cabo Francés Viejo"** mit einem Leuchtturm be-

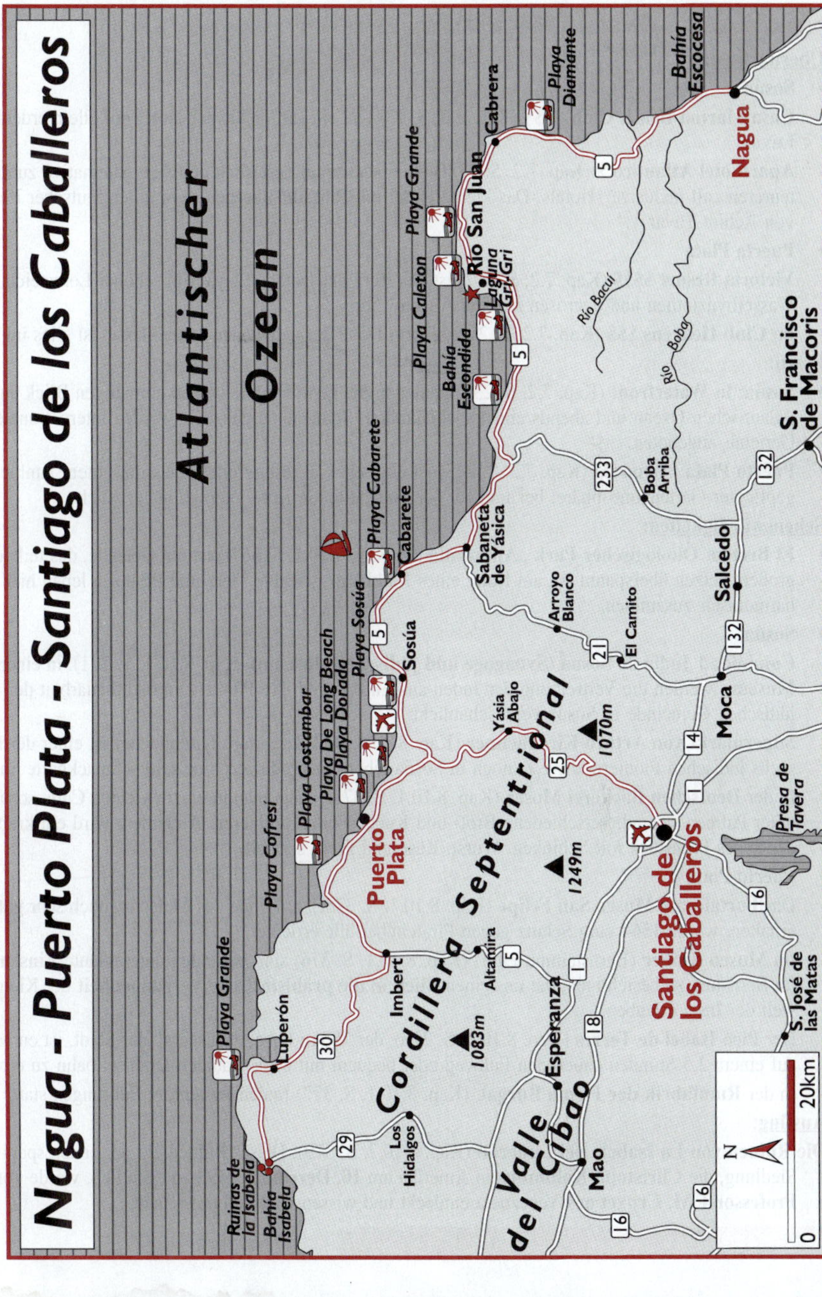
Nagua - Puerto Plata - Santiago de los Caballeros
Atlantischer Ozean
Ruinas de la Isabela
Bahía Isabela
Playa Grande
Luperón
Playa Cofresí
Playa Costambar
Playa De Long Beach
Playa Dorada
Playa Sosúa
Playa Cabarete
Puerto Plata
Sosúa
Cabarete
Sabaneta de Yásica
Playa Caletón
Bahía Escondida
Playa Grande
Río San Juan
Laguna Gri-Gri
Cabrera
Playa Diamante
Bahía Escocesa
Nagua
Río Bacuí
Río Boba
Boba Arriba
S. Francisco de Macorís
Salcedo
Arroyo Blanco
El Camito
Moca
Yásica Abajo
1070m
Cordillera Septentrional
1249m
1083m
Imbert
Altamira
Los Hidalgos
Esperanza
Valle del Cibao
Mao
Santiago de los Caballeros
Presa de Tavera
S. José de las Matas
30
29
5
25
233
21
132
14
1
16
18
0
20km
N
© graphic

Redaktions-Tips

Übernachten:

- **Sosúa**
  - **Casa Marina Beach Club $$$$** (Kap. 7.2, S. 237) ist ein „all inclusive"-Hotel mit allem erdenklichen Luxus.
  - **Aparthotel Atlantico $** (Kap. 7.2, S. 238f) ist eine gute und preislich günstige Alternative zu den teureren „all inclusive"-Hotels. Das kleine Hotel mit Restaurantbetrieb steht unter deutscher Leitung von Achim Tovar.
- **Puerta Plata**
  - **Victoria Resort $$$$** (Kap. 7.2, S. 212) ist das Herz der Dorada Playa. Ein schöner Lotusteich mit Wasserhyazinthen und Seerosen ist eine Augenweide.
  - Im **Club Heavens $$$** (Kap. 7.2, S. 212), einem Hotel der gehobenen Mittelklasse, ist alles inklusive.

Essen:

- **Sosúa**: In **Waterfront** (Kap. 7.2, S. 239) genießen Sie beim Dinieren einen einmaligen Blick auf den Atlantischen Ozean und abends einen spektakulären Sonnenuntergang. Es werden internationale Gerichte angeboten.
- **Puerto Plata**: **Acuarela** (Kap. 7.2, S. 213) ist ein liebevoll restauriertes Haus mit gutem Ambiente und gepflegter Gartenatmosphäre, bekannt für schmackhafte Gerichte internationaler Küche.

Sehenswürdigkeiten:

- **El Breton**: **Ökologischer Park „Amazonia 2"** (Kap. 8.10.1, S. 367f) ist ein Gelände, das teilweise mit großen Netzen überspannt ist, am Hang eines Kalkbergs gelegen. Tiere und Pflanzen leben hier harmonisch zusammen.
- **Sosúa**
  - **Cominidad Judía de Sosuá (Synagoge und jüdisches Museum)** (Kap. 8.10.1, S. 371), in einem **Museum** werden die Vertreibung der Juden aus Europa und ihre Pionier- und Aufbauarbeit der jüdischen Gemeinde in Sosúa veranschaulicht.
  - **Supermarkt von Arturo Kirchheimer** (Kap. 8.10.1, S. 371), Arturo Kirchheimer ist einer der letzten sechs jüdischen Pioniere, die z.Zt.noch in Sosúa leben. Er produziert eine sehr schmackhafte Salami.
  - In der **Deutschen Bäckerei Moser** (Kap. 8.10.1, S. 371f) kann man in einem kleinen Café, schattig unter Palmen sitzend, verschiedene Brot- und Kuchensorten probieren. Außerdem wird ein kräftiges deutsches Frühstück mit Schinken, Wurst, Käse und Eiern serviert.
- **Puerto Plata**
  - Das **Fortaleza y Museo San Felipe** (Kap. 8.10.1, S. 375f), am Ende des Malecón, noch sehr gut erhalten, wurde **1564** zum Schutz gegen Piratenüberfälle errichtet.
  - Im **Museo Amber** (Bernsteinmuseum) (Kap. 8.10.1, S. 376) sind besonders interessante **Einschlüsse** im Bernstein zu besichtigen, die uns einen **Blick in die prähistorische Vergangenheit** der Kleinlebewelt der Insel erlauben.
  - Der **Pico Isabel de Torres** (Kap. 8.10.1, S. 376), der **793 m** hohe „Hausberg" der Stadt, ist entweder auf einem 2,5 Stunden dauernden Fußweg oder bequem mit einer Kabinen-Drahtseilbahn zu erreichen.
  - In der **Rumfabrik der Firma Burgal**, (Kap. 8.10.1, S. 377) finden kostenlose Führungen statt.

Ausflug:

Die Ruinen von La Isabela bei Luperón (Kap. 8.10.2, S. 379): Dieses Ruinenfeld der ersten spanischen Siedlung, die **Christoph Kolumbus** in Amerika am **10. Dezember 1493** anlegen ließ, wurde von **Professor F.M. Cruxet** aus Venezuela entdeckt und wissenschaftlich untersucht.

stückt. 15 km weiter stößt man auf eine schöne Badebucht mit gelbem Sand, die von schroffen Felsen eingerahmt ist.

El Breton

Regionale Reisetips zu El Breton
entnehmen Sie bitte der gelben Seite 193

Ökologischer Park „Amazonia 2"

(Amazonia 1 befindet sich im Parques Excoticos, in Los Cristianos, Tenneriffa, Kanarische Inseln.)

Öffnungszeit: täglich 8.30-17.30 Uhr

Dieser Park ist ein Gelände, das teilweise mit großen Netzen überspannt ist, am Hang eines Kalkbergs gelegen. Den Tieren wurde von den schweizer Besitzern ein möglichst großer Freiraum geschaffen. möglichst großer Freiraum

Hinweis
Benutzen Sie bitte die Handläufe. Im Urwald gibt es nun mal keine asphaltierten Wege. Man war bestrebt, alles so natürlich wie möglich zu belassen. Wenn Sie Blumen mit nach Hause nehmen möchten, kaufen Sie diese bitte in einem Geschäft. Der Rundgang dauert zwischen 30 und 60 Minuten.

1. Im geschlossenen Teil des Parks finden Sie folgende einheimische Tiere: Äffchen, **Papageien** (*Amazona ventralis*), Cotorras (span.), (*Aratinga chloroptera*), Pericos (span.), **Turteltauben** (*Columba inornata*), Tortolas (span.), **Rebhühner** (*Geotrygon montana*), **Zwergkolibris** (*Mellisuga mininia*), die kleinsten Vögel der Erde, **Nashornleguane** (*Cyclura cornata*) kommen sonst noch am Enriquillo-See vor.
2. Wenn Sie nach links gehen, kommen Sie an eine Höhle, in der **Taino** gelebt haben. Diese ehemalige Wohnstatt dürfen Sie besichtigen. Hier sind einige Haushaltsgeräte der Ureinwohner Hispañiolas ausgestellt. Die Wasserbecken wurden von ihnen aus dem Felsen geschliffen.
3. In einem Freigehege treffen Sie auf **zwei Schildkrötenarten** (*Geochelone carbonaria*) mit rotem Kopf und (*Geocholone denticulatus*) mit gelbem Kopf, und auf **Kaninchen**.
4. Im **Schmetterlingshaus**, das mit einem gro-

Urtümlich, wie ein Relikt aus der Urzeit – Leguan

ßen Netz umspannt ist, flattern mehrere Schmetterlingsarten herum, u.a. Zebrafalter und Schwalbenschwänze.
Außerdem leben hier 2 Leguanarten, der einheimische **Graue Leguan** (*Cyclura ricordi*) und der **Grüne Leguan** (*Iguana iguana*), aus Costa Rica stammend.
5. Wenn Sie weiter den Pfaden zu Füßen des Kalkbergs folgen, wo der feuchte Wind gegen das Gestein bläst, finden Sie **Orchideen** und **Bromelien**.
6. Es teilt sich der Weg. Links geht er bergan, ca. 150 m empor bis zu einer **Schlangenhöhle**, in der eine *Boa striatus* gehalten wird.
7. Auch der **Kakteengarten** ist sehenswert.
8. Schließlich erreichen Sie die **Fledermaushöhle**. Die geschickten Flieger orientieren sich selbst bei tiefster Dunkelheit mit einem Echolotsystem, das sie auch beim Fang von Insekten einsetzen. Von hier oben genießen Sie einen weiten Blick auf die fruchtbare, schmale Küstenebene an der Nordküste.
9. Im **Tal der Farne** gedeihen die Pflanzen so prächtig, weil hier eine sehr hohe Luftfeuchtigkeit herrscht, ideale Bedingungen auch für **Heliconien** und **Ginger**.
10. Die Palmwedel der **Cana-Palme** (*Sabal umbraculifera*) werden zum Decken von Dächern verarbeitet, die bis zu 25 Jahre halten.
11. Das **Sumpfpflanzengebiet** zeichnet sich durch eine hohe Artenvielfalt aus. Im hohlen Palmenstamm leben **Wildbienen**.

Plattentektonik

12. Amerika besteht bekanntlich aus 2 großen **Kontinentalplatten**, der nordamerikanischen und der südamerikanischen. Diese pressen sich im Karibischen Meer aufeinander und falten dabei Teile des Meeresbodens nach oben, die Karibischen Inseln. Diese Felsen sind antike Korallenriffe, die sich etappenweise erhoben haben. Hier war vor Millionen von Jahren die Wasserlinie. Der ewige **Wellenschlag** hat die **deutlich sichtbaren Ausbuchtungen ausgewaschen**. An den Steinen sehen Sie die Korallenfossilien.

In einem Prospekt finden Sie folgende Anmerkung, die die für diesen Park charakteristische Liebe zur Natur wiedergibt:
„Wahrscheinlich vermissen Sie die üblichen „Shows" und die Fotos von Tieren. Um Tiere für diesen Unsinn abzurichten, benutzt man Hunger, Schmerz, Elektroschocks, Drogen usw. Wir achten und lieben unsere kleinen Amigos. Wenn die Äffchen mit Ihnen spielen, dann tun sie es, weil es ihnen Spaß macht. Wir hoffen, es hat Ihnen trotzdem gefallen."

Río San Juan

Regionale Reisetips zu Río San Juan
entnehmen Sie bitte den gelben Seiten 220f

ideal für Individualtouristen

Für diesen kleinen Küstenort mit seinen rund 15.000 Einwohnern lohnt ein kurzer Abstecher abseits der Küstendurchgangsstraße. Er ist **einer der schönsten Kleinstädte des Landes** mit farbig angestrichenen Häuschen, kleinen Läden und Cafeterien. An einer kleinen Bucht, der **Gri-Gri-Lagune**, werden Bootstouren zu einsamen Stränden, Höhlen und ausgedehnten Mangrovensümpfen angeboten. Dieser Ort ist ideal für Individualtouristen, die die Natur lieben und die dem Massentourismus entfliehen. Ihnen bietet sich allabendlich ein Naturschauspiel, wenn verschiedene Reiherarten ihre Schlafbäume im Ort aufsuchen.

Im weiteren Verlauf der Fahrt erhascht man immer wieder spektakuläre Blicke auf den Atlantischen Ozean, oder es geht durch eine versumpfte Küstenlandschaft.

Kleiner Bootshafen – Río San Juan

Cabarete

Regionale Reisetips zu Cabarete
entnehmen Sie bitte den gelben Seiten 187ff

Cabarete, einstiger Fischerort, ist ein beliebter Ferienort für Europäer geworden, bunt und voller Leben. Es gibt neben den großen Hotelburgen auch genügend kleine Pensionen mit individueller Betreuung direkt am Strand und viele Geschäfte, Boutiquen und Strandcafés. In Cabarete trifft man vorwiegend auf Individualtouristen sowie auf sportbegeisterte und junge Leute.

vorwiegend Individualtouristen

Quirliges Leben am Strand – Cabarete

Cabarete gehört zu den **5 besten Windsurfrevieren** unseres Erdballs. 3 große Vorteile sind hier gegeben:

- Der Wind weht fast immer schräg auflandig. Jeder Surfer, der Probleme auf See bekommt, wird an Land getrieben.
- Ständig weht ein für den Surfer nötiger Wind (Passatwind).
- Das vorgelagerte Riff hält die großen Wellen fern.

ideal zum Windsurfen

1987 wurde hier die erste Windsurfschule ins Leben gerufen. Jedes Jahr wird dieser Ort für mindestens 2 Wochen von Amateuren und Profis zum Schauplatz ihres Könnens. Hier wurden schon des öfteren die **Weltmeisterschaften im Surfen** ausgetragen.

Sosúa

Regionale Reisetips zu Sosúa
entnehmen Sie bitte den gelben Seiten 236ff

Überblick

Sosúa wurde von emigrierten europäischen Juden gegründet. Der Ort hat heute **ca. 8.000 Einwohner**, und man unterscheidet **2 Stadtteile**: „El Batey" und „Los Charamicos".

El Batey ist das **Judenviertel**. Hier gibt besonders es viele kleine Hotels, Restaurants, Bars, Cafés, Geschäfte und Geldwechselstuben.

Los Charamicos ist die **Altstadt**, in der hauptsächlich die Dominikaner wohnen.

Heute ist Sosúa ein **beliebter Ferienort** für Einheimische und Besucher, die sich an den hohen Wellen und verschiedenen Ozeanfarben, von leuchtendem Türkis bis zu dunklem Blau, freuen. Außerdem bietet **Playa Sosúa**, der in einer sanften Bucht liegt, einen prächtigen Panoramablick über den goldgelben Sand zu einer Kulisse überschwenglicher, tropischer Vegetation mit Almondbäumen und Kokospalmen.

beachtenswerte Infrastruktur

Die Bedürfnisse der Besucher bezüglich Beköstigung, Unterkunft und Service haben langsam zu einer beachtenswerten Infastruktur geführt, die man selten in einer so kleinen Gemeinde findet. Im Ort gibt es **Hotels und Pensionen in allen Kategorien**, nicht nur all inclusive-Resorts.

Geschichtliches

1938 ließ **Präsident Franklin D. Roosevelt** in Evian-les-Bains/Frankreich eine internationale Konferenz einberufen, zu der Delegierte aus 32 Ländern am Tagungsort am Genfer See erschienen. Der US-amerikanische Präsident rang um eine Lösung, verfolgte, mittellose Juden des Naziregimes aufzunehmen. **Präsident Rafael Trujuillo**, damaliger Diktator der Dominikanischen Republik, war der einzige, der den Lippenbekenntnissen der **„Weltkonferenz für europäische Flüchtlinge"** auch Taten folgen ließ und den durch Adolf Hitler verfolgten Juden Asyl anbot. Er erklärte sich bereit, 100.000 bis 200.000 Juden aufzunehmen. Er wollte damit, nicht ganz uneigennützig, zweierlei erreichen:

Unterschlupf für Juden

1. die **Urbarmachung von Ödland**, um dieses landwirtschaftlich nutzen zu können und
2. die **Erhöhung des Prozentsatzes der weißen Bevölkerung** in seinem Land durch Blutauffrischung.

Er war selbst ein Mulatte und puderte seine braune Hautfarbe heller. 1937 ließ er sogar 12.000 Haitianer ermorden (Erhöhung des Prozentsatzes der weißen Bevölkerung). Trujuillo stellte den Küstenstreifen der Bucht von Sosúa fast bis Sabenata de Cangrejos, westlich von Sosúa, für die Urbarmachung durch die Juden bereit. **AGRO-Joint**, eine jüdische Landwirtschaftsorganisation aus den USA, stellte die Gelder für den **Aufbau der neuen Siedlung** im Kibbuz-Stil zur Verfügung.
1941 war es in den Lagern in Europa durch die Wirren des Krieges schwierig, eine bestimmte **Auswahl an Juden** zu treffen, die Trujuillo verlangte. Er wollte

nur gesunde Ehepaare und junge Männer, beispielsweise keine alleinstehenden Frauen. Einige Schiffe verließen schließlich die Häfen Europas. Aber nicht alle Emigranten erreichten die Insel der Freiheit. Einige Schiffe sanken, von Torpedos getroffen. Ungefähr 1.500 Juden erreichten die Dominikanische Republik. Sie waren für ihre geglückte Überfahrt dankbar. In ihrer neuen Heimat mußten sie allerdings hart arbeiten, und das tropische Klima setzte vielen dabei schwer zu. Nur sehr wenige hatten Erfahrungen in der Landwirtschaft.

Flucht der Juden

Unter der Schirmherrschaft des „United Jewish Appeal" wurde die „Dominican Republic Settlement Association" gegründet, kurz **DORSA** genannt, um das Projekt einer experimentellen landwirtschaftlichen Gemeinschaft zu beginnen. Das Land in dieser Gegend erwies sich jedoch für den Ackerbau als zu unfruchtbar, und man widmete sich mehr der **Viehzucht**, und so kam es zur Gründung einer **Genossenschaft der Milchindustrie und Viehwirtschaft**. Seitdem produziert Sosúa hervorragende Käsesorten und Wurstwaren. Die Juden begannen, sich auch allmählich auf den Handel zu konzentrieren.

So wuchs Sosúa. Auch viele Einheimische siedelten sich an, weil sie hier in der neuen Siedlung einen Job bekamen. So enstanden alle die Einrichtungen, die ein aufblühender Ort benötigte, beispielsweise Kaufläden, Mechaniker-Werkstätten, eine Schule, ein Kino und natürlich auch eine Synagoge.

aufblühender Ort

1945, nach dem **Ende des Zweiten Weltkriegs**, wanderten alle diejenigen Juden, die sich nicht an die tropischen Lebensbedingungen anpassen konnten oder für die andere Gründe im Vordergrund standen, nach Europa zurück oder nach Nord- und Südamerika aus.

1950 waren **50 Rinderfarmen** entstanden. Das Kibbuzsystem hatte sich nicht bewährt.

Heute leben nur noch wenige Juden der ehemaligen Emigranten in Sosúa. Man schätzt diese auf höchstens 10 Personen. Die jüdischen Siedlerfamilien hatten ihre Kinder meistens in die USA zum Studium geschickt, wo sie zum größten Teil wegen der besseren Verdienstmöglichkeiten blieben.

Sehenswertes

• Cominidad Judía de Sosuá (Synagoge und jüdisches Museum)

(Calle Dr. Alejo Martinez, El Batey, Tel.: 571-1386, Fax: 586-2442)
Öffnungszeiten: Mo-Do 09.00-13.00 Uhr
In einem **Museum** werden die Vertreibung der Juden aus Europa und die Pionier- und Aufbauarbeit der jüdischen Gemeinde in Sosúa veranschaulicht.

Dokumentation über Vertreibung

• Supermarkt von Arturo Kirchheimer

(Calle Pedro Clisante)
Arturo Kirchheimer ist einer der letzten jüdischen Pioniere, die noch in Sosúa leben. Er produziert eine sehr schmackhafte Salami.

• Deutsche Bäckerei Moser

(Tel.: 571-3383)
Diese Bäckerei ist nicht leicht zu finden. Von der Hauptstraße, der 5, Richtung Cabarete führt nach 600 m vom Zentrum von Sosuá links ein Seitenweg zum Bäcker Moser. Hier kann man in einem kleinen Café, im Schatten unter Palmen

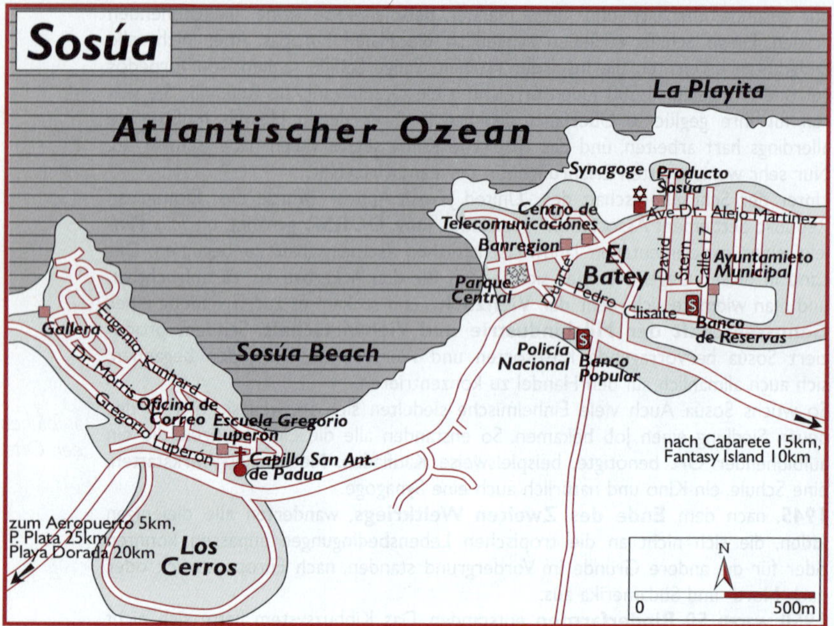

© igraphic

deutsches Frühstück

sitzend, verschiedene Brot- und Kuchensorten (Käse-, Apfel-, Obstkuchen, Teilchen und Cremetorten) probieren. Außerdem wird ein kräftiges deutsches Frühstück mit Schinken, Wurst, Käse und Eiern serviert.

Puerto Plata – die „Braut des Atlantiks"

Regionale Reisetips zu Puerto Plata
entnehmen Sie bitte den gelben Seiten 209ff

Geschichtliches

Silberhafen

Am **11.01.1493** erreichte **Christoph Kolumbus** diesen Ort, und voller Bewunderung über das silbrig glänzende Meer taufte er ihn auf den Namen **Puerto Plata (Silberhafen)**. Hier wurde zum erstenmal **Zuckerrohr**, vom großen Seefahrer mitgebracht, angepflanzt. **1496** gründete Generalkapitän **Bartolomé Colón** (1460-1514), der älteste Bruder von Christoph Kolumbus, Puerto Plata, denn ein Hafen für die fruchtbare Cibao-Ebene wurde als nötig erachtet. **1502** begann **Frey Nicolás de Ovando**, den Ort als Hafenstadt auszubauen. Am **15.09.1505** wurde die Genehmigung für eine **Straße von La Vega über Santiago de los Caballeros nach Puerto Plata** erteilt, um die fruchtbare Cibao-Ebene im

Hinterland mit der neuen Hafenstadt zu verbinden. Das Straßenbauprojekt verschlang über 2.000 Pesos aus der Staatskasse. **1508** erhielt der Ort die **Stadtrechte**. Puerto Plata behauptete seine Stellung über Jahre hinaus als führender Seehafen der Neuen Welt am Atlantik.

1512 entstand das **erste Steinhaus** von Francisco de Ceballos, einem Teilhaber einer Zuckermühle. **1520** verlor die Stadt an Bedeutung. **1526** gründete der **Dominikanermönch Bartolomé de las Casas** das **Kloster „San Pedro Martir"**. Hier schrieb der Pater die abscheulichen Greueltaten nieder, die die Spanier an den Taino verübten. Am **11.01.1541** erteilte Kaiser Karl V. die Genehmigung zum Bau eines Forts. Der Baubeginn ließ jedoch auf sich warten.

1555 brannten die **Korsaren** unter dem **Kapitän Mermi** die Siedlung nieder. **1557** wiederholte sich der **Korsarenüberfall** auf die Stadt. **1563** stattete der Sklavenhändler und **Pirat John Hawkins** Puerto Plata seinen Besuch ab. Die angerichteten Verwüstungen der Korsaren und Piraten veranlaßten die Spanier schließlich, den Bau der „Fortaleza San Felipe" möglichst bald zu beginnen. **1564** begann man schließlich unter der Leitung von Pantaleo mit dem Bau der Festung **San Felipe**.

Piratenüberfälle

1566 kaperte der berüchtigte **Pirat Bontemps** 3 Schiffe. **1567** griffen wieder französische **Korsaren** die Stadt an und **entführten ein Schiff**, das mit Zucker und Häuten beladen war. **1605/06** zerstörten die Spanier die Stadt, weil der illegale Handel mit holländischen und französischen Kaufleuten nicht zu unterbinden war. Die Einwohner von Puerto Plata und der gesamten Nordküste wurden zur Strafe für ihr Schmuggelunwesen einer **Zwangsumsiedlung** unterzogen, und man verfrachtete sie an die Südküste des Inselstaates. Der dort neu entstehende Ort wurde **Monte Plata** genannt. Juan Bautista, der Geschützmeister (Konstabler) des Forts, wurde knapp 6 Monate dafür bezahlt, die Festung von Puerto Plata zu schleifen.

Zwangsumsiedlung wegen Schmuggelwesen

1730 ließ die spanische Krone **Puerto Plata wieder neu errichten**. Francisco Rubio y Peñaranda war die treibende Kraft für den Wiederaufbau der Stadt. Besonders **Einwanderer von den Kanarischen Inseln** fanden hier eine neue Heimat, und Puerto Plata wurde ein bedeutender Umschlagplatz für Rum, Tabak, Tropenhölzer und Zucker. **1844** hat man den heute als Nationalhelden verehrten **Pablo Duarte** in der Festung San Felipe **eingesperrt**. **1863** zerstörte ein **Großbrand** fast ganz Puerto Plata. **1870** wurde Puerto Plata **provisorische Hauptstadt** der Republik unter General Gregorio Luperóns Regierung. Mehrere lateinamerikanische Länder sandten **Delegationen** nach Puerto Plata als Beobachter und Unterstützer des Freiheitskampfes der Dominikaner. Auch **Maceo** aus Kuba fand sich hier ein. **Hostos** aus Puerto Rico lebte vorübergehend in Puerto Plata, ehe er nach Santo Domingo übersiedelte, von wo er großen Einfluß auf dominikanische Erziehung, Ethik und Politik nahm. Auch andere prominente Persönlichkeiten von außerhalb setzten sich hier fest. Es wurden Kontakte zu Europa geknüpft und Schiffslinien aufgebaut. Wissenschaft, Kultur und Kunst erblühten. Beispielsweise wurde Señorita Enriqueta Zafra die berühmteste Harfenspielerin der Dominikanischen Republik.

Neuanfang

Freiheitskampf der Dominikaner

1871 hatte Puerto Plata wieder **3.100 Einwohner**. Durch internationalen Kontakt entwickelte sich die Stadt zum wichtigsten Handelsumschlagplatz der Insel. **1873** erschien die **Zeitung „El Porvenir"**. Sie gilt als Vorläufer der nationalen Presse.

Puerto Plata, u.a bekannt wegen der **schmucken Holzhäuser** rund um den Zentralpark, im victorianischen Stil erbaut, liegt zwischen dem 800 m hohen Berg **Isabel de Torres** und den rauschenden Wellen des Atlantiks, die auf dem goldgelben Sandstrand auslaufen. Im Westen liegen die Festung San Felipe und im Osten der ausgedehnte Strand von Long Beach. Das Hinterland ist reich an natürlicher Schönheit. Puerto Plata ist ein beliebter Ort für Langzeit- und Wochenendurlauber geworden. Wer sich nicht an den **Stränden Playa Dorada, Long Beach, Cofresí** oder an den Stränden von Sosúa tummeln möchte, dem bieten sich Ausflüge in die naturbelassene Umgebung an.

lebhafte Touristen-strände

Das von Christoph Kolumbus mitgebrachte **Zuckerrohr** wurde in Puerto Plata das erste Mal auf der Insel Hispañiola angepflanzt. Es war bis vor wenigen Jahren die wirtschaftliche Grundlage der Stadt, bis heute der **Fremdenverkehr** als dominierender Wirtschaftszweig durch Vermarktung der schönen Strände die Führung übernommen hat. Die Stadt hat heute ca. **83.000 Einwohner**.

Die **Verkehrsanbindungen** über See mit dem **Tiefseehafen**, den auch Kreuzfahrtschiffe benutzen können, per Luft mit dem gut ausgebauten **Flughafen**, der an das internationale Netz angeschlossen ist und über Land mit guten **Straßen** ins Hinterland sind ideale Voraussetzungen für ein weiteres Aufblühen des Tourismus.

Die **industrielle Entwicklung** ist hinter dem Touristenboom nicht zurückgeblieben. Es gibt Produktionsstätten für erstklassige Spirituosen, Schokolade, Wachs, Kerzen, Schuhe, Phosphor, Wurst- und Fleischwaren und Zucker. Die Zuckermühlen „Amistad" und „Monte Llano" gehören zu dem staatlichen Konzern CEA.

Sehenswürdigkeiten

• Fortaleza y Museo San Felipe

(Am Ende des Malecón)
Öffnungszeiten: Do-Di 9.00-12.00 und 14.00-16.30 Uhr

Weil die Bedrohung Puerto Platas durch Piraten und Korsaren ständig wuchs, trug man dem spanischen Königshof dieses Problem vor und bat um Abhilfe. Am **28. 01.1541** erteilte **König Karl V.** von Spanien die **Order zum Bau eines Forts** in Puerto Plata. **1562**: Nachdem die Einwohner von Puerto Plata ihre Bitte von Zeit zu Zeit wiederholt hatten, durfte **Francisco de Ceballos** schließlich einen **Konstruktionsentwurf** an den königlichen Hof ins ferne Spanien senden. **1564** ist der **Baubeginn** notiert. Somit hatte es über 20 Jahre gedauert, bis der königliche Auftrag in die Praxis umgesetzt wurde. Die **Verzögerung** ist zweifelsohne wegen knapper Mittel im spanischen Staatshaushalt und sicherlich noch viel mehr wegen des geringen Interesses der Obrigkeit an den Problemen in einer so weit entfernten Gegend des spanischen Weltreichs zu begründen. Schließlich wurde die Leitung der Großbaustelle Ceballos übertragen. **1572** ereilte **Francisco de Ceballos** der **Tod**. Sein Werk blieb unvollendet. **Pedro Rengifo y Angulo** wurde als sein Nachfolger bestimmt. **1577** wurde der **Bau des Forts abgeschlossen**, und Pedro Rengifo y Angulo ließ zur Eröffnung eine steinerne Tafel an der Außenwand des Forts anbringen, die folgende Inschrift trug: „Der Bau dieser Festung wurde von Kapitän Don Pedro Rengifo 1577 vollendet". Gouverneur Ovalle aus dem fernen Santo Domingo (Santo Domingo schien in der damaligen Zeit weiter entfernt als Spanien selbst) betrachtete das Fort jedoch erst am 25.01.1585 als vollendet. Später diente das Fort als **Gefängnis**. **1844** wurde hier der Nationalheld **Juan Pablo Duarte** von dem General Santana **eingesperrt**. **1961** begann die **Restaurierung** der Festung durch den **Architekten Teódulo Blanchard**. **Heute** dient die Festung als **Museum für Militärgeschichte.**

endlich ein Fort

Diese Festung, die noch sehr gut erhalten ist, ist ein gutes Beispiel der damaligen kolonialen Militärarchitektur. Sie wurde nach **Felipe V.**, König von Spanien, der in der Mitte des 18. Jahrhunderts regierte, benannt. Der Grundplan der Festung ist quadratisch. Zwei zinnenartige Ecktürmen überragen das massive Bauwerk. Juan Pablo Duarte, ein Vater der Nation, wurde im August 1844 in einem der Turmverliese eingesperrt. Die Seeseite wird von zwei Wachhäuschen bewacht. Eine Zugbrücke, die von einem der Ecktürme durch Ketten bedient wird, kann bei Gefahr hochgezogen werden.

stark befestigt

Das **Denkmal von General Luperón**, hoch zu Roß, soll an den Kampf gegen die spanische Besatzung erinnern.

Ein **Gedenkstein** neben dem Eingang ist den **186 Opfern der Birgenair, die am 06.02.1996** vor der Küste **abstürzte**, gewidmet. Unter den Toten befanden sich auch zahlreiche deutsche Urlauber.

- **Museo Amber** (Bernsteinmuseum)

(Calle Duarte/Ecke Antera Mota, Tel.: 586-2848)
Öffnungszeiten: Mo-Fr 9.00-18.00 und Sa 9.00-17.00 Uhr

Das kleine, aber sehr eindrucksvolle Bernsteinmuseum ist in einer alten Kolonial-Villa, einst Domizil des Bremer Geschäftsmanns und Abenteurers Emil Bentz und seiner Familie, mitten im Ort untergebracht.

Die umfangreiche **Ausstellung im oberen Stockwerk** enthält besonders wertvolle Bernstein-Exponate, die gut beschriftet sind. Die dominikanischen Bernsteinfunde haben der Wissenschaft viele kleine Fenster geöffnet, die uns einen **Blick in die prähistorische Vergangenheit** der Insel erlauben.

Bernstein-einschlüsse

In Bernstein eingeschlossene Termiten, Ameisen, Käfer, Spinnen und Eidechsen sind einzigartige Raritäten. Die Eier von Eidechsen, Fragmente eines Wespennestes, Honigwaben, Silberfische (Insekten), Blätter einer Mimosenfamilie, Gottesanbeterinnen, Moskitos, Weinranken, Luftwurzeln, Orchideenblätter und vieles andere mehr ruft das Erstaunen der interessierten Besucher hervor.

Der **Algarrobo-Baum** ist nach Ansicht der Wissenschaftler dem Baum sehr ähnlich, der diesen Bernstein vor ca. 50 Millionen Jahren produziert hat.

In einem gut sortierten **Souvenirladen in der unteren Etage** kann man Schmuck, echte Steine, Bernstein in verschiedenen Farben, von gelb über braun bis schwarz, sogar in bläulicher Tönung, ohne und mit interessanten Einschlüssen sowie Bücher über Natur und Land käuflich erwerben.

- **Pico Isabel de Torres**

(Seilbahnbetrieb: Do-Di 9.00-16.30 Uhr)

gigantische Christus-statue

Der Gipfel des **793 m** hohen „Hausbergs" der Stadt am Fuß der Nordkordilleren ist entweder auf einem 2,5 Stunden dauernden Fußweg oder bequem mit einer Kabinen-Drahtseilbahn zu erreichen, die mit ihren zwei Kabinen jeweils 20 Personen pro Kabine faßt. Von hier oben können Sie einen **phantastischen Ausblick** auf die Küste und die umliegenden Zuckerrohrfelder genießen. Auf der Spitze des Berges reckt sich eine in Italien gegossene **16 m hohe Christusfigur** in den Tropenhimmel. Der Charme dieses Ortes wird durch gepflegte Garten- und Grünanlagen rund um die gigantische Christusstatue noch erhöht. Der Berg mit seiner tropischen Vegetation und der darin lebenden Kleintierwelt steht **unter Naturschutz**. Bei guter Sicht kann man Richtung Osten bis Sosuá und in Richtung Westen bis Luperón hinübersehen.

• **Rumfabrik der Firma Burgal**
(Ecke Beller/Avenida Colón)
Öffnungszeiten: täglich 9.00-12.00 und 13.00-16.00 Uhr

Die Fabrik, in der kostenlose Führungen stattfinden, liegt im Zentrum der Stadt. Im Grunde genommen ist es nur eine Abfüllerei.

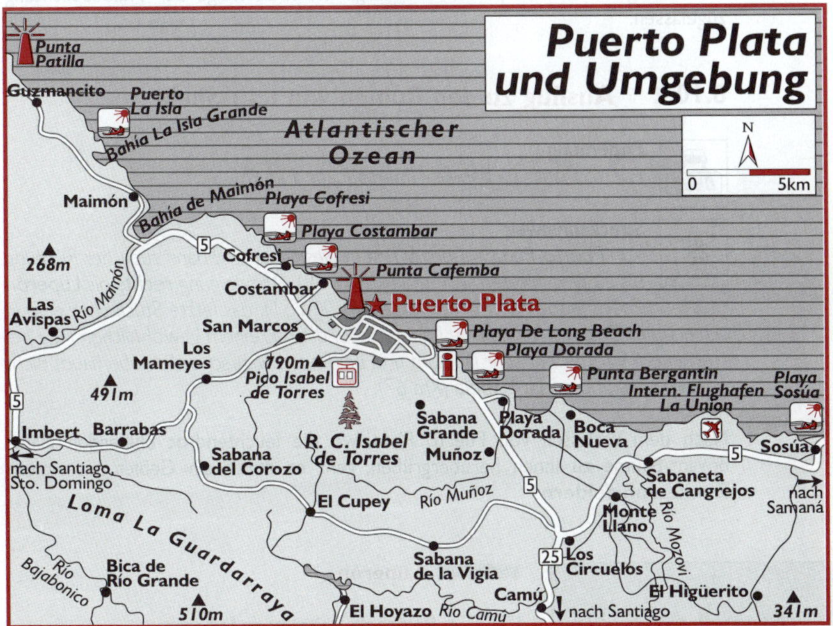

© graphic

Playa Dorada

Gewaltige Hotelburgen haben sich wenige Kilometer außerhalb von Puerto Plata angesiedelt. Eine besondere Anziehungskraft übt der **18-Loch-Golfplatz** von Robert Trent Jones auf viele Urlauber aus Übersee aus.

Auch wenn man sich nicht in dem Ferien- und Hotelkomplex Playa Dorada eingemietet hat, sollte man sich diese, wie eine Festung bewachte Welt des Massentourismus aus Hotels, Geschäften und Golfplätzen einmal ansehen. *Massentourismus*

Unterwasserpark Banco de la Plata (Silberbank)

Ungefähr 140 km nördlich von Puerto Plata liegt im Atlantischen Ozean der Unterwasserpark Banco de la Plata (Silberbank). Dieser Schutzbereich erstreckt sich über ein Seegebiet von 3.748 km^2 mit einer durchschnittlichen Wassertiefe von nur 20 m. Der Meeresboden fällt jedoch an einer Stelle bis auf eine Tiefe von 1.800 m ab.

Silberbank

Die Silberbank ist für den Boots- und Schiffahrtsverkehr gesperrt, und nur während der Monate Dezember bis März, wenn die **Buckelwale** ihre Jungen zur Welt bringen und sich paaren, sind organisierte Ausflüge zur Walbeobachtung zugelassen.

8.10.2 Ausflug zu den Ruinen von La Isabela

Entfernung
Puerto Plata - La Isabela - Puerto Plata: 134 km

Streckenhinweis
*Von **Puerto Plata** auf der **5** erst in westlicher und dann südlicher Richtung bis zu dem kleinen Ort Imbert (Km 18), Abzweigung **rechts** bis **Luperón** (ausgeschildert, jedoch leicht zu übersehen) (Km 51), das letzte Stück über eine in schlechtem Zustand befindliche Naturstraße, die mit einem gewöhnlichen Pkw bei trockenem Wetter nur sehr langsam und bei Regen wahrscheinlich überhaupt nicht befahrbar ist, Endziel: **La Isabela** (Km 67).*

Nach dem Verlassen von Puerto Plata, wo die leuchtendrot blühenden Flamboyant-Bäume zu Ihnen herübergrüßen, geht es durch ein Gebiet mit weiten **Zuckerrohrfeldern.**

Einfaches Leben in schlichten Hütten – Luperón

Luperón

Regionale Reisetips zu Luperón
entnehmen Sie bitte den gelben Seiten 306f

Dieses kleine beschauliche Fischerort in einer riffgeschützten Bucht hat als einzige Attraktion einen schönen 2 km langen Sandstrand. Hier leben seine Bewohner ziemlich abgeschieden noch im Einklang mit der Natur.

Anschließend fährt man durch **sehr trockenes Land** mit vielen Dornenbüschen. Einzelne Königspalmen ragen aus dem Gebüsch heraus. Die schlichten Hütten der Bergbauern haben teilweise weder elektrischen Strom noch Gas oder fließendes Wasser. Die Viehweiden sind bis hoch ins Gebirge mit für Mensch und Tier undurchdringlichen Kakteenhecken abgegrenzt. Truthahngeier kreisen über dem dürren Land und suchen das Gelände nach verendetem Vieh ab.

La Isabela, die erste spanische Siedlung in Amerika

Am Ende der zweiten Reise des **Christoph Kolumbus** wurden ca. 1.400 Menschen an Land gespült, die auf 14 Schiffen von Spanien nach entbehrungsreicher Seefahrt unter erbärmlichen Zuständen an Bord gelitten hatten. Diese waren froh, nach einer rund 100-tägigen Reise auf schaukelnden Schiffen dem Dreck und Gestank entronnen zu sein und endlich wieder festen Boden unter den Füßen zu haben.

Mit Elan ging man daran, auf einer Anhöhe, von der man den Hafen gut übersehen konnte, eine Siedlung zu bauen. Wälder und Gestein für Baumaterial gab es in der Umgebung genug. Ein Lagerhaus, eine Kirche und massive Häuser für die Noblen wurden zuerst in Angriff genommen. Eine Ziegelei entstand, und eine Schutzmauer wurde um die **erste Siedlung der Spanier in der Neuen Welt** gezogen.

hohe Verluste und Streitigkeiten

Tropische Fieber und Verluste durch Streitigkeiten mit den Indios, die verächtlich und abfällig als Wilde, Ungläubige und Untermenschen angesehen und behandelt wurden, lichteten die Reihen der Iberer. Man raubte Tainomädchen und -frauen, was naturgemäß zu Gegenmaßnahmen der Eingeborenen führte.

Christoph Kolumbus war mit einer Gruppe Soldaten in die Cibao Ebene **auf der Suche nach Gold** gezogen. Ihm war in diesem Punkt jedoch kein Erfolg beschieden. Er ließ in der Nähe der heutigen Stadt Janico das **Fort Santo Tomás** errichten, ließ dort 56 Soldaten zurück und segelte nach Kuba, immer auf der Suche nach dem begehrten Edelmetall.

Versorgungsprobleme und Tropenkrankheiten

In **La Isabela** entwickelte sich **das Leben** der spanischen Einwanderer **problematisch**. Es gab Kompetenzstreitigkeiten, wer wem zu gehorchen hatte, und Versorgungsschwierigkeiten. Malaria und andere Tropenkrankheiten grassierten, und es gab natürlich immer wieder selbstgemachte Probleme mit den Indios.

Nach der **Rückkehr von Christoph Kolumbus** nach drei Monaten herrschten in La Isabela Mord und Totschlag. Die **chaotischen Zustände** erreichten ihren Höhepunkt, als zu allem Übel ein Hurrikan, den die Einwanderer in seiner verheerenden Wirkung das erste Mal erlebten, die Schiffe „Gallega" und „Mariagalante" versenkte und ein Feuer einen Großteil der mühsam errichteten Häuser zerstörte. Als die größten Störenfriede auf Christoph Kolumbus' Befehl am Galgen baumelten, trat vorübergehend wieder einigermaßen Ruhe ein.

Kolumbus hatte es eilig

Christoph Kolumbus verließ bald darauf La Isabela, um mit den Schiffen „Nina" und „Santa Cruz", aus den Wrackteilen der durch den Hurrikan zertrümmerten Schiffe gebaut, nach Spanien zurückzusegeln. An Bord befanden sich 30 gefangene Indios, unter ihnen der Häuptling Caonabo. Die neue Siedlung ließ der Admiral mit ihren Problemen zurück. Als letztes erteilte er seinem Bruder den Auftrag, an der Südküste von Hispañiola eine neue Siedlung zu gründen.

Bartolomé Colón zog mit seinen besten Männern los, durchquerte die Insel und gründete im August 1494 am Ostufer der Río Ozama-Mündung **Nueva Isabela**.

1502 machte ein Wirbelsturm diese Siedlung dem Erdboden gleich. **Santo Domingo** entstand auf der gegenüberliegenden Flußseite neu.

Mit La Isabela ging es immer mehr bergab. Die letzten Bewohner der ersten spanischen Siedlung auf der Insel wurden von einem freundlichen Tainostamm im Nordwesten (im heutigen Haiti) aufgenommen. Die Spanier nannten den Ort Puerto Real.

Die Ruinen von La Isabela

Überblick

Aufgabe der Siedlung

Dieses Ruinenfeld der ersten spanischen Siedlung, die **Christoph Kolumbus** in Amerika am **10. Dezember 1493** anlegen ließ, wurde von **Professor F.M. Cruxet** aus Venezuela entdeckt und wissenschaftlich untersucht. Allzuviel ist hier in La Isabela, das nach der spanischen Königin Isabel la Católica benannt wurde, nicht mehr zu sehen. Die Fundamente eines Kolumbushauses aus Korallenkalk, Überreste eines Turms und einer Schutzmauer sind noch erkennbar. Der Westwall ist ins Meer gestürzt. Der ehemalige Regierungschef Trujillo ließ diese archäologische Ruinenstätte schützen. Prof. Cruxet hat auch die Stätte gefunden, an der Tonwaren und Ziegel hergestellt wurden. In einer Kapelle wurde der erste Gottesdienst in der Neuen Welt abgehalten. Viele Spanier sind damals hier an Malaria gestorben. Auf einem Gräberfeld hat man ihre Gebeine und die der Indianer gefunden. Diese Siedlung wurde wegen der Tropenkrankheiten und der Überfälle der Indios wieder aufgegeben.

Nur noch die Grundmauern – Ruine La Isabela

Geschichtliches

Am **10.12.1493** landete Christoph Kolumbus in der Bucht von La Isabela, in der ein Fluß mit glasklarem Wasser in den Atlantik mündete. Hier wurde die **erste Siedlung der Spanier in der Neuen Welt** gegründet. Wohnhäuser, Lagerhäuser und eine Kirche entstanden. Am **06.01.1494** las man die **erste Messe** in Amerika.

Im März 1494 zog Christoph Kolumbus über die Berge in die Cibao Ebene, um die dort angeblich vorhandenen **Goldschätze** zu finden, was jedoch ein Trugschluß war. Enttäuscht segelte Kolumbus nach Kuba weiter, und in La Isabela gab es zwischenzeitlich nur Probleme. Tropenkrankheiten wüteten unter den Spaniern. Versorgungsprobleme traten auf. Streit untereinander führte zu Handgreiflichkeiten und Revolten, und es entwickelten sich selbstverschuldete Probleme mit den Eingeborenen.

Im Juni 1494 kam Christoph Kolumbus nach La Isabela zurück und fand nur Chaos und Aufstand vor. Ein Feuer hatte viele Häuser vernichtet, und ein Hurrikan zerschlug die Schiffe „Mariagalante“ und „Gallega“. Aus den Wrackteilen wurden 2 neue Schiffe gebaut.

Am **10.03.1495** segelte Christoph Kolumbus mit den beiden Schiffen „La India" und „Nina" zurück nach Spanien, an Bord 30 gefangene Indios, darunter der Häuptling Caonabo.
1496 gründete Bartolomé, der Bruder von Christoph Kolumbus, am Ostufer der Ozama-Mündung **Nueva Isabela**, nachdem er mit den gesündesten Männern von La Isabela quer durch die Insel an die Südküste Hispañiolas gezogen war. Allerdings fiel Nueva Isabela **1502** einem verheerenden Wirbelsturm zum Opfer. Aber am Westufer des Flusses entstand **Santo Domingo** neu.
1497 wurden die ersten **30 Spanierinnen**, die aus Bordellen und Gefängnissen aus Sevilla stammten, nach La Isabela gebracht. In die Freiheit der Neuen Welt entlassen, konnten sie dort Familien aufbauen.

Frauenmangel

Die letzten Bewohner von La Isabela zogen weit nach Westen, entlang der Nordküste in das heutige Haiti. Ein Tainostamm nahm sie freundlich auf. Dieser Ort **Puerto Real** ist heute auch nur ein Ruinenfeld.

Die Rückfahrt nach Puerta Plate erfolgt auf dem gleichen Weg wie die Hinfahrt.

8.10.3 Puerto Plata - (Santiago de los Caballeros - Santo Domingo)

Entfernung
Puerto Plata - Santiago de los Caballeros: 60 km

Streckenhinweis
*Von Puerto Plata fährt man zunächst in südöstlicher Richtung auf der **Straße No. 5** bis **Los Circuelos** (Km 12), Abzweigung **rechts** auf die **Straße No. 25** bis **Santiago de los Caballeros** (Km 55)*

Ab der Abzweigstelle in dem kleinen Ort **Los Circuelos** (Km 12) steigt die sehr kurvenreiche Straße langsam an. Im Ort **Camú** überquert man den Río Camú. Anschließend beginnt die Überquerung der **Cordillera Septentrional**. Auf der Straße ist der Mittelstreifen nur schwach gekennzeichnet, und an gefährlichen Abhängen sind talwärts gelbe Begrenzungspfeiler aus Beton angebracht. Kleine Hütten, meistens aus Holz, liegen im hügeligen Gelände verstreut. Die markantesten Bäume der Bergvegetation sind hier die alles überragenden stolzen **Königspalmen**. Rund um die Hütten der Bergbewohner wachsen Brot- und Mangobäume sowie Bananenstauden. Immer wieder erhascht man von der Straße phantastische Ausblick in die umliegende Bergwelt. Nach ständigem Auf und Ab der Straße erreicht man das Dorf **Tubagua** (Km 21). Unterwegs kommt man immer wieder an Obstständen vorbei, wo Avokados, Kokosnüsse, Zuckerrohr und Zitrusfrüchte zum Verkauf ausliegen. Wild wuchernde Hecken aus Hibiskus dienen als Einfriedung der Gehöfte.

Überquerung der Cordillera Septentrional

Im Bergdorf **Yásica Abajo** (Km 26) hängen Metzger Fleischstücke zum Trocknen über Leinen. Häufige Bäume sind hier die **Yagrumas** mit ihren großen olivfarbenen Blättern, an das Blattwerk der Kastanien erinnernd. Sie fallen besonders auf, wenn der Wind über die Berge streicht, weil sich dann die silbrigen Unterseiten ihrer Blätter zeigen. Noch auffälliger sind die rot blühenden **Afrikanischen Tulpenbäume**, die durch ihre leuchtenden Farben magisch die Blicke im sonst ewigen Grün der karibischen Vegetation auf sich ziehen. Korbwaren, sogar Sofas, Stühle und andere Möbelstücke werden an der Straße zum Verkauf angeboten.

karibische Vegetation

In **La Cumbre** gibt es noch Reste eines ehemals das ganze Gebirge überziehenden Urwalds, daneben auch gerodete Stellen mit Kaffeeplantagen und Weideflächen für Rinder.

Nach 55 km Fahrt erreicht man schließlich **Santiago de los Caballeros**, die zweitgrößte Stadt des Landes, in einem weiten Tal liegend.

Die Rückfahrt nach **Santo Domingo** erfolgt auf dem gleichen Weg wie die Hinfahrt. Sie wurde bereits im Kapitel 8.7 in umgekehrter Richtung beschrieben.

STICHWORTVERZEICHNIS